Sicherheit in Cisco- und Windows-2000-Netzwerken

Für Gaby und Fynn

Andreas Aurand

Sicherheit in Cisco- und Windows-2000-Netzwerken

Installation und Troubleshooting
von IPSec in der Praxis

Die Deutsche Bibliothek – CIP-Einheitsaufnahme

**Ein Titeldatensatz für diese Publikation
ist bei der Deutschen Bibliothek erhältlich**

Die Informationen in diesem Produkt werden ohne Rücksicht auf einen
eventuellen Patentschutz veröffentlicht.
Warennamen werden ohne Gewährleistung der freien Verwendbarkeit benutzt.
Bei der Zusammenstellung von Texten und Abbildungen wurde mit größter
Sorgfalt vorgegangen.
Trotzdem können Fehler nicht vollständig ausgeschlossen werden.
Verlag, Herausgeber und Autoren können für fehlerhafte Angaben
und deren Folgen weder eine juristische Verantwortung noch
irgendeine Haftung übernehmen.
Für Verbesserungsvorschläge und Hinweise auf Fehler sind Verlag und
Herausgeber dankbar.

Alle Rechte vorbehalten, auch die der fotomechanischen Wiedergabe und der
Speicherung in elektronischen Medien.
Die gewerbliche Nutzung der in diesem Produkt gezeigten Modelle und Arbeiten
ist nicht zulässig.

Fast alle Hardware- und Softwarebezeichnungen, die in diesem Buch erwähnt werden,
sind gleichzeitig auch eingetragene Warenzeichen oder sollten als solche betrachtet werden.

Umwelthinweis:
Dieses Buch wurde auf chlorfrei gebleichtem Papier gedruckt.
Die Einschrumpffolie – zum Schutz vor Verschmutzung – ist aus umweltverträglichem
und recyclingfähigem PE-Material.

10 9 8 7 6 5 4 3 2 1

04 03 02 01

ISBN 3-8273-1930-7

© 2001 by Addison-Wesley Verlag,
ein Imprint der Pearson Education Deutschland GmbH,
Martin-Kollar-Straße 10–12, D-81829 München/Germany
Alle Rechte vorbehalten
Einbandgestaltung: atelier für gestaltung, niesner & huber, Wuppertal
Lektorat: Rolf Pakendorf, rpakendorf@pearson.de
Herstellung: Anna Plenk, aplenk@pearson.de
Satz: text&form, Fürstenfeldbruck
Druck und Verarbeitung: Bercker Graphische Betriebe, Kevelaer
Printed in Germany

Inhaltsverzeichnis

Vorwort		11
Teil 1 – Kryptographie		15
1	**Angriffe auf die IT-Sicherheit und bestehende Sicherheitssysteme**	17
1.1	Übersicht über bestehende TCP/IP-Sicherheitssysteme	17
1.2	Übersicht über die verschiedenen Angriffe auf die IT-Sicherheit	20
2	**Grundziele der Kryptographie**	25
2.1	Kryptographische Verschlüsselung	28
2.1.1	Symmetrische Verschlüsselungsverfahren	31
2.1.2	Asymmetrische, öffentliche Verschlüsselungsverfahren	34
2.2	Kryptographische Hashfunktionen	41
2.3	Message Authentication Codes	42
2.4	Digitale Signaturen	44
3	**Speicherung von Zertifikaten und kryptographischen Schlüsseln**	49
3.1	ASN.1, DER und BER	49
3.2	PEM-Format	53
3.3	PKCS #8 Private-Key Information Syntax	54
3.4	PKCS #12 Personal Information Exchange Syntax	56
4	**X.509-Zertifikate**	59
4.1	Format eines X.509-Zertifikats	60
4.1.1	X.509v3 Extensions	63
4.1.2	Beispiele für X.509v3-Zertifikate	67
4.1.3	Zertifikatsklassen (Certificate Policies)	72
4.2	CRL – Certificate Revocation List	73
4.2.1	X.509v2 CRL Format	74
4.2.2	X.509v2 CRL Extensions	76
4.2.3	Beispiel für eine X.509v2 CRL	78
5	**Public Key Infrastructure (PKI)**	81
5.1	Dezentrale PKI	81
5.2	Zentralisierte (hierarchische) PKI	82

5.3	PKCS – Public-Key Cryptography Standards	86
5.3.1	PKCS #6 Extended Certificate	86
5.3.2	PKCS #7 Cryptographic Message Syntax	87
5.3.3	PKCS #10 Certificate Request Syntax	94
5.4	PKIX – Internet Public Key Infrastructure X.509	99
5.5	SCEP – Simple Certificate Enrollment Protocol	103

Teil 2 – IPSec-Architektur 115

6	**SA – Security Association**	**119**
6.1	Transport und Tunnel Mode Security Association	119
6.2	Security Associations Bundle	120
6.3	Security Policy und Security Association Database	121
7	**IPSec-Sicherheitsprotokolle**	**127**
7.1	AH – Authentication Header	127
7.2	ESP – Encapsulating Security Payload	135
8	**ISAKMP – Internet Security Association and Key Management Protocol**	**149**
8.1	ISAKMP Phase I und II	150
8.2	ISAKMP Payloads	152
8.2.1	Security Association Payload	156
8.2.2	Proposal Payload	158
8.2.3	Transform Payload	159
8.2.4	Identification Payload	167
8.2.5	Key Exchange, Certificate und Certificate Request Payload	169
8.2.6	Hash, Signature und Nonce Payload	171
8.2.7	Notification Payload	172
8.2.8	Delete und Vendor ID Payload	174
8.3	ISAKMP Exchange	175
8.3.1	Aufbau einer ISAKMP Security Association	175
8.3.2	Informational Exchange	182
8.3.3	Base Exchange	182
8.3.4	Identity Protection Exchange	183
8.3.5	Authentication Only Exchange	184
8.3.6	Aggressive Exchange	185
9	**IKE – Internet Key Exchange**	**187**
9.1	New Group Mode Exchange	187
9.2	Informational Mode Exchange	188
9.3	Main und Aggressive Mode Exchange	190
9.3.1	Authentifiziertes Verschlüsselungsmaterial für ISAKMP SAs	190
9.3.2	Authentifizierung über Pre-shared Keys	194
9.3.3	Authentifizierung über Signaturen	200
9.3.4	Authentifizierung über öffentliche Verschlüsselungsverfahren	204

9.3.5	Authentifizierung über öffentliche Verschlüsselungsverfahren (Revised Mode)	206
9.4	Quick Mode Exchange	208
9.4.1	Authentifiziertes Verschlüsselungsmaterial für IPSec SAs	209
9.4.2	Perfect Forward Secrecy	211
9.5	Transaction Exchange	215

Teil 3 – IOS SSH und IPSec Konfiguration 219

10 SSH – Secure Shell 221

10.1	SSH-Server-Konfiguration	223
10.2	SSH-Client-Konfiguration	227

11 Konfiguration der ISAKMP Security Association 231

11.1	Definition der ISAKMP Protection Suite	232
11.2	Gültigkeitsdauer der ISAKMP SA	233
11.3	Authentifizierung der ISAKMP-Partner	236
11.3.1	Authentifizierung über RSA-Signaturen	236
11.3.2	Authentifizierung über Pre-shared Keys	255
11.3.3	Authentifizierung über RSA-Verschlüsselung	263
11.4	Cisco-Erweiterungen Mode Config und XAuth	275

12 Konfiguration der IPSec Security Association 279

12.1	Definition der IPSec Protection Suite	279
12.2	»set peer«-Befehl	283
12.2.1	ISAKMP Keepalive	291
12.3	»match address«-Befehl	295
12.3.1	Probleme bei Access-Listen, die nicht gespiegelt sind	300
12.4	Sicherheitsmechanismen (Transforms) definieren	304
12.5	Gültigkeitsdauer der IPSec Security Association	306
12.6	Dynamische Crypto Map	309
12.7	Tunnel Endpoint Discovery (TED)	311
12.8	IPSec und Interface-Access-Listen	315

13 IPSec-Fehlersuche 321

13.1	Debugging von ISAKMP-Nachrichten	322
13.1.1	Debugging eines Main Mode Exchange	323
13.1.2	Debugging eines Quick Mode Exchange	325
13.1.3	Debugging des Aufbaus von ISAKMP und IPSec SAs	328
13.1.4	IP Packet Debugging	332
13.2	Probleme beim Aufbau der ISAKMP Security Association	333
13.2.1	Die Crypto Map ist keinem Interface zugeordnet	333
13.2.2	Keine übereinstimmende ISAKMP Policy	334
13.2.3	Probleme mit der ISAKMP Lifetime	336
13.2.4	Probleme bei der Authentifizierung	337
13.3	Probleme beim Aufbau der IPSec Security Association	345

13.3.1	Kein übereinstimmendes Sicherheitsprotokoll (Transform)	345
13.3.2	Probleme mit dem »set peer«-Eintrag und der ISAKMP-Identität	347
13.3.3	Probleme mit der Access-Liste der Crypto Map	349
13.4	Probleme bei existierenden IPSec SAs	353
13.4.1	IPSec SA existiert nur noch auf einem System	353
13.4.2	Die Datenpakete werden trotz vorhandener SA nicht geschützt	355
13.4.3	Die Pakete passen nicht zu der Access-Liste	356
13.4.4	IPSec und Path MTU Discovery	356

Teil 4 – Windows 2000 und IPSec   361

14   IPSec-Konfiguration unter Windows 2000   363

14.1	Computer-Zertifikate für die Authentifizierung über RSA-Signaturen anfordern	363
14.2	Window-2000-Besonderheiten	368
14.2.1	Ausschalten bzw. Ändern der IPSec-Vorgaben für L2TP	368
14.2.2	Tunnel Mode Security Association	369
14.3	IPSec Debugging unter Windows 2000	370
14.4	Beispiel für die manuelle IPSec-Konfiguration unter Windows 2000	378
14.4.1	Konfiguration des Cisco Routers	378
14.4.2	Konfiguration des Windows-2000-PC	384

15   L2TP – Layer Two Tunneling Protocol   395

15.1	L2TP-Verbindung zwischen zwei Routern ohne IPSec	399
15.2	Windows 2000 und L2TP	406
15.2.1	Konfiguration des L2TP-Tunnels auf dem Client	408
15.2.2	Cisco Router als Network Access Server (NAS)	413
15.2.3	Cisco Router als L2TP Tunnel Server (LNS)	416
15.3	Manuelle Konfiguration der IPSec-Filter für L2TP	421
15.3.1	Konfiguration des Windows 2000 Clients	422
15.3.2	Konfiguration des Cisco Routers	436
15.4	L2TP-Verbindung zwischen einem Windows-2000-Client und einem Server	448

Teil 5 – Beispielkonfigurationen   455

16   Beispielkonfigurationen   457

16.1	Aushandeln der ISAKMP Protection Suite	457
16.1.1	IOS: Mehrere »crypto isakmp policy«-Einträge	457
16.1.2	VPN Client: Mehrere Proposal-Einträge für die ISAKMP SA	460
16.2	Aushandeln der IPSec Protection Suite	463
16.2.1	IOS: Mehrere Sicherheitsprotokolle über eine IPSec-Verbindung	463
16.2.2	IOS: Auswahl zwischen mehreren Sicherheitsprotokollen	468
16.2.3	VPN Client: Auswahl zwischen mehreren Sicherheitsprotokollen	473
16.3	Manuelle Definition einer ESP Security Association	475
16.4	Authentifizierung der ISAKMP-Partner	480

16.4.1	Authentifizierung über Pre-shared Keys mit IP-Adresse als ISAKMP-Identität	480
16.4.2	Authentifizierung über Pre-shared Key mit Domainnamen als ISAKMP-Identität	489
16.4.3	Authentifizierung über RSA-Signaturen (VPN Client – Cisco Router)	491
16.5	IPSec in großen Netzwerken	510
16.5.1	»Hub and Spoke«-Topologie	510
16.5.2	»Fully-meshed«-Topologie	543
16.5.3	Schutz anderer Protokolldaten mit Hilfe eines GRE-Tunnels	558
16.5.4	IPSec und HSRP	573
16.5.5	IPSec und NAT	594
17	**Ausführlicher Trace einer IPSec-Verbindung**	**603**
17.1	Konfiguration des Cisco Secure VPN Client	603
17.2	Konfiguration des Cisco Router	607
17.3	Aggressive Mode Exchange mit Authentifizierung über Pre-shared Keys	608
17.3.1	Informationen vom VPN Client und vom Cisco Router	608
17.3.2	Trace des Aggressive Mode Exchange	612
17.3.3	Trace des Quick Mode Exchange	620
17.3.4	Verschlüsselung der Nutzdaten über die aufgebaute ESP SA	625
17.4	Main Mode Exchange mit Authentifizierung über Pre-shared Keys	627
17.4.1	Informationen vom VPN Client	627
17.4.2	Informationen vom Cisco Router	629
17.4.3	Trace des Main Mode Exchange	642
17.4.4	Quick Mode Exchange	652
17.4.5	Ablauf der IPSec Lifetime	658
17.4.6	Erneuter Ablauf der IPSec Lifetime	665
17.4.7	Ablauf der ISAKMP Lifetime	672

Anhang A: Befehlsübersicht   689

Anhang B: Beispielübersicht   693

Anhang C: Übersicht der Fehlermeldungen   695

Anhang D: Übersicht über Traces   697

Anhang E: Übersicht über Request for Comment   699

Anhang F: Abkürzungsverzeichnis   703

Anhang G: Object Identifier   707

Stichwortverzeichnis   713

Vorwort

Der Sicherheit in IT-Netzwerken fällt eine immer größere Bedeutung zu. Die IPSec-Architektur bietet jetzt erstmals die Möglichkeit, basierend auf verschiedenen Internet-Standards eine Infrastruktur aufzubauen, die eine Verschlüsselung und Authentifizierung von Daten zwischen Systemen unterschiedlicher Hersteller erlaubt. Das führt natürlich zu einem wesentlich komplexeren Umfeld, insbesondere was die Konfiguration der Netzwerkkomponenten und die Fehlersuche anbelangt.

Dieses Buch unterscheidet sich von den meisten anderen Fachbüchern dahingehend, dass es als ein übersichtliches Nachschlagewerk aufgebaut ist und auf der einen Seite einen detaillierten theoretischen Überblick über die IPSec-Architektur gibt sowie auf der anderen Seite die Implementierung auf den verschiedenen Komponenten (Cisco IOS, Cisco Secure VPN Client für Windows 95/98/NT und Windows 2000) mit ausführlichen Beispielen beschreibt.

Um die Arbeitsweise der verschiedenen Protokolle zu verdeutlichen, sind häufig Traces aufgenommen. Bei den Beispielen wurde Wert darauf gelegt, neben der Konfiguration auch die Ausgaben der zugehörigen »show«-Befehle von den einzelnen Routern mit einzubeziehen. In der Praxis verwende ich diese Beispiele oft, um bei der Fehlersuche eine Referenzkonfiguration mit den entsprechenden Ausgaben als Vergleich zur Hand zu haben.

Aufbau des Buchs

Das Buch setzt sich aus fünf größeren Teilen zusammen, die jeweils einen bestimmten Teilbereich behandeln:

- Teil 1 befasst sich mit einigen Aspekten der Kryptografie, die für IPSec von besonderer Bedeutung sind, wie symmetrische und asymmetrische Verschlüsselungsverfahren, X.509-Zertifikate, Public Key Infrastructure.

- Teil 2 erläutert den theoretischen Aufbau der IPSec-Architektur mit den Sicherheitsprotokollen *Authentication Header* (AH) und *Encapsulating Security Payload* (ESP) sowie ISAKMP und IKE zur Schlüsselverwaltung.

- Teil 3 beschreibt die Konfiguration von IPSec und SSH für die Cisco Router unter IOS mit einem eigenen kompletten Kapitel zur Fehlersuche bei IPSec-Problemen.

- Teil 4 geht näher auf Windows 2000 und dessen integrierter IPSec-Implementierung ein. Ein Schwerpunkt liegt auf der Beschreibung des *Layer Two Tunneling Protocol* (L2TP), das IPSec-VPNs über das Internet ermöglicht.

- Teil 5 enthält größere, komplexere Beispiele für die IPSec-Konfiguration der Router unter IOS sowie der Cisco VPN Client Software für Windows 95/98/NT Clients (z.B. die Cisco-Erweiterungen *Mode Config* und *XAuth*).

Da das Buch als Nachschlagewerk dienen soll, sind die einzelnen Teile in der Regel in sich abgeschlossen und können daher jeweils als separate Referenz dienen. Der Anhang des Buchs enthält folgende Teile, die den Charakter des Buchs als Referenz und Nachschlagewerk ergänzen sollen:

- Übersicht über die im Buch erläuterten Befehle
- Übersicht über die beschriebenen Beispiele
- Übersicht über IOS-Fehlermeldungen
- Übersicht über die Traces
- Übersicht über die in dem Buch erwähnten RFCs
- Abkürzungsverzeichnis
- Übersicht über den Aufbau von ASN.1 Object Identifier
- Ausführlicher Index

Konventionen bei der Schreibweise

Fachausdrücke wurden meistens in der englischen Schreibweise belassen, da sowohl die Netzwerkstandards als auch die Cisco-Handbücher größtenteils nur englischsprachig vorliegen und es meines Erachtens sinnvoll ist, die dort verwendeten Ausdrücke nicht zu verändern, um einfacher eine direkte Zuordnung herstellen zu können.

Die im Text beschriebenen Cisco-Befehle werden in der Schrift **Helvetica** dargestellt, zugehörige Argumente *kursiv* und wichtige Teile eines Befehls in **fett**. Ausgaben von EXEC-Kommandos (z.B #show oder #debug) sowie der Netzwerktraces sind in Letter Gothic gehalten und wichtige Teile der Ausgabe wiederum in **Letter Gothic fett** hervorgehoben. Optionale Schlüsselwörter oder Argumente sind in eckigen Klammern angegeben und bei mehreren möglichen Werten werden diese durch | getrennt.

Helvetica	Router-Kommandos
Fett	Wichtige Bestandteile eines Befehls
Kursiv	Argument eines Befehls
# Kommando	EXEC-Kommando (teilweise auch mit vorangestelltem Hostnamen, z.B. c2505# ...)
|	Kennzeichnet mehrere mögliche Keywords oder Argumente eines Befehls
[]	Kennzeichnet optionale Argumente
Letter Gothic	Ausgabe von show- und debug-Kommandos bzw. von Netzwerktraces
Fett	Wichtige Teile der Ausgabe bzw. des Trace
0x123	Hexadezimalwert
123	Dezimalwert

Beispiel für die Schreibweise von Router-Befehlen:

interface *name* ◂— Argument
   encapsulation frame-relay
   frame-relay keepalice ***seconds*** ◂— wichtiges Argument
   frame-relay   dte | dce | nni ◂— mögliche Schlüsselwörter

Bei der Konfiguration der Router wird normalerweise die Ebene, in der man sich befindet, durch den Präfix hostname(config...)# angegeben. Da dies aber bei der Vielzahl der beschriebenen Befehle zu unübersichtlich gewesen wäre, habe ich die Kommandos, die zu einem Untermenü gehören, eingerückt dargestellt. Die Schreibweise sieht also z.B. für die Definition eines öffentlichen RSA-Schlüssels folgendermaßen aus:

c2503(config)# crypto key pubkey-chain rsa	crypto key pubkey-chain rsa
c2503(config-pubkey-chain)# named-key *c7000.frs-lab.net*	named-key *c7000.frs-lab.net*
c2503(config-pubkey-key)# key-string	key-string
c2503(config-pubkey)# 7c30 0d30 0906 862a 8648	7c30 0d30 0906 862a 8648
c2503(config-pubkey)# 0300 006b 6830 6102 e200	0300 006b 6830 6102 e200
c2503(config-pubkey)# efbb fb52 2a9a 17e8 f9e7	efbb fb52 2a9a 17e8 f9e7
c2503(config-pubkey)# quit	quit

Komplette Routerkonfigurationen sind häufig in mehreren Spalten aufgelistet. Befindet sich zwischen den einzelnen Spalten ein Strich, handelt es sich um die Konfiguration von mehreren Routern, der Hinweis auf die einzelnen Router erfolgt über den Befehl hostname in der ersten Zeile. Dadurch soll ein direkter Vergleich zwischen den Konfigurationen der einzelnen Router erleichtert werden. Existiert kein Strich zwischen den Spalten, handelt es sich um den Setup eines einzelnen Routers.

Ich freue mich über Leserzuschriften. Schreiben Sie mir unter andreas.aurand@addison-wesley.de.

Teil 1
Kryptographie

Kapitel 1

Angriffe auf die IT-Sicherheit und bestehende Sicherheitssysteme

1.1 Übersicht über bestehende TCP/IP-Sicherheitssysteme

Innerhalb des TCP/IP-Umfelds existieren mittlerweile verschiedene Sicherheitssysteme, die direkt auf der Netzwerk- bzw. Transport-Ebene aufsetzen oder applikationsabhängig sind. Dieses Buch beschäftigt sich hauptsächlich mit den IPSec-Protokollen, Kapitel 10 enthält zusätzlich noch einen kurzen Überblick über SSH und dessen IOS-Konfiguration.

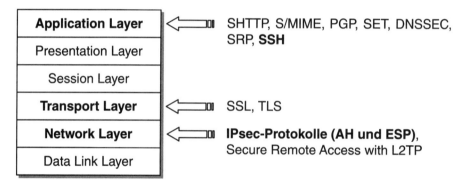

Secure Remote Access with L2TP

Das im RFC 2888 beschriebene *Secure Remote Access with L2TP*-Protokoll ist eine Erweiterung des L2TP *(Layer 2 Tunneling Protocol)* und stellt Dial-In-Benutzern die Möglichkeiten der IPSec-Protokolle zur Verfügung.

SSL (Secure Sockets Layer)

SSL (von Netscape entwickelt, die frei verfügbare SSL-Implementation heißt *SSLeay*) schaltet sich zur Verschlüsselung der Daten zwischen den TCP-Layer und die Applikation. Dadurch ist SSL nicht nur auf HTTP beschränkt, sondern kann auch für andere Protokolle wie FTP, Telnet, LDAP *(Lightweight Directory Access Protocol)* oder IMAP *(Internet Messaging Access Protocol)* eingesetzt werden.

Die SSL-Kommunikation basiert auf einem öffentlichen Verschlüsselungsverfahren, mit dem ein symmetrischer Sitzungsschlüssel ausgetauscht wird. Dazu sendet der Server auf Anforderung des Klienten ein X.509-Zertifikat, das den öffentlichen Schlüssel des Servers (mit Informationen über den Verschlüsselungsalgorithmus) enthält. Der Klient erzeugt daraufhin den Sitzungsschlüssel, den er mit dem öffentlichen Schlüssel des Servers chiffriert und an diesen zurückschickt. Mit diesem Schlüssel werden anschließend die zu übertragenden Daten verschlüsselt.

TLS (Transport Layer Security)

Basierend auf Netscape SSL V3.0 wurde von der IETF ein eigenes applikationsunabhängiges *Transport Layer Security*-Protokoll definiert. TLS ist in den folgenden RFCs beschrieben:

RFC 2246	The TLS Protocol Version 1.0
RFC 2487	SMTP Service Extension for Secure SMTP over TLS
RFC 2595	Using TLS with IMAP, POP3 and ACAP
RFC 2712	Addition of Kerberos Cipher Suites to Transport Layer Security (TLS)
RFC 2817	Upgrading to TLS Within HTTP/1.1
RFC 2818	HTTP over TLS

TLS besteht aus zwei Schichten, dem *TLS Record Protocol* und dem *TLS Handshake Protocol*. Oberhalb von TCP ist das *TLS Record*-Protokoll für die Sicherheit der Verbindung verantwortlich. Für die Verschlüsselung der Daten wird ein symmetrischer Algorithmus eingesetzt (z.B. DES, 3DES usw.) und die Integrität der Daten durch einen *Message Authentication Code* (z.B. SHA-1 oder MD5, siehe Kapitel 2.3) gewährleistet.

Der zur Verschlüsselung der Daten eingesetzte Sitzungsschlüssel ist für jede Verbindung verschieden. Er wird innerhalb des *TLS Handshake*-Protokolls erzeugt und über ein asymmetrisches Schlüsselaustauschverfahren zwischen den beiden Partnern ausgetauscht. Außerdem ist das *TLS Handshake*-Protokoll auch für die Authentifizierung der Teilnehmer verantwortlich (z.B. durch die Verwendung von digitalen Signaturen).

Soll für eine Applikation die Transport Layer Security eingesetzt werden, muss jedoch eine andere TCP/UDP-Portnummer angesprochen werden:

Applikation	TCP/UDP-Portnummer
HTTP Protocol over TLS/SSL	443
NNTP Protocol over TLS/SSL	563
LDAP Protocol over TLS/SSL	636
FTP Protocol, data, over TLS/SSL	989
FTP Protocol, control, over TLS/S	990
TELNET Protocol over TLS/S	992
IMAP4 Protocol over TLS/SSL	993
IRC Protocol over TLS/SSL	994
POP3 Protocol over TLS/SSL	995

Secure HyperText Transfer Protocol (S-HTTP)

S-HTTP ist ein im RFC 2660 beschriebenes Protokoll, das im Gegensatz zu SSL und TLS nur für den HTTP-Standard gilt. Im Wesentlichen ergänzt S-HTTP die HTTP-Header um die zur Verschlüsselung benötigten Parameter.

Secure MIME (S/MIME)

Bei S/MIME (*Secure Multipurpose Internet Mail Extension*) handelt es sich um einen Standard für die E-Mail-Verschlüsselung, der auf dem MIME-Protokoll basiert. S/MIME ist in den folgenden RFCs definiert:

RFC 2311   S/MIME Version 2 Message Specification

RFC 2312   S/MIME Version 2 Certificate Handling

RFC 2630   Cryptographic Message Syntax (CMS)

RFC 2632   S/MIME Version 3 Certificate Handling

RFC 2633   S/MIME Version 3 Message Specification

RFC 2634   Enhanced Security Services for S/MIME

S/MIME erlaubt die verschlüsselte Übertragung sowohl von E-Mails als auch deren Signatur. Die Übertragung der verschlüsselten Daten bzw. der Signatur erfolgt als *MIME Bodypart*, der jeweils über die *Cryptographic Message Syntax* (CMS, siehe Kapitel 5.3.2) kodiert wird. Der zur Chiffrierung eingesetzte symmetrische Schlüssel wird mit Hilfe eines digitalen Umschlags (*CMS/PKCS #7 Enveloped Data*) an den Empfänger übermittelt. Vor dem Versenden einer E-Mail ist also kein Schlüsselaustausch notwendig, der Sender muss lediglich im Besitz des öffentlichen Schlüssels des Empfängers sein.

MIME-Typ	Inhalt	CMS/PKCS#7-Typ	Extension
Application/pkcs7-mime	verschlüsselte Daten	signedData, EnvelopedData	.p7m
Application/pkcs7-mime	X.509v3-Zertifikat	»Certs-only« signedData	.p7c
Application/pkcs7-signature	Signatur	signedData	.p7s

Pretty Good Privacy (PGP)

PGP stellt eine dezentrale PKI-Infrastruktur zur Verfügung, die hauptsächlich zum Verschlüsseln von E-Mails eingesetzt wird. Es basiert auf einem öffentlichen Chiffrierverfahren, kombiniert mit einer symmetrischen IDEA-Verschlüsselung. Im Gegensatz zu S/MIME verwendet PGP ein eigenes Format zum Austausch von Zertifikaten und nicht den X.509-Standard.

SET (Secure Encryption Transaction)

SET ist ein Standard für die Verschlüsselung im elektronischen Zahlungsverkehr. Es basiert auf der Kombination einer asymmetrischen RSA-Chiffrierung und einer symmetrischen Verschlüsselung der Daten. Für den Austausch der öffentlichen Schlüssel werden X.509-Zertifikate eingesetzt.

Domain Name System Security (DNSSEC)

DNSSEC ist ein Protokoll für sichere *Domain Name*-Services und in mehreren RFCs definiert:

RFC 2535	Domain Name System Security Extensions
RFC 2845	Secret Key Transaction Signatures for DNS (TSIG)
RFC 2931	DNS Request and Transaction Signatures (SIG(0)s)
RFC 3007	Secure Domain Name System (DNS) Dynamic Update (DNSSEC)
RFC 3008	Domain Name System Security (DNSSEC) Signing Authority

SRP (Secure Remote Password Protocol)

RFC 2944 (*Telnet Authentication: SRP*) beschreibt ein Protokoll, das ein sicheres *Remote Login* über Telnet ermöglicht. Der verwendete Mechanismus zur Authentifizierung (SRP-SHA1) ist im RFC 2945 (*The SRP Authentication and Key Exchange System*) spezifiziert.

1.2 Übersicht über die verschiedenen Angriffe auf die IT-Sicherheit

Von den verschiedenen Angriffen auf die IT-Sicherheit eines Systems gehen in der Regel mehrere Bedrohungen (*Thread*) aus. Die unterschiedlichen Arten von Angriffen werden in die Bereiche Kryptoanalyse, Denial-of-Service-, Wiretapping- und Replay-Attacken unterteilt.

	Bedrohung	Schutzmaßnahmen
Break-ins	Einbrechen in das lokale System	Authentifizierung des Zugriffs, Verschlüsselung der Daten
Privacy and Integrity Violation	Verletzung der Privatsphäre und der Datenintegrität	Verschlüsselung der Daten und kryptographische Prüfsummen
Denial-of-Service (DoS)	Verweigerung eines Service durch massives Senden von scheinbar legitimen Anfragen	Authentifizierung des Verbindungsaufbaus auf Transport-Ebene

Kryptoanalyse

Unter Kryptoanalyse versteht man die Analyse eines kryptographischen Algorithmus und/oder seiner Ein- und Ausgabe mit dem Ziel, Informationen über vertrauliche Variablen (z.B. private Schlüssel) und/oder sensitive Daten zu erhalten.

- Brute-Force Attack

  Eine Prozedur, die alle bestehenden Möglichkeiten eines Verfahrens austestet. Dazu gehört z.B. das Dechiffrieren einer Nachricht mit allen Schlüsseln, die von dem verwendeten Algorithmus erzeugt werden können.

- Dictionary Attack

  Ein »Brute-Force«-Angriff, bei dem der Angreifer alle Schlüssel eines großen, vollständigen Wörterbuchs ausprobiert.

- Chosen-Ciphertext Attack

  Der Angreifer gibt das Chiffrat vor und versucht, aus dem daraus erzeugten Klartext den verwendeten Schlüssel zu ermitteln.

- Chosen-Plaintext Attack

  Der Angreifer gibt den Klartext vor und versucht, aus dem daraus erzeugten Chiffrat, den eingesetzten Schlüssel zu bestimmen.

- Ciphertext-only Attack

  Der Angreifer probiert, ob er den Schlüssel aus dem abgefangenen Chiffrat ableiten kann.

- Known-Plaintext Attack

  Der Angreifer versucht, aus dem Vergleich von bekannten Klartext/Chiffrat-Paaren den verwendeten Schlüssel zu bestimmen.

- Cut-and-Paste Attack

  Ein Angriff auf die Integrität des Chiffrats. Es werden Teile der verschlüsselten Daten so durch einen anderen Chiffriertext ersetzt, dass die Entschlüsselung scheinbar korrekt abläuft, der Klartext aber gefälscht ist.

Wiretapping-Attacken

Wiretapping beschreibt das Abfangen und den Zugriff auf Daten bzw. andere Informationen, die innerhalb eines Datenstroms übertragen werden. Bei *Active Wiretapping* modifiziert der Angreifer die Daten bzw. den Datenstrom. Bei *Passive Wiretapping* wird nur der Übertragungskanal beobachtet, ohne die Informationen zu verändern.

- Masquerade Attack

  Bei Masquerade-Attacken (auch *Identity Spoofing* genannt) nimmt der Angreifer unrechtmäßig die Identität eines anderen Systems an (z.B. dessen IP-Adresse).

- Hijack Attack (Active Wiretapping)

  Der Angreifer versucht, die Kontrolle über eine bereits aufgebaute Verbindung zu gewinnen.

- Man-in-the-Middle Attack (Active Wiretapping)

  In diesem Fall fängt der Angreifer die übertragenen Daten ab, modifiziert und sendet sie dann an den Empfänger weiter. Das heißt, er spielt beiden Kommunikationspartnern den jeweils anderen Partner vor. Besonders anfällig für »Man-in-the-Middle«-Attacken sind asymmetrische Schlüsselaustauschverfahren (z.B. Diffie-Hellman). Aus diesem Grund wird bei diesen Verfahren häufig noch die Authentizität des Partners überprüft, um sicherzugehen, dass die Kommunikation mit dem »richtigen« Partner stattfindet.

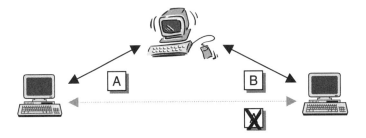

- Piggyback Attack (Active Wiretapping)

  Bei Piggyback-Attacken (auch als »Between-the-lines« Attack bezeichnet) probiert der Angreifer, den Zugriff auf ein System zu erhalten, indem er eine inaktive Phase einer legitimen Verbindung ausnutzt, um eigene Daten zu senden.

»Denial-of-Service«-Attacken (DoS)

Bei »Denial-of-Service«-Attacken wird versucht, einen autorisierten Zugriff auf Systemressourcen zu verhindern bzw. die Systemfunktionen und -operationen zu verlangsamen. Durch ein massives Senden von scheinbar legitimen Anfragen sollen bestimmte Services auf dem betroffenen Rechner nicht mehr möglich sein. Beim Distributed-Denial-of-Service (DDoS) verteilt der Angreifer zuerst ein Programm im Netz, das es ermöglicht, den DoS-Angriff auf ein bestimmtes Ziel gleichzeitig von verschiedenen Orten aus zu starten.

- Resource Clogging

  Eine Attacke, bei der ein Angreifer das System mit Aufgaben überflutet, die sehr rechenintensiv sind. Protokolle zur Verwaltung von kryptographischen Schlüsseln, die auf öffentlichen Verschlüsselungsverfahren beruhen, sind daher sehr anfällig für solche Attacken (siehe auch Kapitel 8.2 und 9.3).

- Flooding

  Der Angreifer versucht, Fehler in einem Computersystem zu generieren, indem er es mit mehr Daten versorgt, als es überhaupt verarbeiten kann.

- ICMP Flood

    Der Angreifer sendet mehr »ICMP Echo Request«-Pakete (PING) zu einem Host, als dieser in der Lage ist abzuarbeiten.

- SYN Flood

    Der Angreifer sendet mehr »TCP SYN«-Pakete zu einem Host, als dieser verarbeiten kann.

Replay-Attacken

- Replay Attack

    In diesem Fall wird eine gültige Datenübertragung in bösartiger oder betrügerischer Absicht wiederholt – entweder vom ursprünglichen Sender oder von einem Widersacher, der die Daten abgefangen hat und sie dann erneut überträgt (evtl. in Zusammenhang mit einer Masquerade-Attacke).

- Reflection Attack

    Attacke, bei der der Angreifer die übertragenen Daten zum ursprünglichen Absender zurücksendet.

Kapitel 2: Grundziele der Kryptographie

Das IT-Grundschutzhandbuch des Bundesamtes für Sicherheit in der Informationstechnik (BSI – www.bsi.de) unterscheidet zwischen vier kryptographischen Grundzielen (Auszug aus dem Grundschutzhandbuch):

- **Vertraulichkeit (*Confidentiality, Privacy*)**

  Keine unbefugte dritte Partei soll an den Inhalt der Nachricht bzw. Datei gelangen können.

- **Integrität (*Integrity*)**

  Unbefugte Manipulationen an der Nachricht bzw. Datei (z.B. Einfügen, Weglassen, Ersetzung von Teilen) sollen entdeckt werden können.

- **Authentizität (*Authenticity*)**

  Hierbei unterscheidet das IT-Grundschutzbuch zwischen dem Identitätsnachweis für die Authentifizierung von Kommunikationspartnern und dem Herkunftsnachweis für eine Nachrichtenauthentifizierung.

  - Identitätsnachweis: Eine Kommunikationspartei soll einer anderen ihre Identität zweifelsfrei beweisen können.
  - Herkunftsnachweis: A soll B beweisen können, dass eine Nachricht von ihm stammt und nicht verändert wurde.

- **Nichtabstreitbarkeit (Verbindlichkeit, *Non-Repudiation, Commitment*)**

  Hier liegt der Schwerpunkt, verglichen mit der Nachrichtenauthentifizierung, auf der Nachweisbarkeit gegenüber Dritten.

  - Nichtabstreitbarkeit der Herkunft: Es soll A unmöglich sein, das Absenden einer bestimmten Nachricht an B nachträglich zu bestreiten.
  - Nichtabstreitbarkeit des Erhalts: Es soll B unmöglich sein, den Erhalt einer von A gesendeten Nachricht nachträglich zu bestreiten.

Die grundlegende kryptographische Methode zur Wahrung von Vertraulichkeit ist Verschlüsselung, die grundlegenden Methoden zur Gewährleistung von Integrität, Authentizität und Nichtabstreitbarkeit sind Hashfunktionen, Message Authentication Codes (MACs), digitale Signaturen und kryptographische Protokolle.

Grundziel	Sicherheitsmechanismus
Vertraulichkeit	kryptographische Verschlüsselung
Integrität	digitale Signatur, Message Authentication Codes, kryptographische Hashfunktion
Authentizität	digitale Signatur, Message Authentication Codes
Nichtabstreitbarkeit	digitale Signatur

Vertraulichkeitsschutz durch Verschlüsselung

Für die Übertragung vertraulicher Informationen bedarf es deren Verschlüsselung. Das entscheidende Merkmal eines Verschlüsselungsverfahrens ist die Güte des Algorithmus sowie der Schlüsselauswahl. Ein anerkannter Algorithmus, der für den mittleren Schutzbedarf ausreicht, ist der Triple DES, der auf dem Data Encryption Standard (DES) basiert.

Um den Anforderungen der Vertraulichkeit der zu übertragenden Informationen zu entsprechen, müssen das IT-System des Absenders und des Empfängers den Zugriffsschutz auf das Verschlüsselungsprogramm ausreichend gewährleisten. Gegebenenfalls sollte dieses Programm auf einem auswechselbaren Datenträger gespeichert, in der Regel verschlossen aufbewahrt und nur bei Bedarf eingespielt/genutzt werden.

Integritätsschutz durch Checksummen, Verschlüsselung oder digitale Signaturbildung

Das Ziel des Integritätsschutzes ist es, dass ein Empfänger einer Nachricht feststellen kann, ob er diese Nachricht unverfälscht erhalten hat. Das Grundprinzip des Integritätsschutzes besteht darin, die Nachricht unverschlüsselt und unverändert zu übersenden, gleichzeitig aber bestimmte Kontrollinformationen (sog. Fingerabdrücke oder *Fingerprints*) mitzuschicken, die die Kontrolle auf Unverfälschtheit der eigentlichen Nachricht ermöglichen. Voraussetzung dafür ist allerdings, dass der Empfänger die Kontrolldaten unmanipuliert erhält. Für diese Kontrolldaten stellen sich damit folgende Bedingungen:

- Der Umfang der Kontrollinformationen muss möglichst gering sein, um die zusätzlich zu übertragenden Informationen zu minimieren.
- Praktisch jede Manipulation, auch nur eines einzelnen Bits der Nachricht, muss anhand der Kontrollinformationen feststellbar sein.
- Die Kontrollinformationen müssen unmanipulierbar übertragen bzw. Manipulationen müssen entdeckt werden können.

Zur Berechnung der Kontrollinformationen werden typischerweise zwei Verfahren verwendet: *Hashfunktionen* und *Message Authentication Codes*.

Eine digitale Signatur ist ein spezieller Integritätsschutz mit zusätzlichen Besonderheiten, die als Kontrollinformation an eine Nachricht oder Datei angehängt wird und mit der folgende Eigenschaften verbunden sind:

- Anhand einer digitalen Signatur kann eindeutig festgestellt werden, wer diese erzeugt hat.
- Es ist authentisch überprüfbar, ob die Datei, an die die digitale Signatur angehängt wurde, identisch ist mit der Datei, die tatsächlich signiert wurde.

Digitale Signaturen stellen ausschließlich die Ziele Integrität und Nichtabstreitbarkeit sicher, bieten jedoch in keiner Weise eine Vertraulichkeit. Eine digital signierte Nachricht wird im Klartext übertragen, ist sie vertraulich, muss sie zusätzlich verschlüsselt werden.

Authentizitätsnachweise über Challenge-Response-Verfahren

Bei der Authentifizierung von Benutzern gegenüber Kommunikationspartnern/IT-Systemen bzw. Clients gegenüber Servern sollen:

1. illegitime Zugriffe erkannt und abgewehrt werden
2. legitime Zugriffe erlaubt werden
3. sensible Daten auch bei Übertragungen über Netze geschützt bleiben

Dazu sind Verfahren erforderlich, die allen Beteiligten die Feststellung der Identität ihrer Kommunikationspartner unmissverständlich erlauben. Dies schließt einen Zeitaspekt ein: A will B in »real time« davon überzeugen, dass tatsächlich er mit ihm kommuniziert. Die Haupttechniken für solche Authentifizierungen sind kryptographische Challenge-Response-Protokolle.

Hierbei sendet B Daten an A und fordert ihn auf (*Challenge*), ihm den Besitz eines Geheimnisses (also einer Schlüsselinformation) nachzuweisen, und A demonstriert ihm diesen Besitz, ohne das Geheimnis selbst preiszugeben, indem er eine vom Geheimnis und seiner *Challenge* abhängige Antwort sendet (*Response*). B wiederum überprüft anhand der Antwort, dass zur Berechnung der Antwort wirklich das korrekte Geheimnis verwendet wurde.

Für eine »starke« Authentifizierung dürfen sich die *Challenges* nicht wiederholen. Bei Challenge-Response-Verfahren können sowohl symmetrische als auch asymmetrische Techniken verwendet werden.

Beispiel: A und B verständigen sich vorab auf ein symmetrisches Verschlüsselungsverfahren und einen gemeinsamen kryptographischen Schlüssel. Zur Authentifizierung sendet B eine Zufallszahl als *Challenge* an A. A wiederum verschlüsselt diese Zufallszahl mit dem gemeinsamen geheimen Schlüssel und sendet das Ergebnis zurück an B. Im nächsten Schritt entschlüsselt B die Nachricht und vergleicht, ob das Ergebnis seine anfangs gewählte Zufallszahl ist. Bei Gleichheit ist es tatsächlich A, da nur er den geheimen Schlüssel kennt.

Das IPSec-Protokoll bietet zur Authentifizierung des Partners unterschiedliche Verfahren an, die alle auf einem solchen Mechanismus basieren: eine symmetrische Technik mit einem gemeinsamen Geheimnis, dem *Pre-shared Key* sowie zwei asymmetrische Methoden, eine mit RSA-Verschlüsselung und die andere mit RSA-Signaturen.

2.1 Kryptographische Verschlüsselung

Definition der Verschlüsselung nach dem IT-Grundschutzhandbuch

Verschlüsselung (Chiffrieren) transformiert einen Klartext (*Plain Text*) in Abhängigkeit von einer Zusatzinformation, die »Schlüssel« (*Key*) genannt wird, in einen zugehörigen Geheimtext (Chiffrat, *Cipher Text*), der für diejenigen, die den Schlüssel nicht kennen, nicht entzifferbar sein soll. Die Umkehrtransformation – die Zurückgewinnung des Klartextes aus dem Geheimtext – wird Entschlüsselung genannt. In allen modernen Verschlüsselungsalgorithmen sind Klartexte, Geheimtexte und Schlüssel jeweils als Folgen von Bits gegeben.

Um praktisch einsetzbar zu sein, müssen Verschlüsselungsalgorithmen folgende Mindestanforderungen erfüllen:

1. Sie sollten entzifferungsresistent sein, d.h., ohne Kenntnis des Schlüssels darf das Chiffrat nicht entschlüsselt werden können. Insbesondere muss hierfür die Menge der möglichen Schlüssel »ausreichend groß« sein, da sonst ein einfaches Ausprobieren aller Schlüssel möglich wäre.
2. Sie müssen einfach einzusetzen sein.
3. Ver-/Entschlüsselung müssen »schnell genug« sein.
4. Geringe Änderungen im Klartext sollten zu substantiellen Änderungen im Geheimtext führen (*Avalanche*-Effekt).

Die Forderung nach Entzifferungsresistenz ist immer relativ zu den aktuellen technischen und mathematischen Möglichkeiten zu betrachten. Wichtig bei der Bewertung von Verschlüsselungsalgorithmen ist, dass es zum Nutzungszeitpunkt praktisch nicht möglich sein darf, das Chiffrat ohne Kenntnis des Schlüssels zu entschlüsseln, d.h. nicht mit der dann verfügbaren Technik innerhalb eines akzeptablen Zeitrahmens.

Klassen von Chiffrierverfahren

- Symmetrische (*Secret Key*) Verschlüsselung

    Symmetrische Verschlüsselungsverfahren (auch als *Secret Key Algorithm* oder konventionelle Verschlüsselung bezeichnet) benutzen den gleichen geheimen Schlüssel (*Shared Secret* oder *Shared Key*) sowohl für die Ver- als auch für die Entschlüsselung. Diese Algorithmen werden deshalb gelegentlich auch als »Ein-Schlüssel«-Verfahren bezeichnet, da die Kenntnis eines Schlüssels ausreicht, um sowohl chiffrieren als auch dechiffrieren zu können.

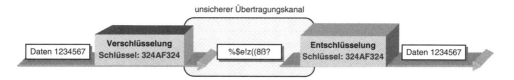

- Asymmetrische, öffentliche (*Public Key*) Verschlüsselung

  Asymmetrische Chiffrierverfahren dagegen benutzen zwei verschiedene (aber mathematisch verwandte) Schlüssel: einen »öffentlichen« Schlüssel (*Public Key*) für die Verschlüsselung und einen »privaten« Schlüssel (*Private Key*) für die Entschlüsselung. Das Schlüsselpaar muss dabei folgende Eigenschaft aufweisen: Für alle, die lediglich den öffentlichen Schlüssel kennen, muss es praktisch unmöglich sein, eine mit ihm chiffrierte Nachricht zu entschlüsseln oder den zugehörigen privaten Schlüssel zu bestimmen.

  Asymmetrische Verschlüsselung hat also eine »Einbahn«-Eigenschaft: Eine Nachricht kann nicht wiederhergestellt werden, wenn der private Schlüssel vergessen oder gelöscht wurde. Die Bezeichnung öffentliche Verschlüsselung rührt daher, dass ein Schlüssel öffentlich bekannt gemacht werden kann, ohne die Sicherheit des Verfahrens zu gefährden. Der private Schlüssel hingegen muss weiterhin geheim gehalten werden.

  Um sicher zu sein, mit dem richtigen Partner zu kommunizieren, sollte der Empfänger den verwendeten öffentlichen Schlüssel verifizieren. Um diese Informationen jedem Teilnehmer zugänglich zu machen, ist eine entsprechende Infrastruktur notwendig (so genannte *PKI – Public Key Infrastructure*), die gewährleistet, dass die benutzten öffentlichen Schlüssel aktuell und authentisch sind (siehe auch Kapitel 5).

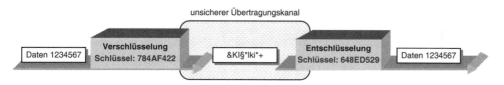

- Hybride Verfahren

  Hybride Verfahren versuchen, die Vorteile beider Arten zu kombinieren: Sie benutzen eine asymmetrische Verschlüsselung, um einen geheimen Schlüssel (den Sitzungsschlüssel oder *Session Key*) für einen symmetrischen Algorithmus sicher zu übertragen. Die Chiffrierung des eigentlichen Nachrichtentexts erfolgt dann mit diesem Sitzungsschlüssel. Er wird gewöhnlich nur für eine Sitzung (Übertragung) benutzt und dann vernichtet. Das asymmetrische Schlüsselpaar kann man in der Regel für einen längeren Zeitraum verwenden.

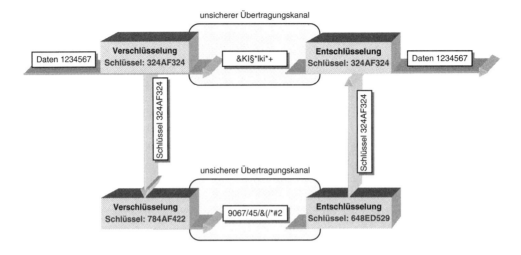

Vorteile (guter) symmetrischer Verfahren

- Sie sind schnell, d.h., sie haben einen hohen Datendurchsatz.
- Sie bieten hohe Sicherheit bei relativ kurzem Schlüssel.
- Die Sicherheit wird im Wesentlichen durch die Schlüssellänge festgelegt. Das heißt, bei guten symmetrischen Verfahren sollte es keine Angriffsmöglichkeiten geben, die wesentlich besser sind als eine *Brute-Force*-Attacke.
- Die Schlüsselerzeugung ist relativ einfach. Als Schlüssel ist gewöhnlich jede Bitfolge fester Länge erlaubt und es kann daher eine beliebige Zufallszahl sein.

Nachteile symmetrischer Verfahren

- Jeder Teilnehmer muss sämtliche Schlüssel seiner Kommunikationspartner geheim halten.
- Eine sichere Verteilung der Schlüssel zwischen den Partnern ist schwieriger als bei asymmetrischen Verfahren, insbesondere bei einer großen Anzahl von Teilnehmern.
- Es ist keine spontane gesicherte Kommunikation möglich, d.h., vor der Verschlüsselung der Daten müssen die Partner den geheimen Schlüssel erst über einen sicheren Kanal untereinander austauschen (z.B. durch die Chiffrierung des geheimen Schlüssels über ein asymmetrisches Verfahren).
- Da man bei der Verwendung von symmetrischen Schlüsseln nicht ohne Weiteres erkennen kann, welcher Partner die Nachricht verschlüsselt hat, sind sie nicht für Services geeignet, die die Verbindlichkeit (Nichtabstreitbarkeit) einer Aktion gewährleisten sollen.

Vorteile (guter) asymmetrischer Verfahren

- Jeder Teilnehmer einer vertraulichen Kommunikation muss nur seinen eigenen privaten Schlüssel geheim halten.
- Sie lassen sich einfach für digitale Signaturen benutzen.
- Sie sind gut geeignet für Services, die die Verbindlichkeit einer Aktion gewährleisten sollen.
- Sie bieten elegante Lösungen für die Schlüsselverteilung, da man die öffentlichen Schlüssel bzw. Schlüsselzertifikate frei zugänglich auf zentralen Servern speichern kann, ohne die Sicherheit des Verfahrens zu beeinträchtigen.

Nachteile asymmetrischer Verfahren

- Sie sind langsam und werden daher hauptsächlich zur verschlüsselten Übertragung eines symmetrischen Schlüssels und bei digitalen Signaturen eingesetzt.
- Die Schlüsselerzeugung ist im Allgemeinen komplex und aufwendig, da die Erzeugung »schwacher« Schlüsselpaare vermieden werden muss.
- Die Sicherheit beruht »nur« auf der vermuteten, aber von der Fachwelt anerkannten, algorithmischen Schwierigkeit eines mathematischen Problems.
- Es gibt wesentlich bessere Attacken (z.B. Chosen-Plaintext) als das Durchprobieren aller Schlüssel. Aus diesem Grund werden – im Vergleich zu symmetrischen Verfahren – relativ lange Schlüssel benötigt, um ein gleich hohes Maß an Sicherheit zu gewährleisten.

2.1.1 Symmetrische Verschlüsselungsverfahren

Bei den symmetrischen Verfahren unterscheidet man in der Regel zwischen zwei verschiedenen Arten der Chiffrierung: Blockchiffren (*Block Cipher*) und Stromchiffren (*Stream Cipher*). Stromchiffren verschlüsseln den Klartext Bit für Bit während Blockchiffren immer einen festen Block von Bits verwenden.

Blockchiffre-Verfahren

Bei den Blockchiffre-Verfahren werden aus dem Klartext Blöcke fester Größe gebildet (meistens 64 Bit), auf die dann der Verschlüsselungsalgorithmus angewandt wird. In der Regel ist die Länge des Chiffriertextblocks genauso groß wie die Länge des Klartextblocks.

- Data Encryption Standard (DES)

Blocklänge	64 Bit
Schlüssellänge	56 Bit bei DES bzw. 112 Bit effektive Schlüssellänge bei Triple-DES
Verfahren	Feistelchiffre mit 16 Runden

Da die normale Schlüssellänge mit 56 Bit mittlerweile zu wenig Schutz bietet, wird häufig eine Mehrfachchiffrierung (iterative Blockchiffrierung) durchgeführt. Dabei wird der Klartextblock mehrfach mit verschiedenen Schlüsseln abwechselnd ver- und entschlüsselt (z.B. Triple-DES, 3DES). Dadurch vergrößert sich die effektive Schlüssellänge des Verfahrens. Im weiteren Verlauf des Buches wurde bei den Konfigurationen trotzdem nur DES als Algorithmus benutzt, da IOS dieses Verfahren standardmäßig unterstützt (Versionen mit 3DES unterliegen gewissen Exportbeschränkungen). In produktiven Netzwerken sollten aber auf jeden Fall Versionen verwendet werden, die den Einsatz von 3DES als Verschlüsselungsalgorithmus erlauben.

- International Data Encryption Standard (IDEA)

Blocklänge	64 Bit
Schlüssellänge	128 Bit
Verfahren	Iterierte Chiffre mit 8 Runden

- Weitere Blockchiffre-Verfahren

Verfahren	Blocklänge (Bit)	Schlüssellänge (Bit)
AES (Advanced Encryption Standard)	Nachfolger für DES; der zu verwendende Algorithmus ist noch nicht festgelegt.	
Blowfish	64	bis 448 Bits
CAST (C. Adams, S. Tavares)	64	40 – 128 Bit
CAST-256	64	bis 256 Bit
RC2	64	variabel
RC5	variabel	variabel
RC6	128	variabel (128, 192 oder 256)
RIJNDAEL	variabel (128, 192 oder 256)	variabel (128, 192 oder 256)
SAFER K-64 (Secure And Fast Encryption Routine)	64	64 Bit
SAFER K-128	64	128 Bit
Serpent	128	variabel (128, 192 oder 256)
Skipjack	64	80 Bit

Betriebsmodi von Blockchiffren

Für DES sind in der FIPS Publikation 81 (Federal Information Processing Standard) vier verschiedene Betriebsmodi (ECB, CBC, CFB und OFB) definiert. Ursprünglich für DES spezifiziert, sind diese Modi mittlerweile auch bei anderen Algorithmen im Einsatz. ECB und CBC sind blockorientiert, CFB und OFB zeichenorientiert.

- Electronic Code Book (ECB)

  Beide Partner einigen sich bei diesem Verfahren auf einen gemeinsamen Schlüssel S. Die einzelnen Klartextblöcke werden dann der Reihe nach unabhängig voneinander chiffriert. Gleiche Klartextblöcke führen daher immer zu den gleichen Chiffriertextblöcken. Die einzelnen Chiffreblöcke sind nicht miteinander verkettet.

- Cipher Block Chaining (CBC)

  Bei CBC einigen sich beide Partner auf den gemeinsamen Schlüssel S und einen Initialisierungsvektor IV. Gleiche Klartextblöcke führen bei diesem Verfahren zu unterschiedlichen Chiffreblöcken, die zusätzlich noch untereinander verkettet sind. Ein neuer Chiffreblock wird erzeugt, indem man den Klartextblock mit dem vorhergehenden Chiffreblock über eine XOR-Operation verschlüsselt. Für den ersten Klartextblock dient der Initialisierungsvektor als Chiffreblock. Damit erreicht man eine Verkettung (*Chaining*) der einzelnen Blöcke.

- Cipher Feedback (CFB)

  Das CFB-Verfahren dient nur zur Erzeugung einer pseudozufälligen Bitfolge, die dann als Eingabe für ein additives Stromchiffre-Verfahren verwendet wird. Zum Erzeugen der Bitfolge benötigt CFB einen geheimen Schlüssel S und einen Initialisierungsvektor IV.

- Output Feedback (OFB)

  OFB ist im Prinzip identisch mit dem CFB-Modus. Anstatt aus dem Geheimtext werden die Rückkopplungsbits jedoch aus dem Chiffrierausgang des Blockverfahrens genommen. Im Gegensatz zu den anderen Modi kann man OFB auch für Stromchiffre-Verfahren einsetzen.

Stromchiffre-Verfahren

Stromchiffren erzeugen mit Hilfe des geheimen Schlüssels eine zufällige, unregelmäßige Bitfolge, die über eine XOR-Operation auf den Klartext aufaddiert wird. Für die Sicherheit von Stromchiffren ist es wichtig, dass man niemals zwei verschiedene Nachrichten mit demselben Schlüsselstrom chiffriert.

- RC4

  Mittlerweile wurde die RC4-Verschlüsselung schon erfolgreich attackiert und kann damit nicht mehr als sicher betrachtet werden.

- SEAL (Software-optimized Encryption Algorithm)

  SEAL ist ein Stromchiffre-Verfahren, das zur Initialisierung von verschiedenen Tabellen SHA (Secure Hash Algorithm) benutzt. Durch die Verwendung dieser Tabellen wird eine sehr gute Performance erreicht.

- One-Time Pad (auch Vernam-Chiffre genannt)

  Bei One-Time Pad handelt es sich um eine additive Stromchiffrierung mit einem fortlaufenden, unregelmäßigen, individuellen Schlüssel, der nur einmal verwendet werden darf. Die Länge des Schlüssels ist hierbei genauso groß, wie die Länge des Klartextes. In der Praxis verwendet man zur Erzeugung solcher Schlüssel Pseudozufalls-Generatoren. Der Schlüssel besteht in diesem Fall nur noch aus dem Initialisierungswert des Generators.

2.1.2 Asymmetrische, öffentliche Verschlüsselungsverfahren

2.1.2.1 Mathematische Grundlagen

Die asymmetrischen Verschlüsselungsverfahren basieren auf der (unbewiesenen) Schwierigkeit verschiedener zahlentheoretischer Probleme. Das heißt, ein Angriff auf den Algorithmus scheitert nicht aus prinzipiellen Gründen, sondern an dem erforderlichen Aufwand, an der Rechenzeit oder an der vorhandenen Speicherkapazität.

Faktorisierungsproblem

Die Sicherheit der auf dem Faktorisierungsproblem basierenden Algorithmen basiert auf der Schwierigkeit, eine große natürliche Zahl zu faktorisieren (d.h. die beiden Primfaktoren der Zahl zu finden). Bei entsprechend großem Schlüssel ist eine Entschlüsselung – beim derzeitigen Stand der Technik und der Kryptoanalyse – nicht in einem akzeptablen Zeitraum möglich. Zu dieser Gruppe von öffentlichen Verschlüsselungsverfahren gehört zum Beispiel der RSA-Algorithmus (Rivest-Shamir-Adleman).

Diskretes Logarithmusproblem

Beim diskreten Logarithmusproblem besteht das mathematische Problem darin, bei einer Gleichung der Form $y = g^x \mod p$ und gegebenem y, g, p den Wert für x zu bestimmen. Zu dieser Gruppe gehören das Diffie-Hellman-Schlüsselaustauschverfahren sowie weitere Verfahren:

- ElGamal

    ElGamal ist eine Erweiterung des Diffie-Hellman-Schlüsselaustauschverfahrens. Es erzeugt einen gemeinsamen Schlüssel und benutzt ihn als *One-Time Pad* für die Verschlüsselung eines Nachrichtenblocks. ElGamal kann man sowohl für die Nachrichtenverschlüsselung als auch für digitale Signaturen einsetzen.

- Elliptische Kurven (*Elliptic Curve Cryptography – ECC*)

    Dieses Verfahren arbeitet auf der Basis von elliptischen Kurven, die sich über beliebige Körper definieren lassen. In der Kryptographie finden jedoch nur Kurven über endliche Körper Anwendung, einer mathematischen Struktur mit endlich vielen Elementen. Eine gängige Bezeichnung für solche Körper ist GF (*Galoisfeld*).

- DSA (Digital Signature Algorithm)

    Der Digital Signature Algorithm (DSA) ist Teil des amerikanischen Digital Signature Standards (DSS) und arbeitet ähnlich wie ElGamal. DSA ist jedoch nur für die Signatur von Nachrichten geeignet.

- KEA (Key Exchange Algorithm)

    KEA ist ein weiteres Schlüsselaustauschverfahren, das auf dem Diffie-Hellman-Protokoll basiert. Es verwendet das Skipjack-Blockchiffre-Verfahren, um den Schlüssel auf einen 80-Bit-Wert zu reduzieren.

Rucksackproblem (Knapsack bzw. Subset Sum Problem)

Hierbei handelt es sich um folgendes Problem: Bei einem gefüllten Rucksack, dessen Gesamtgewicht man kennt, soll der Inhalt, der aus einer Menge von N Gegenständen gewählt ist, deren einzelne Gewichte ebenfalls bekannt sind, identifiziert werden, ohne den Rucksack zu öffnen.

Mathematisch betrachtet bedeutet das, man kennt die Summe S und die N Gegenstände mit ihren Gewichten G_i mit i = 1,2,...,N und sucht nun den Binärverktor m = $(m_1, m_2, ..., m_N)$, so dass die Gleichung S = $m_1 \times G_1 + m_2 \times G_2 + ... + m_N \times G_N$ erfüllt ist.

In der Kryptographie wird der Binärvektor benutzt, um die Nachricht zu verschlüsseln. Dazu muss das Rucksackproblem jedoch so beschrieben sein, dass der Binärvektor eindeutig ist.

2.1.2.2 Schlüsselaustauschverfahren

Öffentliche Verschlüsselungsverfahren bieten flexible, skalierbare und effiziente Möglichkeiten, um mit Hilfe von Schlüsselaustauschprotokollen einen geheimen Sitzungsschlüssel über eine unsichere Verbindung auszutauschen bzw. lokal zu generieren. Zwei gängige Methoden sind *Key Transport* und *Key Generation*.

Key Transport

In diesem Fall generiert der Sender mit Hilfe einer Zufallsfunktion einen Sitzungsschlüssel, chiffriert ihn mit dem öffentlichen Schlüssel des anderen Benutzers und sendet ihn dann zum Empfänger. Der Partner kann den übertragenen Schlüssel mit seinem privaten Schlüssel wieder dechiffrieren. Damit sind beide Seiten im Besitz des gleichen Sitzungsschlüssels.

- Der erzeugte Sitzungsschlüssel basiert nur auf den Informationen von einer Seite.
- Vorteil: Weniger Aufwand bei der Berechnung des Sitzungsschlüssels.
- Beispiel: RSA-Verschlüsselung

Key Generation

Bei diesen Verfahren tauschen beide Seiten zuerst öffentliche Informationen untereinander aus. Anschließend berechnen die Partner aus diesen Informationen und lokal gespeicherten Geheiminformationen den gleichen Schlüssel.

- Das erzeugte gemeinsame Geheimwort basiert auf öffentlichen und privaten Informationen beider Partner.
- Vorteil: Kein direkter Austausch von Schlüsseln zwischen den Partnern. Ermöglicht *Perfect Forward Secrecy*.
- Beispiel: Diffie-Hellman-Verfahren

Perfect Forward Secrecy (PFS)

Perfect Forward Secrecy bedeutet, dass bei Preisgabe eines einzelnen Schlüssels nur der Zugriff auf Informationen möglich ist, die mit diesem Schlüssel geschützt wurden. Das heißt, die Aufdeckung eines privaten Schlüssels darf nicht die Geheimhaltung der Sitzungsschlüssel von vorhergehenden Verbindungen gefährden.

Protokolle zur Schlüsselverwaltung (Key Management Protocol)

In größeren Netzwerken, in denen eine manuelle Verwaltung der eingesetzten Schlüssel nicht mehr möglich ist, und beim Einsatz von Anti-Replay-Mechanismen benötigt man ein automatisiertes Protokoll zum Erzeugen und Verwalten der benötigten Sitzungsschlüssel. Ein weiterer Punkt, der zu berücksichtigen ist, betrifft die »Lebensdauer« der Sitzungsschlüssel. Je häufiger Chiffrierschlüssel benutzt werden, desto anfälliger sind sie für einen Angriff (sie werden »schwach«). Aus diesem Grund sollten die beteiligten Parteien nach einer gewissen Zeit einen neuen Sitzungsschlüssel generieren.

- IPSec-Architektur: IKE (Internet Key Exchange)

    RFC 2408   Internet Security Association and Key Management Protocol (ISAKMP)

    RFC 2409   The Internet Key Exchange (IKE)

    RFC 2412   The OAKLEY Key Determination Protocol

- Photuris, ein von IBM entwickeltes Protokoll

    RFC 2522   Photuris: Session-Key Management Protocol

    RFC 2523   Photuris: Extended Schemes and Attributes

- Schlüsselverwaltung bei Multicast-Übertragungen: *Group Key Management Protocol*

    RFC 2093   Group Key Management Protocol (GKMP) Specification

    RFC 2094   Group Key Management Protocol (GKMP) Architecture

    RFC 2627   Key Management for Multicast: Issues and Architectures

2.1.2.3 Diffie-Hellman-Algorithmus

Mit Hilfe des Diffie-Hellman-Schlüsselaustauschverfahrens können sich zwei Parteien, die vorher noch nicht miteinander kommuniziert haben, auf einen gemeinsamen Schlüssel einigen.

Der Austausch der für die Verschlüsselung benötigten Daten kann über eine unsichere Verbindung erfolgen, ohne dass ein potenzieller Angreifer in der Lage wäre, durch Mithören dieser Daten den gemeinsamen Schlüssel in einem realistischen Zeitraum zu ermitteln. Die Schwierigkeit basiert – wie bereits erwähnt – auf dem diskreten Logarithmusproblem.

Dabei muss man aber beachten, dass beide Parteien zwar eine **geheime** Verbindung aufbauen, es erfolgt aber keine Authentifizierung der Partner. Das heißt, die beteiligten Systeme können sich nicht sicher sein, wer wirklich am anderen Ende der Verbindung ist. Deshalb sind diese Verfahren besonders durch *Man-in-the-Middle*-Attacken gefährdet.

Arbeitsweise des Algorithmus

Das Schlüsselaustauschverfahren nach Diffie-Hellman ist sowohl im RFC 2631 – Diffie-Hellman Key Agreement Method als auch in dem PKCS-Dokument »PKCS #3 Diffie-Hellman Key Agreement Standard« beschrieben. Das Erzeugen des gemeinsamen geheimen Schlüssels läuft nach folgendem Schema ab:

1. Beide Teilnehmer (A und B) einigen sich auf einen Generator g als Basis der Exponentialgleichung und eine große Primzahl p als Modulus (durch Angabe der Diffie-Hellman-Gruppe).

2. A und B erzeugen jeder für sich eine lokale Zufallszahl als privaten Schlüssel (priv_A und priv_B)

3. Beide Parteien berechnen ihren öffentlichen Schlüssel und tauschen ihn über die ungesicherte Verbindung aus: public_A = g^{priv_A} mod p und public_B = g^{priv_B} mod p.

4. Jetzt können A und B jeweils lokal das gleiche gemeinsame Geheimwort shared_S ($g^{(priv\_A * priv\_B)}$ mod p) generieren:

Shared_S auf System A	Shared_S auf System B
public_B$^{priv\_A}$ mod p	public_A$^{priv\_B}$ mod p

5. Anschließend können die zu übertragenden Daten (z.B. ein symmetrischer Sitzungsschlüssel oder normale Benutzerdaten) mit diesem Geheimwort chiffriert werden.

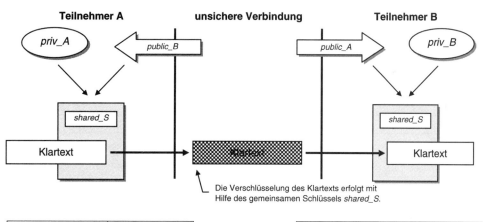

Die Verschlüsselung des Klartexts erfolgt mit Hilfe des gemeinsamen Schlüssels *shared_S*.

öffentlicher DH-Schlüssel	g^{priv_A} mod p		öffentlicher DH-Schlüssel	g^{priv_B} mod p
gemeinsames Geheimwort	public_B$^{priv\_A}$ mod p	$g^{(priv\_A * priv\_B)}$ mod p	gemeinsames Geheimwort	public_A$^{priv\_B}$ mod p

Diffie-Hellman-Gruppen

Das Diffie-Hellmann-Protokoll wird als sicher bezeichnet, sofern die verwendete Primzahl und der Generator bestimmte Kriterien erfüllen. Im *Oakley Key Determination Protocol* (RFC 2412) sind sogenannte Diffie-Hellman-Gruppen definiert, die festlegen, wie die Werte für die Primzahl und den Generator auszusehen haben. Diese Gruppen bezeichnet man auch als *DH-Group, Key Group* oder *Oakley Group*.

Gruppe	Beschreibung
0	Platzhalter für Schlüsselaustauschverfahren, die kein Diffie-Hellman verwenden
1	Eine modulare Exponentialgruppe mit einer 768 Bit Primzahl
2	Eine modulare Exponentialgruppe mit einer 1024 Bit Primzahl
3	Elliptische Kurve über das Galoisfeld $GF[2^{155}]$
4	Elliptische Kurve über das Galoisfeld $GF[2^{185}]$
5	Eine modulare Exponentialgruppe mit einer 1536 Bit Primzahl
6-65535	Reserviert für private Gruppen

Der Typ der Diffie-Hellman-Gruppe legt die Art der mathematischen Funktion fest, mit deren Hilfe die Primzahl berechnet wird.

MODP	Modulare Exponentialgruppe
EC2N	Elliptische Kurven über $GF[2^N]$
ECP	Elliptische Kurven über $GF[P]$

Übersicht über die einzelnen Diffie-Hellman-Gruppen:

- Gruppe 1 – 768 Bit große Primzahl als Modulus

Primzahl	$2^{768} - 2^{704} - 1 + 2^{64} * ([2^{638} \pi] + 149686)$
Generator	2
Gruppentyp	MODP

- Gruppe 2 – 1024 Bit große Primzahl als Modulus

Primzahl	$2^{1024} - 2^{960} - 1 + 2^{64} * ([2^{894} \pi] + 129093)$
Generator	2
Gruppentyp	MODP

- Gruppe 3 – elliptische Kurve über $GF[2^{155}]$

Galoisfeld $GF[2^{155}]$	Feldgröße von 155 Bits; nicht reduzierbares Polynom $u^{155} + u^{62} + 1$
Kurvengleichung	$y^2 + xy = x^3 + ax^2 + b$
Gruppentyp	EC2N

- Gruppe 4 – elliptische Kurve über GF[2^{155}]

Galoisfeld GF[2^{185}]	Feldgröße von 185 Bits; nicht reduzierbares Polynom $u^{185} + u^{69} + 1$
Kurvengleichung	$y^2 + xy = x^3 + ax^2 + b$
Gruppentyp	EC2N

- Gruppe 5 – 1536 Bit große Primzahl als Modulus

Primzahl	$2^{1536} - 2^{1472} - 1 + 2^{64} * ([2^{1406} \pi] + 741804)$
Generator	2
Gruppentyp	MODP

2.1.2.4 RSA-Algorithmus

RSA (Rivest, Shamir, Adleman) basiert auf dem Satz von Euler und kann sowohl für die Verschlüsselung von Daten als auch für die Signatur von Nachrichten eingesetzt werden. Es ist im Moment der verbreitetste und am besten getestete asymmetrische Algorithmus und wird als sicher eingestuft, sofern die verwendeten Schlüssel lang genug sind (z.B. 1024 Bits). RSA verwendet keine fest definierte Schlüssellänge.

Die Erzeugung des privaten und öffentlichen Schlüssels für RSA läuft nach folgendem Schema ab:

1. Wahl des öffentlichen Schlüssels bestehend aus dem öffentlichen Exponenten e und dem Modulus n

	Einschränkungen	Beispielwerte
Modulus n	n = p * q, wobei p und q zwei geeignete große Primzahlen sind	n = 33, p = 11, q = 3
Exponent e	Ungerade, kleiner als n, relativ prim zu (p-1) * (q-1), Primzahl	e = 7

Eine Zahl ist relativ prim zu einer anderen Zahl, wenn sie kein Faktor dieser Zahl ist (z.B. ist 5 relativ prim zu 14, aber nicht relativ prim zu 20). Der Test, ob e relativ prim zu (p-1) (q-1) = 20 ist, ist notwendig, da e ansonsten kein Faktor von 1 mod (p-1)(q-1) sein kann.

2. Berechnung des privaten Schlüssels d

	Inverse Beziehung	Beispielwerte
Privater Schlüssel d	e * d = 1 mod ((p-1) * (q-1))	7 * d = 1 mod 20; d.h. **d = 3**

Bei einer inversen Beziehung ist die Gleichung p * q = 1 mod z gültig (z.B. 7 * 11 = 1 mod 76 oder 7 * 3 = 1 mod 20). Die inverse Beziehung zwischen dem öffentlichen Schlüssel e und dem privaten Schlüssel d ermöglicht die Entschlüsselung des Chiffriertextes.

3. Formel für die Ver- bzw. Entschlüsselung eines Klartexts x in bzw. aus einem Chiffrat c:

Verschlüsselung mit Hilfe des öffentlichen Schlüssels bestehend aus e und n	$c = x^e \bmod n$
Entschlüsselung mit Hilfe des privaten Schlüssels d	$x = c^d \bmod n$

Öffentlicher Schlüssel: Exponent $e = 7$, Modulus $n = 33$

Privater Schlüssel: $d = 3$

Verschlüsseln ($x = 4$): $c = 4^7 \bmod 33$ $= 16384 \bmod 33$ $= 16$ (Chiffrat c)

Entschlüsseln ($c = 16$): $x = 16^3 \bmod 33$ $= 4096 \bmod 33$ $= 4$ (Klartext x)

Modulus

Der RSA-Algorithmus verwendet nur Zahlen von Null bis zum angegebenen Modulus, ohne den Modulus selbst. In der folgenden Tabelle sind einige Werte für den Modulus 33 aufgeführt:

0 mod 33	entspricht 0, 33, 66, 99 usw.
1 mod 33	entspricht 1, 34, 67, 100 usw.
5 mod 33	entspricht 5, 38, 71, 104 usw.

Beispiel: Generierung eines RSA-Schlüsselpaars auf einem Cisco Router

Über den Parameter »usage-key« erzeugt der Router zwei unterschiedliche RSA-Schlüsselpaare: eines für die Verschlüsselung von Daten und eines für digitale Signaturen. Die Router speichern den privaten Schlüssel in einem speziellen Bereich des NVRAM ab, der von außen nicht zugänglich ist. Lediglich die öffentlichen Schlüssel können angezeigt werden.

- Generieren eines RSA-Schlüsselpaars

```
c2503(config)# crypto key generate rsa usage-keys
The name for the keys will be: c2503.frs-lab.de

Choose the size of the key modulus in the range of 360 to 2048 for your
  Signature Keys. Choosing a key modulus greater than 512 may take a few minutes.

How many bits in the modulus [512]:
Generating RSA keys ...
[OK]

Choose the size of the key modulus in the range of 360 to 2048 for your
  Encryption Keys. Choosing a key modulus greater than 512 may take a few minutes.

How many bits in the modulus [512]:
Generating RSA keys ...
[OK]
```

- Anzeigen des öffentlichen RSA-Schlüssels

```
c2503# show crypto key mypubkey rsa
% Key pair was generated at: 12:41:49 UTC Oct 16 2000
Key name: c2503.frs-lab.de
 Usage: Signature Key
 Key Data:
  305C300D 06092A86 4886F70D 01010105 00034B00 30480241 00A85F72 B73A8372
  AEA9173E E919980B 7A77E647 201ABA57 9645FD36 655849AD 696267C7 0539BE25
  26A91A7B A6D62F4B 7A5A3E6A A91FB6E2 B7E7A913 EC034080 7B020301 0001
% Key pair was generated at: 12:42:15 UTC Oct 16 2000
Key name: c2503.frs-lab.de
 Usage: Encryption Key
 Key Data:
  305C300D 06092A86 4886F70D 01010105 00034B00 30480241 00BCE3B5 BAB2E234
  B4057023 108DABF7 5DE94990 535E9791 F22388DC 3A692935 4DFB64E4 B0E20578
  EB77DCA1 F54BCE0E E0D1B2D4 2B6FB457 87A8226A 3926720E 13020301 0001
```

IOS verwendet zur Anzeige des Schlüssels das binäre DER-Format. Das heißt, die einzelnen Octets stellen einen Binärwert dar. Um mehr Informationen über den Schlüssel zu erhalten, muss man aus den »Key Data« zuerst ein DER-Binärfile generieren. Diese Binärdatei kann dann mit dem OpenSSL-Tool ausgelesen werden.

OpenSSL> rsa -pubin -inform der -noout -text -in rsa.der
```
Modulus (512 bit):
    00:a8:5f:72:b7:3a:83:72:ae:a9:17:3e:e9:19:98:
    0b:7a:77:e6:47:20:1a:ba:57:96:45:fd:36:65:58:
    49:ad:69:62:67:c7:05:39:be:25:26:a9:1a:7b:a6:
    d6:2f:4b:7a:5a:3e:6a:a9:1f:b6:e2:b7:e7:a9:13:
    ec:03:40:80:7b
Exponent: 65537 (0x10001)
```
— Der Modulus ist das Produkt aus den zwei großen Primzahlen.
— Der Wert des öffentlichen Exponenten.

2.2 Kryptographische Hashfunktionen

Bei einer Hashfunktion handelt es sich um die Transformation einer beliebigen Bitfolge in einen String mit fester Länge, dem Hashextrakt (*Hash Digest*), auch als Prüfsumme oder digitaler Fingerabdruck (*Fingerprint*) bezeichnet. Sie wird in der Regel eingesetzt, um die Integrität von Daten zu überprüfen. Eine Funktion, die als kryptographische Prüfsumme eingesetzt werden soll, muss die folgenden Eigenschaften aufweisen:

- Kompressionseigenschaft

  Beliebig lange Bitfolgen werden immer auf eine Prüfsumme gleicher Länge abgebildet (typischerweise 96 bis 160 Bit).

- »One-Way«-Eigenschaft

  Es muss äußerst schwierig sein, aus einer gegebenen Prüfsumme die zugehörige Nachricht zu generieren.

- Kollisionswiderstand

  Es muss äußerst schwierig sein, zwei Nachrichten zu finden, die zur gleichen Prüfsumme führen.

- Einfache Berechnung

  Es muss relativ einfach sein, die Prüfsumme einer Nachricht zu berechnen.

Kryptographische Hashfunktionen werden hauptsächlich bei digitalen Signaturen, digitalen Zeitstempeln oder bei Message Authentication Codes eingesetzt.

Verfahren	Prüfsumme	Sicherheit
MD4 (Message Digest Algorithm 4)	128 Bit	nicht mehr sicher
MD5 (Message Digest Algorithm 5)	128 Bit	nicht mehr besonders sicher
SHA1 (Secure Hash Algorithm)	160 Bit	Kann noch als sicher betrachtet werden
RIPEMD-160	160 Bit	Kann noch als sicher betrachtet werden

2.3 Message Authentication Codes

Ein *Message Authentication Code* (MAC) ist eine kryptographische Prüfsumme, anhand der man die Authentizität und Integrität einer Nachricht überprüfen kann. Dazu wird die Prüfsumme als zusätzliche Information – auch als *Integrity Check Value* (ICV) bezeichnet – an die Nachricht angehängt.

Im Gegensatz zu einer digitalen Signatur wird bei einem *Message Authentication Code* die Prüfsumme ICV mit dem gleichen Schlüssel ver- und entschlüsselt. Die Nachrichten können daher nur von den Parteien überprüft werden, die im Besitz des geheimen Schlüssels sind.

Kategorien von Message Authentication Code

- Hash-basierende Message Authentication Codes (**HMAC**)

  Aus der Nachricht und dem geheimen Schlüssel erzeugt die Hashfunktion eine Prüfsumme, die anschließend an die Nachricht angehängt wird.

- Blockchiffre-basierende Message Authentication Codes

  Eine weit verbreitete Methode ist die Verschlüsselung einer Nachricht mit DES (auch DES-MAC genannt). Als ICV wird in diesem Fall der letzte verschlüsselte Block verwendet.

- »One-Time Pad«-basierende Message Authentication Codes (*Unconditionally Secure MAC*)

- Stromchiffre-basierende Message Authentication Codes

HMAC Keyed-Hashing for Message Authentication

Der RFC 2104 beschreibt einen generischen HMAC-Algorithmus, den man mit jeder beliebigen kryptographischen Hashfunktion einsetzen kann. Im Moment sind folgende kryptographische Hashfunktionen als RFCs definiert:

- RFC 2403   The Use of HMAC-MD5-96 within ESP and AH
- RFC 2404   The Use of HMAC-SHA-1-96 within ESP and AH
- RFC 2857   The Use of HMAC-RIPEMD-160-96 within ESP and AH

Als Bezeichnung für die Implementation eines HMAC-Verfahrens mit »t«-Bits als Ausgabe und »H« als Hashfunktion wird häufig die Schreibweise »HMAC-H-t« benutzt. So bezeichnet HMAC-MD5-96 ein HMAC-Verfahren mit MD5 als Hashfunktion und einer auf 96 Bit verkürzten Ausgabe.

HMAC-MD5 erzeugt normalerweise einen 128 Bit großen Integrity Check Value, HMAC-SHA-1 und HMAC-RIPEMD einen 160 Bit großen ICV. Da die IPSec ESP und AH-Protokolle standardmäßig 96 Bit für den ICV einsetzen, müssen alle Protokolle den so genannten *truncated Output* unterstützen. In diesem Fall überträgt der Sender nur die ersten 96 Bit des ICV. Der Empfänger berechnet aus der Nachricht zwar den kompletten ICV, vergleicht aber lediglich die ersten 96 Bit mit dem empfangenen Wert.

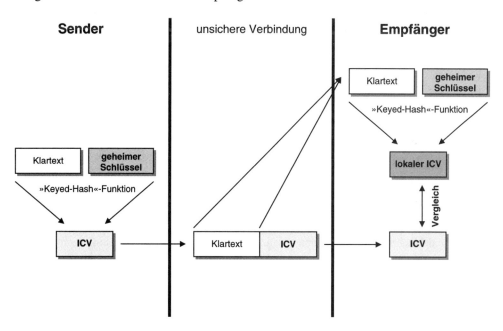

HMAC benötigt eine kryptographische Hashfunktion (H), die eine Prüfsumme erzeugt, indem sie einen einfachen Kompressionsalgorithmus wiederholt auf einen Block von Daten anwendet. B ist dabei die Byte-Länge eines solchen Blocks, meistens 64 Byte. Die Berechnung des ICV erfolgt nach dem folgenden Algorithmus:

ICV = H(K XOR *opad*, H(K XOR *ipad*, *text*))

1. Es werden so viele Nullen an den geheimen Schlüssel K angehängt, bis die Größe von B erreicht ist
2. XOR-Operation des in Schritt 1 erzeugten Byte-String mit ipad: (K XOR *ipad*)
3. Der Datenstrom (*text*) wird an den Byte-String angehängt: (K XOR *ipad*, *text*)
4. Die Hashfunktion wird auf den generierten Strom angewandt: H(K XOR *ipad*, *text*)
5. XOR des in Schritt 1 erzeugten Byte-String mit opad: (K XOR *opad*)
6. Die Prüfsumme aus Schritt 4 wird an den Byte-String aus Schritt 5 angehängt: (K XOR *opad*, H(K XOR *ipad*, *text*))
7. Die Hashfunktion wird auf den in Schritt 6 generierten Strom angewendet: H(K XOR *opad*, H(K XOR *ipad*, *text*))

H	Die kryptographische Hashfunktion (z.B. MD5 oder SHA1)
B	Die Byte-Länge des von der Hashfunktion verwendeten Datenblocks (meistens 64 Byte)
L	Die Byte-Länge der generierten Prüfsumme (16 for MD5, 20 for SHA-1)
K	Der geheime Schlüssel (maximal so groß wie B, mindestens so lang wie L)
ipad	Das Byte 0x36, B-mal wiederholt
opad	Das Byte 0x5C, B-mal wiederholt
XOR	Bitweise Exclusive-Oder-Funktion

2.4 Digitale Signaturen

Definition einer digitalen Signatur nach dem IT-Grundschutzhandbuch

Das kryptographische Konstrukt einer digitalen Signatur dient dem Ziel, für digitale Dateien und Nachrichten ein Pendant zur handschriftlichen Unterschrift einsetzen zu können. Dazu werden einige der kryptographischen Verfahren wie Hashfunktionen und asymmetrische Verfahren zusammengeführt. **Die wesentliche Voraussetzung für digitale Signaturen ist, dass jeder Teilnehmer einen nur ihm bekannten geheimen Schlüssel besitzt, mit dem er zu beliebigen Dateien eine digitale Signatur bilden kann. Anhand von öffentlichen Informationen muss es dann möglich sein, diese digitale Signatur zu überprüfen.**

In diesem Sinne ist eine digitale Signatur ein spezieller Integritätsschutz mit zusätzlichen Besonderheiten. Eine digitale Signatur ist eine Kontrollinformation, die an eine Nachricht oder Datei angehängt wird, mit der folgende Eigenschaften verbunden sind:

1. Es ist authentisch überprüfbar, ob die Datei, an die die digitale Signatur angehängt wurde, identisch ist mit der Datei, die tatsächlich signiert wurde.
2. Anhand einer digitalen Signatur kann eindeutig festgestellt werden, wer diese erzeugt hat.

Kann also anhand der öffentlich zugänglichen Informationen die digitale Signatur verifiziert werden, so ist einerseits die Integrität der signierten Datei gegeben und andererseits die Nichtabstreitbarkeit, da nur die Person, der die digitale Signatur eindeutig zugeordnet werden kann, diese Signatur anhand ihrer geheimen Informationen gebildet haben kann.

Betont sei, dass digitale Signaturen ausschließlich die Ziele Integrität und Nichtabstreitbarkeit sicherstellen, jedoch in keiner Weise die Vertraulichkeit. Eine digital signierte Nachricht wird im Klartext übertragen, ist sie vertraulich, muss sie zusätzlich verschlüsselt werden.

Die verwendeten Verifizierschlüssel-Zertifikate wiederum sind selbst von der vertrauenswürdigen Stelle digital signierte Dateien, die analog überprüft werden können und die Auskunft geben über den Verifizierschlüssel und die Person, die den dazu passenden geheimen Signierschlüssel besitzt.

Man beachte die Unterschiede zwischen Message Authentication Codes (MAC) und digitalen Signaturen:

- Die digitale Signatur kann durch jeden, der das Verifizierschlüssel-Zertifikat besitzt, verifiziert werden, MACs dagegen nur durch die Parteien, die den geheimen Authentifizierungsschlüssel kennen.

- A's digitale Signatur einer Nachricht kann nur von A erstellt werden, der MAC-Wert einer Nachricht dagegen von beiden Parteien, A und B (und allen anderen, die den geheimen Authentifizierungsschlüssel kennen). Es ist deshalb unmöglich, MACs für den Zweck der Verbindlichkeit einzusetzen.

Seit dem 22. Mai 2001 ist ein neues Signaturgesetz (SigG) in Kraft (Gesetz über Rahmenbedingungen für elektronische Signaturen und zur Änderung weiterer Vorschriften vom 16. Mai 2001, BGBl. I, S. 876). Es regelt, welche Sicherheitsanforderungen die technischen Komponenten, die für digitale Signaturen eingesetzt werden, erfüllen müssen und welche Aufgaben Zertifizierungsstellen, die Verifizierschlüssel-Zertifikate ausstellen, haben. Darüber hinaus wird geregelt, wie die erforderliche Sicherheit der Komponenten und Zertifizierungsstellen geprüft wird. Im Ergebnis wird digitalen Signaturen nach dem Signaturgesetz auch vor Gericht eine hohe Sicherheit zugebilligt.

Signatur eines beliebigen Textes mit Hilfe von asymmetrischen Verschlüsselungsverfahren

Ein weitverbreitetes Verfahren für digitale Signaturen ist die umgekehrte Anwendung von öffentlichen Verschlüsselungsverfahren (z.B. RSA oder DSA). Dabei besitzt jeder Teilnehmer einen nur ihm bekannten geheimen Signierschlüssel. Öffentlich zugänglich sind Verifizierschlüssel-Zertifikate, in denen der passende öffentliche Schlüssel und die Angaben zum Besitzer des passenden geheimen Signierschlüssels unfälschbar miteinander verknüpft sind. Diese Zertifikate werden von vertrauenswürdigen Stellen herausgegeben, die zuvor die Personalien der Teilnehmer geprüft haben.

Um für eine beliebige Datei eine digitale Signatur zu berechnen und zu prüfen, wird wie folgt vorgegangen:

1. A berechnet den Hashwert der ausgewählten Datei und verschlüsselt diesen Hashwert mit dem nur ihm bekannten geheimen (privaten) Signierschlüssel. Das Ergebnis ist die digitale Signatur von A zu dieser Datei.

2. A überträgt die Datei gemeinsam mit der digitalen Signatur und dem Verifizierschlüssel-Zertifikat (optional) an B.

3. B verifiziert das Zertifikat (z.B. mit dem öffentlichen Schlüssel einer Zertifizierungsstelle).

4. B berechnet den Hashwert der erhaltenen Datei und entschlüsselt die digitale Signatur mit dem öffentlichen Verifizierschlüssel von A.

5. B vergleicht den in Schritt 4 berechneten Hashwert und die entschlüsselte Signatur. Sind sie identisch, so ist die digitale Signatur verifiziert. Besteht keine Gleichheit, kann B keine weiteren Schlüsse ziehen.

6. Falls sichergestellt ist, dass tatsächlich nur A den geheimen Schlüssel besitzt, kann B sicher sein, dass die digitale Signatur von A erzeugt wurde und die erhaltene Datei identisch mit der Datei ist, für die A die Signatur berechnet hat.

Zertifizierung eines öffentlichen Schlüssels

Um sicher zu sein, mit dem richtigen Partner zu kommunizieren, muss der Empfänger den verwendeten öffentlichen Schlüssel verifizieren. Um diese Informationen jedem Teilnehmer zugänglich zu machen, ist eine entsprechende Infrastruktur notwendig (so genannte *PKI – Public Key Infrastructure*), die gewährleistet, dass die benutzten öffentlichen Schlüssel aktuell und authentisch sind (siehe auch Kapitel 5).

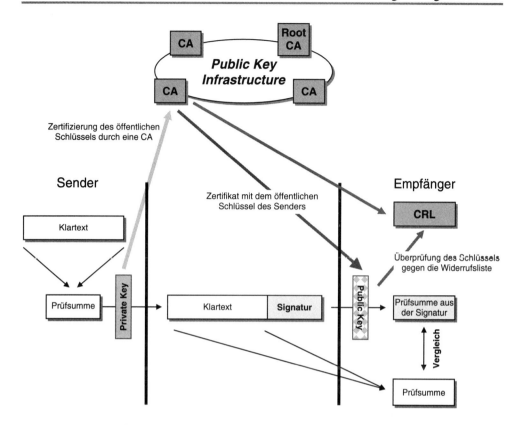

In diesem Fall signiert eine vertrauenswürdige Instanz den öffentlichen Schlüssel und die Informationen über den Nutzer dieses Schlüssels mit ihrem privaten Schlüssel (dem *Trusted Key*).

Die Signatur durch eine dritte, verlässliche Instanz bezeichnet man auch als Zertifikat (*Certificate*). Das Zertifikat enthält zum einen den Namen des Nutzers und den zugehörigen öffentlichen Schlüssel und zum anderen die Identifikation und die Signatur der Instanz, die das Zertifikat herausgegeben hat.

Kapitel 3

Speicherung von Zertifikaten und kryptographischen Schlüsseln

Zertifikate und Schlüssel werden normalerweise über eine PEM- oder DER-Kodierung abgespeichert. Daneben existieren noch einige andere Formate wie z.B. PKCS #12 für Zertifikate, das mit älteren Netscape oder Microsoft IIS Server Key Files kompatible NET-Format sowie für private Schlüssel PKCS #8 bzw. Microsoft PVK. Für die Anzeige der Zertifikate und Schlüssel ist daher ein entsprechender Parser notwendig. In den Beispielen wurde eine OpenSSL-Implementation unter OpenVMS bzw. Compaq Tru64 UNIX verwendet.

3.1 ASN.1, DER und BER

ASN.1 (*Abstract Syntax Notation One*) ist ein in der ITU-T-Empfehlung X.680 spezifizierter Standard für die Beschreibung von abstrakten Datenobjekten und legt die Syntax für die Definition dieser Objekte fest. So genannte *Encoding Rules* führen dann die Transformation zwischen den abstrakten Objekten und dem zugehörigen Bit String durch.

Bei BER (*Basic Encoding Rules*) existieren mehrere verschiedene Möglichkeiten, ein Objekt zu kodieren. DER (*Distinguished Encoding Rules*) ist eine Untermenge der BER-Spezifikation und wird dann benutzt, wenn eine Applikation eine eindeutige Kodierung des ASN.1-Objekts benötigt. Dies ist z.B. bei der Speicherung von Zertifikaten und Schlüsseln der Fall.

Beide *Encoding Rules* verwenden ein so genanntes TLV-Verfahren (*Tag, Length, Value*) zur Kodierung der einzelnen Elemente und sind in der ITU-T-Empfehlung X.690 festgelegt (*Recommendation X.690, »Information Technology--ASN.1 Encoding Rules--Specification of Basic Encoding Rules (BER), Canonical Encoding Rules (CER) and Distinguished Encoding Rules (DER)«*).

Anzeige von öffentlichen Schlüsseln unter IOS

Unter IOS werden die öffentlichen RSA- oder DSA-Schlüssel als DER Octet String angezeigt und sie müssen auch in der Form eingegeben werden.

- Anzeige des öffentlichen RSA-Schlüssels eines Routers

    ```
    c2503# show crypto key mypubkey rsa
    % Key pair was generated at: 12:41:49 UTC Oct 16 2000
    Key name: c2503.frs-lab.de
     Usage: Signature Key
     Key Data:
      305C300D 06092A86 4886F70D 01010105 00034B00 30480241 00A85F72 B73A8372
      AEA9173E E919980B 7A77E647 201ABA57 9645FD36 655849AD 696267C7 0539BE25
      26A91A7B A6D62F4B 7A5A3E6A A91FB6E2 B7E7A913 EC034080 7B020301 0001
    % Key pair was generated at: 12:42:15 UTC Oct 16 2000
    ```

- Eingabe des öffentlichen RSA-Schlüssels eines Partnersystems

    ```
    # openssl rsa -pubin -inform der -in c7000.der -outform der | od -x
    read RSA key
    writing RSA key
    0000000    7c30 0d30 0906 862a 8648 0df7 0101 0501
    0000020    0300 006b 6830 6102 e200 7471 4ebd d6f0
    0000040    efbb fb52 2a9a 17e8 f9e7 191a 3430 d182
    0000060    fc6e 08e2 0449 3b50 35ed 7c74 54fa 88ed
    0000100    862d d6f1 a234 7f7d 8d3d 300f 3a11 5d7c
    0000120    ae7e 6100 ed8f 16f1 8135 18bf 5ca5 ff24
    0000140    ec88 8af5 4670 4afb 7392 9d39 18e3 38e5
    0000160    4b0c 0f6d 7e83 f6c0 0239 0103 0100
    0000176
    ```

    ```
    c2503(config)# crypto key pubkey-chain rsa

    c2503(config-pubkey-chain)# named-key c7000.frs-lab.net

    c2503(config-pubkey-key)# key-string
    Enter a public key as a hexidecimal number ....
    c2503(config-pubkey)# 7c30 0d30 0906 862a 8648 0df7 0101 0501
    c2503(config-pubkey)# 0300 006b 6830 6102 e200 7471 4ebd d6f0
    c2503(config-pubkey)# efbb fb52 2a9a 17e8 f9e7 191a 3430 d182
    c2503(config-pubkey)# fc6e 08e2 0449 3b50 35ed 7c74 54fa 88ed
    c2503(config-pubkey)# 862d d6f1 a234 7f7d 8d3d 300f 3a11 5d7c
    c2503(config-pubkey)# ae7e 6100 ed8f 16f1 8135 18bf 5ca5 ff24
    c2503(config-pubkey)# ec88 8af5 4670 4afb 7392 9d39 18e3 38e5
    c2503(config-pubkey)# 4b0c 0f6d 7e83 f6c0 0239 0103 0100
    c2503(config-pubkey)# quit
    ```

ASN.1, DER und BER

- Anzeige des öffentlichen RSA-Schlüssels der Partnersysteme

```
c2503# show running
...
!
crypto key pubkey-chain rsa
   named-key c7000.frs-lab.net
     key-string
      7C300D30 0906862A 86480DF7 01010501 0300006B 68306102 E2007471 4EBDD6F0
      EFBBFB52 2A9A17E8 F9E7191A 3430D182 FC6E08E2 04493B50 35ED7C74 54FA88ED
      862DD6F1 A2347F7D 8D3D300F 3A115D7C AE7E6100 ED8F16F1 813518BF 5CA5FF24
      EC888AF5 46704AFB 73929D39 18E338E5 4B0C0F6D 7E83F6C0 02390103 0100
     quit
!
....

c2503# show crypto key pubkey-chain rsa name c7000.frs-lab.net
Key name: X.500 DN name:

Usage: General Purpose Key
Source: Manually entered
Data:
 7C300D30 0906862A 86480DF7 01010501 0300006B 68306102 E2007471 4EBDD6F0
 EFBBFB52 2A9A17E8 F9E7191A 3430D182 FC6E08E2 04493B50 35ED7C74 54FA88ED
 862DD6F1 A2347F7D 8D3D300F 3A115D7C AE7E6100 ED8F16F1 813518BF 5CA5FF24
 EC888AF5 46704AFB 73929D39 18E338E5 4B0C0F6D 7E83F6C0 02390103 0100
```

Beispiel für die ASN.1-Syntax eines X.509-Zertifikats

OpenSSL> **x509** -inform der -in *c2504.der* -noout -text

```
Certificate:
    Data:
        Version: 3 (0x2)
        Serial Number:
            04:26:fb:f3:00:00:00:00:00:10
        Signature Algorithm: sha1WithRSAEncryption
        Issuer: C=DE, OU=Andreas Aurand, CN=CA FRS-LAB
        Validity
            Not Before: Feb 13 10:10:50 2001 GMT
            Not After : Feb 13 10:20:50 2002 GMT
        Subject: SN=7681045/unstructuredName=c2504.frs-lab.de
        Subject Public Key Info:
            Public Key Algorithm: rsaEncryption
            RSA Public Key: (512 bit)
                Modulus (512 bit):
                    00:cc:bc:f5:0d:bb:3b:3a:d5:2f:9d:3b:ce:09:82:
                    15:7e:ae:5a:d2:19:d0:12:4c:6a:cf:c7:c3:e2:65:
                    cc:12:d2:ee:f2:5d:df:31:fc:4f:70:38:77:96:54:
                    37:a2:3b:dc:4e:df:7c:ea:ff:75:0c:93:43:7c:29:
                    24:8d:e7:9a:4b
                Exponent: 65537 (0x10001)
        X509v3 extensions:
            X509v3 Key Usage:
                Key Encipherment
            X509v3 Subject Key Identifier:
                19:9A:9A:32:14:44:DB:3A:A0:68:45:96:BD:2B:08:2F:58:8D:BA:43
```

            X509v3 Authority Key Identifier:
                keyid:1F:EA:A5:11:31:52:B8:FA:28:6C:FF:7B:15:76:BD:9E:93:1D:A2:CF
                DirName:/C=DE/OU=Andreas Aurand/CN=CA FRS-LAB
                serial:2A:F5:E3:AC:37:1E:E9:AB:4F:44:F9:72:2E:B4:F8:7B

            X509v3 Subject Alternative Name: critical
                DNS:c2504.frs-lab.de
            X509v3 CRL Distribution Points:
                URI:http://mpdepp.frs-lab.de/CertEnroll/CA%20FRS-LAB.crl

            Authority Information Access:
                CA Issuers - URI:http://mpdepp.frs-lab.de/CertEnroll/mpdepp.frs-lab.de_CA%20FRS-
LAB.crt

    Signature Algorithm: sha1WithRSAEncryption
        39:23:9d:21:5f:5e:90:23:e4:72:6f:a8:0c:af:b2:56:1c:bc:
        b6:28:aa:d4:a9:57:3a:52:86:3b:9f:7a:3f:c1:de:da:c0:24:
        45:3b:73:69:88:38:3f:9d:05:8e:37:67:a0:50:a7:33:44:a9:
        a9:3b:81:7b:4f:49:0e:7b:3d:49

OpenSSL> **asn1parse** -inform der -in *c2504.der*
    0:d=0 hl=4 l= 729 cons: SEQUENCE
    4:d=1 hl=4 l= 643 cons: SEQUENCE
    8:d=2 hl=2 l=   3 cons: cont [0]
   10:d=3 hl=2 l=   1 prim: INTEGER   :02
   13:d=2 hl=2 l= 10 prim: INTEGER   :0426FBF3000000000010
   25:d=2 hl=2 l= 13 cons: SEQUENCE
   27:d=3 hl=2 l=   9 prim: OBJECT   :sha1WithRSAEncryption
   38:d=3 hl=2 l=   0 prim: NULL
   40:d=2 hl=2 l= 59 cons: SEQUENCE
   42:d=3 hl=2 l= 11 cons: SET
   44:d=4 hl=2 l=   9 cons: SEQUENCE
   46:d=5 hl=2 l=   3 prim: OBJECT   :countryName
   51:d=5 hl=2 l=   2 prim: PRINTABLESTRING   :DE
   55:d=3 hl=2 l= 23 cons: SET
   57:d=4 hl=2 l= 21 cons: SEQUENCE
   59:d=5 hl=2 l=   3 prim: OBJECT   :organizationalUnitName
   64:d=5 hl=2 l= 14 prim: PRINTABLESTRING   :Andreas Aurand
   80:d=3 hl=2 l= 19 cons: SET
   82:d=4 hl=2 l= 17 cons: SEQUENCE
   84:d=5 hl=2 l=   3 prim: OBJECT   :commonName
   89:d=5 hl=2 l= 10 prim: PRINTABLESTRING   :CA FRS-LAB
  101:d=2 hl=2 l= 30 cons: SEQUENCE
  103:d=3 hl=2 l= 13 prim: UTCTIME   :010213101050Z
  118:d=3 hl=2 l= 13 prim: UTCTIME   :020213102050Z
  133:d=2 hl=2 l= 51 cons: SEQUENCE
  135:d=3 hl=2 l= 16 cons: SET
  137:d=4 hl=2 l= 14 cons: SEQUENCE
  139:d=5 hl=2 l=   3 prim: OBJECT   :serialNumber
  144:d=5 hl=2 l=   7 prim: PRINTABLESTRING   :7681045
  153:d=3 hl=2 l= 31 cons: SET
  155:d=4 hl=2 l= 29 cons: SEQUENCE
  157:d=5 hl=2 l=   9 prim: OBJECT   :unstructuredName
  168:d=5 hl=2 l= 16 prim: PRINTABLESTRING   :c2504.frs-lab.de
  186:d=2 hl=2 l= 92 cons: SEQUENCE
  188:d=3 hl=2 l= 13 cons: SEQUENCE
  190:d=4 hl=2 l=   9 prim: OBJECT   :rsaEncryption
  201:d=4 hl=2 l=   0 prim: NULL
  203:d=3 hl=2 l= 75 prim: BIT STRING
  280:d=2 hl=4 l= 367 cons: cont [3]
  284:d=3 hl=4 l= 363 cons: SEQUENCE

```
288:d=4  hl=2 l=  11 cons: SEQUENCE
290:d=5  hl=2 l=   3 prim: OBJECT             :X509v3 Key Usage
295:d=5  hl=2 l=   4 prim: OCTET STRING
301:d=4  hl=2 l=  29 cons: SEQUENCE
303:d=5  hl=2 l=   3 prim: OBJECT             :X509v3 Subject Key Identifier
308:d=5  hl=2 l=  22 prim: OCTET STRING
332:d=4  hl=2 l= 114 cons: SEQUENCE
334:d=5  hl=2 l=   3 prim: OBJECT             :X509v3 Authority Key Identifier
339:d=5  hl=2 l= 107 prim: OCTET STRING
448:d=4  hl=2 l=  30 cons: SEQUENCE
450:d=5  hl=2 l=   3 prim: OBJECT             :X509v3 Subject Alternative Name
455:d=5  hl=2 l=   1 prim: BOOLEAN            :255
458:d=5  hl=2 l=  20 prim: OCTET STRING
480:d=4  hl=2 l=  69 cons: SEQUENCE
482:d=5  hl=2 l=   3 prim: OBJECT             :X509v3 CRL Distribution Points
487:d=5  hl=2 l=  62 prim: OCTET STRING
551:d=4  hl=2 l=  98 cons: SEQUENCE
553:d=5  hl=2 l=   8 prim: OBJECT             :Authority Information Access
563:d=5  hl=2 l=  86 prim: OCTET STRING
651:d=1  hl=2 l=  13 cons: SEQUENCE
653:d=2  hl=2 l=   9 prim: OBJECT             :sha1WithRSAEncryption
664:d=2  hl=2 l=   0 prim: NULL
666:d=1  hl=2 l=  65 prim: BIT STRING
```

3.2 PEM-Format

Im PEM-Format (*Privacy Enhanced Mail*) werden die vorher erzeugten DER-Binärdaten über einen Base64-Algorithmus in ein ASCII-Format umgewandelt und mit einer zusätzlichen Kopf- bzw. Fußzeile versehen. Nachfolgend einige Beispiele von Schlüsseln und Zertifikaten, die im PEM-Format abgespeichert oder in dieses Format konvertiert wurden.

- Verschlüsselter privater RSA-Schlüssel

    Aus Sicherheitsgründen sind die Dateien, die einen privaten Schlüssel enthalten, in der Regel durch eine so genannte *Passphrase* geschützt. Im Gegensatz zu einem Passwort besteht eine *Passphrase* aus mehreren Wörtern, Zahlen und Sonderzeichen. Damit will man eine höhere Datensicherheit als mit einem Passwort erreichen.

    OpenSSL> **rsa** -inform pem -in *lab-ca.key* **-outform pem**
    ```
    read RSA key
    Enter PEM pass phrase: XXXXXX
    -----BEGIN RSA PRIVATE KEY-----
    MIIBOgIBAAJBAKQuKMEdSlPytX5w4umRLEgxoo4OYDPe+fbAUoBaRe/aMcAliRWf
    ... ...
    KHiC2FMmzcrdcLYWNn+4HduSwVjntzPcuglHoR6+
    -----END RSA PRIVATE KEY-----
    ```
    PEM-Format des unverschlüsselten privaten RSA-Schlüssels.

    # more lab-ca.key
    ```
    -----BEGIN RSA PRIVATE KEY-----
    Proc-Type: 4,ENCRYPTED
    DEK-Info: DES-EDE3-CBC,5F0866F0F26DE8EE

    ReYchkiXosS9eBOtDQcQSckuccs9ozjBC3+lsxqrRrNExFk7UBRXx+mgy5PuSDcP
    ... ...
    ae9xp759GrNUSVNfiQQceba2+ewvh6gwyJrrK2/DEcY=
    -----END RSA PRIVATE KEY-----
    ```
    PEM-Format des verschlüsselten privaten RSA-Schlüssels.

- **Öffentlicher RSA-Schlüssel**

    OpenSSL> **rsa -pubin** -inform der -in *pubkey.der* **-pubout -outform pem**
    ```
    -----BEGIN PUBLIC KEY-----
    MHwwDQYJKoZIhvcNAQEBBQADawAwAAJhAOJxdL1O8Na771L7miroF+f5GhkwNILR
    bvziCEkEUDvtNXR8+lTtiC2G8dYOon1/PYOPMBE6fF1+rgBhj+3xFjWBvxilXCT/
    iOzlinBG+OqSczmd4xjlOAxLbQ+DfsD2OQIDAQAB
    -----END PUBLIC KEY-----
    ```

- **X.509-Zertifikat**

    OpenSSL> **x509** -inform der -in *lab-ca.der* **-outform pem**
    ```
    -----BEGIN CERTIFICATE-----
    MIIBgTCCASugAwIBAgIBADANBgkqhkiG9w0BAQQFADBJMQswCQYDVQQGEwJERTEX
    ... ...
    1dP9BmD8zkX6GVW+UyTbY92xW1jSsRCJ4qj61Z3jJBfhO
    -----END CERTIFICATE-------
    ```

- **PKCS #10 Certificate Request**

    OpenSSL> **req** -inform der -in *c2503.der* **-outform pem**
    ```
    -----BEGIN CERTIFICATE REQUEST-----
    MIIBOzCB5gIBADCBgDELMAkGA1UEBhMCREUxCzAJBgNVBAgUAltdMRAwDgYDVQQL
    ... ...
    HjnqfddRiOyhl+BhIaASOWX4CBnhkLjqHSIH/q/AQ==
    -----END CERTIFICATE REQUEST-----
    ```

3.3 PKCS #8 Private-Key Information Syntax

Das PKCS#8-Dokument beschreibt eine Syntax, um die privaten Schlüssel eines asymmetrischen Chiffrierverfahrens verschlüsselt bzw. unverschlüsselt abspeichern zu können. Weitere Informationen zu den PKCS-Standards finden sich im Kapitel 5.3.

ASN.1-Format für die unverschlüsselte Speicherung

```
PrivateKeyInfo ::= SEQUENCE {
  version Version,
  privateKeyAlgorithm PrivateKeyAlgorithmIdentifier,
  privateKey PrivateKey,
  attributes [0] IMPLICIT Attributes OPTIONAL }
```

privateKeyAlgorithm	Zur Erzeugung des privaten Schlüssels benutzter Algorithmus (z.B. RSA)
privateKey	Dieses Feld enthält den privaten Schlüssel als Octet String

ASN.1-Format für die unverschlüsselte Speicherung

```
EncryptedPrivateKeyInfo ::= SEQUENCE {
  encryptionAlgorithm EncryptionAlgorithmIdentifier,
  encryptedData EncryptedData }
```

encryptionAlgorithm	Der zur Verschlüsselung der Datei benutzte Schlüssel
encrypted Data	Octet String des verschlüsselten privaten Schlüssels

Beispiele für PKCS#8-Dateien

In den folgenden Beispielen wird ein – mit einem *Passphrase* versehener – privater RSA-Schlüssel (*lab-ca.key*) in ein verschlüsseltes bzw. unverschlüsseltes PKCS #8 File umgewandelt. Bei der Konvertierung des ursprünglichen *RSA Private Key File* ist die Angabe des *Passphrase* notwendig.

- Datei mit dem privaten RSA-Schlüssel

```
# more lab-ca.key
-----BEGIN RSA PRIVATE KEY-----
Proc-Type: 4,ENCRYPTED
DEK-Info: DES-EDE3-CBC,5F0866F0F26DE8EE

ReYchkiXosS9eB0tDQcQSckuccs9ozjBC3+lsxqrRrNExFk7UBRXx+mgy5PuSDcP
...   ...
o/MLMIsnbd57fZRA8R2S4yZnRDb6mYyF3jW3YZNkYAa3eMUZ3yijEPeAbdNv3ONT
ae9xp759GrNUSVNfiQQceba2+ewvh6gwyJrrK2/DEcY=
-----END RSA PRIVATE KEY-----
```

- Erzeugen eines unverschlüsselten PKCS #8 File

OpenSSL> **pkcs8 -topk8** -inform pem -in *lab-ca.key* -outform pem **-nocrypt** -out *lab-ca.p8n*
```
Enter PEM pass phrase: XXXXXX
```

OpenSSL> **pkcs8** -in *lab-ca.p8n* -outform pem **-nocrypt**
```
-----BEGIN RSA PRIVATE KEY-----
MIIBOgIBAAJBAKQuKMEdSlPytX5w4umRLEgxoo4OYDPe+fbAUoBaRe/aMcAliRWf
...
11mjKAueUJQHAiAsUtih30e2ExrIAaeEM385QlQ5Wxya9xLKpc+pAOU/AQIhAK4F
KHiC2FMmzcrdcLYWNn+4HduSwVjntzPcuglHoR6+
-----END RSA PRIVATE KEY-----
```

- Erzeugen eines verschlüsselten PKCS #8 File ← Zur Verschlüsselung des PKCS #8 File eingesetzter Algorithmus

OpenSSL > **pkcs8 -topk8** -in *lab-ca.key* **-v1 PBE-MD5-DES** -out *x2.p8c*
```
Enter PEM pass phrase: XXXXXX
Enter Encryption Password: YYYYYY
Verifying password - Enter Encryption Password: YYYYYY
```
← Zur Verschlüsselung des PKCS #8 File verwendeter Passphrase

OpenSSL > **pkcs8 -topk8** -in lab-ca.key **-v2 des3** -out x3.p8c
```
Enter PEM pass phrase: XXXXXX
Enter Encryption Password: YYYYYY
Verifying password - Enter Encryption Password: YYYYYY
```

OpenSSL> **pkcs8** -in x3.p8c -outform pem
```
Enter Password: YYYYYY
-----BEGIN RSA PRIVATE KEY-----
MIIBOgIBAAJBAKQuKMEdSlPytX5w4umRLEgxoo4OYDPe+fbAUoBaRe/aMcAliRWf
...
11mjKAueUJQHAiAsUtih30e2ExrIAaeEM385QlQ5Wxya9xLKpc+pAOU/AQIhAK4F
KHiC2FMmzcrdcLYWNn+4HduSwVjntzPcuglHoR6+
-----END RSA PRIVATE KEY-----
```

3.4 PKCS #12 Personal Information Exchange Syntax

Das PKCS#12-Dokument verwendet eine andere Syntax, um Zertifikate, Widerrufslisten, Geheimwörter und private Schlüssel abzuspeichern bzw. auf ein anderes System zu übertragen. In der Spezifikation sind zwei Arten von Modi beschrieben: *Privacy Mode* und *Integrity Mode*.

Privacy Mode schützt die persönlichen Informationen vor der Einsicht durch Dritte:

- Public-Key Privacy Mode

  Verschlüsselung der persönlichen Information mit Hilfe des öffentlichen Schlüssels der Gegenseite. Der Zugriff ist dann nur noch mit dem privaten Schlüssel des Partners möglich.

- Password Privacy Mode

  Chiffrierung der persönlichen Information mit einem symmetrischen Schlüssel, der aus einem privaten Passwort und dem lokalen Benutzernamen besteht.

Integrity Modes schützt die persönlichen Informationen vor einer nicht gewollten Veränderung durch Dritte:

- Public-Key Integrity Mode

  Mit Hilfe des privaten Schlüssels des lokalen Systems wird vom Inhalt eine digitale Signatur erstellt und an die verschlüsselten bzw. unverschlüsselten Informationen angehängt.

- Password Integrity Mode

  Mit Hilfe eines geheimen Passworts wird von den persönlichen Informationen über einen *Message Authentication Code* eine ICV erzeugt und als Anhang der Information hinzugefügt.

Beispiele für PKCS #12 Files

Im folgenden Beispiel wurden auf einem Windows 2000 Certificate Server das X.509v3-Zertifikat und der private Schlüssel einer Zertifizierungsstelle in eine PKCS#12-Datei exportiert (Microsoft verwendet standardmäßig die Endung »pfx«).

- Anzeige der PKCS#12-Datei mit Ausgabe der gespeicherten Zertifikate und Schlüssel

OpenSSL> **pkcs12** -in *frs-lab.pfx* **-info**
```
Enter Import Password: xxx
MAC Iteration 1
MAC verified OK
```
PKCS7 Data
Shrouded Keybag: pbeWithSHA1And3-KeyTripleDES-CBC, Iteration 2000
```
Bag Attributes
    1.3.6.1.4.1.311.17.2: <No Values>
    localKeyID: 01 00 00 00
    friendlyName: CA FRS-LAB
    1.3.6.1.4.1.311.17.1: Microsoft Base Cryptographic Provider v1.0
Key Attributes
    X509v3 Key Usage: 80
Enter PEM pass phrase: yyy
Verifying password - Enter PEM pass phrase: yyy
```
-----**BEGIN RSA PRIVATE KEY**-----
```
Proc-Type: 4,ENCRYPTED
DEK-Info: DES-EDE3-CBC,74C9BEB83B407CE8

V5x70Sv0aZaC5nHN4GcdRuu5B8Mwq0bSVxJv6gEplDCKyY4225d54giYs7ieFIHd
bvAjA75achhQfTVFFzGLqJuEwi/ib6S2Yr2K5QnP/6M179XnCjTPHeVpoEwS1VPB
8VMZdPBpZhQisDu+p6YeIpGEuSVwTxEr5nnDtjp2C+BGZk+fjj3nDFOrVXzv2uU3
FVCmTfiakbog2XhKeFEKz8JYOD/dlEgyu7SCgOQuL1nXu0ICcmXWX29wF6x51BA2
+uoSrAAH9aA50sLdAkEAUJS1JTacpSN1CDx1H5vxB0HuzWezpvhPwHPKDLCNCW2J
OhuJV1HQ9oyvguMuB5WbvwqeF1UnK+6i48MwIllg3Z9x01zifBKOrMeaqYNYZ4E1
LJgc6Lhjt05VtFPGCE9UfU/f5Xi6MtB5MCtHp+hxndA=
```
-----**END RSA PRIVATE KEY**-----
PKCS7 Encrypted data: pbeWithSHA1And40BitRC2-CBC, Iteration 2000
```
Certificate bag
Bag Attributes
    localKeyID: 01 00 00 00
subject=/C=DE/O=Andreas Aurand/OU=FRS-LAB/CN=CA FRS-LAB
issuer= /C=DE/O=Andreas Aurand/OU=FRS-LAB/CN=CA FRS-LAB
```
-----**BEGIN CERTIFICATE**-----
```
MIIDDDCCAragAwIBAgIQHTS3o+cOcY9DF2jxJI51njANBgkqhkiG9w0BAQUFADBN
MQswCQYDVQQGEwJERTEXMBUGA1UEChMOQW5kcmVhcyBBdXJhbmQxEDAOBgNVBAsT
B0ZSUy1MQUIxEzARBgNVBAMTCkNBIEZSUy1MQUIwHhcNMDEwNDA5MTQ0ODE3WhcN
...     ...
Tj1Db25maWd1cmF0aW9uLERDPWZycy1sYWIsREM9ZGU/Y2VydGlmaWNhdGVSZXZv
Y2F0aW9uTG1zdD9iYXNlP29iamVjdGNsYXNzPWNSTERpc3RyaWJ1dGlvblBvaW50
MDqgOKA2hjRodHRwOi8vbXBkLXZycy1sYWIuZGUvQ2VydEVucm9sbC9DQSUy
MEZSUy1MQUIuY3JsMBAGCSsGAQQBgjcVAQQDAgEAMA0GCSqGSIb3DQEBBQUAA0EA
cgJKw+RWjcBgrE8U9fugYfKKHR4khhwX8JeOZmtFZF4aqh4IxwhTzn53rUUX5txx
zIUz/io6963m/X6XXBrfXg==
```
-----**END CERTIFICATE**-----

- Anzeige des gespeicherten privaten RSA-Schlüssels

```
# openssl pkcs12 -in frs-lab.pfx -nocerts -nomacver | openssl rsa -inform pem -noout -text
Enter Import Password: x
Enter PEM pass phrase: yyy
Verifying password - Enter PEM pass phrase: yyy
Enter PEM pass phrase: yyy
Private-Key: (512 bit)
modulus:
    00:a2:d9:9a:ce:7d:94:dc:77:4c:8e:da:e6:1d:b0:
    74:67:8f:2c:da:f9:bd:19:32:71:b6:8d:f1:dd:70:
    06:19:3a:ca:b1:85:24:37:b0:db:ad:42:6e:3a:ca:
    98:2e:03:ef:d4:f2:d3:9c:f8:2f:b4:23:94:03:ea:
    94:43:e2:b9:a1
publicExponent: 65537 (0x10001)
privateExponent:
    00:9f:8e:bd:d3:1b:d0:42:c2:d0:cc:17:45:e8:48:
    ff:84:88:0f:d6:ed:62:8d:d1:93:00:de:ca:df:bf:
    e6:f9:c7:c4:9c:58:2e:a5:25:70:5a:fe:1d:59:a3:
    f2:6c:2c:0a:de:00:81:74:26:8a:20:eb:e1:d6:cd:
    f8:97:36:10:91
prime1:
    00:d1:69:20:16:2b:90:b9:27:7f:99:ca:7a:6a:e1:
    99:6a:ad:47:88:0c:7a:4b:b5:7f:c8:f8:ed:fb:03:
    1a:c9:2b
prime2:
    00:c7:14:a4:9b:bf:a8:92:a9:4c:26:4b:ea:a4:1a:
    bf:2b:ec:1f:f7:85:2b:56:c4:c6:83:dc:26:8e:dd:
    e1:ca:63
exponent1:
    17:c5:16:06:4e:35:a4:3e:ae:86:37:6c:83:db:4d:
    bd:c5:23:7c:76:e6:1e:d7:e0:44:60:b5:2a:ab:e4:
    8b:77
exponent2:
    1d:bb:9b:8a:17:69:d9:dd:a7:1d:e1:20:be:39:b0:
    6b:a2:ec:73:4f:54:55:b5:35:e0:e3:b4:6e:89:fc:
    fa:f9
coefficient:
    00:95:0a:60:4b:8f:24:ee:d2:41:81:22:35:35:70:
    d6:3c:bc:ed:01:87:d1:62:55:eb:70:27:e8:d3:db:
    08:ed:7d
```

Kapitel 4

X.509-Zertifikate

Zertifikate ermöglichen die Bindung eines öffentlichen Schlüssels an einen bestimmten Nutzer. Um die Echtheit des Schlüssels gewährleisten zu können, sollte das Zertifikat von einer vertrauenswürdigen Instanz, der Zertifizierungsstelle (auch als *Certification Authority* (CA) bezeichnet), herausgegeben worden sein, bei der sichergestellt ist, dass die Identität des Nutzers überprüft wurde.

Da die Sicherheit aller von einer CA herausgegebenen Zertifikate von der Echtheit des öffentlichen Schlüssels der CA abhängt, sollte dieser Schlüssel auf einem sicheren Weg empfangen bzw. verifiziert werden (z.B. durch den telefonischen Vergleich des digitalen Fingerabdrucks). Für weitere Informationen über Zertifizierungsstellen siehe Kapitel 5. Je nach Applikation finden unterschiedliche Zertifikate Anwendung:

- PGP für Pretty Good Privacy
- X.509v1 für PEM
- X.509v3 für SSL, S/MIME, TLS, SET, S-HTTP

X.509 (ISO|IEC/ITU 9594-8) ist der am weitesten verbreitete Standard für das Format von digitalen Zertifikaten. Die erste Version – X.509v1 – wurde 1988 publiziert und wird von der Internet Privacy Enhanced Mail (PEM) benutzt. Die zweite Version – X.509v2 – ist 1993 herausgegeben worden. Sie enthält zwei weitere Felder, *subjectUniqueIdentifier* und *issuerUniqueIdentifier*.

Ausgehend von den Erfahrungen, die man mit PEM gewonnen hatte, wurde 1996 von der ISO/IEC/ITU und dem ANSI X9 Gremium die dritte Version – X.509v3 – freigegeben. Dabei ist das X.509v2-Format um so genannte *Extension*-Felder erweitert worden, die teilweise als Standard definiert sind, ansonsten von jeder beliebigen Organisation registriert werden können.

Um eine Interoperabilität zwischen den einzelnen X.509v3-Systemen innerhalb des Internets zu gewährleisten, werden von der IETF-PKIX-Arbeitsgruppe bestimmte Profile definiert. Diese Profile geben an, welche X.509v3-Erweiterungen für welche Internet-Applikation (z.B. IPSec oder E-Mail) notwendig sind.

Definition von Standarderweiterungen

- ANSI X9.55-1995

  Public Key Cryptography For The Financial Services Industry: Extensions To Public Key Certificates And Certificate Revocation Lists, 8 Dezember, 1995

- ITU-T X.509 (1997 E)

  Information Technology – Open Systems Interconnection – The Directory: Authentication Framework, Juni 1997

- Internet PKI (PKIX)

  RFC 2549, Internet X.509 Public Key Infrastructure Certificate and CRL Profile

- Netscape Certificate Extensions

  http://home.netscape.com/eng/security/comm4-cert-exts.html

4.1 Format eines X.509-Zertifikats

Die Kodierung der X.509-Zertifikate in Binärdaten erfolgt über die *ASN.1 Distinguished Encoding Rules* (DER).

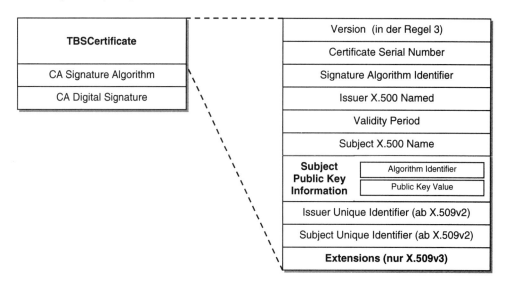

Die innerhalb des X.509-Zertifikats spezifizierten Verschlüsselungs- und Signaturalgorithmen werden – wie die anderen X.509-Parameter auch – als *ASN.1 Object Identifier* (OID) angegeben (siehe auch Anhang G):

- Signatur-Algorithmen

Signatur	ASN.1 Object Identifier
RSA mit MD2	iso(1) member-body(2) us(840) rsadsi(113649) pkcs(1) pkcs-1(1) 2
RSA mit MD5	iso(1) member-body(2) us(840) rsadsi(113649) pkcs(1) pkcs-1(1) 4
RSA mit SHA-1	iso(1) member-body(2) us(840) rsadsi(113649) pkcs(1) pkcs-1(1) 5
DSA mit SHA-1	iso(1) member-body(2) us(840) ansi-x957(10040) x9algorithm(4) 3
Elliptische Kurven mit SHA-1	iso(1) member-body(2) us(840) ansi-x962(10045) signatures(4) 1

- Öffentliche Verschlüsselungsverfahren für die Signatur

Algorithmus	ASN.1 Object Identifier
RSA	iso(1) member-body(2) us(840) rsadsi(113649) pkcs(1) pkcs-1(1) 1
DH Key Exchange	iso(1) member-body(2) us(840) ansi-x942(10046) number-type(2) 1
DSA	iso(1) member-body(2) us(840) ansi-x957(10040) x9algorithm(4) 1
Elliptische Kurven	iso(1) member-body(2) us(840) ansi-x962(10045) key-type(2) 1
KEA (RFC 2528)	iso-ccitt(2) country(16) us(840) org(1) us-gov(101) dod(2) id-infosec(1) id-algorithm(1) 22

Zertifikatfelder

- TBSCertificate

TBSCertificate enthält die Informationen über den Gegenstand des Zertifikats und über die Zertifizierungsstelle, die dieses Zertifikat herausgegeben hat.

- CA Signature Algorithm

Dieses Feld enthält Informationen über den Verschlüsselungsalgorithmus und die Hashfunktion, die von der CA für die Signatur des Zertifikats verwendet wurden.

- CA Digital Signature

Die digitale Signatur des Zertifikats (die Berechnung erfolgt über den DER-kodierten TBSCertificate-Teil). Durch diese Signatur zertifiziert die CA die Gültigkeit der Informationen.

TBSCertificate-Felder

- Version

0	X.509v1
1	X.509v2
2	X.509v3

- Certificate Serial Number

  Dieses von der CA definierte Feld enthält die Identifikationsnummer des Zertifikats. Alle Zertifikate einer CA müssen eine eindeutige Seriennummer aufweisen.

- Signature Algorithm Identifier

  Die Beschreibung des Algorithmus, den die CA für die Signatur des Zertifikats verwendet hat (z.B. RSA oder DSS). Es handelt sich um den gleichen Wert, der im »CA Signature Algorithm«-Feld eingetragen ist.

- Issuer X.500 Name

  Der X.500 *Distinguished Name* (DN) der herausgebenden CA.

- Validity Period

  Der Zeitraum, in dem das Zertifikat gültig ist.

- Subject X.500 Name

  Dieses Feld legt die Instanz fest, für die das Zertifikat herausgegeben wird. Sowohl bei X.509v1 und X.509v2 als auch bei Zertifikaten, deren Instanz eine CA ist, handelt es sich immer um einen X.500 *Distinguished Name*. Unter X.509v3 kann man über die *subjectAltName*-Erweiterung auch andere Namen verwenden. In diesem Fall ist das Subject-Feld leer.

- Subject Public Key Information

  Dieses Feld enthält den öffentlichen Schlüssel des Nutzers und die Identifikation des Verschlüsselungsalgorithmus, der zusammen mit diesem Schlüssel einzusetzen ist.

- Issuer Unique Identifier

  Optionales Feld, das nur benutzt wird, wenn der Name der CA im Laufe der Zeit schon anderen Instanzen zugewiesen wurde. Dadurch wird ein eindeutiger Name für die Certificate Authority gebildet.

- Subject Unique Identifier

  Optionales Feld, das nur notwendig ist, wenn der Name des Zertifikatgegenstands schon von anderen Instanzen verwendet wird. Dadurch ist gewährleistet, dass auch der Name des Gegenstands eindeutig bleibt.

4.1.1 X.509v3 Extensions

Jede X.509v3-Erweiterung muss als *ASN.1 Object Identifier* registriert werden. Der allgemeine Aufbau ist jedoch für jede Erweiterung gleich. Die in der X.509v3-Empfehlung definierten Erweiterungen sind in vier unterschiedliche Gruppen aufgeteilt:

- Key and Policy Information Extensions
- Subject and Issuer Attribute Extensions
- Certification Path Constraint Extensions
- CRLs Extensions

Format der X.509v3-Erweiterungen

Extension Type	Critical / Non-Critical	Extension Field Value

- Extension Type (ASN.1 Object Identifier)

Extension	ASN.1 Object Identifier
X.509 Standard Extensions	
Authority Key Identifier	joint-iso-ccitt(2) ds(5) id-ce(29) 35
Subject Key Identifier	joint-iso-ccitt(2) ds(5) id-ce(29) 14
Key Usage	joint-iso-ccitt(2) ds(5) id-ce(29) 15
Extended Key Usage Field	joint-iso-ccitt(2) ds(5) id-ce(29) 37
Private Key Usage Period	joint-iso-ccitt(2) ds(5) id-ce(29) 16
Certificate Policies	joint-iso-ccitt(2) ds(5) id-ce(29) 32
Policy Mappings	joint-iso-ccitt(2) ds(5) id-ce(29) 33
Subject Alternative Name	joint-iso-ccitt(2) ds(5) id-ce(29) 17
Issuer Alternative Name	joint-iso-ccitt(2) ds(5) id-ce(29) 18
Subject Directory Attributes	joint-iso-ccitt(2) ds(5) id-ce(29) 9
Basic Constraints	joint-iso-ccitt(2) ds(5) id-ce(29) 19
Name Constraints	joint-iso-ccitt(2) ds(5) id-ce(29) 30
Policy Constraints	joint-iso-ccitt(2) ds(5) id-ce(29) 36
CRL Distribution Points	joint-iso-ccitt(2) ds(5) id-ce(29) 31
Private Internet Extensions	
RFC 2459 – Authority Information Access	iso(1) organization(3) dod(6) internet(1) security(5) mechanism(5) pkix(7) id-pe(1) 1
RFC 3039 – Qualified Certificates Profile	iso(1) organization(3) dod(6) internet(1) security(5) mechanism(5) pkix(7) id-pe(1) 3
draft - Biometric Information	iso(1) organization(3) dod(6) internet(1) security(5) mechanism(5) pkix(7) id-pe(1) 2

- Non-Critical Flag

  Kennt ein System diese Erweiterung nicht, kann es sie ignorieren. Der Rest des Zertifikats bleibt weiterhin gültig.

- Critical Flag

  Falls das System den Erweiterungstyp nicht kennt, darf es in diesem Fall das Zertifikat nicht benutzen.

Key and Policy Information Extensions

- Authority Key Identifier

  Erlaubt die Unterscheidung zwischen verschiedenen Schlüsseln, die von der CA zur Signatur benutzt werden können.

- Subject Key Identifier

  Identifikation von Zertifikaten, die einen bestimmten öffentlichen Schlüssel des Gegenstands beinhalten sollen.

- Key Usage

Für welche Aufgabe der Schlüssel benutzt werden darf	ASN.1 Object Identifier
Schlüssel wird für digitale Signaturen eingesetzt (außer 1,5 und 6)	joint-iso-ccitt(2) ds(5) id-ce(29) 15 0
Verifikation von Signaturen, die für Non-Repudiation Services eingesetzt werden	joint-iso-ccitt(2) ds(5) id-ce(29) 15 1
Verschlüsselte Übertragung von Schlüsseln	joint-iso-ccitt(2) ds(5) id-ce(29) 15 2
Verschlüsselung von Benutzerdaten	joint-iso-ccitt(2) ds(5) id-ce(29) 15 3
Schlüsselaustauschverfahren (z.B. Diffie-Hellman)	joint-iso-ccitt(2) ds(5) id-ce(29) 15 4
Überprüfung der Signatur eines Zertifikats	joint-iso-ccitt(2) ds(5) id-ce(29) 15 5
Überprüfung der Signatur einer CRL	joint-iso-ccitt(2) ds(5) id-ce(29) 15 6
Verschlüsselung von Daten während der Key Agreement Phase	joint-iso-ccitt(2) ds(5) id-ce(29) 15 7
Entschlüsselung von Daten während der Key Agreement Phase	joint-iso-ccitt(2) ds(5) id-ce(29) 15 8

- Extended Key Usage

  Zusätzlich zu den bereits in der »Key Usage«-Erweiterung definierten Aufgaben können hier weitere Bereiche definiert werden, in denen der zertifizierte öffentliche Schlüssel eingesetzt werden darf.

- Private Key Usage Period

  Gibt den Zeitraum an, in dem der private Schlüssel der digitalen Signatur gültig ist.

- Certificate Policies

  Die Policies (auch als Zertifizierungsklassen oder Vergaberichtlinie bezeichnet) geben einen Hinweis, welche Überprüfungen die CA bei der Herausgabe des Zertifikats durchgeführt hat und für welche Anwendungen es daher geeignet ist (siehe auch nächstes Kapitel).

- Policy Mappings

  Diese Erweiterung existiert nur bei CA-Zertifikaten. Sie gibt an, welche Zertifikatsklassen der zertifizierten CA (*Subject-CA*) mit denen der herausgebenden CA (*Issuer-CA*) übereinstimmen.

Subject and Issuer Attribute Extensions

Die X.509v3-Erweiterung ermöglicht es, neben dem X.500 *Distinguished Name* auch andere Namen mit dem Gegenstand (*Subject*) bzw. mit dem Herausgeber (*Issuer*) des Zertifikats zu verbinden. Dazu zählen:

1. Internet E-Mail-Adresse
2. Internet Domain Name
3. IP-Adresse
4. X.400 E-Mail-Adresse
5. X.500 Directory Name
6. EDI Party Name
7. Uniform Resource Locator (URL)
8. Registered Identifier
9. Jede andere Art von registrierten Namensformen

- Subject Alternative Name

  Verbindung von weiteren Namen mit dem Gegenstand des Zertifikats.

- Issuer Alternative Name

  Verbindung von weiteren Namen mit dem Herausgeber des Zertifikats.

- Subject Directory Attributes

  Dieses Feld ermöglicht es, zusätzliche Informationen über den Gegenstand hinzuzufügen.

Certification Path Constraint Extensions

Durch diese Erweiterungen können Zertifizierungsstellen bei der Herausgabe von CA-Zertifikaten bestimmte Restriktionen in Bezug auf den *Certification Path* auflisten.

- Basic Constraints

  Über *Basic Constraints Extensions* wird definiert, ob es sich bei dem Gegenstand des Zertifikats um eine CA handelt und wie tief der *Certification Path* über diese CA sein darf (d.h. wie viele CA-Zertifikate nach diesem Zertifikat noch folgen können). Eine Pfadlänge von Null erlaubt nur noch »Nicht-CA«-Zertifikate (so genannte *End-Entity Certificates*).

- Name Constraints

  Name Constraints dürfen nur bei CA-Zertifikaten benutzt werden. Diese Erweiterung erlaubt die Definition eines bestimmten Bereichs, in dem die Subjekt-Namen aller Zertifikate liegen müssen, die im *Certification Path* nach diesem Zertifikat folgen. Bei einer E-Mail als Gegenstand würde z.B. die Einschränkung ».frs-lab.net« den Namen auf alle E-Mail-Adressen innerhalb der Domain »frs-lab.net« beschränken und »unix.frs-lab.net« auf alle E-Mail-Adressen des Hosts »unix.frs-lab.net«.

- Policy Constraints

  Auch diese Erweiterung darf nur bei CA-Zertifikaten eingesetzt werden. Sie legt fest, ob die Benutzung der *Policy-Mapping*-Erweiterung verboten ist und ob jedes Zertifikat innerhalb des Zertifizierungspfads einen akzeptablen *Policy Identifier* beinhalten muss.

CRL Extensions

- CRL Distribution Points

  Falls das Zertifikat zurückgezogen werden muss, legen die *CRL Distribution Points* fest, welche Systeme die zugehörige Widerrufsliste herausgeben.

PKIX Private Internet Extensions

- Authority Information Access   (RFC 2459)

  Diese Erweiterung enthält Informationen über die Art und Weise, wie man auf die Informationen und Services der CA zugreifen kann, die als Herausgeber des Zertifikats eingetragen ist.

- Biometric Information   (draft RFC)

  Durch diese Erweiterung ist es möglich, biometrische Informationen (bzw. einen Hinweis auf die Lokation der Informationen) in einem Zertifikat abzuspeichern.

- Qualified Certificate Statements   (RFC 3039)

  Diese Erweiterung erlaubt die Einbeziehung von definierten Aussagen über *Qualified Certificates* (z.B. die Aussage, dass das Zertifikat in Übereinstimmung mit einem bestimmten Rechtssystem herausgegeben wurde).

4.1.2 Beispiele für X.509v3-Zertifikate

Die auf einem Windows-2000-Rechner gespeicherten Zertifikate können über die Console und den Snap-Ins *Certificates (Local Computer)* bzw. *Certificates – Current User* angezeigt werden.

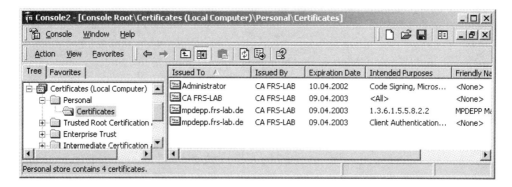

- Selbst signiertes Zertifikat einer Root CA (CA FRS-LAB) mit X.509v3-Standarderweiterungen

 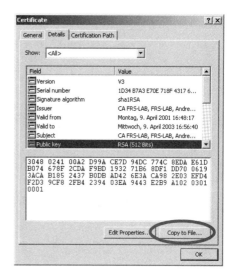

68 Kapitel 4 • X.509-Zertifikate

Die Zertifikate können auch in eine Datei (DER-Format) exportiert und dann z.B. über das OpenSSL-Programm angezeigt werden.

```
# openssl x509 -inform der -in frs-lab.cer -noout -text
Certificate:
    Data:
        Version: 3 (0x2)
        Serial Number:
            1d:34:b7:a3:e7:0e:71:8f:43:17:68:f1:24:8e:75:9e
        Signature Algorithm: sha1WithRSAEncryption
        Issuer: C=DE, O=Andreas Aurand, OU=FRS-LAB, CN=CA FRS-LAB
        Validity
            Not Before: Apr  9 14:48:17 2001 GMT
            Not After : Apr  9 14:56:40 2003 GMT
        Subject: C=DE, O=Andreas Aurand, OU=FRS-LAB, CN=CA FRS-LAB
        Subject Public Key Info:
            Public Key Algorithm: rsaEncryption
            RSA Public Key: (512 bit)
                Modulus (512 bit):
                    00:a2:d9:9a:ce:7d:94:dc:77:4c:8e:da:e6:1d:b0:
                    74:67:8f:2c:da:f9:bd:19:32:71:b6:8d:f1:dd:70:
                    06:19:3a:ca:b1:85:24:37:b0:db:ad:42:6e:3a:ca:
                    98:2e:03:ef:d4:f2:d3:9c:f8:2f:b4:23:94:03:ea:
                    94:43:e2:b9:a1
                Exponent: 65537
        X509v3 extensions:
            1.3.6.1.4.1.311.20.2:
                ...C.A
            X509v3 Key Usage:
                Non Repudiation, Certificate Sign, CRL Sign
            X509v3 Basic Constraints: critical
                CA:TRUE
            X509v3 Subject Key Identifier:
                80:FE:5E:B1:A4:17:80:AF:23:41:97:88:89:B5:DB:8E:8B:A4:B2:F6
            X509v3 CRL Distribution Points:
                URI:ldap:///CN=CA%20FRS-LAB,CN=mpdepp,CN=CDP,...
                URI:http://mpdepp.frs-lab.de/CertEnroll/CA%20FRS-LAB.crl
            1.3.6.1.4.1.311.21.1:
                ...
    Signature Algorithm: sha1WithRSAEncryption
        72:02:4a:c3:e4:56:8d:c0:60:ac:4f:14:f5:fb:a0:61:f2:8a:
        1d:1e:24:86:1c:17:f0:97:b4:66:6b:45:64:5e:1a:aa:1e:08:
        c7:08:53:ce:7e:77:ad:45:17:e6:dc:71:cc:85:33:fe:2a:3a:
        f7:ad:e6:fd:7e:97:5c:1a:df:5e
```

Es handelt sich um das selbst signierte Zertifikat einer Root CA (*Issuer* und *Subject* sind gleich).

Informationen über den öffentlichen Schlüssel, der zertifiziert wird

Microsoft-Erweiterung: Certificate Template Name

Die Prüfsumme über das DER-kodierte Zertifikat wird mit dem privaten Schlüssel der CA signiert

Format eines X.509-Zertifikats **69**

- Zertifikat einer Registrierungsstelle (Teil einer lokalen Testinstallation)

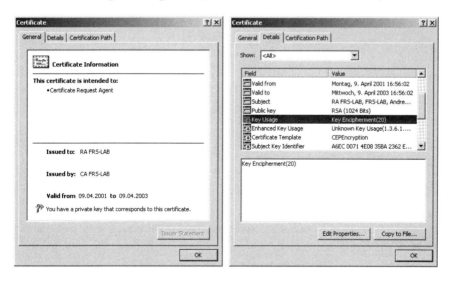

openssl x509 -inform der -in *ra_frs-lab.cer* -noout -text
```
Certificate:
    Data:
        Version: 3 (0x2)
        Serial Number:
            61:24:f7:9b:00:00:00:00:00:03
        Signature Algorithm: sha1WithRSAEncryption
        Issuer: C=DE, O=Andreas Aurand, OU=FRS-LAB, CN=CA FRS-LAB
        Validity
            Not Before: Apr  9 14:56:02 2001 GMT
            Not After : Apr  9 14:56:02 2003 GMT
        Subject: C=DE, O=Andreas Aurand, OU=FRS-LAB, CN=RA FRS-LAB
        Subject Public Key Info:
            Public Key Algorithm: rsaEncryption
            RSA Public Key: (1024 bit)
                Modulus (1024 bit):
                    00:c2:65:7e:81:55:7c:98:dc:ad:ad:9b:4e:5a:9c:
                    9d:d7:f6:72:5a:5a:ed:4f:9e:1a:81:11:a9:18:73:
                    8d:57:72:da:b3:60:14:c8:51:9c:4f:5d:58:9a:b6:
                    d5:a6:55:41:90:c9:92:a7:19:69:45:ef:a2:a6:43:
                    0b:79:af:64:5f:e6:a6:42:15:76:e5:2c:ca:22:5c:
                    80:98:8c:a5:1b:d2:80:db:ab:0a:eb:db:a1:59:85:
                    23:89:6f:49:0d:8f:7d:fb:ab:29:93:11:30:22:7b:
                    1f:16:7f:e5:04:76:aa:28:d5:2d:02:25:f0:15:75:
                    82:06:2f:39:a5:94:28:80:b3
                Exponent: 65537 (0x10001)
```

70 Kapitel 4 • X.509-Zertifikate

```
X509v3 extensions:
    X509v3 Key Usage:         Dieses Zertifikat der Registrierungsstelle
        Key Encipherment      ist nur für Verschlüsselung gültig.
    X509v3 Extended Key Usage:
        1.3.6.1.4.1.311.20.2.1
    1.3.6.1.4.1.311.20.2:
        ...C.E.P.E.n.c.r.y.p.t.i.o.n
    X509v3 Subject Key Identifier:
        A6:EC:00:71:4E:08:35:BA:23:62:E5:27:2B:94:F9:8D:BC:D8:AB:2B
    X509v3 Authority Key Identifier:
        keyid:80:FE:5E:B1:A4:17:80:AF:23:41:97:88:89:B5:DB:8E:8B:A4:B2:F6
        DirName:/C=DE/O=Andreas Aurand/OU=FRS-LAB/CN=CA FRS-LAB
        serial:1D:34:B7:A3:E7:0E:71:8F:43:17:68:F1:24:8E:75:9E

    X509v3 CRL Distribution Points:
        URI:ldap:///CN=CA%20FRS-LAB,CN=mpdepp,CN=CDP,CN=...
        URI:http://mpdepp.frs-lab.de/CertEnroll/CA%20FRS-LAB.crl

    Authority Information Access:
        CA Issuers - URI:ldap:///CN=CA%20FRS-LAB,CN=AIA,CN=...
        CA Issuers - URI:http://mpdepp.frs-lab.de/CertEnroll/mpdepp.frs-
lab.de_CA%20FRS-LAB.crt

Signature Algorithm: sha1WithRSAEncryption
    53:f1:78:96:b7:dc:ee:dc:d3:5c:43:1a:07:d4:15:e6:2a:87:
    e2:5d:3e:bb:61:87:ed:28:3f:0c:1c:24:50:57:c9:6e:42:7a:
    3e:30:8e:9d:dd:33:e6:03:53:47:00:6f:86:c0:00:72:45:cb:
    36:cd:14:8f:89:34:34:11:c4:1c
```

Weitere Informationen über die herausgebende CA sind unter dem URL erhältlich, der bei der »Authority Information Access«-Erweiterung eingetragen ist (http://mpdepp.frs-lab.de/CertEnroll/mpdepp.frs-lab.de_CA%20FRS-LAB.crt).

- Endbenutzer-Zertifikat (es handelt sich um einen Windows-2000-PC)

openssl x509 -inform der -in *c2503.der* -noout -text
```
Certificate:
    Data:
        Version: 3 (0x2)
        Serial Number:
            03:5f:b7:06:00:00:00:00:00:0b
        Signature Algorithm: sha1WithRSAEncryption
        Issuer: C=DE, O=Andreas Aurand, OU=FRS-LAB, CN=CA FRS-LAB
        Validity
            Not Before: Apr 10 06:41:32 2001 GMT
            Not After : Apr  9 14:56:40 2003 GMT
        Subject: CN=mpdepp.frs-lab.de
        Subject Public Key Info:
            Public Key Algorithm: rsaEncryption
            RSA Public Key: (1024 bit)
                Modulus (1024 bit):
                    00:b4:3c:fd:b4:65:f8:d7:9c:cc:55:c8:ee:65:20:
                    2f:a8:59:71:b1:42:31:0a:02:a6:32:eb:7c:6e:40:
                    c8:0f:32:89:81:a0:6d:59:bc:c5:d3:37:c6:22:ce:
                    bc:61:13:32:40:d8:55:c5:e7:60:41:2f:06:74:a4:
                    44:c9:1f:af:7f:55:1e:67:2c:8c:d9:5c:b2:6d:e5:
                    a6:a2:9f:dc:c2:0a:32:1b:40:41:11:23:2c:e0:88:
                    fd:59:4b:72:30:74:06:bf:52:fb:8c:f7:b0:80:87:
                    79:bb:b4:42:b1:de:43:9d:2c:56:32:7f:c4:fa:09:
                    7d:c7:9e:54:76:bb:3c:53:df
                Exponent: 65537 (0x10001)
        X509v3 extensions:
            X509v3 Key Usage:
                Digital Signature, Key Encipherment
            X509v3 Extended Key Usage:
                1.3.6.1.5.5.8.2.2
                1.3.6.1.4.1.311.20.2:
                    ...I.P.S.E.C.I.n.t.e.r.m.e.d.i.a.t.e.O.n.l.i.n.e
            X509v3 Subject Key Identifier:
                0B:90:D7:6D:8E:88:6A:4D:E4:4B:91:5E:F1:8C:17:CA:0A:1C:96:33
            X509v3 Authority Key Identifier:
                keyid:80:FE:5E:B1:A4:17:80:AF:23:41:97:88:89:B5:DB:8E:8B:A4:B2:F6
                DirName:/C=DE/O=Andreas Aurand/OU=FRS-LAB/CN=CA FRS-LAB
                serial:1D:34:B7:A3:E7:0E:71:8F:43:17:68:F1:24:8E:75:9E

            X509v3 CRL Distribution Points:
                URI:ldap:///CN=CA%20FRS-LAB,CN=mpdepp,CN=CDP,CN=....
                URI:http://mpdepp.frs-lab.de/CertEnroll/CA%20FRS-LAB.crl

            Authority Information Access:
                CA Issuers - URI:ldap:///CN=CA%20FRS-LAB,CN=AIA,...
                CA Issuers - URI:http://mpdepp.frs-lab.de/CertEnroll/mpdepp.frs-lab.de_CA%20FRS-LAB.crt

            X509v3 Subject Alternative Name:        ← Alternativer Name des Subjekts
                DNS:mpdepp.frs-lab.de                  (hier der DNS-Name)
    Signature Algorithm: sha1WithRSAEncryption
        46:38:00:44:ef:6b:28:e3:7b:16:0b:2f:11:cb:43:3a:28:1c:
        38:22:b9:1a:8f:75:fa:5e:71:6b:cf:43:0a:e3:36:19:d4:f0:
        ce:61:7f:bc:e5:96:da:1e:cd:2d:f4:f3:4b:ba:05:84:6c:76:
        8a:37:91:81:1f:33:ad:fe:91:4a
```

4.1.3 Zertifikatsklassen (Certificate Policies)

Die meisten Zertifizierungsstellen bieten verschiedene Zertifikatsklassen an, die sich darin unterscheiden, wie intensiv die Identität des Nutzers überprüft wurde. Je höher die Zertifikatsklasse, desto größer die Vertrauenswürdigkeit des Zertifikats.

Über die X.509v3 *Certificate Policies*-Erweiterungen ist die CA in der Lage, Informationen weiterzugeben, welche Richtlinien sie bei der Ausgabe des Zertifikats eingesetzt hat. Diese *Policy*-Informationen werden in der Form von *Object Identifiers* (OID) spezifiziert. Wenn die OID nicht ausreichend ist, kann ein URL angegeben werden, der auf ein *Certification Practice Statement* (CPS) verweist. Dort sind dann die verwendeten Richtlinien detailliert beschrieben.

```
OpenSSL> x509 -inform der -noout -text -in root4.der
Certificate:
    Data:
        Version: 3 (0x2)
        Serial Number: 1 (0x1)
        Signature Algorithm: md5WithRSAEncryption
        Issuer: C=IT, O=EuroPKI, CN=EuroPKI Italian Certification Authority
        Validity
            Not Before: Jan 15 13:53:37 2000 GMT
            Not After : Dec 31 00:00:00 2001 GMT
        Subject: C=IT, O=Politecnico di Torino, CN=Politecnico di Torino Certification Authority
        Subject Public Key Info:
            Public Key Algorithm: rsaEncryption
            RSA Public Key: (2048 bit)
                Modulus (2048 bit):
                    00:fe:91:09:fe:1f:1b:e1:48:94:2c:ff:9c:bb:21:
                    d6:e9:56:0e:be:d7:25:e0:27:89:7a:36:0b:b3:ec:
                    89:e8:61:91:1c:1b:62:81:18:f8:6e:9e:36:a5:02:
                    64:3f:0d:7f:31:a2:f7:50:f2:5c:7a:9e:fe:3d:33:
                    95:e6:b6:83:0f:a1:8b:2a:7b:d6:68:26:12:9c:de:
                    c0:62:39:31:69:4a:9e:27:a0:ff:2e:cd:cf:a6:b8:
                    cf:fd:e6:2e:55:31:1b:51:4a:35:10:07:5a:e1:98:
                    9f:75:cb:8b:03:7a:79:4c:85:99:9d:61:bf:50:b6:
                    0e:7b:82:0b:1e:39:4e:6f:0c:ad:fd:6d:26:38:55:
                    c3:20:e0:09:e0:f2:3b:0e:66:70:29:55:d9:8f:b2:
                    e4:bb:f1:4a:75:3e:c4:f8:75:6b:ea:69:10:c4:f8:
                    22:97:0a:9c:ab:f6:52:88:a2:dd:24:c3:74:e3:73:
                    4c:2b:8b:10:15:d1:31:87:e0:87:82:29:e7:94:a7:
                    a9:24:ee:c4:db:2e:f8:cc:37:b3:4f:b9:fc:19:80:
                    95:2a:70:6b:e3:b5:8d:80:e2:75:97:27:de:2f:17:
                    a7:0a:f3:3b:37:f7:00:41:55:eb:1a:f2:c6:9a:78:
                    22:25:4d:b8:c2:8d:85:c5:d1:f6:b3:6a:48:16:63:
                    dd:a1
                Exponent: 65537 (0x10001)
```

```
X509v3 extensions:
    X509v3 Authority Key Identifier:
        keyid:92:40:BC:9D:81:7B:4B:EC:7D:E3:E6:E6:74:E3:61:CD:1A:36:07:A9

    X509v3 Subject Key Identifier:
        46:DC:2D:CD:C4:33:71:9C:81:6B:43:A1:8C:C1:EC:74:76:CE:0B:7B
    X509v3 Key Usage: critical
        Digital Signature, Non Repudiation, Key Encipherment, Data Encipherment,
        Key Agreement, Certificate Sign, CRL Sign
    X509v3 Certificate Policies:
        Policy: 1.3.6.1.4.1.5255.1.1.1
          CPS: http://www.europki.org/ca/root/cps/1.1/
        Policy: 1.3.6.1.4.1.5255.2.1.1
          CPS: http://www.europki.org/ca/it/cps/1.1/

    X509v3 Basic Constraints: critical
        CA:TRUE
    X509v3 CRL Distribution Points:
        URI:http://www.europki.org/ca/it/crl/crl.der

    Netscape Comment:
        Issued under policies:
            http://www.europki.org/ca/root/cps/1.1/
            http://www.europki.org/ca/it/cps/1.1/
Signature Algorithm: md5WithRSAEncryption
    9d:21:4d:1f:e9:ee:25:59:5f:05:1c:38:fd:09:db:ff:ed:85:
    2a:4b:1d:09:81:c1:97:47:6d:a5:9c:39:02:fa:8b:89:30:9d:
    65:02:ca:2e:ba:ac:5a:c0:0e:a9:7f:e3:3d:28:45:30:38:2e:
    a8:11:a1:74:2b:d1:93:63:e0:48:75:d6:5b:04:a3:1f:b1:4c:
    b9:22:25:7d:0c:e0:bb:ab:04:df:86:6d:f4:71:72:c6:8d:d3:
    ea:c7:d6:d2:c5:19:f1:fe:8c:f8:96:8d:f7:15:14:10:77:b3:
    a9:b0:02:fd:e1:f2:be:33:6d:e0:e9:14:45:e3:d0:f1:15:be:
    4b:f5:b5:f6:b9:b7:bd:b2:ce:a3:c8:25:93:c6:3f:e7:c2:73:
    5a:69:d6:51:67:34:d1:3d:ac:00:f5:b2:99:5e:48:73:2d:3b:
    3f:88:2f:91:bd:fc:ba:b2:9e:67:e2:dd:46:ab:9a:5a:0f:68:
    fa:18:82:08:29:02:ba:23:0c:32:dc:57:a6:6b:12:f1:cc:59:
    94:dd:76:b7:c0:17:5d:c0:61:0f:e8:45:0f:bf:ac:bb:91:c7:
    a5:75:03:fd:b2:a7:da:28:7c:fc:9a:9c:ce:c9:c0:62:d4:f1:
    8b:52:02:55:8d:b5:3b:b9:b3:69:83:d6:45:44:b6:06:6c:76:
    dc:e8:62:ab
```

Die angewandte Richtlinie (EuroPKI Certification Policy) wird als *Object Identifier* angegeben.

Der URI verweist auf ein Dokument mit näheren Informationen zu den Vergaberichtlinien.

4.2 CRL – Certificate Revocation List

Obwohl ein Zertifikat normalerweise während der gesamten Gültigkeitsdauer benutzt werden darf, kann es evtl. notwendig sein, das Zertifikat schon vorher zu sperren (weil z.B. der zugehörige private Schlüssel bekannt wurde oder sich der Name des Gegenstands geändert hat). Eine Möglichkeit, um Zertifikate zurückzuziehen, besteht in der Verwendung von X.509v3 *Certification Revocation Lists* (CRL) – auch als Widerrufslisten bezeichnet. Eine CRL enthält die Seriennummern der gesperrten Zertifikate, einen Zeitstempel sowie die Signatur der herausgebenden CA.

Sobald ein System ein Zertifikat benutzt, sollte es daher nicht nur die Signatur des Zertifikats verifizieren, sondern auch überprüfen, ob die Seriennummer des Zertifikats in der CRL der herausgebenden CA enthalten ist oder nicht. Bei der Überprüfung der Gültigkeit eines Zertifikats muss daher sichergestellt sein, dass der Empfänger eine aktuelle Version der CRL verwendet. Es ist die Aufgabe der Zertifizierungsstelle, diese Widerrufslisten zur Verfügung zu stellen. Wie oft sie herausgegeben werden, ist eine Entscheidung der CA:

- Periodic CRLs

  Die CA gibt neue CRLs in fest definierten periodischen Abständen heraus.

- Off-cycle CRLs

  Die CA gibt eine neue CRL heraus, sobald ein Zertifikat zurückgezogen wurde.

- Pull Distribution

  Die CA speichert die CRL in ihrem X.500-Verzeichnis und der Benutzer kann über LDAP auf sie zugreifen.

- Push Distribution

  Die CA verteilt eine neue CRL automatisch an alle Benutzer, sobald ein Zertifikat zurückgezogen wurde.

- Online Status Checking / Real-Time Revokation

  Der Benutzer fragt direkt bei der CA nach, ob ein Zertifikat zurückgezogen wurde oder nicht.

4.2.1 X.509v2 CRL Format

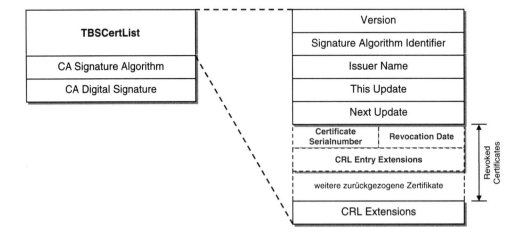

CRL-Felder

- TBSCertList

    TBSCertificate enthält die Informationen über alle Zertifikate, die von der CA zurückgezogen wurden.

- CA Signature Algorithm

    Dieses Feld enthält Informationen über den Verschlüsselungsalgorithmus und die Hashfunktion, die von der CA für die Signatur der CRL verwendet wurden.

- CA Digital Signature

    Die digitale Signatur der Widerrufsliste (die Berechnung erfolgt über den ASN.1 DER-kodierten TBSCertList-Teil). Durch diese Signatur zertifiziert die CA die Gültigkeit der Informationen.

TBSCertificate-Felder

- Version

0	X.509v1 CRL
1	X.509v2 CRL

- Signature Algorithm Identifier

    Die Beschreibung des Algorithmus, den die CA für die Signatur der Widerrufsliste verwendet hat (z.B. RSA oder DSS). Es handelt sich um den gleichen Wert, der im »CA Signature Algorithm«-Feld eingetragen ist.

- Issuer Name

    Der X.500 *Distinguished Name* (DN) der herausgebenden CA. Eine Definition von alternativen Namen ist über die *Issuer Alternative Name*-Erweiterung möglich.

- This Update

    Der Zeitpunkt, an dem die Widerrufsliste CRL von der Zertifizierungsstelle herausgegeben wurde.

- Next Update

    Der Zeitpunkt, zu dem die CA die nächste CRL herausgibt.

- Certificate Serial Number

    Dieses Feld enthält die eindeutige Identifikationsnummer des gesperrten Zertifikats.

- Revocation Date

    Der Zeitpunkt, an dem die CA das Zertifikat zurückgezogen hat.

4.2.2 X.509v2 CRL Extensions

X.509v2 CRL Extensions verwenden den gleichen Aufbau wie X.509v3 Certificate Extensions. Folgende CRL und CRL Entry Extensions sind standardmäßig definiert.

Extension	ASN.1 Object Identifier
CRL Extensions	
Authority Key Identifier	joint-iso-ccitt(2) ds(5) id-ce(29) 35
Issuer Alternative Name	joint-iso-ccitt(2) ds(5) id-ce(29) 18
CRL Number	joint-iso-ccitt(2) ds(5) id-ce(29) 20
Delta CRL Indicator	joint-iso-ccitt(2) ds(5) id-ce(29) 27
Issuing Distribution Point	joint-iso-ccitt(2) ds(5) id-ce(29) 28
CRL Entry Extensions	
Reason Code	joint-iso-ccitt(2) ds(5) id-ce(29) 21
Hold Instruction Code	joint-iso-ccitt(2) ds(5) id-ce(29) 23
Invalidity Date	joint-iso-ccitt(2) ds(5) id-ce(29) 24
Certificate Issuer	joint-iso-ccitt(2) ds(5) id-ce(29) 29

CRL Extensions

- Authority Key Identifier

  Erlaubt die Unterscheidung zwischen verschiedenen Schlüsseln, die von der CA zur Signatur benutzt werden können.

- Issuer Alternative Name

  Verbindung von weiteren Namen mit dem Herausgeber der Widerrufsliste.

- CRL Number

  Die Sequenznummer der CRL. Sie wird bei jeder neuen Liste um den Wert Eins erhöht.

- Delta CRL Indicator   (optional)

  Die CRL beinhaltet in diesem Fall nicht alle zurückgezogenen Zertifikate, sondern nur die Änderungen seit der letzten kompletten Widerrufsliste. In dieses Feld wird die Nummer der vorhergehenden Liste eingetragen.

- Issuing Distribution Point

  Diese Erweiterung legt fest, von welchem Punkt aus eine bestimmte CRL verteilt wird und ob die Liste nur zurückgezogene Zertifikate von CAs, Endbenutzer oder solche mit bestimmten *Reason Codes* enthält.

CRL Entry Extensions

Die CRL Entry Extensions erlauben die Zuweisung von zusätzlichen Attributen zu den einzelnen Einträgen. Es wird das gleiche Format wie bei normalen Erweiterungen verwendet.

- Reason Code

Bezeichnung	Grund für die Sperrung des Zertifikats
unspecified	Kein näherer Grund angegeben.
keyCompromise	Der private Schlüssel des Benutzers ist nicht mehr sicher.
cACompromise	Der private Schlüssel der herausgebenden CA ist nicht mehr sicher.
affiliatedChanged	Modifikation des Subject Name oder anderer Informationen des Zertifikats (der private Schlüssel ist aber noch sicher).
superseded	Es wurde ein neues Zertifikat für den Benutzer herausgegeben.
cessationOfOperation	Das Zertifikat wird für den ursprünglichen Zweck nicht mehr benötigt.
certificateHold	Das Zertifikat ist nicht gesperrt, sondern wird nur temporär zurückgehalten.

- Hold Instruction Code

Definiert die durchzuführenden Aktionen, sobald festgestellt wird, dass ein Zertifikat auf *Hold* gesetzt ist.

- Invalidity Date

Gibt den Zeitpunkt an, zu dem das Zertifikat ungültig wurde.

- Certification Issuer

Bei einer indirekten CRL ermöglicht diese Erweiterung die Angabe des ursprünglichen Herausgeber des Zertifikats. In diesem Fall wurden die Zertifikate nicht von der CA herausgegeben, die jetzt die Widerrufsliste erzeugt hat.

4.2.3 Beispiel für eine X.509v2 CRL

Die auf einem Windows-2000-Rechner gespeicherten Widerrufslisten können über die Console und die Snap-Ins *Certificates (Local Computer)* bzw. *Certificates – Current User* angezeigt werden.

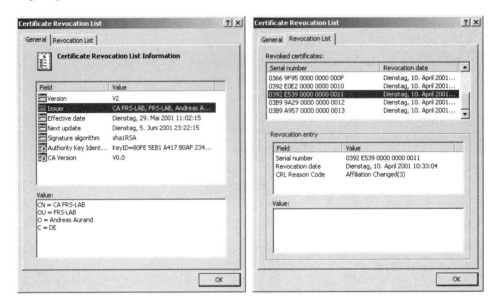

Die CRLs können auch in eine Datei (DER-Format) exportiert werden und dann z.B. über das OpenSSL-Programm angezeigt werden.

```
OpenSSL> crl -inform der -in frs-lab.crl -noout -text
Certificate Revocation List (CRL):
Version 2 (0x1)
    Signature Algorithm: sha1WithRSAEncryption
    Issuer: /C=DE/O=Andreas Aurand/OU=FRS-LAB/CN=CA FRS-LAB
    Last Update: May 29 09:02:15 2001 GMT
    Next Update: Jun  5 21:22:15 2001 GMT
    CRL extensions:
        X509v3 Authority Key Identifier:
            keyid:80:FE:5E:B1:A4:17:80:AF:23:41:97:88:89:B5:DB:8E:8B:A4:B2:F6

        1.3.6.1.4.1.311.21.1:
            ...
Revoked Certificates:
    Serial Number: 034F24A3000000000005
        Revocation Date: Apr 10 06:53:38 2001 GMT
        X509v3 CRL Reason Code:
            Cessation Of Operation
    Serial Number: 03668FA000000000000E
        Revocation Date: Apr 10 07:47:34 2001 GMT
        X509v3 CRL Reason Code:
            Key Compromise
    Serial Number: 03669F950000000000000F
        Revocation Date: Apr 10 07:47:45 2001 GMT
        X509v3 CRL Reason Code:
            Key Compromise
    Serial Number: 0392E0E20000000000010
        Revocation Date: Apr 10 08:33:09 2001 GMT
        X509v3 CRL Reason Code:
            Affiliation Changed
    Serial Number: 0392E5390000000000011
        Revocation Date: Apr 10 08:33:04 2001 GMT
        X509v3 CRL Reason Code:
            Affiliation Changed
    Serial Number: 03B99A290000000000012
        Revocation Date: Apr 10 09:07:17 2001 GMT
    Serial Number: 03B9A9570000000000013
        Revocation Date: Apr 10 09:07:23 2001 GMT
Signature Algorithm: sha1WithRSAEncryption
    1c:78:b8:f4:8d:16:40:c0:a7:f6:e4:ba:67:2f:5c:2a:7e:da:
    10:7b:1a:86:29:61:51:a1:d4:9e:9c:1a:e6:bd:3c:d0:3c:16:
    a7:5f:2c:e5:86:74:39:56:46:e8:f8:9a:cb:bc:a6:e7:11:21:
    36:71:55:1e:ca:40:f4:e2:95:e1
```

Die Prüfsumme über die DER-kodierte CRL wird mit dem privaten Schlüssel der CA signiert.

Kapitel 5
Public Key Infrastructure (PKI)

Ein zentraler Punkt bei kryptographischen Verfahren, die auf asymmetrischen Algorithmen basieren, ist die Gewährleistung der Authentizität des öffentlichen Schlüssels. Aus diesem Grund benötigt man in der Regel eine entsprechende Infrastruktur, um Services für die Benutzung und das Management der Schlüssel zur Verfügung zu stellen.

Dazu zählen zum Beispiel die Herausgabe von neuen Zertifikaten, die Überprüfung des Gegenstands eines Zertifikats oder die Sperrung eines Zertifikats. Der Aufbau einer solchen Infrastruktur kann entweder hierarchisch oder dezentral erfolgen.

5.1 Dezentrale PKI

In diesem Fall existieren für die Herausgabe und Verwaltung von Zertifikaten keine global anerkannten Instanzen. Jeder Teilnehmer entscheidet für sich selbst, welche Zertifikate von welchen Instanzen er als vertrauenswürdig einschätzt.

PGP Web of Trust (Vertrauensnetz)

Beim *PGP Web of Trust*-Modell weist der Benutzer jedem öffentlichen Schlüssel genau eine Vertrauensstufe zu. Wird ein anderer Schlüssel von einem dieser Schlüssel signiert, kann der lokale Benutzer anhand der Vertrauensstufe bestimmen, ob er den neuen Schlüssel als gültig anerkennt oder nicht. PGP-Zertifikate unterscheiden sich von X.509-Zertifikaten hauptsächlich in drei Bereichen:

- PGP-Zertifikate werden von normalen Personen herausgegeben und signiert. Bei X.509-Zertifikaten erfolgt dies meistens durch spezielle Instanzen, die Zertifizierungsstellen.

- PGP hat durch das *Web of Trust*-Modell einen fehlertoleranten Sicherheitsmechanismus implizit eingebaut, da ein Schlüssel normalerweise von mehreren unterschiedlichen anderen Personen unterzeichnet werden sollte.

- Der öffentliche PGP-Schlüssel ist immer mit einer Person verbunden. Die Identifikation der Person erfolgt durch einen Namen, der von dem Halter des Schlüssels frei gewählt werden kann. Um einen global eindeutigen Namen zu erhalten, wird noch die E-Mail-Adresse hinzugefügt.

SDSI (Simple Distributed Security Infrastructure)

SDSI ist ein anderer Ansatz für eine dezentrale PKI. SDSI Version 2.0 ist die Zusammenfassung der vorher unabhängigen Entwicklungen von SDSI und SPKI (*Simple Public Key Infrastructure*).

- SDSI benutzt zwar eine dezentrale Infrastruktur für die Herausgabe von Zertifikaten, im Gegensatz zu PGP besitzen die SDSI-Zertifikate aber einen *Certificate Chain*, der wie bei X.509 deterministisch ist.
- Der Besitzer eines Schlüssels wird lokal durch einen willkürlich vergebenen Namen definiert. Dieser Name hat jedoch nur eine lokale Bedeutung.
- Es besteht bei SDSI daher keine unmittelbare Verknüpfung mit dem Schlüsselnamen und einer bestimmten Person. Die anderen Teilnehmer identifizieren den Inhaber eines öffentlichen Schlüssels immer durch den Schlüssel selbst.

5.2 Zentralisierte (hierarchische) PKI

Die Ausgabe und die Verwaltung von Zertifikaten erfolgen bei einer hierarchischen PKI über Zertifizierungsstellen (*Certification Authorities*). Hierbei handelt es sich um eine vertrauenswürdige Instanz, die öffentliche Schlüssel beglaubigt und die in dem herausgegebenen Zertifikat enthaltenen Informationen überprüft – insbesondere die Identität des Schlüsselinhabers. Die Prozeduren und Praktiken, die eine CA bei der Herausgabe bzw. bei der Zurücknahme eines Zertifikats einsetzt, definiert sie in einem so genannten *Certification Practice Statement* (CPS).

Certificate Chain / Certification Path

Bei einer hierarchischen Infrastruktur existieren einige wenige global anerkannte Instanzen (die Wurzelzertifizierungsstellen auch *Root* oder *Top-Level CAs* genannt), die in der Regel keine Zertifikate für Endbenutzer herausgeben, sondern nur die öffentlichen Schlüssel von anderen CAs zertifizieren.

Um das Zertifikat eines Partners verifizieren zu können, muss der Nutzer auch im Besitz des Zertifikats der herausgebenden CA sein. Ist dies nicht der Fall, werden evtl. weitere Zertifikate benötigt, um den öffentlichen Schlüssel dieser Zertifizierungsstelle zu erhalten.

Solche Zertifikatsketten (auch *Certificate Chain* oder *Certificate Path* genannt) sind häufig notwendig, da die Nutzer meistens nur die Zertifikate von einigen wenigen vertrauenswürdigen Zertifizierungsstellen kennen.

Zentralisierte (hierarchische) PKI

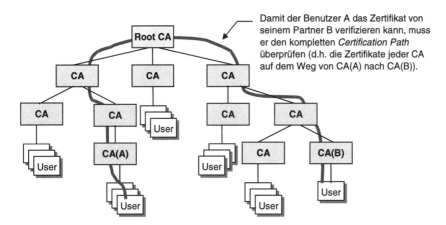

Selbstsignierte Zertifikate einer Root CA (self-signed Certificates)

Um die Authentizität des Inhabers eines Zertifikats zu gewährleisten, benötigt jedes Zertifikat – auch eine CA – eine Zertifizierungsstelle als Herausgeber. Bei den Wurzelzertifizierungsstellen ist dies jedoch nicht mehr möglich. In diesem Fall sind der Herausgeber und der Unterzeichner des Zertifikats gleich. Der öffentliche Schlüssel der *Root CA* wird daher durch den Inhaber des zugehörigen privaten Schlüssels selbst signiert (*self-signed Certificates*).

Um das Problem der fehlenden Glaubwürdigkeit von selbstsignierten Zertifikaten zu umgehen, publizieren Wurzelzertifizierungsstellen ihre öffentlichen Schlüssel in einem breiten Rahmen. So sind z.B. die meisten Browser mit verschiedenen *Root CAs* vorkonfiguriert.

Im Fall der deutschen Regulierungsbehörde für Telekommunikation und Post (RegTP) wird der öffentliche Schlüssel im Bundesanzeiger veröffentlicht und ist auch über das Internet (http://www.regtp.de/) verfügbar:

Veröffentlichung des öffentlichen Schlüssels (Jahr 2001) der zuständigen Behörde gem. § 8 Abs. 2 Satz 4 SigV: Veröffentlicht im Bundesanzeiger Nr. 31 - Seite 2272 v. 14. Februar 2001: Root-CA-Schlüsselinformation 6:

```
Seriennummer [dezimal] (6R-Ca 1:PN):
000000003330445

Modul n [hexadezimal]:
83a2 ab15 24cd 5caa 9efb 618a 19e5 b6c1
399b 55e7 e536 4a79 1ff6 3103 d2b5 ce61
27e5 78ca 9b44 b48c 7e16 7e6b 3a8a 93e5
5115 5a17 04df 9c1d 6cfb e027 2405 9f99
ac9a 13d0 4ffe 9748 63a5 ad64 6816 e9a6
5cdf 6543 3023 0a3d 6c81 3726 a0b0 9543
9b39 5a90 8039 7170 556b b5ea a9dd cf7b
0f22 d9f7 8c9d 05dc a877 c3bf 4d82 5bcf

Öffentlicher Exponent e [hexadezimal]:
00c0000001

Gültigkeit: gültig bis 22.03.2005, 09:55:51 h
```

Informationen über die von der RegTP ausgegebenen Zertifikate sind unter Verzeichnisdienst der Zertifizierungsstelle http://www.nrca-ds.de/ erhältlich.

Beispiel für Zertifikate von Zertifizierungsstellen, herausgegeben von der RegTP

- Selbstsigniertes Zertifikat der RegTP-Wurzelzertifizierungsstelle

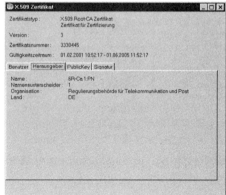
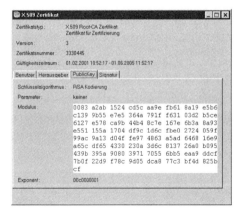
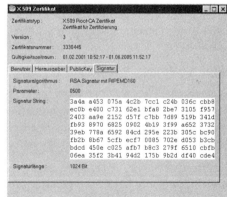

- Beispiel eines CA-Zertifikats, das von der RegTP herausgegeben wurde

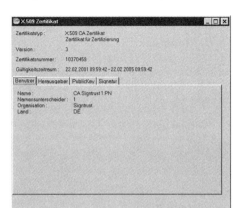

PEM (Private Enhancement for Internet Electronic Mail)

Ein Beispiel für eine hierarchische PKI ist der in den folgenden RFCs beschriebene Private Enhancement Mail Standard:

RFC 1421   PEM Part I: Message Encryption and Authentication Procedures

RFC 1422   PEM Part II: Certificate-Based Key Management

RFC 1423   PEM Part III: Algorithms, Modes, and Identifiers

RFC 1424   PEM Part IV: Key Certification and Related Services

Die Schlüsselverwaltung unter PEM basiert auf X.509v1. Als Wurzel für die hierarchische Struktur innerhalb des Internets wurde die *Internet Policy Registration Authority (IPRA)* definiert. Diese Instanz ist im Moment aber nicht implementiert.

Unterhalb der IPRA liegen die *Policy Certification Authorities (PCA)*, die normalerweise alle von der IPRA zertifiziert werden müssen. Die eigentliche Zertifizierung der Nutzer und untergeordneter Organisationseinheiten erfolgt durch die unterhalb der PCAs angesiedelten *Certification Authorities (CAs)*.

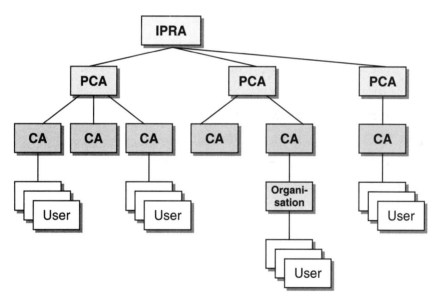

5.3 PKCS – Public-Key Cryptography Standards

Die PKCS-Spezifikationen werden von den RSA Laboratories in Zusammenarbeit mit anderen Herstellern herausgegeben. Teile dieser Spezifikationen wurden bereits in andere Standards übernommen (z.B. PKIX, SSL oder S/MIME). Momentan sind die folgenden PKCS-Dokumente definiert (PKCS #2 und PKCS #4 wurden in PKCS #1 eingebunden):

PKCS #1	RSA Cryptography Standard
PKCS #3	Diffie-Hellman Key Agreement Standard
PKCS #5	Password-Based Cryptography Standard
PKCS #6	Extended-Certificate Syntax Standard
PKCS #7	Cryptographic Message Syntax Standard
PKCS #8	Private-Key Information Syntax Standard
PKCS #9	Selected Object Classes and Attribute Types
PKCS #10	Certification Request Syntax Standard
PKCS #11	Cryptographic Token Interface Standard
PKCS #12	Personal Information Exchange Syntax Standard
PKCS #13	Elliptic Curve Cryptography Standard
PKCS #15	Cryptographic Token Information Format Standard

Einige dieser PKCS-Dokumente sind auch als RFCs verfügbar:

RFC 2437	PKCS #1: RSA Cryptography Specifications Version 2.0
RFC 2898	PKCS #5: Password-Based Cryptography Specification Version 2.0
RFC 2315	PKCS #7: Cryptographic Message Syntax Version 1.5
RFC 2985	PKCS #9: Selected Object Classes and Attribute Types Version 2.0
RFC 2986	PKCS #10: Certification Request Syntax Specification Version 1.7

5.3.1 PKCS #6 Extended Certificate

Ein PKCS #6 Extended Certificate besteht aus einem X.509-Zertifikat und einer Liste von Attributen, die beide von dem Herausgeber des Zertifikats signiert wurden. Eine Übersicht über die unterstützten Attribute befindet sich im PKCS #9. Da diese Attribute auch im X.509v3-Standard als Erweiterungen definiert sind, werden PKCS#6-Zertifikate normalerweise nicht mehr verwendet.

ASN.1-Format eines PKCS #6 Extended Certificate:

```
ExtendedCertificate ::= SEQUENCE {
  extendedCertificateInfo ExtendedCertificateInfo,
  signatureAlgorithm SignatureAlgorithmIdentifier,
  signature Signature }

ExtendedCertificateInfo ::= SEQUENCE {
  version Version,
  certificate Certificate,
  attributes Attributes }
```

ExtendedCertificate

- signatureAlgorithm

  Identifikation des Signaturalgorithmus (Verschlüsselungsalgorithmus und Hashfunktion; z.B. RSA mit MD5).

- signature

  Die Signatur der *ExtendedCertificateInfo*-Felder.

ExtendedCertificateInfo

- certificate

  Das X.509-Zertifikat, das durch zusätzliche Attribute erweitert werden soll.

- attributes

  Eine Liste von Attributen mit zusätzlichen Informationen zu dem Zertifikat.

5.3.2 PKCS #7 Cryptographic Message Syntax

Das PKCS#7-Dokument beschreibt das Format von kryptographischen Nachrichten (z.B. digitale Signaturen, digitale Umschläge oder verschlüsselte Daten). Die Spezifikation unterscheidet zwischen sechs verschiedenen Dateninhalten, die als PKCS#7-Nachrichten übertragen werden können.

Typ des Nachrichteninhalts	ASN.1 Object Identifier
Data	iso(1) member-body(2) US(840) rsadsi(113549) pkcs(1) pkcs-7(7) 1
Signed Data	iso(1) member-body(2) US(840) rsadsi(113549) pkcs(1) pkcs-7(7) 2
Enveloped Data	iso(1) member-body(2) US(840) rsadsi(113549) pkcs(1) pkcs-7(7) 3
Signed-and-Enveloped Data	iso(1) member-body(2) US(840) rsadsi(113549) pkcs(1) pkcs-7(7) 4
Digested Data	iso(1) member-body(2) US(840) rsadsi(113549) pkcs(1) pkcs-7(7) 5
Encrypted Data	iso(1) member-body(2) US(840) rsadsi(113549) pkcs(1) pkcs-7(7) 6

PKCS#9-Attribute für PKCS#7-Nachrichten

PKCS#9-Attribut	Bedeutung
content type	Definiert, um welchen Typ von PKCS#7-Nachricht es sich handelt
message digest	Die zur Bildung der Signatur verwendete Prüfsummenfunktion
signing time	Der Zeitpunkt, zu dem die Nachricht unterzeichnet wurde
sequence number	Die Sequenznummer der Signatur-Operation
random nonce	Zufallsdaten, die benutzt werden können, wenn keine »Signing Time« definiert ist
countersignature	Gegenzeichnung einer anderen Signatur

Übersicht über die einzelnen Typen

- Data Content Type

  Data Content beschreibt einen beliebigen Octetstring (z.B. eine ASCII-Textdatei), deren Interpretation der Applikation überlassen ist. Zu der Nachricht werden in diesem Fall keine weiteren kryptographischen Informationen hinzugefügt.

- Enveloped-Data Content Type (digitaler Umschlag)

  Bei *Enveloped-Data* handelt es sich um einen digitalen Umschlag (*digital Envelope*). Hierbei verschlüsselt man zuerst die Nachricht über ein symmetrisches Verfahren. Anschließend wird die Information über den symmetrischen Algorithmus und den verwendeten Schlüssel mit dem öffentlichen Schlüssel des Empfängers chiffriert und diese Information an die bereits verschlüsselte Nachricht angehängt.

- Signed-and-Enveloped-Data Content Type

  Signed-and-Enveloped-Data ist eine Nachricht, bei der ein digitaler Umschlag erzeugt und für diesen Umschlag noch eine doppelt verschlüsselte digitale Signatur angehängt wird. Die doppelte Verschlüsselung besteht aus der Chiffrierung der Prüfsumme des digitalen Umschlags mit dem privaten Schlüssel des Unterzeichners, gefolgt von der Verschlüsselung mit dem Inhaltsschlüssel.

- Digested-Data Content Type

  Digested-Data bestehen aus der eigentlichen Nachricht sowie der Prüfsumme des Inhalts. Normalerweise verwendet man diesen Typ, um die Integrität der übertragenen Daten zu gewährleisten. Die Nachricht mit der Prüfsumme als Anhang wird in der Regel noch verschlüsselt und es entsteht ein *Enveloped-Data*-Typ.

- Encrypted-Data Content Type

  In diesem Fall verschlüsselt man die Nachricht, ohne den benutzten Schlüssel innerhalb eines digitalen Umschlags zu übertragen. Wie die benötigten Schlüssel zwischen den Partnern verwaltet werden, ist nicht festgelegt.

5.3.2.1 Signed-Data Content Type

Signed Data bestehen aus einem beliebigen Nachrichtentyp und der verschlüsselten Prüfsumme dieser Nachricht (für beliebig viele Unterzeichner). Die verschlüsselte Prüfsumme eines Unterzeichners ist seine digitale Signatur der Nachricht. Wird eine PKCS#7-Nachricht zur Übertragung von Zertifikaten bzw. Widerrufslisten eingesetzt, muss der eigentliche Nachrichteninhalt nicht unterzeichnet werden. In diesem Fall ist das *SignerInfo*-Feld leer und es handelt sich um eine *Certs-Only SignedData Message*.

ASN.1-Format einer SignedData Message:

```
SignedData ::= SEQUENCE {
  version Version,
  digestAlgorithmus DigestAlgorithmIdentifiers,
  contentInfo ContentInfo,
  certificates
    [0] IMPLICIT ExtendedCertificatesAndCertificates OPTIONAL,
  crls
    [1] IMPLICIT CertificateRevocationLists OPTIONAL,
  signerInfos SignerInfos }

SignerInfo ::= SEQUENCE {
  version Version,
  issuerAndSerialNumber IssuerAndSerialNumber,
  digestAlgorithm DigestAlgorithmIdentifier,
  authenticatedAttributes
    [0] IMPLICIT Attributes OPTIONAL,
  digestEncryptionAlgorithm
    DigestEncryptionAlgorithmIdentifier,
  encryptedDigest EncryptedDigest,
  unauthenticatedAttributes
    [1] IMPLICIT Attributes OPTIONAL }
```

SignedData

- digestAlgorithms

  Liste von Hashalgorithmen, die für die Nachrichtensignatur eingesetzt werden.

- contentInfo

  Information über den Typ des Nachrichteninhalts.

- certificates

  Liste von X.509- oder PKCS#6-Zertifikaten.

- crls

  Liste von Certificate Revocation Lists.

- signerInfos

  Informationen über die einzelnen Unterzeichner der Nachricht.

SignerInfo-Felder

- issuerAndSerialNumber

  Identifikation des Zertifikats des Unterzeichners (X.500 *Distinguished Name* und Seriennummer des Zertifikats).

- digestAlgorithm

  Die ASN.1-Kennung des von diesem Unterzeichner eingesetzten Hashalgorithmus.

- authenticatedAttributes

  Liste von Attributen (z.B. PKCS #9), die von dem Unterzeichner signiert – d.h. authentifiziert – werden. Dieses Feld muss – außer beim *Data*-Nachrichtentyp – immer in der *SignerInfo* enthalten sein.

- digestEncryptionAlgorithm

  Identifikation des Verschlüsselungsalgorithmus, der benutzt wurde, um die Prüfsumme zu chiffrieren.

- encryptedDigest

  Dieses Feld enthält die verschlüsselte Prüfsumme der Nachricht.

- authenticatedAttributes

  Liste von Attributen (z.B. PKCS #9), die von dem Unterzeichner nicht authentifiziert wurden.

5.3.2.2 Beispiele für PKCS#7-Nachrichten

PKCS #7 »Cert-only« Message

Bei der folgenden PKCS#7-Nachricht handelt es sich um ein aus Windows 2000 exportiertes Zertifikat. Microsoft verwendet als Endung *.p7b*. *Cert-only*-PKCS#7-Nachrichten haben sonst meistens *.p7c* und normale Nachrichten *.p7m* als Extension.

- Struktur der PKCS#7-Nachricht

```
OpenSSL> pkcs7 -print_certs -inform der -in mpdepp.p7b
subject=/CN=mpdepp.frs-lab.de
issuer= /C=DE/O=Andreas Aurand/OU=FRS-LAB/CN=CA FRS-LAB        Base64-kodierte PKCS #7
-----BEGIN CERTIFICATE-----                                    Message (PEM Format).
MIIE8TCCBJugAwIBAgIKA1+3BgAAAAAACzANBgkqhkiG9w0BAQUFADBNMQswCQYD
VQQGEwJERTEXMBUGA1UEChMOQW5kcmVhcyBBdXJhbmQxEDAOBgNVBAsTB0ZSUy1M
QUIxEzARBgNVBAMTCkNBIEZSUy1MQUIwHhcNMDEwNDEwMDYwMTMyWhcNMDMwNDA5
MTQ1NjQwWjAcMRowGAYDVQQDExFtcGRlcHAuZnJzLWxhYi5kZTCBnzANBgkqhkiG
... ...
LWxhYi5kZS9DZXJ0ORW5yb2xsL21wZGVwcC5mcnMtbGFiLmRlR1XONBJTIwRlJTLUxB
Qi5jcnQwHAYDVR0RBBUwE4IRbXBkZXBwLmZycy1sYWIuZGUwDQYJKoZIhvcNAQEF
BQADQQBG0ABE72so43sWCy8Ry0M6KBw4Irkaj3X6XnFrzOMK4zYZ1PDOYX+85Zba
HsOt9PNLugWEbHaKN5GBHzOt/pFK
-----END CERTIFICATE-----
```

- Anzeige des in der PKCS#7-Nachricht enthaltenen Zertifikats

OpenSSL> **pkcs7** **-print_certs** -inform der -in *mpdepp.p7b* **-noout -text**
```
Certificate:
    Data:
        Version: 3 (0x2)
        Serial Number:
            03:5f:b7:06:00:00:00:00:00:0b
        Signature Algorithm: sha1WithRSAEncryption
        Issuer: C=DE, O=Andreas Aurand, OU=FRS-LAB, CN=CA FRS-LAB
        Validity
            Not Before: Apr 10 06:41:32 2001 GMT
            Not After : Apr  9 14:56:40 2003 GMT
        Subject: CN=mpdepp.frs-lab.de
        Subject Public Key Info:
            Public Key Algorithm: rsaEncryption
            RSA Public Key: (1024 bit)
                Modulus (1024 bit):
                    00:b4:3c:fd:b4:65:f8:d7:9c:cc:55:c8:ee:65:20:
                    2f:a0:59:71:b1:42:31:0a:02:a6:32:eb:7c:6e:40:
                    c8:0f:32:89:81:a0:6d:59:bc:c5:d3:37:c6:22:ce:
                    bc:61:13:32:40:d8:55:c5:e7:60:41:2f:06:74:a4:
                    44:c9:1f:af:7f:55:1e:67:2c:8c:d9:5c:b2:6d:e5:
                    a6:a2:9f:dc:c2:0a:32:1b:40:41:11:23:2c:e0:88:
                    fd:59:4b:72:30:74:06:bf:52:fb:8c:f7:b0:80:87:
                    79:bb:b4:42:b1:de:43:9d:2c:56:32:7f:c4:fa:09:
                    7d:c7:9e:54:76:bb:3c:53:df
                Exponent: 65537 (0x10001)
        X509v3 extensions:
            X509v3 Key Usage:
                Digital Signature, Key Encipherment
            X509v3 Extended Key Usage:
                1.3.6.1.5.5.8.2.2
            1.3.6.1.4.1.311.20.2:
                ...I.P.S.E.C.I.n.t.e.r.m.e.d.i.a.t.e.O.n.l.i.n.e
            X509v3 Subject Key Identifier:
                0B:90:D7:6D:8E:88:6A:4D:E4:4B:91:5E:F1:8C:17:CA:0A:1C:96:33
            X509v3 Authority Key Identifier:
                keyid:80:FE:5E:B1:A4:17:80:AF:23:41:97:88:89:B5:DB:8E:8B:A4:B2:6
                DirName:/C=DE/O=Andreas Aurand/OU=FRS-LAB/CN=CA FRS-LAB
                serial:1D:34:B7:A3:E7:0E:71:8F:43:17:68:F1:24:8E:75:9E

            X509v3 CRL Distribution Points:
                URI:ldap:///CN=CA%20FRS-LAB,CN=mpdepp,CN=CDP,CN=Public%20Key%20t
                URI:http://mpdepp.frs-lab.de/CertEnroll/CA%20FRS-LAB.crl

            Authority Information Access:
                CA Issuers - URI:ldap:///CN=CA%20FRS-LAB,CN=AIA,CN=Public%20Keyy
                CA Issuers - URI:http://mpdepp.frs-lab.de/CertEnroll/mpdepp.frst

            X509v3 Subject Alternative Name:
                DNS:mpdepp.frs-lab.de
    Signature Algorithm: sha1WithRSAEncryption
        46:38:00:44:ef:6b:28:e3:7b:16:0b:2f:11:cb:43:3a:28:1c:
        38:22:b9:1a:8f:75:fa:5e:71:6b:cf:43:0a:e3:36:19:d4:f0:
        ce:61:7f:bc:e5:96:da:1e:cd:2d:f4:f3:4b:ba:05:84:6c:76:
        8a:37:91:81:1f:33:ad:fe:91:4a
```

PKCS#7-Nachricht mit Zertifikaten und Widerrufslisten

- Struktur der PKCS#7-Nachricht

```
OpenSSL> pkcs7 -print_certs -in testp7.pem
subject=/L=Internet/O=VeriSign, Inc.
        /OU=VeriSign Class 1 CA - Individual Subscriber/OU=Digital ID Class 1 - SMIME Test
        /OU=www.veris6
issuer= /L=Internet/O=VeriSign, Inc.
        /OU=VeriSign Class 1 CA - Individual Subscriber
-----BEGIN CERTIFICATE-----
MIIEcjCCBBygAwIBAgIQeS+OJfWJUZAx6cXOeAiMjzANBgkqhkiG9w0BAQQFADBi
...    ...
fExrcF+A2yHoEuT+eCQkqMOpMNHXddUeoQ9RjV+VuMBNmm63DUY=
-----END CERTIFICATE-----

subject=/L=Internet/O=VeriSign, Inc./OU=VeriSign Class 1 CA - Individual Subscriber
issuer= /C=US/O=VeriSign, Inc./OU=TEST Root PCA
-----BEGIN CERTIFICATE-----
MIIBwjCCAWygAwIBAgIQfAmE6tW5ERSQWDneu3KfSTANBgkqhkiG9w0BAQIFADA+
...    ...
pjguXW8lB6yzrK4oVOO2UNCaNQ1H2w==
-----END CERTIFICATE-----

Certificate Revocation List (CRL):
        Version 1 (0x0)
        Signature Algorithm: md2WithRSAEncryption
        Issuer: /C=US/O=VeriSign, Inc./OU=TEST Root PCA
        Last Update: Jul 17 17:44:09 1996 GMT
        Next Update: Jul 17 00:00:00 1998 GMT
No Revoked Certificates.
    Signature Algorithm: md2WithRSAEncryption
        78:ad:03:4f:f1:02:e9:02:8c:7c:de:87:50:0c:4f:f9:76:a0:
        2e:bc:37:ec:85:6f:e6:89:3c:70:41:33:17:3a:80:6d:8c:68:
        a8:c1:37:06:f9:85:c5:d4:96:53:25:13:13:8d:03:78:ee:d7:
        47:fb:a3:02:2a:de:cd:f0:c7:5d
-----BEGIN X509 CRL-----
MIHBMGOwDQYJKoZIhvcNAQECBQAwPjELMAkGA1UEBhMCVVMxFzAVBgNVBAoTDlZl
...    ...
zfDHXQ==
-----END X509 CRL-----

Certificate Revocation List (CRL):
        Version 1 (0x0)
        Signature Algorithm: md2WithRSAEncryption
        Issuer: /L=Internet/O=VeriSign, Inc./OU=VeriSign Class 1 CA - Individual Subscriber
        Last Update: Jul 17 17:59:29 1996 GMT
        Next Update: Jul 18 00:00:00 1997 GMT
No Revoked Certificates.
    Signature Algorithm: md2WithRSAEncryption
        b9:b5:56:61:3b:16:b1:09:ac:b5:ef:5f:f9:48:0c:c3:c0:64:
        8c:39:4c:db:97:f0:40:ba:c2:7e:69:a7:2f:18:de:c1:ec:b5:
        d2:44:91:3b:2a:54:68:92:db:fa:be:28:44:02:dc:d1:f1:bd:
        5d:f6:6c:6a:28:88:82:8b:50:1e
-----BEGIN X509 CRL-----
MIHmMIGRMA0GCSqGSIb3DQEBAgUAMGIxETAPBgNVBAcTCEludGVybmVOMRcwFQYD
...    ...
8EC6wn5ppy8Y3sHstdJEkTsqVGiS2/q+KEQC3NHxvV32bGooiIKLUB4=
-----END X509 CRL-----
```

- Anzeige der Zertifikate und Widerrufslisten, die in der PKCS#7-Nachricht enthalten sind

```
OpenSSL> pkcs7 -print_certs -in testp7.pem -noout -text
Certificate:
  Data:
    Version: 3 (0x2)
    Serial Number:
      79:2f:8e:25:f5:89:51:90:31:e9:c5:f4:78:08:8c:8f
    Signature Algorithm: md5WithRSAEncryption
    Issuer: L=Internet, O=VeriSign, Inc.,
            OU=VeriSign Class 1 CA - Individual Subscriber
    Validity
      Not Before: Jul 19 00:00:00 1996 GMT
      Not After : Mar 30 23:59:59 1997 GMT
    Subject: L=Internet, O=VeriSign, Inc.,
             OU=VeriSign Class 1 CA - Individual Subscriber,
             OU=Digital ID Class 1 - SMIME Test, 6
    Subject Public Key Info:
      Public Key Algorithm: rsaEncryption
      RSA Public Key: (508 bit)
        Modulus (508 bit):
          0e:cb:bc:71:08:02:24:39:fb:88:03:62:f2:46:9c:
          60:2a:50:ce:46:5f:21:b5:d5:d8:84:5e:62:04:65:
          31:d4:66:1a:2b:a2:85:f9:b2:bf:08:22:34:97:88:
          f6:39:f5:86:14:15:2b:c0:6a:16:ab:14:cd:71:68:
          13:7c:cc:d1
        Exponent: 65537 (0x10001)
    X509v3 extensions:
      X509v3 Basic Constraints:
        CA:FALSE
      2.5.29.3:
        0...0...0.....`.H...E....0.......This certificate incorporates by
        reference, and its use is strictly subject to, th.
  Signature Algorithm: md5WithRSAEncryption
    c0:98:0e:e4:9b:fd:e2:25:61:2c:58:df:59:d9:65:36:82:66:
    40:92:7c:78:e5:69:c3:28:7c:4c:6b:70:5f:80:db:21:e8:12:
    e4:fe:78:24:24:a8:cd:29:30:d1:d7:75:d5:1e:a1:0f:51:8d:
    5f:95:b8:c0:4d:9a:6e:b7:0d:46

Certificate:
  Data:
    Version: 3 (0x2)
    Serial Number:
      7c:09:84:ea:d5:b9:11:14:90:58:39:de:bb:72:9f:49
    Signature Algorithm: md2WithRSAEncryption
    Issuer: C=US, O=VeriSign, Inc., OU=TEST Root PCA
    Validity
      Not Before: Jul 17 00:00:00 1996 GMT
      Not After : Jul 17 23:59:59 1997 GMT
    Subject: L=Internet, O=VeriSign, Inc., OU=VeriSign Class 1 CA - Individual Subscriber
    Subject Public Key Info:
      Public Key Algorithm: rsaEncryption
      RSA Public Key: (512 bit)
        Modulus (512 bit):
          00:ec:57:3a:cd:82:70:e1:6c:02:59:ad:67:8b:77:
          d8:35:bc:c6:49:03:65:ba:ec:3d:f7:4d:36:e0:6b:
          ac:8c:b7:e1:12:4d:61:32:c2:14:ba:44:d3:fe:7f:
          32:c6:83:bb:ad:8a:78:c7:e2:d2:fa:d1:c5:da:d0:
          6d:bb:18:3b:0b
```

```
            Exponent: 65537 (0x10001)
        X509v3 extensions:
            X509v3 Key Usage:
                Certificate Sign, CRL Sign
            Netscape Cert Type:
                SSL CA
    Signature Algorithm: md2WithRSAEncryption
        14:a7:a6:d1:c2:46:83:d9:dd:4c:06:cf:e6:8d:47:20:4c:8d:
        9f:5d:59:96:f2:d4:e6:fd:47:7a:3b:35:30:a4:2d:ef:62:0c:
        9b:88:e3:80:e1:fe:a6:38:2e:5d:6f:25:07:ac:b3:ac:ae:28:
        54:e3:b6:50:d0:9a:35:0d:47:db

Certificate Revocation List (CRL):
        Version 1 (0x0)
        Signature Algorithm: md2WithRSAEncryption
        Issuer: /C=US/O=VeriSign, Inc./OU=TEST Root PCA
        Last Update: Jul 17 17:44:09 1996 GMT
        Next Update: Jul 17 00:00:00 1998 GMT
No Revoked Certificates.
    Signature Algorithm: md2WithRSAEncryption
        78:ad:03:4f:f1:02:e9:02:8c:7c:de:87:50:0c:4f:f9:76:a0:
        2e:bc:37:ec:85:6f:e6:89:3c:70:41:33:17:3a:80:6d:8c:68:
        a8:c1:37:06:f9:85:c5:d4:96:53:25:13:13:8d:03:78:ee:d7:
        47:fb:a3:02:2a:de:cd:f0:c7:5d

Certificate Revocation List (CRL):
        Version 1 (0x0)
        Signature Algorithm: md2WithRSAEncryption
        Issuer: /L=Internet/O=VeriSign, Inc./OU=VeriSign Class 1 CA - Individual Subscriber
        Last Update: Jul 17 17:59:29 1996 GMT
        Next Update: Jul 18 00:00:00 1997 GMT
No Revoked Certificates.
    Signature Algorithm: md2WithRSAEncryption
        b9:b5:56:61:3b:16:b1:09:ac:b5:ef:5f:f9:48:0c:c3:c0:64:
        8c:39:4c:db:97:f0:40:ba:c2:7e:69:a7:2f:18:de:c1:ec:b5:
        d2:44:91:3b:2a:54:68:92:db:fa:be:28:44:02:dc:d1:f1:bd:
        5d:f6:6c:6a:28:88:82:8b:50:1e
```

5.3.3 PKCS #10 Certificate Request Syntax

Ein Certificate Request ist im Prinzip ein Zertifikat, das noch nicht von einer Zertifizierungsstelle validiert und unterzeichnet wurde. Ein PKCS #10 Certification Request bietet den Systemen die Möglichkeit, ein neues X.509-Zertifikat von einer CA anzufordern.

Die CA überprüft zuerst die Signatur des Certification Request und falls es gültig ist, erzeugt sie aus dem X.500 *Distinguished Name*, dem öffentlichen Schlüssel und den optionalen Attributen ein X.509-Zertifikat. Enthält der Certification Request noch zusätzliche PKCS#9-Attribute, erstellt die CA aus dem Zertifikat und diesen Attributen noch ein PKCS#6-Zertifikat.

Im PKCS#10-Dokument ist jedoch nicht definiert, wie die CA das neue Zertifikat anschließend an den Nutzer zurücksendet. Eine Möglichkeit ist z.B. eine PKCS#7-Nachricht mit dem Typ *SignedData*. Die Rückantwort kann neben dem Zertifikat noch eine Widerrufsliste und den *Certification Path* beinhalten.

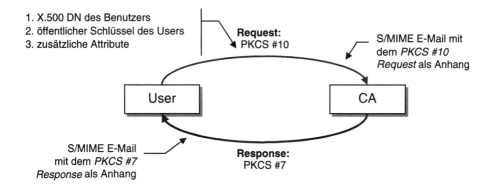

Über welches Protokoll der Nutzer den Certificate Request zu der CA überträgt bzw. das neu erstellte Zertifikat zurück an den Teilnehmer gesendet wird, ist in den PKCS#7- und PKCS#10-Dokumenten nicht festgelegt.

Eine Möglichkeit bietet SCEP (*Simple Certificate Enrollment Protocol*) von Cisco, das HTTP als Transport-Protokoll für die PKCS#10- und PKCS#7-Nachrichten einsetzt (siehe Kapitel 5.5).

Eine andere Variante ist die Übertragung als E-Mail-Anhang. Dazu sind im RFC 2311 (S/MIMEv2) die zusätzlichen MIME-Typen *application/pkcs7-mime*, *application/pkcs7-signature* und *application/pkcs10* definiert.

Format eines PKCS #10 Certification Request

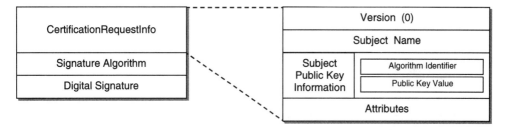

- Signature Algorithm

    Die Identifikation des Verschlüsselungsalgorithmus und der Hashfunktion, die von dem Benutzer zur Signatur des Certification Request eingesetzt werden.

- Digital Signature

    Dieses Feld enthält die mit dem privaten Schlüssel des Nutzers signierte Prüfsumme des Certification Request. Die Berechnung erfolgt über den DER-kodierten *CertificateRequestInfo*-Teil.

- Subject Name

  Der X.500 *Distinguished Name* des *Certificate Subject*, d.h. die Instanz, deren öffentlicher Schlüssel von der CA zertifiziert werden soll.

- Subject Public Key Information

  Informationen über den zu zertifizierenden öffentlichen Schlüssel. Dazu zählen der eigentliche Schlüssel und der verwendete Chiffrieralgorithmus (z.B. RSA oder DSA).

- Attributes

  Über die optionalen Attribute kann der Nutzer zusätzliche Informationen zum Zertifikat zur Verfügung stellen (z.B. X.509v3 Extensions oder PKCS #9 Selected Attribute Types).

PKCS #9 Attribut	Bedeutung
electronic-mail address	E-Mail-Adresse(n) des Subjekts als unstrukturierter ASCII-String
pseudonym	Pseudonym eines Subjekts als unstrukturierter ASCII-String
unstructured name	Der oder die Namen eines Subjekts als ASCII-String
unstructured address	Die Adressen eines Subjekts als unstrukturierter X.520-Directory-String
challenge password	Das Passwort, das eine Instanz beim Widerruf eines Zertifikats benutzen muss
extension-request	Information über Erweiterungen, die in dem neuen Zertifikat enthalten sein sollen

Beispiel für einen Certificate Request

OPENSSL> **req** -inform pem -in *c2503.csr* -noout -text
```
Certificate Request:
    Data:
        Version: 0 (0x0)
        Subject: C=DE, ST=[], OU=FRS-LAB, CN=C2503/Email=aurand@frs-lab.de,
                 O=Andreas Aurand
        Subject Public Key Info:
            Public Key Algorithm: rsaEncryption
            RSA Public Key: (512 bit)
                Modulus (512 bit):
                    00:c6:a7:c3:c4:9d:a5:76:0f:30:b6:10:ea:e3:6e:
                    d7:10:c8:50:98:6f:55:22:b1:67:b7:2b:31:dc:62:
                    c9:94:9d:ae:8f:02:3a:b7:5e:6e:8d:ad:53:56:79:
                    48:ae:96:1b:74:03:4c:7f:ab:2f:02:03:cf:1f:2f:
                    49:f5:9c:ee:f9
                Exponent: 65537 (0x10001)
        Attributes:
            a0:00
    Signature Algorithm: md5WithRSAEncryption
        af:25:e2:d1:ea:57:d2:d0:3e:10:50:6c:ac:7e:c1:56:57:82:
        ea:9f:cf:64:eb:4b:eb:c0:c6:8f:24:2c:42:1d:de:1e:39:ea:
        7f:f7:5d:46:23:b2:86:5f:81:84:86:80:48:e5:97:e0:20:67:
        86:42:e3:a8:74:88:1f:fa:bf:01
```

Mit dem privaten Schlüssel des Benutzers CA signierte MD5-Prüfsumme des *Certificate Request*.

Unterzeichnen eines Certificate Request mit dem privaten Schlüssel einer CA

- Unterzeichnen des Certificate Request mit dem privaten Schlüssel der Zertifizierungsstelle

    OpenSSL> **x509 -req -CA** *[.crt]lab-ca.crt* **-CAkey** *[.key]LAB-CA.KEY* **-CAserial** *[.db]serial.txt* **-days** 365 **-sha1 -in** *[.csr]c2503.csr* **-inform** pem **-out** *xxx.pem*
    ```
    Signature ok
    subject=/C=DE/ST=[]/OU=FRS-LAB/CN=C2503/Email=andreas.aurand@t-online.de/O=Andreas Aurand
    Getting CA Private Key
    Enter PEM pass phrase: XXXXX
    ```

    OpenSSL> **x509** -in *xxx.pem* -inform pem **-noout -text**
    ```
    Certificate:
        Data:
            Version: 1 (0x0)
            Serial Number: 6 (0x6)
            Signature Algorithm: sha1WithRSAEncryption
            Issuer: C=DE, O=Andreas Aurand, OU=LAB, CN=CA FRS-LAB
            Validity
                Not Before: Nov 14 14:33:55 2000 GMT
                Not After : Nov 14 14:33:55 2001 GMT
            Subject: C=DE, ST=[], OU=FRS-LAB, CN=C2503/Email=andreas.aurand@t-online.de,
    O=Andreas Aurand
            Subject Public Key Info:
                Public Key Algorithm: rsaEncryption          ⎯ Öffentlicher Schlüssel aus
                RSA Public Key: (512 bit)                       dem Certificate Request
                    Modulus (512 bit):
                        00:c6:a7:c3:c4:9d:a5:76:0f:30:b6:10:ea:e3:6e:
                        d7:10:c8:50:98:6f:55:22:b1:67:b7:2b:31:dc:62:
                        c9:94:9d:ae:8f:02:3a:b7:5e:6e:8d:ad:53:56:79:
                        48:ae:96:1b:74:03:4c:7f:ab:2f:02:03:cf:1f:2f:
                        49:f5:9c:ee:f9
    Exponent: 65537 (0x10001)
        Signature Algorithm: sha1WithRSAEncryption          ⎯ Mit dem privaten Schlüssel
            55:f3:f1:18:d1:0b:a0:5a:e0:a5:10:2a:6f:74:23:9f:7d:e8:     der CA signierte SHA1-
            15:76:7a:c8:a6:ca:3f:39:15:64:7c:d3:85:dc:27:d7:dc:8e:     Prüfsumme des Zertifikats
            f3:a2:48:1e:bd:d1:9e:2c:c3:b4:e9:3b:b8:01:fb:81:61:57:
            28:b9:d8:53:93:76:f2:e6:36:44
    ```

- Selbstsigniertes Zertifikat der CA mit dem zugehörigen öffentlichen Schlüssel

    OpenSSL> **x509** -inform pem -in *LAB-CA.CRT* -noout -text
    ```
    Certificate:
        Data:
            Version: 3 (0x2)
            Serial Number: 0 (0x0)
            Signature Algorithm: md5WithRSAEncryption
            Issuer: C=DE, O=Andreas Aurand, OU=LAB, CN=CA FRS-LAB
            Validity
                Not Before: Sep  4 11:46:42 2000 GMT
                Not After : Sep  3 11:46:42 2005 GMT
            Subject: C=DE, O=Andreas Aurand, OU=LAB, CN=CA FRS-LAB
            Subject Public Key Info:
                Public Key Algorithm: rsaEncryption
                RSA Public Key: (512 bit)
    ```

Kapitel 5 • Public Key Infrastructure (PKI)

```
                Modulus (512 bit):
                    00:a4:2e:28:c1:1d:4a:53:f2:b5:7e:70:e2:e9:91:
                    2c:48:31:a2:8e:0e:60:33:de:f9:f6:c0:52:80:5a:
                    45:ef:da:31:c0:25:89:15:9f:f5:51:75:5e:a1:d1:
                    b1:1f:f9:1e:6a:19:f5:ab:4f:f5:c7:ad:c2:38:45:
                    0a:d1:71:10:03
                Exponent: 65537 (0x10001)
        Signature Algorithm: md5WithRSAEncryption
            6c:29:61:96:4c:0e:5a:77:02:7e:34:d5:d3:fd:06:60:fc:ce:
            45:fa:19:55:be:53:24:db:63:dd:b1:5b:58:d2:b1:10:89:e2:
            a8:fa:d5:9d:e3:24:17:e1:d1:da:1e:f2:c0:07:00:39:5e:1e:
            dd:99:a9:e1:2a:65:bf:3b:0f:f7
```

- Privater Schlüssel der Zertifizierungsstelle; wird zum Unterschreiben des Certificate Request verwendet

OpenSSL> **rsa** -in *LAB-CA.KEY* -noout -text -inform pem
read RSA key
Enter PEM pass phrase: XXXXXXX

```
read RSA key
Private-Key: (512 bit)
modulus:
    00:a4:2e:28:c1:1d:4a:53:f2:b5:7e:70:e2:e9:91:
    2c:48:31:a2:8e:0e:60:33:de:f9:f6:c0:52:80:5a:
    45:ef:da:31:c0:25:89:15:9f:f5:51:75:5e:a1:d1:
    b1:1f:f9:1e:6a:19:f5:ab:4f:f5:c7:ad:c2:38:45:
    0a:d1:71:10:03
publicExponent: 65537 (0x10001)
privateExponent:
    75:f9:05:27:de:d8:2e:02:55:10:0a:25:c3:17:a1:
    ee:2e:5c:54:1f:58:59:6d:7b:c8:26:e2:21:80:bc:
    88:5f:e6:85:fa:06:05:55:2e:b5:89:36:6b:fd:ad:
    b5:c6:a5:9f:a9:1c:03:f1:1f:2a:06:73:5f:a3:c8:
    89:dd:82:01
prime1:
    00:cd:bf:e1:c5:38:9f:c5:88:2b:a8:6e:59:d3:d3:
    be:be:7e:fe:99:41:27:2b:c2:d0:d5:81:c8:75:b6:
    58:08:43
prime2:
    00:cc:47:3c:80:9c:4a:fc:f4:47:0f:21:55:26:94:
    8c:81:ef:ae:1e:16:b8:06:b0:f6:98:f6:76:cc:21:
    f5:3d:41
exponent1:
    07:be:b8:5d:f7:32:b4:79:da:c2:dd:5c:8e:47:c3:
    3f:62:82:6c:fc:71:e0:08:d6:59:a3:28:0b:9e:50:
    94:07
exponent2:
    2c:52:d8:a1:df:47:b6:13:1a:c8:01:a7:84:33:7f:
    39:42:54:39:5b:1c:9a:f7:12:ca:a5:cf:a9:03:45:
    3f:01
coefficient:
    00:ae:05:28:78:82:d8:53:26:cd:ca:dd:70:b6:16:
    36:7f:b8:1d:db:92:c1:58:e7:b7:33:dc:ba:09:47:
    a1:1e:be
```

5.4 PKIX – Internet Public Key Infrastructure X.509

Die IETF PKIX Working Group wurde 1995 gegründet und hat die Spezifikation einer auf X.509v3-Zertifikaten und X.509v2-Widerrufslisten basierenden zentralisierten PKI zum Ziel. Dadurch soll eine Interoperabilität zwischen den PKI-Produkten verschiedener Anbieter möglich sein.

Übersicht über die PKIX RFCs

- Allgemeine Informationen zu PKIX

RFC 2828	Internet Security Glossary
draft	Internet X.509 Public Key Infrastructure PKIX Roadmap

- Profile

  Da die X.509-Spezifikation relativ viele Erweiterungen erlaubt, legen die Profile fest, wie das Format eines Zertifikats auszusehen hat und welche Erweiterungen unterstützt werden müssen.

RFC 2459	Internet X.509 PKI Certificate and CRL Profile
RFC 2528	Internet X.509 PKI Representation of Key Exchange Algorithm (KEA) Keys in Internet X.509 Certificates
RFC 3039	Internet X.509 PKI Qualified Certificates Profile
draft	Internet X.509 PKI Representation of Elliptic Curve Digital Signature Algorithm Keys and Signatures
draft	An Internet Attribute Certificate Profile for Authorization

- Operational Protocols

  Diese Protokolle ermöglichen die Übertragung von Zertifikaten und Widerrufslisten zu Systemen, die entsprechende Zertifikate benötigen.

RFC 2559	Internet X.509 PKI Operational Protocols: LDAPv2
RFC 2560	Internet X.509 PKI Online Certificate Status Protocol (**OCSP**)
RFC 2585	Internet X.509 PKI Operational Protocols: FTP and HTTP
RFC 2587	Internet X.509 PKI LDAPv2 Schema
RFC 2875	Diffie-Hellman Proof-of-Possession Algorithms
draft	Internet X.509 PKI Operational Protocols: LDAPv3
draft	Internet X.509 PKI Additional LDAP Schema for PKIs and PMIs
draft	Internet X.509 PKI Repository Locator Service
draft	Limited AttributeCertificate Acquisition Protocol

- Management Protocols

  Management-Protokolle erlauben die On-Line-Interaktionen zwischen PKI-Benutzern und Management-Instanzen (z.B. *Certification Authorities* oder *Registration Authorities*).

  – Format der Management-Nachrichten

RFC 2511	Internet X.509 Certificate Request Message Format (**CRMF**)
RFC 2986	PKCS #10: Certification Request Syntax Version 1.7
RFC 2315	PKCS #7: Cryptographic Message Syntax Version 1.5
RFC 2630	Cryptographic Message Syntax (**CMS**)

  – Management-Protokoll

RFC 2510	Internet X.509 PKI Certificate Management Protocols (**CMP**)
RFC 2797	Certificate Management Messages over CMS (**CMC**)
draft	Using HTTP as a Transport Protocol for CMP
draft	Using TCP as a Transport Protocol for CMP
draft	Simple Certificate Validation Protocol (**SCVP**)

- Policy Outline

  Die »Policy Outline«-RFCs legen so genannte *Certificate Policies* (**CP**) und *Certificate Practice Statements* (**CPS**) fest. CP und CPS adressieren die Bereiche der physikalischen und personenbezogenen Sicherheit, die Forderungen an die Identifikation eines Subjekts (z.B. durch unterschiedliche Zertifikatsklassen) usw.

RFC 2527	Internet X.509 PKI Certificate Policy and Certification Practices Framework

- Time-Stamp, Data Verification and Data Certification Services

draft	Internet X.509 PKI Time Stamp Protocols (**TSP**)
draft	Internet X.509 PKI Data Certification Server Protocols (**DVCS**)

Operational Protocols

- RFC 2559 – Internet X.509 PKI Operational Protocols – LDAPv2

  Dieser RFC beschreibt, wie man das LDAPv2-Protokoll einsetzen kann, um Zertifikate und Widerrufslisten in einer LDAP-Datenbank zu veröffentlichen bzw. von dort abzurufen (LDAP: RFC 1777, Lightweight Directory Access Protocol).

- RFC 2560 – X.509 Internet PKI Online Certificate Status Protocol – OCSP

  Das *Online Certificate Status Protocol* bietet die Möglichkeit, direkt den aktuellen Status eines Zertifikats abzufragen, ohne Widerrufslisten zu verwenden.

- RFC 2585 – Internet X.509 PKI Operational Protocols: FTP and HTTP

  Definition von Möglichkeiten, wie man die FTP- und HTTP-Protokolle benutzen kann, um Zertifikate und Widerrufslisten aus *PKI Repositories* abzurufen.

Management Protocols

- RFC 2511 – Internet X.509 Certificate Request Message Format (CRMF)

  CRMF definiert ein Format, um ein Zertifikat von einer Zertifizierungs- oder Registrierungsstelle anzufordern (ähnlich PKCS #10). Die Spezifikation, über welches Transport-Protokoll die CRMF-Nachricht übertragen wird, ist nicht Bestandteil dieses RFC.

- RFC 2510 – Internet X.509 PKI Certificate Management Protocols (CMP)

  RFC 2510 spezifiziert ein Protokoll, das man zur Übertragung von PKI-Nachrichten benutzen kann. In der Regel wird CMP zusammen mit CRMF und einem entsprechenden Transfer-Service (z.B. S/MIME oder HTTP) eingesetzt.

- draft – Certificate Management Messages over CMS (CMC)

  Bei CMC handelt es sich um eine PKI-Implementation, die als Transport-Service S/MIMEv3 verwendet und als Format der Transport-Nachrichten die Cryptographic Message Syntax (RFC 2630). Als *Certification Request Syntax* kann man sowohl PKCS #10 als auch CRMF einsetzen. Das Ziel dieser neuen Spezifikation ist es, PKCS#10-Nachrichten als *Certificate Requests* und S/MIME als PKI-Management-Protokoll mit einzubeziehen.

- draft – Simple Certificate Validation Protocol (SCVP)

  Das SCVP-Protokoll erlaubt es einem Klienten, die Handhabung der Zertifikate an einen Server abzugeben.

Time-Stamp, Data Validation, and Data Certification Services

- draft – Internet X.509 PKI Time Stamp Protocols

  Dieser RFC beschreibt die Spezifikation für einen *Time Stamp*-Service (Zeitstempel). Dazu stellt die so genannte *Time Stamp Authority* (TSA) einen zuverlässigen Zeitservice zur Verfügung. Mit dessen Hilfe unterschreibt die TSA einen empfangenen *Time Stamp Request* mit der aktuellen Zeit. Das *Time Stamp Protocol* bietet also eine Möglichkeit, die zeitliche Verbindlichkeit einer Transaktion sicherzustellen.

- RFC 3029 – Internet X.509 PKI Data Validation and Certification Server Protocols

  Dieser RFC beschreibt einen so genannten *Data Validation and Certification*-Service (DVCS) über den die Existenz und die Korrektheit einer Nachricht bzw. Signatur zertifiziert werden kann. Das heißt, DVCS garantiert die Gültigkeit der verwendeten Signatur bzw. den Besitz der Daten.

PKIX-Architektur

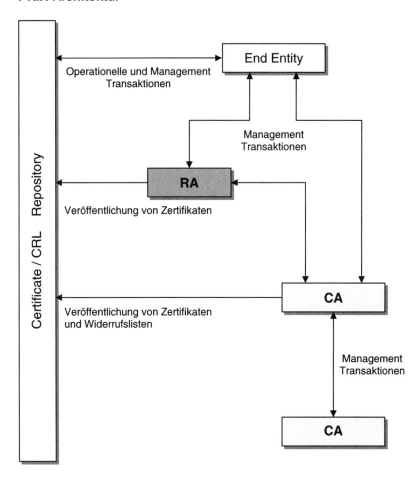

- Registration Authorities (RA)

  Registrierungsstellen arbeiten für CAs und übernehmen z.B. die Aufgabe, den Nutzer/Teilnehmer zu identifizieren oder die Attribute eines Zertifikats auf Anforderung des Nutzers zu ändern. RAs geben jedoch selbst keine Zertifikate oder Widerrufslisten heraus, dies bleibt weiterhin Aufgabe der Zertifizierungsstellen.

- Repository

  Unter einer Respository versteht man ein System (oder eine Anzahl von verteilten Systemen), auf dem die Zertifikate und Widerrufslisten abgespeichert sind und das entsprechende Abfragen von anderen Instanzen ermöglicht. Diesen Service bezeichnet man auch als *Directory Service*.

5.5 SCEP – Simple Certificate Enrollment Protocol

SCEP ist ein von Cisco spezifiziertes PKI-Protokoll, das zur Kommunikation zwischen Clients (z.B. Router mit IPSec oder PCs mit der Cisco Secure VPN Client Software) und Zertifizierungsstellen benutzt wird. SCEP ist mittlerweile in den Produkten von verschiedenen Herstellern implementiert, so z.B. im Microsoft Windows 2000 Certificate Server oder in der PKI-Software von Verisign, Baltimore Technologies, Entrust Technologies, RSA Security.

Das Simple Certificate Enrollment Protocol bietet im Prinzip eine ähnliche Funktionalität wie die im RFC 2510 und RFC 2797 beschriebenen PKIX-Protokolle *Certificate Management Protocols* (CMP) bzw. *Certificate Management Messages over CMS* (CMC):

- Registrierung von Zertifikaten
- Zurückziehen von Zertifikaten
- Abfrage von Zertifikaten
- Abfrage von Widerrufslisten (CRL)

SCEP Transaktionen

SCEP verwendet für den Austausch der Nachrichten HTTP als Transport-Protokoll. Für die Registrierung bzw. Abfrage von Zertifikaten benutzen die Klienten *HTTP GET Messages*. Die Übertragung der Zertifikate bzw. Widerrufslisten erfolgt im PKCS #7-Format, wobei die Daten als MIME-Objekt in die HTTP-Nachricht eingetragen werden.

- **Certificate Enrollment** (Registrierung von Zertifikaten)

  Zur Registrierung von Zertifikaten sendet der Klient eine *PKCSReq Message* als *PKCS #10 Certification Request* zu der Zertifizierungsstelle. Die CA antwortet darauf mit einer *CertRep Message*, die das Zertifikat des Klienten im *PKCS#7-Certs-only*-Format enthält.

- **Poll for End Entity Initial Certificate** (Regelmäßige Abfrage eines Zertifikats)

  Falls die CA die *PKCSReq Message* überhaupt nicht oder nur mit einem Pending-Status beantwortet, geht der Klient in den Polling-Status und sendet periodisch *GetCertInitial*-Nachrichten zum Server. Dies geschieht so lange, bis der Server die Anfrage beantwortet und das Zertifikat zurückgeschickt hat, die Anfrage abgelehnt wurde oder das Polling-Zeitlimit abgelaufen ist.

- **Certificate and CRL Access** (Zugriff auf Zertifikate und Widerrufslisten)

  In der Regel erfolgt der Zugriff auf bereits herausgegebene Zertifikate über einen LDAP-Server. Falls der Server nicht verfügbar ist, können die Klienten auch über eine *GetCert*- bzw. *GetCRL*-Nachricht (PKCS#7-Format) auf die CA zugreifen.

- **Get Certificate Authority Certificate** (Anforderung des Zertifikats der CA)

  Bevor überhaupt eine Transaktion erfolgen kann, müssen die Klienten zuerst die Zertifikate der CA und evtl. der RA anfordern. Da noch keine öffentlichen Schlüssel ausgetauscht wurden, kann die Nachricht nicht chiffriert werden. Der durch einen MD5-Hashalgorithmus generierte Fingerabdruck des Zertifikats sollte deshalb über einen *Out-of-Band*-Mechanismus überprüft werden, um sicher zu sein, dass es sich um das korrekte Zertifikat handelt.

Trace einer »Get CA Certificate«-Transaktion

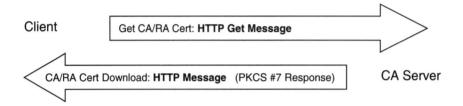

- HTTP Get Message des Client (IP-Adresse 50.104.7.68)

```
IP: - - - - - Internet protocol (IP) - - - - -
IP:
IP: Internet header version    = 4
IP: Internet Header Length     = 20 bytes
IP: Type of service            = 30
IP: Total Packet Length        = 153 bytes
IP: Identification             = 40823
IP: Fragment Information       = 4000
IP: Fragment Offset            = 0
IP: Time to live (sec)         = 128
IP: Protocol Type              = 6 (TCP)
IP: Header Checksum            = 33021 (correct)
IP: Source Address             = 50.104.7.68
IP: Destination Address        = 192.168.1.2
TCP:
TCP: - - - - - Transmission Control Protocol (TCP) - - - - -
TCP:
TCP: Source port               = 1487 (Unknown)
TCP: Destination port          = 80 (HTTP)
TCP: Sequence number           = 25123708
TCP: Acknowledgement number    = 1879251054
TCP: TCP Header Length         = 32 bytes
TCP: TCP Control Bits          = 18
TCP:        .......0 = --
TCP:        ......0. = --
TCP:        .....0.. = --
TCP:        ....1... = PSH: Push function
TCP:        ...1.... = ACK: Acknowledgement
TCP:        ..0..... = --
TCP: Window                    = 8760
TCP: Header Checksum           = 60509
TCP: Urgent pointer (not used) = 0
```

```
TCP: Option Code                  = 1 (No Operation (pad))
TCP: Option Code                  = 1 (No Operation (pad))
TCP: Option Code                  = 8 (Unknown)
TCP: Protocol Error               = 0A
TCP:
TCP: Port HTTP data (101 bytes)
HTTP:
HTTP: - - - - - Hypertext Transport Protocol (HTTP) - - - - -
HTTP:
HTTP: GET /certsrv/mscep/mscep.dll?operation=GetCACert&message=frs-lab%2Ede HTTP/1.0
HTTP: Host: 192.168.1.2
```

- Die Registrierungsstelle (IP-Adresse 192.168.1.2) sendet die Zertifikate zum Client

Da es sich in diesem Fall um eine Registrierungsstelle handelt, sendet sie die Zertifikate der CA und RA als PKCS #7 Signed Data zum Client.

```
IP: - - - - - Internet protocol (IP) - - - - -
IP:
IP: Internet header version       = 4
IP: Internet Header Length        = 20 bytes
IP: Type of service               = 00
IP: Total Packet Length           = 202 bytes
IP: Identification                = 1842
IP: Fragment Information          = 4000
IP: Fragment Offset               = 0
IP: Time to live (sec)            = 126
IP: Protocol Type                 = 6 (TCP)
IP: Header Checksum               = 6978 (correct)
IP: Source Address                = 192.168.1.2
IP: Destination Address           = 50.104.7.68
TCP:
TCP: - - - - - Transmission Control Protocol (TCP) - - - - -
TCP:
TCP: Source port                  = 80 (HTTP)
TCP: Destination port             = 1487 (Unknown)
TCP: Sequence number              = 1879251054
TCP: Acknowledgement number       = 25123809
TCP: TCP Header Length            = 32 bytes
TCP: TCP Control Bits             = 18
TCP: Window                       = 17419
TCP: Header Checksum              = 46202
TCP: Urgent pointer (not used)    = 0
TCP: Option Code                  = 1 (No Operation (pad))
TCP: Option Code                  = 1 (No Operation (pad))
TCP: Option Code                  = 8 (Unknown)
TCP: Protocol Error               = 0A
TCP:
TCP: Port HTTP data (150 bytes)
HTTP:
HTTP: - - - - - Hypertext Transport Protocol (HTTP) - - - - -
HTTP:
HTTP: HTTP/1.1 200 OK
HTTP: Server: Microsoft-IIS/5.0
HTTP: Date: Mon, 12 Feb 2001 15:20:43 GMT
HTTP: Content-Length: 2401
HTTP: Content-Type: application/x-x509-ca-ra-cert
```

Festlegung des MIME-Objekts, das mit der nächsten HTTP-Nachricht von der CA/RA übertragen wird

```
IP: - - - - - Internet protocol (IP) - - - - -
IP:
IP: Internet header version      = 4
IP: Internet Header Length       = 20 bytes
IP: Type of service              = 00
IP: Total Packet Length          = 1500 bytes
IP: Identification               = 1843
IP: Fragment Information         = 4000
IP: Fragment Offset              = 0
IP: Time to live (sec)           = 126
IP: Protocol Type                = 6 (TCP)
IP: Header Checksum              = 5679 (correct)
IP: Source Address               = 192.168.1.2
IP: Destination Address          = 50.104.7.68
TCP:
TCP: - - - - - Transmission Control Protocol (TCP) - - - - -
TCP:
TCP: Source port                 = 80 (HTTP)
TCP: Destination port            = 1487 (Unknown)
TCP: Sequence number             = 1879251204
TCP: Acknowledgement number      = 25123809
TCP: TCP Header Length           = 32 bytes
TCP: TCP Control Bits            = 10
TCP: Window                      = 17419
TCP: Header Checksum             = 29986
TCP: Urgent pointer (not used)   = 0
TCP: Option Code                 = 1 (No Operation (pad))
TCP: Option Code                 = 1 (No Operation (pad))
TCP: Option Code                 = 8 (Unknown)
TCP: Protocol Error              = 0A
TCP:
TCP: Port HTTP data (1448 bytes)
HTTP:
HTTP: - - - - - Hypertext Transport Protocol (HTTP) - - -
HTTP:
HTTP: HTML data (1448 bytes)

0040:        30 82 09 5D 06 09-2A 86 48 86 F7 0D 01 07    ..0..]..*.H.....
0050: 02 A0 82 09 4E 30 82 09-4A 02 01 01 31 00 30 0B    ....N0..J...1.0.
...   ...
```

Die HTTP-Nutzdaten enthalten die Zertifikate der CA bzw. RA im DER-kodierten PKCS#7-Format

● Anzeige der übertragenen Zertifikate

Da die Übertragung der DER-kodierten PKCS #7 Message im Klartext erfolgt, können die HEX-Werte als Binärwert abgespeichert und anschließend angezeigt werden.

openssl pkcs7 -inform der -in *ca-ra.pk7* -print_certs -noout -text
Certificate:
    Data:
        Version: 3 (0x2)
        Serial Number:
            61:06:82:6b:00:00:00:00:00:04
        Signature Algorithm: sha1WithRSAEncryption
        Issuer: C=DE, OU=Andreas Aurand, CN=CA FRS-LAB
        Validity
            Not Before: Feb 12 14:30:32 2001 GMT
            Not After : Feb 12 14:40:32 2002 GMT
        Subject: C=DE, O=Andreas Aurand, CN=RA FRS-LAB
        Subject Public Key Info:
            Public Key Algorithm: rsaEncryption
            RSA Public Key: (1024 bit)

Zertifikat der Registrierungsstelle; nur für digitale Signaturen gültig

            Modulus (1024 bit):
                00:c5:ec:94:f8:e5:dd:6e:89:9c:8b:0b:3e:6b:15:
                b9:64:4b:9a:36:0f:00:13:b0:39:79:04:35:a7:05:
                56:ed:fc:39:6b:fb:c4:12:14:3a:2c:7b:0d:85:b1:
                f2:14:6a:cf:84:92:a5:ef:10:a6:89:1e:d5:fd:4e:
                e4:f1:49:cf:a6:f9:0b:9d:c5:9a:29:9a:88:aa:ce:
                30:03:0e:aa:68:f4:cc:90:90:69:f1:d2:0b:cb:d4:
                d7:2e:c3:ae:4d:85:ce:b7:07:43:31:d6:64:a4:cf:
                06:74:5e:ba:6f:64:2b:7a:ac:65:64:c0:a9:33:4c:
                29:04:fd:90:ca:8f:ac:b7:39
            Exponent: 65537 (0x10001)
        X509v3 extensions:
            X509v3 Key Usage: critical
                Digital Signature, Non Repudiation
            X509v3 Extended Key Usage:
                1.3.6.1.4.1.311.20.2.1
            X509v3 Subject Key Identifier:
                BF:C1:16:39:77:78:61:EF:0D:DB:C2:CF:93:A1:D4:55:D2:44:8D:72
            X509v3 Authority Key Identifier:
                keyid:1F:EA:A5:11:31:52:B8:FA:28:6C:FF:7B:15:76:BD:9E:93:1D:A2:F
                DirName:/C=DE/OU=Andreas Aurand/CN=CA FRS-LAB
                serial:2A:F5:E3:AC:37:1E:E9:AB:4F:44:F9:72:2E:B4:F8:7B

            X509v3 CRL Distribution Points:
                URI:http://mpdepp.frs-lab.de/CertEnroll/CA%20FRS-LAB.crl

            Authority Information Access:
                CA Issuers - URI:http://mpdepp.frs-lab.de/CertEnroll/mpdepp.frst

    Signature Algorithm: sha1WithRSAEncryption
        66:76:a9:d3:0f:f6:13:64:3c:65:e5:8f:21:df:32:8d:f9:43:
        04:60:99:82:87:80:a0:b2:5f:45:f6:df:09:47:71:d5:a8:60:
        50:38:11:c3:20:d2:96:7f:b9:8b:c8:b3:cc:7f:bd:2c:4c:63:
        35:c4:b4:a3:89:6b:8f:af:87:a9

Certificate:
    Data:
        Version: 3 (0x2)
        Serial Number:
            61:06:87:3b:00:00:00:00:00:05
        Signature Algorithm: sha1WithRSAEncryption
        Issuer: C=DE, OU=Andreas Aurand, CN=CA FRS-LAB
        Validity
            Not Before: Feb 12 14:30:33 2001 GMT   Zertifikat der Registrierungs-
            Not After : Feb 12 14:40:33 2002 GMT   stelle; nur für Verschlüsse-
        Subject: C=DE, O=Andreas Aurand, CN=RA FRS-LAB   lung gültig
        Subject Public Key Info:
            Public Key Algorithm: rsaEncryption
            RSA Public Key: (1024 bit)
                Modulus (1024 bit):
                    00:9b:36:2c:57:ab:4e:4c:4d:77:68:9a:5f:53:1d:
                    f8:16:5f:91:03:d3:c4:c9:73:4f:4f:18:8c:d2:55:
                    89:38:36:af:e5:83:ec:5e:47:ba:57:c9:7f:a0:d7:
                    ca:3e:82:31:4b:9b:88:3c:df:9a:e4:9e:25:28:86:
                    50:d2:8a:59:e3:20:2e:bb:70:6c:32:9f:96:19:5c:
                    5f:1b:ce:e6:b6:8e:a9:4d:b0:08:d9:60:0d:ae:15:
                    c0:b9:9c:24:86:e8:b6:23:f1:3d:e1:a6:aa:be:fa:
                    b3:19:6f:8c:d1:d9:df:c5:dc:a1:20:49:3a:1d:13:
                    78:0a:6e:d1:f7:e2:cd:20:75
                Exponent: 65537 (0x10001)

```
X509v3 extensions:
    X509v3 Key Usage: critical
        Key Encipherment, Data Encipherment
    X509v3 Extended Key Usage:
        1.3.6.1.4.1.311.20.2.1
    X509v3 Subject Key Identifier:
        09:10:54:BF:02:1F:A6:3B:55:A9:E2:B8:B2:2B:F7:BD:7B:BD:B6:56
    X509v3 Authority Key Identifier:
        keyid:1F:EA:A5:11:31:52:B8:FA:28:6C:FF:7B:15:76:BD:9E:93:1D:A2:F
        DirName:/C=DE/OU=Andreas Aurand/CN=CA FRS-LAB
        serial:2A:F5:E3:AC:37:1E:E9:AB:4F:44:F9:72:2E:B4:F8:7B

    X509v3 CRL Distribution Points:
        URI:http://mpdepp.frs-lab.de/CertEnroll/CA%20FRS-LAB.crl

    Authority Information Access:
        CA Issuers - URI:http://mpdepp.frs-lab.de/CertEnroll/mpdepp.frst

Signature Algorithm: sha1WithRSAEncryption
    06:d8:0b:a9:32:c6:9d:c4:ac:be:11:66:4f:b1:5a:c8:64:71:
    53:be:f9:79:9e:e9:a0:17:d6:ad:21:4b:ec:5d:fb:21:1a:68:
    3d:5b:73:30:65:c2:22:17:e5:2d:b8:f4:17:01:97:0e:73:ad:
    3f:d6:03:28:de:38:16:33:94:b8
```

Certificate:
```
Data:
    Version: 3 (0x2)
    Serial Number:
        2a:f5:e3:ac:37:1e:e9:ab:4f:44:f9:72:2e:b4:f8:7b
    Signature Algorithm: sha1WithRSAEncryption
    Issuer: C=DE, OU=Andreas Aurand, CN=CA FRS-LAB
    Validity
        Not Before: Feb 12 14:16:48 2001 GMT
        Not After : Feb 12 14:25:16 2006 GMT
    Subject: C=DE, OU=Andreas Aurand, CN=CA FRS-LAB
    Subject Public Key Info:
        Public Key Algorithm: rsaEncryption
        RSA Public Key: (512 bit)
            Modulus (512 bit):
                00:ef:27:eb:37:ab:86:a4:3f:0c:bf:cc:f2:d9:31:
                06:96:39:7e:cb:3b:0a:e3:24:fc:c6:3e:11:c2:95:
                80:e7:2b:19:85:b5:55:ee:3c:27:68:0d:a3:5a:f5:
                f6:69:0d:5c:ad:a3:71:76:98:d6:dc:17:1d:35:e5:
                46:6c:a3:e9:93
            Exponent: 65537 (0x10001)
    X509v3 extensions:
        1.3.6.1.4.1.311.20.2:
            ...C.A
        X509v3 Key Usage:
            Non Repudiation, Certificate Sign, CRL Sign
        X509v3 Basic Constraints: critical
            CA:TRUE
        X509v3 Subject Key Identifier:
            1F:EA:A5:11:31:52:B8:FA:28:6C:FF:7B:15:76:BD:9E:93:1D:A2:CF
        X509v3 CRL Distribution Points:
            URI:ldap:///CN=CA%20FRS-LAB,CN=mpdepp,CN=CDP,CN=Public%20Key%20t
            URI:http://mpdepp.frs-lab.de/CertEnroll/CA%20FRS-LAB.crl

        1.3.6.1.4.1.311.21.1:
            ...
```

Selbstsigniertes Zertifikat der Zertifizierungsstelle (Validity)

Zertifikat kann für die Signatur von Zertifikaten und Widerrufslisten verwendet werden (Key Usage)

```
Signature Algorithm: sha1WithRSAEncryption
    97:9d:87:a4:3c:f0:26:9d:8f:4c:7b:09:8c:8e:44:ea:6c:56:
    73:12:b3:55:de:6c:ca:56:2a:07:eb:42:6e:a0:7b:8f:9e:fe:
    06:ca:6f:cd:df:44:39:43:e6:98:23:3c:b6:95:81:8a:c6:cd:
    ae:96:cd:e2:cc:89:7c:76:7b:d4
```

Trace einer erfolgreichen »Certificate Enrollment«-Transaktion

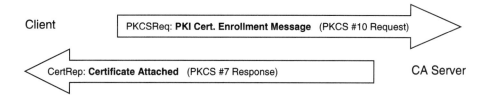

- Der Client (IP-Adresse 50.104.7.68) sendet eine PKCS #10 Certificate Request Message (*PKCSreq*) zur CA

Der Client verschlüsselt die Nachricht mit einem aus dem Nachrichteninhalt generierten Schlüssel, chiffriert diesen Schlüssel dann mit dem bekannten öffentlichen Schlüssel der CA und trägt diese Information in das *recipientInfo*-Feld der *PKCSReq Message* ein.

```
IP: - - - - - Internet protocol (IP) - - - - -
IP:
IP: Internet header version    = 4
IP: Internet Header Length     = 20 bytes
IP: Type of service            = 30
IP: Total Packet Length        = 1500 bytes
IP: Identification             = 60535
IP: Fragment Information       = 4000
IP: Fragment Offset            = 0
IP: Time to live (sec)         = 128
IP: Protocol Type              = 6 (TCP)
IP: Header Checksum            = 11962 (correct)
IP: Source Address             = 50.104.7.68
IP: Destination Address        = 192.168.1.2
TCP:
TCP: - - - - - Transmission Control Protocol (TCP) - - - - -
TCP:
TCP: Source port               = 1489 (Unknown)
TCP: Destination port          = 80 (HTTP)
TCP: Sequence number           = 25244448
TCP: Acknowledgement number    = 1909847058
TCP: TCP Header Length         = 32 bytes
TCP: TCP Control Bits          = 10
TCP:        .......0 = --
TCP:        ......0. = --
TCP:        .....0.. = --
TCP:        ....0... = --
TCP:        ...1.... = ACK: Acknowledgement
TCP:        ..0..... = --
TCP: Window                    = 8760
```

Kapitel 5 • Public Key Infrastructure (PKI)

```
TCP: Header Checksum              = 37793
TCP: Urgent pointer (not used)    = 0
TCP: Option Code                  = 1 (No Operation (pad))
TCP: Option Code                  = 1 (No Operation (pad))
TCP: Option Code                  = 8 (Unknown)
TCP: Protocol Error               = 0A
TCP:
TCP: Port HTTP data (1448 bytes)
HTTP:
HTTP: - - - - - Hypertext Transport Protocol (HTTP) - - - - -
HTTP:
HTTP: GET /certsrv/mscep/mscep.dll?operation=PKIOperation&message=MI...

0040:             47 45 54 20 2F 63-65 72 74 73 72 76 2F 6D  ..GET /certsrv/m
0050: 73 63 65 70 2F 6D 73 63-65 70 2E 64 6C 6C 3F 6F  scep/mscep.dll?o
0060: 70 65 72 61 74 69 6F 6E-3D 50 4B 49 4F 70 65 72  peration=PKIOper
0070: 61 74 69 6F 6F 6E 26 6D-65-73 73 61 67 65 3D 4D 49  ation&message=MI
0080: 49 47 31 77 59 4A 4B 6F-5A 49 68 76 63 4E 41 51  IG1wYJKoZIhvcNAQ
0090: 63 43 6F 49 49 47 79 44-43 43 42 73 51 43 41 51  cCoIIGyDCCBsQCAQ
...
```

Chiffrierte
PKCSReq
Message

- Die RA (IP-Adresse 192.168.1.2) antwortet mit einer PKCS #7 Message, die das Client-Zertifikat beinhaltet

```
IP: - - - - - Internet protocol (IP) - - - - -
IP:
IP: Internet header version     = 4
IP: Internet Header Length      = 20 bytes
IP: Type of service             = 00
IP: Total Packet Length         = 198 bytes
IP: Identification              = 1976
IP: Fragment Information        = 4000
IP: Fragment Offset             = 0
IP: Time to live (sec)          = 126
IP: Protocol Type               = 6 (TCP)
IP: Header Checksum             = 6848 (correct)
IP: Source Address              = 192.168.1.2
IP: Destination Address         = 50.104.7.68
TCP:
TCP: - - - - - Transmission Control Protocol (TCP) - - - - -
TCP:
TCP: Source port                = 80 (HTTP)
TCP: Destination port           = 1489 (Unknown)
TCP: Sequence number            = 1909847058
TCP: Acknowledgement number     = 25247080
TCP: TCP Header Length          = 32 bytes
TCP: TCP Control Bits           = 18
TCP: Window                     = 17520
TCP: Header Checksum            = 18003
TCP: Urgent pointer (not used)  = 0
TCP: Option Code                = 1 (No Operation (pad))
TCP: Option Code                = 1 (No Operation (pad))
TCP: Option Code                = 8 (Unknown)
TCP: Protocol Error             = 0A
TCP:
TCP: Port HTTP data (146 bytes)
HTTP:
```

```
HTTP: - - - - - Hypertext Transport Protocol (HTTP) - - - - -
HTTP:
HTTP: **HTTP/1.1 200 OK**
HTTP: Server: Microsoft-IIS/5.0
HTTP: Date: Mon, 12 Feb 2001 15:22:45 GMT          ⎯⎯ Festlegung des MIME-Objekts, das
HTTP: Content-Length: 1680                            mit der nächsten HTTP-Nachricht
HTTP: **Content-Type: application/x-pki-message**     von der CA/RA übertragen wird

IP: - - - - - Internet protocol (IP) - - - - -
IP:
IP: Internet header version        = 4
IP: Internet Header Length         = 20 bytes
IP: Type of service                = 00
IP: Total Packet Length            = 1500 bytes
IP: Identification                 = 1977
IP: Fragment Information           = 4000
IP: Fragment Offset                = 0
IP: Time to live (sec)             = 126
IP: Protocol Type                  = 6 (TCP)
IP: Header Checksum                = 5545 (correct)
IP: Source Address                 = **192.168.1.2**
IP: Destination Address            = **50.104.7.68**
TCP:
TCP: - - - - - Transmission Control Protocol (TCP) - - - - -
TCP:
TCP: Source port                   = 80 (HTTP)
TCP: Destination port              = 1489 (Unknown)
TCP: Sequence number               = 1909847204
TCP: Acknowledgement number        = 25247080
TCP: TCP Header Length             = 32 bytes
TCP: TCP Control Bits              = 10
TCP: Window                        = 17520
TCP: Header Checksum               = 9433
TCP: Urgent pointer (not used)     = 0
TCP: Option Code                   = 1 (No Operation (pad))
TCP: Option Code                   = 1 (No Operation (pad))
TCP: Option Code                   = 8 (Unknown)
TCP: Protocol Error                = 0A
TCP:
TCP: Port HTTP data (1448 bytes)
HTTP:
HTTP: - - - - - Hypertext Transport Protocol (HTTP) - - - - -
HTTP:
HTTP: HTML data (1448 bytes)                         ⎯⎯ Verschlüsselte PKCS#7-
                                                        Nachricht, enthält das
0040:          30 82 06 8C 06 09-2A 86 48 86 F7 0D 01 07    ..0.....*.H.....    Client-Zertifikat
0050: 02 A0 82 06 7D 30 82 06-79 02 01 01 31 0E 30 0C    ....}0..y...1.0.
0060: 06 08 2A 86 48 86 F7 0D-02 05 05 00 30 82 04 92    ..*.H.......0...
0070: 06 09 2A 86 48 86 F7 0D-01 07 01 A0 82 04 83 04    ..*.H...........
 ...    ...
```

Trace einer »CRL Access«-Transaktion

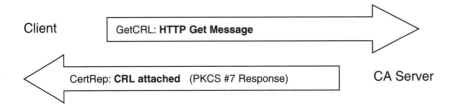

- Der Client (IP-Adresse 50.104.7.68) sendet eine HTTP Get Message zur CA

```
IP: - - - - - Internet protocol (IP) - - - - -
IP:
IP: Internet header version      = 4
IP: Internet Header Length       = 20 bytes
IP: Type of service              = A8
IP: Total Packet Length          = 122 bytes
IP: Identification               = 48507
IP: Fragment Information         = 4000
IP: Fragment Offset              = 0
IP: Time to live (sec)           = 128
IP: Protocol Type                = 6 (TCP)
IP: Header Checksum              = 25248 (correct)
IP: Source Address               = 50.104.7.68
IP: Destination Address          = 192.168.1.2
TCP:
TCP: - - - - - Transmission Control Protocol (TCP) - - - - -
TCP:
TCP: Source port                 = 1507 (Unknown)
TCP: Destination port            = 80 (HTTP)
TCP: Sequence number             = 26755086
TCP: Acknowledgement number      = 2290141563
TCP: TCP Header Length           = 32 bytes
TCP: TCP Control Bits            = 18
TCP: Window                      = 8760
TCP: Header Checksum             = 37953
TCP: Urgent pointer (not used)   = 0
TCP: Option Code                 = 1 (No Operation (pad))
TCP: Option Code                 = 1 (No Operation (pad))
TCP: Option Code                 = 8 (Unknown)
TCP: Protocol Error              = 0A
TCP:
TCP: Port HTTP data (70 bytes)
HTTP:
HTTP: - - - - - Hypertext Transport Protocol (HTTP) - - - - -
HTTP:
HTTP: GET /CertEnroll/CA%20FRS-LAB.crl HTTP/1.0
HTTP: Host: mpdepp.frs-lab.de
```

- Die CA (IP-Adresse 192.168.1.2) antwortet mit einer PKCS#7-Nachricht; enthält die aktuelle CRL

```
IP: - - - - - Internet protocol (IP) - - - - -
IP:
IP: Internet header version      = 4
IP: Internet Header Length       = 20 bytes
IP: Type of service              = 00
IP: Total Packet Length          = 717 bytes
IP: Identification               = 3067
IP: Fragment Information         = 4000
IP: Fragment Offset              = 0
IP: Time to live (sec)           = 126
IP: Protocol Type                = 6 (TCP)
IP: Header Checksum              = 5238 (correct)
IP: Source Address               = 192.168.1.2
IP: Destination Address          = 50.104.7.68
TCP:
TCP: - - - - - Transmission Control Protocol (TCP) - - - - -
TCP:
TCP: Source port                 = 80 (HTTP)
TCP: Destination port            = 1507 (Unknown)
TCP: Sequence number             = 2290141563
TCP: Acknowledgement number      = 26755156
TCP: TCP Header Length           = 32 bytes
TCP: TCP Control Bits            = 19
TCP: Window                      = 17450
TCP: Header Checksum             = 44946
TCP: Urgent pointer (not used)   = 0
TCP: Option Code                 = 1 (No Operation (pad))
TCP: Option Code                 = 1 (No Operation (pad))
TCP: Option Code                 = 8 (Unknown)
TCP: Protocol Error              = 0A
TCP:
TCP: Port HTTP data (665 bytes)
HTTP:
HTTP: - - - - - Hypertext Transport Protocol (HTTP) - - - - -
HTTP:
HTTP: HTTP/1.1 200 OK
HTTP: Server: Microsoft-IIS/5.0
HTTP: Date: Mon, 12 Feb 2001 15:47:54 GMT
HTTP: Content-Type: application/pkix-crl
HTTP: Accept-Ranges: bytes
HTTP: Last-Modified: Mon, 12 Feb 2001 15:44:32 GMT
HTTP: ETag: "c01a4db1a95c01:82e"
HTTP: Content-Length: 429
HTTP: HTML data (429 bytes)

0120:                                     30 82    ength: 429....0.
0130: 01 A9 30 82 01 53 02 01-01 30 0D 06 09 2A 86 48    ..0..S...0...*.H
0140: 86 F7 0D 01 01 05 05 00-30 3B 31 0B 30 09 06 03    ........0;1.0...
0150: 55 04 06 13 02 44 45 31-17 30 15 06 03 55 04 0B    U....DE1.0...U..
...    ...
```

Definition des mit dieser HTTP-Nachricht übertragenen MIME-Objekts

Die HTTP Nutzdaten enthalten die aktuelle CRL im DER-kodierten PKCS#7-Format.

- Anzeige der übertragenen CRL

Da die Übertragung der DER-kodierten PKCS#7-Nachricht im Klartext erfolgt, können die HEX-Werte als Binärwert abgespeichert und anschließend angezeigt werden.

 # openssl crl -inform der -in crl.der -noout -text
```
Certificate Revocation List (CRL):
     Version 2 (0x1)
     Signature Algorithm: sha1WithRSAEncryption
     Issuer: /C=DE/OU=Andreas Aurand/CN=CA FRS-LAB
     Last Update: Feb 12 15:34:32 2001 GMT
     Next Update: Feb 20 03:54:32 2001 GMT
     CRL extensions:
         X509v3 Authority Key Identifier:
             keyid:1F:EA:A5:11:31:52:B8:FA:28:6C:FF:7B:15:76:BD:9E:93:1D:A2:CF
         1.3.6.1.4.1.311.21.1:
             ...
Revoked Certificates:
     Serial Number: 6132C14A000000000002
         Revocation Date: Feb 12 14:39:18 2001 GMT
         X509v3 CRL Reason Code:
             Superseded
     Serial Number: 6132CDED000000000003
         Revocation Date: Feb 12 14:39:18 2001 GMT
         X509v3 CRL Reason Code:
             Superseded
     Serial Number: 610CB653000000000006
         Revocation Date: Feb 12 15:05:24 2001 GMT
         X509v3 CRL Reason Code:
             Superseded
     Serial Number: 610CC509000000000007
         Revocation Date: Feb 12 15:05:24 2001 GMT
         X509v3 CRL Reason Code:
             Superseded
     Signature Algorithm: sha1WithRSAEncryption
         cb:de:eb:f1:3c:b9:9b:04:4d:4f:35:1e:49:e6:00:ab:23:80:
         5a:d8:38:22:1b:5b:cc:a9:97:39:48:57:44:ee:9c:e3:50:2d:
         8b:fd:83:2c:a1:b6:d5:74:01:f9:c2:59:57:43:0f:b4:b0:f0:
         f9:2a:89:4b:98:c4:43:4e:8d:f5
```

Teil 2: IPSec-Architektur

IPSec ist eine Netzwerkarchitektur, die Services für die Sicherheit in einem IP-Netzwerk auf Ebene der Netzwerkschicht zur Verfügung stellt. Die wichtigsten Services können grob in folgende Kategorien unterteilt werden:

- **Sicherheitsprotokolle**

Protokoll	Service
ESP (IP Encapsulating Security Payload)	Vertraulichkeit der Daten durch Verschlüsselung
AH (Authentication Header)	Integrität und Herkunftsnachweis der Daten
IPComp (IP Payload Compression Protocol)	Komprimierung der Daten

- **Protokolle zur Schlüsselverwaltung**

Protokoll	Service
ISAKMP	Festlegung der Paketformate
IKE (Internet Key Exchange)	Automatischer Schlüsselaustausch und Identitätsnachweis der Partner
Diffie-Hellman Key Agreement Method	Algorithmus des Schlüsselaustauschverfahrens

IPSec kann auf Hosts und in Security Gateways (z.B. Router oder Firewall) auf verschiedene Arten implementiert sein:

- Integration in den IP Stack

    Die IPSec-Architektur ist integraler Bestandteil des auf den Hosts bzw. Security Gateways bereits existierenden normalen IP Stack.

- *Bump-in-the-Stack (BITS)*

    IPSec wird unterhalb eines vorhandenen IP Stack implementiert. Diese Art der Implementation erfolgt in der Regel auf Host-Systemen.

- *Bump-in-the-Wire (BITW)*

    In diesem Fall benutzen die Systeme zur Verschlüsselung einen externen Prozessor, der in der Regel von außen adressierbar ist.

IPSec RFCs

- **Überblick über die IPSec-Architektur**

  RFC 2401   Security Architecture for the Internet Protocol

  RFC 2411   IP Security Document Roadmap

- **Sicherheitsprotokolle**

  RFC 2393   IP Payload Compression Protocol (IPComp)

  RFC 2402   IP Authentication Header (AH)

  RFC 2406   IP Encapsulating Security Payload (ESP)

- **Algorithmen zur Authentifizierung (AH und ESP)**

  RFC 1852   IP Authentication using Keyed SHA

  RFC 1828   IP Authentication using Keyed MD5

  RFC 2085   HMAC-MD5 IP Authentication with Replay Prevention

  RFC 2104   HMAC (Keyed-Hashing for Message Authentication)

  RFC 2202   Test Cases for HMAC-MD5 and HMAC-SHA-1

  RFC 2286   Test Cases for HMAC-RIPEMD160 and HMAC-RIPEMD128

  RFC 2403   The Use of HMAC-MD5-96 within ESP and AH

  RFC 2404   The Use of HMAC-SHA-1-96 within ESP and AH

  RFC 2857   The Use of HMAC-RIPEMD-160-96 within ESP and AH

- **Algorithmen zur Verschlüsselung (nur ESP)**

  RFC 1829   The ESP DES-CBC Transform

  RFC 1851   The ESP Triple DES Transform

  RFC 2268   A Description of the RC2(r) Encryption Algorithm

  RFC 2405   The ESP DES-CBC Cipher Algorithm With Explicit IV

  RFC 2410   The NULL Encryption Algorithm and Its Use With IPSec

  RFC 2451   The ESP CBC-Mode Cipher Algorithms

  RFC 2612   The CAST-256 Encryption Algorithm

- **Algorithmen zur Komprimierung (nur IPComp)**

  RFC 2394   IP Payload Compression Using DEFLATE

  RFC 2395   IP Payload Compression Using LZS

  RFC 3051   IP Payload Compression Using ITU-T V.44 Packet Method

- **Protokolle zur Schlüsselverwaltung (Key Management)**

    Alle IPSec-Implementationen müssen sowohl die manuelle als auch die automatische Verwaltung der benötigten kryptographischen Schlüssel unterstützen. Die RFCs 2408, 2409 und 2412 beschreiben einen auf öffentlicher Verschlüsselung und dem Diffie-Hellman-Algorithmus basierenden Ansatz. Laut RFC 2401 ist es möglich, auch andere Verfahren einzusetzen (z.B. unterstützt Windows 2000 Kerberos als Authentifizierungsmethode).

    RFC 2407   The Internet IP Security Domain of Interpretation for ISAKMP (IPSec DOI)

    RFC 2408   Internet Security Association and Key Management Protocol (ISAKMP)

    RFC 2409   The Internet Key Exchange (IKE)

    RFC 2412   The OAKLEY Key Determination Protocol

    RFC 2631   Diffie-Hellman Key Agreement Method

Kapitel 6

SA – Security Association

Unter einer *Security Association* (SA) versteht man eine Art von unidirektionaler Beziehung, über die zwei Partner bestimmte Services festlegen, die eine sichere Kommunikation untereinander gewährleisten. Für eine bidirektionale Übertragung müssen die beteiligten Systeme in jede Richtung eine separate SA aufbauen (die *Inbound* und *Outbound Security Association*).

Für den Zugriff auf die Attribute einer Security Association benutzen die Partner einen so genannten *Security Parameter Index* (SPI). Zusammen mit der IP-Zieladresse und dem ausgewählten Sicherheitsprotokoll (AH bzw. ESP) ermöglicht der SPI die eindeutige Identifikation einer bestehenden SA.

Die Menge aller Services, die innerhalb der Security Association von den verschiedenen Sicherheitsprotokollen eingesetzt werden müssen, bezeichnet man als **Protection Suite**, zum Beispiel DES bzw. 3DES für die Verschlüsselung über das ESP-Protokoll oder HMAC-MD5 für die Authentifizierung mit Hilfe des AH-Protokolls.

6.1 Transport und Tunnel Mode Security Association

Transport Mode SA

Eine Transport Mode SA ist nur bei einer direkten Verbindung zwischen zwei Rechnern möglich. In diesem Modus folgt der Header des Sicherheitsprotokolls direkt nach dem IP-Header und vor den Daten der höheren IP-Protokolle.

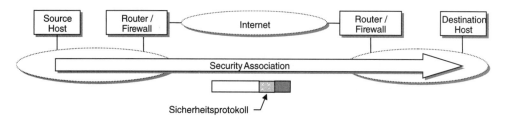

Bei Verwendung von *SA Bundles* (siehe Kapitel 7) muss das AH-Protokoll immer nach dem ESP-Protokoll angewandt werden. Das heißt, der Authentication Header bezieht sich auf die Daten, die vorher durch das ESP-Protokoll verschlüsselt wurden.

Tunnel Mode SA

Eine Tunnel Mode SA ist im Prinzip ein IP-Tunnel und wird in der Regel benutzt, um den Datentransfer zwischen zwei unterschiedlichen Netzwerken zu schützen. In diesem Modus wird der Header des Sicherheitsprotokolls nach dem Header der Tunnelverbindung (dem *outer IP Header*) und vor dem ursprünglichen IP Header (dem *inner IP Header*) eingetragen. Im Gegensatz zum Transport Mode erlaubt der Tunnel Mode mehrere unterschiedliche Kombinationen von Sicherheitsprotokollen beim Einsatz von SA-Bündeln.

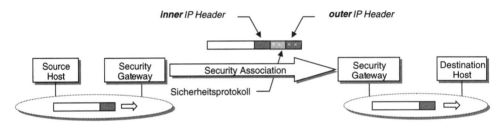

Handelt es sich bei einem Ende der Security Association um ein Security Gateway, müssen die Systeme in der Regel den Tunnel Mode verwenden.

6.2 Security Associations Bundle

Da eine Security Association immer nur ein Sicherheitsprotokoll unterstützt, müssen die Partner mehrere SAs aufbauen, falls AH und ESP gleichzeitig eingesetzt werden sollen. Der Ausdruck *SA Bundle* bezeichnet dabei die Sequenz von Security Associations, die nacheinander auf einen Datenstrom anzuwenden sind. Diese SA-Bündel können auf zwei unterschiedliche Arten implementiert sein:

Transport Adjacency

In diesem Fall werden auf das gleiche IP-Paket mehrere Sicherheitsprotokolle angewendet, ohne dass man einen IPSec-Tunnel einsetzt.

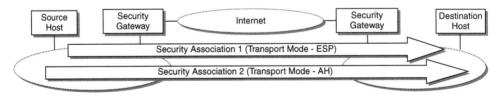

Iterated Tunneling

Bei Tunnel Mode Security Associations können mehrere Sicherheitsprotokolle geschachtelt werden. RFC 2401 unterscheidet zwischen drei verschiedene Fällen von *Iterated Tunneling* (unterstützt werden müssen 2 und 3).

- Die beiden Endpunkte aller SAs sind identisch.

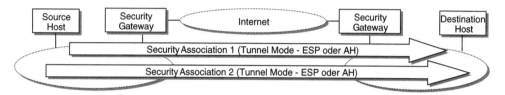

- Lediglich ein Endpunkt der SAs ist gleich.

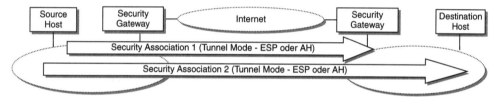

- Die Security Associations verwenden unterschiedliche Endpunkte.

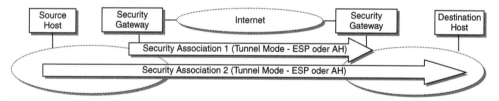

6.3 Security Policy und Security Association Database

Security Policy Database (SPD)

In der *Security Policy Database* sind die Regeln festgelegt, welche Aktionen auf den ein- und ausgehenden IP-Datenverkehr ausgeführt werden sollen:

- *Discard*

  Die Daten werden auf dem lokalen Host geblockt und nicht weitergegeben.

- *Bypass IPSec*

  Es erfolgt kein Schutz der Daten durch die IPSec-Protokolle. Das System leitet sie ohne weitere Modifikation weiter.

- *Afforded IPSec*

  In diesem Fall erfolgt ein Schutz der Daten. Der Eintrag in der SPD definiert die einzusetzenden Sicherheitsprotokolle (AH oder ESP), Modi (Transport oder Tunnel) und Algorithmen (z.B. DES oder 3DES).

Selector

Die Zuordnung der IP-Pakete zu einem Eintrag in der SPD basiert auf so genannten Selektoren oder *Identities*, bei Cisco auch als *Proxy Identities* bezeichnet. Dabei handelt es sich um verschiedene Parameter des IP-Protokolls (z.B. IP-Adressen) bzw. aus höheren Protokollebenen (z.B. ICMP, TCP, UDP). Alle IPSec-Implementationen müssen die folgenden Selektoren unterstützen:

- Destination oder Source IP Address (IPv4 oder IPv6)

  Hierbei kann es sich um eine einzelne Adresse (Unicast, Anycast, Broadcast oder Multicast), einen Adressbereich oder um eine Wildcard-Adresse handeln.

- Name (User ID oder System Name)

  System Name: Fully Qualified Domain Name (laptop.frs-lab.de), X.500 DN oder X.500 General Name

  User ID: Fully Qualified Username (aurand@frs-lab.de) oder X.500 Distinguished Name (DN)

- Transport Layer Protocol

  Die Werte aus dem »IPv4 Protocol«- bzw. aus dem »IPv6 Next Header«-Feld (z.B. TCP, UDP, ICMP oder OSPF).

- Source and Destination Ports

  Entweder eine individuelle TCP- bzw. UDP-Portnummer oder ein Wildcard Port.

Unter IOS legen die »crypto map«-Einträge die *Security Policy Database* fest. Die Definition der Selektoren erfolgt über eine Access-Liste, wobei die Quell- und Zieladresse immer aus Sicht der ausgehenden Schnittstelle definiert werden. Bei einem *permit*-Eintrag werden die passenden IP-Daten mit Hilfe der zugehörigen Sicherheitsprotokolle geschützt, bei einem *deny*-Eintrag leitet der Router die Daten einfach über den normalen Routing-Pfad weiter.

```
c2503# show crypto map
Crypto Map: "SERIAL" idb: Serial0 local address: 192.168.2.1

Crypto Map "SERIAL" 10 ipsec-isakmp        ← Endpunkt der IPSec-Verbindung.
    Peer = 192.168.2.2                                     ← Selektoren der IPSec SA.
    Extended IP access list ToNetwork_10
        access-list ToNetwork_10 permit ip  172.16.1.1 0.0.0.0  10.0.0.0 0.255.255.255
        access-list ToNetwork_10 deny ip any any
    Current peer: 192.168.2.2
    Security association lifetime: 4608000 kilobytes/3600 seconds
    PFS (Y/N): N
    Transform sets={ AH, }
    Interfaces using crypto map SERIAL:
      Serial0
```

Security Association Database (SAD)

Die *Security Association Database* enthält alle Parameter, die mit einer aktiven Security Association verbunden sind. Die einzelnen Einträge beinhalten dabei für jeden Selektor die zwischen den beiden Partnern abgestimmten Werte. Folgende SAD-Felder werden während der IPSec-Operationen überprüft:

- Sequence Number Counter

  Ein 32-Bit-Wert, den der Sender in das »Sequence Number«-Feld des AH bzw. ESP Header einträgt.

- Sequence Counter Overflow

  Dieses Flag zeigt an, ob der Sender bei einem Überlauf des Zählers einen Event generieren und die Übertragung von weiteren Paketen über diesen SA stoppen soll.

- Anti-Replay Window

  Eine Bitmaske, über die der Empfänger erkennen kann, ob es sich bei einem eingehenden Paket um ein Replay-Paket handelt oder nicht.

- Lifetime of this Security Association

  Dieses Feld spezifiziert die Lebenszeit (ausgedrückt als Zeit oder als ein Byte Count) einer Security Association. Nach Ablauf der Gültigkeitsdauer müssen die Systeme eine neue SA generieren.

- IPSec Protocol Mode

  Diese Feld zeigt den Modus an (Tunnel, Transport oder Wildcard), mit dem die Daten übertragen werden sollen. Ist auf der Senderseite »Wildcard« eingetragen, muss die Applikation den gewünschten Modus explizit definieren.

- Path MTU

  In diesem Feld speichert der Sender die ermittelte *Path MTU* für die SA und bestimmte *Aging Timer*. Bei der Berechnung der PMTU sind die Header der verwendeten Sicherheitsprotokolle mit zu berücksichtigen.

- ESP and AH Authentication Algorithm, ESP Encryption Algorithm

    In diesen Feldern werden sowohl die Informationen über die eingesetzten Verschlüsselungs- und Authentifizierungsalgorithmen als auch die benötigten Sitzungsschlüssel gespeichert.

Die Datenbank kann auf zwei verschiedene Arten nach den benötigten Security Associations durchsucht werden: Bei ausgehendem IP-Datenverkehr wird für einen bestimmten Selektor die SA und die zugehörige SPI gesucht. Bei eingehendem Verkehr werden für den SPI, der in dem Header des Sicherheitsprotokolls eingetragen ist, die zugehörige Security Association und die Selektoren ermittelt.

Beispiel für die Security Association Database auf einem Cisco Router

```
c2503# show crypto ipsec sa
interface: Ethernet0
    Crypto map tag: ToNetwork_10, local addr. 172.16.1.254          ← Selektoren der IPsec SA

    local  ident (addr/mask/prot/port): (10.0.0.0/255.0.0.0/0/0)
    remote ident (addr/mask/prot/port): (172.16.1.1/255.255.255.255/0/0)
    current_peer: 172.16.1.1
      PERMIT, flags={}
     #pkts encaps: 4, #pkts encrypt: 4, #pkts digest 4
     #pkts decaps: 4, #pkts decrypt: 4, #pkts verify 4
     #pkts compressed: 0, #pkts decompressed: 0
     #pkts not compressed: 0, #pkts compr. failed: 0, #pkts decompress failed: 0
     #send errors 0, #recv errors 0

     local crypto endpt.: 172.16.1.254, remote crypto endpt.: 172.16.1.1
     path mtu 1500, media mtu 1500
     current outbound spi: EC092272                        ← Identifikation der Security Gateways
                                      ← SPI
     inbound esp sas:
      spi: 0xB48335A5(3028497829)
        transform: esp-des esp-sha-hmac ,
        in use settings ={Tunnel, }
        slot: 0, conn id: 2000, flow_id: 1, crypto map: ToNetwork_10     } Inbound SA
        sa timing: remaining key lifetime (k/sec): (4607999/154)
        IV size: 8 bytes
        replay detection support: Y
                                      ← SPI
     outbound esp sas:
      spi: 0xEC092272(3960021618)
        transform: esp-des esp-sha-hmac ,
        in use settings ={Tunnel, }
        slot: 0, conn id: 2001, flow_id: 2, crypto map: ToNetwork_10     } Outbound SA
        sa timing: remaining key lifetime (k/sec): (4607999/154)
        IV size: 8 bytes
        replay detection support: Y
```

IPSec Replay Protection

Nachdem die Parteien die Security Association aufgebaut haben, wird die Sequenznummer auf Null gesetzt und dann für jedes gesendete IPSec-Paket um Eins erhöht. Die Partner überprüfen anschließend, ob sich die Sequenznummer eines empfangenen Pakets innerhalb des *Anti-Replay Window* befindet oder nicht. Falls die Sequenznummer links vom aktuellen Fenster ist, wird das Paket verworfen, ansonsten akzeptiert der Partner die Daten und setzt das zugehörige Bit in der Bitmaske auf Eins. Befindet sich die Nummer rechts vom aktuellen Fenster, verschiebt der Empfänger zusätzlich noch das *Anti-Replay Window* um den entsprechenden Wert. Die Fenstergröße sollte mindestens 32 Bit betragen, empfohlen werden aber 64 Bit.

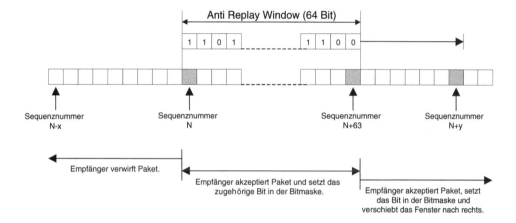

Damit die *Replay Protection* funktionieren kann, darf sich die Sequenznummer (ein 32 Bit großes Feld im IPSec-Header) während des Bestehens einer SA nie wiederholen. Aus diesem Grund muss vor der Übertragung des 2^{31}ten-Pakets eine neue Security Association aufgebaut werden. Das bedeutet aber auch, dass *Replay Protection* nur möglich ist, wenn die Partner in der Lage sind, neue SAs automatisch anzulegen. In diesem Fall müssen die Partner auf jeden Fall das IKE-Protokoll (Internet Key Exchange) einsetzen.

Kapitel 7

IPSec-Sicherheitsprotokolle

7.1 AH – Authentication Header

Das »Authentication Header«-Protokoll bietet folgende Sicherheitsservices:

- Schutz der Integrität des kompletten IP-Pakets inklusive IP Header (*Connectionless Integrity*).
- Nachweis der Authentizität des kompletten IP-Pakets inklusive IP Header (*Data Origin Authentication*).
- Schutz vor Replay-Attacken.

Der Sender berechnet einen *Integrity Check Value* (ICV) als Prüfsumme über das gesamte IP-Paket und trägt diesen Wert verschlüsselt in das »Authentication Data«-Feld des Authentication Header ein. Der von den Partnern verwendete gemeinsame Sitzungsschlüssel kann entweder manuell festgelegt werden oder er wird über ein Schlüsselaustauschverfahren (während des IKE Quick Mode Exchange) automatisch generiert. Die Prüfsumme wird über das gesamte IP-Paket gebildet, ausgenommen davon sind nur die Teile des IP-Headers, die sich bei der Übertragung ändern – so genannte *Mutable Fields* – wie z.B. die TTL. Der Empfänger erzeugt mit Hilfe des gleichen Algorithmus einen eigenen ICV und vergleicht diesen mit dem übertragenen Wert. Stimmen beide überein, ist das Paket gültig, andernfalls wird es verworfen.

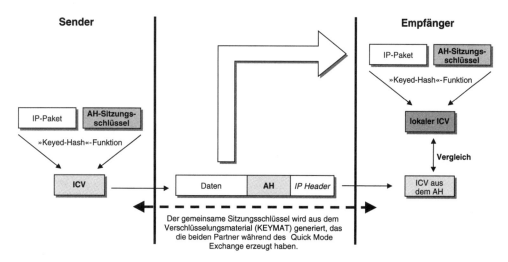

Paketformat

0	4	8	12	16	20	24	28	31
*IPv4 oder IPv6 Header (IPv4 Protocol Type bzw. IPv6 Next Header von **51**)*									
Next Header		Payload Length			reserverd (immer Null)			
Security Parameter Index (SPI)								
Sequence Number Field								
Authentication Data (standardmäßig 96 Bit)								

... Nutzdaten (Protokolltyp über das »Next Header«-Feld definiert) ...

- Next Header (8 Bit)

  Typ der Nutzdaten, die in dem IP-Paket nach dem Authentication Header folgen.

- Payload Length (8 Bit)

  Die Länge des Authentication Headers in Einheiten von 32 Bit.

- Security Parameter Index (32 Bit)

  Der SPI wird beim Aufbau der IPSec SA definiert und stellt zusammen mit der IP-Zieladresse und dem Sicherheitsprotokoll (AH) eine eindeutige Identifikation der Security Association sicher. Werte von 1 bis 255 sind für die IANA reserviert, der Wert Null hat nur lokale Benutzung.

- Sequence Number (32 Bit)

  Zu Beginn einer SA wird die Sequenznummer auf Null gesetzt und dann für jedes gesendete IP-Paket innerhalb dieser Security Association um eins erhöht. Da sich die Nummer während des Bestehens einer SA nie wiederholen darf, müssen die Partner vor der Übertragung des 2^{31}ten-Pakets eine neue Security Association aufbauen.

- Authentication Data (variabel)

  Dieses Feld enthält den standardmäßig 96 Bit langen ICV des Pakets. Für die Berechnung der Prüfsumme stehen mehrere Algorithmen zur Verfügung (z.B. DES-MAC, MD5 oder SHA-1). Die Abstimmung des Algorithmus erfolgt beim Aufbau der IPSec SA. IPSec-Implementationen müssen zumindest die Algorithmen HMAC-MD5 (RFC 2403) und HMAC-SHA1 (RFC 2404) unterstützen.

Transport und Tunnel Mode

- Transport Mode

  Im Transport Mode folgt der Authentication Header direkt nach dem IP Header und vor allen anderen Protokolldaten. Bei IPv6 müssen die Hop-by-Hop, Routing und Fragment Extension Header vor den AH-Daten erscheinen, die Destination Options können auch nach dem Authentication Header eingetragen werden.

IPv4 Header (inkl. aller Options)	Authentication Header	»Upper Layer«-Protokolldaten (z.B. TCP, UDP, ICMP, OSPF)

IPv6 Header und Extensions	Authentication Header	Destination Options	»Upper Layer«-Protokolldaten (z.B. auch OSPFv6)

authentifizierter Bereich (außer Mutable Fields)

- Tunnel Mode

  In diesem Modus enthält der innere IP Header die ursprüngliche Ziel- und Quelladresse des Datenpakets. Für den äußeren IP Header können andere Adressen (z.B. die eines Security Gateway) verwendet werden. Der Authentication Header schützt dabei das komplette IP-Paket mit dem inneren und äußeren IP Header.

neuer IP Header (IPv4 oder IPv6)	Authentication Header	ursprünglicher IP Header	»Upper Layer«-Protokolldaten

authentifizierter Bereich (außer Mutable Fields im neuen IP Header)

Trace eines Authentication Headers im Transport Mode

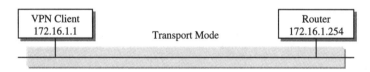

- Informationen über die aufgebauten IPSec SAs

  c2503# show crypto ipsec sa
```
interface: Ethernet0
   Crypto map tag: ToRouter, local addr. 172.16.1.254

   local  ident (addr/mask/prot/port): (172.16.1.254/255.255.255.255/0/0)
   remote ident (addr/mask/prot/port): (172.16.1.1/255.255.255.255/0/0)
   current_peer: 172.16.1.1
     ...   ...

     local crypto endpt.: 172.16.1.254, remote crypto endpt.: 172.16.1.1
     path mtu 1500, media mtu 1500
     current outbound spi: 7713CD55
```

```
inbound ah sas:
 spi: 0xB3B34F32(3014872882)
    transform: ah-sha-hmac ,
    in use settings ={Transport, }
    slot: 0, conn id: 2000, flow_id: 1, crypto map: ToNetwork_10
    sa timing: remaining key lifetime (k/sec): (4607999/3179)
    replay detection support: Y

outbound ah sas:
 spi: 0x7713CD55(1997786453)
    transform: ah-sha-hmac ,
    in use settings ={Transport, }
    slot: 0, conn id: 2001, flow_id: 2, crypto map: ToNetwork_10
    sa timing: remaining key lifetime (k/sec): (4607999/3179)
    replay detection support: Y
```

- Trace eines Pakets vom VPN Client zum Router

```
- - - - - - - - - - - - - - - - - - - Frame 1 - - - - - - - - -
Source Address    Dest. Address      Size Rel. Time        Summary
[172.16.1.1]      [172.16.1.254]       98 0:00:00.000      ICMP: Echo

IP: ----- IP Header -----
    IP:
    IP: Version = 4, header length = 20 bytes
    IP: Type of service = 00
    IP: Total length    = 84 bytes
    IP: Identification  = 48976
    IP: Flags           = 0X
    IP: Fragment offset = 0 bytes
    IP: Time to live    = 32 seconds/hops
    IP: Protocol        = 51 (Authentication Header [SIPP-AH])
    IP: Header checksum = 8007 (correct)
    IP: Source address      = [172.16.1.1]
    IP: Destination address = [172.16.1.254]
    IP: No options
    IP:
IPAUTH: ----- IP Authentication Header -----
    IPAUTH:
    IPAUTH: Protocol                  = 1 (ICMP)
    IPAUTH: PayLoad Length            = 4
    IPAUTH: Reserved                  = 0
    IPAUTH: Security Parameters Index = 0xB3B34F32
    IPAUTH: Sequence Number           = 0x00000005
    IPAUTH: [ 12 Bytes Authentication Data ] =
            1a 4d fa de 1f 2d e6 9b d2 8c 84 0d
    IPAUTH:
ICMP: ----- ICMP header -----
    ICMP:
    ICMP: Type = 8 (Echo)
    ICMP: Code = 0
    ICMP: Checksum = 175C (correct)
    ICMP: Identifier = 2304
    ICMP: Sequence number = 11520
    ICMP: [32 bytes of data]
    ICMP:
    ICMP: [Normal end of "ICMP header".]
    ICMP:
```

- Trace eines Pakets vom Router zum VPN Client

```
------------------------- Frame 2 -------------------
Source Address    Dest. Address    Size Rel. Time    Summary
[172.16.1.254]    [172.16.1.1]       98 0:00:00.012  ICMP: Echo reply

IP: ----- IP Header -----
    IP:
    IP: Version = 4, header length = 20 bytes
    IP: Type of service  = 00
    IP: Total length     = 84 bytes
    IP: Identification   = 48976
    IP: Flags            = 0X
    IP: Fragment offset  = 0 bytes
    IP: Time to live     = 255 seconds/hops
    IP: Protocol         = 51 (Authentication Header [SIPP-AH])
    IP: Header checksum  = A106 (correct)
    IP: Source address      = [172.16.1.254]
    IP: Destination address = [172.16.1.1]
    IP: No options
    IP:
IPAUTH: ----- IP Authentication Header -----
    IPAUTH:
    IPAUTH: Protocol                   = 1 (ICMP)
    IPAUTH: PayLoad Length             = 4
    IPAUTH: Reserved                   = 0
    IPAUTH: Security Parameters Index = 0x7713CD55
    IPAUTH: Sequence Number            = 0x00000005
    IPAUTH: [ 12 Bytes Authentication Data ] =
            3b fe bf 9c 2a 4f 45 8e c1 b2 70 a1
    IPAUTH:
ICMP: ----- ICMP header -----
    ICMP:
    ICMP: Type = 0 (Echo reply)
    ICMP: Code = 0
    ICMP: Checksum = 1F5C (correct)
    ICMP: Identifier = 2304
    ICMP: Sequence number = 11520
    ICMP: [32 bytes of data]
    ICMP:
    ICMP: [Normal end of "ICMP header".]
    ICMP:
```

Trace eines Authentication Headers im Tunnel Mode

- Informationen über die aufgebauten IPSec SAs

    ### c2503# show crypto ipsec sa
    ```
    interface: Ethernet0
      Crypto map tag: ToNetwork_10, local addr. 172.16.1.254
      ...  ...

      local  ident (addr/mask/prot/port): (10.1.1.1/255.255.255.255/0/0)
      remote ident (addr/mask/prot/port): (172.16.1.1/255.255.255.255/0/0)
      current_peer: 172.16.1.1
        PERMIT, flags={}
      #pkts encaps: 8, #pkts encrypt: 0, #pkts digest 8
      #pkts decaps: 8, #pkts decrypt: 0, #pkts verify 8
      #pkts compressed: 0, #pkts decompressed: 0
      #pkts not compressed: 0, #pkts compr. failed: 0, #pkts decompress failed: 0
      #send errors 0, #recv errors 0

       local crypto endpt.: 172.16.1.254, remote crypto endpt.: 172.16.1.1
       path mtu 1500, media mtu 1500
       current outbound spi: 19B23A3E

       inbound ah sas:
        spi: 0x22A3EFFD(581169149)
          transform: ah-sha-hmac ,
          in use settings ={Tunnel, }
          slot: 0, conn id: 2000, flow_id: 1, crypto map: ToNetwork_10
          sa timing: remaining key lifetime (k/sec): (4607999/3373)
          replay detection support: Y

       outbound ah sas:
        spi: 0x19B23A3E(431110718)
          transform: ah-sha-hmac ,
          in use settings ={Tunnel, }
          slot: 0, conn id: 2001, flow_id: 2, crypto map: ToNetwork_10
          sa timing: remaining key lifetime (k/sec): (4607999/3373)
          replay detection support: Y
    ```

AH – Authentication Header

- Trace eines authentifizierten IP-Pakets vom VPN Client zum Router

```
- - - - - - - - - - - - - - - - - - - Frame 88 - - - - - - - - -
Source Address   Dest. Address    Size Rel. Time      Summary
[172.16.1.1]     [10.1.1.1]        118 0:00:02.707    ICMP: Echo

IP: ----- IP Header -----
    IP:
    IP: Version = 4, header length = 20 bytes
    ...   ...
    IP: Time to live       = 32 seconds/hops
    IP: Protocol           = 51 (Authentication Header [SIPP-AH])
    IP: Header checksum = D42D (correct)
    IP: Source address     = [172.16.1.1]        ← äußere IP-Adresse
    IP: Destination address = [172.16.1.254]
    IP: No options
    IP:
IPAUTH: ----- IP Authentication Header -----
    IPAUTH:
    IPAUTH: Protocol              = 4 (IP in IP Encapsulation)
    IPAUTH: PayLoad Length        = 4
    IPAUTH: Reserved              = 0
    IPAUTH: Security Parameters Index = 0x22A3EFFD
    IPAUTH: Sequence Number       = 0x00000011
    IPAUTH: [ 12 Bytes Authentication Data ] =
            ca e9 e9 51 a6 60 37 46 8b 66 da f3
    IPAUTH:
IP: ----- Inner IP Header -----
    IP:
    IP: Version = 4, header length = 20 bytes
    IP: Type of service = 00
    IP: Total length       = 60 bytes
    IP: Identification     = 40026
    IP: Flags              = 0X
    IP: Fragment offset    = 0 bytes
    IP: Time to live       = 32 seconds/hops
    IP: Protocol           = 1 (ICMP)
    IP: Header checksum = 4654 (correct)
    IP: Source address     = [172.16.1.1]        ← innere IP-Adresse
    IP: Destination address = [10.1.1.1]
    IP: No options
    IP:
ICMP: ----- ICMP header -----
    ICMP:
    ICMP: Type = 8 (Echo)
    ICMP: Code = 0
    ICMP: Checksum = EB5B (correct)
    ICMP: Identifier = 2304
    ICMP: Sequence number = 22784
    ICMP: [32 bytes of data]
```

Trace eines Pakets vom Router zum VPN Client

```
- - - - - - - - - - - - - - - - - - - Frame 89 - - - - - - - - - - - -
Source Address    Dest. Address    Size Rel. Time    Summary
[10.1.1.1]        [172.16.1.1]      118 0:00:02.748  ICMP: Echo reply

IP: ----- IP Header -----
    IP:
    IP: Version = 4, header length = 20 bytes
    ... ...
    IP: Time to live     = 255 seconds/hops
    IP: Protocol         = 51 (Authentication Header [SIPP-AH])
    IP: Header checksum = 5A88 (correct)
    IP: Source address      = [172.16.1.254]    ← äußere IP-Adresse
    IP: Destination address = [172.16.1.1]
    IP: No options
    IP:
IPAUTH: ----- IP Authentication Header -----
    IPAUTH:
    IPAUTH: Protocol                   = 4 (IPv4 Packet)
    IPAUTH: PayLoad Length             = 4
    IPAUTH: Reserved                   = 0
    IPAUTH: Security Parameters Index  = 0x19B23A3E
    IPAUTH: Sequence Number            = 0x00000011
    IPAUTH: [ 12 Bytes Authentication Data ] =
            57 63 f5 bc 6f ce 08 ff 3c 92 73 28
    IPAUTH:
IP: ----- Inner IP Header -----
    IP:
    IP: Version = 4, header length = 20 bytes
    IP: Type of service = 00
    IP: Total length    = 60 bytes
    IP: Identification  = 40026
    IP: Flags           = 0X
    IP: Fragment offset = 0 bytes
    IP: Time to live    = 254 seconds/hops
    IP: Protocol        = 1 (ICMP)
    IP: Header checksum = 6853 (correct)
    IP: Source address      = [10.1.1.1]        ← innere IP-Adresse
    IP: Destination address = [172.16.1.1]
    IP: No options
    IP:
ICMP: ----- ICMP header -----
    ICMP:
    ICMP: Type = 0 (Echo reply)
    ICMP: Code = 0
    ICMP: Checksum = F35B (correct)
    ICMP: Identifier = 2304
    ICMP: Sequence number = 22784
    ICMP: [32 bytes of data]
```

7.2 ESP – Encapsulating Security Payload

Das »Encapsulating Security Payload«-Protokoll bietet folgende Sicherheitsservices:

- Schutz der Integrität der Nutzdaten inklusive ESP Header (*Connectionless Integrity*).
- Nachweis der Authentizität der Nutzdaten inklusive ESP Header (*Data Origin Authentication*).
- Schutz vor Replay-Attacken.
- Vertraulichkeit der Nutzdaten und des Datenverkehrs über Verschlüsselung (*Payload and Traffic Flow Confidentiality*).

Im Gegensatz zum »Authentication Header«-Protokoll bezieht sich bei ESP die Nachrichtenauthentizität nur auf die Nutzdaten (inkl. ESP Header) und nicht auf das gesamte IP-Paket. Für die Vertraulichkeit des Datenverkehrs ist eine »Tunnel Mode«-Verbindung Voraussetzung, da nur in diesem Fall das komplette Paket inklusive des ursprünglichen IP Header verschlüsselt wird.

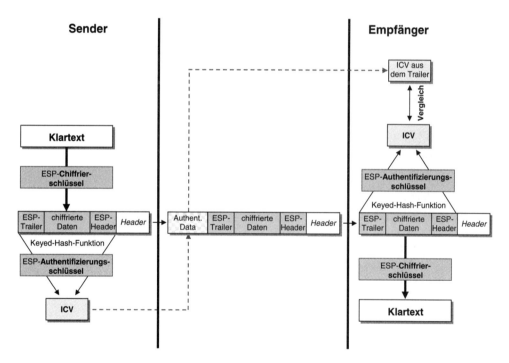

Der von der »Keyed-Hash«-Funktion (z.B. HMAC-MD5, HMAC-SHA1 oder DES-MAC) generierte *Integrity Check Value* (ICV) bezieht sich immer auf die verschlüsselten Daten (*sign what we send*). Dies hat den Vorteil, dass eine unerlaubte Modifikation der Daten entdeckt werden kann, ohne sie erst entschlüsseln zu müssen.

Paketformat

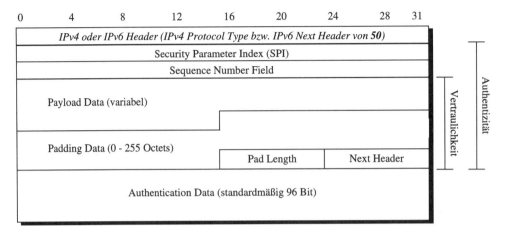

- Security Parameter Index (32 Bit)

  Der SPI wird beim Aufbau der IPSec SA definiert und stellt zusammen mit der IP-Zieladresse und dem Sicherheitsprotokoll (ESP) eine eindeutige Identifikation der Security Association sicher. Werte von 1 bis 255 sind für die IANA reserviert, der Wert Null hat nur lokale Benutzung.

- Sequence Number (32 Bit)

  Zu Beginn einer SA wird die Sequenznummer auf Null gesetzt und dann für jedes gesendete IP-Paket innerhalb dieser Security Association um eins erhöht. Da sich die Nummer während des Bestehens einer SA nie wiederholen darf, müssen die Partner vor der Übertragung des 2^{31}ten-Pakets eine neue Security Association aufbauen.

- Payload Data (variabel)

  Dieses Feld enthält die verschlüsselten Nutzdaten. Die Abstimmung des Verschlüsselungsalgorithmus erfolgt beim Aufbau der IPSec SA. Alle IPSec-Implementationen müssen zumindest die folgenden symmetrischen Algorithmen unterstützen:

RFC 2405	The ESP DES-CBC Cipher Algorithm With Explicit IV
RFC 2410	The NULL Encryption Algorithm and Its Use With IPSec

- Padding Data (Null bis 255 Octets)

  Die Padding-Daten stellen sicher, dass das »Next Header«-Feld rechtsbündig an einer 4-Byte-Grenze endet und dass die Anzahl der Bytes erreicht werden, die von dem Verschlüsselungsalgorithmus benötigt werden.

- Pad Length

  Die Länge der vorausgehenden Padding-Daten in Octets.

- Next Header

  Typ der IP-Daten, die im »Payload Data«-Feld übertragen werden.

- Authentication Data (optional, variabel, standardmäßig 96 Bit)

  Falls beim Aufbau der SA auch der Authentizitätsservice ausgewählt wurde, enthält dieses Feld den ICV über das ESP-Paket, jedoch ohne den IP Header und das »Authentication Data«-Feld. IPSec-Implementationen müssen die Algorithmen HMAC-MD5 (RFC 2403) und HMAC-SHA1 (RFC 2404) unterstützen.

Transport und Tunnel Mode

- Transport Mode

  Im Transport Mode folgt der ESP Header direkt nach dem IP Header und vor allen anderen Protokolldaten. Bei IPv6 müssen die Hop-by-Hop, Routing und Fragment Extension Header vor den ESP-Daten erscheinen, die Destination Options können jedoch auch nach dem ESP Header eingetragen werden.

IPv4 Header (inkl. aller Options)	ESP Header	verschlüsselte »Upper-Layer«-Protokolldaten	ESP Trailer	ESP Authentication

IPv6 Header und Extensions	ESP Header	Destination Options	verschlüsselte »Upper Layer«-Protokolldaten	ESP Trailer	ESP Authentication

- Tunnel Mode

  In diesem Modus enthält der innere IP Header die ursprüngliche Ziel- und Quelladresse des Datenpakets. Für den äußeren IP Header können andere Adressen (z.B. die eines Security Gateway) verwendet werden. Das ESP-Protokoll verschlüsselt dabei das komplette innere IP-Paket.

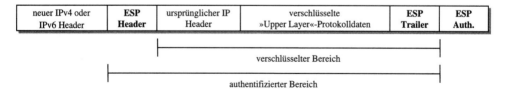

Trace einer ESP-Verbindung im Transport Mode mit DES-Verschlüsselung und MD5-Authentifizierung

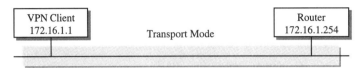

- Informationen über die aufgebauten IPSec SAs

    c2503# show crypto ipsec sa
    interface: Ethernet0
      Crypto map tag: ToNetwork_10, local addr. 172.16.1.254
    ... ...

    local ident (addr/mask/prot/port): (**172.16.1.254**/255.255.255.255/0/0)
    remote ident (addr/mask/prot/port): (**172.16.1.1**/255.255.255.255/0/0)
    current_peer: 172.16.1.1
      PERMIT, flags={origin_is_acl,transport_parent,}
      #pkts encaps: 16, #pkts encrypt: 8, #pkts digest 16
      #pkts decaps: 16, #pkts decrypt: 8, #pkts verify 16
      #pkts compressed: 0, #pkts decompressed: 0
      #pkts not compressed: 0, #pkts compr. failed: 0, #pkts decompress failed: 0
      #send errors 0, #recv errors 0

      local crypto endpt.: 172.16.1.254, remote crypto endpt.: 172.16.1.1
      path mtu 1500, media mtu 1500
      current outbound spi: 5A1A7737

      inbound esp sas:
      spi: 0x85E1A4D(140384845)
         transform: esp-des esp-md5-hmac ,
         in use settings ={Transport, }
         slot: 0, conn id: 2000, flow_id: 1, crypto map: ToNetwork_10
         sa timing: remaining key lifetime (k/sec): (4607998/3390)
         IV size: 8 bytes
         replay detection support: Y

      outbound esp sas:
      spi: 0x5A1A7737(1511683895)
         transform: esp-des esp-md5-hmac ,
         in use settings ={Transport, }
         slot: 0, conn id: 2001, flow_id: 2, crypto map: ToNetwork_10
         sa timing: remaining key lifetime (k/sec): (4607999/3390)
         IV size: 8 bytes
         replay detection support: Y

- Trace eines Pakets vom VPN Client zum Router

    - - - - - - - - - - - - - - - - - - - Frame 1 - - - - - - - - - - - - - - -
    Source Address   Dest. Address   Size Rel. Time   Summary
    [172.16.1.1]   [172.16.1.254]   110 0:00:00.000   IP: ESP SPI=140384845

    IP: ----- IP Header -----
        IP:
        IP: Version = 4, header length = 20 bytes
        IP: Type of service = 00

```
            IP: Total length       = 96 bytes
            IP: Identification     = 1421
            IP: Flags              = 0X
            IP: Fragment offset    = 0 bytes
            IP: Time to live       = 32 seconds/hops
            IP: Protocol           = 50 (SIPP-ESP)
            IP: Header checksum    = 39C0 (correct)
            IP: Source address     = [172.16.1.1]
            IP: Destination address = [172.16.1.254]
            IP: No options
            IP:
     ESP: ----- IP ESP -----
            ESP:
            ESP: Security Parameters Index = 140384845
            ESP: Sequence Number           = 5
            ESP: Payload Data              = ...
                ee f2 d6 33 18 49 53 ba 48 6a d7 a1 45 58 15 b4
                a9 3b 45 45 91 be 7c ee 7c 2f cf 7d 79 c8 4d 5d
                e7 fd a5 4e e8 59 9b 51 71 cb 6c 9a 06 c6 e9 7e
                a0 63 10 64 1c 8e 88 e7 f3 44 e4 b8 5b 62 48 14
                18 e7 f4 fa
```

Das »Payload Data«-Feld enthält im Transport Mode nur die verschlüsselten Daten des höheren Protokolls (in diesem Beispiel ein ICMP-Paket).

Bei den letzten n-Octets (standardmäßig 12 Bytes) handelt es sich um das unverschlüsselte »Authentication Data«-Feld, in das der ICV eingetragen wird. Die genaue Länge ist implizit durch den verwendeten Authentifizierungsalgorithmus (z.B. HMAC-MD5) festgelegt.

- Trace eines Pakets vom Router zum VPN Client

```
- - - - - - - - - - - - - - - - - - Frame 2 - - - - - - - - - - - - - - - - - -
Source Address    Dest. Address    Size Rel. Time     Summary
[172.16.1.254]    [172.16.1.1]     110  0:00:00.013   IP: ESP SPI=1511683895

IP: ----- IP Header -----
    IP:
    IP: Version = 4, header length = 20 bytes
    IP: Type of service = 00
    IP: Total length       = 96 bytes
    IP: Identification     = 1421
    IP: Flags              = 0X
    IP: Fragment offset    = 0 bytes
    IP: Time to live       = 255 seconds/hops
    IP: Protocol           = 50 (SIPP-ESP)
    IP: Header checksum    = 5ABF (correct)
    IP: Source address     = [172.16.1.254]
    IP: Destination address = [172.16.1.1]
    IP: No options
    IP:
ESP: ----- IP ESP -----
    ESP:
    ESP: Security Parameters Index = 1511683895
    ESP: Sequence Number           = 5
    ESP: Payload Data              = ...
        51 e6 47 14 52 a0 1a 44 01 1d b6 16 38 35 62 3c
        4f 2e 8e 5b 81 ac 93 10 2c d7 29 f1 c0 a6 2d 82
        46 45 55 3a df 55 14 57 13 29 8c c1 14 ea 81 1e
        d2 a2 e6 3d 9c d1 8d c8 02 c1 3a 6e 9e 05 cf 34
        05 04 48 c1
```

Trace einer ESP-Verbindung im Tunnel Mode mit DES-Verschlüsselung und MD5-Authentifizierung

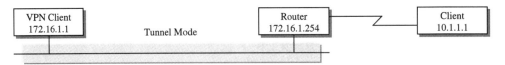

- Informationen über die aufgebauten IPSec SAs

    ```
    c2503# show crypto ipsec sa
    interface: Ethernet0
      Crypto map tag: ToRouter, local addr. 172.16.1.254
    ... ...

      local  ident (addr/mask/prot/port): (10.1.1.1/255.255.255.255/0/0)
      remote ident (addr/mask/prot/port): (172.16.1.1/255.255.255.255/0/0)
      current_peer: 172.16.1.1
      ... ...

        local crypto endpt.: 172.16.1.254, remote crypto endpt.: 172.16.1.1
        path mtu 1500, media mtu 1500
        current outbound spi: 20FE6B88

        inbound esp sas:
         spi: 0x3C1F82F5(1008698101)
           transform: esp-des esp-md5-hmac ,
           in use settings ={Tunnel, }
           slot: 0, conn id: 2000, flow_id: 1, crypto map: ToNetwork_10
           sa timing: remaining key lifetime (k/sec): (4607998/3440)
           IV size: 8 bytes
           replay detection support: Y

        outbound esp sas:
         spi: 0x20FE6B88(553544584)
           transform: esp-des esp-md5-hmac ,
           in use settings ={Tunnel, }
           slot: 0, conn id: 2001, flow_id: 2, crypto map: ToNetwork_10
           sa timing: remaining key lifetime (k/sec): (4607999/3440)
           IV size: 8 bytes
           replay detection support: Y
    ```

- Trace eines Pakets von einem VPN Client zum Router

    ```
    - - - - - - - - - - - - - - - - - - -  Frame 2 - - - - - - - - - - - - - - -
    Source Address     Dest. Address       Size Rel. Time       Summary
    [172.16.1.1]       [172.16.1.254]      126  0:00:04.160     IP: ESP SPI=1008698101

    IP: ----- IP Header -----
        IP:
        IP: Version = 4, header length = 20 bytes
        IP: Total length    = 112 bytes
        IP: Identification  = 5
        IP: Flags           = 0X
        IP: Fragment offset = 0 bytes
        IP: Time to live    = 32 seconds/hops
    ```

```
        IP: Protocol           = 50 (SIPP-ESP)
        IP: Header checksum = 2AA0 (correct)         ╭── äußere IP-Adresse
        IP: Source address     = [172.16.1.1]  ◄
        IP: Destination address = [172.16.1.254]
        IP: No options
        IP:
ESP: ----- IP ESP -----
        ESP:                                              Das komplette ursprüngliche
        ESP: Security Parameters Index = 1008698101   ╭── IP-Paket wurde über den
        ESP: Sequence Number          = 5                 gemeinsamen
        ESP: Payload Data             =               ◄   Sitzungsschlüssel chiffriert.
            11 20 d4 41 56 d8 0030: 72 c8 ac cd f2 e1 a0 8d
            6a ce 3c b1 db 95 e6 16 78 f3 9f 49 86 aa 0d 89
            2e 35 fe b9 d7 bf 87 75 97 0f de 3b 19 da 12 ba
            2e 9a 88 b7 a8 ae d0 cc 64 ab 80 6c 63 56 e9 e2
            5d 29 44 82 fe b6 ab 4a *30 14 e8 71 7c 61 5d 85*
            *7c 7a cb 83 40 cf*

                   ╰── Bei den letzten n-Octets (standardmäßig 12 Bytes) handelt es sich um das
                       unverschlüsselte "Authentication Data"-Feld, in das der ICV eingetragen
                       wird. Die genaue Länge ist implizit durch den verwendeten
                       Authentifizierungsalgorithmus (z.B. HMAC-MD5) festgelegt.
```

- Trace eines Pakets vom Router zum VPN Client

```
- - - - - - - - - - - - - - - - - - - Frame 3 - - - - - - - - - - - - - - -
Source Address   Dest. Address    Size Rel. Time    Summary
[172.16.1.254]   [172.16.1.1]     126  0:00:04.182 IP: ESP SPI=553544584

IP: ----- IP Header -----
    IP:
    IP: Version = 4, header length = 20 bytes
    IP: Type of service = 00
    IP: Total length    = 112 bytes
    IP: Identification  = 54
    IP: Flags           = 0X
    IP: Fragment offset = 0 bytes
    IP: Time to live    = 255 seconds/hops
    IP: Protocol        = 50 (SIPP-ESP)
    IP: Header checksum = 6006 (correct)
    IP: Source address      = [172.16.1.254]  ╭── äußere IP-Adresse
    IP: Destination address = [172.16.1.1]    ◄
    IP: No options
    IP:
ESP: ----- IP ESP -----
    ESP:
    ESP: Security Parameters Index = 553544584
    ESP: Sequence Number           = 5
    ESP: Payload Data              =
        9f 9a b8 db db 2e c6 a5 a5 dc 15 65 46 cb 9d 05
        a0 9f 58 54 6d 51 c0 85 7d c2 1b 6c e0 54 7e 57
        3b 2f 3e 1b 37 2d c4 e0 2b 74 78 30 85 16 f1 b7
        00 bb 23 d6 9e 15 51 69 7a 62 30 ec b4 12 b1 a4
        14 82 d8 2f fc d7 3a 1b d0 c0 b6 07 b0 8a e7 37
        eb 78 37 c5
```

Trace einer ESP-Verbindung im Transport Mode mit Null-Verschlüsselung und MD5-Authentifizierung

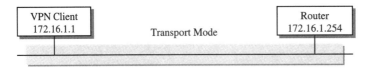

- Informationen über die aufgebauten IPSec SAs

```
c2503# show crypto ipsec sa
interface: Ethernet0
  Crypto map tag: ToNetwork_10, local addr. 172.16.1.254
  ... ...

  local  ident (addr/mask/prot/port): (172.16.1.254/255.255.255.255/0/0)
  remote ident (addr/mask/prot/port): (172.16.1.1/255.255.255.255/0/0)
  current_peer: 172.16.1.1
    PERMIT, flags={origin_is_acl,transport_parent,}
   #pkts encaps: 8, #pkts encrypt: 0, #pkts digest 8
   #pkts decaps: 8, #pkts decrypt: 0, #pkts verify 8
   #pkts compressed: 0, #pkts decompressed: 0
   #pkts not compressed: 0, #pkts compr. failed: 0, #pkts decompress failed: 0
   #send errors 0, #recv errors 0

    local crypto endpt.: 172.16.1.254, remote crypto endpt.: 172.16.1.1
    path mtu 1500, media mtu 1500
    current outbound spi: 4DEA09D8

    inbound esp sas:
     spi: 0x1E52135D(508695389)
       transform: esp-null esp-md5-hmac ,
       in use settings ={Transport, }
       slot: 0, conn id: 2000, flow_id: 1, crypto map: ToNetwork_10
       sa timing: remaining key lifetime (k/sec): (4607998/3132)
       IV size: 0 bytes
       replay detection support: Y

    outbound esp sas:
     spi: 0x4DEA09D8(1307183576)
       transform: esp-null esp-md5-hmac ,
       in use settings ={Transport, }
       slot: 0, conn id: 2001, flow_id: 2, crypto map: ToNetwork_10
       sa timing: remaining key lifetime (k/sec): (4607999/3132)
       IV size: 0 bytes
       replay detection support: Y
```

- Trace eines Pakets vom VPN Client zum Router

```
- - - - - - - - - - - - - - - - - - - - - Frame 1 - - - - - - - - - - - - - - - - -
Source Address   Dest. Address     Size Rel. Time    Summary
[172.16.1.1]     [172.16.1.254]     102 0:00:00.000  IP: ESP SPI=508695389

IP: ----- IP Header -----
    IP:
    IP: Version = 4, header length = 20 bytes
    IP: Type of service = 00
    IP: Total length      = 88 bytes
    IP: Identification    = 2442
    IP: Flags             = 0X
    IP: Fragment offset   = 0 bytes
    IP: Time to live      = 32 seconds/hops
    IP: Protocol          = 50 (SIPP-ESP)
    IP: Header checksum   = 35CB (correct)
    IP: Source address       = [172.16.1.1]
    IP: Destination address  = [172.16.1.254]
    IP: No options
    IP:
ESP: ----- IP ESP -----
    ESP:
    ESP: Security Parameters Index = 508695389
    ESP: Sequence Number           = 5
    ESP: Payload Data              = ...
ICMP: ----- ICMP header -----
    ICMP:
    ICMP: Type = 8 (Echo)
    ICMP: Code = 0
    ICMP: Checksum = 9F5B (correct)
    ICMP: Identifier = 2304
    ICMP: Sequence number = 42240
    ICMP: [32 bytes of data]
ESP: ----- IP ESP Trailer -----
    ESP: Padding Length    = 01 02 03 04 05 06
    ESP: Pad Length        = 6
    ESP: Protocol          = 4 (IP in IP Encapsulation)
    ESP: [ 12 Bytes Authentication Data ] =
         95 6f 05 fa b1 03 94 6a d9 cd c4 09
```

Da als Verschlüsselungsprotokoll »Null Encapsulation« verwendet wurde, ist das in der Payload Data enthaltene ICMP-Paket lesbar.

Kapitel 7 • IPSec-Sicherheitsprotokolle

- Trace eines Pakets vom Router zum VPN Client

```
- - - - - - - - - - - - - - - - - - - Frame 2 - - - - - - - - - - - - - - -
Source Address    Dest. Address    Size Rel. Time    Summary
[172.16.1.254]    [172.16.1.1]      98 0:00:00.009   IP: ESP SPI=1307183576

IP: ----- IP Header -----
    IP:
    IP: Version = 4, header length = 20 bytes
    IP: Type of service = 00
    IP: Total length     = 84 bytes
    IP: Identification   = 2442
    IP: Flags            = 0X
    IP: Fragment offset  = 0 bytes
    IP: Time to live     = 255 seconds/hops
    IP: Protocol         = 50 (SIPP-ESP)
    IP: Header checksum  = 56CE (correct)
    IP: Source address      = [172.16.1.254]
    IP: Destination address = [172.16.1.1]
    IP: No options
    IP:
ESP: ----- IP ESP -----
    ESP:
    ESP: Security Parameters Index = 1307183576
    ESP: Sequence Number         = 5
    ESP: Payload Data            = ...
ICMP: ----- ICMP header -----
    ICMP:
    ICMP: Type = 0 (Echo reply)
    ICMP: Code = 0
    ICMP: Checksum = A75B (correct)
    ICMP: Identifier = 2304
    ICMP: Sequence number = 42240
    ICMP: [32 bytes of data]
ESP: ----- IP ESP Trailer -----
        ESP: Padding Length    = 01 02
        ESP: Pad Length        = 02
        ESP: Protocol          = 1 (ICMP)
        ESP: [ 12 Bytes Authentication Data ] =
             6e 58 8c 0e 6e b4 08 75 bd d6 c2 56
```

Da als Verschlüsselungsprotokoll »Null Encapsulation« verwendet wurde, ist das in der Payload Data enthaltene ICMP-Paket lesbar.

Trace einer ESP-Verbindung im Tunnel Mode mit Null-Verschlüsselung und MD5-Authentifizierung

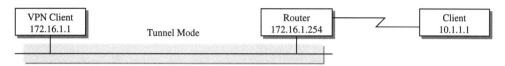

- Informationen über die aufgebauten IPSec SAs

  c2503# show crypto ipsec sa
  ```
  interface: Ethernet0
    Crypto map tag: ToNetwork_10, local addr. 172.16.1.254
    ...    ...
  ```
  local ident (addr/mask/prot/port): **(10.1.1.1**/255.255.255.255/0/0)
  remote ident (addr/mask/prot/port): **(172.16.1.1**/255.255.255.255/0/0)
  ```
  current_peer: 172.16.1.1
    ...    ...

    local crypto endpt.: 172.16.1.254, remote crypto endpt.: 172.16.1.1
    path mtu 1500, media mtu 1500
    current outbound spi: 66062E02
  ```

  inbound esp sas:
   spi: 0x9ABB29C4(2595957188)
      transform: esp-null esp-md5-hmac ,
      in use settings ={Tunnel, }
  ```
      slot: 0, conn id: 2000, flow_id: 1, crypto map: ToNetwork_10
      sa timing: remaining key lifetime (k/sec): (4607998/3477)
      IV size: 0 bytes
      replay detection support: Y
  ```

  outbound esp sas:
   spi: 0x66062E02(1711681026)
      transform: esp-null esp-md5-hmac ,
      in use settings ={Tunnel, }
  ```
      slot: 0, conn id: 2001, flow_id: 2, crypto map: ToNetwork_10
      sa timing: remaining key lifetime (k/sec): (4607999/3477)
      IV size: 0 bytes
      replay detection support: Y
  ```

- Trace eines Pakets von einem VPN Client zum Router

```
- - - - - - - - - - - - - - - - - - - Frame 1 - - - - - - - - - - - - - -
Source Address     Dest. Address      Size Rel. Time      Summary
[172.16.1.1]       [172.16.1.254]      118 0:00:00.000    IP: ESP SPI=2595957188

IP: ----- IP Header -----
    IP:
    IP: Version = 4, header length = 20 bytes
    IP: Type of service = 00
    IP: Total length    = 104 bytes
    IP: Identification  = 5
    IP: Flags           = 0X
    IP: Fragment offset = 0 bytes
    IP: Time to live    = 32 seconds/hops
    IP: Protocol        = 50 (SIPP-ESP)
    IP: Header checksum = D43A (correct)
    IP: Source address       = [172.16.1.1]        ◄── äußere IP-Adresse
    IP: Destination address = [172.16.1.254]
    IP: No options
    IP:

ESP: ----- IP ESP -----
    ESP:
    ESP: Security Parameters Index = 2595957188
    ESP: Sequence Number           = 5
    ESP: Payload Data              = ...
IP: ----- Innner IP Header -----
    IP:
    IP: Version = 4, header length = 20 bytes
    IP: Type of service = 00
    IP: Total length    = 60 bytes
    IP: Identification  = 25971
    IP: Flags           = 0X
    IP: Fragment offset = 0 bytes
    IP: Time to live    = 32 seconds/hops
    IP: Protocol        = 1 (ICMP)
    IP: Header checksum = 7d 3b (correct)
    IP: Source address       = [172.16.1.1]
    IP: Destination address = [10.1.1.1]
    IP: No options
    IP:                                      ── innere IP-
ICMP: ----- ICMP header -----                    Adresse
    ICMP:
    ICMP: Type = 8 (Echo)
    ICMP: Code = 0
    ICMP: Checksum = AB5B (correct)
    ICMP: Identifier = 2304
    ICMP: Sequence number = 39168
    ICMP: [32 bytes of data]
ESP: ----- IP ESP Trailer -----
    ESP: Padding Length   = 01 02
    ESP: Pad Length       = 02
    ESP: Protocol         = 4 (IP in IP Encapsulation)
    ESP: [ 12 Bytes Authentication Data ] =
         9a 12 98 00 d1 3d 07 ca 19 88 fd 92
```

Da als Verschlüsselungsprotokoll »Null Encapsulation« verwendet wurde, ist das in der Payload Data enthaltene innere IP-Paket lesbar.

ESP – Encapsulating Security Payload

- Trace eines Pakets vom Router zum VPN Client

```
- - - - - - - - - - - - - - - - - - - Frame 2 - - - - - - - - - - - - - - - - - -
Source Address   Dest. Address    Size Rel. Time     Summary
[172.16.1.254]   [172.16.1.1]      118 0:00:00.015   IP: ESP SPI=1711681026

IP: ----- IP Header -----
    IP:
    IP: Version = 4, header length = 20 bytes
    IP: Type of service = 00
    IP: Total length    = 104 bytes
    IP: Identification  = 80
    IP: Flags           = 0X
    IP: Fragment offset = 0 bytes
    IP: Time to live    = 255 seconds/hops
    IP: Protocol        = 50 (SIPP-ESP)         ─── äußere IP-Adresse
    IP: Header checksum = 5FF4 (correct)
    IP: Source address      = [172.16.1.254]
    IP: Destination address = [172.16.1.1]
    IP: No options
    IP:
ESP: ----- IP ESP -----
    ESP:
    ESP: Security Parameters Index = 1711681026
    ESP: Sequence Number           = 5
    ESP: Payload Data              =...
IP: ----- Inner IP Header -----
    IP:
    IP: Version = 4, header length = 20 bytes
    IP: Type of service = 00
    IP: Total length    = 60 bytes
    IP: Identification  = 25971
    IP: Flags           = 0X
    IP: Fragment offset = 0 bytes
    IP: Time to live    = 254 seconds/hops
    IP: Protocol        = 1   (ICMP)
    IP: Header checksum = 9F3A (correct)
    IP: Source address      = [10.1.1.1]
    IP: Destination address = [172.16.1.1]  ◄─── innere
    IP: No options                              IP-Adresse
    IP:
ICMP: ----- ICMP header -----
    ICMP:
    ICMP: Type = 0 (Echo reply)
    ICMP: Code = 0
    ICMP: Checksum = B35B (correct)
    ICMP: Identifier = 2304
    ICMP: Sequence number = 39168
    ICMP: [32 bytes of data]
ESP: ----- IP ESP Trailer -----
    ESP: Padding Length   = 01 02
    ESP: Pad Length       = 02
    ESP: Protocol         = 4 (IP in IP Encapsulation)
    ESP: [ 12 Bytes Authentication Data ] =
         fe ae 57 0f ef 36 ce c9 2b 42 b3 03
```

Da als Verschlüsselungsprotokoll »Null Encapsulation« verwendet wurde, ist das in der Payload Data enthaltene innere IP-Paket lesbar.

Kapitel 8
ISAKMP – Internet Security Association and Key Management Protocol

Das ISAKMP-Protokoll (RFC 2408) definiert die Prozeduren und Paketformate, die zum Aufbau und zur Verwaltung von Security Associations notwendig sind. Es legt jedoch nicht die Mechanismen fest, die man für einen vertraulichen und authentifizierten Aufbau von Security Associations und kryptographischen Schlüsseln sowie zu deren Verwaltung benötigt. Die Definition dieser Mechanismen erfolgt in den individuellen *Domains of Interpretation (DOI)*. ISAKMP stellt folgende sicherheitsrelevanten Forderungen, die alle IPSec-Implementation erfüllen müssen:

- Strenge Authentifizierung der Partner über digitale Signaturen

  Eine strenge Authentifizierung der Partner soll *Man-in-the-Middle*-Attacken verhindern. ISAKMP spezifiziert jedoch nicht, welche Infrastruktur und welche Protokolle für die digitalen Signaturen benutzt werden sollen. So kann man z.B. X.509, PKCS #7, PGP, DNS SIG und Key Records als Zertifikate einsetzen. Daneben ist es möglich, zur Authentifizierung außer digitalen Signaturen auch andere Mechanismen zu verwenden (z.B. Kerberos).

- Authentifizierter Schlüsselaustausch über entsprechende Schlüsselaustauschprotokolle

  In der ISAKMP-Spezifikation ist lediglich festgelegt, dass ein authentifizierter Austausch von kryptographischen Schlüsseln notwendig ist. Innerhalb der IPSec DOI wurde dazu das IKE-Protokoll definiert (RFC 2409 – Internet Key Exchange). IKE ist im Prinzip eine Spezifikation, wie man das Oakley-Protokoll (RFC 2412 – Oakley Key Determination Protocol) zusammen mit ISAKMP einsetzen kann.

ISAKMP bildet den gemeinsamen Rahmen für verschiedene Schlüsselaustauschprotokolle, um sich auf das Format von Sicherheitsattributen zu einigen und um das Aushandeln, Modifizieren und Löschen von Security Associations zu ermöglichen. Es kann dabei von allen IP-Protokollen für die Verwaltung von SAs eingesetzt werden (z.B. von IPSec, TLS oder OSPF). Dadurch soll vermieden werden, dass jedes Protokoll diese Funktionalität separat implementieren muss.

Übersicht über die IPSec-Architektur

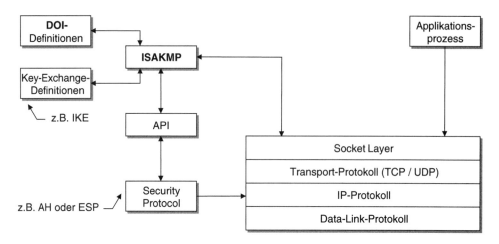

8.1 ISAKMP Phase I und II

Das ISAKMP-Protokoll unterscheidet zwei verschiedene Phasen beim Aufbau von Security Association: In der ersten Phase wird eine SA zum Schutz der weiteren ISAKMP-Nachrichten erzeugt und in der zweiten Phase dann die Security Association zum Schutz der eigentlichen Benutzerdaten.

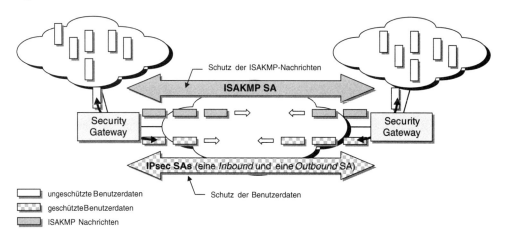

ISAKMP Phase I – Aufbau der ISAKMP SA zum Schutz der ISAKMP-Nachrichten

In der ersten Phase des ISAKMP-Protokolls einigen sich die Partner auf eine Reihe von grundlegenden Sicherheitsattributen und bauen darauf basierend die *ISAKMP SA* auf. Zu den Attributen, die zwischen den beteiligten Parteien ausgehandelt werden, zählen:

- Das »Key Exchange«-Protokoll (normalerweise IKE).
- Die Diffie-Hellman-Gruppe, um den gemeinsamen DH-Schlüssel zu generieren.
- Der zum Schutz der ISAKMP SA benötigte Verschlüsselungs- und Hash-Algorithmus.
- Die Art und Weise, wie die Authentifizierung der Partner erfolgen soll.
- Die Gültigkeitsdauer (*Lifetime*) der ISAKMP SA.

Einerseits erlaubt die ISAKMP SA einen geschützten Austausch der weiteren ISAKMP-Nachrichten, andererseits erfolgt in dieser Phase auch die Überprüfung der Identität des Partners (Authentifizierung). In Zusammenhang mit dem IKE-Protokoll wird die ISAKMP SA teilweise auch als *IKE SA* bezeichnet.

ISAKMP Phase II – Aufbau der IPSec SA zum Schutz der Benutzerdaten

In der zweiten Phase erfolgt der Aufbau von Security Associations (so genannte *IPSec SA*), mit deren Hilfe dann die eigentlichen Benutzerdaten geschützt werden. Zu den Attributen, die während der Phase II zwischen den Partnern ausgehandelt werden, gehören:

- Das Sicherheitsprotokoll (AH, ESP und IPComp).
- Die von den Sicherheitsprotokollen benutzten Algorithmen (z.B. DES, 3DES, HMAC-SHA usw.).
- Die Selektoren (*Proxy Identities*), die angeben, welche Benutzerdaten überhaupt geschützt werden sollen.

Der Schutz der ISAKMP-Nachrichten, die notwendig sind, um die IPSec Security Associations aufzubauen, erfolgt über die ISAKMP SA.

Beispiel für eine Protection Suite und für ISAKMP bzw. IPSec Security Associations

- ISAKMP Protection Suite (bei Cisco auch als ISAKMP Policy bezeichnet)

```
cisco# show crypto isakmp policy
Protection suite of priority 10
        encryption algorithm:   DES - Data Encryption Standard (56 bit keys).
        hash algorithm:  Secure Hash Standard
        authentication method:  Pre-Shared Key
        Diffie-Hellman group:   #1 (768 bit)
        lifetime:        86400 seconds, no volume limit
```

```
Protection suite of priority 20
        encryption algorithm:   DES - Data Encryption Standard (56 bit keys).
        hash algorithm: Message Digest 5
        authentication method:  Pre-Shared Key
        Diffie-Hellman group:   #1 (768 bit)
        lifetime:       3600 seconds, no volume limit
Default protection suite
        encryption algorithm:   DES - Data Encryption Standard (56 bit keys).
        hash algorithm: Secure Hash Standard
        authentication method:  Rivest-Shamir-Adleman Signature
        Diffie-Hellman group:   #1 (768 bit)
        lifetime:       86400 seconds, no volume limit
```

- ISAKMP SA

  ```
  cisco# show crypto isakmp sa
      dst             src         state       conn-id     slot
  192.168.200.1   192.168.200.2   QM_IDLE        1         0
  ```

- IPSec SA (in diesem Fall eine ESP-Verbindung)

  ```
  cisco# show crypto ipsec sa address
  dest address: 192.168.200.2
      protocol: ESP     ⬅ Sicherheitsprotokoll
          spi: 0x992004E(160563278)
          transform: esp-des esp-md5-hmac ,
          in use settings ={Tunnel, }
          slot: 0, conn id: 2000, flow_id: 1, crypto map: C2504
          sa timing: remaining key lifetime (k/sec): (4607800/5047)
          IV size: 8 bytes
          replay detection support: Y

  dest address: 192.168.200.1
      protocol: ESP
          spi: 0x249E0757(614336343)
          transform: esp-des esp-md5-hmac ,
          in use settings ={Tunnel, }
          slot: 0, conn id: 2001, flow_id: 2, crypto map: C2504
          sa timing: remaining key lifetime (k/sec): (4607786/5047)
          IV size: 8 bytes
          replay detection support: Y
  ```

8.2 ISAKMP Payloads

ISAKMP-Nachrichten bestehen aus einem Fixed Header und einer variablen Anzahl von bestimmten Nutzdaten (den *Payloads*). Standardmäßig verwenden die Nachrichten das UDP-Paketformat mit der Portnummer 500.

ISAKMP Fixed Header

Die im Fixed Header enthaltenen Informationen ermöglichen die Verarbeitung der nachfolgenden Nutzdaten und den Schutz gegen »Denial of Service«- und Replay-Attacken.

```
0       4       8      12      16      20      24      28    31
+-----------------------------------------------------------------+
|                    IP und UDP Header - Port 500                 |
+-----------------------------------------------------------------+
|                         Initiator Cookie                        |
+-----------------------------------------------------------------+
|                         Responder Cookie                        |
+-----------------------------------------------------------------+
| Next Payload | Major Ver. | Minor Ver. | Exchange Type | Flags  |
+-----------------------------------------------------------------+
|                           Message ID                            |
+-----------------------------------------------------------------+
|                             Length                              |
+-----------------------------------------------------------------+
        ... Nutzdaten (Typ durch das »Next Payload«-Feld definiert) ...
```

- Initiator und Responder Cookie (jeweils 64 Bits)

  Das ISAKMP-Protokoll benutzt die beiden Cookie Felder zur Identifikation des ISAKMP SA und als Schutz gegen *Resource Clogging*-Angriffe (als so genanntes Anti-Clogging Token (ACT)). Die Cookies müssen deshalb für jede ISAKMP Security Association eindeutig sein. Sie bestehen in der Regel aus der Prüfsumme über die IP-Ziel- und Quelladresse, den UDP Ports, einer lokal generierten Zufallszahl sowie der aktuellen Zeit. Dadurch können die Partner die Authentizität einer ISAKMP-Nachricht direkt überprüfen, ohne CPU-intensive öffentliche Schlüssel einsetzen zu müssen. Die ACT-Funktionalität steht im IKE-Protokoll nur beim Main Mode Exchange zur Verfügung, nicht jedoch beim Aggressive Mode Exchange.

- Next Payload (8 Bits)

  Dieses Feld definiert den Typ der Nutzdaten, die nach dem Fixed Header folgen.

Wert	Next Payload Type
0	NONE
1	Security Association (SA)
2	Proposal (P)
3	Transform (T)
4	Key Exchange (KE)
5	Identification (ID)
6	Certificate (CERT)
7	Certificate Request (CR)
8	Hash (HASH)
9	Signature (SIG)
10	Nonce (NONCE)
11	Notification (N)
12	Delete (D)
13	Vendor ID (VID)
14 – 127	reserviert
14	Attribute (ATTR) (RFC Draft – ISAKMP Configuration Method)
128 – 255	für privaten Gebrauch reserviert

- Major Version (4 Bits)

  Die Major Version des ISAKMP-Protokolls. Aktuell Eins.

- Minor Version (4 Bits)

  Die Minor Version des ISAKMP-Protokolls. Aktuell Null.

- Exchange Type (8 Bits)

  Dieses Feld zeigt den Typ des verwendeten ISAKMP Exchange an und legt dadurch implizit die Reihenfolge der ISAKMP-Nachrichten und die darin enthaltenen Nutzdaten fest (siehe Kapitel 8.3).

Wert	Exchange Type
0	None
1	Base
2	Identity Protection (IKE Main Mode)
3	Authentication Only
4	Aggressive (IKE Aggressive Mode)
5	Informational
6 – 31	*für zukünftige ISAKMP-Erweiterungen reserviert*
6	Transaction Exchange (RFC Draft – ISAKMP Configuration Method)
32 – 239	*für DOI-spezifische Erweiterungen reserviert*
32	IKE Quick Mode
33	IKE New Group Mode
240 – 255	*für privaten Gebrauch reserviert*

- Flags (8 Bits)

  Über das Flag-Feld werden bestimmte Optionen gesetzt, die von den verschiedenen Exchange-Typen benötigt werden.

  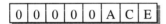

  - E Bit – Encryption

    Falls gesetzt, sind die Nutzdaten nach dem ISAKMP Header über den in der ISAKMP Security Association definierten Algorithmus verschlüsselt.

  - C Bit – Commit

    Falls gesetzt, erfolgt eine Signalisierung des Schlüsselaustauschs. Dadurch soll verhindert werden, dass ein Partner kryptographisches Material erhält, bevor der Aufbau der Security Association überhaupt beendet wurde (gilt für ISAKMP und IPSec SAs). Falls ein System das Commit Bit in einer Nachricht setzt, muss der Partner mit der Datenübertragung warten, bis er über einen Informational Exchange eine Notify Payload (mit einer Connected Message) empfängt. Erst nach Erhalt dieser Nachricht kann mit der Verschlüsselung des Datentransfers begonnen werden.

- A Bit – Authentication only

  Falls gesetzt, erfolgt nur eine Authentifizierung der Nutzdaten, jedoch keine Verschlüsselung. Dieses Bit ist nur während eines Informational Exchange bei der Übertragung von Notify-Nachrichten erlaubt.

- Message ID (32 Bits)

  Die Message ID dient zur eindeutigen Identifikation der ISAKMP-Nachrichten während der Phase II. Während der ISAKMP Phase I ist der Wert auf Null gesetzt.

- Length (32 Bits)

  Die Länge der kompletten ISAKMP-Nachricht (d.h. ISAKMP Header plus Nutzdaten).

Generic Payload Header

Jedes Payload-Feld beginnt mit einem generischen Header, der die Größe der jeweiligen Nutzdaten festlegt und das Verketten von mehreren Payloads ermöglicht.

0	4	8	12	16	20	24	28	31
ISAKMP Fixed Header									
Next Payload			reserviert			Payload Length		
... Nutzdaten...									
Next Payload			reserviert			Payload Length		
... Nutzdaten...									

- Next Payload (8 Bits)

  Der Typ der nachfolgenden Nutzdaten. Falls keine weiteren Payloads mehr vorliegen, ist das Feld auf Null gesetzt.

- Payload Length (16 Bits)

  Die Länge der aktuellen Nutzdaten (inklusive des Generic Payload Header).

Data Attributes

Data Attributes werden benutzt, um innerhalb der einzelnen ISAKMP Payloads unterschiedliche Arten von Informationen darstellen zu können.

0	4	8	12	16	20	24	28	31
AF	Attribute Type				AF=0: Attribute Length / AF=1: Attribute Value				
AF=0: Feld enthält den Attribute Value AF=1: Feld ist nicht vorhanden								

- AF – Attribute Format (1 Bit)

AF-Bit	Format der Data Attributes	
0	Long Format:	TLV (Tag / Length / Value)
1	Short Format:	TV (Tag / Value)

- Attribute Type (15 Bits)

  Dieses Feld erlaubt die eindeutige Identifikation des Attributs. Die einzelnen Attribute sind Teil der DOI-spezifischen Informationen.

- Attribute Length (16 Bits)

  Die Länge des »Attribute Value«-Feldes.

- Attribute Value (variable Länge)

  Der Wert des definierten Attributs. Im Short Format ist der Attribute Value lediglich 2 Octets lang und das »Attribute Length«-Feld ist nicht existent.

8.2.1 Security Association Payload

Die Security Association Payload wird zur Abstimmung der Sicherheitsattribute und zur Festlegung der *Domain of Interpretation* (DOI) eingesetzt.

```
0        4        8       12       16       20       24       28       31
|                 Generic Payload Header (Payload Type 1)                |
|                        Domain of Interpretation (DOI)                  |
|                                Situation                               |
```

- Domain of Interpretation (32 Bits)

0	Generic ISAKMP SA während der ISAKMP Phase I
1	IPSec DOI
andere	reserviert

- Situation (variable Länge)

  Die Situation enthält alle Informationen, um die notwendigen Sicherheitsservices für den Schutz einer Sitzung festzulegen (z.B. Adresse, Sicherheitsklassifikation usw.).

Security Association Payload innerhalb der IPSec DOI

0	4	8	12	16	20	24	28	31
*Generic Payload Header (**Payload Type 1**)*									
Domain of Interpretation (DOI)									
Situation Bitmap									
Labeled Domain Identifier									
Secrecy Length (in Octets)						reserved			
Secrecy Level									
Secrecy Category Length (in Bits)						reserved			
Secrecy Category Bitmap									
Integrity Length (in Octets)						reserved			
Integrity Level									
Integrity Category Length (in Bits)						reserved			
Integrity Category Bitmap									

- Situation Bitmap (32 Bit)

  Die IPSec DOI definiert die Situation als 32-Bit-Maske:

Wert	Situation	Bedeutung
1	SIT_IDENTITY_ONLY	Identifikation der SA durch eine Identification Payload.
2	SIT_SECRECY	Beim Aufbau der SA wird *Labeled Secrecy* verlangt.
4	SIT_INTEGRITY	Beim Aufbau der SA wird *Labeled Integrity* benötigt.

- Labeled Domain Identifier (32 Bits)

  Von der IANA zugewiesene Nummer, die zur Interpretation der Secrecy und Integrity Information verwendet wird. Im Moment ist nur der Wert Null (reserviert) definiert.

- Secrecy Level (variabel)

  Spezifiziert den Grad an Geheimhaltung, der von der Security Association benötigt wird.

- Secrecy Category Bitmap (variabel)

  Eine Bitmap, die die benötigten Geheimhaltungskategorien festlegt.

- Integrity Level (variabel)

  Definiert den von der SA benötigten Grad an Integrität.

- Integrity Category Bitmap (variabel)

  Eine Bitmap, die die benötigten Integritätskategorien bestimmt.

8.2.2 Proposal Payload

Der Proposal Payload enthält Informationen, die von den Partnern zum Aufbau der Security Association benötigt werden. Ein Proposal besteht aus den verschiedenen Sicherheitsmechanismen (den so genannten *Transforms*), die von dem spezifizierten Sicherheitsprotokoll zum Schutz der Übertragung eingesetzt werden können.

0	4	8	12	16	20	24	28	31
\multicolumn{9}{c}{*Generic ISAKMP Header (Payload Type 2)*}
Proposal #		Protocol ID		SPI Size		# of Transforms		
\multicolumn{9}{c}{SPI (Security Parameter Index)}

- Proposal # (8 Bits)

  Die Nummer des aktuellen Proposal. Der Sender trägt bei mehreren Proposals diese in der Reihenfolge ihrer Präferenz ein. Falls über die Security Association mehrere Protokolle gleichzeitig verwendet werden sollen (z.B. ESP und AH), muss die Nummer für alle zugehörigen Proposals gleich sein. Ansonsten weisen die einzelnen Proposals unterschiedliche Nummern auf.

- Protocol ID (8 Bits)

  Legt das Sicherheitsprotokoll fest, für das die Partner eine Parameterabstimmung (z.B. ESP, AH oder auch OSPF). In der IPSec DOI sind folgende Identifier definiert:

Wert	Identifier	Protokoll
0	reserviert	
1	ISAKMP	Schutz der ISAKMP-Nachrichten während der Phase I
2	IPSec AH	RFC 2402 – Authentication Header Protocol
3	IPSec ESP	RFC 2406 – Encapsulating Security Payload Protocol
4	IPComp	RFC 2393 – IP Payload Compression Protocol

- SPI Size (8 Bits)

  Die Länge des SPI in Octets.

- # of Transforms (8 Bits)

    Die Anzahl der Transforms für dieses Proposal. Jede dieser Transforms ist in einer eigenen Transform Payload enthalten.

- SPI (variable Länge)

    Der Security Parameter Index dient zur Identifikation der Security Association (bezogen auf das vorher definierte Sicherheitsprotokoll).

8.2.3 Transform Payload

Ein Transform Payload besteht aus den SA-Attributen für einen spezifischen Sicherheitsmechanismus.

0	4	8	12	16	20	24	28	31
\multicolumn{9}{c}{Generic ISAKMP Header (*Payload Type 3*)}
Transform #		Transform ID			reserved			
\multicolumn{9}{c}{SA Attribute}

- Transform # (8 Bits)

    Die Nummer des aktuellen Transform. Falls innerhalb eines Proposal mehrere Transforms übertragen werden, müssen sie unterschiedliche Nummern aufweisen.

- Transform ID (8 Bits)

    Der Transform Identifier legt einen bestimmten Sicherheitsmechanismus fest, der in Zusammenhang mit dem definierten Sicherheitsprotokoll eingesetzt werden soll, zum Beispiel bei ESP das Verschlüsselungsprotokoll oder bei ISAKMP das Schlüsselaustauschprotokoll.

- SA Attribute (variable Länge, »Data Attribut«-Format)

    Dieses Feld enthält die verschiedenen Attribute des definierten Sicherheitsmechanismus und dient zum Abgleich von unterschiedlichen Werten zwischen den ISAKMP-Partnern (z.B. welcher Verschlüsselungsalgorithmus für die Chiffrierung der ISAKMP-Nachrichten zu verwenden ist).

8.2.3.1 Transform Identifier der verschiedenen Sicherheitsprotokolle

Die von den unterschiedlichen Sicherheitsprotokollen unterstützten Mechanismen (*Transform Identifiers*) sind in der IPSec DOI (RFC 2407) definiert. Eine aktuelle Liste der *Transform Identifier* findet man im Internet unter der URL http://www.isi.edu/in-notes/iana/assignments/isakmp-registry.

- ISAKMP Transform Identifier

    Dieser Identifier legt das beim Aufbau der ISAKMP und IPSec SA eingesetzte Schlüsselaustauschprotokoll fest.

Wert	Transform ID	Key-Exchange-Protokoll
0	reserviert	
1	KEY_IKE	RFC 2409 – The Internet Key Exchange

- IPComp Transform Identifier

    Der IPComp Transform Identifier definiert den Algorithmus, über den die Daten auf IP-Ebene vor der Verschlüsselung oder Authentifizierung komprimiert werden können.

Wert	Transform ID	Algorithmus
0	reserviert	
1	IPCOMP_OUI	Verwendung eines proprietären Komprimierungsalgorithmus
2	IPCOMP_DEFLATE	RFC 2394 – IP Payload Compression Using DEFLATE
3	IPCOMP_LZS	RFC 2395 – IP Payload Compression Using LZS
4	IPCOMP_LZJH	RFC 3051 – IP Payload Compression Using ITU-T V.44 Packet Method
48–67	für privaten Gebrauch reserviert	
64–255	für zukünftige Erweiterungen reserviert	

ISAKMP Payloads

- **IPSec AH Transform Identifier**

  Spezifikation des Algorithmus, den das AH-Protokoll benutzt, um die Integrität der übertragenen Daten zu gewährleisten. Die von dem Protokoll zu verwendende kryptographische Prüfsumme legt das SA-Attribut *Authentication Algorithm Mode* fest. Alle IPSec-Implementationen müssen zumindest MD5 und SHA unterstützen.

Wert	Transform ID	Algorithmus	Checksummenfunktion
0,1	reserviert		
2	AH_MD5	MD5	HMAC oder KPDK
3	AH_SHA	SHA	HMAC
4	AH_DES	DES	DES-MAC
5	AH_SHA2-256	SHA2	HMAC
6	AH_SHA2-384	SHA2	HMAC
7	AH_SHA2-512	SHA2	HMAC
8	AH_RIPEMD	RIPEMD	HMAC
249–255	für privaten Gebrauch reserviert		

- **IPSec ESP Transform Identifier**

  Der ESP Transform Identifier legt den Verschlüsselungsalgorithmus fest, der von dem ESP-Protokoll zur Chiffrierung der Daten eingesetzt werden soll. Alle IPSec-Implementationen müssen DES und NULL Encryption unterstützen und sollten auch den 3DES-Algorithmus implementieren.

Wert	Transform ID	RFC	Algorithmus
0	reserviert	-	
1	ESP_DES_IV64	RFC 1827 / 1829	DES-CBC mit einem 64-Bit IV
2	ESP_DES	RFC 2405	DES-CBC
3	ESP_3DES	RFC 2451	Triple DES
4	ESP_RC5	RFC 2451	RC5
5	ESP_IDEA	RFC 2451	IDEA
6	ESP_CAST	RFC 2451	CAST
7	ESP_BLOWFISH	RFC 2451	Blowfish
8	ESP_3IDEA	-	reserviert für 3IDEA
9	ESP_DES_IV32	RFC 1827 / 1829	DES-CBC mit einem 32-Bit IV
10	ESP_RC4	-	reserviert für RC4
11	ESP_NULL	RFC 2410	keine Verschlüsselung
12	ESP_AES	-	AES
249–255	für privaten Gebrauch reserviert		

8.2.3.2 Attribute für den Aufbau der ISAKMP SA (Phase I)

Die beim Aufbau der ISAKMP SA (Phase I) gültigen Attribute werden innerhalb des Schlüsselaustauschprotokolls definiert. Für IKE sind im RFC 2409 folgende SA-Attribute spezifiziert. Eine aktuelle Liste der verfügbaren Attribute findet man im Internet unter der URL http://www.isi.edu/in-notes/iana/assignments/ipsec-registry.

Wert	AF-Bit	Klasse
1	1	Encryption Algorithm
2	1	Hash Algorithm
3	1	Authentication Method
4	1	Group Description
5	1	Group Type
6	0	Group Prime/Irreducible Polynomial
7	0	Group Generator One
8	0	Group Generator Two
9	0	Group Curve A
10	0	Group Curve B
11	0	Life Type
12	0	Life Duration
13	1	PRF
14	1	Key Length
15	1	Field Size
16	0	Group Order
17–16383	reserviert für IANA	
16384–32767	für privaten Gebrauch reserviert	

- Encryption Algorithm

1	RFC 2405 – DES-CBC
2	RFC 2451 – IDEA-CBC
3	RFC 2451 – Blowfish-CBC
4	RFC 2451 – RC5-R16-B64-CBC
5	RFC 2451 – 3DES-CBC
6	RFC 2451 – CAST-CBC
7–65000	*reserviert für IANA*
7	AES-CBC
65001–65535	für privaten Gebrauch reserviert

- Hash Algorithm

1	RFC 1321 – MD5
2	SHA; NIST, »Secure Hash Standard«, FIPS 180-1,
3	Tiger; Anderson, R., Biham, E., »Fast Software Encryption«
4–65000	*reserviert für IANA*
4	SHA2-256
5	SHA2-384
6	SHA2-512
65001–65535	*für privaten Gebrauch reserviert*

- Authentication Method

Festlegung des zur Authentifizierung des Partners verwendeten Algorithmus. Die Authentifizierung erfolgt, nachdem beide Systeme über das Diffie-Hellman-Verfahren das gemeinsame Verschlüsselungsmaterial generiert haben.

1	Pre-shared Keys
2	DSS-Signaturen
3	RSA-Signaturen
4	RSA-Verschlüsselung
5	Revidierte RSA-Verschlüsselung
6–65000	*reserviert für IANA*
6	ElGamal-Verschlüsselung
7	Revidierte ElGamal-Verschlüsselung
8	ECDSA-Signaturen (Elliptic Curve Digital Signature Algorithm)
65001–65535	*für privaten Gebrauch reserviert*
65001	Authentifizierung über Kerberos bei Windows-2000-Systemen

- Life Type und Life Duration

Spezifiziert die Gültigkeitsdauer der Security Association in Sekunden oder Kilobytes. Nach Ablauf der entsprechenden Zeit wird die SA gelöscht. Der Aufbau einer neuen Security Association erfolgt jedoch erst dann, wenn einer der Partner eine neue ISAKMP-Nachricht versenden muss (z.B. weil auch die Gültigkeitsdauer einer IPSec SA abgelaufen ist).

0	reserviert
1	Gültigkeitsdauer in Sekunden
2	Gültigkeitsdauer in Kilobyte
3–65000	reserviert für IANA
65001–65535	für privaten Gebrauch reserviert

- PRF – Pseudo Random Function

PRFs werden beim Erzeugen des Verschlüsselungsmaterials eingesetzt. Falls über dieses Attribut kein bestimmter Algorithmus definiert ist, benutzen die Partner die HMAC-Version der ausgehandelten Hashfunktion (z.B. HMAC-MD5 oder HMAC-SHA1).

1–65000	reserviert für IANA
65001–65535	für privaten Gebrauch reserviert

- Key Length

Dieses Attribut wird nur benutzt, falls zur Verschlüsselung ein Algorithmus mit variabler Schlüssellänge eingesetzt wird (z.B. RSA).

Die Group- und »Field Size«-Attribute benötigt man für eine nähere Spezifikation der verwendeten Diffie-Hellman-Gruppe. Für eine Beschreibung der einzelnen Werte siehe *Oakley Key Determination Protocol* (RFC 2412).

- Group Description

Definiert die Oakley-Gruppe, die für das Diffie-Hellman-Schlüsselaustauschverfahren benutzt werden soll.

1	Standard 768-Bit MODP-Gruppe
2	Alternative 1024-Bit MODP-Gruppe
3	EC2N Gruppe auf $GF[2^{155}]$
4	EC2N Gruppe auf $GF[2^{185}]$
5	Alternative 1536-Bit MODP-Gruppe
5–32767	reserviert für IANA
32768–65535	für privaten Gebrauch reserviert

- Group Type

1	MOPD	modulare Exponentialgruppe
2	ECP	elliptische Kurve über $GF[P]$
3	EC2N	elliptische Kurve über $GF[2^N]$
4–65000	reserviert für IANA	
65001–65535	für privaten Gebrauch reserviert	

8.2.3.3 Attribute für den Aufbau der IPSec SA (Phase II)

Die beim Aufbau der IPSec SA (Phase II) gültigen Attribute sind in der *IPSec Domain of Interpretation* (RFC 2507) definiert. Eine aktuelle Liste der verfügbaren Attribute findet man im Internet unter der URL http://www.isi.edu/in-notes/iana/assignments/isakmp-registry.

Wert	AF-Bit	Klasse
1	1	SA Life Type
2	0	SA Life Duration
3	1	Group Description
4	1	Encapsulation Mode
5	1	Authentication Algorithm
6	1	Key Length
7	1	Key Rounds
8	1	Compress Dictionary Size
9	0	Compress Private Algorithm
32001-32767		für privaten Gebrauch reserviert

- SA Lifetime und SA Duration

  Spezifiziert die Gültigkeitsdauer einer IPSec Security Association in Sekunden oder Kilobyte. Nach Ablauf der entsprechenden Zeit müssen alle für diese SA verwendeten Schlüssel neu erzeugt werden.

0	reserviert
1	Gültigkeitsdauer in Sekunden
2	Gültigkeitsdauer in Kilobyte
3-61439	reserviert für IANA
61440-65535	für privaten Gebrauch reserviert

- Group Description (nur bei PFS notwendig)

  Dieses Attribut legt die DH-Gruppe fest, die während eines IKE Quick Mode Exchange zum Erzeugen von neuem Verschlüsselungsmaterial verwendet wird. Nur notwendig, wenn für die IPSec Security Associations *Perfect Forward Secrecy* gelten soll.

1	Standard 768-Bit MODP-Gruppe
2	Alternative 1024-Bit MODP-Gruppe
3	EC2N Gruppe auf $GF[2^{155}]$
4	EC2N Gruppe on $GF[2^{185}]$
5-32767	reserviert für IANA
32768-65535	für privaten Gebrauch reserviert

- Encapsulation Mode

    Über dieses Attribut stimmen die Partner untereinander ab, ob es sich um eine Tunnel Mode oder um eine Transport Mode Security Association handelt.

0	reserviert
1	Tunnel
2	Transport
3–61439	reserviert für IANA
61440–65535	für privaten Gebrauch reserviert

- Authentication Algorithm

    Das »Authentication Algorithm«-Attribut definiert die Funktion, die in Verbindung mit dem AH Transform Identifier zur Berechnung der kryptographischen Prüfsumme benutzt wird.

0	reserviert	
1	HMAC-MD5	RFC 2403 – MD5 mit HMAC als Message Authentication Code
2	HMAC-SHA	RFC 2404 – SHA mit HMAC als Message Authentication Code
3	DES-MAC	DES als Message Authentication Code
4	KPDK	RFC 1828 – Keyed MD5 mit KPDK (Key/Pad/Data/Key) als MAC
5–61439	*reserviert für IANA*	
5	HMAC-SHA2-256	
6	HMAC-SHA2-384	
7	HMAC-SHA2-512	
8	HMAC-RIPEMD	RFC 2857 – RIPEMD mit HMAC als Message Authentication Code

- Key Length und Key Round

    Für diese Attribute existieren keine Standardwerte. Key Length ist nur notwendig, wenn man einen Algorithmus mit variabler Schlüssellänge einsetzt, und Key Round benötigt man nur bei Verfahren mit variierender Anzahl von Schlüsselrunden. Ansonsten dürfen diese Attribute nicht verwendet werden.

- Compression Dictionary Size

    Definiert die maximale Größe des zur Komprimierung benutzten Wörterbuchs.

- Compression Private Algorithm

    Spezifiziert einen herstellerspezifischen Kompressionsalgorithmus. Die ersten drei Octets müssen immer den OUI-Identifier des Herstellers enthalten.

8.2.4 Identification Payload

Der Identification Payload enthält DOI-spezifische Daten zur Identifikation von bestimmten Instanzen.

```
0       4       8       12      16      20      24      28   31
+---------------------------------------------------------------+
|           Generic ISAKMP Header (Payload Type 5)              |
+---------------------------------------------------------------+
| ID Type  |           DOI-specific ID Data                     |
+---------------------------------------------------------------+
|                   Identification Data                         |
+---------------------------------------------------------------+
```

- ID Type (8 Bits)

  Spezifiziert den Typ des »Identification Data«-Feldes.

- DOI specific ID Data (24 Bits)

  DOI-spezifische Daten.

- Identification Data (variabel)

  Enthält die eigentlichen Identifikationsdaten. Das Format wird über den ID Type festgelegt.

Identification Payload innerhalb der IPSec DOI

```
0       4       8       12      16      20      24      28   31
+---------------------------------------------------------------+
|                    Generic ISAKMP Header                      |
+---------------------------------------------------------------+
| ID Type  |   Protocol ID    |           Port                  |
+---------------------------------------------------------------+
|                   Identification Data                         |
+---------------------------------------------------------------+
```

- Protocol ID (8 Bits)

  Beschreibt das zugehörige IP-Protokoll (z.B. UDP, TCP, ISAKMP oder OSPF).

- Port (16 Bits)

  Die Port-Nummern bei UDP oder TCP.

- ID Type (8 Bits) und Identification Data (variabel)

Wert	ID Type	Identification Data
0	reserviert	
1	ID_IPV4_ADDR	32-Bit-IPv4-Adresse
2	ID_FQDN	Fully Qualified Domain Name (z.B. frs.lab)
3	ID_USER_FQDN	Fully Qualified Username (z.B. andreas@frs.lab)
4	ID_IPV4_ADDR_SUBNET	Bereich von IPv4-Adressen bestehend aus einer Adresse und einer Netzwerkmaske
5	ID_IPV6_ADDR	128-Bit-IPv6-Adresse
6	ID_IPV6_ADDR_SUBNET	Bereich von IPv6-Adressen bestehend aus einer Adresse und einer Netzwerkmaske
7	ID_IPV4_ADDR_RANGE	Bereich von IPv4-Adressen bestehend aus einer Anfangs- und Endadresse
8	ID_IPV6_ADDR_RANGE	Bereich von IPv6-Adressen bestehend aus einer Anfangs- und Endadresse
9	ID_DER_ASN1_DN	Binäre DER-Kodierung eines X.500 Distinguished Name (ITU-T X.501)
10	ID_DER_ASN1_GN	Binäre DER-Kodierung eines X.500 General Name (ITU-T X.509)
11	ID_KEY_ID	Herstellerspezifische Informationen zur Identifikation eines Pre-shared Key

Während der ISAKMP Phase I muss die *Protocol ID* auf Null und der *Port* auf 500 bzw. auch auf Null gesetzt sein. Beim Aufbau einer ISAKMP SA sind ID_IPV4_ADDR, ID_IPV4_ADDR_SUBNET, ID_IPV6_ADDR und ID_IPV6_ADDR_SUBNET als *ID Type* erlaubt.

Art der SA	Instanz, die identifiziert werden soll
ISAKMP SA	Inititiator bzw. Responder der Security Association
IPSec SA	Die über das ausgehandelte Sicherheitsprotokoll zu schützenden IP-Pakete

8.2.5 Key Exchange, Certificate und Certificate Request Payload

Certificate Payload (Payload Type 6)

Certificate-Nutzdaten bieten die Möglichkeit, Zertifikate oder auf Zertifikate bezogene Informationen als ISAKMP-Nachrichten zu übertragen.

```
0        4        8        12       16       20       24       28    31
+-----------------------------------------------------------------------+
|              Generic ISAKMP Header (Payload Type 6)                   |
+---------------------+-------------------------------------------------+
| Certificate Encoding|              Certificate Data                   |
+-----------------------------------------------------------------------+
```

- Certificate Encoding

Value	Certificate Type
0	NONE
1	PKCS #7 eingebundenes X.509-Zertifikat
2	PGP-Zertifikat
3	DNS Signed Key
4	X.509-Zertifikat – Signatur
5	X.509-Zertifikat – Key Exchange
6	Kerberos Tokens
7	Certificate Revocation List (CRL)
8	Authority Revocation List (ARL)
9	SPKI-Zertifikat
10	X.509-Zertifikat – Attribute
11 – 255	reserviert

- Certificate Data (variabel)

  Dieses Feld enthält das eigentliche Zertifikat. Das Format wird durch die »Certificate Encoding« vorgegeben.

Key Exchange Payload (Payload Type 4)

Der Key Exchange Payload dient zum Austausch von Verschlüsselungsmaterial, dass für die Schlüsselaustauschverfahren (z.B. Diffie-Hellman) benötigt wird.

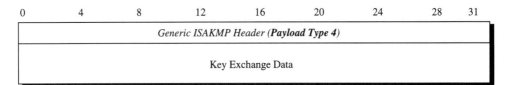

- Key Exchange Data (variable Länge)

  Enthält die zum Generieren eines Sitzungsschlüssels (*Session Key*) benötigten Daten. Die Interpretation ist abhängig von der DOI und dem verwendeten »Key Exchange«-Protokoll.

Certificate Request Payload (Payload Type 7)

Der Certificate Request Payload erlaubt die Anforderung von Zertifikaten. Sofern der Empfänger den angeforderten Zertifikatstyp unterstützt, muss er mit einer Certificate Payload antworten. Der Certificate Request Payload kann Bestandteil jeder ISAKMP-Nachricht sein.

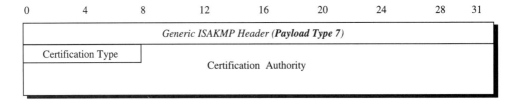

- Certification Type (8 Bits)

  Gleiche Kodierung wie bei einer Certificate Payload.

- Certification Authority (optional, variabel)

  Die Zertifizierungsstelle, die beide Partner in Bezug auf das angeforderte Zertifikat akzeptieren.

8.2.6 Hash, Signature und Nonce Payload

Hash Payload (Payload Type 8)

Der Hash Payload enthält eine Prüfsumme, die über einen Teil der ISAKMP-Nachricht generiert wurde. Diese Daten dienen zur Überprüfung der Datenintegrität der Nachricht oder zur Authentifizierung der Partner. Die Festlegung der Hashfunktion erfolgt beim Aufbau der Security Association.

0	4	8	12	16	20	24	28	31
\multicolumn{9}{	c	}{*Generic ISAKMP Header (**Payload Type 8**)*}
\multicolumn{9}{	c	}{Hash Data}

Signature Payload (Payload Type 9)

Über die Signature-Nutzdaten werden digitale Signaturen zwischen den Partnern übertragen, die zur Überprüfung der Authentizität dienen.

0	4	8	12	16	20	24	28	31
\multicolumn{9}{	c	}{*Generic ISAKMP Header (**Payload Type 9**)*}
\multicolumn{9}{	c	}{Signature Data}

Nonce Payload (Payload Type 10)

Der Nonce Payload enthält reine Zufallsdaten. Diese Nutzdaten dienen als Schutz gegen Replay-Attacken und auch als Keepalive-Nachrichten.

0	4	8	12	16	20	24	28	31
\multicolumn{9}{	c	}{*Generic ISAKMP Header (**Payload Type 10**)*}
\multicolumn{9}{	c	}{Nonce Data}

8.2.7 Notification Payload

Der Notification Payload kann ISAKMP- und DOI-spezifische Informationen enthalten und ermöglicht die Übertragung von spezifischen Meldungen zu dem ISAKMP-Partnersystem.

```
0       4       8       12      16      20      24      28      31
```

Generic ISAKMP Header (*Payload Type 11*)		
Domain of Interpretation		
Protocol ID	SPI Size	Notification Message Type
Security Parameter Index (SPI)		
Notification Data		

- Notify Message Type (16 Bits)

Wert	Typ der Notification-Nachricht
	Error Messages
1	INVALID-PAYLOAD-TYPE
2	DOI-NOT-SUPPORTED
3	SITUATION-NOT-SUPPORTED
4	INVALID-COOKIE
5	INVALID-MAJOR-VERSION
6	INVALID-MINOR-VERSION
7	INVALID-EXCHANGE-TYPE
8	INVALID-FLAGS
9	INVALID-MESSAGE-ID
10	INVALID-PROTOCOL-ID
11	INVALID-SPI
12	INVALID-TRANSFORM-ID
13	ATTRIBUTES-NOT-SUPPORTED
14	NO-PROPOSAL-CHOSEN
15	BAD-PROPOSAL-SYNTAX
16	PAYLOAD-MALFORMED
17	INVALID-KEY-INFORMATION
18	INVALID-ID-INFORMATION
19	INVALID-CERT-ENCODING
20	INVALID-CERTIFICATE
21	CERT-TYPE-UNSUPPORTED
22	INVALID-CERT-AUTHORITY

Wert	Typ der Notification-Nachricht
23	INVALID-HASH-INFORMATION
24	AUTHENTICATION-FAILED
25	INVALID-SIGNATURE
26	ADDRESS-NOTIFICATION
27	NOTIFY-SA-LIFETIME
28	CERTIFICATE-UNAVAILABLE
29	UNSUPPORTED-EXCHANGE-TYPE
30	UNEQUAL-PAYLOAD-LENGTHS
31 – 8191	*für zukünftige Erweiterungen reserviert*
8192 – 16383	*für privaten Gebrauch reserviert*
Status Messages	
16384	CONNECTED
16385 – 24575	*für zukünftige Erweiterungen reserviert*
24576 – 32767	*für DOI-spezifische Erweiterungen reserviert*
24576	RESPONDER-LIFETIME
24577	REPLAY-STATUS
24578	INITIAL-CONTACT
32768 – 40959	*für privaten Gebrauch reserviert*
40960 – 65535	*für zukünftige Erweiterungen reserviert*

- Domain of Interpretation (32 Bits)

0	Generic ISAKMP SA während der Phase I
1	IPSec DOI
andere	reserviert

- Protocol ID (8 Bits)

  Spezifikation des Sicherheitsprotokolls, auf das sich die Notification bezieht (siehe Proposal Payload).

- SPI Size (8 Bits)

  Die Länge des Security Parameter Index in Octets.

- SPI (variabel)

  Identifikation der Security Association bezogen auf das vorher definierte Sicherheitsprotokoll. Notifications, die während der ISAKMP Phase I auftreten, werden immer durch den Initiator und Responder Cookie des ISAKMP Header identifiziert. In diesem Fall ist der SPI auf Null gesetzt.

- Notification Data (variabel)

  Weitere Informationen, die zusätzlich zu dem Notify Message Type übertragen werden sollen.

8.2.8 Delete und Vendor ID Payload

Delete Payload (Payload Type 12)

Der Delete Payload enthält eine Liste von protokollspezifischen SPIs, die der Sender aus seiner SA-Datenbank gelöscht hat. Dadurch wird der Empfänger informiert, dass die zugehörigen Security Associations nicht mehr gültig sind.

0	4	8	12	16	20	24	28	31
*Generic ISAKMP Header (**Payload Type 12**)*									
Domain of Interpretation								
Protocol ID			SPI Size			Number of SPIs		
Security Parameter Index(es) (SPI)								

- Domain of Interpretation (32 Bits)

0	Generic ISAKMP SA während der ISAKMP Phase I
1	IPSec DOI
andere	reserviert

- Protocol ID (8 Bits)

  Spezifikation des Sicherheitsprotokolls, auf das sich der Delete Payload bezieht.

- SPI Size (8 Bits)

  Die Länge des Security Parameter Index.

- Number of SPIs (16 Bits)

  Die Anzahl der SPIs, die in diesen Delete-Nutzdaten enthalten sind.

- SPI (variabel)

  Spezifiziert den Security Parameter Index, der gelöscht werden soll.

Vendor ID Payload (Payload Type 13)

Der Vendor ID Payload enthält eine herstellerspezifische Konstante. Mit Hilfe dieser Konstante können die Partner erkennen, ob das andere System vom gleichen Hersteller stammt oder nicht. Über diesen Mechanismus ist es möglich, neue Funktionalitäten einzubauen, ohne die Kompatibilität mit anderen Herstellern zu verletzen. In diesem Fall können die Partner während der ISAKMP Phase II zusätzliche herstellerspezifische Erweiterungen durch private Payloads (Typ 128 bis 255) untereinander austauschen.

Unter IOS werden über dieses Verfahren z.B. die Funktionalitäten ISAKMP Keepalive, Mode Config, Extended Authentication und Tunnel Endpoint Discovery implementiert.

```
0     4     8     12    16    20    24    28   31
```

| Generic ISAKMP Header (**Payload Type 13**) |
| Vendor ID (VID) |

- VID (variabel)

  Die Vendor ID muss eindeutig sein und enthält in der Regel die Prüfsumme über eine Versionsnummer und einen Vendor String.

8.3 ISAKMP Exchange

ISAKMP definiert fünf verschiedene Möglichkeiten – die so genannten *Exchange Types* –, wie eine Security Association aufgebaut und das benötigte Verschlüsselungsmaterial erzeugt werden kann. Diese Typen bestimmen den Inhalt sowie die Reihenfolge der ISAKMP-Nachrichten und bieten jeweils unterschiedliche Sicherheitsstufen für den eigentlichen Nachrichtenaustausch. Falls die vordefinierten ISAKMP Exchange Types den Sicherheitsanforderungen einer DOI nicht entsprechen, können dort zusätzliche Exchange Types spezifiziert werden.

Zum Schutz gegen *Man-in-the-Middle*-Attacken erfolgt bei jedem Exchange Type (außer Informational Exchange) nach dem Aushandeln der Protocol Suite eine Authentifizierung des Partners. Diese Authentifizierung kann mit Hilfe unterschiedlicher Verfahren erfolgen (z.B. über RSA- bzw. DSS-Signaturen, über Pre-shared Keys oder durch RSA-Verschlüsselung). Die Auswahl des Algorithmus erfolgt über das SA-Attribut »Authentication Method«.

Ist die Modifikation einer Security Association notwendig, bauen die Partner eine neue SA auf, ohne dass eine direkte Beziehung zwischen der alten und der neuen SA besteht. Sobald die Kommunikation über die neue Security Association möglich ist, kann die alte SA gelöscht werden.

8.3.1 Aufbau einer ISAKMP Security Association

1. Der Initiator sendet zum Aufbau der Security Association eine SA Payload, die Informationen über die unterstützten Protection Suites enthält (in den verschiedenen Proposals und Transforms).

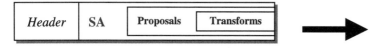

2. Der Empfänger wählt daraus den passenden Eintrag aus und sendet als Antwort eine SA Payload mit der ausgewählten Proposal und Transform Payload zurück. Falls keine

übereinstimmende Protection Suite existiert, wird der Verbindungsaufbau in der Regel durch einen Informational Exchange und eine Notify-Nachricht (*No-Proposal-Chosen*) abgebrochen.

Bei allen fünf Exchange-Typen ist der Aufbau der SA Payload gleich:

- Eine einzelne SA Payload

Die SA Payload enthält die Informationen über die *DOI* und *Situation* der Security Association, die zwischen den Partnern aufgebaut werden soll.

- Ein oder mehrere Proposal Payloads

Durch die Proposal Payloads informiert der Initiator den Partner, welche Sicherheitsprotokolle er für diese IPSec-Verbindung unterstützt. Bei mehreren Proposals werden diese in der Reihenfolge ihrer Präferenz eingetragen.

Falls über die Verbindung mehrere Sicherheitsprotokolle gleichzeitig eingesetzt werden sollen (z.B. ESP und AH), muss die Proposal-Nummer für alle zugehörigen Proposals gleich sein. Ansonsten haben die einzelnen Proposals unterschiedliche Nummern (siehe auch die Beispiele in Kapitel 16.1).

- Ein oder mehrere Transform Payloads

Die Transform Payloads eines Proposal enthalten die Sicherheitsmechanismen (*Transforms*), die der Initiator für ein bestimmtes Protokoll unterstützt. Falls innerhalb einer Proposal Payload mehrere Transforms angeben sind, haben diese immer unterschiedliche Nummern (siehe auch die Beispiele in Kapitel 16.2).

Trace eines erfolgreichen Aushandelns der Protection Suite

- Erste ISAKMP-Nachricht des Initiators mit einer Liste der von ihm unterstützten Sicherheitsmechanismen

```
IKE: ----- Internet Key Exchange Header -----
    IKE:
    IKE: Initiator Cookie      = 0x7103B636D40C421D
    IKE: Responder Cookie      = 0x0000000000000000
    IKE: Next Payload          = 1 (Security Association (SA))
    IKE: Major Version         = 1
    IKE: Minor Version         = 0
    IKE: Exchange Type         = 2 (Identity Protection)
    IKE: Flags                 = 00
    IKE:           .... ...0 = Payloads not encrypted
    IKE:           .... ..0. = Do not wait for NOTIFY Payload
    IKE:           .... .0.. = Authentication Bit
    IKE: Message ID            = 0
    IKE: Length                = 120 (bytes)
```

```
IKE: ----- SECURITY ASSOCIATION Payload -----
IKE:
IKE: Next Payload          = 0 (None)
IKE: Reserved              = 0
IKE: Payload Length        = 92
IKE: DOI                   = 0x1(IPSEC DOI)
IKE: Situation             = 0x1 (SIT_IDENTITY_ONLY)
IKE: ----- PROPOSAL Payload -----
IKE:
IKE: Next Payload          = 0 (This is the last Proposal Payload)
IKE: Reserved              = 0
IKE: Payload Length        = 80
IKE: Proposal #            = 1
IKE: Protocol ID           = 1 (PROTO_ISAKMP)
IKE: SPI Size              = 0
IKE: # of Transforms       = 3          Liste der unterstützten
IKE: SPI Not Present                    Sicherheitsmechanismen
IKE: ----- TRANSFORM Payload -----
IKE:
IKE: Next Payload          = 3 (More Transform Payloads following)
IKE: Reserved              = 0
IKE: Payload Length        = 24
IKE: Transform #           = 1
IKE: Transform ID          = 1 (KEY_IKE)
IKE: Reserved 2            = 0
IKE: ***SA Attributes***
IKE: Flags                 = 80
IKE:               1... .... = Data Attribute following TV format
IKE: Attribute Class/Type  = 1 (Encryption Algorithm)
IKE: Attribute Value       = 1 (DES)
IKE: Flags                 = 80
IKE:               1... .... = Data Attribute following TV format
IKE: Attribute Class/Type  = 2 (Hash Algorithm)
IKE: Attribute Value       = 0x0001 (MD5)
IKE: Flags                 = 80
IKE:               1... .... = Data Attribute following TV format
IKE: Attribute Class/Type  = 4 (Group Description)
IKE: Attribute Value       = 1 (Group 1, 768-bit MODP Group )
IKE: Flags                 = 80
IKE:               1... .... = Data Attribute following TV format
IKE: Attribute Class/Type  = 3 (Authentication Algorithm)
IKE: Attribute Value       = 1 (Pre Shared Keys)
IKE: ----- TRANSFORM Payload -----
IKE:
IKE: Next Payload          = 3 (More Transform Payloads following)
IKE: Reserved              = 0
IKE: Payload Length        = 24
IKE: Transform #           = 2
IKE: Transform ID          = 1 (KEY_IKE)
IKE: Reserved 2            = 0
IKE: ***SA Attributes***
IKE: Flags                 = 80
IKE:               1... .... = Data Attribute following TV format
IKE: Attribute Class/Type  = 1 (Encryption Algorithm)
IKE: Attribute Value       = 1 (DES)
IKE: Flags                 = 80
IKE:               1... .... = Data Attribute following TV format
IKE: Attribute Class/Type  = 2 (Hash Algorithm)
IKE: Attribute Value       = 0x0002 (SHA)
```

```
IKE: Flags                  = 80
IKE:                 1... ....  = Data Attribute following TV format
IKE: Attribute Class/Type   = 4 (Group Description)
IKE: Attribute Value        = 1 (Group 1, 768-bit MODP Group )
IKE: Flags                  = 80
IKE:                 1... ....  = Data Attribute following TV format
IKE: Attribute Class/Type   = 3 (Authentication Algorithm)
IKE: Attribute Value        = 1 (Pre Shared Keys)
IKE: ----- TRANSFORM Payload -----
IKE:
IKE: Next Payload           = 0 (This is the last Transform Payload)
IKE: Reserved               = 0
IKE: Payload Length         = 24
IKE: Transform #            = 3
IKE: Transform ID           = 1 (KEY_IKE)
IKE: Reserved 2             = 0
IKE: ***SA Attributes***
IKE: Flags                  = 80
IKE:                 1... ....  = Data Attribute following TV format
IKE: Attribute Class/Type   = 1 (Encryption Algorithm)
IKE: Attribute Value        = 1 (DES)
IKE: Flags                  = 80
IKE:                 1... ....  = Data Attribute following TV format
IKE: Attribute Class/Type   = 2 (Hash Algorithm)
IKE: Attribute Value        = 0x0002 (SHA)
IKE: Flags                  = 80
IKE:                 1... ....  = Data Attribute following TV format
IKE: Attribute Class/Type   = 4 (Group Description)
IKE: Attribute Value        = 2 (Group 2, 1024-bit MODP Group )
IKE: Flags                  = 80
IKE:                 1... ....  = Data Attribute following TV format
IKE: Attribute Class/Type   = 3 (Authentication Algorithm)
IKE: Attribute Value        = 1 (Pre Shared Keys)
```

- Zweite ISAKMP-Nachricht (Responder) mit dem ausgewählten Transform

```
IKE: ----- Internet Key Exchange Header -----
IKE:
IKE: Initiator Cookie       = 0x7103B636D40C421D
IKE: Responder Cookie       = 0xCB399EF9D8186B4F
IKE: Next Payload           = 1 (Security Association (SA))
IKE: Major Version          = 1
IKE: Minor Version          = 0
IKE: Exchange Type          = 2 (Identity Protection)
IKE: Flags                  = 00
IKE: Message ID             = 0
IKE: Length                 = 72 (bytes)
IKE: ----- SECURITY ASSOCIATION Payload -----
IKE:
IKE: Next Payload           = 0 (None)
IKE: Reserved               = 0
IKE: Payload Length         = 44
IKE: DOI                    = 0x1(IPSEC DOI)
IKE: Situation              = 0x1 (SIT_IDENTITY_ONLY)
IKE: ----- PROPOSAL Payload -----
IKE:
IKE: Next Payload           = 0 (This is the last Proposal Payload)
IKE: Reserved               = 0
IKE: Payload Length         = 32
IKE: Proposal #             = 1
```

```
IKE: Protocol ID              = 1 (PROTO_ISAKMP)
IKE: SPI Size                 = 0
IKE: # of Transforms          = 1
IKE: SPI Not Present
IKE: ----- TRANSFORM Payload -----
IKE:
IKE: Next Payload             = 0 (This is the last Transform Payload)
IKE: Reserved                 = 0
IKE: Payload Length           = 24
IKE: Transform #              = 3
IKE: Transform ID             = 1 (KEY_IKE)
IKE: Reserved 2               = 0
IKE: ***SA Attributes***
IKE: Flags                    = 80
IKE:                 1... .... = Data Attribute following TV format
IKE: Attribute Class/Type     = 1 (Encryption Algorithm)
IKE: Attribute Value          = 1 (DES)
IKE: Flags                    = 80
IKE:                 1... .... = Data Attribute following TV format
IKE: Attribute Class/Type     = 2 (Hash Algorithm)
IKE: Attribute Value          = 0x0002 (SHA)
IKE: Flags                    = 80
IKE:                 1... .... = Data Attribute following TV format
IKE: Attribute Class/Type     = 4 (Group Description)
IKE: Attribute Value          = 2 (Group 2, 1024-bit MODP Group )
IKE: Flags                    = 80
IKE:                 1... .... = Data Attribute following TV format
IKE: Attribute Class/Type     = 3 (Authentication Algorithm)
IKE: Attribute Value          = 1 (Pre Shared Keys)
```

Trace eines fehlgeschlagenen Aushandelns der Protection Suite

Der Initiator sendet die gleiche Nachricht wie in dem vorhergehenden Trace, der Responder besitzt aber keinen passenden Eintrag und bricht deshalb den Aufbau der Security Association mit einer Notify-Nachricht ab.

- Erste ISAKMP-Nachricht (Initiator) mit einer Liste der von ihm unterstützten Transforms

```
IKE: ----- Internet Key Exchange Header -----
    IKE:
    IKE: Initiator Cookie       = 0x4DCBEB1560E8961F
    IKE: Responder Cookie       = 0x0000000000000000
    IKE: Next Payload           = 1 (Security Association (SA))
    IKE: Major Version          = 1
    IKE: Minor Version          = 0
    IKE: Exchange Type          = 2 (Identity Protection)
    IKE: Flags                  = 00
    IKE:              .... ...0 = Payloads not encrypted
    IKE:              .... ..0. = Do not wait for NOTIFY Payload
    IKE:              .... .0.. = Authentication Bit
    IKE: Message ID             = 0
    IKE: Length                 = 120 (bytes)
    IKE: ----- SECURITY ASSOCIATION Payload -----
    IKE:
    IKE: Next Payload           = 0 (None)
    IKE: Reserved               = 0
    IKE: Payload Length         = 92
    IKE: DOI                    = 0x1(IPSEC DOI)
    IKE: Situation              = 0x1 (SIT_IDENTITY_ONLY)
```

```
IKE: ----- PROPOSAL Payload -----
IKE:
IKE: Next Payload        = 0 (This is the last Proposal Payload)
IKE: Reserved            = 0
IKE: Payload Length      = 80
IKE: Proposal #          = 1
IKE: Protocol ID         = 1 (PROTO_ISAKMP)
IKE: SPI Size            = 0
IKE: # of Transforms     = 3
IKE: SPI Not Present
IKE: ----- TRANSFORM Payload -----
IKE:
IKE: Next Payload        = 3 (More Transform Payloads following)
IKE: Reserved            = 0
IKE: Payload Length      = 24
IKE: Transform #         = 1
IKE: Transform ID        = 1 (KEY_IKE)
IKE: Reserved 2          = 0
IKE: ***SA Attributes***
IKE: Flags               = 80
IKE:                 1... .... = Data Attribute following TV format
IKE: Attribute Class/Type = 1 (Encryption Algorithm)
IKE: Attribute Value     = 1 (DES)
IKE: Flags               = 80
IKE:                 1... .... = Data Attribute following TV format
IKE: Attribute Class/Type = 2 (Hash Algorithm)
IKE: Attribute Value     = 0x0001 (MD5)
IKE: Flags               = 80
IKE:                 1... .... = Data Attribute following TV format
IKE: Attribute Class/Type = 4 (Group Description)
IKE: Attribute Value     = 1 (Group 1, 768-bit MODP Group )
IKE: Flags               = 80
IKE:                 1... .... = Data Attribute following TV format
IKE: Attribute Class/Type = 3 (Authentication Algorithm)
IKE: Attribute Value     = 1 (Pre Shared Keys)
IKE: ----- TRANSFORM Payload -----
IKE:
IKE: Next Payload        = 3 (More Transform Payloads following)
IKE: Reserved            = 0
IKE: Payload Length      = 24
IKE: Transform #         = 2
IKE: Transform ID        = 1 (KEY_IKE)
IKE: Reserved 2          = 0
IKE: ***SA Attributes***
IKE: Flags               = 80
IKE:                 1... .... = Data Attribute following TV format
IKE: Attribute Class/Type = 1 (Encryption Algorithm)
IKE: Attribute Value     = 1 (DES)
IKE: Flags               = 80
IKE:                 1... .... = Data Attribute following TV format
IKE: Attribute Class/Type = 2 (Hash Algorithm)
IKE: Attribute Value     = 0x0002 (SHA)
IKE: Flags               = 80
IKE:                 1... .... = Data Attribute following TV format
IKE: Attribute Class/Type = 4 (Group Description)
IKE: Attribute Value     = 1 (Group 1, 768-bit MODP Group )
IKE: Flags               = 80
IKE:                 1... .... = Data Attribute following TV format
IKE: Attribute Class/Type = 3 (Authentication Algorithm)
IKE: Attribute Value     = 1 (Pre Shared Keys)
```

```
IKE: ----- TRANSFORM Payload -----
IKE:
IKE: Next Payload          = 0 (This is the last Transform Payload)
IKE: Reserved              = 0
IKE: Payload Length        = 24
IKE: Transform #           = 3
IKE: Transform ID          = 1 (KEY_IKE)
IKE: Reserved 2            = 0
IKE: ***SA Attributes***
IKE: Flags                 = 80
IKE:              1... .... = Data Attribute following TV format
IKE: Attribute Class/Type  = 1 (Encryption Algorithm)
IKE: Attribute Value       = 1 (DES)
IKE: Flags                 = 80
IKE:              1... .... = Data Attribute following TV format
IKE: Attribute Class/Type  = 2 (Hash Algorithm)
IKE: Attribute Value       = 0x0002 (SHA)
IKE: Flags                 = 80
IKE:              1... .... = Data Attribute following TV format
IKE: Attribute Class/Type  = 4 (Group Description)
IKE: Attribute Value       = 2 (Group 2, 1024-bit MODP Group )
IKE: Flags                 = 80
IKE:              1... .... = Data Attribute following TV format
IKE: Attribute Class/Type  = 3 (Authentication Algorithm)
IKE: Attribute Value       = 1 (Pre Shared Keys)
```

- ISAKMP-Notify-Nachricht des Responder

```
IKE: ----- Internet Key Exchange Header -----
IKE:
IKE: Initiator Cookie      = 0x4DCBEB1560E8961F
IKE: Responder Cookie      = 0xE285F1A837243AEF
IKE: Next Payload          = 11 (Notification (N))
IKE: Major Version         = 1
IKE: Minor Version         = 0
IKE: Exchange Type         = 5 (Informational)
IKE: Flags                 = 00
IKE:           .... ...0 = Payloads not encrypted
IKE:           .... ..0. = Do not wait for NOTIFY Payload
IKE:           .... .0.. = Authentication Bit
IKE:           .... 0... = Not Used
IKE:           ...0 .... = Not Used
IKE:           ..0. .... = Not Used
IKE:           .0.. .... = Not Used
IKE:           0... .... = Not Used
IKE: Message ID            = 0
IKE: Length                = 44 (bytes)
IKE: Exchange Type not allowed in IKE
IKE: ----- NOTIFICATION Payload -----
IKE:
IKE: Next Payload          = 0 (None)
IKE: Reserved              = 0
IKE: Payload Length        = 10
IKE: DOI                   = 0x1(IPSEC DOI)
IKE: Protocol ID           = 1 (PROTO_ISAKMP)
IKE: SPI Size              = 0
IKE: Message Type          = 0x000E (No-Proposal-Chosen)
```

8.3.2 Informational Exchange

Ein Informational Exchange besteht aus einer einzigen ISAKMP-Nachricht und erlaubt die Übertragung von bestimmten Informationen, die zur Verwaltung der Security Association benötigt werden (z.B. für das Löschen von SAs). Als Nutzdaten kann die Nachricht entweder Notify oder Delete Payloads enthalten. Da es sich um einen eigenständigen Exchange handelt, muss der Wert für das »Message ID«-Feld eindeutig sein.

8.3.3 Base Exchange

Base Exchange erlaubt die gleichzeitige Übertragung von Informationen, die sowohl für das Erzeugen des Verschlüsselungsmaterials als auch für die Authentifizierung des Partners benötigt werden. Da während des Austauschs der ISAKMP-Nachrichten noch kein gemeinsamer Sitzungsschlüssel existiert, ist in diesem Fall keine Verschlüsselung der Daten möglich. Base Exchange bietet also keinen Schutz der Identität der beteiligten Partner (die so genannte *Identity Protection*).

Abstimmung der Protection Suite

1. Zusätzlich zur SA Payload enthält die ISAKMP-Nachricht noch Nonce-Nutzdaten. Die darin enthaltenen Zufallsdaten dienen als Schutz gegen Replay-Attacken.

2. Der Empfänger antwortet mit der ausgewählten Protection Suite. Auch hier schützen Zufallsdaten innerhalb der Nonce Payload vor Replay-Attacken.

Authentizitätsüberprüfung und Austausch des Verschlüsselungsmaterials

3. Mit den in der Key Exchange Payload enthaltenen Daten generieren der Initiator und der Responder über den Diffie-Hellman-Algorithmus den gleichen Sitzungsschlüssel. Zur Identifikation des Initiators auf der Empfängerseite werden die Informationen in der Identification Payload benutzt. Die Überprüfung der Authentizität des Initiators erfolgt durch das vorher ausgewählte Verfahren (z.B. RSA-Signaturen oder Pre-shared Keys).

4. Die Identifikation und die Überprüfung der Authentizität des Empfängers erfolgen auch hier über die Identification Payload bzw. über den ausgehandelten Authentifizierungsalgorithmus. Anschließend ist der Aufbau der Security Association abgeschlossen.

8.3.4 Identity Protection Exchange

Bei einem Identity Protection Exchange erfolgt eine Trennung zwischen den Informationen zum Erzeugen des Verschlüsselungsmaterials und den Informationen, die zur Bestimmung der Authentizität und Identität benötigt werden. In diesem Fall ist eine verschlüsselte Übertragung der Identität der Partner möglich, es werden dazu aber zwei zusätzliche ISAKMP-Nachrichten benötigt.

Abstimmung der Protection Suite

1. Der Initiator sendet seine SA Payload mit Informationen über die unterstützten Protection Suites.

2. Der Empfänger antwortet mit der ausgewählten Protection Suite.

Austausch des Verschlüsselungsmaterials

3. (und 4.) Mit Hilfe der in den Key Exchange Payloads enthaltenen Daten generieren der Initiator und der Responder den gemeinsamen Sitzungsschlüssel. Die Zufallsdaten in der Nonce Payload dienen auch hier zum Schutz gegen Replay-Attacken.

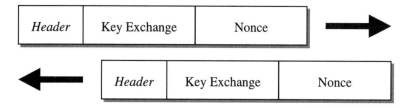

Authentizitätsüberprüfung und gesicherter Austausch von Identitätsinformationen

5. (und 6.) Die ISAKMP-Nachrichten mit der Identification Payload werden mit dem vorher erzeugten Sitzungsschlüssel chiffriert. Zur Überprüfung der Authentizität der beiden Partner wird das über die Protection Suite ausgewählte Verfahren benutzt (z.B. RSA Signature oder Pre-shared Keys).

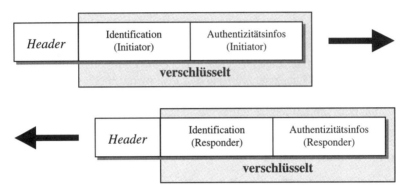

8.3.5 Authentication Only Exchange

Während eines Authentication Only Exchange werden nur Informationen übertragen, die sich auf die Authentizität der Partner beziehen. Es ist daher keine Verschlüsselung der nachfolgenden ISAKMP-Nachrichten möglich.

1. Der Initiator sendet zuerst eine ISAKMP-Nachricht mit SA und Nonce Payload.

2. Der Empfänger antwortet mit der ausgewählten Protection Suite und seiner Identification Payload. Die Überprüfung der Authentizität des Empfängers erfolgt über das vorher ausgehandelte Verfahren.

3. Die Identifikation des Initiators auf der Empfängerseite geschieht über die Identification Payload. Die Überprüfung der Authentizität erfolgt mit Hilfe des ausgewählten Authentifizierungsalgorithmus.

8.3.6 Aggressive Exchange

Ein Aggressive Exchange erlaubt die gleichzeitige Übertragung von Informationen, die sich auf die Security Association, das Verschlüsselungsmaterial und auf die Authentifizierung beziehen. Da während des Austauschs der ISAKMP-Nachrichten noch kein gemeinsamer Sitzungsschlüssel existiert, ist keine Verschlüsselung der Nachrichten möglich.

Das heißt, auch Aggressive Exchange bietet keine *Identity Protection*. Im Gegensatz zum Base Exchange können bei einem Aggressive Exchange jedoch alle sicherheitsrelevanten Informationen innerhalb einer einzigen Nachricht ausgetauscht werden.

1. Der Initiator sendet zuerst eine ISAKMP-Nachricht mit SA, Key Exchange, Nonce und Identification Payload.

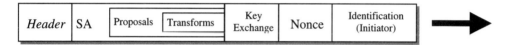

2. Der Empfänger überprüft die Identität des Initiators und antwortet mit der ausgewählten Protection Suite. Mit Hilfe der in den Key Exchange Payloads enthaltenen Daten können der Initiator und der Responder den gleichen Sitzungsschlüssel generieren. Die Überprüfung der Authentizität des Responder erfolgt entweder über Signaturen, öffentliche Schlüssel oder Pre-shared Keys.

3. Der Initiator verifiziert die Identität des Empfängers und sendet zum Schluss eine verschlüsselte Nachricht, die nur aus einem ISAKMP Header und den Authentizitätsdaten besteht. Diese Daten werden benutzt, um die Authentizität des Initiators auf der Empfängerseite zu überprüfen.

Kapitel 9

IKE – Internet Key Exchange

Innerhalb der IPSec DOI ist IKE (RFC 2409) als Schlüsselaustauschprotokoll definiert. IKE basiert auf SKEME (IEEE – *Secure Key Exchange Mechanism for Internet*), Oakley (RFC 2412) und ISAKMP. In der IKE-Spezifikation wurde jedoch nicht das komplette Oakley- bzw. SKEME-Protokoll implementiert, so dass es mit diesen nicht kompatibel ist.

IKE unterstützt drei verschiedene Verfahren zum Erzeugen der benötigten Security Associations. *Main* und *Aggressive Mode* dienen zum Aufbau der ISAKMP Security Association und *Quick Mode* wird für IPSec SAs verwendet. Daneben sind im IKE-Protokoll noch ein *New Group* und ein *Informational Mode* Exchange definiert. Main und Aggressive Mode entsprechen den ISAKMP-Typen Integrity Protection Exchange bzw. Aggressive Exchange.

9.1 New Group Mode Exchange

Normalerweise erfolgt die Übertragung der Parameter für die Diffie-Hellman-Gruppe durch entsprechende SA-Attribute innerhalb der Transform Payload. Der New Group Mode wird eingesetzt, wenn man aus Sicherheitsgründen die Art der verwendeten DH-Gruppe verbergen will. In diesem Fall erfolgt während der ISAKMP Phase I nur die unverschlüsselte Übertragung des »Group Description«-Attributs. Nach Beendigung der Phase I und Aufbau der ISAKMP SA können beide Partner dann die exakten Parameter der DH-Gruppe verschlüsselt austauschen.

Das heißt, der New Group Mode darf erst nach Beendigung der Phase I verwendet werden. Es handelt sich aber trotzdem um keinen Phase II Exchange im eigentlichen Sinn, da die Teilnehmer lediglich Parameter für die DH-Gruppe untereinander abstimmen, aber keine neue Security Association aufbauen.

Die Parameter für die Diffie-Hellman-Gruppe sind als SA-Attribute in der Transform Payload enthalten. Die Überprüfung der Integrität und der Authentizität der ausgetauschten Nachrichten erfolgt mit Hilfe der Hash Payload. Eine nähere Erläuterung zu den Formeln, die zur Berechnung der Hash-Nutzdaten benutzt werden, befindet sich in dem nachfolgenden Kapitel »Main und Aggressive Mode Exchange«.

HASH #1 = **prf**(SKEYID_a , M-ID I SA_1)
HASH #2 = **prf**(SKEYID_a , M-ID I SA_2)

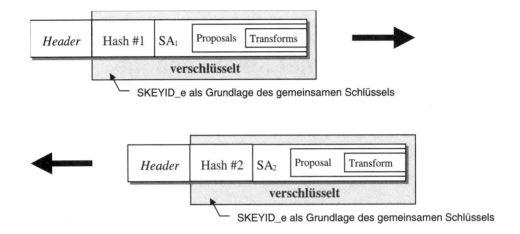

9.2 Informational Mode Exchange

Sofern eine ISAKMP Security Association existiert, werden die ISAKMP-Nachrichten eines Informational Mode Exchange immer verschlüsselt und authentifiziert. Da es sich um einen eigenständigen Exchange handelt, besitzen die Nachrichten eine eindeutige Message ID. Lediglich bei einer Notify Payload, die ein Partner sendet, weil er bei einer vorhergehenden Nachricht das Commit Flag gesetzt hat, enthält die Message ID des Informational Mode den gleichen Wert wie in dem ursprünglichen Phase II Exchange.

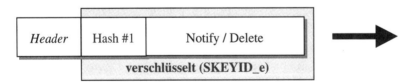

Die Überprüfung der Integrität und der Authentizität der ausgetauschten Nachrichten geschieht auch bei diesem Mode über den Hash Payload.

HASH #1   = **prf**(SKEYID_a , M-ID | Nonce/Delete)

Trace eines Informational Mode Exchange zum Löschen von IPSec und ISAKMP SAs

- Cisco VPN Log Viewer

```
17:14:30 Network 10 - Initiating IKE Phase 1 (IP ADDR=10.1.10.254)
17:14:31 Network 10 - SENDING>>>> ISAKMP OAK AG (SA, KE, NON, ID, VID)
17:14:37 Network 10 - RECEIVED<<< ISAKMP OAK AG (SA, VID, KE, ID, NON, HASH)
17:14:37 Network 10 - SENDING>>>> ISAKMP OAK AG *(HASH)
17:14:37 Network 10 - Established IKE SA

17:14:37 Network 10 - Initiating IKE Phase 2 with Client IDs (message id: 31B1ED7D)
17:14:37    Initiator  = IP ADDR=10.1.10.1, prot = 0 port = 0
17:14:38    Responder  = IP SUBNET/MASK=10.1.1.0/255.255.255.0, prot = 0 port = 0
17:14:38 Network 10 - SENDING>>>> ISAKMP OAK QM *(HASH, SA, NON, ID, ID)
17:14:38 Network 10 - RECEIVED<<< ISAKMP OAK QM *(HASH, SA, NON, ID, ID,
NOTIFY:STATUS_RESP_LIFETIME)
17:14:38 Network 10 - SENDING>>>> ISAKMP OAK QM *(HASH)
17:14:38 Network 10 - Loading IPSec SA (M-ID = 31B1ED7D OUTBOUND SPI = B8043AFA INBOUND SPI =
A393F2E4)

17:18:42 Network 10 - Deleting IPSec SA (OUTBOUND SPI = B8043AFA INBOUND SPI = A393F2E4)
17:18:42 Network 10 - SENDING>>>> ISAKMP OAK INFO *(HASH, DEL)     ← Löschen der IPSec SA
17:18:42 Network 10 - Deleting IKE SA (IP ADDR=10.1.10.254)
17:18:42 Network 10 - SENDING>>>> ISAKMP OAK INFO *(HASH, DEL)     ← Löschen der ISAKMP SA
```

- Debug-Ausgabe auf dem Cisco Router (nur »Information Mode«-Teil)

Message ID der Nachricht, ist für jeden Informational Exchange unterschiedlich

```
01:22:24: ISAKMP (0:5): received packet from 10.1.10.1 (R) QM_IDLE
01:22:25: ISAKMP (0:5): processing HASH payload. message ID = 1770724397
01:22:25: ISAKMP (0:5): processing DELETE payload. message ID = 1770724397
01:22:25: ISAKMP (0:5): deleting node 1770724397 error FALSE reason "delete IPSEC
informational (in)"
01:22:25: IPSEC(key_engine): got a queue event...
01:22:25: IPSEC(key_engine_delete_sas): rec'd delete notify from ISAKMP
01:22:25: IPSEC(key_engine_delete_sas): delete SA with spi 2744382180/50 for 10.1.10.1
01:22:25: IPSEC(delete_sa): deleting SA,
  (sa) sa_dest= 10.1.10.254, sa_prot= 50,
    sa_spi= 0xB8043AFA(3087284986),
    sa_trans= esp-des esp-sha-hmac , sa_conn_id= 2000
01:22:25: IPSEC(delete_sa): deleting SA,
  (sa) sa_dest= 10.1.10.1, sa_prot= 50,
    sa_spi= 0xA393F2E4(2744382180),
    sa_trans= esp-des esp-sha-hmac , sa_conn_id= 2001
01:23:15: ISAKMP (0:5): purging node 1770724397
01:22:25: ISAKMP (0:5): received packet from 10.1.10.1 (R) QM_IDLE
01:22:25: ISAKMP (0:5): processing HASH payload. message ID = -516322446
01:22:25: ISAKMP (0:5): processing DELETE payload. message ID = -516322446
01:22:25: ISAKMP (0:5): deleting node -516322446 error FALSE reason "ISAKMP Delete notify
(in)"
01:22:25: ISAKMP (0:5): deleting SA reason "P1 delete notify (in)" state (R) QM_IDLE
                       (peer 10.1.10.1)
01:23:15: ISAKMP (0:5): purging node -516322446
01:23:25: ISAKMP (0:5): purging SA.
```

Message ID der Nachricht, ist für jeden Informational Exchange unterschiedlich

9.3 Main und Aggressive Mode Exchange

Im Gegensatz zum Main Mode Exchange erfolgt beim Aggressive Mode Exchange keine Überprüfung der *Cookies*. Er bietet daher keinen Schutz gegen *Resource Clogging*-Attacken und sollte deshalb normalerweise nicht eingesetzt werden.

9.3.1 Authentifiziertes Verschlüsselungsmaterial für ISAKMP SAs

Als Schlüsselaustauschverfahren zum Erzeugen des gemeinsamen Verschlüsselungsmaterials verwenden alle Modi einen Diffie-Hellman-Algorithmus. Die Übertragung der öffentlichen DH-Schlüssel geschieht mit Hilfe der Key Exchange Payload. Das während des Main bzw. Aggressive Mode Exchange generierte Material ist abhängig von der eingesetzten Authentifizierungsmethode. Die daraus abgeleiteten gemeinsamen Schlüssel dienen dann zur Verschlüsselung und zur Authentifizierung der weiteren ISAKMP-Nachrichten.

Parameterdefinitionen

prf(*key*, *msg*)	Keyed Pseudo-Random Function. *Key* ist der Schlüssel zum Chiffrieren der Nachricht *msg*
N_i_b und N_r_b	Die Nonce Payload (ohne den Generic Header) des Initiator bzw. Responder
CKY-I, CKY-R	Der Cookie des Initiator bzw. Responder aus dem ISAKMP Header
|	Verkettung von Informationen

PRFs werden zum Ableiten des Verschlüsselungsmaterials und zur Authentifizierung eingesetzt, die Nonce Payload als Schutz gegen Replay-Attacken. Die Festlegung des PRF-Algorithmus erfolgt entweder über das SA-Attribut »PRF« innerhalb der Transform Payload oder es wird die HMAC-Version der ausgehandelten Hashfunktion benutzt (z.B. HMAC-MD5 oder HMAC-SHA1).

Erzeugen des benötigten Verschlüsselungsmaterials

1. Beide Partner berechnen zuerst die für das Diffie-Hellman-Verfahren benötigten öffentlichen und privaten Schlüssel, tauschen anschließend ihre öffentlichen Schlüssel (als Key Exchange Payload) untereinander aus und berechnen daraus lokal das gemeinsame *Diffie-Hellman Shared Secret*.

Öffentlicher Schlüssel des Initiator	$g\char`^x_i = g^{priv\_I} \bmod p$
Öffentlicher Schlüssel des Responder	$g\char`^x_r = g^{priv\_R} \bmod p$
Shared Secret	$g\char`^x_y = g^{(priv\_I * priv\_R)} \bmod p = (g\char`^x_i)^{priv\_R} \bmod p = (g\char`^x_r)^{priv\_I} \bmod p$

Die Werte des Generators *g* und der Primzahl *p* sind durch die ausgewählte Diffie-Hellman-Gruppe festgelegt. Falls mehrere Transform Payloads mit unterschiedlichen DH-Gruppen zur Auswahl stehen, nimmt der Initiator die DH-Gruppe des ersten Transform. Die Länge des öffentlichen DH-Schlüssels in der Key Exchange Payload muss mit der eingesetzten DH-Gruppe übereinstimmen (z.B. »768 Bit MODP«-Gruppe, entspricht 96 Octets).

2. Ausgehend von dem *Diffie-Hellman Shared Secret* sowie anderen zur Verfügung stehenden Werten, generieren beide Partner dann jeweils lokal die gemeinsamen Sitzungsschlüssel (*Shared Keys*) SKEYID_e, SKEYID_a und SKEYID_d.

   – Verschlüsselungsmaterial, das nur den beiden Partnern zur Verfügung steht

Authentifizierungsverfahren	Wert von SKEYID
RSA- oder DSA-Signaturen	prf (N_i_b | N_r_b, $g^{\wedge}x_v$)
RSA-Verschlüsselung	prf (hash(N_i_b | N_r_b), CKY-I	CKY-R)
Pre-shared Key	prf (*pre-shared-key*, N_i_b | N_r_b)

   – Verschlüsselungsmaterial zum Ableiten von Schlüsseln für IPSec SAs

   SKEYID_d = **prf** (SKEYID, $g^{\wedge}x_y$ | CKY-I | CKY-R | 0)

   – Verschlüsselungsmaterial zur Authentifizierung von ISAKMP-Nachrichten

   SKEYID_a = **prf** (SKEYID, SKEYID_d | $g^{\wedge}x_y$ | CKY-I | CKY-R | 1)

   – Verschlüsselungsmaterial zur Verschlüsselung von ISAKMP-Nachrichten

   SKEYID_e = **prf** (SKEYID, SKEYID_a | $g^{\wedge}x_y$ | CKY-I | CKY-R | 2)

3. Der aus SKEYID_e abgeleitete und zur Chiffrierung der Nachrichten verwendete Sitzungsschlüssel wird in Abhängigkeit von dem verwendeten Verschlüsselungsalgorithmus erzeugt. Bei SKEYID_e handelt es sich also nicht um den eigentlichen Sitzungsschlüssel.

Generieren des zum Schutz der ISAKMP-Nachrichten verwendeten Sitzungsschlüssels

Der während der Phase I und Phase II zum Schutz der ISAKMP-Nachrichten verwendete Sitzungsschlüssel wird von den Partnern aus SKEYID_e abgeleitet. Falls ein Algorithmus mehr Verschlüsselungsmaterial benötigt, als SKEYID_e zur Verfügung stellt, kann das Material mit Hilfe der folgenden Formel erweitert werden:

Ka = K1 | K2 | K3 | ...
K1 = **prf**(SKEYID_e , 0)
K2 = **prf**(SKEYID_e , K1)
K3 = **prf**(SKEYID_e , K2)
... .

Der Sitzungsschlüssel wird in Abhängigkeit vom eingesetzten Verschlüsselungsalgorithmus erzeugt:

Algorithmus	Sitzungsschlüssel
DES-CBC	Die ersten 8 Bytes von SKEYID_e
IDEA-CBC	Die ersten 16 Bytes von SKEYID_e
3DES-CBC	Die ersten 24 Bytes von SKEYID_e
Blowfish-CBC	Die ersten n Bytes von SKEYID_e (n = ausgehandelte Schlüsselgröße oder 56 Bytes)
CAST-CBC	Die ersten n Bytes von SKEYID_e (n = ausgehandelte Schlüsselgröße oder 16 Bytes)

Als Initialization Vector verwenden alle Algorithmen die ersten 8 Bytes des folgendermaßen generierten IV-Materials:

Exchange	Material für den Initialization Vector (IV)
Main oder Aggressive Mode	hash (öffentlicher DH-Schlüssel Initiator | öffentlicher DH-Schlüssel Responder)
Erste Quick-Mode-Nachricht	hash (letzter Phase I CBC Output Block | Message ID des Quick Mode)
Weitere Quick-Mode-Nachrichten	CBC Output Block der vorhergehenden Nachricht
Informational Exchange	hash (letzter Phase I CBC Output Block | Message ID des Informational Mode)

Authentifizierung des Verschlüsselungsmaterials

Da das Diffie-Hellman-Verfahren selbst keine Authentifizierung durchführt, müssen die Partner über die Hash Payload zusätzliche Daten austauschen, die die Authentizität der ISAKMP-Nachrichten gewährleisten. Diese Daten werden während des Aggressive bzw. Main Mode Exchange nach dem folgenden Verfahren generiert:

prf(*key, msg*)	Keyed Pseudo-Random Function. *Key* ist der Schlüssel zum Chiffrieren der Nachricht *msg*
g^{x_i}, g^{x_r}	Öffentlicher DH-Schlüssel des Initiator bzw. Responder
priv_I, priv_R	Privater DH-Schlüssel des Initiator bzw. Responder
CKY-I, CKY-R	Der Cookie des Initiator bzw. Responder aus dem ISAKMP Header
SA_b	Komplette SA Payload (ohne Generic Header) des Initiator
ID_{ii}_b, ID_{ir}_b	Identification Payload (ohne Generic Header) des Initiator (ID_{ii}_b) bzw. Responder (ID_{ir}_b)
|	Verkettung von Informationen

- Initiator

    HASH_I   = **prf** (SKEYID, g^{x_i} | g^{x_r} | CKY-I | CKY-R | $SA_{i\_}b$ | $ID_{ii\_}b$)

- Responder

    HASH_R   = **prf** (SKEYID, g^{x_r} | g^{x_i} | CKY-R | CKY-I | $SA_{i\_}b$ | $ID_{ir\_}b$)

Bei der Authentifizierung über digitale Signaturen wird HASH_R zusätzlich noch mit dem privaten Signaturschlüssel des Responder und HASH_I mit dem privaten Signaturschlüssel des Initiator unterzeichnet. Bei den beiden anderen Authentifizierungsverfahren (Pre-shared Keys und öffentliche Schlüssel) erfolgt die Authentifizierung direkt über die generierte Prüfsumme.

Verschlüsselung und Authentifizierung von ISAKMP-Nachrichten

Sobald beide Partner SKEYID_e lokal generiert haben, erfolgt die Verschlüsselung der nachfolgenden ISAKMP-Nachrichten mit dem daraus abgeleiteten Schlüssel. Die Berechnung der Prüfsumme erfolgt auf verschiedene Arten, je nachdem, ob es sich um den Initiator oder Responder handelt bzw. um Nachrichten eines Main/Aggressive Mode, Quick Mode oder Informational Mode Exchange.

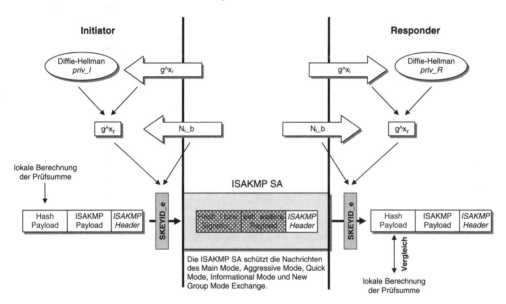

Der folgende Trace enthält die Debug-Ausgabe eines Cisco Routers (in diesem Fall handelt es sich um den Responder) beim Aufbau einer ISAKMP über einen Aggressive Mode Exchange.

```
# debug crypto isakmp
# debug crypto engine
ISAKMP (0:0): received packet from 16.204.7.68 (N) NEW SA
ISAKMP: local port 500, remote port 500
ISAKMP (0:1): processing SA payload. message ID = 0
ISAKMP (0:1): processing ID payload. message ID = 0
ISAKMP (0:1): Checking ISAKMP transform 1 against priority 10 policy
ISAKMP:      encryption DES-CBC
ISAKMP:      hash SHA
ISAKMP:      default group 1
ISAKMP:      auth pre-share
ISAKMP (0:1): atts are acceptable. Next payload is 0
CryptoEngine0: generate alg parameter
CRYPTO_ENGINE: Dh phase 1 status: 0        Der Router generiert seinen privaten
CRYPTO_ENGINE: Dh phase 1 status: 0        und öffentlichen DH-Schlüssel.
ISAKMP (0:1): processing KE payload. message ID = 0
CryptoEngine0: generate alg parameter
ISAKMP (0:1): processing NONCE payload. message ID = 0
CryptoEngine0: create ISAKMP SKEYID for conn id 1
ISAKMP (0:1): SKEYID state generated          Der Router erzeugt lokal das
ISAKMP (0:1): processing vendor id payload    benötigte Verschlüsselungsmaterial.
ISAKMP (1): ID payload
          next-payload : 10
          type         : 1
          protocol     : 17
          port         : 500
          length       : 8
ISAKMP (1): Total payload length: 12
CryptoEngine0: generate hmac context for conn id 1
ISAKMP (0:1): sending packet to 16.204.7.68 (R) AG_INIT_EXCH
ISAKMP (0:1): received packet from 16.204.7.68 (R) AG_INIT_EXCH
ISAKMP (0:1): processing HASH payload. message ID = 0
CryptoEngine0: generate hmac context for conn id 1
ISAKMP (0:1): SA has been authenticated with 16.204.7.68
CryptoEngine0: clear dh number for conn id 1
                         Nach Abschluss des Aggressive Mode Exchange werden
                         aus Sicherheitsgründen die DH-Schlüssel gelöscht.
```

9.3.2 Authentifizierung über Pre-shared Keys

In diesem Fall erfolgt die Authentifizierung der beiden Partner über ein vorher manuell definiertes gemeinsames Geheimwort. Im Main Mode muss die Berechnung des Hashwerts vor dem Austausch der Identification Payload durchgeführt werden. Aus diesem Grund ist die Zuordnung eines Pre-Shared Key zu einem bestimmten Partner nur über die IP-Adresse möglich. Demgegenüber ermöglicht ein Aggressive Mode Exchange einen größeren Bereich von Parametern (z.B. E-Mail-Adresse oder Domain-Namen), da hier der Hashwert nach der Übertragung der Identification Payload erzeugt wird.

Main Mode Exchange mit Authentifizierung über Pre-shared Keys

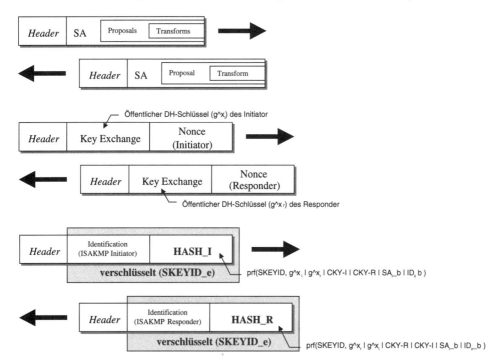

Aggressive Mode Exchange mit Authentifizierung über Pre-shared Keys

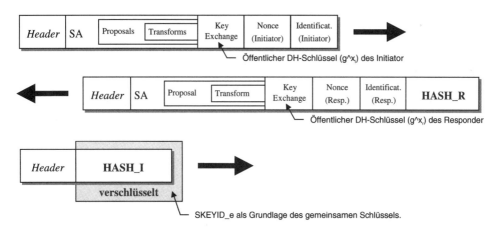

Authentifizierung des Initiator auf der Empfängerseite

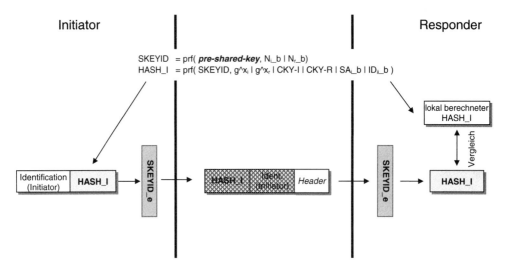

Trace eines Aggressive Mode Exchange mit Authentifizierung über Pre-shared Keys

- Identifikation über die IP-Adresse

```
- - - - - - - - - - - - - - - - - - - Frame 1 - - - - - - - - - - - -
Source Address   Dest. Address    Size   Rel. Time      Summary
[172.16.1.1]     [172.16.1.254]    334   0:00:00.000    ISAKMP: Header

IKE: ----- Internet Key Exchange Header -----
     IKE:
     IKE: Initiator Cookie      = 0xDD1A3F731C6DFFCC
     IKE: Responder Cookie      = 0x0000000000000000
     IKE: Next Payload          = 1 (Security Association (SA))
     IKE: Major Version         = 1
     IKE: Minor Version         = 0
     IKE: Exchange Type         = 4 (Aggressive)
     IKE: Flags                 = 00
     IKE:              .... ...0 = Payloads not encrypted
     IKE:              .... ..0. = Do not wait for NOTIFY Payload
     IKE:              .... .0.. = Authentication Bit
     IKE: Message ID            = 0
     IKE: Length                = 292 (bytes)
     IKE: ----- SECURITY ASSOCIATION Payload -----
     IKE:
     IKE: Next Payload          = 4 (Key Exchange (KE))
     IKE: Reserved              = 0
     IKE: Payload Length        = 116
     IKE: DOI                   = 0x1(IPSEC DOI)
     IKE: Situation             = 0x1 (SIT_IDENTITY_ONLY)
```

```
IKE: ----- PROPOSAL Payload -----
IKE:
IKE: Next Payload          = 0 (This is the last Proposal Payload)
IKE: Reserved              = 0
IKE: Payload Length        = 104
IKE: Proposal #            = 1
IKE: Protocol ID           = 1 (PROTO_ISAKMP)
IKE: SPI Size              = 0
IKE: # of Transforms       = 1
IKE: SPI Not Present
IKE: ----- TRANSFORM Payload -----
IKE:
IKE: Next Payload          = 0 (This is the last Transform Payload)
IKE: Reserved              = 0
IKE: Payload Length        = 24
IKE: Transform #           = 1
IKE: Transform ID          = 1 (KEY_IKE)
IKE: Reserved 2            = 0
IKE: ***SA Attributes***
IKE: Flags                 = 80
IKE:              1... .... = Data Attribute following TV format
IKE: Attribute Class/Type  = 1 (Encryption Algorithm)
IKE: Attribute Value       = 1 (DES-CBC)
IKE: Flags                 = 80
IKE:              1... .... = Data Attribute following TV format
IKE: Attribute Class/Type  = 2 (Hash Algorithm)
IKE: Attribute Value       = 0x0001 (MD5)
IKE: Flags                 = 80
IKE:              1... .... = Data Attribute following TV format
IKE: Attribute Class/Type  = 4 (Group Description)
IKE: Attribute Value       = 1 (Group 1, 768-bit MODP Group )
IKE: Flags                 = 80
IKE:              1... .... = Data Attribute following TV format
IKE: Attribute Class/Type  = 3 (Authentication Algorithm)
IKE: Attribute Value       = 1 (Pre Shared Keys)
IKE: ----- KEY EXCHANGE Payload -----
IKE:
IKE: Next Payload          = 10 (Nonce (NONCE))
IKE: Reserved              = 0
IKE: Payload Length        = 100
IKE: [96 byte(s) of Key Exchange Data]
IKE: ----- NONCE Payload -----
IKE:
IKE: Next Payload          = 5 (Identification (ID))
IKE: Reserved              = 0
IKE: Payload Length        = 24
IKE: [20 byte(s) of Nonce Data]
IKE: ----- IDENTIFICATION Payload -----
IKE:
IKE: Next Payload          = 0 (This is the last payload)
IKE: Reserved              = 0
IKE: Payload Length        = 12
IKE: ID Type (DOI Specific) = 1 (ID_IPV4_ADDR)
IKE: Protocol ID           = 17
IKE: Port                  = 500              ┌─ IP-Adresse
IKE: IPV4 Address          = [172.16.1.1]
```

198　Kapitel 9 • IKE – Internet Key Exchange

- Identifikation über die E-Mail-Adresse

```
- - - - - - - - - - - - - - - - - - - Frame 1 - - - - - - - - - - -
Source Address    Dest. Address      Size Rel. Time      Summary
[172.16.1.1]      [172.16.1.254]     284 0:00:00.000     ISAKMP: Header

IKE: ----- Internet Key Exchange Header -----
     IKE:
     IKE: Initiator Cookie      = 0xF16F42F47FA55B08
     IKE: Responder Cookie      = 0x0000000000000000
     IKE: Next Payload          = 1 (Security Association (SA))
     IKE: Major Version         = 1
     IKE: Minor Version         = 0
     IKE: Exchange Type         = 4 (Aggressive)
     IKE: Flags                 = 00
     IKE:                  .... ...0 = Payloads not encrypted
     IKE:                  .... ..0. = Do not wait for NOTIFY Payload
     IKE:                  .... .0.. = Authentication Bit
     IKE: Message ID            = 0
     IKE: Length                = 242 (bytes)
     IKE: ----- SECURITY ASSOCIATION Payload -----
     IKE:
     IKE: Next Payload          = 4 (Key Exchange (KE))
     IKE: Reserved              = 0
     IKE: Payload Length        = 44
     IKE: DOI                   = 0x1(IPSEC DOI)
     IKE: Situation             = 0x1 (SIT_IDENTITY_ONLY)
     IKE: ----- PROPOSAL Payload -----
     IKE:
     IKE: Next Payload          = 0 (This is the last Proposal Payload)
     IKE: Reserved              = 0
     IKE: Payload Length        = 32
     IKE: Proposal #            = 1
     IKE: Protocol ID           = 1 (PROTO_ISAKMP)
     IKE: SPI Size              = 0
     IKE: # of Transforms       = 1
     IKE: SPI Not Present
     IKE: ----- TRANSFORM Payload -----
     IKE:
     IKE: Next Payload          = 0 (This is the last Transform Payload)
     IKE: Reserved              = 0
     IKE: Payload Length        = 24
     IKE: Transform #           = 1
     IKE: Transform ID          = 1 (KEY_IKE)
     IKE: Reserved 2            = 0
     IKE: ***SA Attributes***
     IKE: Flags                 = 80
     IKE:              1... .... = Data Attribute following TV format
     IKE: Attribute Class/Type  = 1 (Encryption Algorithm)
     IKE: Attribute Value       = 1 (DES-CBC)
     IKE: Flags                 = 80
     IKE:              1... .... = Data Attribute following TV format
     IKE: Attribute Class/Type  = 2 (Hash Algorithm)
     IKE: Attribute Value       = 0x0001 (MD5)
     IKE: Flags                 = 80
     IKE:              1... .... = Data Attribute following TV format
     IKE: Attribute Class/Type  = 4 (Group Description)
     IKE: Attribute Value       = 1 (Group 1, 768-bit MODP Group )
     IKE: Flags                 = 80
     IKE:              1... .... = Data Attribute following TV format
     IKE: Attribute Class/Type  = 3 (Authentication Algorithm)
```

```
IKE: Attribute Value       = 1 (Pre Shared Keys)
IKE: ----- KEY EXCHANGE Payload -----
IKE:
IKE: Next Payload          = 10 (Nonce (NONCE))
IKE: Reserved              = 0
IKE: Payload Length        = 100
IKE: [96 byte(s) of Key Exchange Data]
IKE: ----- NONCE Payload -----
IKE:
IKE: Next Payload          = 5 (Identification (ID))
IKE: Reserved              = 0
IKE: Payload Length        = 24
IKE: [20 byte(s) of Nonce Data]
IKE: ----- IDENTIFICATION Payload -----
IKE:
IKE: Next Payload          = 0 (This is the last payload)
IKE: Reserved              = 0
IKE: Payload Length        = 34
IKE: ID Type (DOI Specific) = 3 (ID_USER_FQDN)
IKE: Protocol ID           = 17                      ┌─ E-Mail-Adresse
IKE: Port                  = 500
IKE: User Name             = andreas.aurand@t-online.de
```

- Identifikation über den Domainnamen

```
- - - - - - - - - - - - - - - - - - - - Frame 1 - - - - - - - - - - - -
Source Address   Dest. Address    Size Rel. Time      Summary
[172.16.1.1]     [172.16.1.254]   264  0:00:00.000    ISAKMP: Header

IKE: ----- Internet Key Exchange Header -----
    IKE:
    IKE: Initiator Cookie      = 0x121F51E362B83C5C
    IKE: Responder Cookie      = 0x0000000000000000
    IKE: Next Payload          = 1 (Security Association (SA))
    IKE: Major Version         = 1
    IKE: Minor Version         = 0
    IKE: Exchange Type         = 4 (Aggressive)
    IKE: Flags                 = 00
    IKE:            .... ...0  = Payloads not encrypted
    IKE:            .... ..0.  = Do not wait for NOTIFY Payload
    IKE:            .... .0..  = Authentication Bit
    IKE: Message ID            = 0
    IKE: Length                = 222 (bytes)
    IKE: ----- SECURITY ASSOCIATION Payload -----
    IKE:
    IKE: Next Payload          = 4 (Key Exchange (KE))
    IKE: Reserved              = 0
    IKE: Payload Length        = 44
    IKE: DOI                   = 0x1(IPSEC DOI)
    IKE: Situation             = 0x1 (SIT_IDENTITY_ONLY)
    IKE: ----- PROPOSAL Payload -----
    IKE:
    IKE: Next Payload          = 0 (This is the last Proposal Payload)
    IKE: Reserved              = 0
    IKE: Payload Length        = 32
    IKE: Proposal #            = 1
    IKE: Protocol ID           = 1 (PROTO_ISAKMP)
    IKE: SPI Size              = 0
    IKE: # of Transforms       = 1
    IKE: SPI Not Present
```

```
IKE: ----- TRANSFORM Payload -----
IKE:
IKE: Next Payload          = 0 (This is the last Transform Payload)
IKE: Reserved              = 0
IKE: Payload Length        = 24
IKE: Transform #           = 1
IKE: Transform ID          = 1 (KEY_IKE)
IKE: Reserved 2            = 0
IKE: ***SA Attributes***
IKE: Flags                 = 80
IKE:                 1... .... = Data Attribute following TV format
IKE: Attribute Class/Type  = 1 (Encryption Algorithm)
IKE: Attribute Value       = 1 (DES-CBC)
IKE: Flags                 = 80
IKE:                 1... .... = Data Attribute following TV format
IKE: Attribute Class/Type  = 2 (Hash Algorithm)
IKE: Attribute Value       = 0x0001 (MD5)
IKE: Flags                 = 80
IKE:                 1... .... = Data Attribute following TV format
IKE: Attribute Class/Type  = 4 (Group Description)
IKE: Attribute Value       = 1 (Group 1, 768-bit MODP Group )
IKE: Flags                 = 80
IKE:                 1... .... = Data Attribute following TV format
IKE: Attribute Class/Type  = 3 (Authentication Algorithm)
IKE: Attribute Value       = 1 (Pre Shared Keys)
IKE: ----- KEY EXCHANGE Payload -----
IKE:
IKE: Next Payload          = 10 (Nonce (NONCE))
IKE: Reserved              = 0
IKE: Payload Length        = 100
IKE: [96 byte(s) of Key Exchange Data]
IKE: ----- NONCE Payload -----
IKE:
IKE: Next Payload          = 5 (Identification (ID))
IKE: Reserved              = 0
IKE: Payload Length        = 24
IKE: [20 byte(s) of Nonce Data]
IKE: ----- IDENTIFICATION Payload -----
IKE:
IKE: Next Payload          = 0 (This is the last payload)
IKE: Reserved              = 0
IKE: Payload Length        = 14
IKE: ID Type (DOI Specific) = 2 (ID_FQDN)
IKE: Protocol ID           = 17
IKE: Port                  = 500
IKE: Domain Name           = mpdepp.frs-lab.de        Domain-Name
```

9.3.3 Authentifizierung über Signaturen

Die Authentifizierung der ISAKMP-Nachrichten geschieht in diesem Fall über die Signatur der Hashwerte HASH_I bzw. HASH_R mit den privaten RSA/DSA-Signaturschlüsseln des Initiator bzw. Responder.

Da die Partner lediglich die Signature_I bzw. Signature_R Payload mit dem privaten Schlüssel unterzeichnen und es sich dabei um eine geringe Datenmenge handelt, dauert es relativ lange, bis der Signaturschlüssel »schwach« wird und erneuert werden sollte.

Über den Certificate Request Payload geben die Partner vor, von welchem Typ (z.B. X.509v3) das Zertifikat des öffentlichen RSA/DSA-Schlüssels sein muss und welche Zertifizierungsstelle es signiert haben muss. Anschließend werden die Zertifikate (mit dem öffentlichen Signaturschlüssel) mit Hilfe der Certificate Payload untereinander ausgetauscht.

Sofern das lokale System im Besitz des Zertifikats der Zertifizierungsstelle ist, kann es die Gültigkeit des empfangenen Zertifikats (und damit des verbundenen öffentlichen Signaturschlüssels) direkt überprüfen, ohne das Zertifikat des Partners von der CA anfordern zu müssen.

1. Mit dem öffentlichen Signaturschlüssel der CA dechiffriert der Empfänger die digitale Signatur des Zertifikats und erhält so dessen Prüfsumme.
2. Anschließend berechnet er selbst die Prüfsumme über das Zertifikat und vergleicht diesen Wert mit der digitalen Signatur. Stimmen beide überein, ist das Zertifikat gültig und es wurde von der festgelegten CA herausgegeben.

Main Mode Exchange mit Authentifizierung über Signaturen

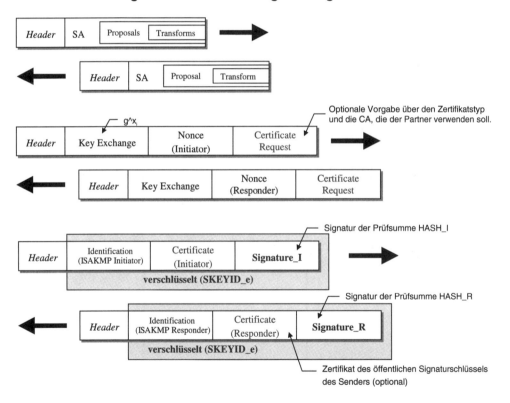

202 Kapitel 9 • IKE – Internet Key Exchange

Aggressive Mode Exchange mit Authentifizierung über Signaturen

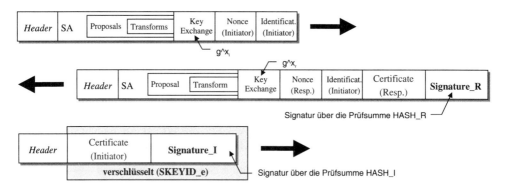

Authentifizierung des Initiators auf der Empfängerseite

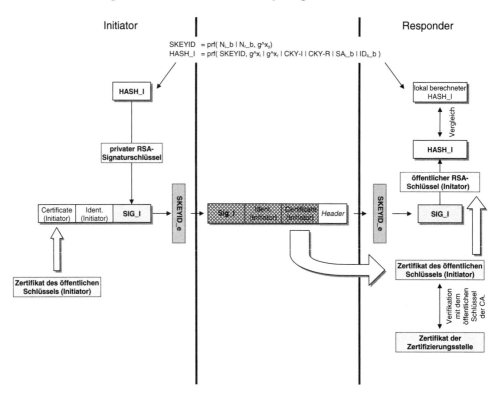

Trace eines Main Mode Exchange mit Authentifizierung über RSA-Signaturen zwischen zwei Cisco Routern

- Austausch des Verschlüsselungsmaterials
```
ISAKMP: Main Mode packet contents (flags 0, len 238):
        KE payload
        NONCE payload                  Vorgabe über den Zertifikatstyp und die CA,
        CERT-REQ payload               die von dem Partner verwendet werden soll.
        VENDOR payload
ISAKMP (4): sending packet to 172.16.100.2 (I) MM_SA_SETUP

ISAKMP (4): received packet from 172.16.100.2 (I) MM_SA_SETUP
ISAKMP: Main Mode packet contents (flags 0, len 238):
        KE payload
        NONCE payload
        CERT-REQ payload
        VENDOR payload
ISAKMP (0:4): processing KE payload. message ID = 0
ISAKMP (0:4): processing NONCE payload. message ID = 0
CryptoEngine0: calculate pkey hmac for conn id 0
CryptoEngine0: create ISAKMP SKEYID for conn id 4          Vorgabe des Partners, welchen
ISAKMP (0:4): SKEYID state generated                       Zertifikatstyp und welche CA das
ISAKMP (4): processing CERT_REQ payload. message ID = 0    Zertifikat des öffentlichen RSA-
ISAKMP (4): peer wants a CT_X509_SIGNATURE cert            Schlüssels benutzen soll.
ISAKMP (4): peer want cert issued by CN = CA FRS-LAB, OU = Andreas Aurand, C = DE
ISAKMP (0:4): processing vendor id payload
ISAKMP (0:4): speaking to another IOS box!
ISAKMP (4): ID payload
        next-payload : 6
        type         : 2
        protocol     : 17
        port         : 500
        length       : 20
ISAKMP (4): Total payload length: 24
CryptoEngine0: generate hmac context for conn id 4
Crypto engine 0: RSA encrypt with private key           HASH_I wird mit dem privaten
CryptoEngine0: CRYPTO_RSA_PRIV_ENCRYPT                  RSA-Signaturschlüssel chiffriert.
CRYPTO_ENGINE: key process suspended and continued
```

- Authentizitätsüberprüfung des Partners
```
ISAKMP: Main Mode packet contents (flags 1, len 858):
        ID payload          Die CERT Payload enthält das angeforderte Zertifikat des lokalen
        CERT payload        Routers, die SIG Payload die signierte Prüfsumme HASH_I.
        SIG payload
ISAKMP (4): sending packet to 172.16.100.2 (I) MM_KEY_EXCH

ISAKMP (4): received packet from 172.16.100.2 (I) MM_KEY_EXCH
ISAKMP: Main Mode packet contents (flags 1, len 860):
        ID payload          Die CERT Payload enthält das angeforderte Zertifikat des
        CERT payload        Partners, die SIG Payload die signierte Prüfsumme HASH_R.
        SIG payload
ISAKMP (0:4): processing ID payload. message ID = 0
ISAKMP (0:4): processing CERT payload. message ID = 0    Das Zertifikat des Partners wurde
ISAKMP (0:4): processing a CT_X509_SIGNATURE cert         mit dem öffentlichen RSA-Signa-
CRYPTO_ENGINE: key process suspended and continued        turschlüssel der CA verifiziert.
CRYPTO_PKI: Certificate verified, chain status= 1
ISAKMP (0:4): processing SIG payload. message ID = 0
ISAKMP (4): sa->peer.name = , sa->peer_id.id.id_fqdn.fqdn = c2504.frs-lab.de
Crypto engine 0: RSA decrypt with public key            SIG_R wird mit dem öffentlichen RSA-
CryptoEngine0: CRYPTO_RSA_PUB_DECRYPT                   Signaturschlüssel des Partners dechiffriert.
CryptoEngine0: generate hmac context for conn id 4
ISAKMP (0:4): SA has been authenticated with 172.16.100.2
```

9.3.4 Authentifizierung über öffentliche Verschlüsselungsverfahren

Bei diesem Verfahren werden die Nonce und Identification Payload jeweils mit dem öffentlichen Schlüssel des Partners chiffriert. Aus diesem Grund müssen beide Systeme vor dem Aufbau einer ISAKMP SA bereits im Besitz des öffentlichen RSA- bzw. DSA-Schlüssels des anderen Teilnehmers sein.

Um den Hashwert zu generieren, erzeugt jede Seite zuerst den Wert SKEYID mit Hilfe der Gleichung »prf(hash(N_i_b | N_r_b), CKY-I | CKY-R)«. Dazu müssen die Partner in der Lage sein, die empfangenen Nonce-Daten zu entschlüsseln. Dies ist jedoch nur möglich, wenn sie im Besitz des entsprechenden privaten Schlüssels sind. Das heißt, in diesem Fall erfolgt die Authentifizierung über die Fähigkeit, die Nonce Payload zu entschlüsseln und die Hash Payload zu erzeugen.

Daneben bietet dieses Verfahren noch die Möglichkeit, die Identification Payload während eines Aggressive Mode Exchange mit Hilfe des öffentlichen RSA/DSA-Schlüssels der Gegenseite zu chiffrieren (ermöglicht *Identity Protection*).

Hash #1 enthält die Prüfsumme des öffentlichen Schlüssels, mit dem der Initiator die Nonce und Identification Payload verschlüsselt hat. Dadurch kann der Responder, falls er mehrere Schlüsselpaare besitzt, den korrekten privaten Schlüssel auswählen.

Main Mode Exchange mit Authentifizierung über öffentliche Verschlüsselung

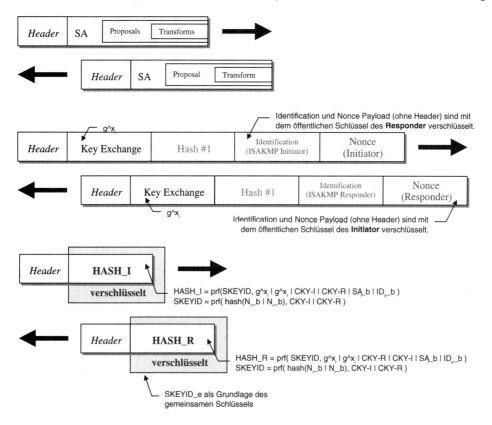

Aggressive Mode Exchange mit Authentifizierung über öffentliche Verschlüsselung

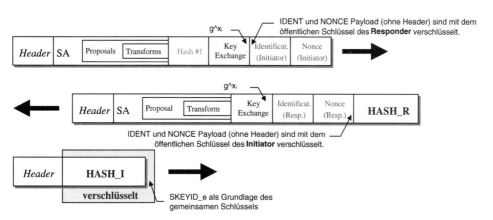

Übersicht über die verschiedenen Verschlüsselungsschritte beim Aggressive Mode Exchange

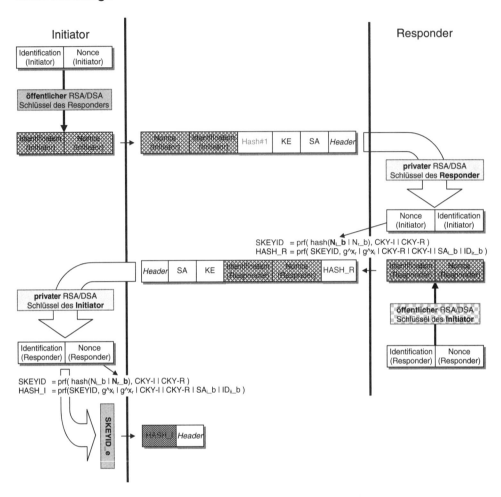

9.3.5 Authentifizierung über öffentliche Verschlüsselungsverfahren (Revised Mode)

Bei diesem Verfahren erfolgt die Authentifizierung des Partners weiterhin über die Verschlüsselung der Nonce Payload mit dem öffentlichen RSA/DSA-Schlüssel des Partners. Die Identification, Key Exchange und Certificate Payload wird jedoch über einen symmetrischen Verschlüsselungsalgorithmus chiffriert.

Beide Seiten verwenden dabei unterschiedliche Schlüssel, die jeweils aus der empfangenen Nonce Payload abgeleitet werden. Als Verschlüsselungsverfahren wird der in dem SA-Attribut »Encryption Algorithm« festgelegte Algorithmus verwendet. Der Vorteil dieses Verfahrens liegt darin, dass mehrere zeitraubende »Public Key«-Operationen entfallen.

Verschlüsselungsmaterial für den symmetrischen Schlüssel des Initiator	$N\_i = \text{prf}(N\_b, \text{CKY-I})$
Verschlüsselungsmaterial für den symmetrischen Schlüssel des Responder	$N\_r = \text{prf}(N\_b, \text{CKY-R})$

Die Partner können den verwendeten symmetrischen Schlüssel selbst aus der empfangenen Nonce Payload erzeugen. Dazu müssen sie die Nonce-Daten aber zuerst mit ihrem privaten RSA/DSA-Schlüssel dechiffrieren, da die Gegenseite sie vor der Übertragung mit dem öffentlichen Schlüssel verschlüsselt hat.

Main Mode Exchange mit Authentifizierung über die revidierte öffentliche Verschlüsselung

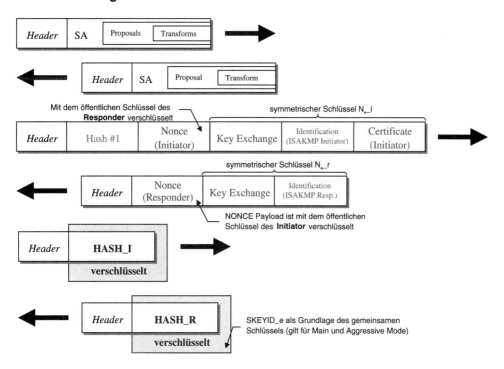

Aggressive Mode Exchange mit Authentifizierung über die revidierte öffentliche Verschlüsselung

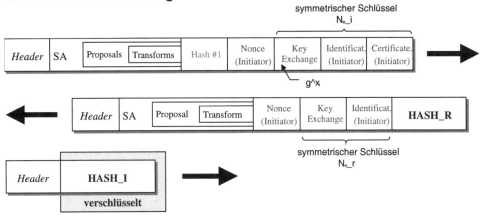

9.4 Quick Mode Exchange

Der Quick Mode Exchange wird zum Aufbau der IPSec Security Associations eingesetzt. Der Schutz der zugehörigen Nachrichten erfolgt durch die ISAKMP SA. Nach Beendigung des Quick Mode Exchange sind immer zwei Security Associations aufgebaut: eine für den eingehenden und die andere für den ausgehenden Datenverkehr. Beide SAs verwenden unterschiedliche SPIs und Sitzungsschlüssel.

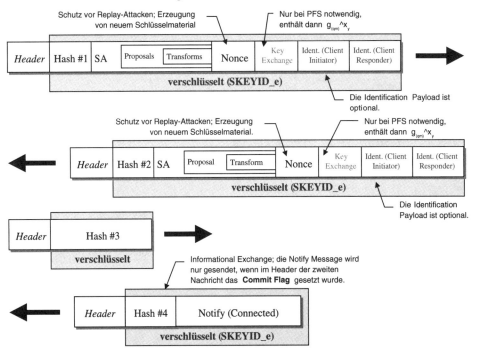

Identität der IPSec Security Associations

Bei Transport Mode Security Associations wird als Identität normalerweise implizit die Adresse der ISAKMP-Partner genommen. Für Tunnel Mode SAs sind in der Regel jedoch andere Variablen für die Identitätsfestlegung notwendig.

In diesem Fall tauschen die Partner über die Identification Payload Informationen über die Identität der Client-Systeme untereinander aus. Mit Hilfe dieser *Client Identities* sind die Teilnehmer dann in der Lage, den IP-Datenverkehr bestimmten IPSec Security Associations (den Tunneln) zuzuordnen.

Cisco Router zum Beispiel verwenden Access-Listen, um die *Client Identity* (bei Cisco als *Proxy Identity* bezeichnet) festzulegen. Aus diesem Grund unterstützen sie auch nur IP-Adressen oder IP-Subnetze als Identität für IPSec SAs.

- Identifikation über eine bestimmte IP-Adresse (Protokoll TCP, Port Telnet gesetzt)
    ```
    10:30:10 ToRouter - Initiating IKE Phase 2 with Client IDs (message id: 789D09C2)
    10:30:10    Initiator = IP ADDR=172.16.1.1, prot = 6 port = 0
    10:30:10    Responder = IP ADDR=10.1.1.1, prot = 6 port = 23
    10:30:10 ToRouter - SENDING>>>> ISAKMP OAK QM *(HASH, SA, NON, KE, ID, ID)
    ```

- Identifikation über ein IP-Subnetz (kein Protokoll und Port gesetzt)
    ```
    12:15:37 ToRouter - Initiating IKE Phase 2 with Client IDs (message id: B593D2DE)
    12:15:37    Initiator = IP ADDR=172.16.1.1, prot = 0 port = 0
    12:15:37    Responder = IP SUBNET/MASK=10.1.1.0/255.255.255.0, prot = 0 port = 0
    12:15:37 ToRouter - SENDING>>>> ISAKMP OAK QM *(HASH, SA, NON, KE, ID, ID)
    ```

- Identifikation über einen IP-Adressbereich (kein Protokoll und Port gesetzt)
    ```
    12:16:16 ToRouter - Initiating IKE Phase 2 with Client IDs (message id: 2C50748D)
    12:16:16    Initiator = IP ADDR=172.16.1.1, prot = 0 port = 0
    12:16:16    Responder = IP RANGE TO/FROM=10.1.1.0/10.1.1.100, prot = 0 port = 0
    12:16:16 ToRouter - SENDING>>>> ISAKMP OAK QM *(HASH, SA, NON, KE, ID, ID)
    ```

9.4.1 Authentifiziertes Verschlüsselungsmaterial für IPSec SAs

Parameterdefinitionen

prf(*key*, *msg*)	Keyed Pseudo-Random Function. *Key* ist der Schlüssel zum Chiffrieren der Nachricht *msg*
M-ID	»Message ID«-Feld aus dem ISAKMP Header
N_i_b und N_r_b	Nonce Payload (ohne Generic Header) des Initiator bzw. Responder
SA	Komplette SA Payload (inklusive Generic Header) des Initiator
N_i und N_r	Nonce Payload (inklusive Generic Header) des Initiator bzw. Responder
ID_{ci}, ID_{cr}	Identification Payload des Initiator (ID_{ci}) bzw. Responder (ID_{cr})
KE	Key Exchange Payload (inklusive Header)
$g_{(qm)}{}^{\wedge}x_y$	Das während des Quick Mode neu generierte Diffie-Hellman Shared Secret
protocol	Protocol ID des ausgehandelten Sicherheitsprotokolls (ESP, AH oder IPComp)
SPI	Wert des SPI-Feldes aus der Transform Payload
|	Verkettung von Informationen

Verfahren zur Erzeugung des benötigten Verschlüsselungsmaterials

Das während des Quick Mode Exchange erzeugte Verschlüsselungsmaterial wird von den Partnern benutzt, um daraus die Sitzungsschlüssel für die eigentlichen Sicherheitsprotokolle (ESP bzw. AH) zu generieren. Die Art und Weise, wie sie das Material erzeugen, ist abhängig davon, ob Perfect Forward Secrecy (PFS) gefordert ist oder nicht.

- PFS nicht notwendig

    In diesem Fall basiert das Schlüsselmaterial für die IPSec Security Association auf SKEYID_d (wird während des Main oder Aggressive Mode Exchange erzeugt). Dadurch, dass zum Erzeugen der Schlüssel auch die SPI und die Nonce Payload mit herangezogen werden, ist garantiert, dass die Schlüssel für jede IPSec Security Association unterschiedlich sind.

    KEYMAT = **prf**(SKEYID_d , *protocol* | SPI | N_i_b | N_r_b)

- PFS notwendig

    Ist Perfect Forward Secrecy gefordert, führen die beiden ISAKMP-Partner während des Quick Mode Exchange einen weiteren Diffie-Hellman-Schlüsselaustausch durch. Die Übergabe der neuen öffentlichen DH-Schlüssel geschieht auch hier über die Key Exchange Payload. In diesem Fall besteht daher keine Abhängigkeit mehr mit einem vorher generierten Schlüssel.

    KEYMAT = **prf**(SKEYID_d , $g_{(qm)}{}^\wedge x_y$ | *protocol* | *SPI* | N_i_b | N_r_b)

Falls die Partner mehr Verschlüsselungsmaterial benötigen, als von der PRF-Funktion zur Verfügung gestellt wird, kann KEYMAT mit Hilfe der folgenden Formel erweitert werden:

KEYMAT = K1 | K2 | K3 | ...
K1 = **prf**(SKEYID_d ,   [$g_{(qm)}{}^\wedge x_y$] | *protocol* | *SPI* | N_i_b | N_r_b)
K2 = **prf**(SKEYID_d , **K1** | [$g_{(qm)}{}^\wedge x_y$] | *protocol* | *SPI* | N_i_b | N_r_b)
K3 = **prf**(SKEYID_d , **K2** | [$g_{(qm)}{}^\wedge x_y$] | *protocol* | *SPI* | N_i_b | N_r_b)
... .

Generieren der benötigten Sitzungsschlüssel

Wie die Sitzungsschlüssel für den Schutz der IPSec SA aus dem zur Verfügung stehenden Material abgeleitet werden, ist abhängig von dem verwendeten Sicherheitsmechanismus. Aus diesem Grund sind diese Verfahren in den algorithmus-spezifischen RFCs definiert (z.B. RFC 2451 – *The ESP CSC-Mode Cipher Algorithm*, RFC 2403 – *The Use of HMAC-MD5-96 within ESP and AH* oder RFC 2405 – *The ESP DES-CBC Cipher Algorithm with Explicit IV*).

Die meisten Algorithmen verweisen jedoch auf die im RFC 2401 (*Security Architecture for IP*) beschriebene Vorgehensweise. In diesem Fall werden die benötigten Chiffrierschlüssel aus den ersten *x* Bits von KEYMAT genommen und die Authentifizierungsschlüssel aus den verbleibenden *y* Bits.

Das erzeugte Verschlüsselungsmaterial muss daher größer oder gleich der verwendeten Schlüsselgröße aller Algorithmen sein, die ihren Schlüssel aus dem KEYMAT-String ableiten (z.B. DES: 64 Bits, 3DES: 192 Bits, IDEA: 128 Bits, HMAC-MD5-96: 128 Bits oder HMAC-SHA-1-96: 160 Bits).

Authentifizierung des Verschlüsselungsmaterials

Um die Authentizität der übertragenen ISAKMP-Nachrichten zu gewährleisten, werden innerhalb des Quick Mode folgende Hash Payloads verwendet:

HASH #1 = **prf**(SKEYID_a , M-ID | SA | N_i [| KE] [| ID_{ci} | ID_{cr}])
HASH #2 = **prf**(SKEYID_a , M-ID | N_i_b | SA | N_r [| KE] [| ID_{ci} | ID_{cr}])
HASH #3 = **prf**(SKEYID_a , 0 | M-ID | N_i_b | N_r_b)

↑ Kompletter Teil der ISAKMP-Nachricht nach der Hash Payload

9.4.2 Perfect Forward Secrecy

IKE bietet die Möglichkeit, *Perfect Forward Secrecy* sowohl für die erzeugten Schlüssel als auch für die Identitäten zu gewährleisten. In diesem Fall besteht keine Abhängigkeit mehr zwischen den verschiedenen Schlüsseln.

- PFS für die erzeugten Schlüssel

  Die beiden Partner tauschen während des Quick Mode Exchange zusätzlich noch Key Exchange Payload aus und generieren über einen zweiten Diffie-Hellman-Schlüsselaustausch das Verschlüsselungsmaterial für die IPSec SAs. Ohne PFS basiert dieses Material auf SKEYID_d. Da dieser Wert während des Main bzw. Aggressive Mode Exchange erzeugt wird, besteht keine Abhängigkeit zwischen den verwendeten Schlüsseln der ISAKMP und IPSec SAs.

- PFS für die Identitäten

  In diesem Fall bauen die Partner über eine ISAKMP SA nur eine IPSec Security Association auf. Anschließend muss die ISAKMP SA direkt gelöscht werden und für jede weitere IPSec SA eine neue ISAKMP SA aufgebaut werden.

Beispiel: Perfect Forward Secrecy für die Schlüssel gefordert

- Konfiguration auf dem Cisco Router

  crypto map *ToNetwork_10* 10 ipsec-isakmp
   set peer *10.1.10.1*
   set transform-set *des-sha1*
   match address *ToNetwork_10*
   set pfs *group1* ↖
   DH-Gruppe, die während des Quick Mode Exchange für den Diffie-Hellman-Algorithmus benutzt werden soll.

- Konfiguration auf dem VPN Client

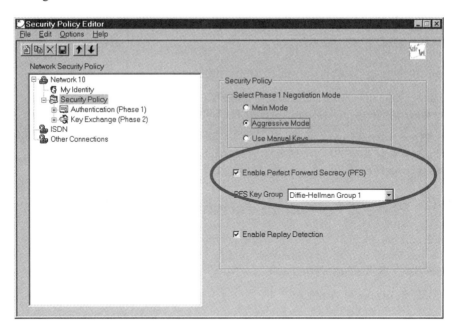

- VPN Client Log Viewer

```
16:15:15 Network 10 - Initiating IKE Phase 1 (IP ADDR=10.1.10.254)
16:15:16 Network 10 - SENDING>>>> ISAKMP OAK AG (SA, KE, NON, ID, VID)
16:15:22 Network 10 - RECEIVED<<< ISAKMP OAK AG (SA, VID, KE, ID, NON, HASH)
16:15:22 Network 10 - SENDING>>>> ISAKMP OAK AG *(HASH)
16:15:22 Network 10 - Established IKE SA

16:15:23 Network 10 - Initiating IKE Phase 2 with Client IDs (message id: BDA2C5FE)
16:15:23    Initiator = IP ADDR=10.1.10.1, prot = 0 port = 0
16:15:23    Responder = IP SUBNET/MASK=10.1.1.0/255.255.255.0, prot = 0 port = 0
16:15:23 Network 10 - SENDING>>>> ISAKMP OAK QM *(HASH, SA, NON, KE, ID, ID)       ← KE Payload
16:15:27 Network 10 - RECEIVED<<< ISAKMP OAK QM *(HASH, SA, NON, KE, ID, ID,          enthalten
NOTIFY:STATUS_RESP_LIFETIME)
16:15:27 Network 10 - SENDING>>>> ISAKMP OAK QM *(HASH)
16:15:27 Network 10 - Loading IPSec SA (M-ID = BDA2C5FE OUTBOUND SPI = 3F441C5E INBOUND SPI =
216B5272)
```
　　　　Da bei PFS eine erneute Berechnung von Verschlüsselungsmaterial stattfindet,
　　　　dauert der Aufbau der IPSec SA erheblich länger als ohne PFS.

- Debug-Ausgabe auf dem Cisco Router (nur »Quick Mode«-Teil)
  ── entspricht %xBDA2C5FE

```
00:19:05: ISAKMP (0:3): received packet from 10.1.10.1 (R) QM_IDLE
00:19:06: ISAKMP (0:3): processing HASH payload. message ID = -1113405954
00:19:06: ISAKMP (0:3): processing SA payload. message ID = -1113405954
00:19:06: ISAKMP (0:3): checking IPSec proposal 1
00:19:06: ISAKMP: transform 1, ESP_DES
00:19:06: ISAKMP:    attributes in transform:
00:19:06: ISAKMP:       authenticator is HMAC-SHA
00:19:06: ISAKMP:       encaps is 1
00:19:06: ISAKMP:       group is 1
```

```
00:19:06: ISAKMP (0:3): atts are acceptable.
00:19:07: ISAKMP (0:3): processing NONCE payload. message ID = -1113405954
00:19:07: ISAKMP (0:3): processing KE payload. message ID = -1113405954
00:19:09: ISAKMP (0:3): processing ID payload. message ID = -1113405954
00:19:09: ISAKMP (3): ID_IPV4_ADDR src 10.1.10.1 prot 0 port 0
00:19:09: ISAKMP (0:3): processing ID payload. message ID = -1113405954
00:19:09: ISAKMP (3): ID_IPV4_ADDR_SUBNET dst 10.1.1.0/255.255.255.0 prot 0 port 0
00:19:09: ISAKMP (0:3): asking for 1 spis from ipsec
00:19:09: ISAKMP: received ke message (2/1)
00:19:10: ISAKMP (0:3): sending packet to 10.1.10.1 (R) QM_IDLE
00:19:10: ISAKMP (0:3): received packet from 10.1.10.1 (R) QM_IDLE
00:19:10: ISAKMP (0:3): Creating IPSec SAs
00:19:10:           inbound SA from 10.1.10.1 to 10.1.10.254   (proxy 10.1.10.1 to 10.1.1.0)
00:19:10:           has spi 0x3F441C5E and conn_id 2000 and flags 15
00:19:10:           outbound SA from 10.1.10.254 to 10.1.10.1 (proxy 10.1.1.0 to 10.1.10.1)
00:19:10:           has spi 560681586 and conn_id 2001 and flags 15
```

Beispiel: Keine Perfect Forward Secrecy für die Schlüssel gefordert

- Konfiguration auf dem Cisco Router

    crypto map *ToNetwork_10* 10 ipsec-isakmp
      set peer *10.1.10.1*
      set transform-set *des-sha1*
      match address *ToNetwork_10*

- Konfiguration auf dem VPN Client

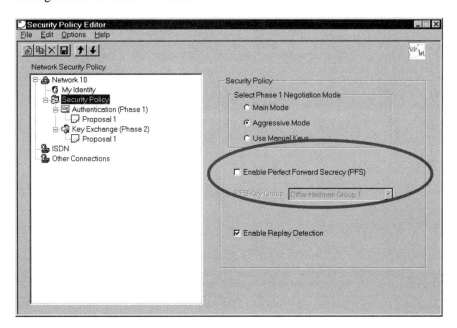

214 Kapitel 9 • IKE – Internet Key Exchange

- VPN Client Log Viewer

```
16:41:21 Network 10 - Initiating IKE Phase 1 (IP ADDR=10.1.10.254)
16:41:21 Network 10 - SENDING>>>> ISAKMP OAK AG (SA, KE, NON, ID, VID)
16:41:28 Network 10 - RECEIVED<<< ISAKMP OAK AG (SA, VID, KE, ID, NON, HASH)
16:41:28 Network 10 - SENDING>>>> ISAKMP OAK AG *(HASH)
16:41:28 Network 10 - Established IKE SA

16:41:28 Network 10 - Initiating IKE Phase 2 with Client IDs (message id: C26DF093)
16:41:28    Initiator = IP ADDR=10.1.10.1, prot = 0 port = 0
16:41:28    Responder = IP SUBNET/MASK=10.1.1.0/255.255.255.0, prot = 0 port = 0
16:41:28 Network 10 - SENDING>>>> ISAKMP OAK QM *(HASH, SA, NON, ID, ID)      ⎯ KE Payload
16:41:29 Network 10 - RECEIVED<<< ISAKMP OAK QM *(HASH, SA, NON, ID, ID,        fehlt
NOTIFY:STATUS_RESP_LIFETIME)
16:41:29 Network 10 - SENDING>>>> ISAKMP OAK QM *(HASH)
16:41:29 Network 10 - Loading IPSec SA (M-ID = C26DF093 OUTBOUND SPI = B9523D2F INBOUND SPI =
8DED7E14)
```

- Debug-Ausgabe auf dem Cisco Router (nur »Quick Mode«-Teil)

⎯ entspricht %C26DF093

```
00:45:11: ISAKMP (0:4): received packet from 10.1.10.1 (R) QM_IDLE
00:45:11: ISAKMP (0:4): processing HASH payload. message ID = -1032982381
00:45:11: ISAKMP (0:4): processing SA payload. message ID = -1032982381
00:45:11: ISAKMP (0:4): Checking IPSec proposal 1
00:45:11: ISAKMP: transform 1, ESP_DES
00:45:11: ISAKMP:   attributes in transform:
00:45:11: ISAKMP:      authenticator is HMAC-SHA
00:45:11: ISAKMP:      encaps is 1
00:45:11: ISAKMP (0:4): atts are acceptable.
00:45:11: ISAKMP (0:4): processing NONCE payload. message ID = -1032982381
00:45:11: ISAKMP (0:4): processing ID payload. message ID = -1032982381
00:45:11: ISAKMP (4): ID_IPV4_ADDR src 10.1.10.1 prot 0 port 0
00:45:11: ISAKMP (0:4): processing ID payload. message ID = -1032982381
00:45:11: ISAKMP (4): ID_IPV4_ADDR_SUBNET dst 10.1.1.0/255.255.255.0 prot 0 port 0
00:45:11: ISAKMP (0:4): asking for 1 spis from ipsec
00:45:11: ISAKMP: received ke message (2/1)
00:45:12: ISAKMP (0:4): sending packet to 10.1.10.1 (R) QM_IDLE
00:45:12: ISAKMP (0:4): received packet from 10.1.10.1 (R) QM_IDLE
00:45:12: ISAKMP (0:4): Creating IPSec SAs
00:45:12:         inbound SA from 10.1.10.1  to 10.1.10.254   (proxy 10.1.10.1 to 10.1.1.0)
00:45:12:         has spi 0xB9523D2F and conn_id 2000 and flags 4
00:45:12:         outbound SA from 10.1.10.254  to 10.1.10.1  (proxy 10.1.1.0  to 10.1.10.1)
00:45:12:         has spi -1913815532 and conn_id 2001 and flags 4
```

9.5 Transaction Exchange

Dieser Draft RFC beschreibt ein Verfahren, mit dessen Hilfe ISAKMP-Partner bestimmte Konfigurationsparameter (z.B. IPv4-Adresse) untereinander austauschen können. Dazu ist in der Spezifikation ein zusätzlicher ISAKMP Exchange, der *Transaction Exchange*, definiert. Dieser Exchange wird z.B. von den Cisco-Erweiterungen *Mode Config* und *Extended Authentication* (*XAuth*) verwendet.

Geschützter Transaction Exchange

Ein geschützter Transaction Exchange kann ausgeführt werden, sobald die ISAKMP-Partner eine ISAKMP Security Association aufgebaut und das Verschlüsselungsmaterial SKEYID_e und SKEYID_a generiert haben.

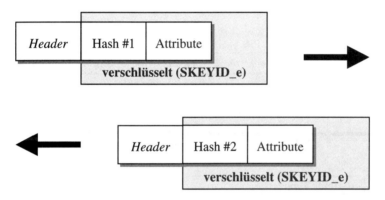

Innerhalb eines Transaction Exchange darf die ISAKMP-Nachricht immer nur eine Attribute Payload enthalten. Die Überprüfung der Integrität und Authentizität der ausgetauschten Nachrichten erfolgt über die Hash Payload.

HASH #1 = **prf**(SKEYID_a , M-ID | $ATTR_1$)
HASH #2 = **prf**(SKEYID_a , M-ID | $ATTR_2$)

Ungeschützter Transaction Exchange

Falls die ISAKMP SA noch nicht aufgebaut wurde oder es sich um Informationen handelt, die nicht vertraulich sind, kann der Transaction Exchange auch unverschlüsselt erfolgen. Auch in diesem Fall enthält die ISAKMP-Nachricht immer nur eine Attribute Payload.

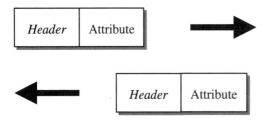

Attribute Payload

```
0       4       8       12      16      20      24      28      31
```

Generic ISAKMP Header (**Payload Type 14**)		
Type	reserviert	Identifier
Attributes		

- Type

Value	Attribute Type
0	reserviert
1	ISAKMP_CFG_REQUEST
2	ISAKMP_CFG_REPLY
3	ISAKMP_CFG_SET
4	ISAKMP_CFG_ACK
5–127	für zukünftige Erweiterungen reserviert
128–255	für private Benutzung reserviert

- Identifier (2 Octets)

Der Identifier dient innerhalb der einzelnen Nachrichten zur Referenz einer Configuration Transaction.

- Attributes (variabel)

  Dieses Feld enthält ein oder mehrere ISAKMP-Attribute im »Data Attribute«-Format.

Wert	Attribute	Identification Data
0	reserviert	
1	INTERNAL_IPV4_ADDRESS	32-Bit-IPv4-Adresse innerhalb des internen Netzwerks
2	INTERNAL_IP4_NETMASK	32-Bit-IPv4-Subnetmaske des internen Netzwerks
3	INTERNAL_IP4_DNS	32-Bit-IPv4-Adresse eines DNS Server
4	INTERNAL_IP4_NBNS	32-Bit-IPv4-Adresse eines WINS Server
5	INTERNAL_ADDRESS_EXPIRY	Gültigkeitsdauer der angeforderten Adresse (in Sekunden)
6	INTERNAL_IP4_DHCP	Der Host muss einen IPv4 DHCP Request zu der angegebenen Adresse senden
7	APPLICATION_VERSION	Die Version des IPSec Host
8	INTERNAL_IP6_ADDRESS	128-Bit-IPv6-Adresse innerhalb des internen Netzwerks
9	INTERNAL_IP6_NETMASK	128-Bit-IPv6-Subnetmaske des internen Netzwerks
10	INTERNAL_IP6_DNS	128-Bit-IPv6-Adresse eines DNS Servers
11	INTERNAL_IP6_NBNS	128-Bit-IPv6-Adresse eines WINS Server
12	INTERNAL_IP6_DHCP	Der Host muss einen IPv6 DHCP Request zu der angegebenen Adresse senden
13	INTERNAL_IP4_SUBNET	Die IPv4-Subnetze, die von dem Gateway über IPSec geschützt werden
14	SUPPORTED_ATTRIBUTES	Übersicht über die unterstützten Attribute
15	INTERNAL_IP6_SUBNET	Die IPv6-Subnetze, die von dem Gateway über IPSec geschützt werden
16–16383	für zukünftige Erweiterungen reserviert	
16384–32767	für privaten Gebrauch reserviert	

Teil 3
IOS SSH und IPSec-Konfiguration

Kapitel 10
SSH – Secure Shell

SSH ist als Ersatz für die UNIX r-Kommandos (rlogin, rsh und rcp) gedacht und ermöglicht das Einloggen und das Ausführen von Kommandos auf ein entferntes System sowie das Kopieren von Daten zwischen verschiedenen Rechnern. Es bietet eine relativ hohe Sicherheit, da die Authentizität der Gegenseite überprüft wird und die Integrität sowie die Vertraulichkeit der Daten durch Verschlüsselungs- und Hashfunktionen gewährleistet ist. SSH besteht aus drei Hauptkomponenten:

- SSH Transport Layer Protocol

  Das *Transport Layer*-Protokoll stellt Services zur Authentifizierung der Server sowie für die Vertraulichkeit und Integrität der zu übertragenden Daten zur Verfügung. Standardmäßig verwendet SSH die TCP-Portnummer 22.

- SSH User Authentication Protocol

  Das *User Authentication*-Protokoll ist für die Authentifizierung des Benutzers auf dem Server verantwortlich. Es läuft über das *Transport Layer*-Protokoll.

- SSH Connection Protocol

  Das *SSH Connection*-Protokoll benutzt die *User Authentication* zum Aufbau von mehreren logischen Kanälen über eine verschlüsselte Tunnel-Verbindung (Multiplexing). Über diese logischen Kanäle läuft das eigentliche interaktive Einloggen und die Ausführung der Remote-Kommandos.

Im Moment existieren zwei unterschiedliche SSH-Versionen – V1.x und V2.x –, die untereinander nicht kompatibel sind. Eine kostenlose Implementation, die beide Versionen beinhaltet, ist im Internet unter *http://www.openssh.com/* verfügbar. Unter IOS ist ab V12.1(1)T die Version V1.5 des SSH-Servers implementiert und ab V12.1(3)T der SSH-Client.

SSH-Schlüsselaustauschverfahren

Jeder SSH-Server arbeitet mit zwei RSA-Schlüsselpaaren:

- *Server Key* (dynamisch): Falls der Schlüssel benutzt wurde, verändert der Server ihn in bestimmten Intervallen.

- *Host Key* (statisch): Dient zur Identifikation des SSH-Servers und wird normalerweise nicht mehr verändert.

Das Erzeugen des benötigten Sitzungsschlüssels erfolgt über ein Diffie-Hellman-Verfahren.

1. Der Server sendet beim Aufbau einer Verbindung zuerst den *Public Host Key*, den *Server Key* sowie eine 64 Bit Zufallszahl (so genanntes *Cookie*) an den Client. Über den öffentlichen *Host*-Schlüssel erfolgt die Authentifizierung des SSH-Servers.

2. Wurde der *Host Key* vom Client akzeptiert, generieren beide Seiten aus diesen Werten den eigentlichen Sitzungsschlüssel (*Session Key*), der für die Verschlüsselung der SSH-Verbindung benutzt werden soll.

3. Der *Server Key* soll dabei verhindern, dass ein potentieller Angreifer eine aufgezeichnete Sitzung entschlüsseln kann, falls er in den Besitz des privaten *Host Key* gelangen sollte.

Eine Besonderheit des SSH-Protokolls ist die Möglichkeit, bei der ersten Verbindung zu einem unbekannten Server den *Host Key* des Servers automatisch zu lernen. In diesem Fall erfolgt keine Authentifizierung des Servers und der neue Schlüssel wird einfach in die *known_hosts*-Datei des Clients eingetragen. Um die Authentizität des SSH-Servers zu gewährleisten, sollte der Schlüssel anschließend jedoch auf seine Gültigkeit überprüft werden.

Das heißt, die Authentifizierung des Servers auf dem Client erfolgt über den *Host Key* des Servers. Der Server selbst weist seine Authentizität im Prinzip implizit nach, da nur er durch die Kenntnis der privaten *Host* und *Server Keys* den gemeinsamen Sitzungsschlüssel generieren kann.

Authentifizierung des Clients

SSH unterstützt mehrere Varianten der Authentifizierung des Clients auf dem Server. Dabei gibt der Server vor, welche Verfahren er zur Verfügung stellen kann. Der Client kann aus dieser Liste die einzelnen Methoden in beliebiger Reihenfolge ausprobieren. IOS unterstützt im Moment nur die Passwort-Authentifizierung.

- Public Key Authentication

  In diesem Fall muss der Client über ein *Challenge Response*-Verfahren die Kenntnis seines privaten RSA- bzw. DSA-Schlüssels nachweisen.

- Password Authentication

  Die Authentifizierung des Clients erfolgt durch die Angabe eines Passworts. Die Übertragung auf der SSH-Transport-Ebene geschieht verschlüsselt.

- Host-based Authentication

  In diesem Fall basiert die Authentifizierung auf dem Host- und Benutzernamen des Clients. Sie ist ähnlich der unter UNIX verwendeten Authentifizierung über die *rhosts*- und *hosts.equiv*-Dateien.

Schlüsselverwaltung eines SSH Client

Version 1.x benutzt zur Verwaltung der Schlüssel keine Zertifikate und auch keine Verzeichnisdienste, sondern speichert die verwendeten RSA-Schlüssel als Dateien ab. In dem folgenden Beispiel wird eine OpenSSH-Implementation unter Compaq Tru64 UNIX eingesetzt.

- RSA-Schlüsselpaar für den lokalen SSH Client generieren

  ```
  unix> ssh-keygen -b 512
  Generating RSA keys:  Key generation complete.
  Enter file in which to save the key (/usr/local/users/andreas/.ssh/identity):
  Enter passphrase (empty for no passphrase):
  Enter same passphrase again:
  Your identification has been saved in /usr/local/users/andreas/.ssh/identity.
  Your public key has been saved in /usr/local/users/andreas/.ssh/identity.pub.
  The key fingerprint is:
  c9:7f:24:9e:70:5e:b2:71:fe:31:e6:69:24:2f:54:2a andreas@unix.frs-lab.net
  ```

- RSA-Schlüsselpaar des lokalen SSH Client

  unix> more /usr/local/users/andreas/.ssh/identity   ← privater Schlüssel
  ```
  SSH PRIVATE KEY FILE FORMAT 1.1
  ^B^BM-5xM-y]M-UM-^HM-FM-F^OrM-^MM-^]^VOM-IwM-O^UQM-^^^?5M-RRh\,
  ^GM-^WM-OEM-suM-S?M-a^YM-]oM-^[^]|Z^O7M-^ApFM-KM-~M-'M-[M-Y^RM-v
  ...  ...
  M-^ZM-6|M-}M-3GM-K^ZIZM-+^C^AM_jM-!SM-a^UM-^If(M-G2T^?;M-^]_M-<M-nM-J
  M-^DM-ZM-^@;3M-DyM-^M-X9M-jZ#M-K
  ```

  unix> more /usr/local/users/andreas/.ssh/identity.pub   ← öffentlicher Schlüssel
  ```
  512 35 95044889156925620140020765057566394403774656656207489584206021737742055805
  29138566952476895385422615704026105071133972317938609059293645272526078923310177 andreas@unix.frs-lab.net
  ```

- Öffentliche RSA-Schlüssel der SSH Server

  ```
  unix> more /usr/local/users/andreas/.ssh/known_hosts
  c2503,10.104.7.67 512 65537 126493402376938397434767536735693392616957068310812
  413887136256576548475438973479037573182189947243071832808841577867017341081473747
  7709053765098461290822911
  ```

Jede Zeile einer Datei, die einen öffentlichen Schlüssel enthält, besteht aus den folgenden Feldern: optionaler Hostname und -adresse, die Größe des Schlüssels (in Bits), der Exponent sowie der Modulus des Verschlüsselungsalgorithmus (RSA) und evtl. ein Kommentar.

10.1 SSH-Server-Konfiguration

Ab der IOS Version V12.1(1)T ist in den IPSec Feature Sets die »SSH Server«-Funktionalität der SSH-Version 1 implementiert. Als Verschlüsselungsalgorithmen unterstützt IOS im Moment nur DES und Triple DES.

Cisco SSH-Server-Konfiguration

- Hostname und DNS Domain des lokalen Routers definieren

  ```
  c2503(config)# hostname c2503
  c2503(config)# ip domain-name frs-lab.net
  ```

- RSA-Schlüsselpaar für den lokalen Router generieren

    ```
    c2503(config)# crypto key generate rsa
    The name for the keys will be: c2503.frs-lab.net
    Choose the size of the key modulus in the range of 360 to 2048 for your
      General Purpose Keys. Choosing a key modulus greater than 512 may take
      a few minutes.

    How many bits in the modulus [512]:
    Generating RSA keys ...
    [OK]
    ```

- SSH-Server auf dem Router konfigurieren

    ```
    c2503(config)# ip ssh
    ```

    - Lokale Passwort-Authentifizierung

        ```
        c2503(config)# username client-user password password
        c2503(config)# line vty 0 4
        c2503(config-line)# login local
        c2503(config-line)# transport input ssh telnet
        ```

    - Password-Authentifizierung über AAA Login Authentication

        ```
        c2503(config)# aaa new-model
        c2503(config)# aaa authentication login ssh ...
        c2503(config)# line vty 0 4
        c2503(config-line)# login authentication ssh
        c2503(config-line)# transport input ssh telnet
        ```

- RSA-Schlüssel anzeigen

    ```
    c2503# show crypto key mypubkey rsa
    % Key pair was generated at: 11:50:12 UTC Nov 22 2000
    Key name: c2503.frs-lab.net        ⤶ Public Host Key des SSH-Servers
     Usage: General Purpose Key
     Key Data:
      305C300D 06092A86 4886F70D 01010105 00034B00 30480241 00F184AF E8D126A4
      49C2E39F C5587842 02B157D7 9EB5D4D8 23BA7E39 92377249 D209C956 84A418A9
      0F2533DA A16D8A17 64CA7B0D A01F1ACB CC23E413 699CB9FF B3020301 0001
    % Key pair was generated at: 11:51:44 UTC Nov 22 2000
    Key name: c2503.frs-lab.net.server
     Usage: Encryption Key              ⤶ Public Server Key des SSH-Servers
     Key Data:
      307C300D 06092A86 4886F70D 01010105 00036B00 30680261 00B52CED B327F8D4
      A02F1268 C288C64E D6EBD20B 3E76BD59 C1151938 B1224166 7AE384F0 24BD252F
      536C0FCA 77A68C02 D253F432 DE7BE0D2 B3B9061F 93933C64 051F8E36 06A50926
      101717AF 89B09F3E 1B5893F7 7116F413 60F2A525 BB2C523A 2F020301 0001
    ```

Falls der dynamische *Server Key* von einer SSH-Verbindung benutzt wurde, generiert der Router jede Stunde einen neuen Schlüssel.

```
# debug ip ssh
03:39:26: SSH: generating new server key
03:40:44: SSH: successfully generated server key
04:40:44: SSH: generating new server key
04:43:36: SSH: successfully generated server key
```

SSH-Server-Konfiguration

OpenSSH Client auf Compaq Tru64 UNIX

- *Public Host Key* des Servers ist auf dem Client nicht bekannt

    andreas@unix> ssh -c DES router
    ```
    The authenticity of host 'c2503' can't be established.
    RSA key fingerprint is d3:09:5b:b3:de:f7:03:c5:d0:f0:87:c6:22:aa:cc:36.
    Are you sure you want to continue connecting (yes/no)? yes
    Warning: Permanently added c2503,10.104.7.67' (RSA) to the list of known hosts.
    Warning: use of DES is strongly discouraged due to cryptographic weaknesses
    andreas@c2503's password: XXXXXX
    ```
    Der SSH-Client überprüft den Host Key des Servers mit den Einträgen in der known_hosts-Datei.

    Falls der öffentliche RSA-Schlüssel der Gegenseite nicht in der *known_hosts*-Datei enthalten ist, wird er beim ersten Aufbau einer SSH-Verbindung in die Datei eingetragen.

    andreas@unix> more .ssh/known_hosts
    ```
    c2503,10.104.7.67 512 65537 1264934023769383974347675367356933926169570683108124
    13887136256576548475438973479037573182189947243071832808841577867017341081473747
    7090537650984612908229l
    ```

- *Public Host Key* des Servers ist auf dem Client bekannt

    andreas@unix> ssh -c des c2503
    ```
    Warning: use of DES is strongly discouraged due to cryptographic weaknesses
    andreas@c2503's password: XXXXXX
    ```

    Falls auf dem Router ein anderer Benutzer verwendet werden soll, kann bei dem SSH-Befehl der *Remote Username* mit angegeben werden.

    andreas@unix> ssh -c des **xxx@c2503**
    ```
    Warning: use of DES is strongly discouraged due to cryptographic weaknesses
    xxx@c2503's password:
    ```

Beispiel: SSH Server auf einem Cisco Router

```
version 12.1(3)T
!
hostname c2503
!
enable secret 5 xxx
enable password c
!
username andreas password c
ip domain-name frs-lab.net
!
ip ssh time-out 120
ip ssh authentication-retries 3
!
interface Ethernet0
  ip address 10.104.7.67 255.255.252.0
!
line con 0
  password c
  transport input none
line aux 0
line vty 0 2
  password c
  login local
  transport input telnet ssh
!
end
```

Der Name, unter dem sich der SSH-Client auf dem Router einloggen muss

- Debugging auf dem SSH Client   ← Debug Flag

    andreas@unix> ssh -c DES -v c2503
    SH Version OpenSSH_2.3.0p1, protocol versions 1.5/2.0.
    Compiled with SSL (0x0090600f).
    debug: Reading configuration data /usr/local/users/andreas/.ssh/config
    debug: Reading configuration data /usr/local/etc/ssh_config
    debug: ssh_connect: getuid 1602 geteuid 0 anon 0
    debug: Connecting to c2503 [10.104.7.67] **port 22**.
    debug: Allocated local port 1022.
    debug: Connection established.
    debug: Remote protocol version 1.5, remote software version Cisco-1.25
    debug: no match: Cisco-1.25
    debug: Local version string SSH-1.5-OpenSSH_2.3.0p1
    debug: **Waiting for server public key.**
    debug: **Received server public key (768 bits) and host key (512 bits).**
    debug: Host 'c2503' is known and matches the RSA host key.
    debug: **Encryption type: des**
    debug: Sent encrypted session key.
    Warning: use of DES is strongly discouraged due to cryptographic weaknesses
    debug: Installing crc compensation attack detector.
    debug: Received encrypted confirmation.
    debug: **Doing password authentication.**
    andreas@c2503's password: c
    debug: Requesting pty.
    debug: Requesting shell.
    debug: Entering interactive session.
    c2503>

- Debugging auf dem Cisco Router (SSH Server)

    c2503# debug ip ssh
    03:56:09: SSH0: starting SSH control process
    03:56:09: SSH0: sent protocol version id SSH-1.5-Cisco-1.25
    03:56:09: SSH0 i: protocol version id is - SSH-1.5-OpenSSH_2.3.0p1
    03:56:09: SSH0 o: SSH_SMSG_PUBLIC_KEY msg
    03:56:10: SSH0 i: SSH_CMSG_SESSION_KEY msg - length 112, type 0x03
    03:56:10: SSH: RSA decrypt started
    03:56:17: SSH: RSA decrypt finished
    03:56:17: SSH: RSA decrypt started
    03:56:19: SSH: RSA decrypt finished
    03:56:20: SSH0 o: sending encryption confirmation
    03:56:20: SSH0: keys exchanged and encryption on
    03:56:20: SSH0: SSH_CMSG_USER message received
    03:56:20: SSH0 i: authentication request for userid andreas
    03:56:20: SSH0: SSH_SMSG_FAILURE message sent
    03:56:22: SSH0: **SSH_CMSG_AUTH_PASSWORD** message received
    03:56:22: SSH0: authentication successful for andreas
    03:56:22: SSH0: requesting TTY
    03:56:22: SSH0: setting TTY - requested: length 24, width 80; set: length 24, width 80
    03:56:22: SSH0: SSH_CMSG_EXEC_SHELL message received

- Anzeige von aktiven SSH-Verbindungen

    c2503# show ip ssh

Connection	Version	Encryption	State	Username
0	1.5	DES	6	andreas

10.2 SSH-Client-Konfiguration

Ab der IOS Version V12.1(3)T ist in den IPSec Feature Sets auch die »SSH Client«-Funktionalität der Version 1 implementiert. Als Verschlüsselungsalgorithmen sind wie beim SSH-Server nur DES und Triple DES möglich. Zur Konfiguration ist lediglich das »ip ssh«-Kommando notwendig. Der Aufbau einer SSH-Verbindung erfolgt von der EXEC-Ebene aus mit dem *ssh*-Befehl.

- SSH Client auf einem Cisco Router

    router# **ssh** [-l *userid*] [-c des | 3des] [-p #] *ip-address | hostname* [*command*]

-l userid	Der Name des Benutzers, mit dem man sich auf dem SSH Server einloggt
-c des	3des	Angabe des zu verwendenden Verschlüsselungsalgorithmus
-p #	TCP-Portnummer für die SSH-Verbindung (standardmäßig 22)

- SSH Server auf Compaq Tru64 UNIX Host

    Der SSH Server benötigt einen *Host Key*, der normalerweise unter */etc/ssh_host_key* abgelegt ist, sowie einen *Server Key*, der jeweils beim Starten des SSHD-Daemons erzeugt und dann jede Stunde neu generiert wird. Den *Host Key* muss man manuell mit der »ssh-keygen«-Utility anlegen.

    ```
    root@unix / > ssh-keygen -b 1024
    Generating RSA keys:  Key generation complete.
    Enter file in which to save the key (//.ssh/identity): /etc/ssh_host_key
    Enter passphrase (empty for no passphrase):
    Enter same passphrase again:
    Your identification has been saved in /etc/ssh_host_key.
    Your public key has been saved in /etc/ssh_host_key.pub.
    The key fingerprint is:
    cf:30:d7:99:50:00:90:c7:b6:3d:b2:eb:fb:7d:f1:94 root@unix.frs-lab.net
    ```

    Daneben wird noch eine Konfigurationsdatei benötigt, in der einige Einstellungen für den SSH-Server hinterlegt sind:

    ```
    root@unix / > more /etc/sshd_config
    RSAAuthentication yes
    PasswordAuthentication yes
    PermitRootLogin no
    ```

    Anschließend kann man den Server-Prozess über das Kommando »sshd« starten:

    ```
    root@unix / > /usr/local/bin/sshd
    ```

Beispiel: SSH-Client-Verbindung von einem Cisco Router zu einem Unix System

- Cisco Router

  c2503# ssh -l *andreas* **-c des** *unix*
  c2503# debug ip ssh client
  ```
  2d00h: SSH CLIENT0 i: protocol version id is - SSH-1.5-OpenSSH_2.3.0p1
  2d00h: SSH CLIENT0: sent protocol version id SSH-1.5-Cisco-1.25
  2d00h: SSH CLIENT0: protocol version exchange successful
  2d00h: SSH CLIENT0: SSH_SMSG_PUBLIC_KEY message received          ← SSH Server unterstützt kein
  2d00h: SSH CLIENT0: Configured cipher type not supported by server   DES, sondern nur 3DES.
  2d00h: SSH CLIENT0: key exchange failure (code = 32)
  2d00h: SSH CLIENT0: Session disconnected - error 0x20
  ```

  c2503# ssh -l *andreas* **-c 3des** *unix*
  ```
  Trying unix.frs-lab.net (10.104.7.73)... Open

  Password:
  Last login: Tue Nov 21 16:46:31 2000 from c2503.frs-lab.net
  Digital UNIX V5.0 (Rev. 910); Tue Apr 18 15:31:00 MEST 2000
  Tru64 UNIX German Support V5.0 (rev. 764)
  Environment:
    USER=andreas
    LOGNAME=andreas
    HOME=/usr/local/users/andreas
    PATH=/usr/bin:/bin:/usr/sbin:/sbin
    MAIL=/var/spool/mail/andreas
    SHELL=/usr/local/bin/bash
    SSH_CLIENT=10.104.7.67 1023 22
    SSH_TTY=/dev/pts/2
    TERM=vt100
  unix>
  ```

  c2503# debug ip ssh client
  ```
  2d00h: SSH CLIENT0 i: protocol version id is - SSH-1.5-OpenSSH_2.3.0p1
  2d00h: SSH CLIENT0: sent protocol version id SSH-1.5-Cisco-1.25
  2d00h: SSH CLIENT0: protocol version exchange successful
  2d00h: SSH CLIENT0: SSH_SMSG_PUBLIC_KEY message received
  2d00h: SSH CLIENT0: SSH_CMSG_SESSION_KEY message sent
  2d00h: SSH CLIENT0: key exchange successful and encryption on
  2d00h: SSH CLIENT0: SSH_CMSG_USER message sent
  2d00h: SSH CLIENT0: SSH_SMSG_FAILURE message received
  2d00h: SSH CLIENT0: SSH_CMSG_AUTH_PASSWORD message sent
  2d00h: SSH CLIENT0: SSH_SMSG_SUCCESS message received
  2d00h: SSH CLIENT0: user authenticated
  2d00h: SSH CLIENT0: SSH_CMSG_EXEC_SHELL message sent
  2d00h: SSH CLIENT0: session open
  ```

SSH-Client-Konfiguration

- **Compaq Tru64 SSH Server**

  ← Debug Flag

  root@unix > /usr/local/sbin/sshd -d
  ```
  debug1: sshd version OpenSSH_2.3.0p1
  debug1: Bind to port 22 on 0.0.0.0.
  ```
  Server listening on 0.0.0.0 port 22.
  Generating 768 bit RSA key.

  SSH Daemon erzeugt beim Starten automatisch den Server Key.

  RSA key generation complete.
  ```
  debug1: Server will not fork when running in debugging mode.
  ```
  Connection from 10.104.7.67 port 1023
  ```
  debug1: Client protocol version 1.5; client software version Cisco-1.25
  debug1: no match: Cisco-1.25
  debug1: Local version string SSH-1.5-OpenSSH_2.3.0p1
  debug1: Sent 768 bit public key and 1024 bit host key.
  ```
  debug1: Encryption type: 3des
  ```
  debug1: Received session key; encryption turned on.
  debug1: Installing crc compensation attack detector.
  debug1: Attempting authentication for andreas.
  ```
  Accepted password for andreas from 10.104.7.67 port 1023
  ```
  debug1: session_new: init
  debug1: session_new: session 0
  debug1: Allocating pty.
  debug1: Entering interactive session.
  debug1: fd 5 setting O_NONBLOCK
  debug1: fd 9 IS O_NONBLOCK
  ```

Kapitel 11

Konfiguration der ISAKMP Security Association

Standardmäßig setzen die Router zum Aufbau der ISAKMP Security Association immer den Main Mode Exchange ein. Lediglich bei der Authentifizierung über Pre-shared Keys und gleichzeitiger Identifizierung der Partner über den Domainnamen verwendet IOS den Aggressive Mode Exchange. Als Responder sind die IOS-Systeme jedoch in der Lage, jederzeit einen Aggressive Mode Exchange durchzuführen.

Informationen über aktive ISAKMP Security Associations

```
# show crypto isakmp sa
    dst            src          state         conn-id    slot
172.16.100.4   172.16.100.1   MM_NO_STATE       5         0    (deleted)  ← ISAKMP SA wurde gelöscht
172.16.100.3   172.16.100.1   MM_SA_SETUP       4         0
10.104.7.64    10.104.7.68    AG_INIT_EXCH      3         0
172.16.100.2   172.16.100.1   QM_IDLE           2         0
10.204.7.67    10.204.7.68    QM_IDLE           1         0
```

Status eines Main Mode Exchange	
MM_NO_STATE	Die ISAKMP SA wurde angelegt, es sind aber noch keine weiteren Aktionen erfolgt.
MM_SA_SETUP	Die Partner haben sich auf die Parameter für die ISAKMP Security Association geeinigt.
MM_KEY_EXCH	Die Partner haben die öffentlichen DH-Schlüssel ausgetauscht und das gemeinsame Geheimwort (SEKYID) generiert.
MM_KEY_AUTH	Die ISAKMP SA ist authentifiziert.
Status eines Aggressive Mode Exchange	
AG_NO_STATE	Die ISAKMP SA wurde angelegt, es sind aber noch keine weiteren Aktionen erfolgt.
AG_INIT_EXCH	Die Partner haben die ersten ISAKMP-Nachrichten ausgetauscht, die SA ist aber noch nicht authentifiziert.
AG_AUTH	Die ISAKMP SA ist authentifiziert.
Status eines Quick Mode Exchange	
QM_IDLE	Die ISAKMP SA ist aufgebaut und kann für den Aufbau von weiteren IPSec Security Associations eingesetzt werden.

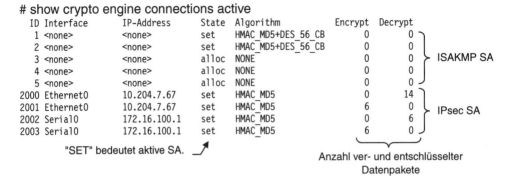

```
# show crypto engine connections active
  ID Interface    IP-Address    State  Algorithm          Encrypt  Decrypt
   1 <none>       <none>        set    HMAC_MD5+DES_56_CB       0        0
   2 <none>       <none>        set    HMAC_MD5+DES_56_CB       0        0
   3 <none>       <none>        alloc  NONE                     0        0
   4 <none>       <none>        alloc  NONE                     0        0
   5 <none>       <none>        alloc  NONE                     0        0
2000 Ethernet0    10.204.7.67   set    HMAC_MD5                 0       14
2001 Ethernet0    10.204.7.67   set    HMAC_MD5                 6        0
2002 Serial0      172.16.100.1  set    HMAC_MD5                 0        6
2003 Serial0      172.16.100.1  set    HMAC_MD5                 6        0
```

"SET" bedeutet aktive SA.

Anzahl ver- und entschlüsselter Datenpakete

Löschen einer ISAKMP Security Association

clear crypto isakmp

Um den ISAKMP-Partner zu informieren, dass die Security Association gelöscht wurde, sendet das lokale System über einen Informational Mode Exchange eine Delete-Nachricht.

```
# debug crypto isakmp
# debug crypto isakmp packet
ISAKMP (0:1): deleting SA reason "death by tree-walk node" state (I)
         QM_IDLE (peer 172.16.100.2)
ISAKMP: Information packet contents (flags 1, len 76):
        HASH payload
        DELETE payload
ISAKMP (0:1): sending packet to 172.16.100.2 (I) MM_NO_STATE
ISAKMP (0:1): purging node -554979043
```

11.1 Definition der ISAKMP Protection Suite

Die *ISAKMP Protection Suite* (unter IOS auch als *ISAKMP Policy* bezeichnet) legt die Sicherheitsmechanismen fest, die innerhalb der ISAKMP Security Association eingesetzt werden müssen. Dazu zählen:

- Die Festlegung der ISAKMP-Identität des lokalen Systems (IP-Adresse oder IP-Domainname)
- Die Algorithmen zur Verschlüsselung und zur Erzeugung des Message Authentication Code
- Verfahren zur Authentifizierung der Partner
- Die Diffie-Hellman-Gruppe
- Die Gültigkeitsdauer der ISAKMP SA

Da IOS standardmäßig DES als Verschlüsselungsalgorithmus unterstützt, wurde in den Beispielen immer DES als Algorithmus benutzt (Versionen mit 3DES unterliegen einer gewissen Exportbeschränkung). In produktiven Netzwerken sollten aber auf jeden Fall Versionen verwendet werden, die den Einsatz von 3DES als Verschlüsselungsalgorithmus erlauben.

Konfiguration der ISAKMP Policy

```
crypto isakmp policy #
authentication  pre-share | rsa-sig | rsa-encr    ⇒ Authentifizierungsverfahren
hash  sha | md5                                    ⇒ Hashfunktion
group  1 | 2 | 5                                   ⇒ Diffie-Hellman-Gruppe
lifetime seconds                                   ⇒ Gültigkeitsdauer der ISAKMP SA
encryption  des | 3des                             ⇒ Verschlüsselungsalgorithmus
```

Bei mehreren Einträgen sendet der Router (als Initiator) die einzelnen *Policies* als separate *Transform Payloads* innerhalb eines einzelnen *Proposals* (siehe auch Kapitel 16.1.1). Der Responder vergleicht die Vorschläge mit den eigenen Einträgen und übernimmt die erste passende *Policy*. Durch die Sequenznummer kann man daher die Präferenz der verschiedenen *Protection Suites* festlegen. Falls keine Übereinstimmung existiert, bricht der Responder die Verbindung ab und sendet eine Notification mit *No-Proposal-Chosen*.

Anzeigen der definierten ISAKMP Policies

```
# show crypto isakmp policy
Protection suite of priority 10
        encryption algorithm:   DES - Data Encryption Standard (56 bit keys).
        hash algorithm: Secure Hash Standard
        authentication method:  Pre-shared Key
        Diffie-Hellman group:   #2 (1024 bit)
        lifetime:       86400 seconds, no volume limit
Protection suite of priority 20
        encryption algorithm:   DES - Data Encryption Standard (56 bit keys).
        hash algorithm: Message Digest 5
        authentication method:  Pre-shared Key
        Diffie-Hellman group:   #1 (768 bit)
        lifetime:       3600 seconds, no volume limit
Default protection suite
        encryption algorithm:   DES - Data Encryption Standard (56 bit keys).
        hash algorithm: Secure Hash Standard
        authentication method:  Rivest-Shamir-Adleman Signature
        Diffie-Hellman group:   #1 (768 bit)
        lifetime:       86400 seconds, no volume limit
```

> IOS legt zusätzlich zu den manuell definierten ISAKMP Policies immer noch eine *Default Protection Suite* an.

11.2 Gültigkeitsdauer der ISAKMP SA

Die Gültigkeitsdauer (*Lifetime*) der ISAKMP Security Association ist unter IOS standardmäßig auf 86400 Sekunden gesetzt (= einem Tag). Falls man diesen Wert verändern will, sollte er auf allen Partnern gleich definiert sein. Die ISAKMP SA kann nicht aufgebaut werden, wenn der Initiator eine größere Lebensdauer vorgibt als auf dem Responder festgelegt ist.

ISAKMP Lifetime ist auf dem Responder höher

In diesem Fall wird die ISAKMP Security Association aufgebaut. Der Responder akzeptiert und übernimmt den kleineren Wert des Initiators.

- Definition der ISAKMP Protection Suite

    ### Responder c2504# show crypto isakmp policy
    ```
    Protection suite of priority 20
            encryption algorithm:   DES - Data Encryption Standard (56 bit keys).
            hash algorithm:  Message Digest 5
            authentication method:  Rivest-Shamir-Adleman Encryption
            Diffie-Hellman group:   #1 (768 bit)
            lifetime:       8000 seconds, no volume limit
    ```

    ### Initiator c2503# show crypto isakmp policy
    ```
    Protection suite of priority 20
            encryption algorithm:   DES - Data Encryption Standard (56 bit keys).
            hash algorithm:  Message Digest 5
            authentication method:  Rivest-Shamir-Adleman Encryption
            Diffie-Hellman group:   #1 (768 bit)
            lifetime:       4000 seconds, no volume limit
    ```

- Debug-Ausgabe

    ### Responder c2504# debug crypto isakmp
    ```
    ISAKMP (0:0): received packet from 172.16.100.1 (N) NEW SA
    ISAKMP (0:1): processing SA payload. message ID = 0
    ISAKMP (0:1): Checking ISAKMP transform 1 against priority 20 policy
    ISAKMP:         encryption DES-CBC
    ISAKMP:         hash MD5
    ISAKMP:         default group 1
    ISAKMP:         auth RSA encr
    ISAKMP:         life type in seconds
    ISAKMP:         life duration (basic) of 4000
    ISAKMP (0:1): atts are acceptable. Next payload is 0
    ```

    ### Initiator c2503# debug crypto isakmp
    ```
    ISAKMP: received ke message (1/1)
    ISAKMP: local port 500, remote port 500
    ISAKMP (0:1): beginning Main Mode exchange
    ISAKMP (0:1): sending packet to 172.16.100.2 (I) MM_NO_STATE
    ISAKMP (0:1): received packet from 172.16.100.2 (I) MM_NO_STATE
    ISAKMP (0:1): processing SA payload. message ID = 0
    ISAKMP (0:1): Checking ISAKMP transform 1 against priority 20 policy
    ISAKMP:         encryption DES-CBC
    ISAKMP:         hash MD5
    ISAKMP:         default group 1
    ISAKMP:         auth RSA encr
    ISAKMP:         life type in seconds
    ISAKMP:         life duration (basic) of 4000
    ISAKMP (0:1): atts are acceptable. Next payload is 0
    ```

ISAKMP Lifetime ist auf dem Responder niedriger

In diesem Fall wird die ISAKMP Security Association nicht aufgebaut. Der Responder lehnt den vorgegebenen Wert des Initiators ab.

- Definition der ISAKMP Protection Suite

    ### Responder c2504# show crypto isakmp policy
    ```
    Protection suite of priority 20
            encryption algorithm:   DES - Data Encryption Standard (56 bit keys).
            hash algorithm: Message Digest 5
            authentication method:  Rivest-Shamir-Adleman Encryption
            Diffie-Hellman group:   #1 (768 bit)
            lifetime:       4000 seconds, no volume limit
    ```

    ### Initiator c2503# show crypto isakmp policy
    ```
    Protection suite of priority 20
            encryption algorithm:   DES - Data Encryption Standard (56 bit keys).
            hash algorithm: Message Digest 5
            authentication method:  Rivest-Shamir-Adleman Encryption
            Diffie-Hellman group:   #1 (768 bit)
            lifetime:       8000 seconds, no volume limit
    ```

- Debug-Ausgabe

    ### Responder c2504# debug crypto isakmp
    ```
    ISAKMP (0:0): received packet from 172.16.100.1 (N) NEW SA
    ISAKMP (0:1): processing SA payload. message ID = 0
    ISAKMP (0:1): Checking ISAKMP transform 1 against priority 20 policy
    ISAKMP:         encryption DES-CBC
    ISAKMP:         hash MD5
    ISAKMP:         default group 1
    ISAKMP:         auth RSA encr
    ISAKMP:         life type in seconds
    ISAKMP:         life duration (basic) of 8000
    ISAKMP (0:1): atts are not acceptable. Next payload is 0
    ISAKMP (0:1): no offers accepted!
    ISAKMP (0:1): phase 1 SA not acceptable!
    ISAKMP (0:1): incrementing error counter on sa: construct_fail_ag_init
    01:55:18: %CRYPTO-6-IKMP_MODE_FAILURE: Processing of Main mode failed with peer at 172.16.100.1
    ISAKMP (0:1): sending packet to 172.16.100.1 (R) MM_NO_STATE
    ```

    ### Initiator c2503# debug crypto isakmp
    ```
    ISAKMP: received ke message (1/1)
    ISAKMP: local port 500, remote port 500
    ISAKMP (0:1): beginning Main Mode exchange
    ISAKMP (0:1): sending packet to 172.16.100.2 (I) MM_NO_STATE
    ISAKMP (0:1): received packet from 172.16.100.2 (I) MM_NO_STATE
    ISAKMP (0:1): Notify has no hash. Rejected.
    01:59:44: %CRYPTO-6-IKMP_MODE_FAILURE: Processing of Informational mode failed with peer at 172.16.100.2
    ```

11.3 Authentifizierung der ISAKMP-Partner

Jedes IPSec-System besitzt eine Identität, die zur Verknüpfung mit den Authentifizierungsdaten verwendet wird. Standardmäßig benutzt IOS die IP-Adresse der Schnittstelle, die mit der »crypto map« verbunden ist. Daneben unterstützen die Router noch den Domainnamen als ISAKMP-Identität. Soll der Router eine andere Adresse verwenden, kann man über das *crypto map... local-address...*-Kommando eine andere Schnittstelle zuweisen (z.B. ein Loopback Interface).

Identifikation über die IP-Adresse

Die *Identification Payload* enthält die IP-Adresse des Partners. Das heißt, als *ID Type* wird ID_IPV4_ADDRESS verwendet.

crypto **isakmp identity address**
crypto map *xxx* # ipsec-isakmp
   set peer ...
   match address ...
   set transform ...

Identifikation über den IP-Domainnamen

In der *Identification Payload* ist in diesem Fall der Domainname eingetragen (*ID Type* ist ID_FQDN). Der Name des Partners muss in der lokalen Hosts-Tabelle des Routers eingetragen sein oder es muss ein DNS Server zur Namensauflösung zur Verfügung stehen.

ip host *peer1 address*
ip host *peer2 address*
hostname *name*
ip domain-name *domain*
crypto **isakmp identity hostname**
crypto map *xxx* # ipsec-isakmp
   set peer ...
   match address ...
   set transform ...

11.3.1 Authentifizierung über RSA-Signaturen

Bei der Authentifizierung über RSA-Signaturen wird im Netzwerk eine Zertifizierungsstelle benötigt, die das *Simple Certificate Enrollment Protocol* (SECP) unterstützt (siehe Kapitel 5.5). Dieses Protokoll erlaubt es den Routern, Zertifikate von einer Zertifizierungsstelle anzufordern und die Partner-Zertifikate zu verifizieren. Der Router speichert die empfangenen Zertifikate dann automatisch in der IOS-Konfiguration innerhalb der »crypto ca certificate chain« ab.

Gültigkeitszeitraum von Zertifikaten und lokale Zeit auf dem Router

Da die Zertifikate nur für einen gewissen Zeitraum gültig sind, muss man darauf achten, dass auf den Routern immer die korrekte Zeit vorhanden ist – entweder über NTP (Network Time Protocol) oder das explizite Setzen der Zeit.

- Manuelles Setzen der Zeit auf dem Router

    c2504# clock set 10:21:00 13 FEB 2001

- Falsche Zeit auf dem Router

    Falls die lokale Zeit des Routers außerhalb des Zeitraums liegt, in dem das Zertifikat des Partners gültig ist, kann keine ISAKMP Security Association aufgebaut werden.

    # debug crypto pki messages
    # debug crypto pki transactions
    ```
    CRYPTO_PKI: Certificate validity start is later than the current time.
    05:33:46: %CRYPTO-5-IKMP_INVAL_CERT: Certificate received from 172.16.100.1 is bad:
    certificate invalid
    05:33:46: %CRYPTO-6-IKMP_MODE_FAILURE: Processing of Main mode failed with peer at
    172.16.100.1
    ```

    # show crypto isakmp sa
    ```
        dst             src           state         conn-id    slot
    192.168.1.254   50.104.7.67    MM_KEY_EXCH       2         0
    ```
    ↳ Die ISAKMP SA bleibt in diesem Fall im Status MM_KEY_EXCHANGE.

Erzeugen des lokalen RSA-Schlüsselpaars

Da IOS den lokalen Schlüsseln und Zertifikaten immer einen *Fully Qualified Domain Name* (FQDN) zuweist, muss der Host- und Domainname definiert sein, bevor man das lokale RSA-Schlüsselpaar generieren kann. Wird einer dieser Namen abgeändert, verliert das Zertifikat und damit das RSA-Schlüsselpaar seine Gültigkeit.

Die Router speichern den privaten RSA-Schlüssel in einem Bereich des NVRAM ab, der von außen nicht zugänglich ist. Das heißt, man kann den Schlüssel nicht anzeigen und auch nicht sichern. Bei einem HW-Tausch des Routers muss deshalb ein neues Schlüsselpaar erzeugt werden.

Beim Generieren der lokalen RSA-Schlüsselpaare unterscheidet IOS zwischen *Special Usage*- und *General Purpose*-Schlüsseln. Bei *Special Usage Keys* legt der Router für RSA-Verschlüsselung und für RSA-Signaturen zwei unterschiedliche Schlüssel an. Bei *General Purpose Keys* benutzen beide Verfahren das gleiche Schlüsselpaar.

Da kryptographische Schlüssel für Angriffe anfälliger werden, je öfter man sie benutzt, ist es in der Regel sinnvoller, *Special Usage Keys* zu verwenden.

```
c2504# config terminal
c2504(config)# hostname c2504
c2504(config)# ip domain-name frs-lab.de
                                              ┌─ Löschen eines evtl. vorhandenen
c2504(config)# crypto key zeroize rsa       ─┘  alten RSA-Schlüsselpaars
% Keys to be removed are named c2504.frs-lab.de.
Do you really want to remove these keys? [yes/no]: yes

c2504(config)# crypto key generate rsa usage-keys
The name for the keys will be: c2504.frs-lab.de
Choose the size of the key modulus in the range of 360 to 2048 for your
  Signature Keys. Choosing a key modulus greater than 512 may take
  a few minutes.

How many bits in the modulus [512]:
Generating RSA keys ...
[OK]
Choose the size of the key modulus in the range of 360 to 2048 for your
  Encryption Keys. Choosing a key modulus greater than 512 may take
  a few minutes.

How many bits in the modulus [512]:
Generating RSA keys ...
[OK]

c2504# show crypto key mypubkey rsa
% Key pair was generated at: 10:22:29 MET Feb 13 2001
Key name: c2504.frs-lab.de              ┌─ Schlüssel für die Authentifizierung
 Usage: Signature Key                  ─┘  über RSA-Signaturen
 Key Data:
  305C300D 06092A86 4886F70D 01010105 00034B00 30480241 00AD588C 3B6F4591
  59F55F10 2AF2E7DD D22A9A89 3419FD3E B98D2077 B34A31D6 331B6E86 2CB8A312
  FD57BC51 223C2DF0 5273F1FE D9FED842 F1BD8C15 9DDB36BA 1D020301 0001
% Key pair was generated at: 10:22:56 MET Feb 13 2001
Key name: c2504.frs-lab.de              ┌─ Schlüssel für die Authentifizierung
 Usage: Encryption Key                 ─┘  über RSA-Verschlüsselung
 Key Data:
  305C300D 06092A86 4886F70D 01010105 00034B00 30480241 00CCBCF5 0DBB3B3A
  D52F9D3B CE098215 7EAE5AD2 19D0124C 6ACFC7C3 E265CC12 D2EEF25D DF31FC4F
  70387796 5437A23B DC4EDF7C EAFF750C 93437C29 248DE79A 4B020301 0001
```

Anforderung des X.509v3-Zertifikats der Zertifizierungsstelle

- Definition der Zertifizierungsstelle

In diesem Beispiel wurde ein Microsoft Windows 2000 Certificate Server verwendet. Da diese PKI-Implementation für SCEP eine Registrierungsstelle einsetzt, muss »enrollment mode ra« gesetzt sein.

Die aktuellen IOS-Versionen unterstützen im Moment nur eine CA. Es ist daher notwendig, dass alle ISAKMP-Partner die gleiche Zertifizierungsstelle verwenden. Die *Trusted Root Certificate Authority*-Erweiterung bietet ab der Version V12.1(1)T jedoch die Möglichkeit, mehrere CAs zu spezifizieren.

Authentifizierung der ISAKMP-Partner 239

```
ip host mpdepp.frs-lab.de 192.168.1.2
```
← Falls kein DNS verwendet wird, muss die Adresse der CA in die lokale Hosts-Datenbank eingetragen werden.

```
crypto ca identity frs-lab.de
enrollment mode ra
enrollment url http://mpdepp.frs-lab.de:80/certsrv/mscep/mscep.dll
```
← Der IP-Domainname der CA

- Anforderung des Zertifikats der Certificate Authority (erfolgt über das SCEP-Protokoll)

```
c2504(config)# crypto ca authenticate frs-lab.de
Certificate has the following attributes:
Fingerprint: ED6629CD 71471B8B 69818E9A 76D9F3F7
% Do you accept this certificate? [yes/no]: yes
```

Da die Sicherheit der kompletten IPSec-Infrastruktur von der Gültigkeit des CA-Zertifikats abhängt, sollte es extern verifiziert werden (z.B. durch einen telefonischen Vergleich des Fingerabdrucks). Man kann aber auch über einen Webbrowser auf die Zertifizierungsstelle zugreifen und sich den Fingerabdruck direkt anzeigen lassen (URL: http://*ca-address*/certsrv/mscep/mscep.dll).

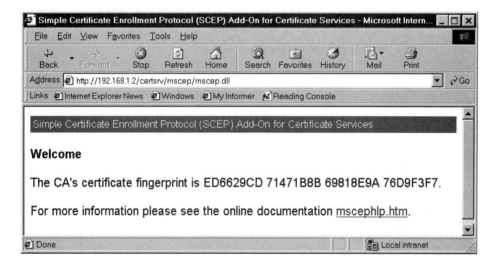

Sobald der Router im Besitz des Zertifikats der Zertifizierungsstelle ist – und damit den öffentlichen Signaturschlüssel kennt –, kann er alle anderen Zertifikate lokal verifizieren, ohne die CA nochmals kontaktieren zu müssen (siehe auch Kapitel 9.3.3).

- Debug-Informationen

```
c2504# debug crypto pki messages
c2504# debug crypto pki transaction
CRYPTO_PKI: Sending CA Certificate Request:
GET /certsrv/mscep/mscep.dll/pkiclient.exe?operation=GetCACert&message=frs-lab.de HTTP/1.0
```

```
CRYPTO_PKI: http connection opened
CRYPTO_PKI: HTTP response header:
  HTTP/1.1 200 OK
Server: Microsoft-IIS/5.0
Date: Mon, 12 Feb 2001 11:27:57 GMT
Content-Length: 3145
Content-Type: application/x-x509-ca-ra-cert

Content-Type indicates we have received CA and RA certificates.

CRYPTO_PKI: Name: CN = RA FRS-LAB, O = Andreas Aurand, C = DE
CRYPTO_PKI: Name: CN = RA FRS-LAB, O = Andreas Aurand, C = DE
CRYPTO_PKI: transaction GetCACert completed
CRYPTO_PKI: CA certificate received.
CRYPTO_PKI: CA certificate received.
```

- Anzeige der Zertifikate und der dazugehörigen öffentlichen Schlüssel

  c2504# show crypto key pubkey-chain rsa
  ```
  Codes: M - Manually configured, C - Extracted from certificate

  Code Usage    IP-Address        Name
  C    Signing                    X.500 DN name:          ← Öffentlicher RSA-Schlüssel
                                                             der Zertifizierungsstelle
  C    Signing                    X.500 DN name:
       CN = CA FRS-LAB
       OU = Andreas Aurand
       C = DE

  C    Encrypt                    X.500 DN name:
  ```

  c2504# show crypto ca certificates
  ```
  RA KeyEncipher Certificate
    Status: Available
    Certificate Serial Number: 6106873B000000000005
    Key Usage: Encryption              ← Zertifikat des zur Signatur verwendeten
    Issuer:                              öffentlichen RSA-Schlüssels der RA
      CN = CA FRS-LAB
      OU = Andreas Aurand
      C = DE
    Subject Name:
      CN = RA FRS-LAB
      O = Andreas Aurand
      C = DE
    CRL Distribution Point:
      http://mpdepp.frs-lab.de/CertEnroll/CA%20FRS-LAB.crl
    Validity Date:
      start date: 13:30:33 MET Feb 12 2001   ← Da die Zertifikate nur eine bestimmte
      end   date: 13:40:33 MET Feb 12 2002     Gültigkeitsdauer haben, muss auf den
                                               Routern die korrekte Zeit gesetzt sein.
  ```

Authentifizierung der ISAKMP-Partner

```
CA Certificate
  Status: Available
  Certificate Serial Number: 2AF5E3AC371EE9AB4F44F9722EB4F87B
  Key Usage: General Purpose
  Issuer:
    CN = CA FRS-LAB
    OU = Andreas Aurand
    C = DE
  Subject Name:
    CN = CA FRS-LAB
    OU = Andreas Aurand
    C = DE
  CRL Distribution Point:
    ldap:///CN=CA%20FRS-LAB,CN=mpdepp,CN=CDP,CN=Public%20Key%20Services,CN=Servt
  Validity Date:
    start date: 13:16:48 MET Feb 12 2001
    end   date: 13:25:16 MET Feb 12 2006

RA Signature Certificate
  Status: Available
  Certificate Serial Number: 6106826B000000000004
  Key Usage: Signature
  Issuer:
    CN = CA FRS-LAB
    OU = Andreas Aurand
    C = DE
  Subject Name:
    CN = RA FRS-LAB
    O = Andreas Aurand
    C = DE
  CRL Distribution Point:
    http://mpdepp.frs-lab.de/CertEnroll/CA%20FRS-LAB.crl
  Validity Date:
    start date: 13:30:32 MET Feb 12 2001
    end   date: 13:40:32 MET Feb 12 2002
```

Zertifikat des öffentlichen RSA-Schlüssels der Zertifizierungsstelle (für Signatur und Verschlüsselung gültig)

Zertifikat des zur Signatur verwendeten öffentlichen RSA-Schlüssels der RA

Registrierung des öffentlichen RSA-Schlüssels des Routers

Auch die Registrierung des lokalen öffentlichen RSA-Signaturschlüssels auf der Zertifizierungsstelle erfolgt über das SCEP-Protokoll. Die IP-Adresse sollte nicht mit in den *Subject Name* eingebunden werden, da bei einer Änderung der Adresse das Zertifikat seine Gültigkeit verliert.

Falls doch definiert, müssen alle ISAKMP-Nachrichten immer diese Adresse benutzen, ansonsten schlägt die Authentifizierung fehl. Da man nur eine IP-Adresse angeben kann, bindet man am besten eine Loopback-Adresse in das Zertifikat ein und weist dem Router diese Adresse dann über den Befehl »crypto map ... local-address ... « als ISAKMP-Identität zu.

- Registrierung des öffentlichen Schlüssels

```
c2504(config)# crypto ca enroll frs-lab.de
% Start certificate enrollment ..
% Create a challenge password. You will need to verbally provide this
   password to the CA Administrator in order to revoke your certificate.
   For security reasons your password will not be saved in the configuration.
   Please make a note of it.
```

CA-Identität

```
Password:
Re-enter password:

% The subject name in the certificate will be: c2504.frs-lab.de
% Include the router serial number in the subject name? [yes/no]: yes
% The serial number in the certificate will be: 07681045
% Include an IP address in the subject name? [yes/no]: no
Request certificate from CA? [yes/no]: yes
% Certificate request sent to Certificate Authority
% The certificate request fingerprint will be displayed.
% The 'show crypto ca certificate' command will also show the fingerprint.

Signing Certificate Reqeust Fingerprint:
4CB98D37 CB2C738C 1D2176EF A5038BF9
Encryption Certificate Request Fingerprint:
AEEDF762 CACB17A5 2AF1E69F 1F8AA4C8

01:29:13: %CRYPTO-6-CERTRET: Certificate received from Certificate Authority
01:29:20: %CRYPTO-6-CERTRET: Certificate received from Certificate Authority
```

- Anzeige der Zertifikate und der dazugehörigen öffentlichen Schlüssel

c2504# show crypto ca certificates

```
Certificate
  Status: Available
  Certificate Serial Number: 0426FBF3000000000010
  Key Usage: Encryption
  Issuer:
    CN = CA FRS-LAB
     OU = Andreas Aurand
      C = DE
  Subject Name Contains:
    Name: c2504.frs-lab.de
    Serial Number: 07681045
  CRL Distribution Point:
    http://mpdepp.frs-lab.de/CertEnroll/CA%20FRS-LAB.crl
  Validity Date:
    start date: 09:10:50 MET Feb 13 2001
    end   date: 09:20:50 MET Feb 13 2002

Certificate
  Status: Available
  Certificate Serial Number: 0426EBE900000000000F
  Key Usage: Signature
  Issuer:
    CN = CA FRS-LAB
     OU = Andreas Aurand
      C = DE
  Subject Name Contains:
    Name: c2504.frs-lab.de
    Serial Number: 07681045
  CRL Distribution Point:
    http://mpdepp.frs-lab.de/CertEnroll/CA%20FRS-LAB.crl
  Validity Date:
    start date: 09:10:46 MET Feb 13 2001
    end   date: 09:20:46 MET Feb 13 2002
```

- Löschen eines Zertifikats

    ↗ Seriennummer des Zertifikats

    c2504(config)# crypto ca certificate chain frs-lab.de
    c2504(config-cert-chain)# no certificate *041DBDBC00000000000E*
    ```
    Are you sure you want to remove the certificate? [yes/no]: yes
    % Be sure to ask the CA administrator to revoke this certificate.
    ```

    c2504(config-cert-chain)# no certificate *041DAC8F00000000000D*
    ```
    Are you sure you want to remove the certificate? [yes/no]: yes
    % Be sure to ask the CA administrator to revoke this certificate.
    ```

Certificate Revocation List (CRL)

Die Widerrufsliste wird auf den Routern nur temporär gespeichert und ist z.B. nach einem Reboot wieder weg. Falls eine neue ISAKMP SA aufgebaut werden soll und es liegt lokal keine CRL vor, muss der Router zuerst eine neue Widerrufsliste von der CA anfordern.

- Anfordern und Anzeigen einer CRL

    c2504(config)# crypto ca crl request frs-lab.de
    c2504# show crypto ca crls
    ```
    C CRL:
        CRL Issuer Name:
            CN = CA FRS-LAB, OU = Andreas Aurand, C = DE
        LastUpdate: 11:07:15 MET Feb 23 2001
        NextUpdate: 23:27:15 MET Mar 2 2001
    ```

    # debug crypto pki messages
    # debug crypto pki transactions
    ```
    CRYPTO_PKI: http connection opened
    CRYPTO_PKI: set CRL update timer with delay: 5AB4A
    CRYPTO_PKI: the current router time: 16:15:05 MET Feb 26 2001
    CRYPTO_PKI: the last CRL update time: 11:07:15 MET Feb 23 2001
    CRYPTO_PKI: the next CRL update time: 23:27:15 MET Mar 2 2001
    CRYPTO_PKI: transaction Unknown completed
    ```

- Fehler, falls der Router keinen Zugriff auf die CRL hat

    # debug crypto pki messages
    # debug crypto pki transactions
    ```
    CRYPTO_PKI: status = 0: poll CRL
    CRYPTO_PKI: socket connect error.
    CRYPTO_PKI: status = 0: failed to open http connection
    CRYPTO_PKI: status = 65535: failed to send out the pki message
    CRYPTO_PKI: transaction Unknown completed
    CRYPTO_PKI:  blocking callback received status: 106
    %CRYPTO-5-IKMP_INVAL_CERT: Certificate received from 172.16.100.1 is bad:
             unknown error returned in certificate validation
    %CRYPTO-6-IKMP_MODE_FAILURE: Processing of Main mode failed with peer at 172.16.100.1
    ```

- Authentifizierung über RSA-Signaturen ohne Widerrufslisten

Über das Kommando »crl optional« kann dieses Verhalten geändert werden. Es ist dann nicht mehr zwingend notwendig, dass der Router beim Aufbau der ISAKMP SA die Widerrufsliste überprüft.

```
crypto ca identity frs-lab.de
  enrollment mode ra
  enrollment url http://mpdepp.frs-lab.de:80/certsrv/mscep/mscep.dll
  crl optional
```

```
# debug crypto pki messages
# debug crypto pki transactions
# debug crypto sessmgmt
CRYPTO_PKI: status = 0: crl check ignored
CRYPTO_PKI: WARNING: Certificate, private key or CRL was not found while selecting CRL
CRYPTO_PKI: cert revocation status unknown.
CRYPTO: RSA public decrypt finished with status=OK        Router führt trotz fehlender CRL die
CRYPTO: RSA private encrypt finished with status=OK       Authentifizierung des Partners durch.
CRYPTO: Crypto Engine clear dh conn_id 1 slot 0: OKg
CRYPTO: Allocated conn_id 2000 slot 0, swidb 0x1BC3B0,
CRYPTO: Allocated conn_id 2001 slot 0, swidb 0x1BC3B0,
```

11.3.1.1 Beispielkonfiguration für die Authentifizierung über RSA-Signaturen

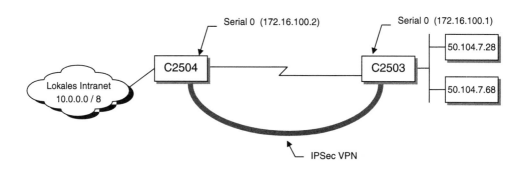

Authentifizierung der ISAKMP-Partner

Konfiguration des Initiator C2503

hostname c2503
!
ip host mpdepp.frs-lab.de 192.168.1.2
ip domain-name frs-lab.de
!
crypto ca identity frs-lab.de
 enrollment mode ra
 enrollment url http://mpdepp.frs-lab.de/certsrv/mscep/mscep.dll
!
crypto ca certificate chain frs-lab.de
 certificate ra-encrypt 6106873B000000000005
  3082031F 30820209 A0030201 02020A61 06873B00 00000000 05300006 092A8648
  86F70D01 01050500 3038310B 30090603 55040613 02444531 17301506 0355040B
  130E416E 64726561 73204175 72626E64 31133011 06035504 03130A43 41204652
  532D4C41 42301E17 0D303130 32313231 34333033 335A170D 30323032 31323134
  34303333 5A303B31 0B300906 03550406 13024445 31173015 06035504 0A130E41
  6E647265 61732041 7572616E 64311330 11060355 0403130A 52412046 52532D4C
  41423081 9F300D06 092A8648 86F70D01 01010500 03818D00 30818902 818100C5
  362C57AB 4E4C4D77 689A5F53 1DF8165F 9103D3C4 C9734F4F 188CD255 893836AF
  E583EC5E 47BA57C9 7FA007CA 3E82314B 98883CDF 9AE49E25 288650D2 8A59E320
  2EBB706C 329F9619 5C5F18CE E6B6BEA9 4DB008D9 600DAE15 C0B99C24 86E8B623
  F13DE1A6 AABEFAB3 196F8C01 D9DFC5DC A120493A 1D13780A 6ED17FE2 CD207502
  03010001 A3820169 20820165 300E0603 551D0F01 01FF0404 03020430 30150603
  551D2504 0E300C06 0A2B0601 04018237 14020130 1D060355 1D0E0416 04140910
  54BF021F A63B55A9 E288822B F7BD7B8D B6563072 0603551D 23046830 6980141F
  EAA51131 52B8FA2B 6CFF7B15 76BD9E93 1DA2CFA1 3FA4JD30 3B310B30 09060355
  04061302 44453117 30150603 55040B13 0E416E64 72656173 20417572 616E6431
  13301106 03550403 130A4341 20465253 2D4C4142 82102AF5 E3AC371E E9AB4F44
  F9722EB4 F87B3045 0603551D 1F043E30 3C303AA0 38A03686 34687474 703A2F2F
  6D706465 70702E66 72732D6C 61622E64 652F6365 7274456F 726F6C6C 2F434125
  32304652 532D4C41 422E6372 6C306206 082B0601 05050701 01045630 54305206
  082B0601 05050730 02B64668 74703A2F 2F2F6070 64657070 2F4F532D 6C61622E
  2E64652F 43657274 456F72E7 6C6C2F6D 706465EF 70702E66 72732D6C 61622E64
  5F434125 32304652 532D4C41 422E6372 74300006 092A8648 86F70D01 01050500
  03410006 D8D8A932 C69DC4AC BE11664F B15AC864 7153BE8F9 799EE9A0 17D6AD21
  4BEC5DFB 211A683D 5B733065 C2217E5 2DB8F417 01970E73 AD3FD603 28DE3816 339488
 quit
 certificate ca
 2AF5E3AC371EE9AB4F44F9722EB4F87B
  3082202B 30820292 A0030201 02020102 A F5E3AC37 1EE9AB4F 44F9722E B4FB7B30
  0D06092A 864886F7 0D010105 0500303B 31083009 06035504 06130244 45311730
  15060355 040B130E 416E6472 65617320 41757261 6E643113 30110603 55040313
  0A434120 4652532D 4C414230 1E170D30 31303231 32313431 3634385A 17D30306
  30323132 31343235 31365A30 3B310B30 09060355 04061302 44453117 30150603
  55040B13 0E416E64 72656173 20417572 616E6431 13301106 03550403 130A4341
  20465253 2D4C4142 30820122 300D0609 2A864886 F70D0101 01050003 82010F00
  00EF27F8 7A8886AA 3F0C0FCC F2D93106 96397ECB 3B0AE324 FCC63E11 C29580E7
  2B1985B5 55EE3C27 68D0A35A F5F6690D 5CADA371 769BDGDC 171D35E5 466CA3E9
  93020301 0001A382 01703082 016C3013 06092B06 01040182 37140204 061E0400
  43004130 0B060355 1D0F0404 03020146 300F0603 551D1301 01FF0405 30030101
  FF301D06 03551D0E 04160414 1FEAA511 3152B8FA 286CFF7B 1576BD9E 931DA2CF
  30820104 0603551D 1F0481FC 3081F930 81BAA081 B7A081B4 8681B16C 6461703A
  2F2F2F2F43 434E3D50 25323046 52532D4C 41422C43 4E3D6D70 64657070 2C434E3D
  4344502C 434E3D50 7562626C 6963253E 30204B65 7925253A 203D3665 7265763A
  4E3D5365 72766963 6573253A 4D3D436F 66666967 75726174 696F6E25 44443241
  72732D6C 61622C44 433D6465 3F636572 7469666963 61746552 65766F63 61744F6E
  6F6C6974 5F3F6F62 6A656374 436C6F73 733D6352 4C446973 74726962 75544F66
  69625274 696F6E50 6F696074 3081A041 A03E863C 687474703A 2F2F6D70 64657070
  2E666372 732D6C61 622E6465 2F436572 74456F72 6F6C6C2F 6D706465 70702E66
  72732D6C 61622E64 653F6963 3A4E3D50 25323046 52532D4C 41423012 0603551D
  13010000 01000403 04030002 F3F30310 6092A864 886F70D0 10105050 0034000
  5D66763 48AD5CD9 FF89A13C 5FBECC4F BDDF768A DA629A64 47051D15 61A6D03A0
  66DC6185 09158EFE 8CFC8B7E 3A1C0A2B 353EE64 BD046987 5940B20E 67
 quit

certificate 611EBD0C0000000000000B
  3082026D 30820283 A0030201 02020A61 1EBD0C00 00000000 0B300006 092A8648
  86F70D01 01050500 3038310B 30090603 55040613 02444531 17301506 0355040B
  130E416E 64726561 73204175 72626E64 31133011 06035504 03130A43 41204652
  532D4C41 42301E17 0D303130 32313231 35323332 315A170D 30323032 31323135
  33333231 5A303331 10300E06 03550405 13074737 38333331 37311F30 1D06092A
  864886F7 0D010902 13106332 3530332E 6672732D 6C61622E 64653081 9F300D06
  092A8648 86F70D01 01010500 03818D00 30818902 81810006 BD706706 75659C14 3655B088
  CE2C0A9A 525C4A84 7601E7BD 52661E0C 8217F98 B759F7C2 CA564E42 8DFD7AED
  59095A60 17D62492 6C4C873A 1BF149E5 3F77802 03010001 A382016F 3082016B
  30080603 551D0F04 04030207 80301D06 03551D0E 04160414 16B46C32 86EB45B0
  82C0B062 D79E360B 67A3B716 30720603 551D2304 6B306980 141FEAA5 113152B8
  FA286CFF 7B157680 9E931DA2 CFA13FA4 3D303B31 0B300906 03550406 13024445
  31173015 06035504 0B130E41 6E647265 61732041 7572616E 64311330 11060355
  0403130A 43412046 52532D4C 41428210 2AF5E3AC 371EE9AB 4F44F972 2EB4F87B
  301E0603 551D1101 01FF0414 30128210 63323530 332E6672 732D6C61 622E6465
  30450603 551D1D10 43D30430 3AA03B1A 03686874 74703A2F 2F6D7064 6570702E
  6672732D 6C61622E 64652F43 65727445 6E726F6C 6C2F6D70 64657070 2E667273
  2D6C6162 2E64653F 63653A4E 3D252320 465F 52532D4C 41423082 016C4265 652F4365
  4C41228 63726C30 6206082B 06010505 07010104 56305430 52060882 06010505
  07300286 4668747A 703A2F2F 6D706465 70702E66 72732D6C 61622E64 652F4365
  7274456E 726F6C6C 2F6D7064 6570702E 6672732D 6C61622E 64652F43 65727445
  6E726F6C 6C2F6D70 64657070 2E667273 2D6C6162 2E64653F 63A3A4E 3D565D
  67F1C763 48AD5CD9 FF89A13C 5FBECC4F BDDF768A DA629A64 47051D15 61A6D030
 quit

certificate ra-sign 6106826B000000000004
  3082031F 30820209 A0030201 02020A61 06826B00 00000000 04300006 092A8648
  86F70D01 01050500 3038310B 30090603 55040613 02444531 17301506 0355040B
  130E416E 64726561 73204175 72626E64 31133011 06035504 03130A43 41204652
  532D4C41 42301E17 0D303130 32313231 34333033 335A170D 30323032 31323134
  34303333 5A303B31 0B300906 03550406 13024445 31173015 06035504 0A130E41
  6E647265 61732041 7572616E 64311330 11060355 0403130A 52412046 52532D4C
  41423081 9F300D06 092A8648 86F70D01 01010500 03818D00 30818902 818100CS
  EC9AFBE5 0D6E899C 88080036B 15B9644B 9A36DF00 13803979 0435A705 56EDFC39
  68FBC412 143A2C7B 0D0B581F2 146ACF84 92A5EF10 A6091EDS FD4EE4F1 49CFA6F9
  089DCS9A 299A88AA CE30030E AA68F4CC 909069F1 020BCBD4 D72EC3AE 4DB5CEB7
  07433106 64A4CF06 745EBA6F 642B7AAC 6564CDA9 334C2904 7D0CA8F ACB73902
  03010001 A3820169 30820165 300E0603 551D0F01 01FF0404 03020630 30150603
  551D2504 0E300C06 0A2B0601 04018237 14020130 1D060355 1D0E0416 0414BFC1
  16397778 61EF0DDB C2CF93A1 D455D244 8D723072 0603551D 23046830 6980141F
  EAA51131 52B8FA2B 6CFF7B15 76BD9E93 1DA2CFA1 3FA43D30 3B310B30 09060355
  04061302 44453117 30150603 55040B13 0E416E64 72656173 20417572 616E6431
  13301106 03550403 130A4341 20465253 2D4C4142 82102AF5 E3AC371E E9AB4F44
  F9722EB4 F87B3045 0603551D 1F043E30 3C303AA0 38A03686 34687474 703A2F2F
  6D706465 70702E66 72732D6C 61622E64 652F6365 72747372 762F6D6C 2F434125
  32304652 532D4C41 422E6372 6C306206 082B0601 05050701 01045630 54305206
  082B0601 05050730 02864668 7474703A 2F2F6D70 64657070 2E667273 2D6C6162
  2E64652F 43657274 456E726F 6C6C2F6D 70646570 702E6672 732D6C61 622E6465
  5F434125 32304652 532D4C41 422E6372 74300006 092A8648 86F70D01 01050500
  03410010 D8D0A932 C69DC4AC BE11664F B15AC864 7153BE8F9 799EE9A0 17D6AD21
  DF094771 D5AB6050 3811C320 D2967FB9 88CBBB3CC 7FBD2C4C 6335C4B4 A389688F AFB7A9
 quit
 certificate 611ED2B80000000000000C
  3082020D9 30820283 A0030201 02020A61 1ED2B800 00000000 0C300006 092A8648
  86F70D01 01050500 3038310B 30090603 55040613 02444531 17301506 0355040B
  130E416E 64726561 73204175 72626E64 31133011 06035504 03130A43 41204652
  532D4C41 42301E17 0D303130 32313231 35323332 365A170D 30323032 31323135
  33333236 5A303331 10300E06 03550405 13074737 38333333 37311F30 1D06092A
  864886F7 0D010902 13106332 3530332E 6672732D 6C61622E 64653081 9F300D06
  092A8648 86F70D01 01010500 03818D00 30818902 81810006 C61622E 6465305C 50090
  2A864886 F7000101 05050003 4B003048 024100CC EC307489 6C1237BB E0EB6CB
  E42B3B5E C22610D4 BF3EAAFD D5E5078E 5F3B86ED 42770B0D 55B48499 9DF6E6B8
  84093816 91DDA51A 21850F11 59E548CB 06158702 03010001 A382016F 3082016B
  300B0603 551D0F04 04030205 20301D06 03551D0E 04160414 13C0D7A8 CD88497C
  6170F0E1E AEC4CAF9 A6525E5A8 30720603 551D2304 6B306980 141FEAA5 113152B8
  FA286CFF 7B157680 9E931DA2 CFA13FA4 3D303B31 0B300906 03550406 13024445
  31173015 06035504 0B130E41 6E647265 61732041 7572616E 64311330 11060355
  0403130A 43412046 52532D4C 41428210 2AF5E3AC 371EE9AB 4F44F972 2EB4F87B
  301E0603 551D1101 01FF0414 30128210 63323530 332E6672 732D6C61 622E6465
  30450603 551D1D10 43D30430 3AA03B1A 03686874 74703A2F 2F6D7064 6570702E
  6672732D 6C61622E 64652F43 65727445 6E726F6C 6C2F6D70 64657070 2E667273
  2D6C6162 2E64653F 63653A4E 3D252020 4652532D 4C414228 63726C30 6206082B
  06010505 07010104 56305430 52060802 06010505 07300286 4668747A 703A2F2F
  6D706465 70702E66 72732D6C 61622E64 652F4365 7274456E 726F6C6C 2F6D7064
  6570702E 6672732D 6C61622E 64653F43 65727445 6E726F6C 6C2F6D70 64657070
  CE80CDFA4 200BA6C4 DAC5297F EFCB629D 446C0C24 36425A9F C1A76853 89760515
  96EE28FC B3623794 89222183 E2F8F7EE6 C26317C5 8512A9E7 4C1FF65D 7D
 quit

!
crypto isakmp policy 20
 hash md5
crypto isakmp identity hostname
!
crypto ipsec transform-set AH ah-md5-hmac
!
crypto map SERIAL 10 ipsec-isakmp
 set peer 172.16.100.2
 set transform-set AH
 match address 100
!
interface Ethernet0
 ip address 50.104.7.67 255.255.252.0
!
interface Serial0
 ip address 172.16.100.1 255.255.255.252
 crypto map SERIAL
!
access-list 100 permit ip host 50.104.7.28 10.0.0.0 0.255.255.255
access-list 100 permit ip host 50.104.7.68 10.0.0.0 0.255.255.255
!
ntp clock-period 17179848
ntp source Ethernet0
ntp server 50.104.233.1 version 2 source Ethernet0 prefer
!
end

> Die Zertifikate trägt der Router automatisch beim Anfordern des CA-Zertifikats bzw. beim Registrieren des öffentlichen RSA-Schlüssels in die IOS-Konfiguration ein.

Konfiguration des Responder C2504

```
hostname c2504
!
ip host mpdepp.frs-lab.de 192.168.1.2
ip domain-name frs-lab.de
!
crypto ca identity frs-lab.de
 enrollment mode ra
 enrollment url http://mpdepp.frs-
lab.de/certsrv/mscep/mscep.dll
!
crypto ca certificate chain frs-lab.de
 certificate 0426FBF3000000000010
  308202D9 30820283 A0030201 02020A04 26FBF300 00000000 10300D06 092A8648
  86F70D01 01050500 303B310B 30090603 55040613 02444531 17301506 0355040B
  130E416E 64726561 73204175 72616E64 31133011 06035504 03130A43 41204652
  532D4C41 42301E17 0D303130 32313331 30313035 305A170D 30323032 31333130
  32303530 5A303331 10300E06 03550405 13073736 38313034 35311F30 1D06092A
  864886F7 0D010902 13106332 3530342E 6672732D 6C61622E 6465305C 300D0609
  2A864886 F70D0101 01050003 4B003048 024100CC BCF50DBB 3B3AD52F 9D3BCE09
  82157EAE 5AD219D0 124C6ACF C7C3E265 CC12D2EE F25DDF31 FC4F7038 77965437
  A23BDC4E DF7CEAFF 750C9343 7C29248D E79A4B02 03010001 A382016F 3082016B
  300B0603 551D0F04 04030205 20301D06 03551D0E 04160414 199A9A32 1444DB3A
  A0684596 BD2B082F 588DBA43 30720603 551D2304 6B306980 141FEAA5 113152B8
  FA286CFF 7B1576BD 9E931DA2 CFA13FA4 3D303B31 0B300906 03550406 13024445
  31173015 06035504 0B130E41 6E647265 61732041 7572616E 64311330 11060355
  0403130A 43412046 52532D4C 41428210 2AF5E3AC 371EE9AB 4F44F972 2EB4F87B
  301E0603 551D1101 01FF0414 30128210 63323530 342E6672 732D6C61 622E6465
  30450603 551D1F04 3E303C30 3AA038A0 36863468 7474703A 2F2F6D70 64657070
  2E667273 2D6C6162 2E64652F 43657274 456E726F 6C6C2F43 41253230 4652532D
  4C41422E 63726C30 6206082B 06010505 07010104 56305430 5206082B 06010505
  07300286 46687474 703A2F2F 6D706465 70702E66 72732D6C 61622E64 652F4365
  7274456E 726F6C6C 2F6D7064 6570702E 6672732D 6C61622E 64655F43 41253230
  4652532D 4C41422E 63727430 0D06092A 864886F7 0D010105 05000341 0039239D
  215F5E90 23E4726F A80CAFB2 561CBCB6 28AAD4A9 573A5286 3B9F7A3F C1DEDAC0
  24453B73 6988383F 9D058E37 67A050A7 3344A9A9 3B817B4F 490E7B3D 49
  quit
 certificate ra-sign 6106826B000000000004
  3082031F 308202C9 A0030201 02020A61 06826B00 00000000 04300D06 092A8648
  86F70D01 01050500 303B310B 30090603 55040613 02444531 17301506 0355040B
  130E416E 64726561 73204175 72616E64 31133011 06035504 03130A43 41204652
  532D4C41 42301E17 0D303130 32313231 34333033 325A170D 30323032 31323134
  34303332 5A303B31 0B300906 03550406 13024445 31173015 06035504 0A130E41
  6E647265 61732041 7572616E 64311330 11060355 0403130A 52412046 52532D4C
  41423081 9F300D06 092A8648 86F70D01 01010500 03818D00 30818902 818100C5
  EC94F8E5 DD6E899C 8B0B3E6B 15B9644B 9A360F00 13B03979 0435A705 56EDFC39
  6BFBC412 143A2C7B 0D85B1F2 146ACF84 92A5EF10 A6891ED5 FD4EE4F1 49CFA6F9
  0B9DC59A 299A88AA CE30030E AA68F4CC 909069F1 D20BCBD4 D72EC3AE 4D85CEB7
  074331D6 64A4CF06 745EBA6F 642B7AAC 6564C0A9 334C2904 FD90CA8F ACB73902
  03010001 A3820169 30820165 300E0603 551D0F01 01FF0404 030206C0 30150603
  551D2504 0E300C06 0A2B0601 04018237 14020130 1D060355 1D0E0416 0414BFC1
  16397778 61EF0DDB C2CF93A1 D455D244 8D723072 0603551D 23046B30 6980141F
  EAA51131 52B8FA28 6CFF7B15 76BD9E93 1DA2CFA1 3FA43D30 3B310B30 09060355
  04061302 44453117 30150603 55040B13 0E416E64 72656173 20417572 616E6431
  13301106 03550403 130A4341 20465253 2D4C4142 82102AF5 E3AC371E E9AB4F44
  F9722EB4 F87B3045 0603551D 1F043E30 3C303AA0 38A03686 34687474 703A2F2F
  6D706465 70702E66 72732D6C 61622E64 652F4365 7274456E 726F6C6C 2F434125
  32304652 532D4C41 422E6372 6C306206 082B0601 05050701 01045630 54305206
  082B0601 05050730 02864668 7474703A 2F2F6D70 64657070 2E667273 2D6C6162
  2E64652F 43657274 456E726F 6C6C2F6D 70646570 702E6672 732D6C61 622E6465
  5F434125 32304652 532D4C41 422E6372 74300D06 092A8648 86F70D01 01050500
  03410066 76A9D30F F613643C 65E58F21 DF328DF9 43046099 828780A0 B25F45F6
  DF094771 D5A86050 3811C320 D2967FB9 8BC8B3CC 7FBD2C4C 6335C4B4 A3896B8F AF87A9
  quit
 certificate 0426EBE900000000000F
  308202D9 30820283 A0030201 02020A04 26EBE900 00000000 0F300D06 092A8648
  86F70D01 01050500 303B310B 30090603 55040613 02444531 17301506 0355040B
  130E416E 64726561 73204175 72616E64 31133011 06035504 03130A43 41204652
  532D4C41 42301E17 0D303130 32313331 30313034 365A170D 30323032 31333130
  32303436 5A303331 10300E06 03550405 13073736 38313034 35311F30 1D06092A
  864886F7 0D010902 13106332 3530342E 6672732D 6C61622E 6465305C 300D0609
  2A864886 F70D0101 01050003 4B003048 024100AD 588C3B6F 459159F5 5F102AF2
  E7DDD22A 9A893419 FD3EB98D 2077B34A 31D6331B 6E862CB8 A312FD57 BC51223C
  2DF05273 F1FED9FE D842F1BD 8C159DDB 36BA1D02 03010001 A382016F 3082016B
  300B0603 551D0F04 04030207 80301D06 03551D0E 04160414 3469BA74 7681AD13
  8F8251A9 7D095E24 69FF2384 30720603 551D2304 6B306980 141FEAA5 113152B8
  FA286CFF 7B1576BD 9E931DA2 CFA13FA4 3D303B31 0B300906 03550406 13024445
  31173015 06035504 0B130E41 6E647265 61732041 7572616E 64311330 11060355
  0403130A 43412046 52532D4C 41428210 2AF5E3AC 371EE9AB 4F44F972 2EB4F87B
  301E0603 551D1101 01FF0414 30128210 63323530 342E6672 732D6C61 622E6465
  30450603 551D1F04 3E303C30 3AA038A0 36863468 7474703A 2F2F6D70 64657070
  2E667273 2D6C6162 2E64652F 43657274 456E726F 6C6C2F43 41253230 4652532D
  4C41422E 63726C30 6206082B 06010505 07010104 56305430 5206082B 06010505
  07300286 46687474 703A2F2F 6D706465 70702E66 72732D6C 61622E64 652F4365
  7274456E 726F6C6C 2F6D7064 6570702E 6672732D 6C61622E 64655F43 41253230
  4652532D 4C41422E 63727430 0D06092A 864886F7 0D010105 05000341 00C472B1
  17B3D2AC 59FE76F3 105C10EB 4316DB0E C0375423 D51EC889 12BFE474 A7E19836
  2F07EAB9 D5355CB6 733E1208 6DCCEDFB 9917E31D 2AD1454D A062BDE8 0E
  quit
 certificate ra-encrypt 6106873B000000000005
  3082031F 308202C9 A0030201 02020A61 06873B00 00000000 05300D06 092A8648
  86F70D01 01050500 303B310B 30090603 55040613 02444531 17301506 0355040B
  130E416E 64726561 73204175 72616E64 31133011 06035504 03130A43 41204652
  532D4C41 42301E17 0D303130 32313231 34333033 335A170D 30323032 31323134
  34303333 5A303B31 0B300906 03550406 13024445 31173015 06035504 0A130E41
  6E647265 61732041 7572616E 64311330 11060355 0403130A 52412046 52532D4C
  41423081 9F300D06 092A8648 86F70D01 01010500 03818D00 30818902 8181009B
  362C57AB 4E4C4D77 689A5F53 1DF8165F 9103D3C4 C9734F4F 188CD255 893836AF
  E583EC5E 47BA57C9 7FA0D7CA 3E82314B 9B883CDF 9AE49E25 288650D2 8A59E320
  2EBB706C 329F9619 5C5F1BCE E6B68EA9 4DB008D9 600DAE15 C0B99C24 86E8B623
  F13DE1A6 AABEFAB3 196F8CD1 D9DFC5DC A120493A 1D13780A 6ED1F7E2 CD207502
  03010001 A3820169 30820165 300E0603 551D0F01 01FF0404 03020430 30150603
  551D2504 0E300C06 0A2B0601 04018237 14020130 1D060355 1D0E0416 04140910
  54BF021F A63B55A9 E2B8B22B F7BD7BBD B6563072 0603551D 23046B30 6980141F
  EAA51131 52B8FA28 6CFF7B15 76BD9E93 1DA2CFA1 3FA43D30 3B310B30 09060355
  04061302 44453117 30150603 55040B13 0E416E64 72656173 20417572 616E6431
  13301106 03550403 130A4341 20465253 2D4C4142 82102AF5 E3AC371E E9AB4F44
  F9722EB4 F87B3045 0603551D 1F043E30 3C303AA0 38A03686 34687474 703A2F2F
  6D706465 70702E66 72732D6C 61622E64 652F4365 7274456E 726F6C6C 2F434125
  32304652 532D4C41 422E6372 6C306206 082B0601 05050701 01045630 54305206
  082B0601 05050730 02864668 7474703A 2F2F6D70 64657070 2E667273 2D6C6162
  2E64652F 43657274 456E726F 6C6C2F6D 70646570 702E6672 732D6C61 622E6465
  5F434125 32304652 532D4C41 422E6372 74300D06 092A8648 86F70D01 01050500
  03410006 D80BA932 C69DC4AC BE11664F B15AC864 7153BEF9 799EE9A0 17D6AD21
  4BEC5DFB 211A683D 5B733065 C22217E5 2DB8F417 01970E73 AD3FD603 28DE3816 3394B8
  quit
 certificate ca
2AF5E3AC371EE9AB4F44F9722EB4F87B
  308202E8 30820292 A0030201 0202102A F5E3AC37 1EE9AB4F 44F9722E B4F87B30
  0D06092A 864886F7 0D010105 0500303B 310B3009 06035504 06130244 45311730
  15060355 040B130E 416E6472 65617320 41757261 6E643113 30110603 55040313
  0A434120 4652532D 4C414230 1E170D30 31303231 32313431 3634385A 170D3036
  30323132 31343235 31365A30 3B310B30 09060355 04061302 44453117 30150603
  55040B13 0E416E64 72656173 20417572 616E6431 13301106 03550403 130A4341
  20465253 2D4C4142 305C300D 06092A86 4886F70D 01010105 00034B00 30480241
  00EF27EB 37AB86A4 3F0CBFCC F2D93106 96397ECB 3B0AE324 FCC63E11 C29580E7
  2B1985B5 55EE3C27 680DA35A F5F6690D 5CADA371 7698D6DC 171D35E5 466CA3E9
  93020301 0001A382 01703082 016C3013 06092B06 01040182 37140204 061E0400
  43004130 0B060355 1D0F0404 03020146 300F0603 551D1301 01FF0405 30030101
  FF301D06 03551D0E 04160414 1FEAA511 3152B8FA 286CFF7B 1576BD9E 931DA2CF
  30820104 0603551D 1F0481FC 3081F930 81BAA081 B7A081B4 8681B16C 6461703A
  2F2F2F43 4E3D4341 25323046 52532D4C 41422C43 4E3D6D70 64657070 2C434E3D
  4344502C 434E3D50 75626C69 63253230 4B657925 32305365 72766963 65732C43
  4E3D5365 72766963 65732C43 4E3D436F 6E666967 75726174 696F6E2C 44433D66
  72732D6C 61622C44 433D6465 3F636572 74696669 63617465 5265766F 63617469
  6F6E4C69 73743F62 6173653F 6F626A65 6374636C 6173733D 63524C44 69737472
  69627574 696F6E50 6F696E74 303AA038 A0368634 68747470 3A2F2F6D 70646570
  702E6672 732D6C61 622E6465 2F436572 74456E72 6F6C6C2F 43412532 30465253
  2D4C4142 2E63726C 30100609 2B060104 01823715 01040302 0100300D 06092A86
  4886F70D 01010505 00034100 979D87A4 3CF0269D 8F4C7B09 8C8E44EA 6C567312
  B355DE6C CA562A07 EB426EA0 7B8F9EFE 06CA6FCD DF443943 E698233C B695818A
  C6CDAE96 CDE2CC89 7C767BD4
  quit
!
crypto isakmp policy 20
 hash md5
crypto ipsec transform-set AH ah-md5-hmac
!
crypto map SERIAL 10 ipsec-isakmp
 set peer 172.16.100.1
 set transform-set AH
 match address FromNetwork_10
!
interface Serial0
 ip address 172.16.100.2 255.255.255.252
 crypto map SERIAL
!
interface TokenRing0
 ip address 10.0.0.1 255.0.0.0
 ring-speed 16
!
router ospf 1
 network 0.0.0.0 255.255.255.255 area 0
!
ip access-list extended FromNetwork_10
 permit ip 10.0.0.0 0.255.255.255 host
50.104.7.28
 permit ip 10.0.0.0 0.255.255.255 host
50.104.7.68
!
end
```

Informationen über die verfügbaren Zertifikate und öffentlichen Schlüssel

- Initiator C2503

    c2503# show crypto ca certificates
    Certificate
    Status: Available
    Certificate Serial Number: 611EBD0C00000000000B
    Key Usage: Signature
    Issuer:
      CN = CA FRS-LAB
      OU = Andreas Aurand
      C = DE
    Subject Name Contains: ⟵ Zertifikat des lokalen RSA-Signaturschlüssels
      Name: c2503.frs-lab.de
      Serial Number: 04783337
    CRL Distribution Point:
      http://mpdepp.frs-lab.de/CertEnroll/CA%20FRS-LAB.crl
    Validity Date:
      start date: 16:23:21 MET Feb 12 2001
      end   date: 16:33:21 MET Feb 12 2002

    Certificate
    Status: Available
    Certificate Serial Number: 611ED2B800000000000C
    Key Usage: Encryption
    Issuer:
      CN = CA FRS-LAB
      OU = Andreas Aurand
      C = DE
    Subject Name Contains: ⟵ Zertifikat des lokalen RSA-Chiffrierschlüssels
      Name: c2503.frs-lab.de
      Serial Number: 04783337
    CRL Distribution Point:
      http://mpdepp.frs-lab.de/CertEnroll/CA%20FRS-LAB.crl
    Validity Date:
      start date: 16:23:26 MET Feb 12 2001
      end   date: 16:33:26 MET Feb 12 2002

    RA Signature Certificate
    Status: Available
    Certificate Serial Number: 6106826B000000000004
    Key Usage: Signature
    Issuer: ⟵ Zertifikat des RSA-Signaturschlüssels der RA
      CN = CA FRS-LAB
      OU = Andreas Aurand
      C = DE
    Subject Name:
      CN = RA FRS-LAB
      O = Andreas Aurand
      C = DE
    CRL Distribution Point:
      http://mpdepp.frs-lab.de/CertEnroll/CA%20FRS-LAB.crl
    Validity Date:
      start date: 15:30:32 MET Feb 12 2001
      end   date: 15:40:32 MET Feb 12 2002

RA KeyEncipher Certificate
Status: Available
Certificate Serial Number: 6106873B000000000005
Key Usage: Encryption
Issuer: ← Zertifikat des RSA-Chiffrierschlüssels der RA
  CN = CA FRS-LAB
  OU = Andreas Aurand
  C = DE
Subject Name:
  CN = RA FRS-LAB
  O = Andreas Aurand
  C = DE
CRL Distribution Point:
  http://mpdepp.frs-lab.de/CertEnroll/CA%20FRS-LAB.crl
Validity Date:
  start date: 15:30:33 MET Feb 12 2001
  end   date: 15:40:33 MET Feb 12 2002

CA Certificate
Status: Available
Certificate Serial Number: 2AF5E3AC371EE9AB4F44F9722EB4F87B
Key Usage: General Purpose
Issuer: ← Zertifikat der CA. Der zugehörige öffentliche
  CN = CA FRS-LAB   RSA-Schlüssel wird zum Verifizieren der
  OU = Andreas Aurand   empfangenen Partner-Zertifikate eingesetzt.
  C = DE
Subject Name:
  CN = CA FRS-LAB
  OU = Andreas Aurand
  C = DE
CRL Distribution Point:
  ldap:///CN=CA%20FRS-LAB,CN=mpdepp,CN=CDP,CN=Public%20Key%20Services,C ...
Validity Date:
  start date: 15:16:48 MET Feb 12 2001
  end   date: 15:25:16 MET Feb 12 2006

c2503# show crypto key mypubkey rsa
% Key pair was generated at: 16:28:35 MET Feb 12 2001
Key name: c2503.frs-lab.de
 Usage: Signature Key
 Key Data:
  305C300D 06092A86 4886F70D 01010105 00034B00 30480241 00A46BD5 C7067565
  9C143655 B088CE2C 0A9A525C 4A847601 E7BD5266 1E0C8217 7F98B759 F7C2CA56
  4E428DFD 7AED5909 5A6017D6 24926C4C 873A1BF1 49E53F77 8D020301 0001
% Key pair was generated at: 16:28:51 MET Feb 12 2001
Key name: c2503.frs-lab.de
 Usage: Encryption Key
 Key Data:
  305C300D 06092A86 4886F70D 01010105 00034B00 30480241 00CCEC30 74896C12
  37BBE08E B6C8E42B 3B5EC226 10D4BF3E AAFDD5E5 078E5F36 B6ED4277 D8DD55B4
  84999DF6 E68B8409 381691DD A51A2185 0F1159E5 48C80615 87020301 0001

c2503# show crypto key pubkey-chain rsa
```
Codes: M - Manually configured, C - Extracted from certificate

Code Usage    IP-Address      Name
C    Signing                  X.500 DN name:

C    Signing                  X.500 DN name:
     CN = CA FRS-LAB
     OU = Andreas Aurand
     C = DE

C    Encrypt                  X.500 DN name:          ⎯ Öffentlicher RSA-Signatur-
                                                        schlüssel des Partners
C    Signing                  c2504.frs-lab.de
```

c2503# show crypto key pubkey-chain rsa name c2504.frs-lab.de
```
Key name: c2504.frs-lab.de
 Serial number: 07681045
 Usage: Signature Key          ⎯ Die Seriennummer des zugehörigen Zertifikats
 Source: Certificate
Distinguished name from certificate:
 30333110 300E0603 55040513 07373638 31303435 311F301D 06092A86 4886F70D
 01090213 10633235 30342E66 72732D6C 61622E64 65
Data:
 305C300D 06092A86 4886F70D 01010105 00034B00 30480241 00AD588C 3B6F4591
 59F55F10 2AF2E7DD D22A9A89 3419FD3E B98D2077 B34A31D6 331B6E86 2CB8A312
 FD57BC51 223C2DF0 5273F1FE D9FED842 F1BD8C15 9DDB36BA 1D020301 0001
```

- Responder C2504

c2504# show crypto ca certificates
```
Certificate
 Status: Available
 Certificate Serial Number: 0426FBF3000000000010
 Key Usage: Encryption
 Issuer:
   CN = CA FRS-LAB
   OU = Andreas Aurand
   C = DE
 Subject Name Contains:            ⎯ Zertifikat des lokalen RSA-Signaturschlüssels
   Name: c2504.frs-lab.de
   Serial Number: 07681045
 CRL Distribution Point:
   http://mpdepp.frs-lab.de/CertEnroll/CA%20FRS-LAB.crl
 Validity Date:
   start date: 09:10:50 MET Feb 13 2001
   end   date: 09:20:50 MET Feb 13 2002

Certificate
 Status: Available
 Certificate Serial Number: 0426EBE90000000000F
 Key Usage: Signature
 Issuer:
   CN = CA FRS-LAB
   OU = Andreas Aurand
   C = DE
```

```
Subject Name Contains:
  Name: c2504.frs-lab.de          ← Zertifikat des lokalen RSA-Chiffrierschlüssels
  Serial Number: 07681045
CRL Distribution Point:
  http://mpdepp.frs-lab.de/CertEnroll/CA%20FRS-LAB.crl
Validity Date:
  start date: 09:10:46 MET Feb 13 2001
  end   date: 09:20:46 MET Feb 13 2002
```

RA Signature Certificate
```
Status: Available
Certificate Serial Number: 6106826B000000000004
Key Usage: Signature
Issuer:                            ← Zertifikat des RSA-Signaturschlüssels der RA
  CN = CA FRS-LAB
  OU = Andreas Aurand
  C = DE
Subject Name:
  CN = RA FRS-LAB
  O = Andreas Aurand
  C = DE
CRL Distribution Point:
  http://mpdepp.frs-lab.de/CertEnroll/CA%20FRS-LAB.crl
Validity Date:
  start date: 13:30:32 MET Feb 12 2001
  end   date: 13:40:32 MET Feb 12 2002
```

RA KeyEncipher Certificate
```
Status: Available
Certificate Serial Number: 6106873B000000000005
Key Usage: Encryption
Issuer:                            ← Zertifikat des RSA-Chiffrierschlüssels der RA
  CN = CA FRS-LAB
  OU = Andreas Aurand
  C = DE
Subject Name:
  CN = RA FRS-LAB
  O = Andreas Aurand
  C = DE
CRL Distribution Point:
  http://mpdepp.frs-lab.de/CertEnroll/CA%20FRS-LAB.crl
Validity Date:
  start date: 13:30:33 MET Feb 12 2001
  end   date: 13:40:33 MET Feb 12 2002
```

CA Certificate
```
Status: Available
Certificate Serial Number: 2AF5E3AC371EE9AB4F44F9722EB4F87B
Key Usage: General Purpose
Issuer:
  CN = CA FRS-LAB
  OU = Andreas Aurand
  C = DE
Subject Name:              ┌─ Zertifikat der CA. Der zugehörige öffentliche RSA-Schlüssel wird
  CN = CA FRS-LAB          ↙  zum Verifizieren der empfangenen Partner-Zertifikate eingesetzt.
  OU = Andreas Aurand
  C = DE
CRL Distribution Point:
  ldap:///CN=CA%20FRS-LAB,CN=mpdepp,CN=CDP,CN=Public%20Key%20Services,CN=Services...
Validity Date:
  start date: 13:16:48 MET Feb 12 2001
  end   date: 13:25:16 MET Feb 12 2006
```

c2504# show crypto key mypubkey rsa
```
% Key pair was generated at: 10:22:29 MET Feb 13 2001
Key name: c2504.frs-lab.de
 Usage: Signature Key
 Key Data:
  305C300D 06092A86 4886F70D 01010105 00034B00 30480241 00AD588C 3B6F4591
  59F55F10 2AF2E7DD D22A9A89 3419FD3E B98D2077 B34A31D6 331B6E86 2CB8A312
  FD57BC51 223C2DF0 5273F1FE D9FED842 F1BD8C15 9DDB36BA 1D020301 0001
% Key pair was generated at: 10:22:56 MET Feb 13 2001
Key name: c2504.frs-lab.de
 Usage: Encryption Key
 Key Data:
  305C300D 06092A86 4886F70D 01010105 00034B00 30480241 00CCBCF5 0DBB3B3A
  D52F9D3B CE098215 7EAE5AD2 19D0124C 6ACFC7C3 E265CC12 D2EEF25D DF31FC4F
  70387796 5437A23B DC4EDF7C EAFF750C 93437C29 248DE79A 4B020301 0001
```

c2504# show crypto key pubkey-chain rsa
```
Codes: M - Manually configured, C - Extracted from certificate

Code Usage    IP-Address     Name
C    Signing                 X.500 DN name:

C    Signing                 X.500 DN name:
     CN = CA FRS-LAB
     OU = Andreas Aurand
     C = DE

C    Encrypt                 X.500 DN name:         Öffentlicher RSA-Signatur-
                                                    schlüssel des Partners
C    Signing                 c2503.frs-lab.de
```

c2504# show crypto key pubkey-chain rsa name c2503.frs-lab.de
```
Key name: c2503.frs-lab.de
 Serial number: 04783337      Die Seriennummer des zugehörigen Zertifikats
 Usage: Signature Key
 Source: Certificate
 Data:
  305C300D 06092A86 4886F70D 01010105 00034B00 30480241 00A46BD5 C7067565
  9C143655 B088CE2C 0A9A525C 4A847601 E7BD5266 1E0C8217 7F98B759 F7C2CA56
  4E428DFD 7AED5909 5A6017D6 24926C4C 873A1BF1 49E53F77 8D020301 0001
```

Debug-Ausgabe auf C2503

debug crypto engine
debug crypto isakmp [packet]
debug crypto pki transactions

- Abstimmung der Protection Suite

```
ISAKMP: received ke message (1/1)
ISAKMP: local port 500, remote port 500
ISAKMP (0:4): beginning Main Mode exchange
ISAKMP: Main Mode packet contents (flags 0, len 96):
        SA payload
          PROPOSAL
            TRANSFORM
            TRANSFORM
ISAKMP (4): sending packet to 172.16.100.2 (I) MM_NO_STATE

ISAKMP (4): received packet from 172.16.100.2 (I) MM_NO_STATE
ISAKMP: Main Mode packet contents (flags 0, len 72):
        SA payload
          PROPOSAL
            TRANSFORM
ISAKMP (0:4): processing SA payload. message ID = 0
ISAKMP (0:4): Checking ISAKMP transform 1 against priority 20 policy
ISAKMP:    encryption DES-CBC
ISAKMP:    hash MD5
ISAKMP:    default group 1
ISAKMP:    auth RSA sig
ISAKMP (0:4): atts are acceptable. Next payload is 0
ISAKMP (0:4): SA is doing RSA signature authentication
ISAKMP (4): SA is doing RSA signature authentication using id type ID_FQDN
```

- Austausch des Verschlüsselungsmaterials

```
ISAKMP: Main Mode packet contents (flags 0, len 238):
        KE payload
        NONCE payload          Über die CERT-REQ Payload wird ein
        CERT-REQ payload       Zertifikat angefordert
        VENDOR payload
ISAKMP (4): sending packet to 172.16.100.2 (I) MM_SA_SETUP

ISAKMP (4): received packet from 172.16.100.2 (I) MM_SA_SETUP
ISAKMP: Main Mode packet contents (flags 0, len 238):
        KE payload
        NONCE payload
        CERT-REQ payload
        VENDOR payload
ISAKMP (0:4): processing KE payload. message ID = 0
ISAKMP (0:4): processing NONCE payload. message ID = 0
CryptoEngine0: calculate pkey hmac for conn id 0         Die CERT-REQ Payload enthält
CryptoEngine0: create ISAKMP SKEYID for conn id 4        Informationen über den Typ des
ISAKMP (0:4): SKEYID state generated                     Zertifikats und den Namen der
ISAKMP (4): processing CERT_REQ payload. message ID = 0  Zertifizierungsstelle.
ISAKMP (4): peer wants a CT_X509_SIGNATURE cert
CRYPTO_PKI: Name: CN = CA FRS-LAB, OU = Andreas Aurand, C = DE
ISAKMP (4): peer want cert issued by CN = CA FRS-LAB, OU = Andreas Aurand, C = DE
ISAKMP (0:4): processing vendor id payload
ISAKMP (0:4): speaking to another IOS box!
```

- Authentizitätsüberprüfung des Partners

```
ISAKMP (4): ID payload
        next-payload : 6
        type         : 2
        protocol     : 17
        port         : 500
        length       : 20
ISAKMP (4): Total payload length: 24
CryptoEngine0: generate hmac context for conn id 4         HASH_I wird mit dem privaten
Crypto engine 0: RSA encrypt with private key              RSA-Signaturschlüssel chiffriert.
CryptoEngine0: CRYPTO_RSA_PRIV_ENCRYPT
CRYPTO_ENGINE: key process suspended and continued
ISAKMP: Main Mode packet contents (flags 1, len 858):
        ID payload
        CERT payload            Die CERT Payload enthält das angeforderte Zertifikat des lokalen
        SIG payload             Routers, die SIG Payload die signierte Prüfsumme HASH_I.
ISAKMP (4): sending packet to 172.16.100.2 (I) MM_KEY_EXCH

ISAKMP (4): received packet from 172.16.100.2 (I) MM_KEY_EXCH
ISAKMP: Main Mode packet contents (flags 1, len 860):
        ID payload
        CERT payload            Die CERT Payload enthält das angeforderte Zertifikat des
        SIG payload             Partners, die SIG Payload die signierte Prüfsumme HASH_R.
ISAKMP (0:4): processing ID payload. message ID = 0
ISAKMP (0:4): processing CERT payload. message ID = 0      Das Zertifikat des Partners wurde mit
ISAKMP (0:4): processing a CT_X509_SIGNATURE cert          dem öffentlichen RSA-Signatur-
CRYPTO_ENGINE: key process suspended and continued         schlüssel der CA verifiziert.
CRYPTO_PKI: Certificate verified, chain status= 1
ISAKMP (0:4): processing SIG payload. message ID = 0
ISAKMP (4): sa->peer.name = , sa->peer_id.id.id_fqdn.fqdn = c2504.frs-lab.de
Crypto engine 0: RSA decrypt with public key
CryptoEngine0: CRYPTO_RSA_PUB_DECRYPT                      SIG_R wird mit dem öffentlichen
CryptoEngine0: generate hmac context for conn id 4         RSA-Signaturschlüssel des Partners
ISAKMP (0:4): SA has been authenticated with 172.16.100.2  dechiffriert.
```

Debug-Ausgabe auf C2504

debug crypto engine
debug crypto isakmp [packet]
debug crypto pki transaction

- Abstimmung der Protection Suite

```
ISAKMP (0): received packet from 172.16.100.1 (N) NEW SA
ISAKMP: Main Mode packet contents (flags 0, len 96):
          SA payload
            PROPOSAL
              TRANSFORM
              TRANSFORM
ISAKMP: local port 500, remote port 500
ISAKMP (0:4): processing SA payload. message ID = 0
ISAKMP (0:4): Checking ISAKMP transform 1 against priority 20 policy
ISAKMP:       encryption DES-CBC
ISAKMP:       hash MD5
ISAKMP:       default group 1
ISAKMP:       auth RSA sig
ISAKMP (0:4): atts are acceptable. Next payload is 3
ISAKMP (4): My ID configured as IPv4 Addr,but Addr not in Cert!
ISAKMP (4): Using FQDN as My ID
ISAKMP (0:4): SA is doing RSA signature authentication
ISAKMP (4): SA is doing RSA signature authentication using id type ID_FQDN

ISAKMP: Main Mode packet contents (flags 0, len 72):
          SA payload
            PROPOSAL
              TRANSFORM
ISAKMP (4): sending packet to 172.16.100.1 (R) MM_SA_SETUP
```

- Austausch des Verschlüsselungsmaterials

```
ISAKMP (4): received packet from 172.16.100.1 (R) MM_SA_SETUP
ISAKMP: Main Mode packet contents (flags 0, len 238):
          KE payload
          NONCE payload
          CERT-REQ payload
          VENDOR payload
ISAKMP (0:4): processing KE payload. message ID = 0
ISAKMP (0:4): processing NONCE payload. message ID = 0
CryptoEngine0: calculate pkey hmac for conn id 0
CryptoEngine0: create ISAKMP SKEYID for conn id 4
ISAKMP (0:4): SKEYID state generated
ISAKMP (4): processing CERT_REQ payload. message ID = 0
ISAKMP (4): peer wants a CT_X509_SIGNATURE cert
CRYPTO_PKI: Name: CN = CA FRS-LAB, OU = Andreas Aurand, C = DE
ISAKMP (4): peer want cert issued by CN = CA FRS-LAB, OU = Andreas Aurand, C = DE
ISAKMP (0:4): processing vendor id payload
ISAKMP (0:4): speaking to another IOS box!

ISAKMP: Main Mode packet contents (flags 0, len 238):
          KE payload
          NONCE payload
          CERT-REQ payload
          VENDOR payload
ISAKMP (4): sending packet to 172.16.100.1 (R) MM_KEY_EXCH
```

Die *CERT-REQ Payload* enthält Informationen über den Typ des Zertifikats und den Namen der Zertifizierungsstelle

- Authentizitätsüberprüfung des Partners

```
ISAKMP (4): received packet from 172.16.100.1 (R) MM_KEY_EXCH
ISAKMP: Main Mode packet contents (flags 1, len 860):
    ID payload              Die CERT Payload enthält des angeforderte Zertifikat des
    CERT payload            Partners, die SIG Payload die signierte Prüfsumme HASH_I.
    SIG payload
ISAKMP (0:4): processing ID payload. message ID = 0
ISAKMP (0:4): processing CERT payload. message ID = 0    Das Zertifikat des Partners wurde mit
ISAKMP (0:4): processing a CT_X509_SIGNATURE cert        dem öffentlichen RSA-Signaturschlüssel
CRYPTO_ENGINE: key process suspended and continued       der CA verifiziert.
CRYPTO_PKI: Certificate verified, chain status= 1
ISAKMP (0:4): processing SIG payload. message ID = 0
ISAKMP (4): sa->peer.name = , sa->peer_id.id.id_fqdn.fqdn = c2503.frs-lab.de
Crypto engine 0: RSA decrypt with public key            SIG_I Payload wird mit dem öffentlichen
CryptoEngine0: CRYPTO_RSA_PUB_DECRYPT                   RSA-Signaturschlüssel des Partners
CryptoEngine0: generate hmac context for conn id 4      dechiffriert.
ISAKMP (0:4): SA has been authenticated with 172.16.100.1

ISAKMP (4): ID payload
    next-payload : 6
    type         : 2
    protocol     : 17
    port         : 500
    length       : 20
ISAKMP (4): Total payload length: 24
CryptoEngine0: generate hmac context for conn id 4
Crypto engine 0: RSA encrypt with private key           HASH_R wird mit dem privaten
CryptoEngine0: CRYPTO_RSA_PRIV_ENCRYPT                  RSA-Signaturschlüssel chiffriert.
CRYPTO_ENGINE: key process suspended and continued
ISAKMP: Main Mode packet contents (flags 1, len 858):
    ID payload              Die CERT Payload enthält das angeforderte Zertifikat des lokalen
    CERT payload            Routers, die SIG Payload die signierte Prüfsumme HASH_R.
    SIG payload
ISAKMP (4): sending packet to 172.16.100.1 (R) QM_IDLE
```

11.3.2 Authentifizierung über Pre-shared Keys

Bei der Authentifizierung über Pre-shared Keys benutzen die ISAKMP-Partner ein vordefiniertes gemeinsames Geheimwort, das als Klartext in der Konfiguration der Router gespeichert ist. Von daher bietet diese Art der Authentifizierung eine relativ geringe Sicherheit.

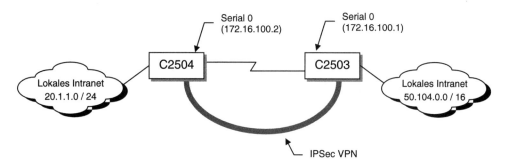

11.3.2.1 Identifikation der Pre-shared Keys über die IP-Adresse

Die Identifikation des ISAKMP-Partners und die Zuordnung eines Pre-Shared Key erfolgt über die IP-Adresse, der Aufbau der ISAKMP SA über einen Main Mode Exchange.

Konfiguration der Router

- Initiator (c2503)

```
version 12.1(8)
!
hostname c2503
!
crypto isakmp policy 10
  authentication pre-share
crypto isakmp key 12345678 address 172.168.1.2
crypto isakmp identity address
!
crypto ipsec transform-set ESP esp-des esp-md5-hmac
!
crypto map SERIAL 10 ipsec-isakmp
  set peer 172.168.1.2
  set transform-set ESP
  match address 199
!
interface Serial0
  ip address 172.168.1.1 255.255.255.252
  encapsulation ppp
  crypto map SERIAL
!
interface Ethernet0
  ip address 50.104.7.67 255.255.252.0
!
router ospf 1
  network 0.0.0.0 255.255.255.255 area 0
!
access-list 199 deny   ip 224.0.0.0 15.255.255.255 any
access-list 199 deny   ip any 224.0.0.0 15.255.255.255
access-list 199 deny   ip host 255.255.255.255 any
access-list 199 deny   ip any host 255.255.255.255
access-list 199 permit ip 50.104.0.0 0.0.255.255
  20.1.1.0 0.0.0.255
end
```

- Responder (c2504)

```
version 12.2(1)
!
hostname c2504
!
crypto isakmp policy 10
  authentication pre-share
crypto isakmp key 12345678 address 172.168.1.1
crypto isakmp identity address
!
crypto ipsec transform-set ESP esp-des esp-md5-hmac
!
crypto map SERIAL 10 ipsec-isakmp
  set peer 172.168.1.1
  set transform-set ESP
  match address 199
!
interface Serial0
  ip address 172.168.1.2 255.255.255.252
  encapsulation ppp
  crypto map SERIAL
!
interface TokenRing0
  ip address 20.1.1.1 255.255.255.0
  ring-speed 16
!
router ospf 1
  network 0.0.0.0 255.255.255.255 area 0
!
access-list 199 deny   ip 224.0.0.0 15.255.255.255 any
access-list 199 deny   ip any 224.0.0.0 15.255.255.255
access-list 199 deny   ip host 255.255.255.255 any
access-list 199 deny   ip any host 255.255.255.255
access-list 199 permit ip 20.1.1.0 0.0.0.255 50.104.0.0 0.0.255.255
!
end
```

Debug-Ausgabe

- Initiator (c2503)

```
# debug crypto isakmp
# debug crypto isakmp packet
# debug crypto ipsec
IPSEC(sa_request):,
  (key eng. msg.) src= 172.168.1.1, dest= 172.168.1.2,
    src_proxy= 50.104.0.0/255.255.0.0/1/0 (type=4),
    dest_proxy= 20.1.1.0/255.255.255.0/1/0 (type=4),
    protocol= ESP, transform= esp-des esp-md5-hmac ,
    lifedur= 3600s and 4608000kb,
    spi= 0x1C6E1FAC(476979116), conn_id= 0, keysize= 0, flags= 0x4004
ISAKMP: received ke message (1/1)
ISAKMP: local port 500, remote port 500
ISAKMP (0:2): beginning Main Mode exchange
ISAKMP: Main Mode packet contents (flags 0, len 72):
           SA payload
             PROPOSAL
               TRANSFORM
ISAKMP (2): sending packet to 172.168.1.2 (I) MM_NO_STATE
```

← IOS verwendet zum Aufbau der ISAKMP SA den Main Mode Exchange.

```
ISAKMP (2): received packet from 172.168.1.2 (I) MM_NO_STATE
ISAKMP: Main Mode packet contents (flags 0, len 72):
        SA payload
          PROPOSAL
            TRANSFORM
ISAKMP (0:2): processing SA payload. message ID = 0
ISAKMP (0:2): Checking ISAKMP transform 1 against priority 10 policy
ISAKMP:     encryption DES-CBC
ISAKMP:     hash SHA
ISAKMP:     default group 1
ISAKMP:     auth pre-share
ISAKMP (0:2): atts are acceptable. Next payload is 0
ISAKMP (0:2): SA is doing pre-shared key authentication
ISAKMP (2): SA is doing pre-shared key authentication using id type ID_IPV4_ADDR

ISAKMP: Main Mode packet contents (flags 0, len 172):
        KE payload
        NONCE payload
        VENDOR payload
ISAKMP (2): sending packet to 172.168.1.2 (I) MM_SA_SETUP

ISAKMP (2): received packet from 172.168.1.2 (I) MM_SA_SETUP
ISAKMP: Main Mode packet contents (flags 0, len 172):
        KE payload
        NONCE payload
        VENDOR payload
ISAKMP (0:2): processing KE payload. message ID = 0
ISAKMP (0:2): processing NONCE payload. message ID = 0
ISAKMP (0:2): SKEYID state generated
ISAKMP (0:2): processing vendor id payload
ISAKMP (0:2): speaking to another IOS box!

ISAKMP (2): ID payload
        next-payload : 8
        type         : 1         Die Identification Payload enthält
        protocol     : 17        die lokale IP-Adresse.
        port         : 500
        length       : 8
ISAKMP (2): Total payload length: 12
ISAKMP: Main Mode packet contents (flags 1, len 64):
        ID payload
        HASH payload
ISAKMP (2): sending packet to 172.168.1.2 (I) MM_KEY_EXCH

ISAKMP (2): received packet from 172.168.1.2 (I) MM_KEY_EXCH
ISAKMP: Main Mode packet contents (flags 1, len 68):
        ID payload                          Die Identification Payload enthält
        HASH payload                        die IP-Adresse des Partners.
ISAKMP (0:2): processing ID payload. message ID = 0
ISAKMP (0:2): processing HASH payload. message ID = 0
ISAKMP (0:2): SA has been authenticated with 172.168.1.2
```

258 Kapitel 11 • Konfiguration der ISAKMP Security Association

- Responder (c2504)

```
# debug crypto isakmp
# debug crypto isakmp packet
# debug crypto ipsec
ISAKMP (0:0): received packet from 172.168.1.1 (N) NEW SA
ISAKMP: Main Mode packet contents (flags 0, len 72):
         SA payload
           PROPOSAL
             TRANSFORM
ISAKMP: local port 500, remote port 500
ISAKMP (0:2): processing SA payload. message ID = 0
ISAKMP (0:2): found peer pre-shared key matching 172.168.1.1
ISAKMP (0:2): Checking ISAKMP transform 1 against priority 10 policy
ISAKMP:     encryption DES-CBC
ISAKMP:     hash SHA
ISAKMP:     default group 1
ISAKMP:     auth pre-share
ISAKMP (0:2): atts are acceptable. Next payload is 0
ISAKMP (0:2): SA is doing pre-shared key authentication using id type ID_IPV4_ADDR

ISAKMP: Main Mode packet contents (flags 0, len 72):
         SA payload
           PROPOSAL
             TRANSFORM
ISAKMP (0:2): sending packet to 172.168.1.1 (R) MM_SA_SETUP

ISAKMP (0:2): received packet from 172.168.1.1 (R) MM_SA_SETUP
ISAKMP: Main Mode packet contents (flags 0, len 172):
         KE payload
         NONCE payload
         VENDOR payload
ISAKMP (0:2): processing KE payload. message ID = 0
ISAKMP (0:2): processing NONCE payload. message ID = 0
ISAKMP (0:2): found peer pre-shared key matching 172.168.1.1
ISAKMP (0:2): SKEYID state generated
ISAKMP (0:2): processing vendor id payload
ISAKMP (0:2): speaking to another IOS box!

ISAKMP: Main Mode packet contents (flags 0, len 172):
         KE payload
         NONCE payload
         VENDOR payload
ISAKMP (0:2): sending packet to 172.168.1.1 (R) MM_KEY_EXCH

ISAKMP (0:2): received packet from 172.168.1.1 (R) MM_KEY_EXCH
ISAKMP: Main Mode packet contents (flags 1, len 68):
         ID payload
         HASH payload
ISAKMP (0:2): processing ID payload. message ID = 0
ISAKMP (0:2): processing HASH payload. message ID = 0
ISAKMP (0:2): SA has been authenticated with 172.168.1.1
```

```
ISAKMP (2): ID payload
        next-payload : 8
        type         : 1
        protocol     : 17
        port         : 500
        length       : 8
ISAKMP (2): Total payload length: 12
ISAKMP: Main Mode packet contents (flags 1, len 64):
        ID payload
        HASH payload
ISAKMP (0:2): sending packet to 172.168.1.1 (R) QM_IDLE
```

Wildcard Pre-shared Keys

Anstatt der kompletten IP-Adresse eines Partners kann man auch eine Wildcard-Adresse angeben. In diesem Fall gilt das Geheimwort für alle Systeme, die zu dieser Adresse passen.

Wildcard für alle Partner aus dem Netzwerk 172.16.0.0/16.

crypto isakmp key *1234567812345678* **address 172.16.0.0**
crypto isakmp key *ABCD12345678ABCD* **address 0.0.0.0**

Wildcard für alle Partner.

```
c2503# show crypto isakmp key
Hostname/Address     Preshared Key
172.16.0.0           1234567812345678
0.0.0.0              ABCD12345678ABCD
```

11.3.2.2 Identifikation der Pre-shared Keys über den Domainnamen

Bei einer »Pre-shared Key«-Authentifizierung und der Identifizierung der Partner über den Domainnamen verwendet IOS den Aggressive Mode Exchange zum Aufbau der ISAKMP Security Association. Dabei müssen die folgenden Bedingungen erfüllt sein:

- Auf dem Router darf kein Zertifikat für den Partner existieren.

- Es muss ein Pre-shared Key für den Partner – basierend auf dem Hostnamen – vorhanden sein.

- Es muss ein »ip host«-Eintrag für den Partner definiert sein. Die Router benutzen in diesem Fall kein DNS.

- Als ISAKMP-Identität muss der Hostname verwendet werden.

Falls eine dieser Vorgaben nicht gegeben ist, sind die Router nicht in der Lage, die ISAKMP SA aufzubauen, und es erscheint die folgende Fehlermeldung:

```
# debug crypto isakmp
ISAKMP: received ke message (1/1)
ISAKMP: local port 500, remote port 500
ISAKMP: No cert, 10.104.7.68 not in host cache
```

Konfiguration der Router

Als *ID Type* verwenden die Router immer den *Fully Qualified Domain Name* (sofern ein Domainname definiert ist). Aus diesem Grund muss immer der komplette Domainnamen des Partners in die lokale Hosts-Datenbank eintragen werden. In den IOS-Versionen gibt es diverse Probleme mit dem Aggressive Mode Exchange. Funktioniert haben auf der Initiator-Seite die Version 12.1(8) und auf der Responder-Seite V12.2(1).

- Initiator (c2503)

```
version 12.1(8)
!
service timestamps debug datetime msec localtime
!
hostname c2503
!
ip host c2504.frs-lab.de 172.168.1.2
ip domain-name frs-lab.de
!
crypto isakmp policy 10
  authentication pre-share
crypto isakmp key 12345678 hostname c2504.frs-lab.de
crypto isakmp identity hostname
!
crypto ipsec transform-set ESP esp-des esp-md5-hmac
!
crypto map SERIAL 10 ipsec-isakmp
  set peer 172.168.1.2
  set transform-set ESP
  match address 199
!
interface Serial0
  ip address 172.168.1.1 255.255.255.252
  encapsulation ppp
  crypto map SERIAL
!
interface Ethernet0
  ip address 50.104.7.67 255.255.252.0
!
router ospf 1
  network 0.0.0.0 255.255.255.255 area 0
!
access-list 199 deny   ip 224.0.0.0 15.255.255.255 any
access-list 199 deny   ip any 224.0.0.0 15.255.255.255
access-list 199 deny   ip host 255.255.255.255 any
access-list 199 deny   ip any host 255.255.255.255
access-list 199 permit ip 50.104.0.0 0.0.255.255 20.1.1.0 0.0.0.255
end
```

- Responder (c2504)

```
version 12.2(1)
!
service timestamps debug datetime msec localtime
!
hostname c2504
!
ip domain-name frs-lab.de
ip host c2503.frs-lab.de 172.168.1.1
!
crypto isakmp policy 10
  authentication pre-share
crypto isakmp key 12345678 hostname c2503.frs-lab.de
crypto isakmp identity hostname
!
crypto ipsec transform-set ESP esp-des esp-md5-hmac
!
crypto map SERIAL 10 ipsec-isakmp
  set peer 172.168.1.1
  set transform-set ESP
  match address 199
!
interface Serial0
  ip address 172.168.1.2 255.255.255.252
  encapsulation ppp
  crypto map SERIAL
!
interface TokenRing0
  ip address 20.1.1.1 255.255.255.0
  ring-speed 16
!
router ospf 1
  network 0.0.0.0 255.255.255.255 area 0
!
access-list 199 deny   ip 224.0.0.0 15.255.255.255 any
access-list 199 deny   ip any 224.0.0.0 15.255.255.255
access-list 199 deny   ip host 255.255.255.255 any
access-list 199 deny   ip any host 255.255.255.255
access-list 199 permit ip 20.1.1.0 0.0.0.255 50.104.0.0 0.0.255.255
!
end
```

Mit »no service timestamps« kann die Zeitausgabe bei den Debug-Meldungen unterdrückt werden.

Debug-Ausgabe

- Initiator (c2503)

```
# debug crypto isakmp
# debug crypto isakmp paket
# debug crypto ipsec
May 10 13:24:11.695: IPSEC(sa_request): ,
  (key eng. msg.) src= 172.168.1.1, dest= 172.168.1.2,
    src_proxy= 50.104.0.0/255.255.0.0/1/0 (type=4),
    dest_proxy= 20.1.1.0/255.255.255.0/1/0 (type=4),
    protocol= ESP, transform= esp-des esp-md5-hmac ,
    lifedur= 3600s and 4608000kb,
    spi= 0x24010E7B(604049019), conn_id= 0, keysize= 0, flags= 0x4004
```

```
May 10 13:24:11.711: ISAKMP: received ke message (1/1)
May 10 13:24:11.715: ISAKMP: local port 500, remote port 500

May 10 13:24:13.307: ISAKMP (1): ID payload
        next-payload : 0
        type         : 2                        IOS verwendet zum Aufbau
        protocol     : 17                       der ISAKMP SA den
        port         : 500                      Aggressive Mode Exchange.
        length       : 20
May 10 13:24:13.311: ISAKMP (1): Total payload length: 24
May 10 13:24:13.311: ISAKMP (0:1): beginning Aggressive Mode exchange
May 10 13:24:13.315: ISAKMP: Aggressive Mode packet contents (flags 0, len 220):
May 10 13:24:13.315:            SA payload
May 10 13:24:13.319:              PROPOSAL
May 10 13:24:13.319:                TRANSFORM       Die Identification Payload enthält
May 10 13:24:13.323:            KE payload          den lokalen Domainnamen
May 10 13:24:13.323:            NONCE payload       »c2504.frs-lab.de«.
May 10 13:24:13.323:            ID payload
May 10 13:24:13.327: ISAKMP (1): sending packet to 172.168.1.2 (I) AG_INIT_EXCH...

May 10 13:24:17.035: ISAKMP (1): received packet from 172.168.1.2 (I) AG_INIT_EXCH
May 10 13:24:17.043: ISAKMP: Aggressive Mode packet contents (flags 0, len 264):
May 10 13:24:17.047:            SA payload
May 10 13:24:17.047:              PROPOSAL
May 10 13:24:17.047:                TRANSFORM       Die Identification Payload enthält den
May 10 13:24:17.051:            VENDOR payload      Domainnamen »c2503.frs-lab.de« des
May 10 13:24:17.051:            KE payload          Partners. Das heißt, der ID Type ist ID_FQDN.
May 10 13:24:17.055:            ID payload
May 10 13:24:17.055:            NONCE payload
May 10 13:24:17.055:            HASH payload
May 10 13:24:17.059: ISAKMP (0:1): processing SA payload. message ID = 0
May 10 13:24:17.059: ISAKMP (1): No pre-shared key for 172.168.1.2     . Checking c2504.frs-lab.de.
May 10 13:24:17.063: ISAKMP (0:1): Checking ISAKMP transform 1 against priority 10 policy
May 10 13:24:17.067: ISAKMP:       encryption DES-CBC
May 10 13:24:17.067: ISAKMP:       hash SHA
May 10 13:24:17.071: ISAKMP:       default group 1
May 10 13:24:17.071: ISAKMP:       auth pre-share
May 10 13:24:17.075: ISAKMP (0:1): atts are acceptable. Next payload is 0
May 10 13:24:17.075: ISAKMP (0:1): processing vendor id payload
May 10 13:24:17.083: ISAKMP (0:1): speaking to another IOS box!
May 10 13:24:17.083: ISAKMP (0:1): processing KE payload. message ID = 0
May 10 13:24:19.095: ISAKMP (0:1): processing ID payload. message ID = 0
May 10 13:24:19.099: ISAKMP (0:1): processing NONCE payload. message ID = 0
May 10 13:24:19.119: ISAKMP (0:1): SKEYID state generated
May 10 13:24:19.123: ISAKMP (0:1): processing HASH payload. message ID = 0
May 10 13:24:19.135: ISAKMP (0:1): SA has been authenticated with 172.168.1.2

May 10 13:24:19.151: ISAKMP: Aggressive Mode packet contents (flags 1, len 72):
May 10 13:24:19.151:            HASH payload
May 10 13:24:19.155:            VENDOR payload
May 10 13:24:19.159: ISAKMP (1): sending packet to 172.168.1.2 (I) QM_IDLE
```

262 Kapitel 11 • Konfiguration der ISAKMP Security Association

● Responder (c2504)

```
# debug crypto isakmp
# debug crypto isakmp paket
# debug crypto ipsec
May 10 13:24:14.275: ISAKMP (0:0): received packet from 172.168.1.1 (N) NEW SA
May 10 13:24:14.275: ISAKMP: Aggressive Mode packet contents (flags 0, len 220):
May 10 13:24:14.279:          SA payload
May 10 13:24:14.279:          PROPOSAL
May 10 13:24:14.283:          TRANSFORM
May 10 13:24:14.283:          KE payload
May 10 13:24:14.287:          NONCE payload
May 10 13:24:14.287:          ID payload
May 10 13:24:14.291: ISAKMP: local port 500, remote port 500
May 10 13:24:14.299: ISAKMP (0:1): processing SA payload. message ID = 0
May 10 13:24:14.303: ISAKMP (0:1): processing ID payload. message ID = 0
May 10 13:24:14.303: ISAKMP (0:1): Checking ISAKMP transform 1 against priority 10 policy
May 10 13:24:14.307: ISAKMP:        encryption DES-CBC
May 10 13:24:14.311: ISAKMP:        hash SHA
May 10 13:24:14.311: ISAKMP:        default group 1
May 10 13:24:14.311: ISAKMP:        auth pre-share
May 10 13:24:14.315: ISAKMP (0:1): atts are acceptable. Next payload is 0
May 10 13:24:15.887: ISAKMP (0:1): processing KE payload. message ID = 0
May 10 13:24:17.903: ISAKMP (0:1): processing NONCE payload. message ID = 0
May 10 13:24:17.927: ISAKMP (0:1): SKEYID state generated

May 10 13:24:17.775: ISAKMP (1): ID payload
          next-payload : 10
          type         : 2
          protocol     : 17
          port         : 500
          length       : 20
May 10 13:24:17.939: ISAKMP (1): Total payload length: 24
May 10 13:24:17.947: ISAKMP: Aggressive Mode packet contents (flags 0, len 264):
May 10 13:24:17.951:          SA payload
May 10 13:24:17.951:          PROPOSAL
May 10 13:24:17.955:          TRANSFORM
May 10 13:24:17.955:          VENDOR payload
May 10 13:24:17.959:          KE payload
May 10 13:24:17.959:          ID payload
May 10 13:24:17.959:          NONCE payload
May 10 13:24:17.963:          HASH payload
May 10 13:24:17.963: ISAKMP (0:1): sending packet to 172.168.1.1 (R) AG_INIT_EXCH

May 10 13:24:20.107: ISAKMP (0:1): received packet from 172.168.1.1 (R) AG_INIT_EXCH
May 10 13:24:20.115: ISAKMP: Aggressive Mode packet contents (flags 1, len 76):
May 10 13:24:20.119:          HASH payload
May 10 13:24:20.119:          VENDOR payload
May 10 13:24:20.123: ISAKMP (0:1): processing HASH payload. message ID = 0
May 10 13:24:20.135: ISAKMP (0:1): processing vendor id payload
May 10 13:24:20.139: ISAKMP (0:1): speaking to another IOS box!
May 10 13:24:20.143: ISAKMP (0:1): SA has been authenticated with 172.168.1.1
```

Die *Identification Payload* enthält den Domainnamen »c2503.frs-lab.de« des Partners. Das heißt, der ID Type ist ID_FQDN.

Die *Identification Payload* enthält den lokalen Domainnamen »c2504.frs-lab.de«.

11.3.3 Authentifizierung über RSA-Verschlüsselung

RSA-Verschlüsselung bietet zwar eine bessere Sicherheit als die Authentifizierung über Pre-shared Keys. Sie ist aber wesentlich unflexibler als Authentifizierung über RSA-Signaturen, da die öffentlichen RSA-Schlüssel der Partner vor dem Aufbau der ISAKMP SA in die lokale IOS-Konfiguration eingetragen sein müssen.

RSA-Schlüssel löschen

- Das RSA-Schlüsselpaar des lokalen Routers löschen

  ```
  c2503(config)# crypto key zeroize rsa
  % Keys to be removed are named c2503.frs-lab.de.
  Do you really want to remove these keys? [yes/no]: y
  ```

- Die lokal eingetragenen öffentlichen RSA-Schlüssel der Partner löschen

  ```
  c2503(config)# crypto key pubkey-chain rsa
  c2503(config-pubkey-chain)# no addressed-key 192.168.200.2 signature
  c2503(config-pubkey-chain)# no addressed-key 192.168.200.2 encryption
  ```

Generieren des lokalen RSA-Schlüsselpaars

- Initiator C2503

  Die Router erzeugen für Verschlüsselung und Signaturen zwei unterschiedliche RSA-Schlüsselpaare.

  ```
  c2503(config)# hostname c2503
  c2503(config)# ip domain-name frs-lab.de
  c2503(config)# crypto key generate rsa usage-keys
  The name for the keys will be: c2503.frs-lab.de
  Choose the size of the key modulus in the range of 360 to 2048 for your
    Signature Keys. Choosing a key modulus greater than 512 may take
    a few minutes.

  How many bits in the modulus [512]:
  Generating RSA keys ...
  [OK]

  Choose the size of the key modulus in the range of 360 to 2048 for your
    Encryption Keys. Choosing a key modulus greater than 512 may take
    a few minutes.

  How many bits in the modulus [512]:
  Generating RSA keys ...
  [OK]
  ```

  ```
  c2503# show crypto key mypubkey rsa
  % Key pair was generated at: 14:21:08 MET Jan 25 2001
  Key name: c2503.frs-lab.de
  Usage: Signature Key
  Key Data:
    305C300D 06092A86 4886F70D 01010105 00034B00 30480241 00E63D66 9D519988
    15A2FD16 488C3388 430EDF98 D0B5908C 8DD4E0DD 19A4EFBB 4108531A EC7C7BB6
    CD7C969A D22EC657 08692D3A EA153B1A 7B01B3BA 91F5E0EB DF020301 0001
  % Key pair was generated at: 14:21:26 MET Jan 25 2001
  ```

  Öffentlicher RSA-Schlüssel für RSA-Signaturen

```
Key name: c2503.frs-lab.de
Usage: Encryption Key
Key Data:
 305C300D 06092A86 4886F70D 01010105 00034B00 30480241 00B81F0B 79F096A5
 F7EB118C 0CD5DF3A 757FF9C9 61407E45 BDF3FB00 6AF6597C 2FB84294 327E6E77
 C9D8AD5F FE711872 4B2C9606 E7962345 8013BC99 F3B8D48F 7F020301 0001
% Key pair was generated at: 13:52:57 MET Jan 29 2001
```
✓ Öffentlicher RSA-Schlüssel für RSA-Chiffrierung

- **Responder C2504**

```
c2504(config)# crypto key zeroize rsa
c2504(config)# hostname c2504
c2504(config)# ip domain-name frs-lab.de
c2504(config)# crypto key generate rsa usage-keys
The name for the keys will be: c2504.frs-lab.de
Choose the size of the key modulus in the range of 360 to 2048 for your
  Signature Keys. Choosing a key modulus greater than 512 may take
  a few minutes.

How many bits in the modulus [512]:
Generating RSA keys ...
[OK]

Choose the size of the key modulus in the range of 360 to 2048 for your
  Encryption Keys. Choosing a key modulus greater than 512 may take
  a few minutes.

How many bits in the modulus [512]:
Generating RSA keys ...
[OK]

c2504# show crypto key mypubkey rsa
% Key pair was generated at: 04:44:17 UTC Jan 2 2001
Key name: c2504.frs-lab.de
Usage: Signature Key
Key Data:
 305C300D 06092A86 4886F70D 01010105 00034B00 30480241 00CB9B27 1053E2E2
 757EFA77 84256CF9 BB560AD6 975FC434 537D7CB8 502F77F0 8F4281AA 58E4BCF8
 9B1FDCE2 77698661 0F39C689 6D8F1149 3E346D3F B4A8FA98 35020301 0001
% Key pair was generated at: 04:44:46 UTC Jan 2 2001
Key name: c2504.frs-lab.de
Usage: Encryption Key
Key Data:
 305C300D 06092A86 4886F70D 01010105 00034B00 30480241 00BCB7DF 2B3C22B1
 C269F434 1BEFC9E9 59EC20D5 728DE54B A00492D2 1BB9F000 AA6C66F3 120314E0
 E4522020 3DFD3335 FAE33AFB 73E9FF0F 6DAA3465 C1BF05DE 9D020301 0001
```
✓ Öffentlicher RSA-Schlüssel für RSA-Signaturen

✓ Öffentlicher RSA-Schlüssel für RSA-Chiffrierung

11.3.3.1 Identifikation der RSA-Chiffrierschlüssel über die IP-Adresse

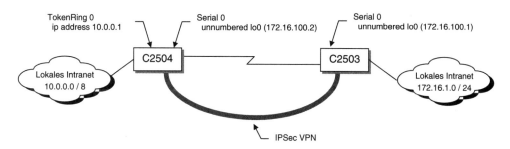

Konfiguration der beiden Cisco Router

- Initiator C2503

```
hostname c2503
!
ip domain-name frs-lab.de
!
crypto isakmp policy 20
  hash md5
  authentication rsa-encr
  lifetime 3600
crypto isakmp identity address
!
crypto ipsec transform-set AH ah-md5-hmac
!
crypto key pubkey-chain rsa
  addressed-key 172.16.100.2 encryption
  address 172.16.100.2
  key-string
   305C300D 06092A86 4886F70D 01010105 00034B00 30480241 00BCB7DF 2B3C22B1
   C269F434 1BEFC9E9 59EC20D5 728DE54B A00492D2 1BB9F000 AA6C66F3 120314E0
   E4522020 3DFD3335 FAE33AFB 73E9FF0F 6DAA3465 C1BF05DE 9D020301 0001
   quit
!
crypto map SERIAL local-address Loopback0
crypto map SERIAL 10 ipsec-isakmp
  set peer 172.16.100.2
  set transform-set AH
  match address ToNetwork_10
!
interface Loopback0
  ip address 172.16.100.1 255.255.255.255
!
interface Ethernet0
  ip address 172.16.1.254 255.255.255.0
!
interface Serial0
  ip unnumbered Loopback0
  crypto map SERIAL
!
ip route 10.0.0.0 255.0.0.0 Serial 0
!
ip access-list extended ToNetwork_10
  permit ip 172.16.1.0 0.0.0.255 10.0.0.0 0.255.255.255
  deny   ip any any
!
end
```

Der RSA-Chiffrierschlüssel des Partners muss auf dem Router explizit eingetragen werden.

Da nur statisches Routing verwendet wird, wurden Multicast-Pakete nicht explizit über einen »deny«-Eintrag ausgeschlossen.

- Responder C2504

  hostname c2504
  !
  ip domain-name frs-lab.de
  !
  crypto isakmp policy 20
    hash md5
    authentication rsa-encr
  crypto isakmp identity address
  !
  crypto ipsec transform-set AH ah-md5-hmac
  !
  crypto key pubkey-chain rsa
    addressed-key 172.16.100.1 encryption
      address 172.16.100.1
      key-string
        305C300D 06092A86 4886F70D 01010105 00034B00 30480241 00B81F0B 79F096A5
        F7EB118C 0CD5DF3A 757FF9C9 61407E45 BDF3FB00 6AF6597C 2FB84294 327E6E77
        C9D8AD5F FE711872 4B2C9606 E7962345 8013BC99 F3B8D48F 7F020301 0001
      quit
  !
  crypto map SERIAL local-address Loopback0
  crypto map SERIAL 10 ipsec-isakmp
    set peer 172.16.100.1
    set transform-set AH
    match address FromNetwork_10
  !
  interface Loopback0
    ip address 172.16.100.2 255.255.255.255
  !
  interface TokenRing0
    ip address 10.0.0.1 255.0.0.0
    ring-speed 16
  !
  interface Serial0
    ip unnumbered Loopback0
    crypto map SERIAL
  !
  ip route 172.16.0.0 255.255.0.0 Serial 0
  !
  ip access-list extended FromNetwork_10
    permit ip 10.0.0.0 0.255.255.255 172.16.1.0 0.0.0.255
    deny   ip any any
  !
  end

Informationen über die definierten öffentlichen RSA-Schlüssel

- Initiator C2503

  c2503# show crypto key mypubkey rsa
  % Key pair was generated at: 14:21:08 MET Jan 25 2001
  Key name: c2503.frs-lab.de
  Usage: Signature Key
  Key Data:
   305C300D 06092A86 4886F70D 01010105 00034B00 30480241 00E63D66 9D519988
   15A2FD16 488C3388 430EDF98 D0B5908C 8DD4E0DD 19A4EFDB 4108531A EC7C7BB6
   CD7C969A D22EC657 08692D3A EA153B1A 7B01B3BA 91F5E0EB DF020301 0001
  % Key pair was generated at: 14:21:26 MET Jan 25 2001

```
Key name: c2503.frs-lab.de
Usage: Encryption Key
Key Data:
 305C300D 06092A86 4886F70D 01010105 00034B00 30480241 00B81F0B 79F096A5
 F7EB118C 0CD5DF3A 757FF9C9 61407E45 BDF3FB00 6AF6597C 2FB84294 327E6E77
 C9D8AD5F FE711872 4B2C9606 E7962345 8013BC99 F3B8D48F 7F020301 0001
```

c2503# show crypto key pubkey-chain rsa
```
Codes: M - Manually configured, C - Extracted from certificate

Code Usage   IP-Address      Name
M    Encrypt 172.16.100.2
```

c2503# show crypto key pubkey-chain rsa address 172.16.100.2
```
Key address: 172.16.100.2
Usage: Encryption Key
Source: Manually entered
Data:
 305C300D 06092A86 4886F70D 01010105 00034B00 30480241 00BCB7DF 2B3C22B1
 C269F434 1BEFC9E9 59EC20D5 728DE54B A00492D2 1BB9F000 AA6C66F3 120314F0
 E4522020 3DFD3335 FAE33AFB 73E9FF0F 6DAA3465 C1BF05DE 9D020301 0001
```

- Responder C2504

c2504# show crypto key mypubkey rsa
```
% Key pair was generated at: 04:44:17 UTC Jan 2 2001
Key name: c2504.frs-lab.de
Usage: Signature Key
Key Data:
 305C300D 06092A86 4886F70D 01010105 00034B00 30480241 00CB9B27 1053E2E2
 757EFA77 84256CF9 BB560AD6 975FC434 537D7CB8 502F77F0 8F4281AA 58E4BCF8
 9B1FDCE2 77698661 0F39C689 6D8F1149 3E346D3F B4A8FA98 35020301 0001
% Key pair was generated at: 04:44:46 UTC Jan 2 2001
Key name: c2504.frs-lab.de
Usage: Encryption Key
Key Data:
 305C300D 06092A86 4886F70D 01010105 00034B00 30480241 00BCB7DF 2B3C22B1
 C269F434 1BEFC9E9 59EC20D5 728DE54B A00492D2 1BB9F000 AA6C66F3 120314E0
 E4522020 3DFD3335 FAE33AFB 73E9FF0F 6DAA3465 C1BF05DE 9D020301 0001
```

c2504# show crypto key pubkey-chain rsa
```
Codes: M - Manually configured, C - Extracted from certificate

Code Usage   IP-Address      Name
M    Encrypt 172.16.100.1
```

c2504# show crypto key pubkey-chain rsa address 172.16.100.1
```
Key address: 172.16.100.1
Usage: Encryption Key
Source: Manually entered
Data:
 305C300D 06092A86 4886F70D 01010105 00034B00 30480241 00B81F0B 79F096A5
 F7EB118C 0CD5DF3A 757FF9C9 61407E45 BDF3FB00 6AF6597C 2FB84294 327E6E77
 C9D8AD5F FE711872 4B2C9606 E7962345 8013BC99 F3B8D48F 7F020301 0001
```

Debug-Ausgabe auf den beiden Routern

- Initiator C2503

```
c2503# debug crypto isakmp
c2503# debug crypto engine
ISAKMP: received ke message (1/1)
ISAKMP: local port 500, remote port 500
ISAKMP (0:1): beginning Main Mode exchange
ISAKMP (0:1): sending packet to 172.16.100.2 (I) MM_NO_STATE
ISAKMP (0:1): received packet from 172.16.100.2 (I) MM_NO_STATE
ISAKMP (0:1): processing SA payload. message ID = 0
ISAKMP (0:1): Checking ISAKMP transform 1 against priority 20 policy
ISAKMP:      encryption DES-CBC
ISAKMP:      hash MD5
ISAKMP:      default group 1
ISAKMP:      auth RSA encr
ISAKMP:      life type in seconds
ISAKMP:      life duration (basic) of 3600
ISAKMP (0:1): atts are acceptable. Next payload is 0
CryptoEngine0: generate alg parameter
CRYPTO_ENGINE: Dh phase 1 status: 0
CRYPTO_ENGINE: Dh phase 1 status: 0
ISAKMP (0:1): Unable to get router cert or routerdoes not have a cert: needed to find DN!
ISAKMP (0:1): SA is doing RSA encryption authentication using id type ID_IPV4_ADDR
ISAKMP (1): ID payload
          next-payload : 10
          type         : 1
          protocol     : 17
          port         : 500
          length       : 8
Crypto engine 0: RSA encrypt with public key
CryptoEngine0: CRYPTO_RSA_PUB_ENCRYPT
ISAKMP (1): length after encryption 64
ISAKMP (1): Total payload length: 68
Crypto engine 0: RSA encrypt with public key
CryptoEngine0: CRYPTO_RSA_PUB_ENCRYPT
ISAKMP (0:1): sending packet to 172.16.100.2 (I) MM_SA_SETUP
ISAKMP (0:1): received packet from 172.16.100.2 (I) MM_SA_SETUP
ISAKMP (0:1): processing KE payload. message ID = 0
CryptoEngine0: generate alg parameter
ISAKMP (0:1): processing ID payload. message ID = 0
Crypto engine 0: RSA decrypt with private key
CryptoEngine0: CRYPTO_RSA_PRIV_DECRYPT
CRYPTO_ENGINE: key process suspended and continued
...
CRYPTO_ENGINE: key process suspended and continued
ISAKMP (0:1): processing NONCE payload. message ID = 0
Crypto engine 0: RSA decrypt with private key
CryptoEngine0: CRYPTO_RSA_PRIV_DECRYPT
CRYPTO_ENGINE: key process suspended and continued
...
CRYPTO_ENGINE: key process suspended and continued
CryptoEngine0: create ISAKMP SKEYID for conn id 1
ISAKMP (0:1): SKEYID state generated
ISAKMP (0:1): processing vendor id payload
ISAKMP (0:1): speaking to another IOS box!
CryptoEngine0: generate hmac context for conn id 1
ISAKMP (0:1): sending packet to 172.16.100.2 (I) MM_KEY_EXCH
ISAKMP (0:1): received packet from 172.16.100.2 (I) MM_KEY_EXCH
```

Router C2504 verschlüsselt die *Nonce* und *ID Payload* mit dem öffentlichen RSA-Schlüssel von C2503.

Nonce und *ID Payload* sind mit dem öffentlichen RSA-Schlüssel chiffriert.

Authentifizierung der ISAKMP-Partner

```
ISAKMP (0:1): processing HASH payload. message ID = 0
CryptoEngine0: generate hmac context for conn id 1
ISAKMP (0:1): SA has been authenticated with 172.16.100.2
```

- Responder C2504

c2504# debug crypto isakmp
c2504# debug crypto engine

```
ISAKMP (0:0): received packet from 172.16.100.1 (N) NEW SA
ISAKMP (0:1): processing SA payload. message ID = 0
ISAKMP (0:1): No pre-shared key with 172.16.100.1!
ISAKMP (0:1): No pre-shared key for c2503.frs-lab.de
ISAKMP (0:1): Checking ISAKMP transform 1 against priority 20 policy
ISAKMP:       encryption DES-CBC
ISAKMP:       hash MD5
ISAKMP:       default group 1
ISAKMP:       auth RSA encr
ISAKMP:       life type in seconds
ISAKMP:       life duration (basic) of 3600
ISAKMP (0:1): atts are acceptable. Next payload is 0
CryptoEngine0: generate alg parameter
CRYPTO_ENGINE: Dh phase 1 status: 0
CRYPTO_ENGINE: Dh phase 1 status: 0
ISAKMP (0:1): Unable to get router cert or routerdoes not have a cert: needed to find DN!
ISAKMP (0:1): SA is doing RSA encryption authentication using id type ID_IPV4_ADDR
ISAKMP (0:1): sending packet to 172.16.100.1 (R) MM SA SETUP
ISAKMP (0:1): received packet from 172.16.100.1 (R) MM_SA_SETUP
ISAKMP (0:1): processing KE payload. message ID = 0
CryptoEngine0: generate alg parameter
ISAKMP (0:1): processing ID payload. message ID = 0
Crypto engine 0: RSA decrypt with private key
CryptoEngine0: CRYPTO_RSA_PRIV_DECRYPT
CRYPTO_ENGINE: key process suspended and continued
...
CRYPTO_ENGINE: key process suspended and continued
ISAKMP (0:1): processing NONCE payload. message ID = 0
Crypto engine 0: RSA decrypt with private key
CryptoEngine0: CRYPTO_RSA_PRIV_DECRYPT
CRYPTO_ENGINE: key process suspended and continued
...
CRYPTO_ENGINE: key process suspended and continued
CryptoEngine0: create ISAKMP SKEYID for conn id 1
ISAKMP (0:1): SKEYID state generated
ISAKMP (0:1): processing vendor id payload
ISAKMP (0:1): speaking to another IOS box!
ISAKMP (1): ID payload
        next-payload : 10
        type         : 1
        protocol     : 17
        port         : 500
        length       : 8
Crypto engine 0: RSA encrypt with public key
CryptoEngine0: CRYPTO_RSA_PUB_ENCRYPT
ISAKMP (1): length after encryption 64
ISAKMP (1): Total payload length: 68
Crypto engine 0: RSA encrypt with public key
CryptoEngine0: CRYPTO_RSA_PUB_ENCRYPT
ISAKMP (0:1): sending packet to 172.16.100.1 (R) MM_KEY_EXCH
ISAKMP (0:1): received packet from 172.16.100.1 (R) MM_KEY_EXCH
ISAKMP (0:1): processing HASH payload. message ID = 0
CryptoEngine0: generate hmac context for conn id 1
ISAKMP (0:1): SA has been authenticated with 172.16.100.1
```

Nonce und *ID Payload* werden mit dem privaten RSA-Schlüssel von C2504 dechiffriert.

Router C2504 chiffriert die *Nonce* und *ID Payload* mit dem öffentlichen RSA-Schlüssel von C2503.

11.3.3.2 Identifikation der RSA-Chiffrierschlüssel über den Domainnamen

Bei *Named Keys* muss eine Zuordnung zwischen dem Namen des Schlüssels und der IP-Adresse des Partners möglich sein (entweder über DNS oder über eine lokale Host-Tabelle auf dem Router). Wie bei der Konfiguration mit Pre-shared Keys gibt es auch in diesem Fall bei einigen IOS-Versionen Probleme. Funktioniert hat die Authentifizierung z.B. in den Versionen V12.1(6) oder V12.2(1).

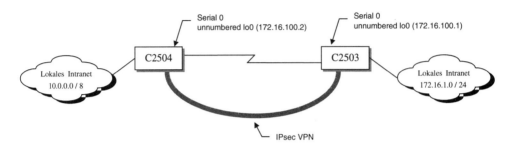

Konfiguration der beiden Cisco Router

- Initiator C2503

```
hostname c2503
!
ip domain-name frs-lab.de
ip host c2504.frs-lab.de 172.16.100.2
ip host c2503.frs-lab.de 172.16.100.1
!
crypto isakmp policy 20
  hash md5
  authentication rsa-encr
  lifetime 4000
crypto isakmp identity hostname
!
crypto ipsec transform-set AH ah-md5-hmac
!
crypto key pubkey-chain rsa
  named-key c2504.frs-lab.de encryption
  key-string
    305C300D 06092A86 4886F70D 01010105 00034B00 30480241 00BCB7DF 2B3C22B1
    C269F434 1BEFC9E3 59EC20D5 728DE54B A00492D2 1BB9F000 AA6C66F3 120314E0
    E4522020 3DFD3335 FAE33AFB 73E9FF0F 6DAA3465 C1BF05DE 9D020301 0001
    quit
!
crypto map SERIAL local-address Loopback0
crypto map SERIAL 10 ipsec-isakmp
  set peer 172.16.100.2
  set transform-set AH
  match address ToNetwork_10
!
interface Loopback0
  ip address 172.16.100.1 255.255.255.255
!
interface Ethernet0
  ip address 172.16.1.254 255.255.255.0
!
```

Der RSA-Chiffrierschlüssel des Partners muss auf dem Router explizit eingetragen werden.

```
interface Serial0
  ip unnumbered Loopback0
  crypto map SERIAL
!
ip route 10.0.0.0 255.0.0.0 Serial 0
!
ip access-list extended ToNetwork_10
  permit ip 172.16.0.0 0.0.255.255 10.0.0.0 0.255.255.255
  deny  ip any any
!
end
```

← Da nur statisches Routing verwendet wird, wurden Multicast-Pakete nicht explizit über einen »deny«-Eintrag ausgeschlossen.

- **Responder C2504**

```
hostname c2504
!
ip domain-name frs-lab.de
ip host c2503.frs-lab.de 172.16.100.1
ip host c2504.frs-lab.de 172.16.100.2
!
crypto isakmp policy 20
  hash md5
  authentication rsa-encr
  lifetime 8000
crypto isakmp identity hostname
!
crypto ipsec transform-set AH ah-md5-hmac
!
crypto key pubkey-chain rsa
  named-key c2503.frs-lab.de encryption
    key-string
    305C300D 06092A86 4886F70D 01010105 00034B00 30480241 00B81F0B 79F096A5
    F7EB118C 0CD5DF3A 757FF9C9 61407E45 BDF3FB00 6AF6597C 2FB84294 327E6E77
    C9D8AD5F FE711872 4B2C9606 E7962345 8013BC99 F3B8D48F 7F020301 0001
    quit
!
crypto map SERIAL local-address Loopback0
crypto map SERIAL 10 ipsec-isakmp
  set peer 172.16.100.1
  set transform-set AH
  match address FromNetwork_10
!
interface Loopback0
  ip address 172.16.100.2 255.255.255.255
!
interface Serial0
  ip unnumbered Loopback0
  clockrate 2000000
  crypto map SERIAL
!
interface TokenRing0
  ip address 192.168.1.254 255.255.255.0
  early-token-release
  ring-speed 16
!
ip route 172.16.0.0 255.255.0.0 Serial 0
!
ip access-list extended FromNetwork_10
  permit ip 10.0.0.0 0.255.255.255 172.16.0.0 0.0.255.255
  deny  ip any any
!
end
```

Informationen über die definierten öffentlichen RSA-Schlüssel

- Initiator C2503

```
c2503# show crypto key mypubkey rsa
% Key pair was generated at: 14:21:08 MET Jan 25 2001
Key name: c2503.frs-lab.de
 Usage: Signature Key
 Key Data:
  305C300D 06092A86 4886F70D 01010105 00034B00 30480241 00E63D66 9D519988
  15A2FD16 488C3388 430EDF98 D0B5908C 8DD4E0DD 19A4EFDB 4108531A EC7C7BB6
  CD7C969A D22EC657 08692D3A EA153B1A 7B01B3BA 91F5E0EB DF020301 0001
% Key pair was generated at: 14:21:26 MET Jan 25 2001
Key name: c2503.frs-lab.de
 Usage: Encryption Key
 Key Data:
  305C300D 06092A86 4886F70D 01010105 00034B00 30480241 00B81F0B 79F096A5
  F7EB118C 0CD5DF3A 757FF9C9 61407E45 BDF3FB00 6AF6597C 2FB84294 327E6E77
  C9D8AD5F FE711872 4B2C9606 E7962345 8013BC99 F3B8D48F 7F020301 0001

c2503# show crypto key pubkey-chain rsa
Codes: M - Manually configured, C - Extracted from certificate

Code Usage   IP-Address      Name
M    Encrypt                 X.500 DN name:
```

Es muss lediglich der RSA-Chiffrierschlüssel des Partners explizit definiert werden.

```
c2503# show crypto key pubkey-chain rsa name c2504.frs-lab.de
Key name: X.500 DN name:

 Usage: Encryption Key
 Source: Manually entered
 Data:
  305C300D 06092A86 4886F70D 01010105 00034B00 30480241 00BCB7DF 2B3C22B1
  C269F434 1BEFC9E9 59EC20D5 728DE54B A00492D2 1BB9F000 AA6C66F3 120314E0
  E4522020 3DFD3335 FAE33AFB 73E9FF0F 6DAA3465 C1BF05DE 9D020301 0001
```

- Responder C2504

```
c2504# show crypto key mypubkey rsa
% Key pair was generated at: 04:44:17 UTC Jan 2 2001
Key name: c2504.frs-lab.de
 Usage: Signature Key
 Key Data:
  305C300D 06092A86 4886F70D 01010105 00034B00 30480241 00CB9B27 1053E2E2
  757EFA77 84256CF9 BB560AD6 975FC434 537D7CB8 502F77F0 8F4281AA 58E4BCF8
  9B1FDCE2 77698661 0F39C689 6D8F1149 3E346D3F B4A8FA98 35020301 0001
% Key pair was generated at: 04:44:46 UTC Jan 2 2001
Key name: c2504.frs-lab.de
 Usage: Encryption Key
 Key Data:
  305C300D 06092A86 4886F70D 01010105 00034B00 30480241 00BCB7DF 2B3C22B1
  C269F434 1BEFC9E9 59EC20D5 728DE54B A00492D2 1BB9F000 AA6C66F3 120314E0
  E4522020 3DFD3335 FAE33AFB 73E9FF0F 6DAA3465 C1BF05DE 9D020301 0001
```

Authentifizierung der ISAKMP-Partner

```
c2504# show crypto key pubkey-chain rsa
Codes: M - Manually configured, C - Extracted from certificate

Code Usage    IP-Address       Name
M    Encrypt                   X.500 DN name:

c2504# show crypto key pubkey-chain rsa name c2503.frs-lab.de
Key name: X.500 DN name:

Usage: Encryption Key
Source: Manually entered
Data:
 305C300D 06092A86 4886F70D 01010105 00034B00 30480241 00B81F0B 79F096A5
 F7EB118C 0CD5DF3A 757FF9C9 61407E45 BDF3FB00 6AF6597C 2FB84294 327E6E77
 C9D8AD5F FE711872 4B2C9606 E7962345 8013BC99 F3B8D48F 7F020301 0001
```

Debug-Ausgabe auf den beiden Routern

- Initiator C2503

```
c2503# debug crypto isakmp
c2503# debug crypto engine
ISAKMP: received ke message (1/1)
ISAKMP: local port 500, remote port 500
ISAKMP (0:1): beginning Main Mode exchange
ISAKMP (0:1): sending packet to 172.16.100.2 (I) MM_NO_STATE
ISAKMP (0:1): received packet from 172.16.100.2 (I) MM_NO_STATE
ISAKMP (0:1): processing SA payload. message ID = 0
ISAKMP (0:1): Checking ISAKMP transform 1 against priority 20 policy
ISAKMP:      encryption DES-CBC
ISAKMP:      hash MD5
ISAKMP:      default group 1
ISAKMP:      auth RSA encr
ISAKMP:      life type in seconds
ISAKMP:      life duration (basic) of 4000
ISAKMP (0:1): atts are acceptable. Next payload is 0
ISAKMP (0:1): Unable to get router cert or routerdoes not have a cert: needed to find DN!
ISAKMP (0:1): SA is doing RSA encryption authentication using id type ID_FQDN
ISAKMP (1): ID payload
        next-payload : 10
        type         : 2
        protocol     : 17
        port         : 500
        length       : 20
ISAKMP (1): length after encryption 64
ISAKMP (1): Total payload length: 68
ISAKMP (0:1): sending packet to 172.16.100.2 (I) MM_SA_SETUP
ISAKMP (0:1): received packet from 172.16.100.2 (I) MM_SA_SETUP
ISAKMP (0:1): processing KE payload. message ID = 0
ISAKMP (0:1): processing ID payload. message ID = 0
ISAKMP (0:1): processing NONCE payload. message ID = 0
ISAKMP (0:1): SKEYID state generated
ISAKMP (0:1): processing vendor id payload
ISAKMP (0:1): speaking to another IOS box!
ISAKMP (0:1): sending packet to 172.16.100.2 (I) MM_KEY_EXCH
ISAKMP (0:1): received packet from 172.16.100.2 (I) MM_KEY_EXCH
ISAKMP (0:1): processing HASH payload. message ID = 0
```

```
ISAKMP (0:1): SA has been authenticated with 172.16.100.2
ISAKMP (0:1): beginning Quick Mode exchange, M-ID of -572705707
ISAKMP (0:1): sending packet to 172.16.100.2 (I) QM_IDLE
ISAKMP (0:1): received packet from 172.16.100.2 (I) QM_IDLE
ISAKMP (0:1): processing HASH payload. message ID = -572705707
ISAKMP (0:1): processing SA payload. message ID = -572705707
ISAKMP (0:1): Checking IPSec proposal 1
ISAKMP: transform 1, AH_MD5
ISAKMP:    attributes in transform:
ISAKMP:       encaps is 1
ISAKMP:       SA life type in seconds
ISAKMP:       SA life duration (basic) of 3600
ISAKMP:       SA life type in kilobytes
ISAKMP:       SA life duration (VPI) of  0x0 0x46 0x50 0x0
ISAKMP:       authenticator is HMAC-MD5
ISAKMP (0:1): atts are acceptable.
ISAKMP (0:1): processing NONCE payload. message ID = -572705707
ISAKMP (0:1): processing ID payload. message ID = -572705707
ISAKMP (0:1): processing ID payload. message ID = -572705707
ISAKMP (0:1): Creating IPSec SAs
        inbound SA from  172.16.100.2 to 172.16.100.1 (proxy 10.0.0.0 to 172.16.1.0)
        has spi 0xA7672C8B and conn_id 2000 and flags 4
        lifetime of 3600 seconds
        lifetime of 4608000 kilobytes
        outbound SA from 172.16.100.1 to 172.16.100.2 (proxy 172.16.1.0 to 10.0.0.0)
        has spi 2067616234 and conn_id 2001 and flags 4
        lifetime of 3600 seconds
        lifetime of 4608000 kilobytes
ISAKMP (0:1): sending packet to 172.16.100.2 (I) QM_IDLE
ISAKMP (0:1): deleting node -572705707 error FALSE reason ""
ISAKMP (0:1): purging node -572705707
```

- Responder C2504

```
ISAKMP (0:0): received packet from 172.16.100.1 (N) NEW SA
ISAKMP (0:1): processing SA payload. message ID = 0
ISAKMP (0:1): Checking ISAKMP transform 1 against priority 20 policy
ISAKMP:    encryption DES-CBC
ISAKMP:    hash MD5
ISAKMP:    default group 1
ISAKMP:    auth RSA encr
ISAKMP:    life type in seconds
ISAKMP:    life duration (basic) of 4000
ISAKMP (0:1): atts are acceptable. Next payload is 0
ISAKMP (0:1): Unable to get router cert or routerdoes not have a cert: needed to find DN!
ISAKMP (0:1): SA is doing RSA encryption authentication using id type ID_FQDN
ISAKMP (0:1): sending packet to 172.16.100.1 (R) MM_SA_SETUP
ISAKMP (0:1): received packet from 172.16.100.1 (R) MM_SA_SETUP
ISAKMP (0:1): processing KE payload. message ID = 0
ISAKMP (0:1): processing ID payload. message ID = 0
ISAKMP (0:1): processing NONCE payload. message ID = 0
ISAKMP (0:1): SKEYID state generated
ISAKMP (0:1): processing vendor id payload
ISAKMP (0:1): speaking to another IOS box!
ISAKMP (1): ID payload
        next-payload : 10
        type         : 2
        protocol     : 17
        port         : 500
        length       : 20
```

```
ISAKMP (1): length after encryption 64
ISAKMP (1): Total payload length: 68
ISAKMP (0:1): sending packet to 172.16.100.1 (R) MM_KEY_EXCH
ISAKMP (0:1): received packet from 172.16.100.1 (R) MM_KEY_EXCH
ISAKMP (0:1): processing HASH payload. message ID = 0
ISAKMP (0:1): SA has been authenticated with 172.16.100.1
ISAKMP (0:1): sending packet to 172.16.100.1 (R) QM_IDLE
ISAKMP (0:1): received packet from 172.16.100.1 (R) QM_IDLE
ISAKMP (0:1): processing HASH payload. message ID = -572705707
ISAKMP (0:1): processing SA payload. message ID = -572705707
ISAKMP (0:1): Checking IPSec proposal 1
ISAKMP: transform 1, AH_MD5
ISAKMP:    attributes in transform:
ISAKMP:       encaps is 1
ISAKMP:       SA life type in seconds
ISAKMP:       SA life duration (basic) of 3600
ISAKMP:       SA life type in kilobytes
ISAKMP:       SA life duration (VPI) of  0x0 0x46 0x50 0x0
ISAKMP:       authenticator is HMAC-MD5
ISAKMP (0:1): atts are acceptable.
ISAKMP (0:1): processing NONCE payload. message ID = -572705707
ISAKMP (0:1): processing ID payload. message ID = -572705707
ISAKMP (1): ID_IPV4_ADDR_SUBNET src 0.0.0.0/0.0.0.0 prot 0 port 0
ISAKMP (0:1): processing ID payload. message ID = -572705707
ISAKMP (1): ID_IPV4_ADDR_SUBNET dst 10.0.0.0/255.0.0.0 prot 0 port 0
ISAKMP (0:1): asking for 1 spis from ipsec
ISAKMP: received ke message (2/1)
ISAKMP (0:1): sending packet to 172.16.100.1 (R) QM_IDLE
ISAKMP (0:1): received packet from 172.16.100.1 (R) QM_IDLE
ISAKMP (0:1): Creating IPSec SAs
        inbound SA from  172.16.100.1 to 172.16.100.2 (proxy 172.16.0.0 to 10.0.0.0)
        has spi 0x7B3D51EA and conn_id 2000 and flags 4
        lifetime of 3600 seconds
        lifetime of 4608000 kilobytes
        outbound SA from 172.16.100.2 to 172.16.100.1 (proxy 10.0.0.0 to 172.16.0.0)
        has spi -1486410613 and conn_id 2001 and flags 4
        lifetime of 3600 seconds
        lifetime of 4608000 kilobytes
ISAKMP (0:1): deleting node -572705707 error FALSE reason "quick mode done (await()"
ISAKMP (0:1): purging node -572705707
```

11.4 Cisco-Erweiterungen Mode Config und XAuth

»Tunnel Mode«-Verbindungen erlauben zwar den Aufbau von Virtual Private Networks (VPNs) über das Internet. Falls die Clients ihre IP-Adressen jedoch dynamisch von einem ISP zugewiesen bekommen, müssen auch innerhalb des privaten Netzwerks Routen zu diesen Adressen existieren. Da dies möglicherweise nicht immer gegeben ist, kann es zu Routing-Problemen zwischen den Rechnern des privaten Netzwerks und den über das Internet angeschlossenen Clients kommen.

Möglichkeiten, diese Problematik zu umgehen, bieten sowohl die Cisco *Mode Config*-Erweiterung des IPSec-Protokolls als auch der IETF-Standard L2TP (*Layer Two Tunneling Protocol* – siehe Kapitel 15).

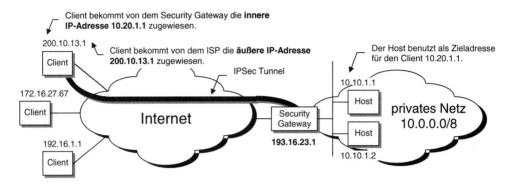

Bei der *Mode Config*-Erweiterung bekommen die Clients während des Aufbaus der IPSec Security Association über den Transaction Exchange von dem Security Gateway eine festgelegte Adresse für die innere IP-Adresse zugewiesen.

Äußerer IP Header	IPsec Header	Innerer IP Header	
S: 200.10.13.1 D: 193.16.23.1	ESP oder AH	S: 10.20.1.1 D: 10.10.1.1	Daten

Ein Problem besteht jedoch darin, dass eine *Mode Config*- oder *XAuth*-Konfiguration immer für die gesamte »crypto map« gilt und damit für alle IPSec SAs, die über das entsprechende Interface aufgebaut werden. Zwei ausführliche Beispiele finden sich in den Kapiteln 16.5.1.2 und 16.5.1.3.

»Mode Config«-Konfiguration auf dem Cisco Router

ip local pool Pool 50.100.1.1 50.100.1.254
crypto isakmp **client configuration address-pool local** Pool
!
crypto dynamic-map DynName #
  set transform-set transform
!
crypto map NAME **client configuration address** initiate | respond
crypto map *NAME* # ipsec-isakmp dynamic *DynName*

Initiate	Der Router weist dem Client immer eine Adresse aus dem Pool zu.
respond	Der Client darf eine bestimmte Adresse aus dem Pool auswählen, der Router muss lediglich zustimmen.

»XAUTH«-Konfiguration auf dem Cisco Router

Ein weiteres Problem bei der Verbindung von VPN Clients ist die fehlende Überprüfung der Authentizität des Benutzers, da IPSec lediglich den Rechner authentifiziert. Eine Lösung bietet Cisco ab der Version V12.1(1)T mit der *Extended Authentication* (XAuth) an. Hierbei wird der Benutzer während des Aufbaus der IPSec SA noch über den AAA-Mechanismus authentifiziert.

```
aaa new-model
aaa authentication login ISDN-Clients local
!
crypto map NAME client authentication list ISDN-Clients
```

Kapitel 12

Konfiguration der IPSec Security Association

12.1 Definition der IPSec Protection Suite

Die *IPSec Protection Suite* legt die Sicherheitsservices fest, die innerhalb der IPSec Security Association eingesetzt werden müssen. Unter IOS erfolgt die Definition über die *crypto map*-Einträge. Zu den Parametern zählen:

- Wie die benötigten Schlüssel erzeugt und verwaltet werden (ISAKMP/IKE oder manuell).
- Die Definition der IP-Adresse des entfernten Security Gateways, auf dem die Security Association terminiert.
- Die Festlegung der eigentlichen Datenpakete, die über diese IPSec SA geschützt werden sollen.
- Die Festlegung der Sicherheitsprotokolle.
- Perfect Forward Secrecy.

Löschen einer IPSec Security Association

clear crypto sa

Um den ISAKMP-Partner zu informieren, dass die IPSec Security Association gelöscht wurde, sendet das lokale System über einen Informational Mode Exchange eine Delete-Nachricht.

debug crypto isakmp
debug crypto isakmp packet
```
ISAKMP: received ke message (3/1)
ISAKMP: Information packet contents (flags 1, len 64):
        HASH payload
        DELETE payload
ISAKMP (0:1): sending packet to 172.16.100.2 (I) QM_IDLE
ISAKMP (0:1): purging node -392406238
```

Konfiguration der IPSec Protection Suite

- IKE wird für die Verwaltung der Schlüssel eingesetzt

    crypto **map** *name sequence-number* **ipsec-isakmp**
      set peer *ip-address1*
            ⇒ IP-Adresse des Partners
      [set peer *ip-address2*]
            ⇒ IP-Adresse weiterer Partner
      set transform *proposal1* [*proposal2* ...]
            ⇒ Sicherheitsprotokoll
      set pfs *group1* | *group2* | *group5*
            ⇒ Diffie-Hellman-Gruppe für PFS
      set security-association lifetime seconds #
            ⇒ Lebensdauer der IPSec SA in Sekunden
      set security-association lifetime kilobytes #
            ⇒ Lebensdauer der IPSec SA in Kilobyte
      match address *access-list*
            ⇒ Festlegung der zu schützenden Pakete

- Manuelle Verwaltung der Schlüssel

Da die manuelle Verwaltung der kryptographischen Schlüssel keine *Replay Protection* bietet und zudem sehr aufwendig bzw. unsicher ist, sollte sie im praktischen Einsatz nicht benutzt werden. In Kapitel 16.3 befindet sich ein kurzes Beispiel, wie die Router in diesem Fall zu konfigurieren sind.

    crypto **map** *name sequence-number* **ipsec-manual**
      set peer *ip-address*
            ⇒ IP-Adresse des Partners
      [set peer *ip-address2*]
            ⇒ IP-Adresse weiterer Partner
      set transform *proposal1* [*proposal2* ...]
            ⇒ Sicherheitsprotokoll
      set session-key inbound   esp *spi* cipher *key* [auth *key*]
            ⇒ Sitzungsschlüssel für eingehende ESP SA
      set session-key outbound esp *spi* cipher *key* [auth *key*]
            ⇒ Sitzungsschlüssel für ausgehende ESP SA
      set session-key inbound   ah   *spi* *key*
            ⇒ Sitzungsschlüssel für eingehende AH SA
      set session-key outbound ah   *spi* *key*
            ⇒ Sitzungsschlüssel für ausgehende AH SA
      match address *access-list*
            ⇒ Festlegung der zu schützenden Pakete

Beim ESP-Sicherheitsprotokoll folgt nach dem *cipher*-Parameter der Chiffrierschlüssel und nach dem optionalen *authenticator*-Parameter der Authentifizierschlüssel.

Zuweisung der »crypto map« zu einem Interface

Die Zuweisung der »crypto map« erfolgt immer auf der ausgehenden Schnittstelle. Bis zu den IOS Versionen V12.0(x) hängt sich das Interface auf, sobald man einer Schnittstelle eine »crypto map« zuweist und diese »crypto map« noch keine Access-Liste enthält.

    Interface *name*   ⌐ Pro Interface ist nur eine »crypto map« möglich.
      crypto map *name*   ▼

Definition der IPSec Protection Suite

Bei der Verwendung von logischen Schnittstellen erfolgt die Zuweisung der »crypto map« entweder nur auf dem logischen Interface oder auf der physikalischen und logischen Schnittstelle (siehe auch die Beispiele in den Kapiteln 16.5.3 und 16.5.4):

	Dialer Interface	Sub-Interface	Tunnel Interface
»crypto map« auf physikalischer Schnittstelle	-	-	✓
»crypto map« auf logischer Schnittstelle	✓	✓	✓

Falls über ein Interface unterschiedliche IPSec-Verbindungen aufgebaut werden sollen, sind in der »crypto map« mehrere Sequenzen zu definieren. Die Auswertung dieser Sequenzen – d.h. der Vergleich der anstehenden Datenpakete gegen die spezifizierte Access-Liste – erfolgt in der Reihenfolge der Sequenznummern. Aus diesem Grund sollten Verbindungen mit hohem Datenverkehr eine kleine Nummer erhalten.

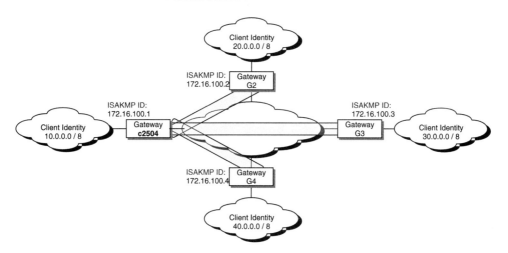

```
hostname c2504
!
crypto isakmp policy 20
  hash md5
  authentication pre-share
crypto isakmp key 1234567812345678 address 172.16.100.2
crypto isakmp key 1234567812345678 address 172.16.100.3
crypto isakmp key 1234567812345678 address 172.16.100.4
!
crypto ipsec transform-set AH ah-md5-hmac
!
crypto map SERIAL 20 ipsec-isakmp
  set peer 172.16.100.2
  set transform-set AH
  match address ToNetwork_20
crypto map SERIAL 30 ipsec-isakmp
  set peer 172.16.100.3
  set transform-set AH
  match address ToNetwork_30
```

»set peer«: Adresse des Tunnelendpunkts.

282 Kapitel 12 • Konfiguration der IPSec Security Association

crypto map SERIAL 40 ipsec-isakmp
  set peer 172.16.100.4
  set transform-set AH   ← »match address«: Festlegung der *Client Identities*.
  match address ToNetwork_40

interface Serial0
  ip address 172.16.100.1 255.255.255.0
  encapsulation x25
  x25 map ip 172.16.100.2 ...
  x25 map ip 172.16.100.3 ...
  x25 map ip 172.16.100.4 ...
  x25 address 101
  x25 htc 10
  crypto map SERIAL

interface TokenRing0
  ip address 10.1.1.1 255.255.255.0
  ring-speed 16

ip access-list extended **ToNetwork_20**
  permit ip 10.0.0.0 0.255.255.255 20.0.0.0 0.255.255.255
ip access-list extended **ToNetwork_30**
  permit ip 10.0.0.0 0.255.255.255 30.0.0.0 0.255.255.255
ip access-list extended **ToNetwork_40**
  permit ip 10.0.0.0 0.255.255.255 40.0.0.0 0.255.255.255
end

Informationen über aktive IPSec Security Associations

```
# show crypto ipsec sa
interface: Serial0
    Crypto map tag: SERIAL, local addr. 172.16.100.1     ← Erster »crypto map«-Eintrag

    local  ident (addr/mask/prot/port): (10.0.0.0/255.0.0.0/0/0)
    remote ident (addr/mask/prot/port): (20.0.0.0/255.0.0.0/0/0)
    current_peer: 172.16.100.2
      PERMIT, flags={origin_is_acl,}
     #pkts encaps: 17, #pkts encrypt: 0, #pkts digest 17
     #pkts decaps: 10, #pkts decrypt: 0, #pkts verify 10
     #pkts compressed: 0, #pkts decompressed: 0
     #pkts not compressed: 0, #pkts compr. failed: 0, #pkts decompress failed: 0
     #send errors 1, #recv errors 0

     local crypto endpt.: 172.16.100.1, remote crypto endpt.: 172.16.100.2
     path mtu 1500, media mtu 1500
     current outbound spi: 222F0A47    ← Lokale ISAKMP-Identität (IP-Adresse)    ← »set peer«-Adresse

     inbound esp sas:    ← Aktive SA

     inbound ah sas:
      spi: 0x39F0960(60754272)
        transform: ah-md5-hmac ,        ← Encapsulation Mode: Tunnel oder Transport
        in use settings ={Tunnel, }
        slot: 0, conn id: 2000, flow_id: 1, crypto map: SERIAL
        sa timing: remaining key lifetime (k/sec): (4607998/3443)
        replay detection support: Y

     inbound pcp sas:

     outbound esp sas:
```

```
                        ┌─ Aktive SA
outbound ah sas:       ↙
   spi: 0x222F0A47(573508167)  ┌─ Verwendeter Sicherheitsmechanismus (Transform)
   transform: ah-md5-hmac ,   ↙
   in use settings ={Tunnel, }
   slot: 0, conn id: 2001, flow_id: 2, crypto map: SERIAL
   sa timing: remaining key lifetime (k/sec): (4607998/3443)
   replay detection support: Y

outbound pcp sas:
                                    ┌─ Zweiter »crypto map«-Eintrag
                                   ↙
local  ident (addr/mask/prot/port): (10.0.0.0/255.0.0.0/0/0)
remote ident (addr/mask/prot/port): (30.0.0.0/255.0.0.0/0/0)
current_peer: 172.16.100.3
   PERMIT, flags={origin_is_acl,}
  #pkts encaps: 0, #pkts encrypt: 0, #pkts digest 0
  #pkts decaps: 0, #pkts decrypt: 0, #pkts verify 0
  #pkts compressed: 0, #pkts decompressed: 0
  #pkts not compressed: 0, #pkts compr. failed: 0, #pkts decompress failed: 0
  #send errors 0, #recv errors 0

   local crypto endpt.: 172.16.100.1, remote crypto endpt.: 172.16.100.3
   path mtu 1500, media mtu 1500
   current outbound spi: 0
   ...  ...
                                    ┌─ Dritter »crypto map«-Eintrag
                                   ↙
local  ident (addr/mask/prot/port): (10.0.0.0/255.0.0.0/0/0)
remote ident (addr/mask/prot/port): (40.0.0.0/255.0.0.0/0/0)
current_peer: 172.16.100.4
   PERMIT, flags={origin_is_acl,}
  #pkts encaps: 0, #pkts encrypt: 0, #pkts digest 0
  #pkts decaps: 0, #pkts decrypt: 0, #pkts verify 0
  #pkts compressed: 0, #pkts decompressed: 0
  #pkts not compressed: 0, #pkts compr. failed: 0, #pkts decompress failed: 0
  #send errors 0, #recv errors 0

   local crypto endpt.: 172.16.100.1, remote crypto endpt.: 172.16.100.4
   path mtu 1500, media mtu 1500
   current outbound spi: 0
   ...  ...
```

12.2   »set peer«-Befehl

Der *set peer*-Eintrag legt die IP-Adresse des ISAKMP-Partners fest. Als lokale ISAKMP-Identität benutzen die IOS-Systeme standardmäßig die Adresse der Schnittstelle, die mit der »crypto map« verbunden ist. Falls man eine andere Adresse verwenden will, kann über den *crypto map... local-address...*-Befehl eine andere Schnittstelle zugewiesen werden.

IOS erlaubt mehrere *set peer*-Einträge innerhalb einer »crypto map«. In diesem Fall legen die Router automatisch für jeden Partner einen separaten Eintrag in der SA-Datenbank an.

- Ausgehende IPSec-Verbindung

  Beim Aufbau einer neuen Security Association probiert der Router immer den ersten Partner in der »crypto map« und geht erst bei einem Fehlschlag auf den nächsten Eintrag. Besteht bereits eine SA, sendet der Router die Pakete immer zum *current peer*,

284 Kapitel 12 • Konfiguration der IPSec Security Association

egal ob dieser erreichbar ist oder nicht. Der Eintrag wird erst dann geändert, wenn der lokale Router Daten vom anderen Partner empfangen hat (d.h. bei eingehendem Datenverkehr).

- Ankommende IPSec-Verbindung

Das lokale System ist in der Lage, IPSec Security Associations von allen definierten Peers anzunehmen.

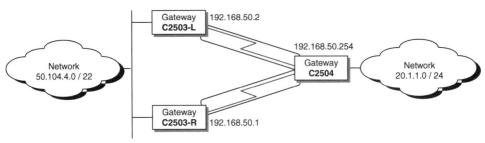

```
version 12.1(7)
!
hostname C2503-L
!
isdn switch-type basic-net3
!
crypto isakmp policy 10
 authentication pre-share
crypto isakmp key 12345678 address 192.168.50.254
!
crypto ipsec transform-set ESP esp-des esp-sha-hmac
!
crypto map BRI 10 ipsec-isakmp
 set peer 192.168.50.254
 set transform-set ESP
 match address 100
!
interface Loopback0
 ip address 192.168.1.2 255.255.255.255
!
interface Ethernet0
 ip address 50.104.7.66 255.255.252.0
!
interface BRI0
 ip address 192.168.50.2 255.255.255.0
 no ip route-cache
 dialer map ip 192.168.50.254 name 111177571
 broadcast 77571
 dialer-group 1
 isdn caller 111177571
 isdn answer1 77590
 isdn calling-number 77590
!
router ospf 1
 network 50.104.0.0 0.0.7.255 area 0
!
ip route 20.1.1.0 255.255.255.0 BRI0
!
access-list 100 deny   ip 224.0.0.0 15.255.255.255 any
access-list 100 deny   ip any 224.0.0.0 15.255.255.255
access-list 100 deny   ip host 255.255.255.255 any
access-list 100 deny   ip any host 255.255.255.255
access-list 100 permit ip 50.104.4.0 0.0.3.255 20.1.1.0 0.0.0.255
!
dialer-list 1 protocol ip permit
!
end
```

```
version 12.1(7)
!
hostname C2503-R
!
isdn switch-type basic-net3
!
crypto isakmp policy 10
 authentication pre-share
crypto isakmp key 12345678 address 192.168.50.254
!
crypto ipsec transform-set ESP esp-des esp-sha-hmac
!
crypto map BRI 10 ipsec-isakmp
 set peer 192.168.50.254
 set transform-set ESP
 match address 100
!
interface Loopback0
 ip address 192.168.1.1 255.255.255.255
!
interface Ethernet0
 ip address 50.104.7.67 255.255.252.0
!
interface BRI0
 ip address 192.168.50.1 255.255.255.0
 no ip route-cache
 dialer map ip 192.168.50.254 name 111177571
 broadcast 77571
 dialer-group 1
 isdn caller 111177571
 isdn answer1 77591
 isdn calling-number 77591
!
router ospf 1
 network 50.104.0.0 0.0.7.255 area 0
!
ip route 20.1.1.0 255.255.255.0 BRI0
!
access-list 100 deny   ip 224.0.0.0 15.255.255.255 any
access-list 100 deny   ip any 224.0.0.0 15.255.255.255
access-list 100 deny   ip host 255.255.255.255 any
access-list 100 deny   ip any host 255.255.255.255
access-list 100 permit ip 50.104.4.0 0.0.3.255 20.1.1.0 0.0.0.255
!
dialer-list 1 protocol ip permit
!
end
```

```
version 12.1(7)
!
hostname c2504
!
isdn switch-type basic-net3
!
crypto isakmp policy 10
 authentication pre-share
crypto isakmp key 12345678 address 192.168.50.1
crypto isakmp key 12345678 address 192.168.50.2
!
crypto ipsec transform-set ESP esp-des esp-sha-hmac
!
crypto map BRI 10 ipsec-isakmp
 set peer 192.168.50.1
 set peer 192.168.50.2
 set transform-set ESP
 match address 100
!
interface Loopback0
 ip address 192.168.1.3 255.255.255.255
!
interface TokenRing0
 ip address 20.1.1.1 255.255.255.0
 early-token-release
 ring-speed 16
!
interface BRI0
 ip address 192.168.50.254 255.255.255.0
 no ip route-cache
 dialer map ip 192.168.50.1 name 111177591
broadcast 77591
 dialer map ip 192.168.50.2 name 111177590
broadcast 77590
 dialer-group 1
 isdn caller 111177590
 isdn caller 111177591
 isdn answer1 77571
!
router ospf 1
 network 20.1.1.0 0.0.0.255 area 0
!
ip route 50.104.4.0 255.255.252.0 BRI0
!
access-list 100 deny   ip 224.0.0.0 15.255.255.255 any
access-list 100 deny   ip any 224.0.0.0 15.255.255.255
access-list 100 deny   ip host 255.255.255.255 any
access-list 100 deny   ip any host 255.255.255.255
access-list 100 permit ip 20.1.1.0 0.0.0.255 50.104.4.0 0.0.3.255
!
dialer-list 1 protocol ip permit
end
```

Aufbau einer Security Association, der »current peer« ist jedoch nicht erreichbar

In diesem Beispiel ist die BRI-Schnittstelle auf C2503-R (192.168.50.1) *down*. Der Router C2504 versucht trotzdem, zuerst eine Verbindung zu diesem Partner aufzubauen, da er als erster Peer in der »crypto map« eingetragen ist.

```
c2504# show crypto map
Crypto Map "BRI" 10 ipsec-isakmp
        Peer = 192.168.50.1
        Peer = 192.168.50.2
        Extended IP access list 100
            access-list 100 deny ip 224.0.0.0 15.255.255.255 any
            access-list 100 deny ip any 224.0.0.0 15.255.255.255
            access-list 100 deny ip host 255.255.255.255 any
            access-list 100 deny ip any host 255.255.255.255
            access-list 100 permit ip 20.1.1.0 0.0.0.255 50.104.4.0 0.0.3.255
        Current peer: 192.168.50.1
        Security association lifetime: 4608000 kilobytes/3600 seconds
        PFS (Y/N): N
        Transform sets={ ESP, }
        Interfaces using crypto map BRI:
                BRI0
                BRI0:1
                BRI0:2
```

- Beim Aufbau der ISAKMP SA sendet der Router C2504 die Nachrichten zuerst zum ersten Peer.

```
c2504# debug crypto isakmp
c2504# debug crypto ipsec
05:09:38.210: IPSEC(sa_request): ,
  (key eng. msg.) src= 192.168.50.254, dest= 192.168.50.1,
    src_proxy= 20.1.1.0/255.255.255.0/0/0 (type=4),
    dest_proxy= 50.104.4.0/255.255.252.0/0/0 (type=4),
    protocol= ESP, transform= esp-des esp-sha-hmac ,
    lifedur= 3600s and 4608000kb,
    spi= 0xC031C6B(201530475), conn_id= 0, keysize= 0, flags= 0x4004
05:09:38.226: ISAKMP: received ke message (1/1)
05:09:38.226: ISAKMP: local port 500, remote port 500
05:09:38.238: ISAKMP (0:1): beginning Main Mode exchange
05:09:38.242: ISAKMP (1): sending packet to 192.168.50.1 (I) MM_NO_STATE
05:09:48.250: ISAKMP (0:1): retransmitting phase 1 MM_NO_STATE...
05:09:48.250: ISAKMP (0:1): incrementing error counter on sa: retransmit phase 1
05:09:48.254: ISAKMP (1): sending packet to 192.168.50.1 (I) MM_NO_STATE
05:09:58.262: ISAKMP (0:1): retransmitting phase 1 MM_NO_STATE...
05:09:58.262: ISAKMP (0:1): incrementing error counter on sa: retransmit phase 1
05:09:58.266: ISAKMP (1): sending packet to 192.168.50.1 (I) MM_NO_STATE
05:10:08.274: ISAKMP (0:1): retransmitting phase 1 MM_NO_STATE...
05:10:08.274: ISAKMP (0:1): incrementing error counter on sa: retransmit phase 1
05:10:08.278: ISAKMP (1): sending packet to 192.168.50.1 (I) MM_NO_STATE
05:10:18.286: ISAKMP (0:1): retransmitting phase 1 MM_NO_STATE...
05:10:18.286: ISAKMP (0:1): incrementing error counter on sa: retransmit phase 1
05:10:18.290: ISAKMP (1): sending packet to 192.168.50.1 (I) MM_NO_STATE
05:10:28.298: ISAKMP (0:1): retransmitting phase 1 MM_NO_STATE...
05:10:28.298: ISAKMP (0:1): incrementing error counter on sa: retransmit phase 1
... ...
05:10:38.266: ISAKMP (2): sending packet to 192.168.50.2 (I) MM_NO_STATE
05:10:38.310: ISAKMP (0:1): retransmitting phase 1 MM_NO_STATE...
05:10:38.314: ISAKMP (0:1): deleting SA reason "death by retransmission P1" state (I)
                   MM_NO_STATE (peer 192.168.50.1) input0
05:10:38.318: ISAKMP (0:1): deleting node 1156231900 error TRUE reason
                   "death by retransmission P1"
05:10:38.322: ISAKMP (0:1): deleting node -1834720460 error TRUE reason
                   "death by retransmission P1"
```

Der Router sendet das ISAKMP-Paket zur Adresse 192.168.50.1, die im Moment nicht erreichbar ist.

- Nach Ablauf eines Timers (eine Minute) baut der Router die ISAKMP SA zur nächsten Peer-Adresse auf.

```
05:10:38.230: IPSEC(sa_request): ,
  (key eng. msg.) src= 192.168.50.254, dest= 192.168.50.2,
    src_proxy= 20.1.1.0/255.255.255.0/0/0 (type=4),
    dest_proxy= 50.104.4.0/255.255.252.0/0/0 (type=4),
    protocol= ESP, transform= esp-des esp-sha-hmac ,
    lifedur= 3600s and 4608000kb,
    spi= 0x5E122B4(98640564), conn_id= 0, keysize= 0, flags= 0x4004
05:10:38.250: ISAKMP: received ke message (1/1)
05:10:38.254: ISAKMP: local port 500, remote port 500
05:10:38.262: ISAKMP (0:2): beginning Main Mode exchange
05:10:38.266: ISAKMP (2): sending packet to 192.168.50.2 (I) MM_NO_STATE
05:10:38.898: %LINK-3-UPDOWN: Interface BRI0:1, changed state to up
05:10:39.934: %LINEPROTO-5-UPDOWN: Line protocol on Interface BRI0:1, changed state to up
05:10:48.278: ISAKMP (2): sending packet to 192.168.50.2 (I) MM_NO_STATE
05:10:49.922: ISAKMP (2): received packet from 192.168.50.2 (I) MM_NO_STATE
05:10:49.930: ISAKMP (0:2): processing SA payload. message ID = 0
```

```
05:10:49.930: ISAKMP (0:2): Checking ISAKMP transform 1 against priority 10 policy
05:10:49.934: ISAKMP:     encryption DES-CBC
05:10:49.934: ISAKMP:     hash SHA
05:10:49.938: ISAKMP:     default group 1
05:10:49.938: ISAKMP:     auth pre-share
05:10:49.942: ISAKMP (0:2): atts are acceptable. Next payload is 0
...   ...
```

- »crypto map« und »crypto ipsec sa« auf C2504 nachdem die Security Associations aufgebaut sind.

```
c2504# show crypto map
Crypto Map "BRI" 10 ipsec-isakmp
        Peer = 192.168.50.1
        Peer = 192.168.50.2
        Extended IP access list 100
            access-list 100 deny ip 224.0.0.0 15.255.255.255 any
            access-list 100 deny ip any 224.0.0.0 15.255.255.255
            access-list 100 deny ip host 255.255.255.255 any
            access-list 100 deny ip any host 255.255.255.255
            access-list 100 permit ip 20.1.1.0 0.0.0.255 50.104.4.0 0.0.3.255
        Current peer: 192.168.50.2
        Security association lifetime: 4608000 kilobytes/3600 seconds
        PFS (Y/N): N
        Transform sets={ ESP, }
        Interfaces using crypto map BRI:
                BRI0
                BRI0:1
                BRI0:2
```

c2504# show crypto ipsec sa map BRI ⟵ Der Router verwendet die lokale Interface-Adresse als ISAKMP-Identität.

```
interface: BRI0
    Crypto map tag: BRI, local addr. 192.168.50.254

   local  ident (addr/mask/prot/port): (20.1.1.0/255.255.255.0/0/0)
   remote ident (addr/mask/prot/port): (50.104.4.0/255.255.252.0/0/0)
   current_peer: 192.168.50.2
     PERMIT, flags={origin_is_acl,}
    #pkts encaps: 0, #pkts encrypt: 0, #pkts digest 0
    #pkts decaps: 0, #pkts decrypt: 0, #pkts verify 0
    #pkts compressed: 0, #pkts decompressed: 0
    #pkts not compressed: 0, #pkts compr. failed: 0, #pkts decompress failed: 0
    #send errors 5, #recv errors 0

     local crypto endpt.: 192.168.50.254, remote crypto endpt.: 192.168.50.1
     path mtu 1500, media mtu 1500
     current outbound spi: 0

     inbound esp sas:

     inbound ah sas:

     inbound pcp sas:

     outbound esp sas:

     outbound ah sas:

     outbound pcp sas:
```

⟵ Der aktuell benutzte Partner wird in das Feld current_peer eingetragen.

⟵ Falls bei einer »crypto map« mehrere Peers definiert sind, legt der Router für jeden Partner einen separaten Eintrag in der SA-Datenbank an.

```
local crypto endpt.: 192.168.50.254, remote crypto endpt.: 192.168.50.2
path mtu 1500, media mtu 1500
current outbound spi: 12B31B9E

inbound esp sas:
 spi: 0x5E122B4(98640564)
   transform: esp-des esp-sha-hmac ,
   in use settings ={Tunnel, }
   slot: 0, conn id: 2000, flow_id: 1, crypto map: BRI
   sa timing: remaining key lifetime (k/sec): (4608000/2825)
   IV size: 8 bytes
   replay detection support: Y

inbound ah sas:

inbound pcp sas:

outbound esp sas:
 spi: 0x12B31B9E(313727902)
   transform: esp-des esp-sha-hmac ,
   in use settings ={Tunnel, }
   slot: 0, conn id: 2001, flow_id: 2, crypto map: BRI
   sa timing: remaining key lifetime (k/sec): (4608000/2825)
   IV size: 8 bytes
   replay detection support: Y

outbound ah sas:

outbound pcp sas:
```

Security Association existiert bereits, der »current peer« ist aber nicht mehr erreichbar

In diesem Beispiel besteht bereits eine Security Association zu dem *current peer* 192.168.50.2. Fällt jetzt die ISDN-Schnittstelle dieses Routers (C2503-L) aus, versucht C2504 trotzdem weiterhin, die Daten zu dieser Adresse zu senden. Da er jedoch keine ISDN-Verbindung aufbauen kann, ist keine weitere Datenkommunikation mehr möglich.

c2504# show crypto map
```
Crypto Map "BRI" 10 ipsec-isakmp
        Peer = 192.168.50.1
        Peer = 192.168.50.2
        Extended IP access list 100
            access-list 100 deny ip 224.0.0.0 15.255.255.255 any
            access-list 100 deny ip any 224.0.0.0 15.255.255.255
            access-list 100 deny ip host 255.255.255.255 any
            access-list 100 deny ip any host 255.255.255.255
            access-list 100 permit ip 20.1.1.0 0.0.0.255 50.104.4.0 0.0.3.255
        Current peer: 192.168.50.2
        Security association lifetime: 4608000 kilobytes/3600 seconds
        PFS (Y/N): N
        Transform sets={ ESP, }
        Interfaces using crypto map BRI:
                BRI0
                BRI0:1
                BRI0:2
```

c2504# show crypto ipsec sa address
```
dest address: 192.168.50.254
    protocol: ESP                         ← Inbound Security Association
    spi: 0x5E122B4(98640564)
        transform: esp-des esp-sha-hmac ,
        in use settings ={Tunnel, }
        slot: 0, conn id: 2000, flow_id: 1, crypto map: BRI
        sa timing: remaining key lifetime (k/sec): (4608000/2213)
        IV size: 8 bytes
        replay detection support: Y

dest address: 192.168.50.1
dest address: 192.168.50.2
    protocol: ESP                         ← Outbound Security Association
    spi: 0x12B31B9E(313727902)
        transform: esp-des esp-sha-hmac ,
        in use settings ={Tunnel, }
        slot: 0, conn id: 2001, flow_id: 2, crypto map: BRI
        sa timing: remaining key lifetime (k/sec): (4608000/2213)
        IV size: 8 bytes
        replay detection support: Y
```

show dialer
Sofern eine IPSec SA besteht, versucht der Router immer, die Daten zu dem *current peer* zu senden.
```
BRI0 - dialer type = ISDN
Dial String      Successes    Failures    Last DNIS    Last status
77590                   3          24       00:01:41         failed
77591                   9           6       00:46:38         failed
```

IOS ändert den *current peer*-Eintrag nur dann, wenn es ein Paket von einem anderen Partner aus der »set peer«-Liste empfängt. Das heißt, eine Kommunikation ist erst wieder möglich, wenn C2504 ein Paket von C2503-R empfangen hat und sich dadurch der *current peer* ändert.

c2504# show dialer
```
BRI0 - dialer type = ISDN

Dial String      Successes    Failures    Last DNIS    Last status
77590                   3          24       00:09:17         failed
77591                   9           6       00:54:14         failed
0 incoming call(s) have been screened.
0 incoming call(s) rejected for callback.

BRI0:1 - dialer type = ISDN
Idle timer (600 secs), Fast idle timer (20 secs)     C2503-R hat eine ISDN-Verbindung zum
Wait for carrier (30 secs), Re-enable (15 secs)      Router C2504 aufgebaut.
Dialer state is data link layer up
Time until disconnect 599 secs
Connected to 77591 (111177591)

BRI0:2 - dialer type = ISDN
Idle timer (600 secs), Fast idle timer (20 secs)
Wait for carrier (30 secs), Re-enable (15 secs)
Dialer state is idle
```

c2504# show crypto map
```
Crypto Map "BRI" 10 ipsec-isakmp
        Peer = 192.168.50.1
        Peer = 192.168.50.2
        Extended IP access list 100
            access-list 100 deny ip 224.0.0.0 15.255.255.255 any
            access-list 100 deny ip any 224.0.0.0 15.255.255.255
            access-list 100 deny ip host 255.255.255.255 any
            access-list 100 deny ip any host 255.255.255.255
            access-list 100 permit ip 20.1.1.0 0.0.0.255 50.104.4.0 0.0.3.255
        Current peer: 192.168.50.1
        Security association lifetime: 4608000 kilobytes/3600 seconds
        PFS (Y/N): N
        Transform sets={ ESP, }         ← Erst wenn C2503-R Daten zum
        Interfaces using crypto map BRI:   lokalen Router C2504 sendet,
            BRI0                           ändert sich der current peer.
            BRI0:1
            BRI0:2
```

c2504# show crypto ipsec sa address
```
dest address: 192.168.50.254
    protocol: ESP                    ← Inbound Security Association
      spi: 0x5E122B4(98640564)          vom Router C2503-R
        transform: esp-des esp-sha-hmac ,
        in use settings ={Tunnel, }
        slot: 0, conn id: 2000, flow_id: 1, crypto map: BRI
        sa timing: remaining key lifetime (k/sec): (4608000/197)
        IV size: 8 bytes
        replay detection support: Y   ← Inbound Security Association
      spi: 0x52F1230(86970928)          vom Router C2503-L
        transform: esp-des esp-sha-hmac ,
        in use settings ={Tunnel, }
        slot: 0, conn id: 2002, flow_id: 3, crypto map: BRI
        sa timing: remaining key lifetime (k/sec): (4607995/3455)
        IV size: 8 bytes
        replay detection support: Y

dest address: 192.168.50.1
    protocol: ESP                    ← Outbound Security Association
      spi: 0x143B1A04(339417604)        zum Router C2503-R
        transform: esp-des esp-sha-hmac ,
        in use settings ={Tunnel, }
        slot: 0, conn id: 2003, flow_id: 4, crypto map: BRI
        sa timing: remaining key lifetime (k/sec): (4607994/3455)
        IV size: 8 bytes
        replay detection support: Y

dest address: 192.168.50.2
    protocol: ESP                    ← Outbound Security Association
      spi: 0x12B31B9E(313727902)        zum Router C2503-L
        transform: esp-des esp-sha-hmac ,
        in use settings ={Tunnel, }
        slot: 0, conn id: 2001, flow_id: 2, crypto map: BRI
        sa timing: remaining key lifetime (k/sec): (4607984/197)
        IV size: 8 bytes
        replay detection support: Y
```

12.2.1 ISAKMP Keepalive

Eine Möglichkeit, die im vorhergehenden Beispiel beschriebene Problematik zu umgehen, ist die Cisco-Erweiterung *ISAKMP Keepalive*. Eine andere Variante ist die Verwendung von GRE-Tunneln zwischen den Partnersystemen (siehe Beispiel in Kapitel 16.5.4.1).

Bei *ISAKMP Keepalive* senden die Router standardmäßig alle 10 Sekunden eine Notify-Nachricht (als Informational Mode Exchange) über die ISAKMP Security Association. Nach mehreren nicht beantworteten Paketen kennzeichnet der lokale Router den Partner als nicht erreichbar und baut die bestehenden Security Associations ab. Um in der Lage zu sein, beim Ausfall eines Partners die IPSec-Verbindung wiederherstellen zu können, müssen innerhalb des »crypto map«-Kommandos mindestens zwei Peer-Adressen eingetragen sein.

In dem folgenden Beispiel wurde die Konfiguration aus dem vorhergehenden Kapitel lediglich um den Befehl *crypto isakmp keepalive 20* erweitert.

Aushandeln, ob der Partner die Keepalive-Funktionalität unterstützt

Das Aushandeln, ob der Partner die Keepalive-Erweiterung unterstützt, erfolgt innerhalb eines Main Mode Exchange während der Übertragung der letzten beiden ISAKMP-Nachrichten (Authentizitätsüberprüfung und Austausch der *Local* bzw. *Remote Client Identities*).

- Abstimmung der Keepalive-Erweiterung

```
ISAKMP: Main Mode packet contents (flags 1, len 76):
        ID payload
        HASH payload
        KEEPALIVE payload
ISAKMP (2): sending packet to 192.168.50.1 (I) MM_KEY_EXCH

ISAKMP (2): received packet from 192.168.50.1 (I) MM_KEY_EXCH
ISAKMP: Main Mode packet contents (flags 1, len 84):
        ID payload
        HASH payload
        KEEPALIVE payload
ISAKMP (0:2): processing ID payload. message ID = 0
ISAKMP (0:2): processing HASH payload. message ID = 0
ISAKMP (0:2): processing keep alive: proposal=20/2 sec., actual=20/2 sec.
ISAKMP (0:2): SA has been authenticated with 192.168.50.1
```

- Anschließende Übertragung der Keepalive-Pakete als verschlüsselte ISAKMP Notify Message

```
06:37:58.618: ISAKMP (2): received packet from 192.168.50.1 (I) QM_IDLE
06:37:58.630: ISAKMP: Information packet contents (flags 1, len 68):
06:37:58.630:         HASH payload
06:37:58.634:         NOTIFY payload
06:37:58.642: ISAKMP (2): processing NOTIFY payload 32768 protocol 1
              spi 0, message ID = -1071678580

06:37:58.654: ISAKMP: Information packet contents (flags 1, len 64):
06:37:58.658:         HASH payload
06:37:58.658:         NOTIFY payload
06:37:58.666: ISAKMP (2): sending packet to 192.168.50.1 (I) QM_IDLE
```

Payload 32768 = private use
Protocol 1 = ISAKMP

```
06:38:18.174: ISAKMP: Information packet contents (flags 1, len 64):
06:38:18.174:          HASH payload
06:38:18.178:          NOTIFY payload
06:38:18.182: ISAKMP (2): sending packet to 192.168.50.1 (I) QM_IDLE

06:38:18.258: ISAKMP (2): received packet from 192.168.50.1 (I) QM_IDLE
06:38:18.270: ISAKMP: Information packet contents (flags 1, len 68):
06:38:18.274:          HASH payload
06:38:18.274:          NOTIFY payload
06:38:18.292: ISAKMP (2): processing NOTIFY payload 32768 protocol 1
                         spi 0, message ID = -622994162
```

Ablauf des Keepalive Timer

In dem folgenden Beispiel ist der ISAKMP-Partner zwischenzeitlich nicht mehr erreichbar und der lokale Router C2504 löscht nach Ablauf des *Keepalive Timers* die zugehörigen Security Associations.

- IPSec-Informationen, bevor der Keepalive Timer abgelaufen ist

    ### c2504# show crypto engine connections active
    ```
      ID Interface      IP-Address       State  Algorithm           Encrypt  Decrypt
       2 <none>         <none>           set    HMAC_SHA+DES_56_CB        0        0
    2000 BRI0           192.168.50.254   set    HMAC_SHA+DES_56_CB        0        0
    2001 BRI0           192.168.50.254   set    HMAC_SHA+DES_56_CB        0        0
    ```

    ### c2504# show crypto map
    ```
    Crypto Map "BRI" 10 ipsec-isakmp
         Peer = 192.168.50.1
         Peer = 192.168.50.2
         Extended IP access list 100
             access-list 100 deny ip 224.0.0.0 15.255.255.255 any
             access-list 100 deny ip any 224.0.0.0 15.255.255.255
             access-list 100 deny ip host 255.255.255.255 any
             access-list 100 deny ip any host 255.255.255.255
             access-list 100 permit ip 20.1.1.0 0.0.0.255 50.104.4.0 0.0.3.255
         Current peer: 192.168.50.1
         Security association lifetime: 4608000 kilobytes/3600 seconds
         PFS (Y/N): N
         Transform sets={ ESP, }
         Interfaces using crypto map BRI:
                 BRI0
                 BRI0:1
                 BRI0:2
    ```

- Trace der Keepalive-Pakete, die nicht beantwortet werden

    ```
    06:50:54.170: ISAKMP (2): received packet from 192.168.50.1 (I) QM_IDLE
    06:50:54.182: ISAKMP: Information packet contents (flags 1, len 68):
    06:50:54.186:          HASH payload
    06:50:54.186:          NOTIFY payload
    06:50:54.194: ISAKMP (2): processing NOTIFY payload 32769 protocol 1
            spi 0, message ID = 371114017
    06:50:54.198: ISAKMP (0:2): peer 192.168.50.1 is alive!
    ```

```
06:51:13.718: ISAKMP: Information packet contents (flags 1, len 64):
06:51:13.722:          HASH payload
06:51:13.722:          NOTIFY payload
06:51:13.730: ISAKMP (2): sending packet to 192.168.50.1 (I) QM_IDLE
06:51:15.738: ISAKMP (0:2): incrementing error counter on sa: PEERS_ALIVE_TIMER

06:51:15.750: ISAKMP: Information packet contents (flags 1, len 64):
06:51:15.750:          HASH payload
06:51:15.754:          NOTIFY payload
06:51:15.758: ISAKMP (2): sending packet to 192.168.50.1 (I) QM_IDLE
06:51:17.766: ISAKMP (0:2): incrementing error counter on sa: PEERS_ALIVE_TIMER

06:51:17.778: ISAKMP: Information packet contents (flags 1, len 64):
06:51:17.778:          HASH payload
06:51:17.782:          NOTIFY payload
06:51:17.786: ISAKMP (2): sending packet to 192.168.50.1 (I) QM_IDLE
06:51:19.794: ISAKMP (0:2): incrementing error counter on sa: PEERS_ALIVE_TIMER

06:51:19.806: ISAKMP: Information packet contents (flags 1, len 64):
06:51:19.806:          HASH payload
06:51:19.810:          NOTIFY payload
06:51:19.814: ISAKMP (2): sending packet to 192.168.50.1 (I) QM_IDLE
06:51:21.822: ISAKMP (0:2): incrementing error counter on sa: PEERS_ALIVE_TIMER

06:51:21.834: ISAKMP: Information packet contents (flags 1, len 64):
06:51:21.838:          HASH payload
06:51:21.838:          NOTIFY payload
06:51:21.846: ISAKMP (2): sending packet to 192.168.50.1 (I) QM_IDLE
06:51:23.854: ISAKMP (0:2): incrementing error counter on sa: PEERS_ALIVE_TIMER
06:51:23.854: ISAKMP (0:2): peer not responding!
06:51:23.858: ISAKMP (0:2): deleting SA reason "P1 errcounter exceeded (PEERS_ALIVE_TIMER)"
                           state (I) QM_IDLE      (peer 192.168.50.1)
06:51:23.870: ISAKMP (0:2): deleting node -671947039 error TRUE reason
                           "P1 errcounter exceeded (PEERS_ALIVE_TIMER)"

06:51:23.878: IPSEC(key_engine): got a queue event...
06:51:23.878: IPSEC(key_engine_delete_sas): rec'd delete notify from ISAKMP
06:51:23.882: IPSEC(key_engine_delete_sas): delete all SAs shared with 192.168.50.1
06:51:23.886: IPSEC(delete_sa): deleting SA,
  (sa) sa_dest= 192.168.50.254, sa_prot= 50,
       sa_spi= 0x11FA0F76(301600630),
       sa_trans= esp-des esp-sha-hmac , sa_conn_id= 2000
06:51:23.894: IPSEC(delete_sa): deleting SA,
  (sa) sa_dest= 192.168.50.1, sa_prot= 50,
       sa_spi= 0x1A98141E(446174238),
       sa_trans= esp-des esp-sha-hmac , sa_conn_id= 2001
```

↳ Nach Ablauf des Keepalive Timers löscht der Router alle SAs, die auf diesen Partner verweisen.

- IPSec-Informationen, nachdem der Keepalive Timer abgelaufen ist

Nachdem der Keepalive Timer abgelaufen ist, löscht der Router alle Security Associations, die zu diesem Partner bestehen, und setzt den nächsten »set peer«-Eintrag als *current peer* in die »crypto map« ein.

Kapitel 12 • Konfiguration der IPSec Security Association

```
c2504#show crypto engine connections active
    ID Interface       IP-Address       State Algorithm           Encrypt Decrypt
c2504# show crypto map                    ↙ Es bestehen keine Security Associations
Crypto Map "BRI" 10 ipsec-isakmp            mehr zu dem Partner.
    Peer = 192.168.50.1
    Peer = 192.168.50.2
    Extended IP access list 100
        access-list 100 deny ip 224.0.0.0 15.255.255.255 any
        access-list 100 deny ip any 224.0.0.0 15.255.255.255
        access-list 100 deny ip host 255.255.255.255 any
        access-list 100 deny ip any host 255.255.255.255
        access-list 100 permit ip 20.1.1.0 0.0.0.255 50.104.4.0 0.0.3.255
    Current peer: 192.168.50.2
    Security association lifetime: 4608000 kilobytes/3600 seconds
    PFS (Y/N): N                           ↙ Der current peer wurde automatisch auf
    Transform sets={ ESP, }                  den nächsten »set peer«-Eintrag geändert.
    Interfaces using crypto map BRI:
        BRI0
        BRI0:1
        BRI0:2
```

Obwohl der *current peer* geändert wurde, nimmt der Router beim Aufbau einer neuen Security Association zuerst die Adresse des ersten *set peer*-Eintrags.

```
07:38:37.738: IPSEC(sa_request): ,
  (key eng. msg.) src= 192.168.50.254, dest= 192.168.50.1,
    src_proxy= 20.1.1.0/255.255.255.0/0/0 (type=4),
    dest_proxy= 50.104.4.0/255.255.252.0/0/0 (type=4),
    protocol= ESP, transform= esp-des esp-sha-hmac ,
    lifedur= 3600s and 4608000kb,
    spi= 0x17C021A3(398467491), conn_id= 0, keysize= 0, flags= 0x4004
07:38:37.750: ISAKMP: received ke message (1/1)
07:38:37.754: ISAKMP: local port 500, remote port 500
07:38:37.762: ISAKMP (0:1): beginning Main Mode exchange
07:38:37.766: ISAKMP: Main Mode packet contents (flags 0, len 72):
07:38:37.770:         SA payload
07:38:37.770:           PROPOSAL
07:38:37.770:             TRANSFORM
07:38:37.774: ISAKMP (1): sending packet to 192.168.50.1 (I) MM_NO_STATE
07:38:47.782: ISAKMP (0:1): retransmitting phase 1 MM_NO_STATE...
07:38:47.782: ISAKMP (0:1): incrementing error counter on sa: retransmit phase 1
07:38:47.786: ISAKMP (1): sending packet to 192.168.50.1 (I) MM_NO_STATE
07:38:57.794: ISAKMP (0:1): retransmitting phase 1 MM_NO_STATE...
07:38:57.794: ISAKMP (0:1): incrementing error counter on sa: retransmit phase 1
07:38:57.798: ISAKMP (1): sending packet to 192.168.50.1 (I) MM_NO_STATE
07:39:07.766: ISAKMP (0:1): SA is still budding. Attached new ipsec request to it.
07:39:07.806: ISAKMP (0:1): retransmitting phase 1 MM_NO_STATE...
07:39:07.806: ISAKMP (0:1): incrementing error counter on sa: retransmit phase 1
07:39:07.810: ISAKMP (1): sending packet to 192.168.50.1 (I) MM_NO_STATE
07:39:17.818: ISAKMP (0:1): retransmitting phase 1 MM_NO_STATE...
07:39:17.818: ISAKMP (0:1): incrementing error counter on sa: retransmit phase 1
07:39:17.822: ISAKMP (1): sending packet to 192.168.50.1 (I) MM_NO_STATE
07:39:27.830: ISAKMP (0:1): retransmitting phase 1 MM_NO_STATE...
07:39:27.830: ISAKMP (0:1): incrementing error counter on sa: retransmit phase 1
07:39:27.834: ISAKMP (1): sending packet to 192.168.50.1 (I) MM_NO_STATE
```

```
07:39:37.758: IPSEC(sa_request): ,
  (key eng. msg.) src= 192.168.50.254, dest= 192.168.50.2,
    src_proxy= 20.1.1.0/255.255.255.0/0/0 (type=4),
    dest_proxy= 50.104.4.0/255.255.252.0/0/0 (type=4),
    protocol= ESP, transform= esp-des esp-sha-hmac ,
    lifedur= 3600s and 4608000kb,
    spi= 0x15C023A5(364913573), conn_id= 0, keysize= 0, flags= 0x4004
07:39:37.778: ISAKMP: received ke message (1/1)
07:39:37.782: ISAKMP: local port 500, remote port 500
07:39:37.790: ISAKMP (0:2): beginning Main Mode exchange
07:39:37.794: ISAKMP: Main Mode packet contents (flags 0, len 72):
07:39:37.794:           SA payload
07:39:37.798:           PROPOSAL
07:39:37.798:             TRANSFORM
07:39:37.802: ISAKMP (2): sending packet to 192.168.50.2 (I) MM_NO_STATE
... ...
```

Erst nach Ablauf des *Retransmit Limits* wird die IPSec SA zum nächsten Peer aufgebaut.

12.3 »match address«-Befehl

Die Festlegung, welche Pakete der Router über eine IPSec Security Association schützen soll, erfolgt über den »match address«-Eintrag in der »crypto map« und die dazugehörige Access-Liste. **Die Adressen sind immer aus Sicht der ausgehenden Schnittstelle zu definieren.**

Eintrag in der Access-Liste	Bedeutung
Source-Adresse eines *permit*-Eintrags	*Local Client Identity* – d.h. die Quelladresse der Datenpakete, die über IPSec zu schützen sind.
Destination-Adresse eines *permit*-Eintrags	*Remote Client Identity* – d.h. die Zieladresse der Datenpakete, die über IPSec zu schützen sind.
deny-Eintrag in der Access-Liste	Die zugehörigen Datenpakete werden ohne IPSec über den normalen Routing-Pfad weitergeleitet.

Pro *permit*-Eintrag in der Access-Liste legt der Router immer eine *outbound* und eine *inbound SA* an. Die Quell- und Zieladresse bilden dabei die *local ident* bzw. *remote ident* der Security Association.

- Die *Client Identities* werden unter IOS auch als *Proxy Identities* bezeichnet.

- IOS unterstützt als *Client Identity* nur IP-Adressen und Subnetze (jedoch keinen Adressbereich).

- Bei einer Änderung in der Access-Liste werden die bestehenden SAs automatisch abgebaut und gelöscht.

Access-Liste, um die Verschlüsselung/Authentifizierung von Multicast-Daten zu vermeiden

Da das IPSec-Protokoll nur die Verschlüsselung bzw. Authentifizierung von Unicast-Daten erlaubt, sollten Multicast-Pakete in der Regel über einen »deny«-Eintrag ausgefiltert werden. Das heißt, bei den *permit*-Einträgen sollte man in der Regel *any*-Adressen vermeiden.

```
access-list 100 deny   ip  224.0.0.0 15.255.255.255 any      ← Filtern von allen
access-list 100 deny   ip  any 224.0.0.0 15.255.255.255         Multicast-Paketen

access-list 100 deny   ip  host 255.255.255.255 any          ← Filtern von allen
access-list 100 deny   ip  any host 255.255.255.255             Broadcast-Paketen

access-list 100 permit ip  20.0.0.0 0.255.255.255 any
```

```
# show ip access-lists 100
Extended IP access list 100
    deny ip 224.0.0.0 15.255.255.255 any (298 matches)
    deny ip any 224.0.0.0 15.255.255.255
    deny ip host 255.255.255.255 any (16 matches)
    deny ip any host 255.255.255.255
    permit ip 20.0.0.0 0.255.255.255 any
```

Zuordnung zwischen Access-Liste und Client Identity

Auf der Responder-Seite muss die *Client Identity*, die der Initiator in die *Identity Payload* der »Quick Mode«-Nachricht einträgt, »besser« oder gleich der lokal definierten Access-Liste sein. Falls die Identität »besser« ist, erzeugt IOS einen weiteren Eintrag. Bei einer »schlechteren« Identität lehnt der Responder den Verbindungsaufbau jedoch mit der Fehlermeldung *IPSEC(validate_transform_proposal): proxy identities not supported* ab. **Aus diesem Grund sollten die Access-Listen auf den beiden Partnern immer spiegelbildlich definiert werden.**

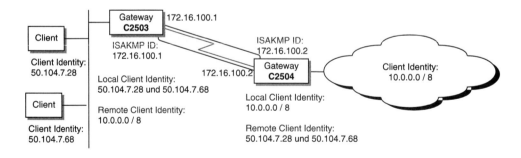

c2503# show crypto map tag SERIAL
```
Crypto Map "SERIAL" 10 ipsec-isakmp
        Peer = 172.16.100.2
        Extended IP access list 100
            access-list 100 permit ip host 50.104.7.28 10.0.0.0 0.255.255.255
            access-list 100 permit ip host 50.104.7.68 10.0.0.0 0.255.255.255
            access-list 100 deny ip any any
        Current peer: 172.16.100.2
        Security association lifetime: 4608000 kilobytes/3600 seconds
        PFS (Y/N): N
        Transform sets={ AH, }
```

Die Access-Listen sind spiegelbildlich

c2504# show crypto map tag SERIAL
```
Crypto Map "SERIAL" 10 ipsec-isakmp
        Peer = 172.16.100.1
        Extended IP access list FromNetwork_10
            access-list FromNetwork_10 permit ip 10.0.0.0 0.255.255.255 host 50.104.7.28
            access-list FromNetwork_10 permit ip 10.0.0.0 0.255.255.255 host 50.104.7.68
            access-list FromNetwork_10 deny ip any any
        Current peer: 172.16.100.1
        Security association lifetime: 4608000 kilobytes/3600 seconds
        PFS (Y/N): N
        Transform sets={ AH, }
```

Mehrere »permit«-Einträge in der Access-Liste

Die Router legen für jeden »permit«-Eintrag, der innerhalb der Access-Liste definiert wurde, einen separaten Eintrag in der SA-Datenbank an.

c2504# show crypto ipsec sa map SERIAL detail
```
interface: Serial0
    Crypto map tag: SERIAL, local addr. 172.16.100.1
```
Source-Adresse der Access-Liste
```
    local  ident (addr/mask/prot/port): (50.104.7.28/255.255.255.255/0/0)
    remote ident (addr/mask/prot/port): (10.0.0.0/255.0.0.0/0/0)
    current_peer: 172.16.100.2
      PERMIT, flags={origin_is_acl,}
```
Destination-Adresse der Access-Liste
```
    #pkts encaps: 27, #pkts encrypt: 0, #pkts digest 27
    #pkts decaps: 41, #pkts decrypt: 0, #pkts verify 41
    #pkts compressed: 0, #pkts decompressed: 0
    #pkts not compressed: 0, #pkts compr. failed: 0, #pkts decompress failed: 0
    #pkts no sa (send) 0, #pkts invalid sa (rcv) 0
    #pkts encaps failed (send) 0, #pkts decaps failed (rcv) 0
    #pkts invalid prot (recv) 0, #pkts verify failed: 0
    #pkts invalid identity (recv) 0, #pkts invalid len (rcv) 0
    #pkts replay rollover (send): 0, #pkts replay rollover (rcv) 0
    ##pkts replay failed (rcv): 0
    #pkts internal err (send): 0, #pkts internal err (recv) 0

    local crypto endpt.: 172.16.100.1, remote crypto endpt.: 172.16.100.2
    path mtu 1500, media mtu 1500
    current outbound spi: 0
```
Die IP-Adresse der Tunnel-Endpunkte
```
    inbound esp sas:
```

```
inbound ah sas:
 spi: 0xE11F86(14753670)
   transform: ah-md5-hmac ,
   in use settings ={Tunnel, }
   slot: 0, conn id: 2000, flow_id: 1, crypto map: SERIAL
   sa timing: remaining key lifetime (k/sec): (4607996/3481)
   replay detection support: Y

inbound pcp sas:

outbound esp sas:

outbound ah sas:
 spi: 0xD4405D1(222561745)
   transform: ah-md5-hmac ,
   in use settings ={Tunnel, }
   slot: 0, conn id: 2001, flow_id: 2, crypto map: SERIAL
   sa timing: remaining key lifetime (k/sec): (4607998/3481)
   replay detection support: Y

outbound pcp sas:

local  ident (addr/mask/prot/port): (50.104.7.68/255.255.255.255/0/0)
remote ident (addr/mask/prot/port): (10.0.0.0/255.0.0.0/0/0)
current_peer: 172.16.100.2
  PERMIT, flags={origin_is_acl,}
 #pkts encaps: 0, #pkts encrypt: 0, #pkts digest 0
 #pkts decaps: 0, #pkts decrypt: 0, #pkts verify 0
 #pkts compressed: 0, #pkts decompressed: 0
 #pkts not compressed: 0, #pkts compr. failed: 0, #pkts decompress failed: 0
 #pkts no sa (send) 0, #pkts invalid sa (rcv) 0
 #pkts encaps failed (send) 0, #pkts decaps failed (rcv) 0
 #pkts invalid prot (recv) 0, #pkts verify failed: 0
 #pkts invalid identity (recv) 0, #pkts invalid len (rcv) 0
 #pkts replay rollover (send): 0, #pkts replay rollover (rcv) 0
 ##pkts replay failed (rcv): 0
 #pkts internal err (send): 0, #pkts internal err (recv) 0

 local crypto endpt.: 172.16.100.1, remote crypto endpt.: 172.16.100.2
 path mtu 1500, media mtu 1500
 current outbound spi: 0

inbound esp sas:

inbound ah sas:

inbound pcp sas:

outbound esp sas:

outbound ah sas:

outbound pcp sas:
```

↖ Der Router legt für jeden »permit«-Eintrag eine separate Security Association an.

↖ Die IP-Adresse der Tunnel-Endpunkte

Problem bei mehreren »crypto map«-Einträgen

Falls eine »crypto map« mehrere Einträge enthält, sollte man darauf achten, dass in einem Eintrag nicht Pakete durch einen »deny«-Befehl über den normalen Routing-Pfad weitergeleitet werden, für die in einem Eintrag mit höherer Sequenznummer eigentlich eine IPSec-Verbindung aufgebaut werden soll.

crypto map **SERIAL 10** ipsec-isakmp
  set peer 172.16.100.2
  set transform-set AH
  match address **FromNetwork_10**
crypto map **SERIAL 20** ipsec-isakmp
  set peer 172.16.100.4
  set transform-set AH
  match address **FromNetwork_20**

- Falsch

  Der »deny«-Befehl in der Access-Liste FromNetwork_10 verhindert, dass der Router bei Paketen, die aus dem Netzwerk 20/8 stammen, eine IPSec-Verbindung aufbaut. Er leitet alle Daten – außer aus dem Netz 10/8 – immer über den normalen Routing-Pfad weiter. Das heißt, der »crypto map«-Eintrag »SERIAL 20« wird niemals benutzt.

  ip access-list extended **FromNetwork_10**
    permit ip 10.0.0.0 0.255.255.255 30.0.0.0 0.255.255.255
    deny ip any any
  ip access-list extended **FromNetwork_20**
    permit ip 20.0.0.0 0.255.255.255 30.0.0.0 0.255.255.255
    deny ip any any

- Richtig

  ip access-list extended **FromNetwork_10**
    permit ip 10.0.0.0 0.255.255.255 30.0.0.0 0.255.255.255
  ip access-list extended **FromNetwork_20**
    permit ip 20.0.0.0 0.255.255.255 30.0.0.0 0.255.255.255
    deny ip any any

12.3.1 Probleme bei Access-Listen, die nicht gespiegelt sind

In diesem Beispiel ist die Access-Liste auf dem Router C2503 »besser« als die *Client Identity*, die C2504 verwendet. Dadurch ist es zwar möglich, eine Security Association zwischen C2503 und C2504 aufzubauen, nicht jedoch umgekehrt.

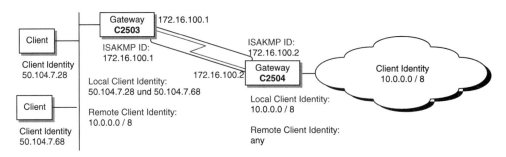

hostname c2503

crypto isakmp policy 20
 hash md5
 authentication pre-share
crypto isakmp key 12345678 address 172.16.100.2

crypto ipsec transform-set AH ah-md5-hmac

crypto map SERIAL 10 ipsec-isakmp
 set peer 172.16.100.2
 set security-association lifetime kilobytes 8608000
 set security-association lifetime seconds 8000
 set transform-set AH
 match address 100

interface Ethernet0
 ip address 50.104.7.67 255.255.252.0

interface Serial0
 ip address 172.16.100.1 255.255.255.252
 crypto map SERIAL

router ospf 1
 network 0.0.0.0 255.255.255.255 area 0

access-list 100 permit ip host 50.104.7.28 10.0.0.0 0.255.255.255
access-list 100 permit ip host 50.104.7.68 10.0.0.0 0.255.255.255
access-list 100 deny   ip any any

end

hostname c2504

crypto isakmp policy 20
 hash md5
 authentication pre-share
crypto isakmp key 12345678 address 172.16.100.1

crypto ipsec transform-set AH ah-md5-hmac

crypto map SERIAL 10 ipsec-isakmp
 set peer 172.16.100.1
 set transform-set AH
 match address FromNetwork_10

interface Serial0
 ip address 172.16.100.2 255.255.255.252
 crypto map SERIAL

router ospf 1
 network 0.0.0.0 255.255.255.255 area 0

ip access-list extended FromNetwork_10
 permit ip 10.0.0.0 0.255.255.255 any
 deny   ip any any

end

c2503# show crypto map tag SERIAL
```
Crypto Map "SERIAL" 10 ipsec-isakmp
        Peer = 172.16.100.2
        Extended IP access list 100
            access-list 100 permit ip host 50.104.7.28 10.0.0.0 0.255.255.255
            access-list 100 permit ip host 50.104.7.68 10.0.0.0 0.255.255.255
            access-list 100 deny ip any any
        Current peer: 172.16.100.2
        Security association lifetime: 4608000 kilobytes/3600 seconds
        PFS (Y/N): N
        Transform sets={ AH, }
```

c2504# show crypto map tag SERIAL
```
Crypto Map "SERIAL" 10 ipsec-isakmp
        Peer = 172.16.100.1
        Extended IP access list FromNetwork_10
            access-list FromNetwork_10 permit ip 10.0.0.0 0.255.255.255 any
            access-list FromNetwork_10 deny ip any any
        Current peer: 172.16.100.1
        Security association lifetime: 4608000 kilobytes/3600 seconds
        PFS (Y/N): N
        Transform sets={ AH, }
```

C2503 als Initiator ⇒ Verbindung wird aufgebaut

Ist C2503 der Initiator, wird zwischen den beiden Routern eine IPSec-Verbindung aufgebaut, da die *Remote Client Identity* »besser« ist als die auf C2504 definierte Access-Liste. In diesem Fall legt C2504 in seiner SA-Datenbank eine weitere Security Association an.

- SA-Datenbank vor dem Aufbau der Verbindung

    ### c2504# show crypto ipsec sa map SERIAL
```
interface: Serial0
    Crypto map tag: SERIAL, local addr. 172.16.100.2

   local  ident (addr/mask/prot/port): (10.0.0.0/255.0.0.0/0/0)
   remote ident (addr/mask/prot/port): (0.0.0.0/0.0.0.0/0/0)
   current_peer: 172.16.100.1
     PERMIT, flags={origin_is_acl,}
    #pkts encaps: 0, #pkts encrypt: 0, #pkts digest 0
    #pkts decaps: 0, #pkts decrypt: 0, #pkts verify 0
    #pkts compressed: 0, #pkts decompressed: 0
    #pkts not compressed: 0, #pkts compr. failed: 0, #pkts decompress failed: 0
    #send errors 0, #recv errors 0

    local crypto endpt.: 172.16.100.2, remote crypto endpt.: 172.16.100.1
    path mtu 1500, media mtu 1500
    current outbound spi: 0
    ...   ...
```

302 Kapitel 12 • Konfiguration der IPSec Security Association

- SA-Datenbank nach dem Aufbau der Verbindung

```
c2504# show crypto ipsec sa map SERIAL
interface: Serial0
   Crypto map tag: SERIAL, local addr. 172.16.100.2

   local  ident (addr/mask/prot/port): (10.0.0.0/255.0.0.0/0/0)
   remote ident (addr/mask/prot/port): (50.104.7.28/255.255.255.255/0/0)
   current_peer: 172.16.100.1
     PERMIT, flags={}
     #pkts encaps: 3, #pkts encrypt: 0, #pkts digest 3
     #pkts decaps: 3, #pkts decrypt: 0, #pkts verify 3
     #pkts compressed: 0, #pkts decompressed: 0
     #pkts not compressed: 0, #pkts compr. failed: 0, #pkts decompress failed: 0
     #send errors 0, #recv errors 0

     local crypto endpt.: 172.16.100.2, remote crypto endpt.: 172.16.100.1
     path mtu 1500, media mtu 1500
     current outbound spi: 228719CD

     inbound esp sas:

     inbound ah sas:
      spi: 0x18880879(411568249)
        transform: ah-md5-hmac ,
        in use settings ={Tunnel, }
        slot: 0, conn id: 2000, flow_id: 1, crypto map: SERIAL
        sa timing: remaining key lifetime (k/sec): (4607999/3566)
        replay detection support: Y

     inbound pcp sas:

     outbound esp sas:

     outbound ah sas:
      spi: 0x228719CD(579279309)
        transform: ah-md5-hmac ,
        in use settings ={Tunnel, }
        slot: 0, conn id: 2001, flow_id: 2, crypto map: SERIAL
        sa timing: remaining key lifetime (k/sec): (4607999/3566)
        replay detection support: Y

     outbound pcp sas:

   local  ident (addr/mask/prot/port): (10.0.0.0/255.0.0.0/0/0)
   remote ident (addr/mask/prot/port): (0.0.0.0/0.0.0.0/0/0)
   current_peer: 172.16.100.1
     PERMIT, flags={origin_is_acl,}
     #pkts encaps: 0, #pkts encrypt: 0, #pkts digest 0
     #pkts decaps: 0, #pkts decrypt: 0, #pkts verify 0
     #pkts compressed: 0, #pkts decompressed: 0
     #pkts not compressed: 0, #pkts compr. failed: 0, #pkts decompress failed: 0
     #send errors 0, #recv errors 0

     local crypto endpt.: 172.16.100.2, remote crypto endpt.: 172.16.100.1
     path mtu 1500, media mtu 1500
     current outbound spi: 0
     ...   ...
```

↖ Der Router legt für die neue *Remote Client Identity* eine separate SA an.

C2504 als Initiator ⇒ Verbindung wird nicht aufgebaut

Ist C2504 der Initiator, kann zwischen den beiden Routern keine ISAKMP SA aufgebaut werden, da die *Remote Client Identity* in diesem Fall »schlechter« ist als die auf C2503 definierte Access-Liste.

- Debug-Ausgabe Responder-Seite (C2503)

```
c2503# debug crypto ipsec
c2503# debug crypto isakmp
c2503# debug crypto isakmp packet
ISAKMP (1): received packet from 172.16.100.2 (I) QM_IDLE
ISAKMP: Quick Mode packet contents (flags 1, len 172):
        HASH payload
        SA payload
          PROPOSAL
            TRANSFORM
        NONCE payload
        ID payload
        ID payload
ISAKMP (0:1): processing SA payload. message ID = 161464114
ISAKMP (0:1): Checking IPSec proposal 1
ISAKMP: transform 1, AH_MD5
ISAKMP:   attributes in transform:
ISAKMP:     encaps is 1
ISAKMP:     SA life type in seconds
ISAKMP:     SA life duration (basic) of 3600
ISAKMP:     SA life type in kilobytes
ISAKMP:     SA life duration (VPI) of  0x0 0x46 0x50 0x0
ISAKMP:     authenticator is HMAC-MD5
ISAKMP (0:1): atts are acceptable.
IPSEC(validate_proposal_request): proposal part #1,
  (key eng. msg.) dest= 172.16.100.2, src= 172.16.100.1,
    dest_proxy= 0.0.0.0/0.0.0.0/0/0 (type=4),
    src_proxy= 10.0.0.0/255.0.0.0/0/0 (type=4),
    protocol= AH, transform= ah-md5-hmac ,
    lifedur= 0s and 0kb,
    spi= 0x0(0), conn_id= 0, keysize= 0, flags= 0x4
IPSEC(validate_transform_proposal): proxy identities not supported
ISAKMP: IPSec policy invalidated proposal
ISAKMP (0:1): SA not acceptable!
ISAKMP: Information packet contents (flags 1, len 124):
        HASH payload
        NOTIFY payload
ISAKMP (1): sending packet to 172.16.100.2 (I) QM_IDLE
ISAKMP (0:1): purging node -531200932
06:18:49: %CRYPTO-6-IKMP_MODE_FAILURE: Processing of Quick mode failed with peer at 172.16.100.2
ISAKMP (0:1): deleting node 161464114 error FALSE reason "IKMP_NO_ERR_NO_TRANS"
```

- Debug-Ausgabe Initiator-Seite (C2504)

```
c2504# debug crypto ipsec
c2504# debug crypto isakmp
c2504# debug crypto isakmp packet
IPSEC(sa_request): ,
  (key eng. msg.) src= 172.16.100.2, dest= 172.16.100.1,
    src_proxy= 10.0.0.0/255.0.0.0/0/0 (type=4),
```

```
            dest_proxy= 0.0.0.0/0.0.0.0/0/0 (type=4),
            protocol= AH, transform= ah-md5-hmac ,
            lifedur= 3600s and 4608000kb,
            spi= 0x266A03A2(644481954), conn_id= 0, keysize= 0, flags= 0x4004
    ISAKMP: received ke message (1/1)
    ISAKMP (0:1): sitting IDLE. Starting QM immediately (QM_IDLE    )
    ISAKMP (0:1): beginning Quick Mode exchange, M-ID of 161464114
    ISAKMP: Quick Mode packet contents (flags 1, len 164):
            HASH payload
            SA payload
              PROPOSAL
                TRANSFORM
            NONCE payload
            ID payload
            ID payload
    ISAKMP (1): sending packet to 172.16.100.1 (R) QM_IDLE
    ISAKMP (1): received packet from 172.16.100.1 (R) QM_IDLE
    ISAKMP: Information packet contents (flags 1, len 132):
            HASH payload                            Payload 14 = No-Proposal-Chosen
            NOTIFY payload                          Protocol 2 =  IPsec AH
    ISAKMP (1): processing NOTIFY payload 14 protocol 2
            spi 644481954, message ID = -531200932
    ISAKMP (1): deleting spi 644481954 message ID = 161464114
    ISAKMP (0:1): deleting node 161464114 error TRUE reason "delete_larval"
    ISAKMP (0:1): deleting node -531200932 error FALSE reason "informational (in) state 1"
    ISAKMP (0:1): purging node 1110596809
```

12.4 Sicherheitsmechanismen (Transforms) definieren

Die Festlegung der Sicherheitsprotokolle mit den benötigten Sicherheitsmechanismen erfolgt über die »crypto ipsec transform-set«- und »set transform-set«-Befehle. Da die Router in der Regel als Security Gateway arbeiten, handelt es sich in den meisten Fällen um *Tunnel Mode*-Verbindungen – daher auch die Standardeinstellung für die Transforms. Lediglich bei IPSec-Verbindungen, die direkt auf dem Router terminieren (z.B. GRE- oder L2TP-Tunnel), muss der *Transport Mode* verwendet werden.

crypto ipsec transform-set *Name2 transform1 [transform2 ...]*
    mode tunnel | transport

crypto ipsec transform-set *Name1 transform1 [transform2 ...]*
    mode tunnel | transport
crypto map ... ...
    set transform-set *Name1* ← [*Name2* ...]

⤷ Bei mehreren Einträgen muss der Partner alle definierten Sicherheitsmechanismen unterstütze (siehe Beispiel in Kapitel 16.2.1).

⤷ Bei mehreren Einträgen wählt der Partner immer den er passenden Eintrag aus (siehe Beispiel in Kapitel 16.2.2)

Übersicht über die Sicherheitsmechanismen der einzelnen Sicherheitsprotokolle

- ESP-Sicherheitsprotokoll

Sicherheitsmechanismus	IOS-Name
RFC 2410 – Null Encryption	esp-null
RFC 2405 – DES-CBC Algorithmus	esp-des
RFC 2451 – Triple DES Algorithmus	esp-3des
RFC 2403 – Authentifizierung mit MD5 als HMAC	esp-md5-hmac
RFC 2404 – Authentifizierung mit SHA1 als HMAC	esp-sha-hmac

crypto ipsec transform-set *ESP-DESandSHA* esp-des esp-sha-hmac
  mode tunnel
crypto map ... ...
  set transform-set *ESP-DESandSHA*

↖ ESP verwendet in diesem Beispiel DES zur Verschlüsselung und SHA1 zur Authentifizierung der Daten.

- AH-Sicherheitsprotokoll

Sicherheitsmechanismus	IOS-Name
RFC 2403 – Authentifizierung mit MD5 als HMAC	ah-md5-hmac
RFC 2404 – Authentifizierung mit SHA1 als HMAC	ah-sha-hmac

crypto ipsec transform-set *AH-MD5* ah-md5-hmac
  mode tunnel
crypto map ... ...
  set transform-set *AH-MD5*

↖ Das AH-Protokoll benutzt HMAC-MD5 zur Authentifizierung der Daten.

- IPComp-Sicherheitsprotokoll

Durch die Verschlüsselung der Daten ist im Prinzip keine Komprimierung mehr auf der Ebene des Data Link Layer möglich. Aus diesem Grund führt das IPComp-Protokoll vor der Chiffrierung eine Komprimierung der zu übertragenden Daten durch. Da es sich bei IPComp um kein Sicherheitsprotokoll im eigentlichen Sinn handelt, muss innerhalb des »crypto ipsec transform-set« ein weiteres Protokoll definiert sein.

Sicherheitsmechanismus	IOS-Name
RFC 2395 - Komprimierung der Nutzdaten mit LZS	comp-lzs

crypto ipsec transform-set *ESPcompression* esp-des esp-sha-hmac **comp-lzs**
  mode tunnel
crypto map ... ...
  set transform-set *ESPcompression*

↖ ESP mit DES-Chiffrierung, SHA-Authentifizierung und LZS-Komprimierung.

12.5 Gültigkeitsdauer der IPSec Security Association

Die Gültigkeitsdauer (*Lifetime*) einer IPSec Security Association ist unter IOS standardmäßig auf 4608000 Kilobyte und 3600 Sekunden (entspricht einer Stunde) gesetzt. Falls innerhalb dieses Zeitraums keine Daten mehr übertragen wurden, löschen die Partner die zugehörigen IPSec SAs, ohne anschließend neue Security Associations aufzubauen.

Ansonsten werden kurz vor Ablauf des Timers die neuen Security Associations angelegt und die alten SAs gelöscht, sobald die neuen verfügbar sind. Dadurch ist gewährleistet, dass es zu keinem Datenverlust durch den Ab- und Aufbau der Security Associations kommt.

Definition der Lifetime

- *Lifetime* für alle IPSec Security Associations ändern

    crypto ipsec security-association lifetime seconds #
    crypto ipsec security-association lifetime kilobytes #

- *Lifetime* für eine bestimmte IPSec Security Association ändern

    crypto map *SERIAL 10* ipsec-isakmp
      set security-association lifetime seconds #
      set security-association lifetime kilobytes #

IPSec Lifetime ist auf dem Responder größer

- Definition der IPSec Crypto Map

    Responder c2504# show crypto map
    ```
    Crypto Map: "SERIAL" idb: Serial0 local address: 172.16.100.2

    Crypto Map "SERIAL" 10 ipsec-isakmp
            Peer = 172.16.100.1
            Extended IP access list FromNetwork_10
                access-list FromNetwork_10 permit ip 10.0.0.0 0.255.255.255 host 50.104.7.28
                access-list FromNetwork_10 permit ip 10.0.0.0 0.255.255.255 host 50.104.7.68
                access-list FromNetwork_10 deny ip any any
            Current peer: 172.16.100.1
            Security association lifetime: 2607982 kilobytes/2000 seconds
            PFS (Y/N): N
            Transform sets={ AH, }
            Interfaces using crypto map SERIAL:
              Serial0
    ```

    Initiator c2503# show crypto map
    ```
    Crypto Map "SERIAL" 10 ipsec-isakmp
            Peer = 172.16.100.2
            Extended IP access list 100
                access-list 100 permit ip host 50.104.7.28 10.0.0.0 0.255.255.255
                access-list 100 permit ip host 50.104.7.68 10.0.0.0 0.255.255.255
                access-list 100 deny ip any any
    ```

```
        Current peer: 172.16.100.2
        Security association lifetime: 1607982 kilobytes/1000 seconds
        PFS (Y/N): N
        Transform sets={ AH, }
        Interfaces using crypto map SERIAL:
         Serial0
```

- Debug-Ausgabe

Responder c2504# debug crypto isakmp
```
ISAKMP (0:2): Creating IPSec SAs
        inbound SA from 172.16.100.1 to 172.16.100.2
                (proxy 50.104.7.28      to 10.0.0.0)
        has spi 56300700 and conn_id 2000 and flags 4
        lifetime of 1000 seconds
        lifetime of 1607982 kilobytes
        outbound SA from 172.16.100.2 to 172.16.100.1
                (proxy 10.0.0.0        to 50.104.7.28)
        has spi 88544068 and conn_id 2001 and flags 4
        lifetime of 1000 seconds
        lifetime of 1607982 kilobytes
```
Der Responder übernimmt den kleineren Wert des Initiators.

Initiator c2503# debug crypto isakmp
```
ISAKMP (0:2): Creating IPSec SAs
        inbound SA from 172.16.100.2    to 172.16.100.1
                (proxy 10.0.0.0         to 50.104.7.28)
        has spi 88544068 and conn_id 2000 and flags 4
        lifetime of 1000 seconds
        lifetime of 1607982 kilobytes
        outbound SA from 172.16.100.1    to 172.16.100.2
                (proxy 50.104.7.28     to 10.0.0.0)
        has spi 56300700 and conn_id 2001 and flags 4
        lifetime of 1000 seconds
        lifetime of 1607982 kilobytes
```

IPSec Lifetime ist auf dem Responder niedriger

In diesem Fall übernimmt der Responder den größeren Wert des Initiators und sendet zusätzlich noch eine *Responder-Lifetime Notification* zurück, in die er seinen kleineren Wert einträgt. Der Initiator verwendet für seine IPSec Security Associations dann diese Lifetime.

- Definition der IPSec Crypto Map

Responder c2504# show crypto map
```
Crypto Map: "SERIAL" idb: Serial0 local address: 172.16.100.2

Crypto Map "SERIAL" 10 ipsec-isakmp
        Peer = 172.16.100.1
        Extended IP access list FromNetwork_10
            access-list FromNetwork_10 permit ip 10.0.0.0 0.255.255.255 host 50.104.7.28
            access-list FromNetwork_10 permit ip 10.0.0.0 0.255.255.255 host 50.104.7.68
            access-list FromNetwork_10 deny ip any any
        Current peer: 172.16.100.1
        Security association lifetime: 4608000 kilobytes/3600 seconds
        PFS (Y/N): N
        Transform sets={ AH, }
        Interfaces using crypto map SERIAL:
         Serial0
```

Initiator c2503# show crypto map
```
Crypto Map "SERIAL" 10 ipsec-isakmp
        Peer = 172.16.100.2
        Extended IP access list 100
            access-list 100 permit ip host 50.104.7.28 10.0.0.0 0.255.255.255
            access-list 100 permit ip host 50.104.7.68 10.0.0.0 0.255.255.255
            access-list 100 deny ip any any
        Current peer: 172.16.100.2
        Security association lifetime: 8608000 kilobytes/8000 seconds
        PFS (Y/N): N
        Transform sets={ AH, }
        Interfaces using crypto map SERIAL:
            Serial0
```

- **Debug-Ausgabe**

```
Responder c2504# debug crypto isakmp packet
ISAKMP (1): received packet from 172.16.100.1 (R) QM_IDLE
ISAKMP (0:1): processing SA payload. message ID = -1082592600
ISAKMP (0:1): Checking IPSec proposal 1
ISAKMP: transform 1, AH_MD5
ISAKMP:   attributes in transform:
ISAKMP:       encaps is 1
ISAKMP:       SA life type in seconds                  ← Lifetime des Initiators
ISAKMP:       SA life duration (basic) of 8000
ISAKMP:       SA life type in kilobytes
ISAKMP:       SA life duration (VPI) of  0x0 0x83 0x59 0x0
ISAKMP:       authenticator is HMAC-MD5
ISAKMP (0:1): atts are acceptable.
ISAKMP (0:1): processing NONCE payload. message ID = -1082592600
ISAKMP (0:1): processing ID payload. message ID = -1082592600
ISAKMP (1): ID_IPV4_ADDR src 50.104.7.28 prot 0 port 0
ISAKMP (0:1): processing ID payload. message ID = -1082592600
ISAKMP (1): ID_IPV4_ADDR_SUBNET dst 10.0.0.0/255.0.0.0 prot 0 port 0
ISAKMP (0:1): asking for 1 spis from ipsec
ISAKMP: received ke message (2/1)
ISAKMP: Quick Mode packet contents (flags 1, len 200):
        HASH payload
        SA payload
          PROPOSAL
            TRANSFORM
        NONCE payload
        ID payload            ← Enthält die Responder-Lifetime Notification.
        ID payload
        NOTIFY payload
ISAKMP (1): sending packet to 172.16.100.1 (R) QM_IDLE
ISAKMP (1): received packet from 172.16.100.1 (R) QM_IDLE
... ...
ISAKMP (0:1): Creating IPSec SAs
        inbound SA from 172.16.100.1     to 172.16.100.2
                (proxy 50.104.7.28 to 10.0.0.0)
        has spi 320670372 and conn_id 2000 and flags 4    ← Der Responder übernimmt
        lifetime of 8000 seconds                             den größeren Wert des
        lifetime of 8608000 kilobytes                        Initiators.
        outbound SA from 172.16.100.2    to 172.16.100.1
                (proxy 10.0.0.0 to 50.104.7.28)
        has spi 18032065 and conn_id 2001 and flags 4
        lifetime of 8000 seconds
        lifetime of 8608000 kilobytes
```

Initiator c2503# debug crypto isakmp packet
```
ISAKMP (0:6): beginning Quick Mode exchange, M-ID of -1082592600
ISAKMP (6): sending packet to 172.16.100.2 (I) QM_IDLE
ISAKMP (6): received packet from 172.16.100.2 (I) QM_IDLE
ISAKMP: Quick Mode packet contents (flags 1, len 204):
        HASH payload
        SA payload
          PROPOSAL
            TRANSFORM
        NONCE payload
        ID payload          ┌─ Enthält die Responder-Lifetime Notification.
        ID payload         /
        NOTIFY payload
ISAKMP (0:6): processing SA payload. message ID = -1082592600
ISAKMP (0:6): Checking IPSec proposal 1
ISAKMP: transform 1, AH_MD5
ISAKMP:   attributes in transform:
ISAKMP:     encaps is 1
ISAKMP:     SA life type in seconds         ┌─ Responder hat seine
ISAKMP:     SA life duration (basic) of 8000 / Lifetime angepasst.
ISAKMP:     SA life type in kilobytes      ▸
ISAKMP:     SA life duration (VPI) of  0x0 0x83 0x59 0x0
ISAKMP:     authenticator is HMAC-MD5
ISAKMP (0:6): atts are acceptable.
ISAKMP (0:6): processing NONCE payload. message ID = -1082592600
ISAKMP (0:6): processing ID payload. message ID = -1082592600
ISAKMP (0:6): processing ID payload. message ID = -1082592600
ISAKMP (6): processing NOTIFY payload 24576 protocol 2  ▸
        spi 320670372, message ID = -1082592600           ┐  Payload 24576 = Responder-Lifetime
ISAKMP (0:6): processing responder lifetime              ─┤  Protocol 2    = IPsec AH
ISAKMP (6): responder lifetime of 3600s
ISAKMP (6): responder lifetime of 4608000kb
...    ...
ISAKMP (0:6): Creating IPSec SAs
        inbound SA from 172.16.100.2    to 172.16.100.1
                (proxy 10.0.0.0 to 50.104.7.28)
        has spi 18032065 and conn_id 2000 and flags 4    ┌─ Initiator übernimmt den kleineren
        lifetime of 3600 seconds                        /   Wert aus der Notification Payload.
        lifetime of 4608000 kilobytes
        outbound SA from 172.16.100.1   to 172.16.100.2
                (proxy 50.104.7.28 to 10.0.0.0)
        has spi 320670372 and conn_id 2001 and flags 4
        lifetime of 3600 seconds
        lifetime of 4608000 kilobytes
```

12.6 Dynamische Crypto Map

Dynamische Crypto Maps werden hauptsächlich in Umgebungen eingesetzt, in denen relativ viele Systeme eine IPSec-Verbindung zu einem Router aufbauen – so genannte *Hub and Spoke*-Topologien.

- Sie erlauben jedoch **nur eingehende** IPSec-Verbindungen. Der Router ist nicht in der Lage, von sich aus eine Verbindung zu Partnern aufzubauen.

- Sind die Adressen der Partner nicht bekannt, ist nur eine Authentifizierung über Wildcard Pre-shared Keys oder über RSA-Signaturen (aus Sicherheitsaspekten sinnvoller) möglich.

Konfiguration

```
crypto dynamic-map template sequence-number ipsec-isakmp
   set transform ...
!
crypto map name sequence-number ipsec-isakmp dynamic template
```

Da die IP-Adresse des Partners und die *Client Identities* in der Regel nicht bekannt sind, benötigen dynamische Crypto Maps keine weiteren Einträge mehr. Die fehlenden Details werden beim Aufbau der IPSec SA automatisch in die »crypto map« eingetragen. Ein ausführliches Beispiel findet sich in Kapitel 16.5.1.1.

Einschränkung der möglichen Partner

Falls die möglichen Verbindungen eingeschränkt werden sollen, kann man entweder die zugelassenen Partner über den »set peer«-Befehl in das Template eintragen oder man definiert eine entsprechende Access-Liste. Das heißt, anstatt für jeden Partner eine separate »crypto map« anzulegen, können alle unter einer Sequenz zusammengefasst werden.

```
crypto dynamic-map template sequence-number ipsec-isakmp
   set peer 10.1.1.1
   set peer 20.1.1.1        ← IP-Adressen der zugelassenen Partner
   set peer 30.1.1.1
   set transform ...
                            ← Erlaubte Client Identities
   match address ClientIdentities
!
crypto map name sequence-number ipsec-isakmp dynamic template
!
ip access-list extended ClientIdentities
   permit ip  50.104.7.0 0.0.0.255  10.0.0.0 0.255.255.255
   permit ip  50.104.7.0 0.0.0.255  20.0.0.0 0.255.255.255
   permit ip  50.104.7.0 0.0.0.255  30.0.0.0 0.255.255.255
   deny   ip any any
```

Erlaubt Clients aus den Netzen 10.0.0.0/8, 20.0.0.0/8 und 30.0.0.0/8 den Zugriff auf das Netz 50.104.7.0/24

show crypto dynamic-map
```
Crypto Map Template"PCclients" 10
    Peer = 10.1.1.1
    Peer = 20.1.1.1
    Peer = 30.1.1.1
    Extended IP access list ClientIdentities
        access-list ClientIdentities permit ip 50.104.7.0 0.0.0.255 10.0.0.0 0.255.255.255
        access-list ClientIdentities permit ip 50.104.7.0 0.0.0.255 20.0.0.0 0.255.255.255
        access-list ClientIdentities permit ip 50.104.7.0 0.0.0.255 30.0.0.0 0.255.255.255
        access-list ClientIdentities deny ip any any
    Current peer: 10.1.1.1
    Security association lifetime: 4608000 kilobytes/3600 seconds
    PFS (Y/N): N
    Transform sets={ ESP, }
```

12.7 Tunnel Endpoint Discovery (TED)

Tunnel Endpoint Discovery (TED) ist eine Cisco-Erweiterung des IKE-Protokolls und ermöglicht die dynamische Suche nach ISAKMP-Partnern. Eingesetzt in großen Netzen hilft es, die Anzahl der benötigten »crypto map«-Einträge deutlich zu reduzieren.

- TED funktioniert nur mit dynamischen Crypto Maps. In diesem Fall können jedoch ein- und ausgehende Verbindungen aufgebaut werden.

- Da die Adressen der Partner in der Regel nicht bekannt sind, ist nur eine Authentifizierung über Wildcard Pre-shared Keys oder über RSA-Signaturen möglich.

- Bei aktivem TED überprüfen die Router jede ISAKMP-Nachricht, ob es sich um ein »IKE Probe«-Paket handelt. Aus diesem Grund muss in der Access-Liste der »crypto map« auch für ISAKMP-Nachrichten ein »permit«-Eintrag existieren.

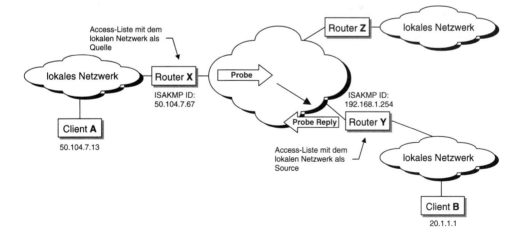

Konfiguration

```
crypto dynamic-map template sequence-number ipsec-isakmp
   set transform ...
   match address #
!
crypto map name sequence-number ipsec-isakmp dynamic template discover
!
ip access-list # permit ip LocalNetwork any
```

↳ Als Quelladresse sollte immer das lokale Netzwerk definiert werden.

Durch den Eintrag »permit ip *LocalNetwork* any« ist sichergestellt, dass die Router für alle Pakete, die zu dem lokalen Netzwerk gesendet werden oder von diesem kommen, TED durchführen. Die Access-Liste sollte jedoch »deny«-Einträge enthalten, um das Verschlüsseln/Authentifizieren von Routing-, Multicast- und anderen »Serviced«-Daten (z.B. NTP) zu vermeiden. Ein ausführliches Beispiel findet sich in Kapitel 16.5.2.1.

»IKE Probe«-Paket

Das vom lokalen Router gesendete »IKE Probe«-Paket hat als Quelladresse die IP-Adresse des »Client A« und als Zieladresse die IP-Adresse des »Client B«. Innerhalb der ISAKMP-Nachricht ist in der ersten *Identification Payload* die ISAKMP-Identität des lokalen Routers eingetragen und in der zweiten die *Local Client Identity*.

- Debug-Ausgabe auf dem ISAKMP Initiator

```
ISAKMP: received ke message (1/1)
ISAKMP: GOT A PEER DISCOVERY MESSAGE FROM THE SA MANAGER!!!
src = 50.104.7.13 to 20.1.1.1, protocol 3, transform 2, hmac 1
proxy source is 50.104.0.0/255.255.0.0 and my address (not used now) is 50.104.7.67
ISAKMP: local port 500, remote port 500
ISAKMP (1): ID payload
        next-payload : 5
        type         : 1
        protocol     : 17
        port         : 500
        length       : 8
ISAKMP (1): Total payload length: 12
1st ID is 50.104.7.67
2nd ID is 50.104.0.0      /255.255.0.0
ISAKMP (0:1): beginning peer discovery exchange
ISAKMP: Probe packet contents (flags 0, len 76):
        VENDOR payload
        ID payload
        ID payload
ISAKMP (1): sending packet to 20.1.1.1 (I) PEER_DISCOVERY via Serial 50.104.7.75
```

Source = Client A
Destination = Client B

1st ID = ISAKMP-Identität des Routers X
2nd ID = *Local Client Identity* des Routers X

- Ausgabe eines Sniffer Trace

```
- - - - - - - - - - - - - - - - - - - - Frame 1 - - - - - - - - - - - - -
Source Address    Dest. Address      Size    Rel. Time       Summary
[50.104.7.13]     [20.1.1.1]         126     0:00:13.816     ISAKMP: Header

UDP: ----- UDP Header -----
     UDP:
     UDP: Source port        = 500 (IKE)
     UDP: Destination port   = 500 (IKE)
     UDP: Length             = 84
     UDP: Checksum           = 8D2B (correct)
     UDP: [76 byte(s) of data]
     UDP:
IKE: ----- Internet Key Exchange Header -----
     IKE:
     IKE: Initiator Cookie    = 0xFE9780BDCF809844
     IKE: Responder Cookie    = 0x0000000000000000
     IKE: Next Payload        = 13 (Vendor ID (VID))
     IKE: Major Version       = 1
     IKE: Minor Version       = 0
     IKE: Exchange Type       = 240 (Private Use)
     IKE: Flags               = 00
     IKE: Message ID          = 0
     IKE: Length              = 76 (bytes)
IKE: ----- VID Payload -----
     IKE:
     IKE: Next Payload        = 5 (Identification (ID))
     IKE: Reserved            = 0
     IKE: Payload Length      = 20
     IKE: [16 byte(s) of Vendor ID Data] =
          0b 50 27 a0 cf 81 98 44 c5 1e 9b b2 9e ad 23 90
IKE: ----- IDENTIFICATION Payload -----
     IKE:
     IKE: Next Payload        = 5 (Identification (ID))
     IKE: Reserved            = 0
     IKE: Payload Length      = 12
     IKE: ID Type (DOI Specific) = 1 (ID_IPV4_ADDR)
     IKE: Protocol ID         = 17
     IKE: Port                = 500                ISAKMP-Identität des
     IKE: IPV4 Address        = [50.104.7.67]     lokalen Routers X
IKE: ----- IDENTIFICATION Payload -----
     IKE:
     IKE: Next Payload        = 0 ((This is the last payload)
     IKE: Reserved            = 0
     IKE: Payload Length      = 16
     IKE: ID Type (DOI Specific) = 4 (ID_IPV4_ADDR_SUBNET)
     IKE: Protocol ID         = 0                 Local Client Identity des
     IKE: Port                = 0                 lokalen Routers X
     IKE: IPV4 Subnet         = [50.104.0.0/255.255.0.0]
```

»IKE Probe Reply«-Paket

Das »IKE Probe Reply«-Paket wird vom entfernten Security Gateway direkt an den lokalen Router gesendet und enthält als erste *Identification Payload* seine ISAKMP-Identität und als zweite seine *Local Client Identity*. Mit diesen Informationen ist der lokale Router dann in der Lage, über einen *Main Mode Exchange* die ISAKMP SA aufzubauen.

- Debug-Ausgabe auf dem ISAKMP Initiator

    ```
    ISAKMP (1): received packet from 192.168.1.254 (I) PEER_DISCOVERY
    ISAKMP: Probe Reply v2 packet contents (flags 0, len 80):
            VENDOR payload
            ID payload
            ID payload
    ISAKMP (0:1): processing vendor id payload
    ISAKMP (0:1): speaking to another IOS box!
    ISAKMP (0:1): processing ID payload. message ID = 0              ← Local Client Identity des
    ISAKMP (0:1): processing ID payload. message ID = 2093084616     ✓ entfernten Routers Y
    ISAKMP (1): ID_IPV4_ADDR_SUBNET dst 20.0.0.0/255.0.0.0 prot 0 port 0
    ISAKMP (1): received response to my peer discovery probe!
    ISAKMP: initiating IKE to 192.168.1.254 in response to probe.
    ISAKMP: local port 500, remote port 500
    ISAKMP (0:1): created new SA after peer-discovery with 192.168.1.254
    ```

- Ausgabe eines Sniffer Trace

    ```
    - - - - - - - - - - - - - - - - - - - Frame 4 - - - - - - - - - - - -
    Source Address     Dest. Address     Size   Rel. Time      Summary
    [192.168.1.254]    [50.104.7.67]     130    0:00:13.870    ISAKMP: Header

    UDP: ----- UDP Header -----
    UDP:
    UDP: Source port        = 500 (IKE)
    UDP: Destination port   = 500 (IKE)
    UDP: Length             = 88
    UDP: Checksum           = B48B (correct)
    UDP: [80 byte(s) of data]
    UDP:
    IKE: ----- Internet Key Exchange Header -----
    IKE:
    IKE: Initiator Cookie   = 0xFE9780BDCF809844
    IKE: Responder Cookie   = 0xD70AA263ACBF8A9F
    IKE: Next Payload       = 13 (Vendor ID (VID))
    IKE: Major Version      = 1
    IKE: Minor Version      = 0
    IKE: Exchange Type      = 241 (Private Use)
    IKE: Flags              = 00
    IKE: Message ID         = 0
    IKE: Length             = 80 (bytes)
    IKE: Exchange Type not allowed in IKE
    IKE: ----- VID Payload -----
    IKE:
    IKE: Next Payload       = 5 (Identification (ID))
    IKE: Reserved           = 0
    IKE: Payload Length     = 20
    IKE: [16 byte(s) of Vendor ID Data] =
         22 cd 05 7e ac be 8a 9f e2 c1 8b e6 fc a7 ff 54
    ```

```
IKE: ----- IDENTIFICATION Payload -----
IKE:
IKE: Next Payload          = 5 (Identification (ID))
IKE: Reserved              = 0
IKE: Payload Length        = 16
IKE: ID Type (DOI Specific) = 4 (ID_IPV4_ADDR_SUBNET)
IKE: Protocol ID           = 17                        ISAKMP-Identität des
IKE: Port                  = 500                       entfernten Routers Y
IKE: IPV4 Subnet           = [192.168.1.254/0.0.0.0]
IKE: ----- IDENTIFICATION Payload -----
IKE:
IKE: Next Payload          = 0 ((This is the last payload)
IKE: Reserved              = 0
IKE: Payload Length        = 16
IKE: ID Type (DOI Specific) = 4 (ID_IPV4_ADDR_SUBNET)
IKE: Protocol ID           = 0                         Local Client Identity des
IKE: Port                  = 0                         entfernten Routers Y
IKE: IPV4 Subnet           = [20.0.0.0/255.0.0.0]
```

12.8 IPSec und Interface-Access-Listen

Falls auf einem Interface eine »crypto map« und eine normale Access-Liste definiert sind, erfolgt die Überprüfung der Daten in der folgenden Reihenfolge:

- Bei einer *Incoming Access List* (»ip access-group # in«)

  1. Überprüfung des Pakets gegen die Access-Liste der »crypto map«. Falls ein »permit«-Eintrag existiert, wird in der *Security Association Database* die zugehörige Security Association gesucht.

  2. Überprüfung des IPSec-Pakets gegen die Interface-Access-Liste, d.h. entweder ISAKMP mit UDP Port 500, IP-Protokoll 50 (ESP) oder IP-Protokoll 51 (AH).

  3. Entschlüsselung/Authentifizierung des Pakets. IOS gibt das Datenpaket anschließend erneut zu dem Interface.

  4. Überprüfung des Datenpakets (diesmal mit dem inneren IP Header) gegen die Interface-Access-Liste.

- Bei einer *Outgoing Access List* (»ip access-group # out«)

  1. Überprüfung des Pakets gegen die Access-Liste der »crypto map«. Falls noch keine IPSec Security Association existiert, wird diese aufgebaut.

  2. Überprüfung des normalen Datenpakets gegen die Interface-Access-Liste

  3. Verschlüsselung/Authentifizierung des Datenpakets und Generieren des IPSec-Pakets.

  4. Überprüfung des IPSec-Pakets (diesmal mit dem äußeren IP Header) gegen die Interface-Access-Liste.

Beispiel

Es sollen lediglich verschlüsselte FTP-Verbindungen und die Übertragung von unverschlüsselten ICMP-Paketen über das Internet möglich sein. Auf dem Router C2504 werden die Pakete durch eine *Incoming Access List* überprüft, auf C2503 durch eine *Outgoing Access List* (dies führt dazu, dass die Access-Listen auf beiden Routern identisch sind).

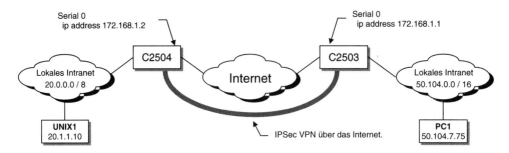

- Konfiguration des Routers C2504

  version 12.1(7)
  !
  hostname c2504
  ip domain-name frs-lab.de
  !
  crypto isakmp policy 10
    hash md5
    authentication pre-share
    group 5
  crypto isakmp key 1234567812345678 address 172.168.1.1
  crypto ipsec transform-set ESP esp-des esp-md5-hmac
  !
  crypto map Intranet 10 ipsec-isakmp
    set peer 172.168.1.1
    set transform-set ESP
    match address Intranet_50_104
  !
  interface Serial0
    ip address 172.168.1.2 255.255.255.252
    ip access-group 2000 in
    crypto map Intranet
  !
  interface TokenRing0
    ip address 20.1.1.1 255.255.255.0
    ring-speed 16
  !
  ip route 0.0.0.0 0.0.0.0 Serial0
  !
  ip access-list extended **Intranet_50_104**
    deny   icmp any any
    permit ip 20.0.0.0 0.255.255.255 50.104.0.0 0.0.255.255
  !
  access-list 2000 permit udp host 172.168.1.1 eq isakmp host 172.168.1.2 eq isakmp log
  access-list 2000 permit esp host 172.168.1.1 host 172.168.1.2 log
  access-list 2000 permit tcp 50.104.0.0 0.0.255.255 eq ftp 20.0.0.0 0.255.255.255 log
  access-list 2000 permit tcp 50.104.0.0 0.0.255.255 20.0.0.0 0.255.255.255 eq ftp log
  access-list 2000 permit tcp 50.104.0.0 0.0.255.255 eq ftp-data 20.0.0.0 0.255.255.255 log
  access-list 2000 permit tcp 50.104.0.0 0.0.255.255 20.0.0.0 0.255.255.255 eq ftp-data log
  access-list 2000 permit icmp any any
  access-list 2000 deny   ip any any
  !
  end

IPSec und Interface-Access-Listen **317**

- Access-Listen des Routers C2504

    c2504# show ip access-lists
    ```
    Extended IP access list 2000
        permit udp host 172.168.1.1 eq isakmp host 172.168.1.2 eq isakmp log (8 matches)
        permit esp host 172.168.1.1 host 172.168.1.2 log (17 matches)
        permit tcp 50.104.0.0 0.0.255.255 eq ftp 20.0.0.0 0.255.255.255 log
        permit tcp 50.104.0.0 0.0.255.255 20.0.0.0 0.255.255.255 eq ftp log (11 matches)
        permit tcp 50.104.0.0 0.0.255.255 eq ftp-data 20.0.0.0 0.255.255.255 log
        permit tcp 50.104.0.0 0.0.255.255 20.0.0.0 0.255.255.255 eq ftp-data log (6 matches)
        permit icmp any any (2 matches)
        deny ip any any
    Extended IP access list Intranet_50_104
        deny icmp any any (4 matches)
        permit ip 20.0.0.0 0.255.255.255 50.104.0.0 0.0.255.255 (47 matches)
    ```

- Konfiguration des Routers C2503

    version 12.1(7)
    !
    hostname c2503
    ip domain-name frs-lab.de
    !
    crypto isakmp policy 10
      hash md5
      authentication pre-share
      group 5
    crypto isakmp key 1234567812345678 address 172.168.1.2
    !
    crypto ipsec transform-set ESP esp-des esp-md5-hmac
    !
    crypto map Intranet 10 ipsec-isakmp
      set peer 172.168.1.2
      set transform-set ESP
      match address Intranet_20
    !
    interface Ethernet0
      ip address 50.104.7.67 255.255.252.0
    !
    interface Serial0
      ip address 172.168.1.1 255.255.255.252
      ip access-group 2000 out
      crypto map Intranet
    !
    ip route 20.0.0.0 255.0.0.0 Serial0
    !
    ip access-list extended **Intranet_20**
      deny icmp any any
      permit ip 50.104.0.0 0.0.255.255 20.0.0.0 0.255.255.255
    !
    access-list 2000 permit udp host 172.168.1.1 eq isakmp host 172.168.1.2 eq isakmp log
    access-list 2000 permit esp host 172.168.1.1 host 172.168.1.2 log
    access-list 2000 permit tcp 50.104.0.0 0.0.255.255 eq ftp 20.0.0.0 0.255.255.255 log
    access-list 2000 permit tcp 50.104.0.0 0.0.255.255 20.0.0.0 0.255.255.255 eq ftp log
    access-list 2000 permit tcp 50.104.0.0 0.0.255.255 eq ftp-data 20.0.0.0 0.255.255.255 log
    access-list 2000 permit tcp 50.104.0.0 0.0.255.255 20.0.0.0 0.255.255.255 eq ftp-data log
    access-list 2000 permit icmp any any
    access-list 2000 deny   ip any any
    !
    end

- Access-Listen des Routers C2503

    c2503# show ip access-lists
    ```
    Extended IP access list 2000
        permit udp host 172.168.1.1 eq isakmp host 172.168.1.2 eq isakmp log
        permit esp host 172.168.1.1 host 172.168.1.2 log
        permit tcp 50.104.0.0 0.0.255.255 eq ftp 20.0.0.0 0.255.255.255 log
        permit tcp 50.104.0.0 0.0.255.255 20.0.0.0 0.255.255.255 eq ftp log (11 matches)
        permit tcp 50.104.0.0 0.0.255.255 eq ftp-data 20.0.0.0 0.255.255.255 log
        permit tcp 50.104.0.0 0.0.255.255 20.0.0.0 0.255.255.255 eq ftp-data log (6 matches)
        permit icmp any any (2 matches)
        deny ip any any (20 matches)
    Extended IP access list Intranet_20
        deny icmp any any (4 matches)
        permit ip 50.104.0.0 0.0.255.255 20.0.0.0 0.255.255.255 (70 matches)
    ```

Test: Verbindungen vom Server 20.1.1.10 (UNIX1) zum PC 50.104.7.75 (PC1)

- UNIX1# ping 50.104.7.75

    ICMP-Pakete werden von beiden Interface-Access-Listen nicht geblockt und es findet keine Verschlüsselung der Daten statt.

    c2504# debug ip packet detail
    ```
    IP: s=20.1.1.10 (TokenRing0), d=50.104.7.75 (Serial0), g=50.104.7.75, len 84, forward
        ICMP type=8, code=0
    IP: s=50.104.7.75 (Serial0), d=20.1.1.10 (TokenRing0), g=20.1.1.10, len 84, forward
        ICMP type=0, code=0
    ```

    c2503# debug ip packet detail
    ```
    IP: s=20.1.1.10 (Serial0), d=50.104.7.75 (Ethernet0), g=50.104.7.75, len 84, forward
        ICMP type=8, code=0
    IP: s=50.104.7.75 (Ethernet0), d=20.1.1.10 (Serial0), g=20.1.1.10, len 84, forward
        ICMP type=0, code=0
    ```

- UNIX1# telnet 50.104.7.75

    Da auf dem Router C2504 eine *Incoming Access List* definiert ist, werden die zu übertragenden Daten nicht gefiltert. Auf dem Rückweg verwirft der Router C2503 jedoch das »SYN ACK«-Paket, das der PC als Antwort an den Server zurücksenden will.

    c2504# debug ip packet detail
    ```
    IP: s=20.1.1.10 (TokenRing0), d=50.104.7.75 (Serial0), g=50.104.7.75, len 48, forward
        TCP src=46076, dst=23, seq=1445970535, ack=0, win=61440 SYN
    IP: s=20.1.1.10 (TokenRing0), d=50.104.7.75 (Serial0), g=50.104.7.75, len 48, forward
        TCP src=46076, dst=23, seq=1445970535, ack=0, win=61440 SYN
    ```

    c2503# debug ip packet detail
    ```
    IP: s=172.168.1.2 (Serial0), d=172.168.1.1 (Serial0), len 104, rcvd 3, proto=50
    IP: s=20.1.1.10 (Serial0), d=50.104.7.75 (Ethernet0), g=50.104.7.75, len 48, forward
        TCP src=46076, dst=23, seq=1445970535, ack=0, win=61440 SYN
    IP: s=50.104.7.75 (Ethernet0), d=20.1.1.10 (Serial0), len 40, access denied
        TCP src=23, dst=46076, seq=0, ack=1445970536, win=0 ACK RST
    IP: s=50.104.7.67 (local), d=50.104.7.75 (Ethernet0), len 56, sending
        ICMP type=3, code=13
    ```
    ↖ Router filtert das Paket beim Versenden.

Test: Verbindungen vom PC 50.104.7.75 (PC1) zum Server 20.1.1.10 (UNIX1)

- PC1> telnet 20.1.1.10

  Der Router C2503 blockt die Übertragung der Daten und sendet eine ICMP »Destination Network Unreachable«-Meldung an den PC zurück. Falls noch keine IPSec Security Association zu dem Partner 172.168.1.2 besteht, wird diese jedoch zuerst aufgebaut.

  c2503# debug ip packet detail

  Da das Paket zur Access-Liste der »crypto map« passt, baut der Router zuerst eine IPSec SA zum Partner auf.

  ```
  IP: s=50.104.7.75 (Ethernet0), d=20.1.1.10 (Serial0), len 44, crypto connection pending,
  packets dropped
    TCP src=1046, dst=23, seq=62476, ack=0, win=8192 SYN
  IP: s=172.168.1.1 (local), d=172.168.1.2 (Serial0), len 200, sending
    UDP src=500, dst=500
  IP: s=172.168.1.2 (Serial0), d=172.168.1.1 (Serial0), len 200, rcvd 3
    UDP src=500, dst=500
  IP: s=172.168.1.1 (local), d=172.168.1.2 (Serial0), len 80, sending
    UDP src=500, dst=500
  IP: s=50.104.7.75 (Ethernet0), d=20.1.1.10 (Serial0), len 44, access denied
    TCP src=1046, dst=23, seq=62476, ack=0, win=8192 SYN
  IP: s=50.104.7.67 (local), d=50.104.7.75 (Ethernet0), len 56, sending
    ICMP type=3, code=13
  ```

  Nachdem die IPsec SA aufgebaut wurde, blockt die Interface-Access-Liste das Datenpaket.

- PC1> ftp 20.1.1.10

  FTP-Pakete werden verschlüsselt zwischen den beiden Routern übertragen.

  c2503# debug ip packet detail

  Aufbau des FTP-Kontrollkanals

  ```
  IP: s=50.104.7.75 (Ethernet0), d=20.1.1.10 (Serial0), g=20.1.1.10, len 44, forward
    TCP src=1041, dst=21, seq=62424, ack=0, win=8192 SYN
  IP: s=172.168.1.2 (Serial0), d=172.168.1.1 (Serial0), len 96, rcvd 3, proto=50
  IP: s=20.1.1.10 (Serial0), d=50.104.7.75 (Ethernet0), g=50.104.7.75, len 44, forward
    TCP src=21, dst=1041, seq=1495490274, ack=62425, win=61440 ACK SYN
  ... ...
  IP: s=172.168.1.2 (Serial0), d=172.168.1.1 (Serial0), len 104, rcvd 3, proto=50
  IP: s=20.1.1.10 (Serial0), d=50.104.7.75 (Ethernet0), g=50.104.7.75, len 48, forward
    TCP src=20, dst=1042, seq=1497623862, ack=0, win=61440 SYN
  IP: s=50.104.7.75 (Ethernet0), d=20.1.1.10 (Serial0), g=20.1.1.10, len 44, forward
    TCP src=1042, dst=20, seq=62426, ack=1497623863, win=8576 ACK SYN
  ```

  Aufbau des FTP-Datenkanals

  c2504# debug ip packet detail
  ```
  IP: s=172.168.1.1 (Serial0), d=172.168.1.2 (Serial0), len 96, rcvd 3, proto=50
  IP: s=50.104.7.75 (Serial0), d=20.1.1.10 (TokenRing0), g=20.1.1.10, len 44, forward
    TCP src=1041, dst=21, seq=62424, ack=0, win=8192 SYN
  IP: s=20.1.1.10 (TokenRing0), d=50.104.7.75 (Serial0), g=50.104.7.75, len 44, forward
    TCP src=21, dst=1041, seq=1495490274, ack=62425, win=61440 ACK SYN
  ... ...
  IP: s=20.1.1.10 (TokenRing0), d=50.104.7.75 (Serial0), g=50.104.7.75, len 48, forward
    TCP src=20, dst=1042, seq=1497623862, ack=0, win=61440 SYN
  IP: s=172.168.1.1 (Serial0), d=172.168.1.2 (Serial0), len 96, rcvd 3, proto=50
  IP: s=50.104.7.75 (Serial0), d=20.1.1.10 (TokenRing0), g=20.1.1.10, len 44, forward
    TCP src=1042, dst=20, seq=62426, ack=1497623863, win=8576 ACK SYN
  ```

Kapitel 13

IPSec-Fehlersuche

In den meisten Beispielen zur IPSec-Fehlersuche wurde die folgende Konfiguration verwendet:

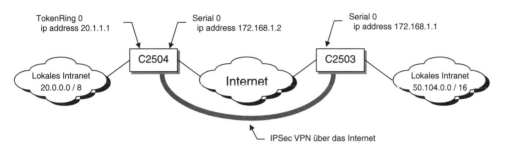

```
version 12.1(7)
hostname c2504
ip domain-name frs-lab.de

crypto isakmp policy 10
  hash md5
  authentication pre-share
  group 5
crypto isakmp key 1234567812345678
address 172.168.1.1

crypto ipsec transform-set ESP esp-des
esp-md5-hmac

crypto map Intranet 10 ipsec-isakmp
  set peer 172.168.1.1
  set transform-set ESP
  match address Intranet_50_104

interface Serial0
  ip address 172.168.1.2 255.255.255.252
  crypto map Intranet

interface TokenRing0
  ip address 20.1.1.1 255.255.255.0
  ring-speed 16

ip route 0.0.0.0 0.0.0.0 Serial0

ip access-list extended Intranet_50_104
  permit ip 20.0.0.0 0.255.255.255
50.104.0.0 0.0.255.255
  deny   ip any any
end
```

```
version 12.1(7)
hostname c2503
ip domain-name frs-lab.de

crypto isakmp policy 10
  hash md5
  authentication pre-share
  group 5
crypto isakmp key 1234567812345678 address 172.168.1.2

crypto ipsec transform-set ESP esp-des esp-md5-hmac

crypto map Intranet 10 ipsec-isakmp
  set peer 172.168.1.2
  set transform-set ESP
  match address Intranet_20

interface Ethernet0
  ip address 50.104.7.67 255.255.252.0

interface Serial0
  ip address 172.168.1.1 255.255.255.252
  crypto map Intranet

ip route 20.0.0.0 255.0.0.0 Serial0

ip access-list extended Intranet_20
  permit ip 50.104.0.0 0.0.255.255 20.0.0.0 0.255.255.255
  deny   ip any any
end
```

13.1 Debugging von ISAKMP-Nachrichten

```
# debug crypto isakmp
# debug crypto isakmp packet
# debug crypto engine

c2504# show debugging
Cryptographic Subsystem:
   Crypto ISAKMP debugging is on
   Crypto ISAKMP packet debugging is on
   Crypto Engine debugging is on
```

Der bei der Ausgabe der Debug-Meldungen angegebene Status des Main / Aggressive / Quick Mode Exchange hat die folgende Bedeutung:

Status eines Main Mode Exchange	
MM_NO_STATE	Die ISAKMP SA wurde angelegt, es sind aber noch keine weiteren Aktionen erfolgt.
MM_SA_SETUP	Die Partner haben sich auf die Parameter für die ISAKMP Security Association geeinigt.
MM_KEY_EXCH	Die Partner haben die öffentlichen DH-Schlüssel ausgetauscht und das gemeinsame Geheimwort (SEKYID) generiert.
MM_KEY_AUTH	Die ISAKMP SA ist authentifiziert.
Status eines Aggressive Mode Exchange	
AG_NO_STATE	Die ISAKMP SA wurde angelegt, es sind aber noch keine weiteren Aktionen erfolgt.
AG_INIT_EXCH	Die Partner haben die ersten ISAKMP-Nachrichten ausgetauscht, die SA ist aber noch nicht authentifiziert.
AG_AUTH	Die ISAKMP SA ist authentifiziert.
Status eines Quick Mode Exchange	
QM_IDLE	Die ISAKMP SA ist aufgebaut und kann für den Aufbau von weiteren IPSec Security Associations eingesetzt werden.

13.1.1 Debugging eines Main Mode Exchange

Router C2504

- Abstimmung der ISAKMP Protection Suite

```
06:03:01: ISAKMP: received ke message (1/1)
06:03:01: ISAKMP: local port 500, remote port 500
06:03:01: ISAKMP (0:1): beginning Main Mode exchange
06:03:01: ISAKMP: Main Mode packet contents (flags 0, len 72):
06:03:01:           SA payload
06:03:01:              PROPOSAL
06:03:01:                 TRANSFORM
06:03:01: ISAKMP (1): sending packet to 172.168.1.1 (I) MM_NO_STATE

06:03:07: ISAKMP (1): received packet from 172.168.1.1 (I) MM_NO_STATE
06:03:07: ISAKMP: Main Mode packet contents (flags 0, len 72):
06:03:07:           SA payload
06:03:07:              PROPOSAL
06:03:07:                 TRANSFORM
06:03:07: ISAKMP (0:1): processing SA payload. message ID = 0
06:03:07: ISAKMP (0:1): Checking ISAKMP transform 1 against priority 10 policy
06:03:07: ISAKMP:      encryption DES-CBC
06:03:07: ISAKMP:      hash MD5
06:03:07: ISAKMP:      default group 5
06:03:07: ISAKMP:      auth pre-share
06:03:07: ISAKMP (0:1): atts are acceptable. Next payload is 0
```

> c2504# show crypto isakmp policy
> Protection suite of priority 10
>   encryption algorithm: DES
>   hash algorithm: Message Digest 5
>   authentication method: Pre-shared Key
>   Diffie-Hellman group: #5 (1536 bit)
>   lifetime: 86400 seconds, no volume limit

- Austausch des Verschlüsselungsmaterials

```
06:03:07: CryptoEngine0: generate alg parameter
06:03:12: CRYPTO_ENGINE: Dh phase 1 status: 0
06:03:12: CRYPTO_ENGINE: Dh phase 1 status: 0
06:03:12: ISAKMP (0:1): SA is doing pre-shared key authentication
06:03:12: ISAKMP (1): SA is doing pre-shared key authentication using
                      id type ID_IPV4_ADDR
06:03:12: ISAKMP: Main Mode packet contents (flags 0, len 268):
06:03:12:           KE payload
06:03:12:           NONCE payload
06:03:12:           VENDOR payload
06:03:12: ISAKMP (1): sending packet to 172.168.1.1 (I) MM_SA_SETUP

06:03:19: ISAKMP (1): received packet from 172.168.1.1 (I) MM_SA_SETUP
06:03:19: ISAKMP: Main Mode packet contents (flags 0, len 268):
06:03:19:           KE payload
06:03:19:           NONCE payload
06:03:19:           VENDOR payload
06:03:19: ISAKMP (0:1): processing KE payload. message ID = 0
06:03:19: CryptoEngine0: generate alg parameter
06:03:27: ISAKMP (0:1): processing NONCE payload. message ID = 0
06:03:27: CryptoEngine0: create ISAKMP SKEYID for conn id 1
06:03:27: ISAKMP (0:1): SKEYID state generated
06:03:27: ISAKMP (0:1): processing vendor id payload
06:03:27: ISAKMP (0:1): speaking to another IOS box!
```

> c2504# show crypto isakmp key
> Hostname/Address   Preshared Key
> 172.168.1.1   1234567812345678

Da die Berechnung des Verschlüsselungsmaterial für die DH-Gruppe 5 ziemlich komplex ist, dauert es einige Zeit, bis der Router die Schlüssel generiert hat.

324 Kapitel 13 • IPSec-Fehlersuche

- Authentizitätsüberprüfung und gesicherter Austausch der ISAKMP-Identität

```
06:03:27: ISAKMP (1): ID payload
        next-payload : 8
        type         : 1
        protocol     : 17
        port         : 500
        length       : 8
06:03:27: ISAKMP (1): Total payload length: 12
06:03:27: CryptoEngine0: generate hmac context for conn id 1
06:03:27: ISAKMP: Main Mode packet contents (flags 1, len 60):
06:03:27:             ID payload
06:03:27:             HASH payload
06:03:27: ISAKMP (1): sending packet to 172.168.1.1 (I) MM_KEY_EXCH

06:03:27: ISAKMP (1): received packet from 172.168.1.1 (I) MM_KEY_EXCH
06:03:27: ISAKMP: Main Mode packet contents (flags 1, len 68):
06:03:27:             ID payload
06:03:27:             HASH payload
06:03:27: ISAKMP (0:1): processing ID payload. message ID = 0
06:03:27: ISAKMP (0:1): processing HASH payload. message ID = 0
06:03:27: CryptoEngine0: generate hmac context for conn id 1
06:03:27: ISAKMP (0:1): SA has been authenticated with 172.168.1.1
```

```
c2504# show crypto isakmp sa
   dst           src         state      conn-id   slot
172.168.1.1   172.168.1.2   QM_IDLE       1        0
```

Router C2503

- Abstimmung der ISAKMP Protection Suite

```
06:03:27: ISAKMP (0:1): beginning Quick Mode exchange, M-ID of -218703189
06:03:27: CryptoEngine0: generate hmac context for conn id 1
06:02:22: ISAKMP (0): received packet from 172.168.1.2 (N) NEW SA
06:02:22: ISAKMP: Main Mode packet contents (flags 0, len 72):
06:02:22:             SA payload
06:02:22:                 PROPOSAL
06:02:22:                    TRANSFORM
06:02:22: ISAKMP: local port 500, remote port 500
06:02:22: ISAKMP (0:1): processing SA payload. message ID = 0
06:02:22: ISAKMP (0:1): Checking ISAKMP transform 1 against priority 10 policy
06:02:22: ISAKMP:       encryption DES-CBC
06:02:22: ISAKMP:       hash MD5
06:02:22: ISAKMP:       default group 5
06:02:22: ISAKMP:       auth pre-share
06:02:22: ISAKMP (0:1): atts are acceptable. Next payload is 0
06:02:22: CryptoEngine0: generate alg parameter
06:02:28: CRYPTO_ENGINE: Dh phase 1 status: 0
06:02:28: CRYPTO_ENGINE: Dh phase 1 status: 0
06:02:28: ISAKMP (0:1): SA is doing pre-shared key authentication
06:02:28: ISAKMP (1): SA is doing pre-shared key authentication using id type ID_IPV4_ADDR

06:02:28: ISAKMP: Main Mode packet contents (flags 0, len 72):
06:02:28:             SA payload
06:02:28:                 PROPOSAL
06:02:28:                    TRANSFORM
06:02:28: ISAKMP (1): sending packet to 172.168.1.2 (R) MM_SA_SETUP
```

```
c2503# show crypto isakmp policy
Protection suite of priority 10
   encryption algorithm:  DES
   hash algorithm:        Message Digest 5
   authentication method: Pre-shared Key
   Diffie-Hellman group:  #5 (1536 bit)
   lifetime: 86400 seconds, no volume limit
```

```
c2503# show crypto isakmp key
Hostname/Address     Preshared Key
172.168.1.2          1234567812345678
```

- Austausch des Verschlüsselungsmaterials

```
06:02:33: ISAKMP (1): received packet from 172.168.1.2 (R) MM_SA_SETUP
06:02:33: ISAKMP: Main Mode packet contents (flags 0, len 268):
06:02:33:             KE payload
06:02:33:             NONCE payload
06:02:33:             VENDOR payload
06:02:33: ISAKMP (0:1): processing KE payload. message ID = 0
06:02:33: CryptoEngine0: generate alg parameter
```

Debugging von ISAKMP-Nachrichten

```
06:02:40: ISAKMP (0:1): processing NONCE payload. message ID = 0
06:02:40: CryptoEngine0: create ISAKMP SKEYID for conn id 1
06:02:40: ISAKMP (0:1): SKEYID state generated
06:02:41: ISAKMP (0:1): processing vendor id payload
06:02:41: ISAKMP (0:1): speaking to another IOS box!

06:02:41: ISAKMP: Main Mode packet contents (flags 0, len 268):
06:02:41:          KE payload
06:02:41:          NONCE payload
06:02:41:          VENDOR payload
06:02:41: ISAKMP (1): sending packet to 172.168.1.2 (R) MM_KEY_EXCH
```

- Authentizitätsüberprüfung und gesicherter Austausch der ISAKMP-Identität

```
06:02:48: ISAKMP (1): received packet from 172.168.1.2 (R) MM_KEY_EXCH
06:02:48: ISAKMP: Main Mode packet contents (flags 1, len 68):
06:02:48:          ID payload
06:02:48:          HASH payload
06:02:48: ISAKMP (0:1): processing ID payload. message ID = 0
06:02:48: ISAKMP (0:1): processing HASH payload. message ID = 0
06:02:48: CryptoEngine0: generate hmac context for conn id 1
06:02:48: ISAKMP (0:1): SA has been authenticated with 172.168.1.2

06:02:48: ISAKMP (1): ID payload
           next-payload : 8
           type         : 1
           protocol     : 17
           port         : 500
           length       : 8
06:02:48: ISAKMP (1): Total payload length: 12
06:02:48: CryptoEngine0: generate hmac context for conn id 1
06:02:48: CryptoEngine0: clear dh number for conn id 1
06:02:48: ISAKMP: Main Mode packet contents (flags 1, len 60):
06:02:48:          ID payload
06:02:48:          HASH payload
06:02:48: ISAKMP (1): sending packet to 172.168.1.2 (R) QM_IDLE
```

```
c2503# show crypto isakmp sa
     dst          src         state      conn-id   slot
172.168.1.1  172.168.1.2     QM_IDLE       1         0
```

13.1.2 Debugging eines Quick Mode Exchange

Router C2504

```
06:03:27: ISAKMP: Quick Mode packet contents (flags 1, len 164):
06:03:27:          HASH payload
06:03:27:          SA payload
06:03:27:          PROPOSAL
06:03:27:          TRANSFORM
06:03:27:          NONCE payload
06:03:27:          ID payload
06:03:27:          ID payload
06:03:27: ISAKMP (1): sending packet to 172.168.1.1 (I) QM_IDLE
06:03:27: CryptoEngine0: clear dh number for conn id 1

06:03:27: ISAKMP (1): received packet from 172.168.1.1 (I) QM_IDLE
06:03:27: ISAKMP: Quick Mode packet contents (flags 1, len 172):
06:03:27:          HASH payload
06:03:27:          SA payload
06:03:27:          PROPOSAL
06:03:27:          TRANSFORM
06:03:27:          NONCE payload
06:03:27:          ID payload
06:03:27:          ID payload
```

Kapitel 13 • IPSec-Fehlersuche

```
06:03:27: CryptoEngine0: generate hmac context for conn id 1
06:03:27: ISAKMP (0:1): processing SA payload. message ID = -218703189
06:03:27: ISAKMP (0:1): Checking IPSec proposal 1
06:03:27: ISAKMP:  transform 1, ESP_DES
06:03:27: ISAKMP:     attributes in transform:
06:03:27: ISAKMP:        encaps is 1
06:03:27: ISAKMP:        SA life type in seconds
06:03:27: ISAKMP:        SA life duration (basic) of 3600
06:03:27: ISAKMP:        SA life type in kilobytes
06:03:27: ISAKMP:        SA life duration (VPI) of  0x0 0x46 0x50 0x0
06:03:27: ISAKMP:        authenticator is HMAC-MD5
06:03:27: validate proposal 0
06:03:27: ISAKMP (0:1): atts are acceptable.
06:03:27: validate proposal request 0
06:03:27: ISAKMP (0:1): processing NONCE payload. message ID = -218703189
06:03:27: ISAKMP (0:1): processing ID payload. message ID = -218703189
06:03:27: ISAKMP (0:1): processing ID payload. message ID = -218703189
06:03:27: CryptoEngine0: generate hmac context for conn id 1
06:03:27: ipsec allocate flow 0
06:03:27: ipsec allocate flow 0
06:03:27: ISAKMP (0:1): Creating IPSec SAs
06:03:27:         inbound SA from 172.168.1.1 to 172.168.1.2
                     (proxy 50.104.0.0 to 20.0.0.0)
06:03:27:         has spi 193733516 and conn_id 2000 and flags 4
06:03:27:         lifetime of 3600 seconds
06:03:27:         lifetime of 4608000 kilobytes
06:03:27:         outbound SA from 172.168.1.2 to 172.168.1.1
                     (proxy 20.0.0.0 to 50.104.0.0)
06:03:27:         has spi 357305286 and conn_id 2001 and flags 4
06:03:27:         lifetime of 3600 seconds
06:03:27:         lifetime of 4608000 kilobytes

06:03:27: ISAKMP: Quick Mode packet contents (flags 1, len 48):
06:03:27:          HASH payload
06:03:27: ISAKMP (1): sending packet to 172.168.1.1 (I) QM_IDLE
06:03:27: ISAKMP (0:1): deleting node -218703189 error FALSE reason ""
```

```
c2504# show crypto ipsec transform-set
Transform set ESP: { esp-des esp-md5-hmac }
   will negotiate = { Tunnel, },

c2504# show crypto map
Crypto Map "Intranet" 10 ipsec-isakmp
   Peer = 172.168.1.1
   Extended IP access list Intranet 50_104
     permit ip 20.0.0.0 0.255.255.255
                50.104.0.0 0.0.255.255
     deny ip any any
   Current peer: 172.168.1.1
   SA lifetime: 4608000 KB/3600 sec
   PFS (Y/N): N
   Transform sets={ ESP, }
   Interfaces using crypto map Intranet:
     Serial0
```

```
c2504# show crypto engine connections active
  ID  Interface   IP-Address      State  Algorithm          Encrypt   Decrypt
   1  <none>      <none>          set    HMAC_MD5+DES_56_CB       0         0
2000  Serial0     172.168.1.2     set    HMAC_MD5+DES_56_CB       0       952
2001  Serial0     172.168.1.2     set    HMAC_MD5+DES_56_CB     953         0
```

»SET« = aktive SA

Anzahl der ver- und entschlüsselten Pakete

```
c2504# show crypto ipsec sa
interface: Serial0
   Crypto map tag: Intranet, local addr. 172.168.1.2

   local  ident (addr/mask/prot/port): (20.0.0.0/255.0.0.0/0/0)
   remote ident (addr/mask/prot/port): (50.104.0.0/255.255.0.0/0/0)
   current_peer: 172.168.1.1
     PERMIT, flags={origin_is_acl,}
    #pkts encaps: 983, #pkts encrypt: 983, #pkts digest 983
    #pkts decaps: 983, #pkts decrypt: 983, #pkts verify 983
    #pkts compressed: 0, #pkts decompressed: 0
    #pkts not compressed: 0, #pkts compr. failed: 0, #pkts decompress failed: 0
    #send errors 26, #recv errors 0

     local crypto endpt.: 172.168.1.2, remote crypto endpt.: 172.168.1.1
     path mtu 1500, media mtu 1500
     current outbound spi: 154C0BC6

     inbound esp sas:
      spi: 0xB8C238C(193733516)
        transform: esp-des esp-md5-hmac ,
        in use settings ={Tunnel, }
        slot: 0, conn id: 2000, flow_id: 1, crypto map: Intranet
        sa timing: remaining key lifetime (k/sec): (4607895/2528)
        IV size: 8 bytes
        replay detection support: Y

     outbound esp sas:
      spi: 0x154C0BC6(357305286)
        transform: esp-des esp-md5-hmac ,
        in use settings ={Tunnel, }
        slot: 0, conn id: 2001, flow_id: 2, crypto map: Intranet
        sa timing: remaining key lifetime (k/sec): (4607870/2526)
        IV size: 8 bytes
        replay detection support: Y
```

Router C2503

```
06:02:48: ISAKMP (1): received packet from 172.168.1.2 (R) QM_IDLE
06:02:48: ISAKMP: Quick Mode packet contents (flags 1, len 172):
06:02:48:           HASH payload
06:02:48:           SA payload
06:02:48:              PROPOSAL
06:02:48:                 TRANSFORM
06:02:48:           NONCE payload
06:02:48:           ID payload
06:02:48:           ID payload
06:02:48: CryptoEngine0: generate hmac context for conn id 1
06:02:48: ISAKMP (0:1): processing SA payload. message ID = -218703189
06:02:48: ISAKMP (0:1): Checking IPSec proposal 1
06:02:48: ISAKMP: transform 1, ESP_DES
06:02:48: ISAKMP:    attributes in transform:
06:02:48: ISAKMP:       encaps is 1
06:02:48: ISAKMP:       SA life type in seconds
06:02:48: ISAKMP:       SA life duration (basic) of 3600
06:02:48: ISAKMP:       SA life type in kilobytes
06:02:48: ISAKMP:       SA life duration (VPI) of  0x0 0x46 0x50 0x0
06:02:48: ISAKMP:       authenticator is HMAC-MD5
06:02:48: validate proposal 0
06:02:48: ISAKMP (0:1): atts are acceptable.
06:02:48: validate proposal request 0
06:02:48: ISAKMP (0:1): processing NONCE payload. message ID = -218703189
06:02:48: ISAKMP (0:1): processing ID payload. message ID = -218703189
06:02:48: ISAKMP (1): ID_IPV4_ADDR_SUBNET src 20.0.0.0/255.0.0.0 prot 0 port 0
06:02:48: ISAKMP (0:1): processing ID payload. message ID = -218703189
06:02:48: ISAKMP (1): ID_IPV4_ADDR_SUBNET dst 50.104.0.0/255.255.0.0 prot 0 port 0
06:02:48: ISAKMP (0:1): asking for 1 spis from ipsec
06:02:48: ISAKMP: received ke message (2/1)
06:02:48: CryptoEngine0: generate hmac context for conn id 1

06:02:48: ISAKMP: Quick Mode packet contents (flags 1, len 164):
06:02:48:           HASH payload
06:02:48:           SA payload
06:02:48:              PROPOSAL
06:02:48:                 TRANSFORM
06:02:48:           NONCE payload
06:02:48:           ID payload
06:02:48:           ID payload
06:02:48: ISAKMP (1): sending packet to 172.168.1.2 (R) QM_IDLE

06:02:49: ISAKMP (1): received packet from 172.168.1.2 (R) QM_IDLE
06:02:49: ISAKMP: Quick Mode packet contents (flags 1, len 52):
06:02:49:           HASH payload
06:02:49: CryptoEngine0: generate hmac context for conn id 1
06:02:49: ipsec allocate flow 0
06:02:49: ipsec allocate flow 0
06:02:49: ISAKMP (0:1): Creating IPSec SAs
06:02:49:           inbound SA from 172.168.1.2 to 172.168.1.1
                        (proxy 20.0.0.0 to 50.104.0.0)
06:02:49:           has spi 357305286 and conn_id 2000 and flags 4
06:02:49:           lifetime of 3600 seconds
06:02:49:           lifetime of 4608000 kilobytes
06:02:49:           outbound SA from 172.168.1.1 to 172.168.1.2
                        (proxy 50.104.0.0 to 20.0.0.0)
06:02:49:           has spi 193733516 and conn_id 2001 and flags 4
06:02:49:           lifetime of 3600 seconds
06:02:49:           lifetime of 4608000 kilobytes
06:02:49: ISAKMP (0:1): deleting node -218703189 error FALSE reason "quick mode done await()"
```

c2503# show crypto ipsec transform-set
```
Transform set ESP: { esp-des esp-md5-hmac }
   will negotiate = { Tunnel, },
```

c2503# show crypto map
```
Crypto Map "Intranet" 10 ipsec-isakmp
   Peer = 172.168.1.1
   Extended IP access list Intranet_20
      permit ip 50.104.0.0 0.0.255.255
                20.0.0.0 0.255.255.255
      deny ip any any
   Current peer: 172.168.1.2
   SA lifetime: 4608000 KB/3600 sec
   PFS (Y/N): N
   Transform sets={ ESP, }
   Interfaces using crypto map Intranet:
      Serial0
```

c2503# show crypto ipsec sa
```
interface: Serial0
   Crypto map tag: Intranet, local addr. 172.168.1.1

   local ident (addr/mask/prot/port): (50.104.0.0/255.255.0.0/0/0)
   remote ident (addr/mask/prot/port): (20.0.0.0/255.0.0.0/0/0)
   current_peer: 172.168.1.2
   ...  ...
     local crypto endpt.: 172.168.1.1, remote crypto endpt.: 172.168.1.2
     path mtu 1500, media mtu 1500
     current outbound spi: B8C238C

     inbound esp sas:
       spi: 0x154C0BC6(357305286)
         transform: esp-des esp-md5-hmac ,
         in use settings ={Tunnel, }
         slot: 0, conn id: 2000, flow_id: 1, crypto map:
         sa timing: remaining key lifetime (k/sec): (4607
         IV size: 8 bytes
         replay detection support: Y

     outbound esp sas:
       spi: 0xB8C238C(193733516)
         transform: esp-des esp-md5-hmac ,
         in use settings ={Tunnel, }
         slot: 0, conn id: 2001, flow_id: 2, crypto map: Intranet
```

c2503# show crypto engine connections active

ID	Interface	IP-Address	State	Algorithm	Encrypt	Decrypt
1	\<none\>	\<none\>	set	HMAC_MD5+DES_56_CB	0	0
2000	Serial0	172.168.1.1	set	HMAC_MD5+DES_56_CB	0	984
2001	Serial0	172.168.1.1	set	HMAC_MD5+DES_56_CB	984	0

»SET« = aktive SA

Anzahl der ver- und entschlüsselten Pakete

13.1.3 Debugging des Aufbaus von ISAKMP und IPSec SAs

debug crypto isakmp
debug crypto ipsec

- C2504 – Initiator der ISAKMP und IPSec Security Associations

```
1d01h: IPSEC(sa_request): ,
   (key eng. msg.) src= 172.168.1.2, dest= 172.168.1.1,
   src_proxy= 20.0.0.0/255.0.0.0/0/0 (type=4),
   dest_proxy= 50.104.0.0/255.255.0.0/0/0 (type=4),
   protocol= ESP, transform= esp-des esp-md5-hmac ,
   lifedur= 3600s and 4608000kb,
   spi= 0x1616227A(370549370), conn_id= 0, keysize= 0
1d01h: ISAKMP: received ke message (1/1)
1d01h: ISAKMP: local port 500, remote port 500
1d01h: ISAKMP (0:2): beginning Main Mode exchange
1d01h: ISAKMP (2): sending packet to 172.168.1.1 (I) MM
1d01h: ISAKMP (2): received packet from 172.168.1.1 (I)
1d01h: ISAKMP (0:2): processing SA payload. message ID
1d01h: ISAKMP (0:2): Checking ISAKMP transform 1 against
1d01h: ISAKMP:        encryption DES-CBC
1d01h: ISAKMP:        hash MD5
1d01h: ISAKMP:        default group 5
1d01h: ISAKMP:        auth pre-share
1d01h: ISAKMP (0:2): atts are acceptable. Next payload is 0
1d01h: ISAKMP (0:2): SA is doing pre-shared key authentication
1d01h: ISAKMP (2): SA is doing pre-shared key authentication using id type ID_IPV4_ADDR
1d01h: ISAKMP (2): sending packet to 172.168.1.1 (I) MM_SA_SETUP
1d01h: ISAKMP (2): received packet from 172.168.1.1 (I) MM_SA_SETUP
1d01h: ISAKMP (0:2): processing KE payload. message ID = 0
1d01h: ISAKMP (0:2): processing NONCE payload. message ID = 0
1d01h: ISAKMP (0:2): SKEYID state generated
1d01h: ISAKMP (0:2): processing vendor id payload
1d01h: ISAKMP (0:2): speaking to another IOS box!
1d01h: ISAKMP (2): ID payload
       next-payload : 8
       type         : 1
       protocol     : 17
       port         : 500
       length       : 8
1d01h: ISAKMP (2): Total payload length: 12
1d01h: ISAKMP (2): sending packet to 172.168.1.1 (I) MM_KEY_EXCH
1d01h: ISAKMP (0:1): purging SA.
1d01h: ISAKMP (2): received packet from 172.168.1.1 (I) MM_KEY_EXCH
1d01h: ISAKMP (0:2): processing ID payload. message ID = 0
1d01h: ISAKMP (0:2): processing HASH payload. message ID = 0
1d01h: ISAKMP (0:2): SA has been authenticated with 172.168.1.1
1d01h: ISAKMP (0:2): beginning Quick Mode exchange, M-ID of 2083415503
1d01h: ISAKMP (2): sending packet to 172.168.1.1 (I) QM_IDLE
1d01h: ISAKMP (2): received packet from 172.168.1.1 (I) QM_IDLE
1d01h: ISAKMP (0:2): processing SA payload. message ID = 2083415503
1d01h: ISAKMP (0:2): Checking IPSec proposal 1
1d01h: ISAKMP: transform 1, ESP_DES
1d01h: ISAKMP:   attributes in transform:
1d01h: ISAKMP:       encaps is 1
```

```
c2504# show crypto ipsec transform-set
Transform set ESP: { esp-des esp-md5-hmac }
   will negotiate = { Tunnel, },

c2504# show crypto map
Crypto Map "Intranet" 10 ipsec-isakmp
   Peer = 172.168.1.1
   Extended IP access list Intranet_50_104
       permit ip 20.0.0.0 0.255.255.255
               50.104.0.0 0.0.255.255
       deny ip any any
   Current peer: 172.168.1.1
   SA lifetime: 4608000 KB/3600 sec
   PFS (Y/N): N
   Transform sets={ ESP, }
   Interfaces using crypto map Intranet:
       Serial0
```

```
1d01h: ISAKMP:          SA life type in seconds
1d01h: ISAKMP:          SA life duration (basic) of 3600
1d01h: ISAKMP:          SA life type in kilobytes
1d01h: ISAKMP:          SA life duration (VPI) of  0x0 0x46 0x50 0x0
1d01h: ISAKMP:          authenticator is HMAC-MD5
1d01h: ISAKMP (0:2): atts are acceptable.
1d01h: IPSEC(validate_proposal_request): proposal part #1,
  (key eng. msg.) dest= 172.168.1.1, src= 172.168.1.2,
  dest_proxy= 50.104.0.0/255.255.0.0/0/0 (type=4),
  src_proxy= 20.0.0.0/255.0.0.0/0/0 (type=4),
  protocol= ESP, transform= esp-des esp-md5-hmac ,
  lifedur= 0s and 0kb,
  spi= 0x0(0), conn_id= 0, keysize= 0, flags= 0x4
1d01h: ISAKMP (0:2): processing NONCE payload. message ID = 2083415503
1d01h: ISAKMP (0:2): processing ID payload. message ID = 2083415503
1d01h: ISAKMP (0:2): processing ID payload. message ID = 2083415503
1d01h: ISAKMP (0:2): Creating IPSec SAs
1d01h:        inbound SA from 172.168.1.1  to 172.168.1.2  (proxy 50.104.0.0 to 20.0.0.0  )
1d01h:        has spi 370549370 and conn_id 2000 and flags 4
1d01h:        lifetime of 3600 seconds
1d01h:        lifetime of 4608000 kilobytes
1d01h:        outbound SA from 172.168.1.2 to 172.168.1.1  (proxy 20.0.0.0  to 50.104.0.0)
1d01h:        has spi 278594689 and conn_id 2001 and flags 4
1d01h:        lifetime of 3600 seconds
1d01h:        lifetime of 4608000 kilobytes
1d01h: ISAKMP (2): sending packet to 172.168.1.1 (I) QM_IDLE
1d01h: ISAKMP (0:2): deleting node 2083415503 error FALSE reason ""
1d01h: IPSEC(key_engine): got a queue event...
1d01h: IPSEC(initialize_sas): ,
  (key eng. msg.) dest= 172.168.1.2, src= 172.168.1.1,
  dest_proxy= 20.0.0.0/255.0.0.0/0/0 (type=4),
  src_proxy= 50.104.0.0/255.255.0.0/0/0 (type=4),
  protocol= ESP, transform= esp-des esp-md5-hmac ,
  lifedur= 3600s and 4608000kb,
  spi= 0x1616227A(370549370), conn_id= 2000, keysize= 0, flags= 0x4
1d01h: IPSEC(initialize_sas): ,
  (key eng. msg.) src= 172.168.1.2, dest= 172.168.1.1,
  src_proxy= 20.0.0.0/255.0.0.0/0/0 (type=4),
  dest_proxy= 50.104.0.0/255.255.0.0/0/0 (type=4),
  protocol= ESP, transform= esp-des esp-md5-hmac ,
  lifedur= 3600s and 4608000kb,
  spi= 0x109B0481(278594689), conn_id= 2001, keysize= 0, flags= 0x4
1d01h: IPSEC(create_sa): sa created,
  (sa) sa_dest= 172.168.1.2, sa_prot= 50,
  sa_spi= 0x1616227A(370549370),
  sa_trans= esp-des esp-md5-hmac , sa_conn_id= 2000
1d01h: IPSEC(create_sa): sa created,
  (sa) sa_dest= 172.168.1.1, sa_prot= 50,
  sa_spi= 0x109B0481(278594689),
  sa_trans= esp-des esp-md5-hmac , sa_conn_id= 2001
1d01h: ISAKMP (0:2): purging node 2083415503

c2504# show crypto engine connections active
  ID Interface      IP-Address      State  Algorithm              Encrypt  Decrypt
   2 <none>         <none>          set    HMAC_MD5+DES_56_CB           0        0
2000 Serial0        172.168.1.2     set    HMAC_MD5+DES_56_CB           0      739
2001 Serial0        172.168.1.2     set    HMAC_MD5+DES_56_CB         739        0
```

Annotationen:
- Der Router überprüft die in der ISAKMP-Nachricht enthaltenen *Local* und *Remote Client Identities* gegen die Access-Liste der »crypto map«.
- Der ID Type der Identification Payload
  1 = ID_IPv4_Addr
  4 = ID_IPv4_Addr_Subnet

330 Kapitel 13 • IPSec-Fehlersuche

- **C2503 - Responder der ISAKMP und IPSec Security Associations**

```
1d01h: ISAKMP (0): received packet from 172.168.1.2 (N) NEW SA
1d01h: ISAKMP: local port 500, remote port 500
1d01h: ISAKMP (0:2): processing SA payload. message I
1d01h: ISAKMP (0:2): Checking ISAKMP transform 1 agai
1d01h: ISAKMP:       encryption DES-CBC
1d01h: ISAKMP:       hash MD5
1d01h: ISAKMP:       default group 5
1d01h: ISAKMP:       auth pre-share
1d01h: ISAKMP (0:2): atts are acceptable. Next payloa
1d01h: ISAKMP (0:2): SA is doing pre-shared key authe
1d01h: ISAKMP (2): SA is doing pre-shared key authent
1d01h: ISAKMP (2): sending packet to 172.168.1.2 (R)
1d01h: ISAKMP (0:1): purging node 126602280
1d01h: ISAKMP (0:1): purging node 1908233573
1d01h: ISAKMP (2): received packet from 172.168.1.2 (
1d01h: ISAKMP (0:2): processing KE payload. message I
1d01h: ISAKMP (0:2): processing NONCE payload. messag
1d01h: ISAKMP (0:2): SKEYID state generated
1d01h: ISAKMP (0:2): processing vendor id payload
1d01h: ISAKMP (0:2): speaking to another IOS box!
1d01h: ISAKMP (2): sending packet to 172.168.1.2 (R) MM_KEY_EXCH
1d01h: ISAKMP (0:1): purging SA.
1d01h: ISAKMP (2): received packet from 172.168.1.2 (R) MM_KEY_EXCH
1d01h: ISAKMP (0:2): processing ID payload. message ID = 0
1d01h: ISAKMP (0:2): processing HASH payload. message ID = 0
1d01h: ISAKMP (0:2): SA has been authenticated with 172.168.1.2
1d01h: ISAKMP (2): ID payload
       next-payload : 8
       type         : 1
       protocol     : 17
       port         : 500
       length       : 8
1d01h: ISAKMP (2): Total payload length: 12
1d01h: ISAKMP (2): sending packet to 172.168.1.2 (R) QM_IDLE
1d01h: ISAKMP (2): received packet from 172.168.1.2 (R) QM_IDLE
1d01h: ISAKMP (0:2): processing SA payload. message ID = 2083415503
1d01h: ISAKMP (0:2): Checking IPSec proposal 1
1d01h: ISAKMP: transform 1, ESP_DES
1d01h: ISAKMP:     attributes in transform:
1d01h: ISAKMP:       encaps is 1
1d01h: ISAKMP:       SA life type in seconds
1d01h: ISAKMP:       SA life duration (basic) of 3600
1d01h: ISAKMP:       SA life type in kilobytes
1d01h: ISAKMP:       SA life duration (VPI) of  0x0 0x46 0x50 0x0
1d01h: ISAKMP:       authenticator is HMAC-MD5
1d01h: ISAKMP (0:2): atts are acceptable.
1d01h: IPSEC(validate_proposal_request): proposal part #1,
    (key eng. msg.) dest= 172.168.1.1, src= 172.168.1.2,
    dest_proxy= 50.104.0.0/255.255.0.0/0/0 (type=4),
    src_proxy= 20.0.0.0/255.0.0.0/0/0 (type=4),
    protocol= ESP, transform= esp-des esp-md5-hmac ,
    lifedur= 0s and 0kb,
    spi= 0x0(0), conn_id= 0, keysize= 0, flags= 0x4
```

Inset box:
```
c2503# show crypto ipsec transform-set
Transform set ESP: { esp-des esp-md5-hmac }
   will negotiate = { Tunnel, },

c2503# show crypto map
Crypto Map "Intranet" 10 ipsec-isakmp
Peer = 172.168.1.1
Extended IP access list Intranet_20
   permit ip 50.104.0.0 0.0.255.255
                20.0.0.0 0.255.255.255
   deny ip any any
Current peer: 172.168.1.2
SA lifetime: 4608000 KB/3600 sec
PFS (Y/N): N
Transform sets={ ESP, }
Interfaces using crypto map Intranet:
   Serial0
```

Router überprüft die *Local* und *Remote Client Identities*, die in der ISAKMP-Nachricht enthalten sind, gegen die Access-Liste der »crypto map«.

```
1d01h: ISAKMP (0:2): processing NONCE payload. message ID = 2083415503
1d01h: ISAKMP (0:2): processing ID payload. message ID = 2083415503
1d01h: ISAKMP (2): ID_IPV4_ADDR_SUBNET src 20.0.0.0/255.0.0.0 prot 0 port 0
1d01h: ISAKMP (0:2): processing ID payload. message ID = 2083415503
1d01h: ISAKMP (2): ID_IPV4_ADDR_SUBNET dst 50.104.0.0/255.255.0.0 prot 0 port 0
1d01h: ISAKMP (0:2): asking for 1 spis from ipsec
1d01h: IPSEC(key_engine): got a queue event...
1d01h: IPSEC(spi_response): getting spi 278594689 for SA
       from 172.168.1.2     to 172.168.1.1     for prot 3
1d01h: ISAKMP: received ke message (2/1)
1d01h: ISAKMP (2): sending packet to 172.168.1.2 (R) QM_IDLE
1d01h: ISAKMP (2): received packet from 172.168.1.2 (R) QM_IDLE
1d01h: ISAKMP (0:2): Creating IPSec SAs
1d01h:         inbound SA from 172.168.1.2    to 172.168.1.1    (proxy 20.0.0.0 to
50.104.0.0 )
1d01h:         has spi 278594689 and conn_id 2000 and flags 4
1d01h:         lifetime of 3600 seconds
1d01h:         lifetime of 4608000 kilobytes
1d01h:         outbound SA from 172.168.1.1    to 172.168.1.2    (proxy 50.104.0.0 to 20.0.0.0
)
1d01h:         has spi 370549370 and conn_id 2001 and flags 4
1d01h:         lifetime of 3600 seconds
1d01h:         lifetime of 4608000 kilobytes
1d01h: ISAKMP (0:2): deleting node 2083415503 error FALSE reason "quick mode done (await()"
1d01h: IPSEC(key_engine): got a queue event...
1d01h: IPSEC(initialize_sas): ,
  (key eng. msg.) dest= 172.168.1.1, src= 172.168.1.2,
    dest_proxy= 50.104.0.0/255.255.0.0/0/0 (type=4),
    src_proxy= 20.0.0.0/255.0.0.0/0/0 (type=4),
    protocol= ESP, transform= esp-des esp-md5-hmac ,
    lifedur= 3600s and 4608000kb,
    spi= 0x109B0481(278594689), conn_id= 2000, keysize= 0, flags= 0x4
1d01h: IPSEC(initialize_sas): ,
  (key eng. msg.) src= 172.168.1.1, dest= 172.168.1.2,
    src_proxy= 50.104.0.0/255.255.0.0/0/0 (type=4),
    dest_proxy= 20.0.0.0/255.0.0.0/0/0 (type=4),
    protocol= ESP, transform= esp-des esp-md5-hmac ,
    lifedur= 3600s and 4608000kb,
    spi= 0x1616227A(370549370), conn_id= 2001, keysize= 0, flags= 0x4
1d01h: IPSEC(create_sa): sa created,
  (sa) sa_dest= 172.168.1.1, sa_prot= 50,
    sa_spi= 0x109B0481(278594689),
    sa_trans= esp-des esp-md5-hmac , sa_conn_id= 2000
1d01h: IPSEC(create_sa): sa created,
  (sa) sa_dest= 172.168.1.2, sa_prot= 50,
    sa_spi= 0x1616227A(370549370),
    sa_trans= esp-des esp-md5-hmac , sa_conn_id= 2001
1d01h: ISAKMP (0:2): purging node 2083415503
```

c2503# show crypto engine connections active

ID	Interface	IP-Address	State	Algorithm	Encrypt	Decrypt
2	<none>	<none>	set	HMAC_MD5+DES_56_CB	0	0
2000	Serial0	172.168.1.1	set	HMAC_MD5+DES_56_CB	0	735
2001	Serial0	172.168.1.1	set	HMAC_MD5+DES_56_CB	734	0

13.1.4 IP Packet Debugging

Bei *IP Packet Debugging* sollte man auf den entsprechenden Schnittstellen *Fast Switching* mit dem Befehl »no ip route-cache« ausschalten, ansonsten sind die Pakete nicht in der Debugging-Ausgabe zu sehen. (Vorsicht: Kann zu erheblichen Performance-Problemen auf den Routern führen.)

```
# debug ip packet
IP: s=20.1.1.10 (TokenRing0), d=50.104.7.75 (Serial0), len 84, crypto connection pending,
packets dropped
    ICMP type=8, code=0

IP: s=172.168.1.2 (local), d=172.168.1.1 (Serial0), len 100, sending
    UDP src=500, dst=500
IP: s=172.168.1.1 (Serial0), d=172.168.1.2 (Serial0), len 100, rcvd 3
    UDP src=500, dst=500
IP: s=172.168.1.2 (local), d=172.168.1.1 (Serial0), len 296, sending
    UDP src=500, dst=500
IP: s=172.168.1.1 (Serial0), d=172.168.1.2 (Serial0), len 296, rcvd 3
    UDP src=500, dst=500
IP: s=172.168.1.2 (local), d=172.168.1.1 (Serial0), len 96, sending
    UDP src=500, dst=500
IP: s=172.168.1.1 (Serial0), d=172.168.1.2 (Serial0), len 96, rcvd 3
    UDP src=500, dst=500
IP: s=172.168.1.2 (local), d=172.168.1.1 (Serial0), len 200, sending
    UDP src=500, dst=500
IP: s=172.168.1.1 (Serial0), d=172.168.1.2 (Serial0), len 224, rcvd 3
    UDP src=500, dst=500
IP: s=172.168.1.2 (local), d=172.168.1.1 (Serial0), len 80, sending
    UDP src=500, dst=500

IP: s=20.1.1.10 (TokenRing0), d=50.104.7.75 (Serial0), g=50.104.7.75, len 84, forward
    ICMP type=8, code=0
IP: s=172.168.1.1 (Serial0), d=172.168.1.2 (Serial0), len 136, rcvd 3, proto=50
IP: s=50.104.7.75 (Serial0), d=20.1.1.10 (TokenRing0), g=20.1.1.10, len 84, forward
    ICMP type=0, code=0
```

Nur IP-Pakete über ein bestimmtes Interface debuggen

Um *IP Packet Debugging* nur für bestimmte Schnittstellen einzuschalten, verwendet man das Kommando »debug interface *interface*«.

```
# debug interface s0.1
# debug interface s0.1
# debug ip packet

# show debugging condition
Condition 1: interface Se0.1 (1 flags triggered)
        Flags: Se0.1
Condition 2: interface Se0.2 (1 flags triggered)
        Flags: Se0.2
IP: s=192.168.25.1 (Serial0.1), d=192.168.25.25, len 96, rcvd 4
IP: s=192.168.25.25 (local), d=192.168.25.1 (Serial0.2), len 96, sending
IP: s=172.168.1.5 (Serial0.2), d=224.0.0.5, len 132, rcvd 0
IP: s=172.168.1.1 (Serial0.1), d=224.0.0.5, len 132, rcvd 0
IP: s=172.168.1.2 (local), d=224.0.0.5 (Serial0.1), len 132, sending broad/multicast
```

IP-Pakete über eine Access-Liste einschränken

```
# show ip access-lists 100
Extended IP access list 100
    permit ip host 50.104.7.28 10.0.0.0 0.255.255.255 (44 matches)
    deny ip any any (114 matches)
```

```
# debug ip packet detail 100
IP packet debugging is on (detailed) for access list 100
IP: s=50.104.7.28 (Ethernet0), d=10.1.1.1 (Serial0), len 84, crypto connection pending, packets dropped
    ICMP type=8, code=0
IP: s=50.104.7.28 (Ethernet0), d=10.1.1.1 (Serial0), len 84, crypto connection pending, packets dropped
    ICMP type=8, code=0
IP: s=50.104.7.28 (Ethernet0), d=10.1.1.1 (Serial0), len 84, crypto connection pending, packets dropped
    ICMP type=8, code=0
IP: s=50.104.7.28 (Ethernet0), d=10.1.1.1 (Serial0), len 84, crypto connection pending, packets dropped
    ICMP type=8, code=0
```

13.2 Probleme beim Aufbau der ISAKMP Security Association

13.2.1 Die Crypto Map ist keinem Interface zugeordnet

Bei einem ankommenden ISAKMP-Paket wird zwar der ISAKMP SA aufgebaut, nicht jedoch die IPSec SAs. Bei den Fehlermeldungen gibt es jedoch keinen Hinweis, dass der Schnittstelle keine »crypto map« zugewiesen wurde.

- Informationen über die »crypto map«

```
c2503# show crypto map tag SERIAL policy
Crypto Map: "SERIAL" idb: Loopback0 local address: 154.76.3.1

Crypto Map "SERIAL" 10 ipsec-isakmp
        Peer = 172.168.1.2
        Extended IP access list 199
            access-list 199 deny ip 224.0.0.0 15.255.255.255 any
            access-list 199 deny ip any 224.0.0.0 15.255.255.255
            access-list 199 deny ip host 255.255.255.255 any
            access-list 199 deny ip any host 255.255.255.255
            access-list 199 permit ip 50.104.0 0.0.255.255 20.1.1.0 0.0.0.255
        Current peer: 172.168.1.2
        Security association lifetime: 4608000 kilobytes/3600 seconds
        PFS (Y/N): N
        Transform sets={ ESP, }
        Interfaces using crypto map SERIAL:
```
← Es existiert kein Interface, das diese »crypto map« verwendet.

```
c2503# show crypto isakmp sa
    dst           src          state     conn-id  slot
    154.76.3.1    172.168.1.2  QM_IDLE       1       0
```
← Die ISAKMP SA wird trotzdem aufgebaut.

334　Kapitel 13 • IPSec-Fehlersuche

- Debug-Ausgabe

```
# debug crypto isakmp
# debug crypto isakmp packet
# debug crypto ipsec
ISAKMP (3): received packet from 172.168.1.2 (R) QM_IDLE
ISAKMP: Quick Mode packet contents (flags 1, len 172):
         HASH payload
         SA payload
           PROPOSAL
             TRANSFORM
         NONCE payload
         ID payload
         ID payload
ISAKMP (0:3): processing SA payload. message ID = -377048879
ISAKMP (0:3): Checking IPSec proposal 1
ISAKMP: transform 1, ESP_DES
ISAKMP:   attributes in transform:
ISAKMP:      encaps is 1
ISAKMP:      SA life type in seconds
ISAKMP:      SA life duration (basic) of 3600
ISAKMP:      SA life type in kilobytes
ISAKMP:      SA life duration (VPI) of  0x0 0x46 0x50 0x0
ISAKMP:      authenticator is HMAC-MD5
IPSEC(validate_proposal): invalid local address 154.76.3.1
ISAKMP (0:3): atts not acceptable. Next payload is 0
ISAKMP (0:3): SA not acceptable!
ISAKMP: Information packet contents (flags 1, len 128):
         HASH payload
         NOTIFY payload
ISAKMP (3): sending packet to 172.168.1.2 (R) QM_IDLE
ISAKMP (0:3): purging node 1814247658
%CRYPTO-6-IKMP_MODE_FAILURE: Processing of Quick mode failed with peer at 172.168.1.2
```

13.2.2　Keine übereinstimmende ISAKMP Policy

In diesem Beispiel sind für die *ISAKMP Policies* unterschiedliche DH-Gruppen definiert. Die Router können die *Default Protection Suite* nicht benutzen, da keine Authentifizierung über RSA-Signaturen möglich ist.

- ISAKMP Protection Suite

```
c2504# show crypto isakmp policy
Protection suite of priority 10
        encryption algorithm:   DES - Data Encryption Standard (56 bit keys).
        hash algorithm: Message Digest 5
        authentication method: Pre-shared Key
        Diffie-Hellman group:  #1 (768 bit)
        lifetime:       86400 seconds, no volume limit
Default protection suite
        encryption algorithm:   DES - Data Encryption Standard (56 bit keys).
        hash algorithm: Secure Hash Standard
        authentication method: Rivest-Shamir-Adleman Signature
        Diffie-Hellman group:  #1 (768 bit)
        lifetime:       86400 seconds, no volume limit
```

c2503# show crypto isakmp policy
```
Protection suite of priority 10
        encryption algorithm:   DES - Data Encryption Standard (56 bit keys).
        hash algorithm:         Message Digest 5
        authentication method:  Pre-shared Key
        Diffie-Hellman group:   #5 (1536 bit)
        lifetime:               86400 seconds, no volume limit
Default protection suite
        encryption algorithm:   DES - Data Encryption Standard (56 bit keys).
        hash algorithm:         Secure Hash Standard
        authentication method:  Rivest-Shamir-Adleman Signature
        Diffie-Hellman group:   #1 (768 bit)
        lifetime:               86400 seconds, no volume limit
```

- Debug-Ausgabe

Initiator C2504# debug crypto isakmp
```
c2504#
1d03h: IPSEC(sa_request): ,
  (key eng. msg.) src= 172.168.1.2, dest= 172.168.1.1,
    src_proxy= 20.0.0.0/255.0.0.0/0/0 (type=4),
    dest_proxy= 50.104.0.0/255.255.0.0/0/0 (type=4),
    protocol= ESP, transform= esp-des esp-md5-hmac ,
    lifedur= 3600s and 4608000kb,
    spi= 0x1E640FD4(509874132), conn_id= 0, keysize= 0, flags= 0x4004
1d03h: ISAKMP: received ke message (1/1)
1d03h: ISAKMP: local port 500, remote port 500
1d03h: ISAKMP (0:2): beginning Main Mode exchange
1d03h: ISAKMP: Main Mode packet contents (flags 0, len 72):
1d03h:          SA payload
1d03h:             PROPOSAL
1d03h:                TRANSFORM
1d03h: ISAKMP (2): sending packet to 172.168.1.1 (I) MM_NO_STATE
1d03h: ISAKMP (2): received packet from 172.168.1.1 (I) MM_NO_STATE
1d03h: ISAKMP: Information packet contents (flags 0, len 84):
1d03h:          NOTIFY payload
1d03h: %CRYPTO-6-IKMP_MODE_FAILURE: Processing of Informational mode failed with peer at
172.168.1.1
```
Responder sendet ein *ISAKMP Informational Packet* mit einer *Notify Payload* an den Initiator zurück.

Responder C2503# debug crypto isakmp
```
1d03h: ISAKMP (0:1): purging node -1161527879
1d03h: ISAKMP (0): received packet from 172.168.1.2 (N) NEW SA
1d03h: ISAKMP: Main Mode packet contents (flags 0, len 72):
1d03h:          SA payload
1d03h:             PROPOSAL
1d03h:                TRANSFORM
1d03h: ISAKMP: local port 500, remote port 500
1d03h: ISAKMP (0:2): processing SA payload. message ID = 0
1d03h: ISAKMP (0:2): Checking ISAKMP transform 1 against priority 10 policy
1d03h: ISAKMP:      encryption DES-CBC
1d03h: ISAKMP:      hash MD5
1d03h: ISAKMP:      default group 1
1d03h: ISAKMP:      auth pre-share
1d03h: ISAKMP (0:2): atts are not acceptable. Next payload is 0
1d03h: ISAKMP (0:2): Checking ISAKMP transform 1 against priority 65535 policy
1d03h: ISAKMP:      encryption DES-CBC
1d03h: ISAKMP:      hash MD5
1d03h: ISAKMP:      default group 1
1d03h: ISAKMP:      auth pre-share
```

```
1d03h: ISAKMP (0:2): atts are not acceptable. Next payload is 0
1d03h: ISAKMP (0:2): no offers accepted!
1d03h: ISAKMP (0:2): SA not acceptable!
1d03h: ISAKMP (0:2): incrementing error counter on sa: PROPOSAL_NOT_CHOSEN
1d03h: %CRYPTO-6-IKMP_MODE_FAILURE: Processing of Main mode failed with peer at 172.168.1.2
1d03h: ISAKMP: Information packet contents (flags 0, len 84):
1d03h:          NOTIFY payload
1d03h: ISAKMP (2): sending packet to 172.168.1.2 (R) MM_NO_STATE
```

13.2.3 Probleme mit der ISAKMP Lifetime

Falls die *ISAKMP Lifetime* des Responder kleiner ist als der entsprechende Wert auf dem Initiator, wird die ISAKMP Security Association nicht aufgebaut. Dieses Problem tritt nur auf, wenn man für die *Policies* explizit eine *Lifetime* definiert hat.

- ISAKMP Protection Suite

    ### Initiator c2504# show crypto isakmp policy
    ```
    Protection suite of priority 10
            encryption algorithm:   DES - Data Encryption Standard (56 bit keys).
            hash algorithm:         Message Digest 5
            authentication method:  Pre-shared Key
            Diffie-Hellman group:   #5 (1536 bit)
            lifetime:               60000 seconds,
    ```

    ### Responder c2503# show crypto isakmp policy
    ```
    Protection suite of priority 10
            encryption algorithm:   DES - Data Encryption Standard (56 bit keys).
            hash algorithm:         Message Digest 5
            authentication method:  Pre-shared Key
            Diffie-Hellman group:   #5 (1536 bit)
            lifetime:               36000 seconds, no volume limit
    ```

- Debug-Ausgabe

    ### Initiator c2504# debug crypto isakmp
    ```
    1d03h: IPSEC(sa_request): ,
      (key eng. msg.) src= 172.168.1.2, dest= 172.168.1.1,
        src_proxy= 20.0.0.0/255.0.0.0/0/0 (type=4),
        dest_proxy= 50.104.0.0/255.255.0.0/0/0 (type=4),
        protocol= ESP, transform= esp-des esp-md5-hmac ,
        lifedur= 3600s and 4608000kb,
        spi= 0x132F18E8(321853672), conn_id= 0, keysize= 0, flags= 0x4004
    1d03h: ISAKMP: received ke message (1/1)
    1d03h: ISAKMP: local port 500, remote port 500
    1d03h: ISAKMP (0:2): beginning Main Mode exchange
    1d03h: ISAKMP: Main Mode packet contents (flags 0, len 80):
    1d03h:          SA payload
    1d03h:          PROPOSAL
    1d03h:          TRANSFORM
    1d03h: ISAKMP (2): sending packet to 172.168.1.1 (I) MM_NO_STATE
    1d03h: ISAKMP (2): received packet from 172.168.1.1 (I) MM_NO_STATE
    1d03h: ISAKMP: Information packet contents (flags 0, len 92):
    1d03h:          NOTIFY payload
    1d03h: %CRYPTO-6-IKMP_MODE_FAILURE: Processing of Informational mode failed with peer at
    172.168.1.1
    ```

Responder sendet ein *ISAKMP Informational Packet* mit einer *Notify Payload* an den Initiator zurück.

Responder c2503# debug crypto isakmp

```
1d03h: ISAKMP (0): received packet from 172.168.1.2 (N) NEW SA
1d03h: ISAKMP: Main Mode packet contents (flags 0, len 80):
1d03h:          SA payload
1d03h:             PROPOSAL
1d03h:                TRANSFORM
1d03h: ISAKMP: local port 500, remote port 500
1d03h: ISAKMP (0:2): processing SA payload. message ID = 0
1d03h: ISAKMP (0:2): Checking ISAKMP transform 1 against priority 10 policy
1d03h: ISAKMP:     encryption DES-CBC
1d03h: ISAKMP:     hash MD5
1d03h: ISAKMP:     default group 5
1d03h: ISAKMP:     auth pre-share
1d03h: ISAKMP:     life type in seconds
1d03h: ISAKMP:     life duration (basic) of 60000
1d03h: ISAKMP (0:2): atts are not acceptable. Next payload is 0
1d03h: ISAKMP (0:2): Checking ISAKMP transform 1 against priority 65535 policy
1d03h: ISAKMP:     encryption DES-CBC
1d03h: ISAKMP:     hash MD5
1d03h: ISAKMP:     default group 5
1d03h: ISAKMP:     auth pre-share
1d03h: ISAKMP:     life type in seconds
1d03h: ISAKMP:     life duration (basic) of 60000
1d03h: ISAKMP (0:2): atts are not acceptable. Next payload is 0
1d03h: ISAKMP (0:2): no offers accepted!
1d03h: ISAKMP (0:2): SA not acceptable!
1d03h: ISAKMP (0:2): incrementing error counter on sa: PROPOSAL_NOT_CHOSEN
1d03h: %CRYPTO-6-IKMP_MODE_FAILURE: Processing of Main mode failed with peer at 172.168.1.2
1d03h: ISAKMP: Information packet contents (flags 0, len 92):
1d03h:          NOTIFY payload
1d03h: ISAKMP (2): sending packet to 172.168.1.2 (R) MM_NO_STATE
```

13.2.4 Probleme bei der Authentifizierung

13.2.4.1 RSA-Signaturen

Falscher öffentlicher RSA-Schlüssel

%CRYPTO-6-IKMP_CRYPT_FAILURE: IKE (connection id 5)unable to decrypt (w/RSA public key) packet

Eine Ursache für diese Fehlermeldung kann sein, dass auf dem Partnersystem ein neues RSA-Schlüsselpaar generiert wurde. Bei einer Authentifizierung über RSA-Signaturen kann man den eingetragenen öffentlichen RSA-Schlüssel des Partners einfach löschen, er wird beim Aufbau der Security Association vom Sender in der Regel direkt in eine ISAKMP-Nachricht eingetragen.

crypto key pubkey-chain rsa
 no named-key ...

Bei Authentifizierung über RSA-Verschlüsselung muss der alte öffentliche RSA-Schlüssel des Partners gelöscht und anschließend neu eingegeben werden.

Zeit auf dem Router ist außerhalb des Zeitraums, in dem das verwendete Zertifikat gültig ist

In diesem Fall sieht der Router das Zertifikat als ungültig an und kann keine ISAKMP Security Association zu dem Partner aufbauen.

debug crypto pki messages
debug crypto pki transactions
```
CRYPTO_PKI: Certificate validity start is later than the current time.
05:33:46: %CRYPTO-5-IKMP_INVAL_CERT: Certificate received from 172.16.100.1 is bad: certificate invalid
05:33:46: %CRYPTO-6-IKMP_MODE_FAILURE: Processing of Main mode failed with peer at 172.16.100.1
```
show crypto isakmp sa
```
    dst            src           state         conn-id    slot
192.168.1.254   50.104.7.67   MM_KEY_EXCH       2          0
```
↖ Die ISAKMP SA bleibt in diesem Fall im Status MM_KEY_EXCH.

Router kann bei der Authentifizierung über RSA-Signaturen nicht auf die CRL zugreifen

Falls eine neue ISAKMP SA aufgebaut werden soll und es liegt lokal keine CRL vor, muss der Router zuerst eine neue Widerrufsliste von der CA anfordern. Ist dies nicht möglich, schlägt der Verbindungsaufbau fehl.

- Widerrufsliste muss überprüft werden

    # debug crypto pki messages
    # debug crypto pki transactions
    ```
    CRYPTO_PKI: status = 0: poll CRL
    CRYPTO_PKI: socket connect error.
    CRYPTO_PKI: status = 0: failed to open http connection
    CRYPTO_PKI: status = 65535: failed to send out the pki message
    CRYPTO_PKI: transaction Unknown completed
    CRYPTO_PKI: blocking callback received status: 106
    06:01:08: %CRYPTO-5-IKMP_INVAL_CERT: Certificate received from 172.16.100.1 is bad:
              unknown error returned in certificate validan
    06:01:08: %CRYPTO-6-IKMP_MODE_FAILURE: Processing of Main mode failed with peer at 172.16.100.1
    ```

- Widerrufsliste muss nicht überprüft werden

    Ist es nicht zwingend notwendig, dass der Router beim Aufbau der ISAKMP SA die CRL überprüft, kann das Verhalten mit dem Befehl *crl optional* entsprechend abgeändert werden.

    crypto ca identity *frs-lab.de*
      enrollment mode ra
      enrollment url *http://mpdepp.frs-lab.de:80/certsrv/mscep/mscep.dll*
    crl optional

```
# debug crypto pki messages
# debug crypto pki transactions
# debug crypto sessmgmt
CRYPTO_PKI: status = 0: crl check ignored
CRYPTO_PKI: WARNING: Certificate, private key or CRL was not found while selecting CRL
CRYPTO_PKI: cert revocation status unknown.
CRYPTO:  RSA public decrypt finished with status=OK         Router führt trotz fehlender CRL die
CRYPTO:  RSA private encrypt finished with status=OK        Authentifizierung des Partners durch.
CRYPTO:  Crypto Engine clear dh conn_id 1 slot 0: OKg
CRYPTO:  Allocated conn_id 2000 slot 0, swidb 0x1BC3B0,
CRYPTO:  Allocated conn_id 2001 slot 0, swidb 0x1BC3B0,
ISAKMP (0:1): Checking ISAKMP transform 2 against priority 65535 policy
ISAKMP:      encryption DES-CBC
ISAKMP:      hash SHA
ISAKMP:      default group 1
ISAKMP:      auth RSA sig
ISAKMP (0:1): atts are acceptable. Next payload is 0
ISAKMP (1): My ID configured as IPv4 Addr,but Addr not in Cert!
ISAKMP (1): Using FQDN as My ID
ISAKMP (0:1): SA is doing RSA signature authentication
ISAKMP (1): SA is doing RSA signature authentication using id type ID_FQDN
ISAKMP (1): sending packet to 172.168.1.2 (R) MM_SA_SETUP
ISAKMP (1): received packet from 172.168.1.2 (R) MM_SA_SETUP
ISAKMP (0:1): processing KE payload. message ID = 0
ISAKMP (0:1): processing NONCE payload. message ID = 0
ISAKMP (0:1): SKEYID state generated
ISAKMP (1): processing CERT_REQ payload. message ID = 0
ISAKMP (1): peer wants a CT_X509_SIGNATURE cert
CRYPTO_PKI: Name: CN = CA FRS-LAB, OU = FRS-LAB, O = Andreas Aurand, C = DE
ISAKMP (1): peer want cert issued by CN = CA FRS-LAB, OU = FRS-LAB, O = Andreas Aurand, C = DE
ISAKMP (0:1): processing vendor id payload
ISAKMP (0:1): speaking to another IOS box!
ISAKMP (1): sending packet to 172.168.1.2 (R) MM_KEY_EXCH
ISAKMP (1): received packet from 172.168.1.2 (R) MM_KEY_EXCH
ISAKMP (0:1): processing ID payload. message ID = 0
ISAKMP (0:1): processing CERT payload. message ID = 0
ISAKMP (0:1): processing a CT_X509_SIGNATURE cert
CRYPTO_PKI: status = 0: poll CRL
CRYPTO_PKI: can not resolve server address
CRYPTO_PKI: can not resolve server address
CRYPTO_PKI: transaction GetCRL completed
CRYPTO_PKI: blocking callback received status: 106
%CRYPTO-5-IKMP_INVAL_CERT: Certificate received from 172.168.1.2 is bad:
                           unknown error returned in certificate validation
ISAKMP (0:1): Unknown error in cert validation, 7
%CRYPTO-6-IKMP_MODE_FAILURE: Processing of Main mode failed with peer at 172.168.1.2
```

Host- oder Domainname stimmt nicht mehr mit dem lokalen RSA-Schlüsselpaar überein

```
c2503# show crypto key mypubkey rsa
% Key pair was generated at: 11:03:18 UTC Apr 10 2001
Key name: LNS-c2503.frs-lab.de                      ← Der Hostname auf dem
 Usage: Signature Key                                  Router ist aber »c2503«.
 Key Data:
  305C300D 06092A86 4886F70D 01010105 00034B00 30480241 00B4CDB0 C92FAE9B
  92A1395E 65889F61 E864E89B 4F6B7E02 10BADCBF 77AD96E0 8C179B20 D0745BF4
  FC3872F3 BB0BB1AD 50554C4A 083FBB55 5050FE72 35F979C2 E7020301 0001
% Key pair was generated at: 11:03:30 UTC Apr 10 2001
Key name: LNS-c2503.frs-lab.de
 Usage: Encryption Key
 Key Data:
  305C300D 06092A86 4886F70D 01010105 00034B00 30480241 00D71053 66A055A0
  6607E031 C51E960C 0EBC801E AFC132AF ADD0064D B42F22FB E688D279 E07C9BCC
  D7F13DE1 FBAD3837 298B07D9 D544BC25 8EFF508C D7BAFFBA FD020301 0001
c2503# debug crypto isakmp
c2503# debug crypto isakmp packet
c2503# debug crypto engine
...    ...
ISAKMP (1): received packet from 172.168.1.2 (R) MM_SA_SETUP
ISAKMP: Main Mode packet contents (flags 0, len 256):
        KE payload
        NONCE payload
        CERT-REQ payload
        VENDOR payload
ISAKMP (0:1): processing KE payload. message ID = 0
CryptoEngine0: generate alg parameter
ISAKMP (0:1): processing NONCE payload. message ID = 0
CryptoEngine0: calculate pkey hmac for conn id 0
CryptoEngine0: create ISAKMP SKEYID for conn id 1
ISAKMP (0:1): SKEYID state generated
ISAKMP (1): processing CERT_REQ payload. message ID = 0
ISAKMP (1): peer wants a CT_X509_SIGNATURE cert
ISAKMP (1): peer want cert issued by CN = CA FRS-LAB, OU = FRS-LAB, O = Andreas Aurand, C = DE
ISAKMP (0:1): processing vendor id payload
ISAKMP (0:1): speaking to another IOS box!
ISAKMP: Main Mode packet contents (flags 0, len 256):
        KE payload
        NONCE payload
        CERT-REQ payload
        VENDOR payload
ISAKMP (1): sending packet to 172.168.1.2 (R) MM_KEY_EXCH%private key not found for c2503.frs-lab.de
ISAKMP (1): received packet from 172.168.1.2 (R) MM_KEY_EXCH
ISAKMP: Main Mode packet contents (flags 1, len 1380):
        ID payload
        CERT payload
        SIG payload
```

```
ISAKMP (0:1): processing ID payload. message ID = 0
ISAKMP (0:1): processing CERT payload. message ID = 0
ISAKMP (0:1): processing a CT_X509_SIGNATURE cert
CRYPTO_ENGINE: key process suspended and continued
ISAKMP (0:1): cert approved with warning
ISAKMP (0:1): processing SIG payload. message ID = 0
ISAKMP (1): sa->peer.name = , sa->peer_id.id.id_fqdn.fqdn = LAC-c2504.frs-lab.de
Crypto engine 0: RSA decrypt with public key
CryptoEngine0: CRYPTO_RSA_PUB_DECRYPT
CryptoEngine0: generate hmac context for conn id 1
ISAKMP (0:1): SA has been authenticated with 172.168.1.2
ISAKMP (1): ID payload
        next-payload : 6
        type         : 2
        protocol     : 17
        port         : 500
        length       : 20
ISAKMP (1): Total payload length: 24
CryptoEngine0: generate hmac context for conn id 1        Da der Router keinen privaten RSA-
Crypto engine 0: RSA encrypt with private key             Signaturschlüssel findet, kann er den
CryptoEngine0: CRYPTO_RSA_PRIV_ENCRYPT                    Hash Payload nicht signieren.
ISAKMP (0:1): Unable to sign hash (RSA)!
%CRYPTO-6-IKMP_MODE_FAILURE: Processing of Main mode failed with peer at 172.168.1.2
ISAKMP (0:1): deleting SA reason "IKMP_ERR_NO_RETRANS" state (R) MM_KEY_EXCH (peer 172.168.1.2)
iCryptoEngine0: generate hmac context for conn id 1
ISAKMP: Information packet contents (flags 1, len 76):
        HASH payload
        DELETE payload
ISAKMP (1): sending packet to 172.168.1.2 (R) MM_NO_STATE
ISAKMP (0:1): purging node -2085782755
```

13.2.4.2 Pre-shared Keys

debug crypto isakmp
debug crypto isakmp packet
debug crypto ipsec

Auf dem Initiator ist kein Pre-shared Key für den Partner definiert

Initiator C2504#
```
1d03h: IPSEC(sa_request): ,
  (key eng. msg.) src= 172.168.1.2, dest= 172.168.1.1,
    src_proxy= 20.0.0.0/255.0.0.0/0/0 (type=4),
    dest_proxy= 50.104.0.0/255.255.0.0/0/0 (type=4),
    protocol= ESP, transform= esp-des esp-md5-hmac ,
    lifedur= 3600s and 4608000kb,
    spi= 0x82B2584(137045380), conn_id= 0, keysize= 0, flags= 0x4004
1d03h: ISAKMP: received ke message (1/1)
1d03h: ISAKMP: local port 500, remote port 500
1d03h: ISAKMP: No cert, and no keys (public or pre-shared) with remote peer 172.168.1.1
1d03h: ISAKMP (0:1): purging SA.
1d03h: ISAKMP (0:1): purging node 1049604096
```

Auf dem Responder-System ist kein Pre-shared Key für den Partner definiert

Initiator C2504#
```
1d02h: IPSEC(sa_request): ,
  (key eng. msg.) src= 172.168.1.2, dest= 172.168.1.1,
  src_proxy= 20.0.0.0/255.0.0.0/0/0 (type=4),
  dest_proxy= 50.104.0.0/255.255.0.0/0/0 (type=4),
  protocol= ESP, transform= esp-des esp-md5-hmac ,
  lifedur= 3600s and 4608000kb,
  spi= 0x169A1486(379196550), conn_id= 0, keysize= 0, flags= 0x4004
1d02h: ISAKMP: received ke message (1/1)
1d02h: ISAKMP: local port 500, remote port 500
1d02h: ISAKMP (0:2): beginning Main Mode exchange
1d02h: ISAKMP: Main Mode packet contents (flags 0, len 72):
1d02h:         SA payload
1d02h:         PROPOSAL
1d02h:         TRANSFORM
1d02h: ISAKMP (2): sending packet to 172.168.1.1 (I) MM_NO_STATE
1d02h: ISAKMP (2): received packet from 172.168.1.1 (I) MM_NO_STATE
1d02h: ISAKMP: Information packet contents (flags 0, len 84):
1d02h:         NOTIFY payload
1d02h: %CRYPTO-6-IKMP_MODE_FAILURE: Processing of Informational mode failed with peer at
172.168.1.1
```

Responder sendet ein *ISAKMP Informational Packet* mit einer *Notify Payload* an den Initiator zurück.

Responder C2503#
```
1d02h: ISAKMP (0): received packet from 172.168.1.2 (N) NEW SA
1d02h: ISAKMP: Main Mode packet contents (flags 0, len 72):
1d02h:         SA payload
1d02h:         PROPOSAL
1d02h:         TRANSFORM
1d02h: ISAKMP: local port 500, remote port 500
1d02h: ISAKMP (0:2): processing SA payload. message ID = 0
1d02h: ISAKMP (0:2): Checking ISAKMP transform 1 against priority 10 policy
1d02h: ISAKMP:     encryption DES-CBC
1d02h: ISAKMP:     hash MD5
1d02h: ISAKMP:     default group 5
1d02h: ISAKMP:     auth pre-share
1d02h: ISAKMP (0:2): atts are not acceptable. Next payload is 0
1d02h: ISAKMP (0:2): Checking ISAKMP transform 1 against priority 65535 policy
1d02h: ISAKMP:     encryption DES-CBC
1d02h: ISAKMP:     hash MD5
1d02h: ISAKMP:     default group 5
1d02h: ISAKMP:     auth pre-share
1d02h: ISAKMP (0:2): atts are not acceptable. Next payload is 0
1d02h: ISAKMP (0:2): no offers accepted!
1d02h: ISAKMP (0:2): SA not acceptable!
1d02h: ISAKMP (0:2): incrementing error counter on sa: PROPOSAL_NOT_CHOSEN
1d02h: %CRYPTO-6-IKMP_MODE_FAILURE: Processing of Main mode failed with peer at 172.168.1.2
1d02h: ISAKMP: Information packet contents (flags 0, len 84):
1d02h:         NOTIFY payload
1d02h: ISAKMP (2): sending packet to 172.168.1.2 (R) MM_NO_STATE
```

Pre-shared Keys stimmen nicht überein

Falls die Pre-shared Keys auf den Routern unterschiedliche Werte aufweisen, schlägt die Entschlüsselung der letzten beiden Pakete des Main Mode Exchange fehl. Dies liegt daran, dass die Router beim Erzeugen des Verschlüsselungsmaterials SKEYID_e den lokal definierten Pre-shared Key mit einbeziehen.

Initiator C2504#
```
1d02h: IPSEC(sa_request): ,
  (key eng. msg.) src= 172.168.1.2, dest= 172.168.1.1,
    src_proxy= 20.0.0.0/255.0.0.0/0/0 (type=4),
    dest_proxy= 50.104.0.0/255.255.0.0/0/0 (type=4),
    protocol= ESP, transform= esp-des esp-md5-hmac ,
    lifedur= 3600s and 4608000kb,
    spi= 0xF7F1085(259985541), conn_id= 0, keysize= 0, flags= 0x4004
1d02h: ISAKMP: received ke message (1/1)
1d02h: ISAKMP: local port 500, remote port 500
1d02h: ISAKMP (0:1): beginning Main Mode exchange
1d02h: ISAKMP: Main Mode packet contents (flags 0, len 72):
1d02h:         SA payload
1d02h:           PROPOSAL
1d02h:             TRANSFORM
1d02h: ISAKMP (1): sending packet to 172.168.1.1 (I) MM_NO_STATE

1d02h: ISAKMP (1): received packet from 172.168.1.1 (I) MM_NO_STATE
1d02h: ISAKMP: Main Mode packet contents (flags 0, len 72):
1d02h:         SA payload
1d02h:           PROPOSAL
1d02h:             TRANSFORM
1d02h: ISAKMP (0:1): processing SA payload. message ID = 0
1d02h: ISAKMP (0:1): Checking ISAKMP transform 1 against priority 10 policy
1d02h: ISAKMP:       encryption DES-CBC
1d02h: ISAKMP:       hash MD5
1d02h: ISAKMP:       default group 5
1d02h: ISAKMP:       auth pre-share
1d02h: ISAKMP (0:1): atts are acceptable. Next payload is 0
1d02h: ISAKMP (0:1): SA is doing pre-shared key authentication
1d02h: ISAKMP (1): SA is doing pre-shared key authentication using id type ID_IPV4_ADDR

1d02h: ISAKMP: Main Mode packet contents (flags 0, len 268):
1d02h:         KE payload
1d02h:         NONCE payload
1d02h:         VENDOR payload
1d02h: ISAKMP (1): sending packet to 172.168.1.1 (I) MM_SA_SETUP

1d02h: ISAKMP (1): received packet from 172.168.1.1 (I) MM_SA_SETUP
1d02h: ISAKMP: Main Mode packet contents (flags 0, len 268):
1d02h:         KE payload
1d02h:         NONCE payload
1d02h:         VENDOR payload
1d02h: ISAKMP (0:1): processing KE payload. message ID = 0
1d02h: ISAKMP (0:1): processing NONCE payload. message ID = 0
1d02h: ISAKMP (0:1): SKEYID state generated
1d02h: ISAKMP (0:1): processing vendor id payload
1d02h: ISAKMP (0:1): speaking to another IOS box!
1d02h: ISAKMP (1): ID payload
        next-payload : 8
        type         : 1
        protocol     : 17
        port         : 500
        length       : 8
1d02h: ISAKMP (1): Total payload length: 12

1d02h: ISAKMP: Main Mode packet contents (flags 1, len 60):
1d02h:         ID payload
1d02h:         HASH payload
1d02h: ISAKMP (1): sending packet to 172.168.1.1 (I) MM_KEY_EXCH
```

Responder sendet ein *ISAKMP Informational Packet* mit einer *Notify Payload* an den Initiator zurück. Da die Werte für SKEYID_e nicht übereinstimmen, kann der Router die *Notify Payload* nicht entschlüsseln.

1d02h: ISAKMP (1): **received packet from 172.168.1.1** (I) MM_KEY_EXCH
1d02h: ISAKMP: Information packet contents (flags 1, len 116):
1d02h: NOTIFY payload
1d02h: ISAKMP: reserved not zero on payload NOTIFY!
1d02h: **%CRYPTO-4-IKMP_BAD_MESSAGE**: IKE message from 172.168.1.1 failed its sanity check or is malformed
1d02h: ISAKMP (0:1): incrementing error counter on sa: reset_retransmission

Responder C2503#
1d02h: ISAKMP (0): received packet from 172.168.1.2 (N) NEW SA
1d02h: ISAKMP: Main Mode packet contents (flags 0, len 72):
1d02h: SA payload
1d02h: PROPOSAL
1d02h: TRANSFORM
1d02h: ISAKMP: local port 500, remote port 500
1d02h: ISAKMP (0:1): processing SA payload. message ID = 0
1d02h: ISAKMP (0:1): Checking ISAKMP transform 1 against priority 10 policy
1d02h: ISAKMP: encryption DES-CBC
1d02h: ISAKMP: hash MD5
1d02h: ISAKMP: default group 5
1d02h: ISAKMP: auth pre-share
1d02h: ISAKMP (0:1): atts are acceptable. Next payload is 0
1d02h: ISAKMP (0:1): **SA is doing pre-shared key authentication**
1d02h: ISAKMP (1): **SA is doing pre-shared key authentication using id type ID_IPV4_ADDR**

1d02h: ISAKMP: Main Mode packet contents (flags 0, len 72):
1d02h: SA payload
1d02h: PROPOSAL
1d02h: TRANSFORM
1d02h: ISAKMP (1): sending packet to 172.168.1.2 (R) MM_SA_SETUP

1d02h: ISAKMP (1): received packet from 172.168.1.2 (R) MM_SA_SETUP
1d02h: ISAKMP: Main Mode packet contents (flags 0, len 268):
1d02h: KE payload
1d02h: NONCE payload
1d02h: VENDOR payload
1d02h: ISAKMP (0:1): processing KE payload. message ID = 0
1d02h: ISAKMP (0:1): processing NONCE payload. message ID = 0
1d02h: ISAKMP (0:1): SKEYID state generated
1d02h: ISAKMP (0:1): processing vendor id payload
1d02h: ISAKMP (0:1): speaking to another IOS box!

1d02h: ISAKMP: Main Mode packet contents (flags 0, len 268):
1d02h: KE payload
1d02h: NONCE payload
1d02h: VENDOR payload
1d02h: ISAKMP (1): sending packet to 172.168.1.2 (R) MM_KEY_EXCH

1d02h: ISAKMP (1): received packet from 172.168.1.2 (R) MM_KEY_EXCH
1d02h: ISAKMP: Main Mode packet contents (flags 1, len 68):
1d02h: ID payload
1d02h: ISAKMP: reserved not zero on payload ID!
1d02h: **%CRYPTO-4-IKMP_BAD_MESSAGE**: IKE message from 172.168.1.2 failed its sanity check or is malformed
1d02h: ISAKMP (0:1): incrementing error counter on sa: PAYLOAD_MALFORMED

1d02h: ISAKMP: Information packet contents (flags 1, len 108):
1d02h: NOTIFY payload
1d02h: ISAKMP (1): sending packet to 172.168.1.2 (R) MM_KEY_EXCH

13.3 Probleme beim Aufbau der IPSec Security Association

13.3.1 Kein übereinstimmendes Sicherheitsprotokoll (Transform)

In dem nachfolgenden Beispiel verwenden die beiden ISAKMP-Partner unterschiedliche Algorithmen für die ESP-Authentifizierung.

- Definition der »crypto map« auf den ISAKMP-Partnern

    c2504# show crypto ipsec transform-set
    ```
    Transform set ESP: { esp-des esp-md5-hmac }
       will negotiate = { Tunnel, },
    ```

    c2503# show crypto ipsec transform-set
    ```
    Transform set ESP: { esp-des esp-sha-hmac }
       will negotiate = { Tunnel, },
    ```

- Debug-Ausgabe

    # debug crypto isakmp
    # debug crypto isakmp packet
    # debug crypto ipsec

    Initiator C2504#
    ```
    IPSEC(sa_request): ,
      (key eng. msg.) src= 172.168.1.2, dest= 154.76.3.1,
        src_proxy= 20.1.1.0/255.255.255.0/0/0 (type=4),
        dest_proxy= 10.104.0.0/255.255.0.0/0/0 (type=4),
        protocol= ESP, transform= esp-des esp-md5-hmac ,
        lifedur= 3600s and 4608000kb,
        spi= 0x1F261471(522589297), conn_id= 0, keysize= 0, flags= 0x4004
    ... ...
    ISAKMP (0:2): beginning Quick Mode exchange, M-ID of 511558863
    ISAKMP: Quick Mode packet contents (flags 1, len 168):
            HASH payload
            SA payload
              PROPOSAL
                TRANSFORM
            NONCE payload
            ID payload
            ID payload
    ISAKMP (2): sending packet to 154.76.3.1 (I) QM_IDLE
    ISAKMP (2): received packet from 154.76.3.1 (I) QM_IDLE
    ISAKMP: Information packet contents (flags 1, len 132):
            HASH payload
            NOTIFY payload
    ISAKMP (2): processing NOTIFY payload 14 protocol 3
            spi 522589297, message ID = 432323857
    ```

Responder sendet ein *ISAKMP Informational Packet* mit einer *Notify Payload* an den Initiator zurück.

Payload 14 = No Proposal Chosen
Protocol 3 = ESP

Responder C2503#
```
ISAKMP (2): received packet from 172.168.1.2 (R) QM_IDLE
ISAKMP: Quick Mode packet contents (flags 1, len 172):
        HASH payload
        SA payload
          PROPOSAL
            TRANSFORM
        NONCE payload
        ID payload
        ID payload
ISAKMP (0:2): processing SA payload. message ID = -611479829
ISAKMP (0:2): Checking IPSec proposal 1
ISAKMP: transform 1, ESP_DES
ISAKMP:    attributes in transform:
ISAKMP:       encaps is 1
ISAKMP:       SA life type in seconds
ISAKMP:       SA life duration (basic) of 3600
ISAKMP:       SA life type in kilobytes
ISAKMP:       SA life duration (VPI) of  0x0 0x46 0x50 0x0
ISAKMP:       authenticator is HMAC-MD5
ISAKMP (0:2): atts are acceptable.
IPSEC(validate_proposal_request): proposal part #1,
  (key eng. msg.) dest= 154.76.3.1, src= 172.168.1.2,
    dest_proxy= 10.104.0.0/255.255.0.0/0/0 (type=4),
    src_proxy= 20.1.1.0/255.255.255.0/0/0 (type=4),
    protocol= ESP, transform= esp-des esp-md5-hmac ,
    lifedur= 0s and 0kb,
    spi= 0x0(0), conn_id= 0, keysize= 0, flags= 0x4
IPSEC(validate_transform_proposal): transform proposal not supported for identity:
    {esp-des esp-md5-hmac }
ISAKMP: IPSec policy invalidated proposal
ISAKMP (0:2): SA not acceptable!
ISAKMP: Information packet contents (flags 1, len 128):
        HASH payload
        NOTIFY payload
ISAKMP (2): sending packet to 172.168.1.2 (R) QM_IDLE
ISAKMP (0:2): purging node 432323857
%CRYPTO-6-IKMP_MODE_FAILURE: Processing of Quick mode failed with peer at 172.168.1.2
ISAKMP (0:2): deleting node 511558863 error FALSE reason "IKMP_NO_ERR_NO_TRANS"
```

13.3.2 Probleme mit dem »set peer«-Eintrag und der ISAKMP-Identität

Partner verwendet die falsche IP-Adresse für die ISAKMP-Identität des lokalen Routers

- »crypto map« des lokalen Routers

    # show crypto map

    Die lokale ISAKMP-Identität des Routers

    ```
    Crypto Map: "SERIAL" idb: Loopback0 local address: 154.76.3.1

    Crypto Map "SERIAL" 10 ipsec-isakmp
        Peer = 172.168.1.2
        Extended IP access list 199
            access-list 199 permit icmp 10.104.0.0 0.0.255.255 20.1.1.0 0.0.0.255
        Current peer: 172.168.1.2
        Security association lifetime: 4608000 kilobytes/3600 seconds
        PFS (Y/N): N
        Transform sets={ ESP, }
    ```

- Debug-Ausgabe des lokalen Routers

    Die beiden Partner bauen zwar noch die ISAKMP Security Association auf, die Abstimmung der *Proposals* für die IPSec Security Association schlägt jedoch fehl. Die gleiche Fehlermeldung erscheint ebenfalls, wenn auf dem Interface der »crypto map«-Befehl fehlt.

    # show crypto isakmp sa
    ```
         dst            src          state       conn-id   slot
    172.168.1.1    172.168.1.2      QM_IDLE         1        0
    ```

    # debug crypto isakmp
    # debug crypto ipsec
    ```
    ISAKMP (0:1): Checking IPSec proposal 1
    ISAKMP: transform 1, ESP_DES
    ISAKMP:   attributes in transform:
    ISAKMP:     encaps is 1
    ISAKMP:     SA life type in seconds
    ISAKMP:     SA life duration (basic) of 3600
    ISAKMP:     SA life type in kilobytes
    ISAKMP:     SA life duration (VPI) of  0x0 0x46 0x50 0x0
    ISAKMP:     authenticator is HMAC-MD5
    IPSEC(validate_proposal): invalid local address 172.168.1.1
    ISAKMP (0:1): atts not acceptable. Next payload is 0
    ```

    Der Partner verwendet die falsche Zieladresse für die ISAKMP-Pakete des Quick Mode Exchange oder es fehlt der »crypto map«-Befehl auf dem Interface.

Für den ISAKMP-Partner existiert kein »set peer«-Eintrag in der »crypto map«

- »crypto map« des lokalen Routers

    # show crypto map
    ```
    Crypto Map: "SERIAL" idb: Loopback0 local address: 154.76.3.1

    Crypto Map "SERIAL" 10 ipsec-isakmp        Die ISAKMP-Adresse
        Peer = 172.168.1.2                     des Partners.
        Extended IP access list 199
            access-list 199 permit icmp 10.104.0.0 0.0.255.255 20.1.1.0 0.0.0.255
        Current peer: 172.168.1.2
        Security association lifetime: 4608000 kilobytes/3600 seconds
        PFS (Y/N): N
        Transform sets={ ESP, }
    ```

- Debug-Ausgabe des lokalen Routers

    Die beiden Partner bauen zwar noch die ISAKMP Security Association auf, die Abstimmung der *Proposal* für die IPSec Security Association schlägt jedoch fehl.

    # show crypto isakmp sa
    ```
         dst          src        state         conn-id    slot
      154.76.3.1    20.1.1.1    QM_IDLE           1         0
    ```

    # debug crypto isakmp
    # debug crypto ipsec
    ```
    ISAKMP (0:1): Checking IPSec proposal 1
    ISAKMP: transform 1, ESP_DES
    ISAKMP:    attributes in transform:
    ISAKMP:       encaps is 1
    ISAKMP:       SA life type in seconds
    ISAKMP:       SA life duration (basic) of 3600
    ISAKMP:       SA life type in kilobytes
    ISAKMP:       SA life duration (VPI) of  0x0 0x46 0x50 0x0
    ISAKMP:       authenticator is HMAC-MD5
    IPSEC(validate_proposal): peer address 20.1.1.1 not found
    ISAKMP (0:1): atts not acceptable. Next payload is 0
    ```

    Der Partner verwendet eine andere ISAKMP-Adresse als in der »crypto map« definiert.

13.3.3 Probleme mit der Access-Liste der Crypto Map

Falls die Access-Liste der »crypto map« auf dem Responder »besser« ist als die von dem Initiator eingetragene *Remote Client Identity*, ist der Router nicht in der Lage, eine IPSec SA aufzubauen. In diesem Beispiel ist die Access-Liste auf dem Router C2503 »besser« als die *Client Identity*, die C2504 verwendet. Dadurch ist es zwar möglich, eine Security Association zwischen C2503 und C2504 aufzubauen, nicht jedoch umgekehrt.

- Definition der »crypto map« auf den ISAKMP-Partnern

    c2504# show crypto map
    ```
    Crypto Map "Intranet" 10 ipsec-isakmp
        Peer = 172.168.1.1
        Extended IP access list Intranet_50_104
            access-list Intranet_50_104 permit ip 20.0.0.0 0.255.255.255 any
        Current peer: 172.168.1.1
        Security association lifetime: 4608000 kilobytes/3600 seconds
        PFS (Y/N): N
        Transform sets={ ESP, }
        Interfaces using crypto map Intranet:
            Serial0
    ```
    Initiator verwendet als *Remote Client Identity* »any«.

    c2503# show crypto map
    ```
    Crypto Map "Intranet" 10 ipsec-isakmp
        Peer = 172.168.1.2
        Extended IP access list Intranet_20
            access-list Intranet_20 permit ip 50.104.0.0 0.0.255.255 20.0.0.0 0.255.255.255
        Current peer: 172.168.1.2
        Security association lifetime: 4608000 kilobytes/1000 seconds
        PFS (Y/N): N
        Transform sets={ ESP, }
        Interfaces using crypto map Intranet:
            Serial0
    ```
    Die Access-Liste auf dem Responder ist »besser« als die *Remote Client Identity* des Initiator.

- Debug-Ausgabe mit C2504 als Initiator und C2503 als Responder

    Initiator C2504#
    ```
    1d06h: ISAKMP (0:1): beginning Quick Mode exchange, M-ID of -2007075356
    1d06h: ISAKMP: Quick Mode packet contents (flags 1, len 164):
    1d06h:          HASH payload
    1d06h:          SA payload
    1d06h:            PROPOSAL
    1d06h:              TRANSFORM
    1d06h:          NONCE payload
    1d06h:          ID payload
    1d06h:          ID payload
    1d06h: ISAKMP (1): sending packet to 172.168.1.1 (I) QM_IDLE
    1d06h: ISAKMP (1): received packet from 172.168.1.1 (I) QM_IDLE
    1d06h: ISAKMP: Information packet contents (flags 1, len 132):
    1d06h:          HASH payload
    1d06h:          NOTIFY payload
    1d06h: ISAKMP (1): processing NOTIFY payload 14 protocol 3
        spi 223550867, message ID = 1799705292
    ```
    Payload 14 = No Proposal Chosen
    Protocol 3 = ESP

Responder C2503#
```
1d06h: ISAKMP (4): received packet from 172.168.1.2 (R) QM_IDLE
1d06h: ISAKMP: Quick Mode packet contents (flags 1, len 172):
1d06h:          HASH payload
1d06h:          SA payload
1d06h:             PROPOSAL
1d06h:               TRANSFORM
1d06h:          NONCE payload
1d06h:          ID payload
1d06h:          ID payload
1d06h: ISAKMP (0:4): processing SA payload. message ID = 651691677
1d06h: ISAKMP (0:4): Checking IPSec proposal 1
1d06h: ISAKMP: transform 1, ESP_DES
1d06h: ISAKMP:   attributes in transform:
1d06h: ISAKMP:     encaps is 1
1d06h: ISAKMP:     SA life type in seconds
1d06h: ISAKMP:     SA life duration (basic) of 3600
1d06h: ISAKMP:     SA life type in kilobytes
1d06h: ISAKMP:     SA life duration (VPI) of  0x0 0x46 0x50 0x0
1d06h: ISAKMP:     authenticator is HMAC-MD5
1d06h: ISAKMP (0:4): atts are acceptable.
1d06h: IPSEC(validate_proposal_request): proposal part #1,
  (key eng. msg.) dest= 172.168.1.1, src= 172.168.1.2,
    dest_proxy= 50.104.0.0/255.255.0.0/0/0 (type=4),
    src_proxy= 20.0.0.0/255.0.0.0/0/0 (type=4),
    protocol= ESP, transform= esp-des esp-md5-hmac ,
    lifedur= 0s and 0kb,
    spi= 0x0(0), conn_id= 0, keysize= 0, flags= 0x4
1d06h: IPSEC(validate_transform_proposal): proxy identities not supported
1d06h: ISAKMP: IPSec policy invalidated proposal
1d06h: ISAKMP (0:4): SA not acceptable!
1d06h: ISAKMP: Information packet contents (flags 1, len 124):
1d06h:          HASH payload
1d06h:          NOTIFY payload
1d06h: ISAKMP (4): sending packet to 172.168.1.2 (R) QM_IDLE
```

- Debug-Ausgabe mit C2503 als Initiator und C2504 als Responder

Initiator C2503#
```
2d01h: ISAKMP: received ke message (1/1)
2d01h: ISAKMP (0:1): sitting IDLE. Starting QM immediately (QM_IDLE    )
2d01h: ISAKMP (0:1): beginning Quick Mode exchange, M-ID of -2043551103
2d01h: ISAKMP (1): sending packet to 172.168.1.2 (I) QM_IDLE
2d01h: ISAKMP (1): received packet from 172.168.1.2 (I) QM_IDLE
2d01h: ISAKMP (0:1): processing SA payload. message ID = -2043551103
2d01h: ISAKMP (0:1): Checking IPSec proposal 1
2d01h: ISAKMP: transform 1, ESP_DES
2d01h: ISAKMP:   attributes in transform:
2d01h: ISAKMP:     encaps is 1
2d01h: ISAKMP:     SA life type in seconds
2d01h: ISAKMP:     SA life duration (basic) of 1000
2d01h: ISAKMP:     SA life type in kilobytes
2d01h: ISAKMP:     SA life duration (VPI) of  0x0 0x46 0x50 0x0
2d01h: ISAKMP:     authenticator is HMAC-MD5
2d01h: ISAKMP (0:1): atts are acceptable.
```

```
2d01h: ISAKMP (0:1): processing NONCE payload. message ID = -2043551103
2d01h: ISAKMP (0:1): processing ID payload. message ID = -2043551103
2d01h: ISAKMP (0:1): processing ID payload. message ID = -2043551103
2d01h: ISAKMP (0:1): Creating IPSec SAs
2d01h:         inbound SA from 172.168.1.2 to 172.168.1.1
                        (proxy 20.0.0.0 to 50.104.0.0)
2d01h:         has spi 147652675 and conn_id 2000 and flags 4
2d01h:         lifetime of 1000 seconds
2d01h:         lifetime of 4608000 kilobytes
2d01h:         outbound SA from 172.168.1.1 to 172.168.1.2
                        (proxy 50.104.0.0 to 20.0.0.0)
2d01h:         has spi 256910277 and conn_id 2001 and flags 4
2d01h:         lifetime of 1000 seconds
2d01h:         lifetime of 4608000 kilobytes
2d01h: ISAKMP (1): sending packet to 172.168.1.2 (I) QM_IDLE
2d01h: ISAKMP (0:1): deleting node -2043551103 error FALSE reason ""
```

Responder C2504#
```
2d01h: ISAKMP (2): received packet from 172.168.1.1 (R) QM_IDLE
2d01h: ISAKMP (0:2): processing SA payload. message ID = -2043551103
2d01h: ISAKMP (0:2): Checking IPSec proposal 1
2d01h: ISAKMP: transform 1, ESP_DES
2d01h: ISAKMP:   attributes in transform:
2d01h: ISAKMP:     encaps is 1
2d01h: ISAKMP:     SA life type in seconds
2d01h: ISAKMP:     SA life duration (basic) of 1000
2d01h: ISAKMP:     SA life type in kilobytes
2d01h: ISAKMP:     SA life duration (VPI) of  0x0 0x46 0x50 0x0
2d01h: ISAKMP:     authenticator is HMAC-MD5
2d01h: ISAKMP (0:2): atts are acceptable.
2d01h: ISAKMP (0:2): processing NONCE payload. message ID = -2043551103
2d01h: ISAKMP (0:2): processing ID payload. message ID = -2043551103
2d01h: ISAKMP (2): ID_IPV4_ADDR_SUBNET src 50.104.0.0/255.255.0.0 prot 0 port 0
2d01h: ISAKMP (0:2): processing ID payload. message ID = -2043551103
2d01h: ISAKMP (2): ID_IPV4_ADDR_SUBNET dst 20.0.0.0/255.0.0.0 prot 0 port 0
2d01h: ISAKMP (0:2): asking for 1 spis from ipsec
2d01h: ISAKMP: received ke message (2/1)
2d01h: ISAKMP (2): sending packet to 172.168.1.1 (R) QM_IDLE
2d01h: ISAKMP (2): received packet from 172.168.1.1 (R) QM_IDLE
2d01h: ISAKMP (0:2): Creating IPSec SAs
2d01h:         inbound SA from 172.168.1.1 to 172.168.1.2
                        (proxy 50.104.0.0 to 20.0.0.0)
2d01h:         has spi 256910277 and conn_id 2000 and flags 4
2d01h:         lifetime of 1000 seconds
2d01h:         lifetime of 4608000 kilobytes
2d01h:         outbound SA from 172.168.1.2 to 172.168.1.1
                        (proxy 20.0.0.0 to 50.104.0.0)
2d01h:         has spi 147652675 and conn_id 2001 and flags 4
2d01h:         lifetime of 1000 seconds
2d01h:         lifetime of 4608000 kilobytes
2d01h: ISAKMP (0:2): deleting node -2043551103 error FALSE reason "quick mode done (await()"
```

- Übersicht über die angelegten IPSec Security Associations

  Falls die *Client Identity*, die der Initiator in die ISAKMP-Nachricht einträgt, besser ist als die lokale Access-Liste, legt der Router einen neuen »IPSec Security Association«-Eintrag mit den entsprechenden *Local* und *Remote Identities* an.

```
c2504# show crypto ipsec sa
interface: Serial0
    Crypto map tag: Intranet, local addr. 172.168.1.2

   local  ident (addr/mask/prot/port): (20.0.0.0/255.0.0.0/0/0)
   remote ident (addr/mask/prot/port): (0.0.0.0/0.0.0.0/0/0)
   current_peer: 172.168.1.1
     PERMIT, flags={origin_is_acl,}
    #pkts encaps: 0, #pkts encrypt: 0, #pkts digest 0
    #pkts decaps: 0, #pkts decrypt: 0, #pkts verify 0
    #pkts compressed: 0, #pkts decompressed: 0
    #pkts not compressed: 0, #pkts compr. failed: 0, #pkts decompress failed: 0
    #send errors 0, #recv errors 0

     local crypto endpt.: 172.168.1.2, remote crypto endpt.: 172.168.1.1
     path mtu 1500, media mtu 1500
     current outbound spi: 0


     ... ...

   local  ident (addr/mask/prot/port): (20.0.0.0/255.0.0.0/0/0)
   remote ident (addr/mask/prot/port): (50.104.0.0/255.255.0.0/0/0)
   current_peer: 172.168.1.1
     PERMIT, flags={}
    #pkts encaps: 19, #pkts encrypt: 19, #pkts digest 19
    #pkts decaps: 19, #pkts decrypt: 19, #pkts verify 19
    #pkts compressed: 0, #pkts decompressed: 0
    #pkts not compressed: 0, #pkts compr. failed: 0, #pkts decompress failed: 0
    #send errors 0, #recv errors 0

     local crypto endpt.: 172.168.1.2, remote crypto endpt.: 172.168.1.1
     path mtu 1500, media mtu 1500
     current outbound spi: 8CD0043

     inbound esp sas:
      spi: 0xF5023C5(256910277)
        transform: esp-des esp-md5-hmac ,
        in use settings ={Tunnel, }
        slot: 0, conn id: 2000, flow_id: 1, crypto map: Intranet
        sa timing: remaining key lifetime (k/sec): (4607998/844)
        IV size: 8 bytes
        replay detection support: Y

     outbound esp sas:
      spi: 0x8CD0043(147652675)
        transform: esp-des esp-md5-hmac ,
        in use settings ={Tunnel, }
        slot: 0, conn id: 2001, flow_id: 2, crypto map: Intranet
        sa timing: remaining key lifetime (k/sec): (4607997/844)
        IV size: 8 bytes
        replay detection support: Y
```

13.4 Probleme bei existierenden IPSec SAs

13.4.1 IPSec SA existiert nur noch auf einem System

In dem folgenden Beispiel wurde zuerst die ISAKMP SA gelöscht.

Initiator C2504# clear crypto isakmp
```
1d05h: ISAKMP (0:1): deleting SA reason "death by tree-walk node" state (I) QM_IDLE
               (peer 172.168.1.1) input queue 0
1d05h: ISAKMP: Information packet contents (flags 1, len 76):
1d05h:          HASH payload
1d05h:          DELETE payload
1d05h: ISAKMP (1): sending packet to 172.168.1.1 (I) MM_NO_STATE
1d05h: ISAKMP (0:1): purging node 2100534095
```

Responder C2503#
```
1d05h: ISAKMP (1): received packet from 172.168.1.2 (R) QM_IDLE
1d05h: ISAKMP: Information packet contents (flags 1, len 81):
1d05h:          HASH payload
1d05h:          DELETE payload
1d05h: ISAKMP (0:1): processing DELETE payload. message ID = 2100534095
1d05h: ISAKMP (0:1): deleting node 2100534095 error FALSE reason "ISAKMP Delete notify (in)"
1d05h: ISAKMP (0:1): deleting SA reason "P1 delete notify (in)" state (R) QM_IDLE
               (peer 172.168.1.2) input queue 0
```

c2504# show crypto isakmp sa
```
    dst            src         state        conn-id   slot
172.168.1.1    172.168.1.2   MM_NO_STATE       1        0   (deleted)
```

Anschließend ist auf dem Router C2503 noch die IPSec Security Association gelöscht worden. Da zu diesem Zeitpunkt keine ISAKMP SA mehr besteht, empfängt der Partner auch keine Informationen, dass die IPSec SA gelöscht wurde. Das heißt, er besitzt weiterhin aktive IPSec SAs und verschlüsselt daher auch die zu sendenden Datenpakete.

c2503# clear crypto sa
```
1d05h: IPSEC(delete_sa): deleting SA,
  (sa) sa_dest= 172.168.1.1, sa_prot= 50,
    sa_spi= 0x8891CC5(143203525),
    sa_trans= esp-des esp-md5-hmac , sa_conn_id= 2000
1d05h: IPSEC(delete_sa): deleting SA,
  (sa) sa_dest= 172.168.1.2, sa_prot= 50,
    sa_spi= 0x161F0A46(371132998),
    sa_trans= esp-des esp-md5-hmac , sa_conn_id= 2001
1d05h: ISAKMP: received ke message (3/1)
1d05h: ISAKMP: ignoring request to send delete notify (no ISAKMP sa) src 172.168.1.1 dst
172.168.1.2 for SPI
```

c2503# show crypto engine connections active
```
  ID Interface      IP-Address     State  Algorithm          Encrypt  Decrypt
   1 <none>         <none>         set    HMAC_MD5+DES_56_CB       0        0
```

c2504# show crypto engine connections active
```
  ID Interface      IP-Address     State  Algorithm          Encrypt  Decrypt
2000 Serial0        172.168.1.2    set    HMAC_MD5+DES_56_CB       0        1
2001 Serial0        172.168.1.2    set    HMAC_MD5+DES_56_CB       1        0
```

C2504 hat noch aktive IPSec SAs.

Kapitel 13 • IPSec-Fehlersuche

c2504# show crypto ipsec sa
```
interface: Serial0
    Crypto map tag: Intranet, local addr. 172.168.1.2

   local  ident (addr/mask/prot/port): (20.0.0.0/255.0.0.0/0/0)
   remote ident (addr/mask/prot/port): (50.104.0.0/255.255.0.0/0/0)
   current_peer: 172.168.1.1
     PERMIT, flags={origin_is_acl,}
    #pkts encaps: 12, #pkts encrypt: 12, #pkts digest 12
    #pkts decaps: 1, #pkts decrypt: 1, #pkts verify 1
    #pkts compressed: 0, #pkts decompressed: 0
    #pkts not compressed: 0, #pkts compr. failed: 0, #pkts decompress failed: 0
    #send errors 1, #recv errors 0

     local crypto endpt.: 172.168.1.2, remote crypto endpt.: 172.168.1.1
     path mtu 1500, media mtu 1500
     current outbound spi: 8891CC5

     inbound esp sas:
      spi: 0x161F0A46(371132998)
        transform: esp-des esp-md5-hmac ,
        in use settings ={Tunnel, }
        slot: 0, conn id: 2000, flow_id: 1, crypto map: Intranet
        sa timing: remaining key lifetime (k/sec): (4607999/374)
        IV size: 8 bytes
        replay detection support: Y

     outbound esp sas:
      spi: 0x8891CC5(143203525)
        transform: esp-des esp-md5-hmac ,
        in use settings ={Tunnel, }
        slot: 0, conn id: 2001, flow_id: 2, crypto map: Intranet
        sa timing: remaining key lifetime (k/sec): (4607998/374)
        IV size: 8 bytes
        replay detection support: Y
```

Sendet C2504 jetzt trotzdem noch verschlüsselte Pakete, erscheint auf C2503 die folgende Fehlermeldung:

```
1d05h: %CRYPTO-4-RECVD_PKT_INV_SPI: decaps: rec'd IPSEC packet has invalid spi for
       destaddr=172.168.1.1, prot=50, spi=0x8891CC5(143203525)
```

13.4.2 Die Datenpakete werden trotz vorhandener SA nicht geschützt

debug ip packet detail
```
IP: s=50.104.7.67 (local), d=50.104.4.1 (Ethernet0), len 162, output crypto map check failed.
    UDP src=1701, dst=1701
```

Das Problem kann evtl. daran liegen, dass innerhalb der »crypto map« unvollständige Einträge existieren. In diesem Fall werden alle Datenpakete, die für diesen oder einen späteren Eintrag gelten, nicht über IPSec geschützt.

show crypto map
```
Crypto Map "Ethernet" 10 ipsec-isakmp
        Peer = 50.104.4.1
        Extended IP access list 100
            access-list 100 deny ip 224.0.0.0 15.255.255.255 any
            access-list 100 dcny ip any 224.0.0.0 15.255.255.255
            access-list 100 deny ip host 255.255.255.255 any
            access-list 100 deny ip any host 255.255.255.255
            access-list 100 deny ip host 50.104.7.255 any
            access-list 100 deny ip any host 50.104.7.255
            access-list 100 permit ip 20.1.1.0 0.0.0.255 50.104.4.0 0.0.3.255
        Current peer: 50.104.4.1
        Security association lifetime: 4608000 kilobytes/3600 seconds
        PFS (Y/N): N
        Transform sets={ ESP, }

Crypto Map "Ethernet" 20 ipsec-isakmp
        WARNING: This crypto map is in an incomplete state!
        (missing peer or access-list definitions)
        Peer = 50.104.4.1
        Extended IP access list ESP-Transport
        Current peer: 50.104.4.1
        Security association lifetime: 4608000 kilobytes/3600 seconds
        PFS (Y/N): N
        Transform sets={ ESP-Transport, }

Crypto Map "Ethernet" 30 ipsec-isakmp
        Peer = 50.104.4.1
        Extended IP access list L2TP
            access-list L2TP permit udp host 50.104.7.67 port = 1701 host 50.104.4.1 port = 1701
        Current peer: 50.104.4.1
        Security association lifetime: 4608000 kilobytes/3600 seconds
        PFS (Y/N): N
        Transform sets={ ESP-Transport, }
        Interfaces using crypto map Ethernet:
        Ethernet0
```

Bei der Konfiguration des entsprechenden »crypto map«-Eintrags bekommt man aber einen Hinweis auf die fehlenden Einträge.

c2503(config)# crypto map Ethernet 20 ipsec-isakmp
```
% NOTE: This crypto map is incomplete.
       Traffic for this or any later crypto maps will be dropped.
       To remedy the situation add a peer and a valid access-list to this crypto map.
```

13.4.3 Die Pakete passen nicht zu der Access-Liste

Daten sind über IPSec geschützt, obwohl lokal nicht gefordert

In diesem Fall ist in der »crypto map« der Schnittstelle festgelegt, dass kein IPSec für die Datenpakete verwendet werden soll, die Pakete sind aber trotzdem über ein IPSec-Sicherheitsprotokoll geschützt.

c2503# show ip access-lists 100
```
Extended IP access list 100
    deny ip 224.0.0.0 15.255.255.255 any
    deny ip any 224.0.0.0 15.255.255.255
    deny ip host 255.255.255.255 any
    deny ip any host 255.255.255.255
    deny ip 50.104.7.0 0.0.0.255 any (44 matches)     IPSec ist für diese
    deny ip any 50.104.7.0 0.0.0.255 (8 matches)      Datenpakete aus-
    permit ip any 50.104.0.0 0.0.255.255              geschaltet.
```

c2503# show logging
```
%CRYPTO-4-RECVD_PKT_INV_IDENTITY_ACL: ipsec check access: identity not allowed by ACL
        (ip) dest_addr= 20.1.1.10, src_addr= 50.104.7.75, prot= 1
```

Daten sind nicht über IPSec geschützt, obwohl lokal gefordert

Der Router empfängt ein normales Datenpaket, in der »crypto map« des Interface ist jedoch festgelegt, dass diese Pakete über IPSec zu schützen sind.

c2503# show ip access-lists 100
```
Extended IP access list 100
    deny ip 224.0.0.0 15.255.255.255 any
    deny ip any 224.0.0.0 15.255.255.255
    deny ip host 255.255.255.255 any
    deny ip any host 255.255.255.255
    deny ip host 50.104.7.255 any (146 matches)
    deny ip any host 50.104.7.255
    permit ip any 50.104.0.0 0.0.255.255 (64 matches)
```

c2503# show logging
```
%CRYPTO-4-RECVD_PKT_NOT_IPSEC: Rec'd packet not an IPSEC packet.
        (ip) dest_addr= 20.1.1.10, src_addr= 50.104.7.75, prot= 6
```

13.4.4 IPSec und Path MTU Discovery

Die *Path MTU* (PMTU) gibt die maximale Größe eines IP-Pakets an, die innerhalb eines bestimmten Pfads ohne Fragmentierung übertragen werden kann. Zur Bestimmung der PMTU setzen die Hosts in IP-Paketen (jedoch meistens auf TCP-Daten beschränkt) das *Don't Fragment Flag* im IP Header (sog. DF-Bit). Falls ein Router ein Paket nicht weiterleiten kann, da die MTU der ausgehenden Schnittstelle zu klein ist, schickt er ein ICMP *Destination Unreachable - Fragmentation Needed and DF Set* an den Sender zurück und trägt die unterstützte MTU in das ICMP-Paket ein. Dieses Verfahren bezeichnet man auch als *Path MTU Discovery* (beschrieben im RFC 1191). In Zusammenhang mit IPSec sind jedoch einige Besonderheiten zu beachten.

Probleme bei existierenden IPSec SAs

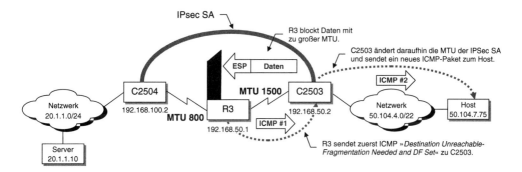

In diesem Beispiel ist die MTU auf der Verbindung zwischen C2503 und R3 auf 1500 und zwischen R3 und C2504 auf 800 gesetzt. Baut der Host 50.104.7.75 eine FTP-Verbindung zum Server 20.1.1.0, geschieht auf den Cisco Routern Folgendes:

1. Da die Daten aus dem Netzwerk 50.104.4.0/22 über eine Tunnel Mode SA zum Router C2504 gesendet werden, setzt C2503 das DF-Bit auch im IP Header des ESP-Pakets.

2. Falls dieses Paket zu groß ist, sendet R3 eine ICMP-Nachricht mit der neuen PMTU 800 an den Router C2503 (die Quelle der ESP-Nachrichten).

3. In dem ICMP-Paket sind zusätzlich zu der neuen PMTU noch der ursprüngliche IP Header plus 8 Byte Daten enthalten. Basierend auf diesen Informationen kann C2503 die *Path MTU* für die zugehörige IPSec SA ändern.

4. Außerdem sendet C2503 eine ICMP-Nachricht mit der neuen PMTU an den Host 50.104.7.75. Um den IPSec Overhead mit einzubeziehen, reduziert der Router die PMTU aber nochmals um 58 auf 742.

Damit dieses Verfahren funktioniert, ist es wichtig, dass ICMP-Pakete nicht innerhalb des Netzwerks geblockt werden. Falls die ICMP-Nachrichten nicht zum Security Gateway gelangen, können zu große IP-Datenpakete innerhalb des Netzwerks nicht weitergeleitet werden und es kommt insbesondere bei TCP-Verbindungen zu Problemen.

- IPSec Security Associations vor dem Ändern der PMTU

```
c2503# show crypto ipsec sa
interface: Serial1
    Crypto map tag: BRI, local addr. 192.168.50.2

   local  ident (addr/mask/prot/port): (50.104.4.0/255.255.252.0/0/0)
   remote ident (addr/mask/prot/port): (20.1.1.0/255.255.255.0/0/0)
   current_peer: 192.168.100.2
     PERMIT, flags={origin_is_acl,}
    #pkts encaps: 52, #pkts encrypt: 52, #pkts digest 52
    #pkts decaps: 44, #pkts decrypt: 44, #pkts verify 44
    #pkts compressed: 0, #pkts decompressed: 0
    #pkts not compressed: 0, #pkts compr. failed: 0, #pkts decompress failed: 0
    #send errors 0, #recv errors 0

     local crypto endpt.: 192.168.50.2, remote crypto endpt.: 192.168.100.2
     path mtu 1500, media mtu 1500
     current outbound spi: FE9086E
```

358 Kapitel 13 • IPSec-Fehlersuche

```
       inbound esp sas:
        spi: 0x872139A(141693850)
          transform: esp-des esp-sha-hmac ,
          in use settings ={Tunnel, }
          slot: 0, conn id: 2000, flow_id: 1, crypto map: BRI
          sa timing: remaining key lifetime (k/sec): (4608000/3509)
          IV size: 8 bytes
          replay detection support: Y

       outbound esp sas:
        spi: 0x19E71DD7(434576855)
          transform: esp-des esp-sha-hmac ,
          in use settings ={Tunnel, }
          slot: 0, conn id: 2001, flow_id: 2, crypto map: BRI
          sa timing: remaining key lifetime (k/sec): (4607999/3509)
          IV size: 8 bytes
          replay detection support: Y
```

- Debug-Ausgabe der ICMP-Pakete

c2503# debug ip icmp
c2503# debug crypto isakmp
c2503# debug crypto ipsec

```
ICMP: dst (192.168.50.2) frag. needed and DF set unreachable rcv from 192.168.50.1
IPSEC(adjust_mtu): adjusting path mtu from 1500 to 800,
  (identity) local= 192.168.50.2, remote= 192.168.100.2,
    local_proxy= 50.104.4.0/255.255.252.0/0/0 (type=4),
    remote_proxy= 20.1.1.0/255.255.255.0/0/0 (type=4)
ICMP: dst (20.1.1.10) frag. needed and DF set unreachable sent to 50.104.7.75
```

- Zugehöriger Netzwerk-Trace

```
IP: - - - - - Internet protocol (IP) - - - - -
IP:
IP: Protocol Type            = 1 (ICMP)          Erstes ICMP-Paket von R3
IP: Source Address           = 192.168.50.1      nach C2503
IP: Destination Address      = 192.168.50.2
IP:
ICMP: - - - - - Internet Control Message Protocol (ICMP) - - - - -
ICMP:
ICMP: Message Type            = 3 (DestUnreachable)
ICMP: Message Code            = 4 (FragmentationNeeded)   Original Source Address = 192.168.5
ICMP: Checksum                = 49675                     Original Dest. Address  = 192.168.1
ICMP: Next Hop MTU            = 800                       IP Protocol             = 50 (ESP)
ICMP: IP Header and 8 Byte Data
         = 45 00 03 58 00 B4 40 00 FE 32 1A 6B C0 A8 32 02 C0 A8 64 02
         = 19 E7 1D D7 00 00 00 12

              Security Parameter Index (SPI)   = 0x19E71DD7
              Sequence Number                  = 0x00000012
```

```
IP: - - - - - Internet protocol (IP) - - - - -
IP:
IP: Protocol Type              = 1 (ICMP)          Zweites ICMP-Paket von C2503
IP: Source Address             = 50.104.7.67       zum Host 50.104.7.75.
IP: Destination Address        = 50.104.7.75
IP:
ICMP: - - - - - Internet Control Message Protocol (ICMP) - - - - -
ICMP:
ICMP: Message Type             = 3 (DestUnreachable)
ICMP: Message Code             = 4 (FragmentationNeeded)
ICMP: Checksum                 = 34284             Original Source Address = 50.104.7.75
ICMP: Next Hop MTU             = 742               Original Dest. Address  = 20.1.1.10
ICMP: IP Header and 8 Byte Data                    IP Protocol             = 06 (TCP)
      = 45 00 03 20 7B A0 40 00 7E 06 51 1D 32 68 07 4B 14 01 01 0A
      = 05 46 00 14 01 46 6D 89

          TCP Source Port    = 0x0546
          TCP Dest. Port     = 0x0014 (FTP Data Channel)
          Sequence Number    = 0x01466D89
```

- IPSec Security Associations nach dem Ändern der PMTU

c2503# show crypto ipsec sa
```
interface: Serial1
  Crypto map tag: BRI, local addr. 192.168.50.2

  local  ident (addr/mask/prot/port): (50.104.4.0/255.255.252.0/0/0)
  remote ident (addr/mask/prot/port): (20.1.1.0/255.255.255.0/0/0)
  current_peer: 192.168.100.2
    PERMIT, flags={origin_is_acl,}
   #pkts encaps: 219, #pkts encrypt: 219, #pkts digest 219
   #pkts decaps: 149, #pkts decrypt: 149, #pkts verify 149
   #pkts compressed: 0, #pkts decompressed: 0
   #pkts not compressed: 0, #pkts compr. failed: 0, #pkts decompress failed: 0
   #send errors 0, #recv errors 0

    local crypto endpt.: 192.168.50.2, remote crypto endpt.: 192.168.100.2
    path mtu 800, media mtu 1500                   Der Router hat die PMTU für diese IPSec SA
    current outbound spi: 67E15D2                  angepasst, die MTU der seriellen
                                                   Schnittstelle wird dabei nicht verändert.
     inbound esp sas:
      spi: 0x872139A(141693850)
        transform: esp-des esp-sha-hmac ,
        in use settings ={Tunnel, }
        slot: 0, conn id: 2000, flow_id: 1, crypto map: BRI
        sa timing: remaining key lifetime (k/sec): (4608000/3509)
        IV size: 8 bytes
        replay detection support: Y

     outbound esp sas:
      spi: 0x19E71DD7(434576855)
        transform: esp-des esp-sha-hmac ,
        in use settings ={Tunnel, }
        slot: 0, conn id: 2001, flow_id: 2, crypto map: BRI
        sa timing: remaining key lifetime (k/sec): (4607999/3509)
        IV size: 8 bytes
        replay detection support: Y
```

Teil 4

Windows 2000 und IPSec

Kapitel 14

IPSec-Konfiguration unter Windows 2000

Unter Windows 2000 erfolgt die IPSec-Konfiguration über die Definition von entsprechenden IP-Sicherheitsrichtlinien (*IP Security Policies*). Windows 2000 verwendet IPSec automatisch zum Schutz von Datenpaketen, die über eine L2TP-Verbindung übertragen werden, ohne dass dazu eine manuelle Konfiguration notwendig wäre.

Für die Authentifizierung über RSA-Signaturen sind so genannte Computer-Zertifikate (*Machine Certificate*) notwendig. Diese X.509v3-Zertifikate werden vom PC im Zertifikatsspeicher *Eigene Zertifikate* (*Personal Certificate Store*) des lokalen Computer-Accounts (*Zertifikate (Lokaler Computer)*) abgelegt.

14.1 Computer-Zertifikate für die Authentifizierung über RSA-Signaturen anfordern

Je nachdem, welche Art von Zertifizierungsstelle der Client benutzt, erfolgt die Anforderung des benötigten lokalen Computer-Zertifikats auf unterschiedliche Art und Weise.

- Bei einer **Enterprise CA** wird über die MMC Console und den Snap-In für *Zertifikate (Lokaler Computer)* im Verzeichnis *Zertifikate (Lokaler Computer) – Eigene Zertifikate* direkt ein neues Computer-Zertifikat angefordert.

- Bei einer **Standalone CA** muss die Anforderung des Zertifikats über einen Webbrowser (URL: http://server/certsrv) erfolgen.

364 Kapitel 14 • IPSec-Konfiguration unter Windows 2000

Standalone CA

1. Die Anforderung des Computer-Zertifikats geschieht über einen Webbrowser.

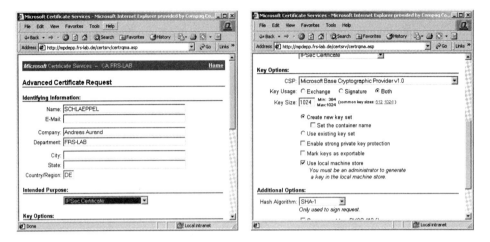

2. Das Zertifikat muss auf dem lokalen Computer installiert und unter *Zertifikate (Lokaler Computer) – Eigene Zertifikate* abgespeichert werden.

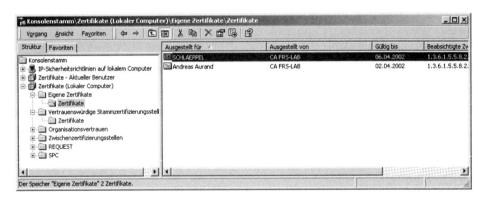

3. Bei der Anzeige des X.509v3-Zertifikats muss die Meldung erscheinen, dass ein privater Schlüssel für dieses Zertifikat existiert. Falls nicht, steht es nicht für die Authentifizierung von IPSec-Verbindungen zur Verfügung.

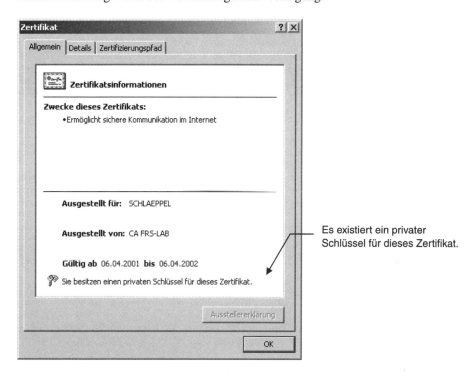

Es existiert ein privater Schlüssel für dieses Zertifikat.

4. Daneben muss die Zertifizierungsstelle, die das lokale Computer-Zertifikat herausgegeben hat, im Verzeichnis *Vertrauenswürdige Stammzertifizierungsstelle* (*Trusted Root CA*) abgespeichert sein.

Enterprise CA

1. Die Enterprise CA muss die *Policy Settings* für *IPSEC* und *IPSEC (Offline Request)* beinhalten.

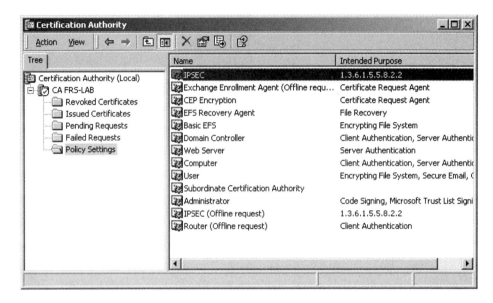

2. Die Online-Anforderung eines Computer-Zertifikats für IPSec erfolgt über das *Action*-Menü.

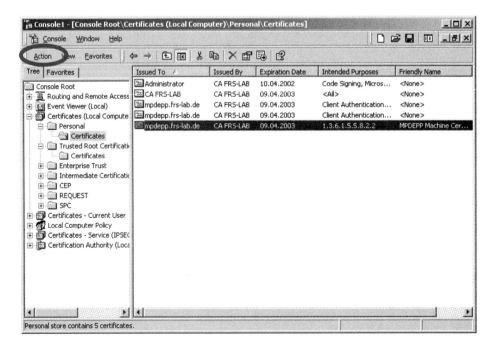

3. Als *Certificate Template* ist IPSEC auszuwählen.

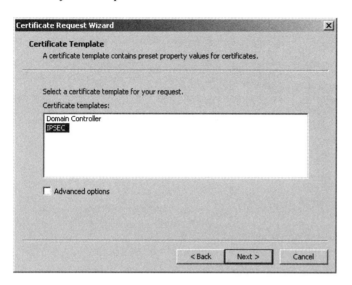

4. Bei der Anzeige des X.509v3-Zertifikats muss auch hier die Meldung erscheinen, dass ein privater Schlüssel für dieses Zertifikat existiert.

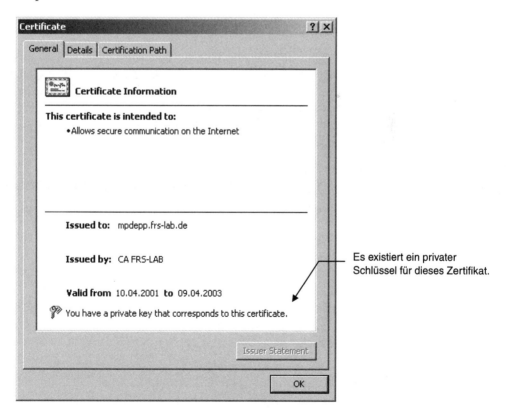

5. Die Offline-Anforderung eines Zertifikats geschieht auch bei einer Enterprise CA über einen Webbrowser.

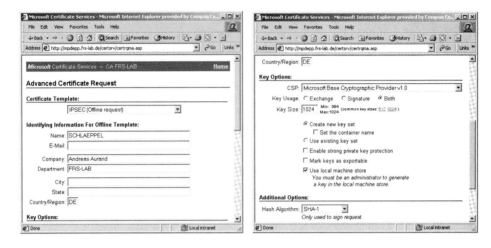

14.2 Window-2000-Besonderheiten

14.2.1 Ausschalten bzw. Ändern der IPSec-Vorgaben für L2TP

Windows 2000 erlaubt normalerweise keine Änderung an den Parametern, die es für die L2TP-Verbindung verwendet. Die einzige Möglichkeit, diese Parameter zu modifizieren, besteht darin, die automatische *IPSec Policy* für L2TP auszuschalten und eine eigene Sicherheitsrichtlinie zu definieren. Dazu ist der folgende *Registry*-Eintrag anzulegen:

HKEY_LOCAL_MACHINE\System\CurrentControlSet\Services\Rasman\Parameters
  Value Name: ProhibitIpSec
  Data Type: REG_DWORD
  Value: 1

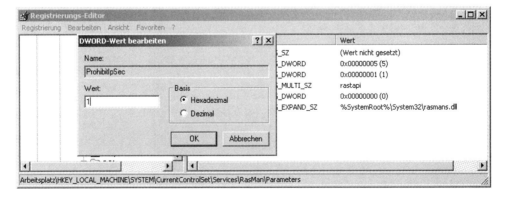

Um die Änderung zu aktivieren, ist zuerst der *IPSec Policy Agent* neu zu starten. Anschließend können dann die eigenen Sicherheitsrichtlinien für L2TP definiert werden.

- Stoppen des Policy Agent

    ```
    C:\> net stop policyagent
    IPSEC-Richtlinienagent wird beendet.
    IPSEC-Richtlinienagent wurde erfolgreich beendet.
    ```

- Starten des Policy Agent

    ```
    C:> net start policyagent
    IPSEC-Richtlinienagent wird gestartet.
    IPSEC-Richtlinienagent wurde erfolgreich gestartet.
    ```

- Anzeigen der neuen IPSec-Sicherheitsrichtlinien

    ```
    C:> netdiag /test:ipsec /debug
    IP Security test . . . . . . . . . . : Passed
        IPSec policy service is active, but no policy is assigned.
        There are 0 filters
    ```

14.2.2 Tunnel Mode Security Association

Windows 2000 unterstützt *Tunnel Mode Security Associations* nur, wenn der Rechner als IP Gateway **zwischen zwei verschiedenen IP-Netzwerken** eingesetzt wird. In diesem Fall müssen beide Tunnel-Endpunkte eine feste IP-Adresse haben und es ist ein Adressen-basierender IPSec-Filter zu verwenden. Wird auf einem normalen PC trotzdem eine Tunnel Mode SA konfiguriert, ist über diese Security Association keine Verbindung möglich und in der Ereignisanzeige erscheint eine Fehlermeldung.

- Fehlermeldungen in der Ereignisanzeige

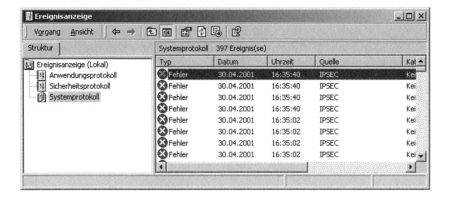

- Weitere Informationen über den Fehler

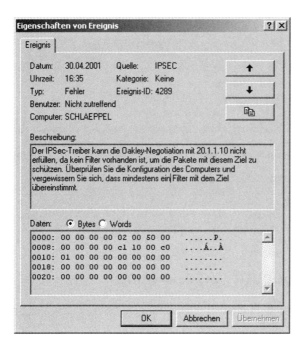

14.3 IPSec Debugging unter Windows 2000

IPSec Debugging einschalten

Um IPSec Debugging einzuschalten, muss man in der Registry den Schlüssel **Oakley** unter HKEY_LOCAL_MACHINE\System\CurrentControlSet\Services\PolicyAgent anlegen, den Wert **EnableLogging** definieren und auf »1« setzen. Anschließend ist ein Neustart des IPSec-Protokolls notwendig.

IPSec Debugging unter Windows 2000

- Definition des Schlüssels

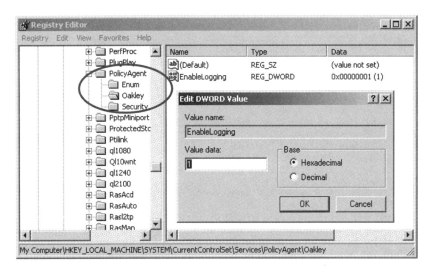

- Neustart des IPSec-Protokolls

  C:\ > net stop policyagent
  C:\ > net start policyagent

IPSec-Debugging-Informationen anzeigen

Die Debugging-Informationen befinden sich unter »\WINnt\Debug\oakley.log«. Die folgenden Einträge enthalten die Informationen, die der PC beim Aufbau eines L2TP-Tunnels in die Log-Datei geschrieben hat.

- Aufbau der ISAKMP SA über einen Main Mode Exchange

```
4-05: 13:10:51:358 Created new SA 23a7e0
4-05: 13:10:51:358 Setting proxy QM types
4-05: 13:10:51:358 Acquire: src = 176.34.23.24.42246, dst = 154.76.3.1.62465, proto = 17,
                   context = 00000000,
                   ProxySrc = 176.34.23.24.a506, ProxyDst = 154.76.3.1.0000
                   SrcMask = 0.0.0.0 DstMask = 0.0.0.0
4-05: 13:10:51:358 constructing ISAKMP Header
4-05: 13:10:51:358 constructing SA (ISAKMP)
4-05: 13:10:51:358 find(isakmp): 48e49ac1-d67b-4664-aa18754f6ec8c045
4-05: 13:10:51:358 Setting group desc
4-05: 13:10:51:358 Setting group desc
4-05: 13:10:51:358 Constructing Vendor
4-05: 13:10:51:358 Throw: State mask=1
4-05: 13:10:51:358 Added Timeout 8c9d8
4-05: 13:10:51:358 Setting Retransmit: sa 23a7e0 handle 8c9d8 context 23cc80
4-05: 13:10:51:358
4-05: 13:10:51:358 Sending: SA = 0x0023A7E0 to 154.76.3.1
4-05: 13:10:52:358 ISAKMP Header: (V1.0), len = 144
4-05: 13:10:52:358   I-COOKIE 8ed5a38e63b0135a
4-05: 13:10:52:358   R-COOKIE 0000000000000000
4-05: 13:10:52:358   exchange: Oakley Main Mode
4-05: 13:10:52:358   flags: 0
```

```
4-05: 13:10:52:358    next payload: SA
4-05: 13:10:52:358    message ID: 00000000
4-05: 13:10:53:358
4-05: 13:10:53:358 Resume: (get) SA = 0x0023a7e0 from 154.76.3.1
4-05: 13:10:53:358 ISAKMP Header: (V1.0), len = 80
4-05: 13:10:53:358    I-COOKIE 8ed5a38e63b0135a
4-05: 13:10:53:358    R-COOKIE 0055fdcd24e8ba2e
4-05: 13:10:53:358    exchange: Oakley Main Mode
4-05: 13:10:53:358    flags: 0
4-05: 13:10:53:358    next payload: SA
4-05: 13:10:53:358    message ID: 00000000
4-05: 13:10:53:358 Stopping RetransTimer sa:0023A7E0 centry:00000000 handle:0008C9D8
4-05: 13:10:53:358 processing payload SA
4-05: 13:10:53:358 Received Phase 1 Transform 1
4-05: 13:10:53:358     Encryption Alg DES CBC(1)
4-05: 13:10:53:358     Hash Alg MD5(1)
4-05: 13:10:53:358     Oakley Group 1
4-05: 13:10:53:358     Auth Method RSA-Signatur mit Zertifikaten(3)
4-05: 13:10:53:358     Life type in Seconds
4-05: 13:10:53:358     Life duration of 28800
4-05: 13:10:53:358 Phase 1 SA accepted: transform=1
4-05: 13:10:53:358 SA - Oakley proposal accepted
4-05: 13:10:53:358 In state OAK_MM_SA_SETUP
4-05: 13:10:53:358 constructing ISAKMP Header
4-05: 13:10:53:358 constructing KE
4-05: 13:10:53:358 constructing NONCE (ISAKMP)
4-05: 13:10:53:358 Throw: State mask=7
4-05: 13:10:53:358
4-05: 13:10:53:358 Sending: SA = 0x0023A7E0 to 154.76.3.1
4-05: 13:10:54:358 ISAKMP Header: (V1.0), len = 152
4-05: 13:10:54:358    I-COOKIE 8ed5a38e63b0135a
4-05: 13:10:54:358    R-COOKIE 0055fdcd24e8ba2e
4-05: 13:10:54:358    exchange: Oakley Main Mode
4-05: 13:10:54:358    flags: 0
4-05: 13:10:54:358    next payload: KE
4-05: 13:10:54:358    message ID: 00000000
4-05: 13:10:56:358
4-05: 13:10:56:358 Resume: (get) SA = 0x0023a7e0 from 154.76.3.1
4-05: 13:10:56:358 ISAKMP Header: (V1.0), len = 238
4-05: 13:10:56:358    I-COOKIE 8ed5a38e63b0135a
4-05: 13:10:56:358    R-COOKIE 0055fdcd24e8ba2e
4-05: 13:10:56:358    exchange: Oakley Main Mode
4-05: 13:10:56:358    flags: 0
4-05: 13:10:56:358    next payload: KE
4-05: 13:10:56:358    message ID: 00000000
4-05: 13:10:56:358 Stopping RetransTimer sa:0023A7E0 centry:00000000 handle:0008C9D8
4-05: 13:10:56:358 processing payload KE
4-05: 13:10:56:358 Generated 96 byte Shared Secret
4-05: 13:10:56:358 KE processed; DH shared secret computed
4-05: 13:10:56:358 processing payload NONCE
4-05: 13:10:56:358 processing payload CR
4-05: 13:10:56:358 Processing Cert request
4-05: 13:10:56:358 processing payload VENDOR ID
4-05: 13:10:56:358 Processing Vendor
4-05: 13:10:56:358 Vendor ID f5925ad024e9ba2e0ecac7da137c1dd4
4-05: 13:10:56:358
4-05: 13:10:56:358 In state OAK_MM_Key_EXCH
4-05: 13:10:56:358 skeyid generated; crypto enabled (initiator)
4-05: 13:10:56:358 constructing ISAKMP Header
4-05: 13:10:56:358 constructing ID
4-05: 13:10:56:358 Cert Trustes.  0 0
```

```
4-05: 13:10:56:358 Key Contained Name
4-05: 13:10:56:358 7d4e8e8547fbffa11b79d64f142aad8d_317457be-a701-49aa-94dd-a4c1d7112e83
4-05: 13:10:56:358 Found try 1
4-05: 13:10:56:358 constructing CERT
4-05: 13:10:56:358 constructing SIG
4-05: 13:10:56:358 Construct SIG
4-05: 13:10:56:358 Hash algo 1
4-05: 13:10:56:358 Initiator ID 0900000030693128302606092a864886
4-05: 13:10:56:358 f70d0109011619616e64726561732e61
4-05: 13:10:56:358 7572616e64406672732d6c61622e6465
4-05: 13:10:56:358 310b3009060355040613024445311730
4-05: 13:10:56:358 15060355040b130e416e647265617320
4-05: 13:10:56:358 417572616e6431173015060355040313
4-05: 13:10:56:358 0e416e647265617320417572616e64
4-05: 13:10:56:358 Trying KE key
4-05: 13:10:56:358 Signature Created Successfully
4-05: 13:10:56:358 Sig LE: 4e6f80fad13bcc3d95f32a458dfba638
4-05: 13:10:56:358 b9c13c156d14c34b2bd97dcc87a4cfdd
4-05: 13:10:56:358 8bdfdf5f8289ddbe43e7180f7bff249e
4-05: 13:10:56:358 b1cdf0c3255156f2bc8d6cd1982efbc8
4-05: 13:10:56:358 1e6750e6da5a14514cbed66e6140c8e8
4-05: 13:10:56:358 238992c50e15a0ce14e42b607fe2b22b
4-05: 13:10:56:358 95494e3b345e49e9509b843cad678736
4-05: 13:10:56:358 4e8cff490128cd8be08a7bd6781c7a79
4-05: 13:10:56:358
4-05: 13:10:56:358 SIG BE: 797a1c78d67b8ae08bcd280149ff8c4e
4-05: 13:10:56:358 368767ad3c849b50e9495e343b4e4995
4-05: 13:10:56:358 2bb2e27f602be414cea0150ec5928923
4-05: 13:10:56:358 e8c840616ed6be4c51145adae650671e
4-05: 13:10:56:358 c8fb2e98d16c8dbcf2565125e3f0edb1
4-05: 13:10:56:358 9e24ff7b0f18e743bedd89825fdfdf8b
4-05: 13:10:56:358 ddcfa487cc7dd92b4bc3146d153cc1b9
4-05: 13:10:56:358 38a6fb8d452af3953dcc3bd1fa806f4e
4-05: 13:10:56:358
4-05: 13:10:56:358 AuthCount 1
4-05: 13:10:56:358 Constructing Cert Request
4-05: 13:10:56:358 Setting CertReq type
4-05: 13:10:56:358 Throw: State mask=111f
4-05: 13:10:56:358 Doing DES
4-05: 13:10:56:358
4-05: 13:10:56:358 **Sending: SA = 0x0023A7E0 to 154.76.3.1**
4-05: 13:10:56:358 ISAKMP Header: (V1.0), len = 1196
4-05: 13:10:56:358    I-COOKIE 8ed5a38e63b0135a
4-05: 13:10:56:358    R-COOKIE 0055fdcd24e8ba2e
4-05: 13:10:56:358    exchange: Oakley Main Mode
4-05: 13:10:56:358    flags: 1 ( encrypted )
4-05: 13:10:56:358    **next payload: ID**
4-05: 13:10:56:358    message ID: 00000000
4-05: 13:10:56:358
4-05: 13:11:01:358 **Resume: (get) SA = 0x0023a7e0 from 154.76.3.1**
4-05: 13:11:01:358 ISAKMP Header: (V1.0), len = 876
4-05: 13:11:01:358    I-COOKIE 8ed5a38e63b0135a
4-05: 13:11:01:358    R-COOKIE 0055fdcd24e8ba2e
4-05: 13:11:01:358    exchange: Oakley Main Mode
4-05: 13:11:01:358    flags: 1 ( encrypted )
4-05: 13:11:01:358    **next payload: ID**
4-05: 13:11:01:358    message ID: 00000000
4-05: 13:11:01:358 Doing DES
4-05: 13:11:01:358 Stopping RetransTimer sa:0023A7E0 centry:00000000 handle:0008C9D8
4-05: 13:11:01:358 processing payload ID
4-05: 13:11:01:358 Process Id
```

```
4-05: 13:11:01:358 processing payload CERT
4-05: 13:11:01:358 Processing Cert
4-05: 13:11:01:358 ProcessingCert
4-05: 13:11:01:358 processing payload SIG
4-05: 13:11:01:358 Process SIG
4-05: 13:11:01:358 Verifying CertStore
4-05: 13:11:01:358 Cert Trustes.  0 0
4-05: 13:11:01:358 No BasicConstraints in cert
4-05: 13:11:01:358 Matched Name in cert LNS-c2503.frs-lab.de
4-05: 13:11:01:358 Cert lifetime in seconds low 31284259, high 0
4-05: 13:11:01:358 Responder ID 021101f44c4e532d63323530332e6672
4-05: 13:11:01:358 732d6c61622e6465
4-05: 13:11:01:358 Sig to Verify 5f270065a26ed21a8616ca69ad0d4eee
4-05: 13:11:01:358 2715dffe2b5d1fe4ce3def18f4892f9f
4-05: 13:11:01:358 d881145ec5481f91426684701e9317b0
4-05: 13:11:01:358 92faaf1a8fb2dfb1ffb063be20a24423
4-05: 13:11:01:358
4-05: 13:11:01:358 Signature validated
4-05: 13:11:01:358 AUTH - Phase I signature authentication accepted
4-05: 13:11:01:358 In state OAK_MM_KEY_AUTH
4-05: 13:11:01:358 Schlüsselaustauschmodus (Hauptmodus)
```

4-05: 13:11:01:358 **Zertifikatsbasierte Identität.**
Antragsteller 4783337, LNS-c2503.frs-lab.de
Ausstellende Zertifizierungsstelle DE, Andreas Aurand, CA FRS-LAB
Stammzertifizierungsstelle DE, Andreas Aurand, CA FRS-LAB
Peer-IP-Adresse: 154.76.3.1

Informationen über das verwendete X.509-Zertifikat des Partners

4-05: 13:11:01:358 **Quell-IP-Adresse 176.34.23.24**
Quell-IP-Adressmaske 255.255.255.255
Ziel-IP-Adresse 154.76.3.1
Ziel-IP-Adressmaske 255.255.255.255
Protokoll 0
Quellport 0
Zielport 0

Informationen über die ISAKMP-Partner

```
4-05: 13:11:01:358 ESP-Algorithmus DES CBC
HMAC-Algorithmus MD5
Gültigkeitsdauer (Sek.) 28800
```

- Aufbau der IPSec SA über einen Quick Mode Exchange

```
4-05: 13:11:01:358 Setting SA timeout: 25860
4-05: 13:11:01:358 Added Timeout f8e80
4-05: 13:11:01:358 Copying temp iv to sa->crypt_iv
4-05: 13:11:01:358 Created new conn entry 239670
4-05: 13:11:01:358 Starting QM with mess ID e05881f1
4-05: 13:11:01:358 find(ipsec): 48e49ac1-d67b-4664-aa18754f6ec8c045
4-05: 13:11:01:358 GetSpi: src = 154.76.3.1.0000, dst = 176.34.23.24.42246, proto = 17,
                   context = 00000000,
                   srcMask = 255.255.255.255, destMask = 255.255.255.255,
```
TunnelFilter 0
```
4-05: 13:11:01:358 Setting SPI  2107514180
4-05: 13:11:01:358 constructing ISAKMP Header
4-05: 13:11:01:358 constructing HASH (null)
4-05: 13:11:01:358 constructing SA (IPSEC)
4-05: 13:11:01:358 constructing NONCE (IPSEC)
4-05: 13:11:01:358 constructing ID (proxy)
4-05: 13:11:01:358 constructing ID (proxy)
4-05: 13:11:01:358 constructing HASH (QM)
4-05: 13:11:01:358 Construct QM Hash mess ID = 4051785952
```

```
4-05: 13:11:01:358 Throw: State mask=30000
4-05: 13:11:01:358 Doing DES
4-05: 13:11:01:358 Added Timeout eaf48
4-05: 13:11:01:358 Setting Retransmit: sa 23a7e0 centry 239670 handle eaf48 context 23fc90
4-05: 13:11:01:358
4-05: 13:11:02:358 **Sending: SA = 0x0023A7E0 to 154.76.3.1**
4-05: 13:11:02:358 ISAKMP Header: (V1.0), len = 1108
4-05: 13:11:02:358    I-COOKIE 8ed5a38e63b0135a
4-05: 13:11:02:358    R-COOKIE 0055fdcd24e8ba2e
4-05: 13:11:02:358    exchange: Oakley Quick Mode
4-05: 13:11:02:358    flags: 1 ( encrypted )
4-05: 13:11:02:358    **next payload: HASH**
4-05: 13:11:02:358    message ID: e05881f1
4-05: 13:11:03:358
4-05: 13:11:03:358 **Resume: (get) SA = 0x0023a7e0 from 154.76.3.1**
4-05: 13:11:03:358 ISAKMP Header: (V1.0), len = 164
4-05: 13:11:03:358    I-COOKIE 8ed5a38e63b0135a
4-05: 13:11:03:358    R-COOKIE 0055fdcd24e8ba2e
4-05: 13:11:03:358    **exchange:** Oakley Quick Mode
4-05: 13:11:03:358    flags: 1 ( cncrypted )
4-05: 13:11:03:358    **next payload: HASH**
4-05: 13:11:03:358    message ID: e05881f1
4-05: 13:11:03:358 Centry 00239670
4-05: 13:11:03:358 Doing DES
4-05: 13:11:03:358 Stopping RetransTimer sa:0023A7E0 centry:00239670 handle:000EAF48
4-05: 13:11:03:358 Received QM with mess ID 3763896817
4-05: 13:11:03:358 processing HASH (QM)
4-05: 13:11:03:358 Verify QM Hash mess ID = 4051785952
4-05: 13:11:03:358 processing payload NONCE
4-05: 13:11:03:358 processing payload ID
4-05: 13:11:03:358 Process Id
4-05: 13:11:03:358 processing payload ID
4-05: 13:11:03:358 Process Id
4-05: 13:11:03:358 processing payload SA
4-05: 13:11:03:358 **Negotiated Proxy ID: Src 176.34.23.24.42246 Dst 154.76.3.1.0**
4-05: 13:11:03:358 Checking Proposal 1: Proto= ESP(3), num trans=1 Next=0
4-05: 13:11:03:358 **Checking Transform # 1:** ID=DES CBC(2)
4-05: 13:11:03:358    tunnel mode is Übertragungsmodus(2)
4-05: 13:11:03:358    SA life type in seconds
4-05: 13:11:03:358    SA life duration 3600
4-05: 13:11:03:358    SA life type in kilobytes
4-05: 13:11:03:358        SA life duration 0003d090
4-05: 13:11:03:358    HMAC algorithm is MD5(1)
4-05: 13:11:03:358 **Phase 2 SA accepted: proposal=1 transform=1**
4-05: 13:11:03:358 Tunnelling: 0
4-05: 13:11:03:358 constructing ISAKMP Header
4-05: 13:11:03:358 constructing HASH (QM)
4-05: 13:11:03:358 Checking nodes
4-05: 13:11:03:358 **Checking node: spi=2107514180 other_spi=484967227 accept=1 num=1**
4-05: 13:11:03:358 Found accepted node
4-05: 13:11:03:358 HMAC Transform 1
4-05: 13:11:03:358 Phase II Hash Length 16
4-05: 13:11:03:358 Hash len 16
4-05: 13:11:03:358 HMAC Transform 1
4-05: 13:11:03:358 Phase II Hash Length 16
4-05: 13:11:03:358 Hash len 16

4-05: 13:11:03:358 **Proxy src addr 181722b0**
4-05: 13:11:03:358 **Proxy src port a506**
4-05: 13:11:03:358 **Proxy dest addr 1034c9a**
4-05: 13:11:03:358 **Proxy dest port 0**
```

```
4-05: 13:11:03:358 src addr 181722b0
4-05: 13:11:03:358 src port a506
4-05: 13:11:03:358 dst addr 1034c9a
4-05: 13:11:03:358 dst port f401
4-05: 13:11:03:358 Hmac algo 1
4-05: 13:11:03:358 Transform 2
4-05: 13:11:03:358 SRC PORT = a506   DST PORT=0
4-05: 13:11:03:358 HMAC algo 1
4-05: 13:11:03:358 ESP Algo 1 ConKeyLen 8 KeyLen 24
4-05: 13:11:03:358 Filter SRC port=a506
4-05: 13:11:03:358 Filter DST port=0
4-05: 13:11:03:358 LifetimeSec 3600
4-05: 13:11:03:358 LifetimeKB 250000
4-05: 13:11:03:358 NotifyLifetimeSec 0
4-05: 13:11:03:358 NotifyLifetimeKB 0
4-05: 13:11:03:358 Add: src = 176.34.23.24.42246, dst = 154.76.3.1.0000, proto = 17,
                  context = 81275EE8, tunnel endpt = 0.0.0.0,
                  SrcMask = 255.255.255.255, DestMask = 255.255.255.255 SPI=484967227
                  LifetimeTime= 3600 LifeTimeBytes= 250000
4-05: 13:11:03:358 Elap time 12 AcquireTime 986469051
4-05: 13:11:03:358 Datenschutzmodus (Schnellmodus)

4-05: 13:11:03:358 Zertifikatsbasierte Identität.
Antragsteller 4783337, LNS-c2503.frs-lab.de
Ausstellende Zertifizierungsstelle DE, Andreas Aurand, CA FRS-LAB
Stammzertifizierungsstelle DE, Andreas Aurand, CA FRS-LAB
Peer-IP-Adresse: 154.76.3.1

4-05: 13:11:03:358 Quell-IP-Adresse 176.34.23.24
Quell-IP-Adressmaske 255.255.255.255          Informationen über die Local
Ziel-IP-Adresse 154.76.3.1                    und Remote Client Identity
Ziel-IP-Adressmaske 255.255.255.255
Protokoll 17
Quellport 1701
Zielport 0


4-05: 13:11:03:358 ESP-Algorithmus DES CBC
HMAC-Algorithmus MD5                          Informationen über die aufgebaute
AH-Algorithmus Kein                           Security Association
Einkapselung Übertragungsmodus
Eingehend Spi 2107514180
Ausgehend Spi 484967227
Gültigkeitsdauer (Sek.) 3600
Gültigkeitsdauer (KB) 250000


4-05: 13:11:03:358 Proxy src addr 181722b0
4-05: 13:11:03:358 Proxy src port a506
4-05: 13:11:03:358 Proxy dest addr 1034c9a
4-05: 13:11:03:358 Proxy dest port 0
4-05: 13:11:03:358 src addr 181722b0
4-05: 13:11:03:358 src port a506
4-05: 13:11:03:358 dst addr 1034c9a
4-05: 13:11:03:358 dst port f401
4-05: 13:11:03:358 Hmac algo 1
4-05: 13:11:03:358 Transform 2
4-05: 13:11:03:358 SRC PORT = 0   DST PORT=a506
4-05: 13:11:03:358 HMAC algo 1
4-05: 13:11:03:358 ESP Algo 1 ConKeyLen 8 KeyLen 24
4-05: 13:11:03:358 Filter SRC port=0
4-05: 13:11:03:358 Filter DST port=a506
4-05: 13:11:03:358 LifetimeSec 3600
```

```
4-05: 13:11:03:358 LifetimeKB 250000
4-05: 13:11:03:358 NotifyLifetimeSec 0
4-05: 13:11:03:358 NotifyLifetimeKB 0
4-05: 13:11:03:358 Update: src = 154.76.3.1.0000, dst = 176.34.23.24.42246, proto = 17,
                   context = 81275EE8, tunnel endpt = 0.0.0.0,
                   SrcMask = 255.255.255.255, DestMask = 255.255.255.255
SPI=2107514180
                   LifetimeTime= 3600 LifeTimeBytes= 250000
4-05: 13:11:03:358 Adding SPI to SA: 2107514180
4-05: 13:11:03:358 Spi flags 2
4-05: 13:11:03:358 isadb_set_status sa:0023A7E0 centry:00239670 status 0
4-05: 13:11:03:358 isadb_set_status InitiateEvent 00000534: Setting Status 0
4-05: 13:11:03:358 Added Timeout 10f560
4-05: 13:11:03:358 In state OAK_QM_IDLE
4-05: 13:11:03:358 Throw: State mask=30080
4-05: 13:11:03:358 Doing DES
4-05: 13:11:03:358
4-05: 13:11:03:358 Sending: SA = 0x0023A7E0 to 154.76.3.1
4-05: 13:11:03:358 ISAKMP Header: (V1.0), len = 52
4-05: 13:11:03:358    I-COOKIE 8ed5a38e63b0135a
4-05: 13:11:03:358    R-COOKIE 0055fdcd24e8ba2e
4-05: 13:11:03:358    exchange: Oakley Quick Mode
4-05: 13:11:03:358    flags: 1 ( encrypted )
4-05: 13:11:03:358    next payload: HASH
4-05: 13:11:03:358    message ID: e05881f1
4-05: 13:11:03:130 CloseNegHandle 00000534
4-05: 13:11:03:130 Cleaning initiate event: centry 00239670 InitiateEvent 00000534
4-05: 13:11:11:230 Interface change event
4-05: 13:11:11:230 RegisterSocket: Socket 1332, Event 528
4-05: 13:11:11:230 Register wait f5820
4-05: 13:11:11:230 Adding socket: 1332 addr: 192.168.52.1
4-05: 13:11:11:230 Referenced Socket 134a8c0
4-05: 13:11:11:230 Referenced Socket 181722b0
4-05: 13:11:24:358 ReapCentry centry 00239670 Tick 1 Status 0 Event 00000000
4-05: 13:12:03:358 Deleting conn entry with message id e05881f1
4-05: 13:12:03:358 CE Dead. sa:0023A7E0 ce:00239670 status:cbad0327
4-05: 13:12:03:358 Cancelling Timer 10f560
4-05: 13:12:09:358 Deleting ConnEntry 00239670
4-05: 13:12:09:358 Cancelling Timeout eaf48
4-05: 13:13:29:1a8 find(ipsec): 12545d66-636c-4a66-bfb2f04e01fb784e
4-05: 13:13:29:1a8 find(ipsec): 48e49ac1-d67b-4664-aa18754f6ec8c045
4-05: 13:13:29:1a8 find(ipsec): 12545d66-636c-4a66-bfb2f04e01fb784e
4-05: 13:13:29:1a8 find(ipsec): 48e49ac1-d67b-4664-aa18754f6ec8c045
4-05: 13:13:29:1a8 find(ipsec): 48e49ac1-d67b-4664-aa18754f6ec8c045
4-05: 13:13:29:1a8 find(ipsec): 48e49ac1-d67b-4664-aa18754f6ec8c045
```

14.4 Beispiel für die manuelle IPSec-Konfiguration unter Windows 2000

In dem folgenden Beispiel soll die Telnet-Verbindung zwischen einem PC und einem Cisco Router über die Sicherheitsprotokolle AH und ESP geschützt werden.

14.4.1 Konfiguration des Cisco Routers

Konfiguration des Routers

```
version 12.1(7)
!
hostname LNS-c2503
!
ip host mpdepp.frs-lab.de 20.1.1.254
ip domain-name frs-lab.de
!
crypto ca identity frs-lab.de
 enrollment mode ra
 enrollment url http://mpdepp.frs-lab.de:80/certsrv/mscep/mscep.dll
 crl optional
crypto ca certificate chain frs-lab.de
 certificate 612B43C500000000001B
  3082041D 308203C7 A0030201 02020A61 2B43C500 00000000 1B300D06 092A8648
  86F70D01 01050500 304D310B 30090603 55040613 02444531 17301506 0355040A
  ... ...
  001B8450 018A8A71 C1FBCB0D 02CC1393 684D7F18 72C343D9 566A95EB 86F6CBD1
  A64BC0A7 E40E9E4D 7B926CA7 E1EBDF75 28162B4D B539144A 5918B495 AB68AB92 79
  quit
 certificate 612B3F6300000000001A
  3082041D 308203C7 A0030201 02020A61 2B3F6300 00000000 1A300D06 092A8648
  86F70D01 01050500 304D310B 30090603 55040613 02444531 17301506 0355040A
  ... ...
  00048718 F66C0016 A5F8E745 D90896B3 10F90555 46167C8D AB61A3D1 519ED356
  AFB23D33 30D3405B 299475B5 5ED60493 8160C312 35D2FE29 B4E897C5 7260DAA5 AD
  quit
 certificate ra-sign 6124F2C1000000000002
  30820504 308204AE A0030201 02020A61 24F2C100 00000000 02300D06 092A8648
  86F70D01 01050500 304D310B 30090603 55040613 02444531 17301506 0355040A
  ... ...
  E30BEABB 286FCBA4 2F816433 4F518ADD AA4E6165 990ACEFA 5043B1B1 42EC2048
  A39FF8C2 724BF727
  quit
 certificate ra-encrypt 6124F79B000000000003
  308204F2 3082049C A0030201 02020A61 24F79B00 00000000 03300D06 092A8648
  86F70D01 01050500 304D310B 30090603 55040613 02444531 17301506 0355040A
  ... ...
  431A07D4 15E62A87 E25D3EBB 6187ED28 3F0C1C24 5057C96E 427A3E30 8E9DDD33
  E6035347 006F86C0 007245CB 36CD148F 89343411 C41C
  quit
 certificate ca 1D34B7A3E70E718F431768F1248E759E
  3082030C 308202B6 A0030201 0202101D 34B7A3E7 0E718F43 1768F124 8E759E30
  0D06092A 864886F7 0D010105 0500304D 310B3009 06035504 06130244 45311730
  ... ...
  F28A1D1E 24861C17 F097B466 6B45645E 1AAA1E08 C70853CE 7E77AD45 17E6DC71
  CC8533FE 2A3AF7AD E6FD7E97 5C1ADF5E
  quit
!
crypto ipsec transform-set AandE ah-sha-hmac esp-des
 mode transport
!
```

```
crypto map Ethernet 20 ipsec-isakmp
  set peer 50.104.4.1
  set peer 50.104.7.75

  set transform-set AandE
  match address TelnetToRouter
!
interface Ethernet0
  ip address 50.104.7.67 255.255.252.0
  crypto map Ethernet
!
ip access-list extended TelnetToRouter
  permit tcp host 50.104.7.67 eq telnet host 50.104.4.1
  permit tcp host 50.104.7.67 eq telnet host 50.104.7.75
!
end
```

Informationen nach dem Aufbau der Security Associations

- Informationen über die ISAKMP Protection Suite

  LNS-c2503# show crypto isakmp policy — Die Protection Suite des PC stimmt in diesem Beispiel mit der *Default protection suite* des Routers überein.

  ```
  Default protection suite
      encryption algorithm:   DES - Data Encryption Standard (56 bit keys).
      hash algorithm:         Secure Hash Standard
      authentication method:  Rivest-Shamir-Adleman Signature
      Diffie-Hellman group:   #1 (768 bit)
      lifetime:               86400 seconds, no volume limit
  ```

- Informationen über die IPSec Protection Suite

  LNS-c2503# show crypto map tag Ethernet
  ```
  Crypto Map "Ethernet" 20 ipsec-isakmp
      Peer = 50.104.4.1
      Peer = 50.104.7.75
      Extended IP access list TelnetToRouter
          access-list TelnetToRouter permit tcp host 50.104.7.67 port = 23 host 50.104.4.1
          access-list TelnetToRouter permit tcp host 50.104.7.67 port = 23 host 50.104.7.75
      Current peer: 50.104.7.75
      Security association lifetime: 4608000 kilobytes/3600 seconds
      PFS (Y/N): N
      Transform sets={ AandE, }
  ```

  LNS-c2503# show crypto ipsec transform-set
  ```
  Transform set AandE: { ah-sha-hmac }
     will negotiate = { Transport, },      Der Schutz der Telnet-Verbindung
     { esp-des }                           erfolgt über das ESP- und AH-Protokoll.
     will negotiate = { Transport, },
  ```

  LNS-c2503# show ip access-lists TelnetToRouter
  ```
  Extended IP access list TelnetToRouter
      permit tcp host 50.104.7.67 eq telnet host 50.104.4.1 (95889 matches)
      permit tcp host 50.104.7.67 eq telnet host 50.104.7.75 (136 matches)
  ```

  LNS-c2503# show crypto engine connections active

ID	Interface	IP-Address	State	Algorithm	Encrypt	Decrypt	
1	<none>	<none>	set	HMAC_SHA+DES_56_CB	0	0	
2000	Ethernet0	50.104.7.67	set	HMAC_SHA	0	20	AH Security Associations
2001	Ethernet0	50.104.7.67	set	HMAC_SHA	18	0	
2002	Ethernet0	50.104.7.67	set	DES_56_CBC	0	20	ESP Security Associations
2003	Ethernet0	50.104.7.67	set	DES_56_CBC	18	0	

380 Kapitel 14 • IPSec-Konfiguration unter Windows 2000

- Informationen über die ISAKMP und IPSec Security Associations

LNS-c2503# show crypto isakmp sa
```
     dst           src          state        conn-id   slot
50.104.7.67   50.104.7.75      QM_IDLE          1       0
```

LNS-c2503# show crypto ipsec sa map Ethernet
```
interface: Ethernet0
    Crypto map tag: Ethernet, local addr. 50.104.7.67
   local  ident (addr/mask/prot/port): (50.104.7.67/255.255.255.255/6/23)
   remote ident (addr/mask/prot/port): (50.104.7.75/255.255.255.255/6/0)
   current_peer: 50.104.7.75
     PERMIT, flags={origin_is_acl,reassembly_needed,transport_parent,ident_port_range,}
    #pkts encaps: 18, #pkts encrypt: 18, #pkts digest 18
    #pkts decaps: 20, #pkts decrypt: 20, #pkts verify 20
    #pkts compressed: 0, #pkts decompressed: 0
    #pkts not compressed: 0, #pkts compr. failed: 0, #pkts decompress failed: 0
    #send errors 0, #recv errors 0

     local crypto endpt.: 50.104.7.67, remote crypto endpt.: 50.104.7.75
     path mtu 1500, media mtu 1500
     current outbound spi: C49DBD42

     inbound esp sas:
      spi: 0xA5F1334(174002996)
        transform: esp-des ,
        in use settings ={Transport, }
        slot: 0, conn id: 2002, flow_id: 1, crypto map: Ethernet
        sa timing: remaining key lifetime (k/sec): (4607997/3455)
        IV size: 8 bytes
        replay detection support: Y

     inbound ah sas:
      spi: 0x9322583(154281347)
        transform: ah-sha-hmac ,
        in use settings ={Transport, }
        slot: 0, conn id: 2000, flow_id: 1, crypto map: Ethernet
        sa timing: remaining key lifetime (k/sec): (4607997/3455)
        replay detection support: Y

     inbound pcp sas:

     outbound esp sas:
      spi: 0xC49DBD42(3298671938)
        transform: esp-des ,
        in use settings ={Transport, }
        slot: 0, conn id: 2003, flow_id: 2, crypto map: Ethernet
        sa timing: remaining key lifetime (k/sec): (4607997/3455)
        IV size: 8 bytes
        replay detection support: Y

     outbound ah sas:
      spi: 0xF85D1F8C(4166852492)
        transform: ah-sha-hmac ,
        in use settings ={Transport, }
        slot: 0, conn id: 2001, flow_id: 2, crypto map: Ethernet
        sa timing: remaining key lifetime (k/sec): (4607997/3455)
        replay detection support: Y

     outbound pcp sas:
```

Debug-Informationen

debug crypto isakmp
debug crypto ipsec

- Main Mode Exchange

```
ISAKMP (0): received packet from 50.104.7.75 (N) NEW SA
ISAKMP: local port 500, remote port 500
ISAKMP (0:1): processing SA payload. message ID = 0
ISAKMP (0:1): Checking ISAKMP transform 1 against priority 65535 policy
ISAKMP:     encryption DES-CBC
ISAKMP:     hash SHA
ISAKMP:     default group 2
ISAKMP:     auth RSA sig
ISAKMP:     life type in seconds
ISAKMP:     life duration (VPI) of  0x0 0x0 0x70 0x80
ISAKMP (0:1): atts are not acceptable. Next payload is 3
ISAKMP (0:1): Checking ISAKMP transform 2 against priority 65535 policy
ISAKMP:     encryption DES-CBC
ISAKMP:     hash MD5
ISAKMP:     default group 2
ISAKMP:     auth RSA sig
ISAKMP:     life type in seconds
ISAKMP:     life duration (VPI) of  0x0 0x0 0x70 0x80
ISAKMP (0:1): atts are not acceptable. Next payload is 3
ISAKMP (0:1): Checking ISAKMP transform 3 against priority 65535 policy
ISAKMP:     encryption DES-CBC
ISAKMP:     hash SHA
ISAKMP:     default group 1
ISAKMP:     auth RSA sig
ISAKMP:     life type in seconds
ISAKMP:     life duration (VPI) of  0x0 0x0 0x70 0x80
ISAKMP (0:1): atts are acceptable. Next payload is 3
ISAKMP (0:1): processing vendor id payload
ISAKMP (1): My ID configured as IPv4 Addr,but Addr not in Cert!
ISAKMP (1): Using FQDN as My ID
ISAKMP (0:1): SA is doing RSA signature authentication
ISAKMP (1): SA is doing RSA signature authentication using id type ID_FQDN
ISAKMP (1): sending packet to 50.104.7.75 (R) MM_SA_SETUP
ISAKMP (0): received packet from 50.104.7.75 (N) NEW SA
ISAKMP: local port 500, remote port 500
ISAKMP (1): received packet from 50.104.7.75 (R) MM_SA_SETUP
ISAKMP (0:1): processing KE payload. message ID = 0
ISAKMP (0:1): processing NONCE payload. message ID = 0
ISAKMP (0:1): SKEYID state generated
ISAKMP (1): sending packet to 50.104.7.75 (R) MM_KEY_EXCH
ISAKMP (1): received packet from 50.104.7.75 (R) MM_KEY_EXCH
ISAKMP (0:1): processing ID payload. message ID = 0
ISAKMP (0:1): processing CERT payload. message ID = 0
ISAKMP (0:1): processing a CT_X509_SIGNATURE cert
ISAKMP (0:1): cert approved with warning
ISAKMP (0:1): processing SIG payload. message ID = 0
ISAKMP (1): processing CERT_REQ payload. message ID = 0
ISAKMP (1): peer wants a CT_X509_SIGNATURE cert
ISAKMP (1): peer want cert issued by CN = CA FRS-LAB, OU = FRS-LAB, O = Andreas Aurand, C = DE
ISAKMP (0:1): SA has been authenticated with 50.104.7.75
ISAKMP (1): ID payload
         next-payload : 6
```

```
            type       : 2
            protocol   : 17
            port       : 500
            length     : 24
ISAKMP (1): Total payload length: 28
ISAKMP (1): sending packet to 50.104.7.75 (R) QM_IDLE
```

- Quick Mode Exchange

```
ISAKMP (1): received packet from 50.104.7.75 (R) QM_IDLE
ISAKMP (0:1): processing SA payload. message ID = -1064278228
ISAKMP (0:1): Checking IPSec proposal 1
ISAKMP: transform 1, AH_SHA
ISAKMP:    attributes in transform:
ISAKMP:       encaps is 2
ISAKMP:       authenticator is HMAC-SHA
ISAKMP (0:1): atts are acceptable.
ISAKMP (0:1): Checking IPSec proposal 1
ISAKMP: transform 1, ESP_DES
ISAKMP:    attributes in transform:
ISAKMP:       encaps is 2
ISAKMP (0:1): atts are acceptable.
IPSEC(validate_proposal_request): proposal part #1,
  (key eng. msg.) dest= 50.104.7.67, src= 50.104.7.75,
    dest_proxy= 50.104.7.67/255.255.255.255/6/23 (type=1),
    src_proxy= 50.104.7.75/255.255.255.255/6/0 (type=1),
    protocol= AH, transform= ah-sha-hmac ,
    lifedur= 0s and 0kb,
    spi= 0x0(0), conn_id= 0, keysize= 0, flags= 0x0
IPSEC(validate_proposal_request): proposal part #2,
  (key eng. msg.) dest= 50.104.7.67, src= 50.104.7.75,
    dest_proxy= 50.104.7.67/255.255.255.255/6/23 (type=1),
    src_proxy= 50.104.7.75/255.255.255.255/6/0 (type=1),
    protocol= ESP, transform= esp-des ,
    lifedur= 0s and 0kb,
    spi= 0x0(0), conn_id= 0, keysize= 0, flags= 0x0
ISAKMP (0:1): processing NONCE payload. message ID = -1064278228
ISAKMP (0:1): processing ID payload. message ID = -1064278228
ISAKMP (1): ID_IPV4_ADDR src 50.104.7.75 prot 6 port 0
ISAKMP (0:1): processing ID payload. message ID = -1064278228
ISAKMP (1): ID_IPV4_ADDR dst 50.104.7.67 prot 6 port 23
ISAKMP (0:1): asking for 2 spis from ipsec
IPSEC(key_engine): got a queue event...
IPSEC(spi_response): getting spi 154281347 for SA
        from 50.104.7.75      to 50.104.7.67      for prot 2
IPSEC(spi_response): getting spi 174002996 for SA
        from 50.104.7.75      to 50.104.7.67      for prot 3
ISAKMP: received ke message (2/2)
ISAKMP (1): sending packet to 50.104.7.75 (R) QM_IDLE
ISAKMP (1): received packet from 50.104.7.75 (R) QM_IDLE
ISAKMP (0:1): Creating IPSec SAs
        inbound SA from 50.104.7.75 to 50.104.7.67  (proxy 50.104.7.75 to 50.104.7.67)
        has spi 154281347 and conn_id 2000 and flags 0
        outbound SA from 50.104.7.67 to 50.104.7.75 (proxy 50.104.7.67 to 50.104.7.75)
        has spi -128114804 and conn_id 2001 and flags 0
```

ISAKMP (0:1): Creating IPSec SAs
    inbound SA from 50.104.7.75 to 50.104.7.67 (proxy 50.104.7.75 to 50.104.7.67)
    has spi 174002996 and conn_id 2002 and flags 0
    outbound SA from 50.104.7.67 to 50.104.7.75 (proxy 50.104.7.67 to 50.104.7.75)
    has spi -996295358 and conn_id 2003 and flags 0
ISAKMP (0:1): deleting node -1064278228 error FALSE reason "quick mode done (await()"
ISAKMP (1): sending packet to 50.104.7.75 (R) QM_IDLE
IPSEC(key_engine): got a queue event...

- Anlegen der Inbound und Outbound Security Associations für AH und ESP

```
IPSEC(initialize_sas): ,
  (key eng. msg.) dest= 50.104.7.67, src= 50.104.7.75,
    dest_proxy= 50.104.7.67/0.0.0.0/6/23 (type=1),
    src_proxy= 50.104.7.75/0.0.0.0/6/0 (type=1),
    protocol= AH, transform= ah-sha-hmac ,
    lifedur= 0s and 0kb,
    spi= 0x9322583(154281347), conn_id= 2000, keysize= 0, flags= 0x0
IPSEC(initialize_sas): ,
  (key eng. msg.) src= 50.104.7.67, dest= 50.104.7.75,
    src_proxy= 50.104.7.67/0.0.0.0/6/23 (type=1),
    dest_proxy= 50.104.7.75/0.0.0.0/6/0 (type=1),
    protocol= AH, transform= ah-sha-hmac ,
    lifedur= 0s and 0kb,
    spi= 0xF85D1F8C(4166852492), conn_id= 2001, keysize= 0, flags= 0x0
IPSEC(initialize_sas): ,
  (key eng. msg.) dest= 50.104.7.67, src= 50.104.7.75,
    dest_proxy= 50.104.7.67/0.0.0.0/6/23 (type=1),
    src_proxy= 50.104.7.75/0.0.0.0/6/0 (type=1),
    protocol= ESP, transform= esp-des ,
    lifedur= 0s and 0kb,
    spi= 0xA5F1334(174002996), conn_id= 2002, keysize= 0, flags= 0x0
IPSEC(initialize_sas): ,
  (key eng. msg.) src= 50.104.7.67, dest= 50.104.7.75,
    src_proxy= 50.104.7.67/0.0.0.0/6/23 (type=1),
    dest_proxy= 50.104.7.75/0.0.0.0/6/0 (type=1),
    protocol= ESP, transform= esp-des ,
    lifedur= 0s and 0kb,
    spi= 0xC49DBD42(3298671938), conn_id= 2003, keysize= 0, flags= 0x0
IPSEC(create_sa): sa created,
  (sa) sa_dest= 50.104.7.67, sa_prot= 51,
    sa_spi= 0x9322583(154281347),
    sa_trans= ah-sha-hmac , sa_conn_id= 2000
IPSEC(create_sa): sa created,
  (sa) sa_dest= 50.104.7.75, sa_prot= 51,
    sa_spi= 0xF85D1F8C(4166852492),
    sa_trans= ah-sha-hmac , sa_conn_id= 2001
IPSEC(create_sa): sa created,
  (sa) sa_dest= 50.104.7.67, sa_prot= 50,
    sa_spi= 0xA5F1334(174002996),
    sa_trans= esp-des , sa_conn_id= 2002
IPSEC(create_sa): sa created,
  (sa) sa_dest= 50.104.7.75, sa_prot= 50,
    sa_spi= 0xC49DBD42(3298671938),
    sa_trans= esp-des , sa_conn_id= 2003
```

14.4.2 Konfiguration des Windows-2000-PC

Konfiguration der IP-Sicherheitsrichtlinie

Die Konfiguration einer neuen IP-Sicherheitsrichtlinie (*IP Security Policy*) erfolgt über Start/Programme/Verwaltung/Lokale Sicherheitsrichtlinie (*Start/Programs/Administrative Tools/Local Security Policy*).

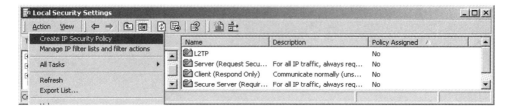

1. Anlegen einer neuen Sicherheitsrichtlinie.

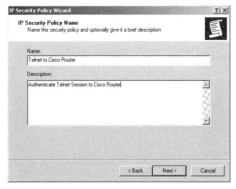
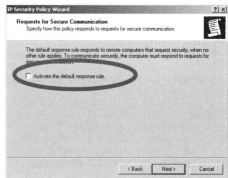

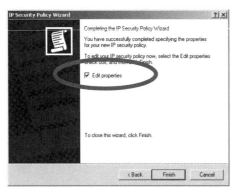

2. Neue **IPSec Protection Suite** konfigurieren (entspricht dem »crypto map«-Kommando).

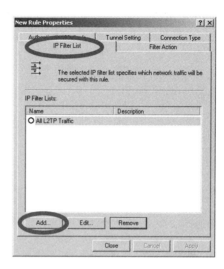

3. Filter für die IPSec Security Association definieren (entspricht der IOS-Access-Liste).

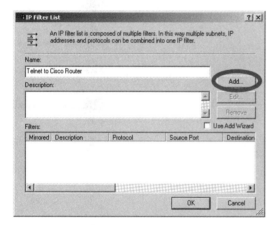

Um Probleme bei der Validierung der Security Association zu vermeiden, muss der Filter spiegelbildlich zu der entsprechenden Access-Liste des Routers angelegt werden.

```
LNS-c2503# show crypto map tag Ethernet
Crypto Map "Ethernet" 20 ipsec-isakmp
        Peer = 50.104.4.1
        Peer = 50.104.7.75
        Extended IP access list TelnetToRouter
            access-list TelnetToRouter permit tcp host 50.104.7.67 port = 23 host 50.104.4.1
            access-list TelnetToRouter permit tcp host 50.104.7.67 port = 23 host 50.104.7.75
        Current peer: 50.104.7.75
        Security association lifetime: 4608000 kilobytes/3600 seconds
        PFS (Y/N): N
        Transform sets={ AandE, }
```

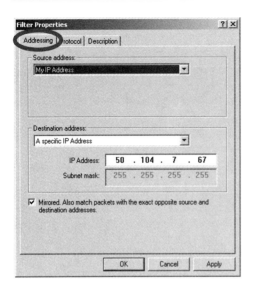
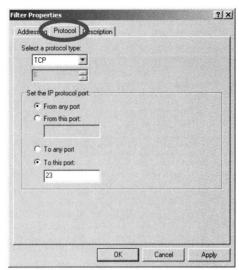

4. Neuen Filter zuweisen (entspricht dem »match address ...«-Kommando).

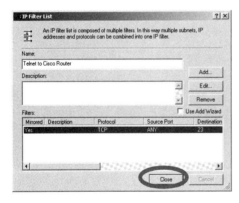
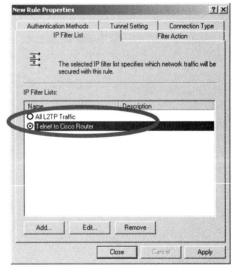

Beispiel für die manuelle IPSec-Konfiguration unter Windows 2000   387

5. Festlegung der Sicherheitsprotokolle.

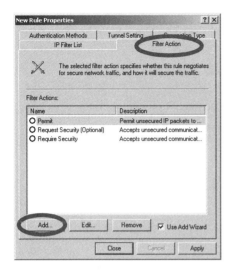
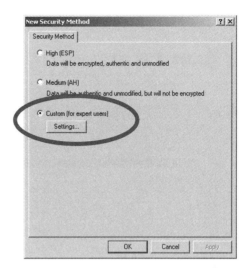

6. Sicherheitsmechanismen festlegen (entspricht dem »crypto ipsec transform-set...«-Kommando).

   Die Sicherheitsmechanismen und -protokolle müssen mit den *Transforms* übereinstimmen, die auf dem Router für diese IPSec-Verbindung definiert sind.

   LNS-c2503# show crypto ipsec transform-set
   ```
   Transform set AandE: { ah-sha-hmac }
      will negotiate = { Transport, },        In diesem Fall muss der Partner gleichzeitig
      { esp-des }                              ESP und AH unterstützen.
      will negotiate = { Transport, },
   ```

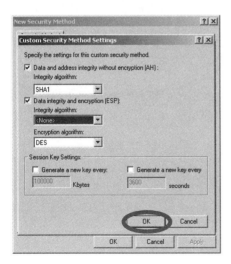
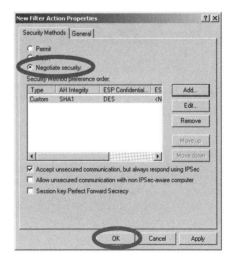

Falls der Partner aus mehreren Sicherheitsmechanismen auswählen soll, kann man in dem Menü *New Filter Action Properties* weitere *Proposals* anlegen.

7. Sicherheitsprotokoll zuweisen (entspricht dem »set transform-set ...«-Kommando).

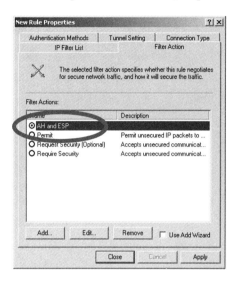

8. Art der **Authentifizierung** festlegen (entspricht dem »authentication«-Eintrag der »crypto isakmp policy«). In diesem Beispiel soll die Authentifizierung des Partners mit Hilfe von RSA-Signaturen erfolgen.

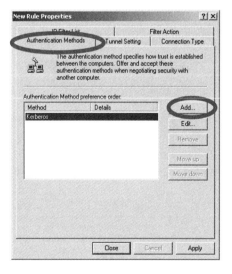
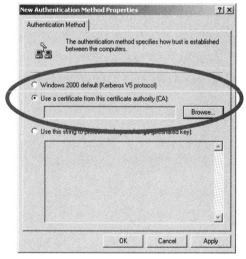

9. Auswahl der Zertifizierungsstelle.

   Bevor eine Authentifizierung über RSA-Signaturen möglich ist, muss der PC zuerst ein Computer-Zertifikat von der Zertifizierungsstelle anfordern (siehe Kapitel 14.1). Diese CA ist dann auch für die Authentifizierung auszuwählen.

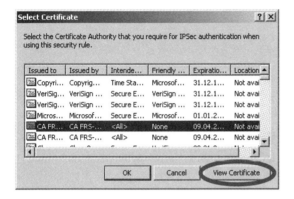

10. Überprüfung des Zertifikats der Zertifizierungsstelle.

    Um eine korrekte Authentifizierung über RSA-Signaturen zu gewährleisten, müssen beide Partner die gleiche Zertifizierungsstelle verwenden.

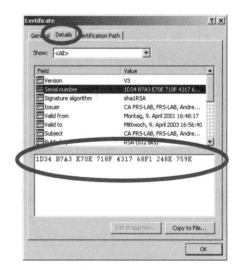

LNS-c2503# show crypto ca certificates
... ...
CA Certificate
  Status: Available
  Certificate Serial Number: 1D34B7A3E70E718F431768F1248E759E
  Key Usage: General Purpose
  Issuer:
    CN = CA FRS-LAB
    OU = FRS-LAB
    O = Andreas Aurand
    C = DE
  Subject Name:
    CN = CA FRS-LAB
    OU = FRS-LAB
    O = Andreas Aurand
    C = DE

11. Authentifizierungsmethode zuweisen.

Da die Cisco Router keine Authentifizierung über Kerberos unterstützen, wurde diese Methode aus der Liste gelöscht.

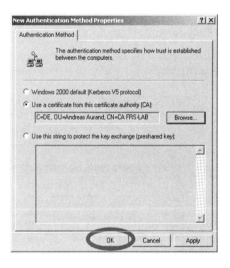 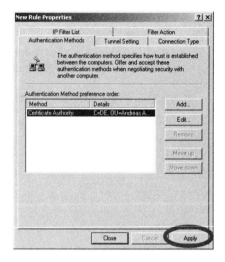

12. *Tunnel Setting* und *Connection Type*

Über die *Tunnel Setting* legt man fest, ob es sich um eine Transport oder um eine Tunnel Mode SA handelt. Bei einer Tunnel Mode SA ist zusätzlich noch die IP-Adresse des Partners anzugeben (entspricht dem »set peer«-Kommando). Bei Transport Mode SAs benutzt der Rechner automatisch die *Destination Address* aus der zugewiesenen Filterliste.

Beispiel für die manuelle IPSec-Konfiguration unter Windows 2000 391

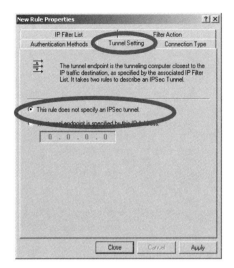
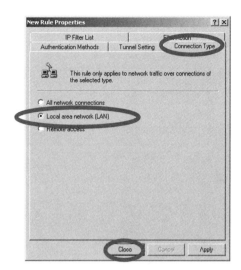

13. Sicherheitsrichtlinie zuweisen.

14. **ISAKMP Protection Suite** festlegen.

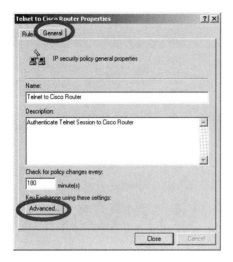 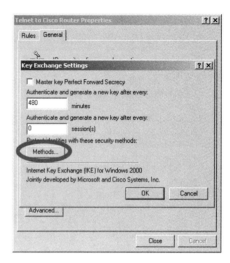

Die definierten *ISAKMP Protection Suites* müssen mit einer *ISAKMP Policy* des Routers übereinstimmen.

Die Protection Suite des PCs stimmt in diesem Beispiel mit der »Default protection suite« des Routers überein.

```
LNS-c2503# show crypto isakmp policy
Default protection suite
        encryption algorithm:   DES - Data Encryption Standard (56 bit keys).
        hash algorithm:  Secure Hash Standard
        authentication method:  Rivest-Shamir-Adleman Signature
        Diffie-Hellman group:   #1 (768 bit)
        lifetime:        86400 seconds, no volume limit
```

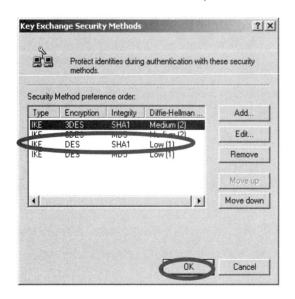

15. Neue **Sicherheitsrichtlinie aktivieren** (entspricht dem »crypto map«-Interface-Kommando).

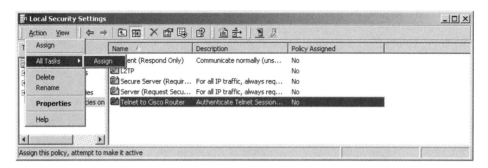

Informationen über die aktiven IP-Sicherheitsrichtlinien anzeigen

Für die Anzeige von Informationen über aktive IP-Sicherheitsrichtlinien kann man das Programm *netdiag* aus den *Windows 2000 Support Tools* verwenden.

C:\> netdiag /test:ipsec /debug
```
IP Security test . . . . . . . . . : Passed
    Local IPSec Policy Active: 'Telnet to Cisco Router'
    IP Security Policy Path: SOFTWARE\Policies\Microsoft\Windows\IPSec\Policy\
                        Local\ipsecPolicy{10CDCFAE-7B80-4F2A-9C45-CE1A35FBA130}
There are 2 filters
No Name
  Filter Id: {9FE5692E-8FD6-4A64-95FF-E77556A78288}
  Policy Id: {E56D86EE-874D-4F3C-8DA6-4FB5CEBBFCD2}
      IPSEC_POLICY PolicyId = {E56D86EE-874D-4F3C-8DA6-4FB5CEBBFCD2}
              Flags: 0x0
              Tunnel Addr: 0.0.0.0
          PHASE 2 OFFERS Count = 1            ┌─ IPsec Protection Suite
              Offer #0:                      ◄┘
          AH[ SHA1 HMAC] AND ESP[ DES NO HMAC]
          Rekey: 0 seconds / 0 bytes.
          AUTHENTICATION INFO Count = 1
                  Method = Cert: C=DE, OU=Andreas Aurand, CN=CA FRS-LAB
  Src Addr   : 50.104.7.75  Src Mask  : 255.255.255.255
  Dest Addr  : 50.104.7.67  Dest Mask : 255.255.255.255
  Tunnel Addr : 0.0.0.0   Src Port : 0        Dest Port : 23
  Protocol : 6   TunnelFilter: No
  Flags : Outbound
No Name - Mirror
  Filter Id: {9FE5692E-8FD6-4A64-95FF-E77556A78288}
  Policy Id: {E56D86EE-874D-4F3C-8DA6-4FB5CEBBFCD2}
  Src Addr   : 50.104.7.67  Src Mask  : 255.255.255.255
  Dest Addr  : 50.104.7.75  Dest Mask : 255.255.255.255
  Tunnel Addr : 0.0.0.0   Src Port : 23       Dest Port : 0
  Protocol : 6   TunnelFilter: No
  Flags : Inbound
```

Informationen über aktive IPSec Security Associations anzeigen

Informationen über aktive IPSec Security Associations können über den IP Security Monitor grafisch angezeigt werden. (*\WINNT\system32\ipsecmon*).

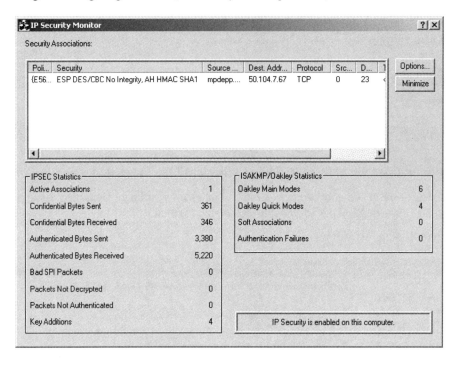

Kapitel 15

L2TP – Layer Two Tunneling Protocol

L2TP (RFC 2661) ist eine Erweiterung des PPP-Modells und erlaubt die Verbindung der beiden Endpunkte eines Links über ein IP-Netzwerk. Das heißt, es besteht keine direkte physikalische Verbindung mehr zwischen den beiden PPP-Endpunkten. Da L2TP als Nutzdaten PPP-Pakete überträgt, ist es unabhängig von einem bestimmten Netzwerkprotokoll. Dadurch ist es möglich, IPX, DECnet oder AppleTalk-Daten mit Hilfe einer L2TP-Verbindung über ein IP-Netzwerk zu tunneln.

- LAC – L2TP Access Concentrator

  Der LAC oder *Network Access Server* (NAS) sitzt zwischen dem Client und dem LNS. Er ist für den Aufbau des L2TP-Tunnels und für die Übertragung der PPP-Pakete zum LNS verantwortlich.

- Client LAC

  Einen Client, der in der Lage ist, selbst einen L2TP-Tunnel aufzubauen, bezeichnet man auch als *Client LAC*. Einen Windows-2000-PC kann man z.B. als Client LAC konfigurieren.

- LNS – L2TP Network Server

  Der LNS oder *Tunnel Server* terminiert den L2TP-Tunnel und stellt gleichzeitig den anderen logischen Endpunkt der PPP-Verbindung dar.

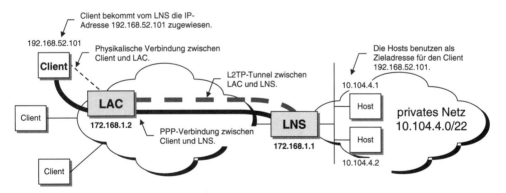

Das Format eines L2TP-Pakets sieht in diesem Fall folgendermaßen aus:

IP Header	UDP Header UDP Port = 1701	L2TP Header	PPP Header	End-to-End (IP) Packet
S: 172.168.1.2 D: 172.168.1.1				S: 192.168.52.101 D: 10.104.4.1

Trace der Datenübertragung über einen L2TP-Tunnel

```
- - - - - - - - - - - - - - - - - - - Frame 1 - - - - - - - - -
Source Address    Dest. Address     Size Rel. Time      Summary
[192.168.52.101]  [10.104.4.1]       114 0:00:00.000    ICMP: Echo

IP: ----- IP Header -----
    IP:
    IP: Version = 4, header length = 20 bytes
    ...   ...
    IP: Time to live      = 128 seconds/hops
    IP: Protocol          = 17 (UDP)
    IP: Header checksum = A4AA (correct)
    IP: Source address       = [172.168.1.2]
    IP: Destination address = [172.168.1.1]
    IP: No options
    IP:
UDP: ----- UDP Header -----
    UDP:
    UDP: Source port       = 1701 (L2TP)
    UDP: Destination port = 1701 (L2TP)
    UDP: Length            = 80
    UDP: Checksum          = 225C (correct)
    UDP: [72 byte(s) of data]
    UDP:
L2TP: ----- L2TP Header -----
    L2TP:
    L2TP: Flags High    = 40
    L2TP:   0... ....  = Data Message
    L2TP:   .1.. ....  = Length field present
    L2TP:   ..0. ....  = Reserved
    L2TP:   ...0 ....  = Reserved
    L2TP:   .... 0...  = Ns/Nr fields NOT present
    L2TP:   .... .0..  = Reserved
    L2TP:   .... ..0.  = Offset Size field NOT present
    L2TP:   .... ...0  = NOT High Priority
    L2TP: Flags Low     = 02
    L2TP:   0... ....  = Reserved
    L2TP:   .0.. ....  = Reserved
    L2TP:   ..0. ....  = Reserved
    L2TP:   ...0 ....  = Reserved
    L2TP:   .... 0...  = Version Bit
    L2TP:   .... .0..  = Version Bit
    L2TP:   .... ..1.  = Version Bit
    L2TP:   .... ...0  = Version Bit
    L2TP: Version         = 2
    L2TP: Length          = 72
    L2TP: Tunnel ID       = 37377
    L2TP: Session ID      = 8
```

```
PPP:    ----- Point-to-Point Protocol -----
        PPP:
        PPP:   Protocol = 0021 (Internet)
        PPP:
IP:     ----- IP Header -----
        IP:
        IP: Version = 4, header length = 20 bytes
        IP: Type of service = 00
        ...    ...
        IP: Time to live    = 128 seconds/hops
        IP: Protocol        = 1 (ICMP)
        IP: Header checksum = 0AE0 (correct)
        IP: Source address      = [192.168.52.101]
        IP: Destination address = [10.104.4.1]
        IP: No options
        IP:
ICMP:   ----- ICMP header -----
        ICMP:
        ICMP: Type = 8 (Echo)
        ICMP: Code = 0
        ICMP: Checksum = 3E5C (correct)
        ICMP: Identifier = 2048
        ICMP: Sequence number = 1792
        ICMP: [32 bytes of data]
        ICMP:
        ICMP: [Normal end of "ICMP header".]

- - - - - - - - - - - - - - - - - - Frame 2 - - - - - - - - - - - - -
Source Address   Dest. Address     Size Rel. Time     Summary
[10.104.4.1]     [192.168.52.101]   114 0:00:00.014   ICMP: Echo reply

IP:     ----- IP Header -----
        IP:
        IP: Version = 4, header length = 20 bytes
        ...    ...
        IP: Time to live    = 255 seconds/hops
        IP: Protocol        = 17 (UDP)
        IP: Header checksum = 15F6 (correct)
        IP: Source address      = [172.168.1.1]
        IP: Destination address = [172.168.1.2]
        IP: No options
        IP:
UDP:    ----- UDP Header -----
        UDP:
        UDP: Source port       = 1701 (L2TP)
        UDP: Destination port  = 1701 (L2TP)
        UDP: Length            = 80
        UDP: No checksum
        UDP: [72 byte(s) of data]
        UDP:
L2TP:   ----- L2TP Header -----
        L2TP:
        L2TP: Flags High = 40
        L2TP:    0... ....  = Data Message
        L2TP:    .1.. ....  = Length field present
        L2TP:    ..0. ....  = Reserved
        L2TP:    ...0 ....  = Reserved
        L2TP:    .... 0...  = Ns/Nr fields NOT present
        L2TP:    .... .0..  = Reserved
        L2TP:    .... ..0.  = Offset Size field NOT present
        L2TP:    .... ...0  = NOT High Priority
```

```
       L2TP: Flags Low     = 02
       L2TP:     0... .... = Reserved
       L2TP:     .0.. .... = Reserved
       L2TP:     ..0. .... = Reserved
       L2TP:     ...0 .... = Reserved
       L2TP:     .... 0... = Version Bit
       L2TP:     .... .0.. = Version Bit
       L2TP:     .... ..1. = Version Bit
       L2TP:     .... ...0 = Version Bit
       L2TP: Version        = 2
       L2TP: Length         = 72
       L2TP: Tunnel ID      = 14928
       L2TP: Session ID     = 11
PPP:   ----- Point-to-Point Protocol -----
       PPP:
       PPP: Protocol = 0021 (Internet)
       PPP:
IP:    ----- IP Header -----
       IP:
       IP: Version = 4, header length = 20 bytes
       ...   ...
       IP: Time to live   = 62 seconds/hops
       IP: Protocol       = 1 (ICMP)
       IP: Header checksum = D24E (correct)
       IP: Source address      = [10.104.4.1]
       IP: Destination address = [192.168.52.101]
       IP: No options
       IP:
ICMP:  ----- ICMP header -----
       ICMP:
       ICMP: Type = 0 (Echo reply)
       ICMP: Code = 0
       ICMP: Checksum = 465C (correct)
       ICMP: Identifier = 2048
       ICMP: Sequence number = 1792
       ICMP: [32 bytes of data]
       ICMP:
       ICMP: [Normal end of "ICMP header".]
```

15.1 L2TP-Verbindung zwischen zwei Routern ohne IPSec

Konfiguration der Cisco Router als LAC bzw. LNS

In diesem Testbeispiel erfolgt die Anbindung des Clients an den LAC über den AUX-Port des Routers und eine Nullmodem-Verbindung.

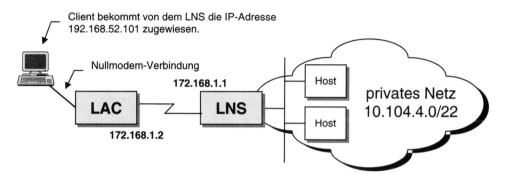

- Konfiguration des LAC

```
version 12.1(7)
!
hostname LAC-c2504
!
ip domain-name pop.de
!
vpdn enable
!
vpdn-group 1
 request-dialin
  protocol l2tp
  domain frs-lab.de
 initiate-to ip 10.104.7.67
 l2tp tunnel password cisco
 source-ip 172.168.1.2
!
chat-script DDC "CLIENT" "CLIENTSERVER"
!
interface Serial0
 ip address 172.168.1.2 255.255.255.252
 encapsulation ppp
!
interface Async1
 no ip address
 encapsulation ppp
 async mode interactive
 no cdp enable
 ppp authentication ms-chap callin
 ppp timeout retry 10
!
line aux 0
 exec-timeout 0 0
 no activation-character
 script activation DDC
 login local
 modem InOut
 transport input all
 autoselect during-login
 autoselect ppp
 stopbits 1
 speed 19200
 flowcontrol hardware
!
end
```

Auswahl des LNS erfolgt über den Domainnamen, den der Client als Benutzernamen angibt.

Da keine direkte PPP-Verbindung zum LAC aufgebaut wird, ist auch keine IP-Konfiguration notwendig.

- Konfiguration des LNS

```
version 12.1(7)
!
hostname LNS-c2503
!
username AAURAND@frs-lab.de password 0 FRS-LAB
!
ip host LAC-c2504 172.168.1.2
ip domain-name frs-lab.de
!
vpdn enable
!
vpdn-group 1
 accept-dialin
  protocol l2tp
  virtual-template 1
 terminate-from hostname LAC-c2504
 l2tp tunnel password cisco
 source-ip 172.168.1.1
!
interface Ethernet0
 ip address 10.104.7.67 255.255.252.0
!
interface Virtual-Template1
 description --- Template fuer L2TP Verbindungen ---
 ip address 192.168.52.1 255.255.255.0
 peer default ip address pool L2TP
 ppp authentication ms-chap
 ppp ipcp dns 20.1.1.10 20.1.1.11
 ppp ipcp wins 20.1.1.10 20.1.1.11
!
interface Serial0
 ip address 172.168.1.1 255.255.255.252
 encapsulation ppp
!
ip local pool L2TP 192.168.52.100 192.168.52.254
end
```

Benutzername und Passwort, die der Client beim Aufbau der PPP-Verbindung angibt.

Tunnel-Passwort muss auf LAC und LNS identisch sein.

Debugging-Informationen beim Aufbau des L2TP-Tunnels

debug ppp negotiation
debug vpdn l2x-events

- LAC-c2504: Aufbau des L2TP-Tunnels

```
As1 LCP: I CONFREQ [Closed] id 3 len 23             Router empfängt über den
As1 LCP:    ACCM 0x00000000 (0x020600000000)        AUX-Port PPP-Pakete.
As1 LCP:    MagicNumber 0x144E5620 (0x0506144E5620)
As1 LCP:    PFC (0x0702)
As1 LCP:    ACFC (0x0802)
As1 LCP:    Callback 6 (0x0D0306)
As1 LCP: Lower layer not up, Fast Starting
As1 PPP: Treating connection as a dedicated line
As1 PPP: Phase is ESTABLISHING, Active Open
As1 LCP: O CONFREQ [Closed] id 47 len 25
As1 LCP:    ACCM 0x000A0000 (0x0206000A0000)
As1 LCP:    AuthProto MS-CHAP (0x0305C22380)
As1 LCP:    MagicNumber 0xOCD9FE73 (0x05060CD9FE73)
As1 LCP:    PFC (0x0702)
As1 LCP:    ACFC (0x0802)
As1 LCP: O CONFREJ [REQsent] id 3 len 7
As1 LCP:    Callback 6 (0x0D0306)
%LINK-3-UPDOWN: Interface Async1, changed state to up
As1 LCP: I CONFACK [REQsent] id 47 len 25
As1 LCP:    ACCM 0x000A0000 (0x0206000A0000)
As1 LCP:    AuthProto MS-CHAP (0x0305C22380)
As1 LCP:    MagicNumber 0xOCD9FE73 (0x05060CD9FE73)
As1 LCP:    PFC (0x0702)
As1 LCP:    ACFC (0x0802)
As1 LCP: I CONFREQ [ACKrcvd] id 4 len 20
As1 LCP:    ACCM 0x00000000 (0x020600000000)
As1 LCP:    MagicNumber 0x144E5620 (0x0506144E5620)
As1 LCP:    PFC (0x0702)
As1 LCP:    ACFC (0x0802)
As1 LCP: O CONFACK [ACKrcvd] id 4 len 20
As1 LCP:    ACCM 0x00000000 (0x020600000000)
As1 LCP:    MagicNumber 0x144E5620 (0x0506144E5620)
As1 LCP:    PFC (0x0702)
As1 LCP:    ACFC (0x0802)
As1 LCP: State is Open
As1 PPP: Phase is AUTHENTICATING, by this end
As1 MS-CHAP: O CHALLENGE id 15 len 22 from "LAC-c2504"
As1 LCP: I IDENTIFY [Open] id 5 len 18 magic 0x144E5620 MSRASV5.00
As1 LCP: I IDENTIFY [Open] id 6 len 26 magic 0x144E5620 MSRAS-1-SCHLAEPPEL
As1 MS-CHAP: I RESPONSE id 15 len 72 from "AAURAND@frs-lab.de"
As1 PPP: Phase is FORWARDING                        Durch den Benutzer-
Tnl 37377 L2TP: SM State idle                       namen des CHAP-
Tnl 37377 L2TP: O SCCRQ                             Response angestoßen,
Tnl 37377 L2TP: Tunnel state change from idle to wait-ctl-reply
Tnl 37377 L2TP: SM State wait-ctl-reply             startet der Router den
Tnl 37377 L2TP: I SCCRP from LNS-c2503              L2TP-Tunnel.
Tnl 37377 L2TP: Got a challenge from remote peer, LNS-c2503
Tnl 37377 L2TP: Got a response from remote peer, LNS-c2503
Tnl 37377 L2TP: Tunnel Authentication success
Tnl 37377 L2TP: Tunnel state change from wait-ctl-reply to established
Tnl 37377 L2TP: O SCCCN  to LNS-c2503 tnlid 14928
```

```
Tnl 37377 L2TP: SM State established
Tnl/Cl 37377/8 L2TP: Session FS enabled
Tnl/Cl 37377/8 L2TP: Session state change from idle to wait-for-tunnel
As1 Tnl/Cl 37377/8 L2TP: Create session
Tnl 37377 L2TP: SM State established
As1 Tnl/Cl 37377/8 L2TP: O ICRQ to LNS-c2503 14928/0
As1 Tnl/Cl 37377/8 L2TP: Session state change from wait-for-tunnel to wait-reply
As1 Tnl/Cl 37377/8 L2TP: O ICCN to LNS-c2503 14928/11
As1 Tnl/Cl 37377/8 L2TP: Session state change from wait-reply to established
%LINEPROTO-5-UPDOWN: Line protocol on Interface Async1, changed state to up
```

L2TP-Verbindung ist aufgebaut.

- **LAC-c2504: Abbau des L2TP-Tunnels**

```
As1 Tnl/Cl 37377/8 L2TP: I CDN from LNS-c2503 tnl 14928, cl 11
As1 Tnl/Cl 37377/8 L2TP: Destroying session
As1 Tnl/Cl 37377/8 L2TP: Session state change from established to idle
As1 Tnl/Cl 37377/8 L2TP: VPDN: Releasing idb for LAC/LNS tunnel 37377/14928 session 8 state idle
Tnl 37377 L2TP: Tunnel state change from established to no-sessions-left
Tnl 37377 L2TP: No more sessions in tunnel, shutdown (likely) in 15 seconds
%LINK-3-UPDOWN: Interface Async1, changed state to down
As1 PPP: Phase is TERMINATING
As1 LCP: State is Closed
As1 PPP: Phase is DOWN
%LINEPROTO-5-UPDOWN: Line protocol on Interface Async1, changed state to down
Tnl 37377 L2TP: I StopCCN from LNS-c2503 tnl 14928
Tnl 37377 L2TP: Shutdown tunnel
Tnl 37377 L2TP: Tunnel state change from no-sessions-left to idle
```

- **LNS-c2503: Aufbau des L2TP-Tunnels**

```
L2TP: I SCCRQ from LAC-c2504 tnl 37377
Tnl 14928 L2TP: Got a challenge in SCCRQ, LAC-c2504
Tnl 14928 L2TP: New tunnel created for remote LAC-c2504, address 172.168.1.2
Tnl 14928 L2TP: O SCCRP  to LAC-c2504 tnlid 37377
Tnl 14928 L2TP: Tunnel state change from idle to wait-ctl-reply
Tnl 14928 L2TP: I SCCCN from LAC-c2504 tnl 37377
Tnl 14928 L2TP: Got a Challenge Response in SCCCN from LAC-c2504
Tnl 14928 L2TP: Tunnel Authentication success
Tnl 14928 L2TP: Tunnel state change from wait-ctl-reply to established
Tnl 14928 L2TP: SM State established
Tnl 14928 L2TP: I ICRQ from LAC-c2504 tnl 37377
Tnl/Cl 14928/11 L2TP: Session FS enabled
Tnl/Cl 14928/11 L2TP: Session state change from idle to wait-connect
Tnl/Cl 14928/11 L2TP: New session created
Tnl/Cl 14928/11 L2TP: O ICRP to LAC-c2504 37377/8
Tnl/Cl 14928/11 L2TP: I ICCN from LAC-c2504 tnl 37377, cl 8
Tnl/Cl 14928/11 L2TP: Session state change from wait-connect to established
Vi1 PPP: Phase is DOWN, Setup
%LINK-3-UPDOWN: Interface Virtual-Access1, changed state to up
Vi1 PPP: Using set call direction
Vi1 PPP: Treating connection as a callin
Vi1 PPP: Phase is ESTABLISHING, Passive Open
Vi1 LCP: State is Listen
Vi1 LCP: I FORCED CONFREQ len 21
Vi1 LCP:    ACCM 0x000A0000 (0x0206000A0000)
Vi1 LCP:    AuthProto MS-CHAP (0x0305C22380)
Vi1 LCP:    MagicNumber 0x0CD9FE73 (0x05060CD9FE73)
Vi1 LCP:    PFC (0x0702)
Vi1 LCP:    ACFC (0x0802)
```

L2TP-Verbindung ist aufgebaut.

```
Vi1 LCP: I FORCED CONFACK len 16
Vi1 LCP:    ACCM 0x00000000 (0x020600000000)
Vi1 LCP:    MagicNumber 0x144E5620 (0x0506144E5620)
Vi1 LCP:    PFC (0x0702)
Vi1 LCP:    ACFC (0x0802)
Vi1 PPP: Phase is AUTHENTICATING, by this end
Vi1 MS-CHAP: O CHALLENGE id 15 len 22 from "LNS-c2503"
Vi1 MS-CHAP: I RESPONSE id 15 len 72 from "AAURAND@frs-lab.de"
Vi1 MS-CHAP: O SUCCESS id 15 len 4
Vi1 PPP: Phase is UP
Vi1 IPCP: O CONFREQ [Closed] id 1 len 10
Vi1 IPCP:    Address 192.168.52.1 (0x0306C0A83401)
Vi1 IPCP: I CONFACK [REQsent] id 1 len 10
Vi1 IPCP:    Address 192.168.52.1 (0x0306C0A83401)
Vi1 CCP: I CONFREQ [Not negotiated] id 7 len 10
Vi1 CCP:    MS-PPC supported bits 0x00000000 (0x120600000000)
Vi1 LCP: O PROTREJ [Open] id 1 len 16 protocol CCP (0x80FD0107000A120600000000)
Vi1 IPCP: I CONFREQ [REQsent] id 8 len 34
Vi1 IPCP:    Address 0.0.0.0 (0x030600000000)
Vi1 IPCP:    PrimaryDNS 0.0.0.0 (0x810600000000)
Vi1 IPCP:    PrimaryWINS 0.0.0.0 (0x820600000000)
Vi1 IPCP:    SecondaryDNS 0.0.0.0 (0x830600000000)
Vi1 IPCP:    SecondaryWINS 0.0.0.0 (0x840600000000)
Vi1 IPCP: Pool returned 192.168.52.101
Vi1 IPCP: O CONFNAK [REQsent] id 8 len 34
Vi1 IPCP:    Address 192.168.52.101 (0x0306C0A83465)
Vi1 IPCP:    PrimaryDNS 20.1.1.10 (0x81061401010A)
Vi1 IPCP:    PrimaryWINS 20.1.1.10 (0x82061401010A)
Vi1 IPCP:    SecondaryDNS 20.1.1.11 (0x83061401010B)
Vi1 IPCP:    SecondaryWINS 20.1.1.11 (0x84061401010B)
Vi1 IPCP: I CONFREQ [ACKrcvd] id 9 len 34
Vi1 IPCP:    Address 192.168.52.101 (0x0306C0A83465)
Vi1 IPCP:    PrimaryDNS 20.1.1.10 (0x81061401010A)
Vi1 IPCP:    PrimaryWINS 20.1.1.10 (0x82061401010A)
Vi1 IPCP:    SecondaryDNS 20.1.1.11 (0x83061401010B)
Vi1 IPCP:    SecondaryWINS 20.1.1.11 (0x84061401010B)
Vi1 IPCP: O CONFACK [ACKrcvd] id 9 len 34
Vi1 IPCP:    Address 192.168.52.101 (0x0306C0A83465)
Vi1 IPCP:    PrimaryDNS 20.1.1.10 (0x81061401010A)
Vi1 IPCP:    PrimaryWINS 20.1.1.10 (0x82061401010A)
Vi1 IPCP:    SecondaryDNS 20.1.1.11 (0x83061401010B)
Vi1 IPCP:    SecondaryWINS 20.1.1.11 (0x84061401010B)
Vi1 IPCP: State is Open
Vi1 IPCP: Install route to 192.168.52.101
%LINEPROTO-5-UPDOWN: Line protocol on Interface Virtual-Access1, changed state to up
Vi1 LCP: TIMEout: State Open
```

Router führt Authentifizierung des Benutzers durch.

Aushandeln der Parameter für das IP-Protokoll

PPP-Verbindung zum Client ist aufgebaut

- LNS-c2503:   Abbau des L2TP-Tunnels

```
Vi1 LCP: I TERMREQ [Open] id 10 len 16 (0x144E5620003CCD7400000000)
Vi1 LCP: O TERMACK [Open] id 10 len 4
Vi1 LCP: TIMEout: State TERMsent
Vi1 LCP: State is Closed
Vi1 IPCP: State is Closed
Vi1 PPP: Phase is DOWN
Vi1 Tnl/Cl 14928/11 L2TP: O CDN to LAC-c2504 37377/8
Vi1 Tnl/Cl 14928/11 L2TP: Destroying session
Vi1 Tnl/Cl 14928/11 L2TP: Session state change from established to idle
Vi1 Tnl/Cl 14928/11 L2TP: VPDN: Releasing idb for LAC/LNS tunnel 14928/37377 session 11 state idle
Tnl 14928 L2TP: Tunnel state change from established to no-sessions-left
Tnl 14928 L2TP: No more sessions in tunnel, shutdown (likely) in 10 seconds
Vi1 PPP: Phase is ESTABLISHING, Passive Open
Vi1 LCP: State is Listen
Vi1 IPCP: Remove route to 192.168.52.101
%LINK-3-UPDOWN: Interface Virtual-Access1, changed state to down
Vi1 LCP: State is Closed
Vi1 PPP: Phase is DOWN
%LINEPROTO-5-UPDOWN: Line protocol on Interface Virtual-Access1, changed state to down
```

Anzeigen von L2TP- und PPP-Informationen

- Informationen des LAC

LAC-c2504# show vpdn

```
L2TP Tunnel and Session Information Total tunnels 1 sessions 1

LocID RemID Remote Name   State  Remote Address  Port  Sessions
37377 14928 LNS-c2503     est    172.168.1.1     1701  1

LocID RemID TunID Intf      Username              State Last Chg Fastswitch
8     11    37377 As1       AAURAND@frs-lab.de    est   00:01:42 enabled

% No active L2F tunnels
```

LAC-c2504# show vpdn tunnel all

```
L2TP Tunnel Information Total tunnels 1 sessions 1

Tunnel id 37377 is up, remote id is 14928, 1 active sessions
  Tunnel state is established, time since change 00:01:48
  Remote tunnel name is LNS-c2503
    Internet Address 172.168.1.1, port 1701
  Local tunnel name is LAC-c2504
    Internet Address 172.168.1.2, port 1701
  49 packets sent, 30 received
  4876 bytes sent, 1506 received
  Control Ns 4, Nr 2
  Local RWS 300 (default), Remote RWS 300 (max)
  Retransmission time 1, max 1 seconds
  Unsent queuesize 0, max 0
  Resend queuesize 0, max 2
  Total resends 0, ZLB ACKs sent 0
  Current nosession queue check 0 of 5
  Retransmit time distribution: 0 0 0 0 0 0 0 0
  Sessions disconnected due to lack of resources 0

% No active L2F tunnels
```

LAC-c2504# show vpdn session all
```
L2TP Session Information Total tunnels 1 sessions 1

Call id 8 is up on tunnel id 37377
Remote tunnel name is LNS-c2503
  Internet Address is 172.168.1.1
  Session username is AAURAND@frs-lab.de, state is established
    Time since change 00:01:55, interface As1
    Remote call id is 11
    Fastswitching is enabled
    50 packets sent, 31 received
    4900 bytes sent, 1530 received
      Sequencing is off

% No active L2F tunnels
```

LAC-c2504# show interfaces async 1
```
Async1 is up, line protocol is up
  Hardware is Async Serial
  MTU 1500 bytes, BW 19 Kbit, DLY 100000 usec,
     reliability 255/255, txload 1/255, rxload 1/255
  Encapsulation PPP, loopback not set
  Keepalive not set
  DTR is pulsed for 5 seconds on reset
  LCP Open
  Last input 00:00:02, output 00:00:02, output hang never
  Last clearing of "show interface" counters 02:31:18
  Input queue: 1/75/0/0 (size/max/drops/flushes); Total output drops: 0
  Queueing strategy: weighted fair
  Output queue: 0/1000/64/0 (size/max total/threshold/drops)
     Conversations  0/2/16 (active/max active/max total)
     Reserved Conversations 0/0 (allocated/max allocated)
  5 minute input rate 0 bits/sec, 0 packets/sec
  5 minute output rate 0 bits/sec, 0 packets/sec
     1109 packets input, 73638 bytes, 0 no buffer
     Received 0 broadcasts, 0 runts, 0 giants, 0 throttles
     84 input errors, 83 CRC, 0 frame, 0 overrun, 0 ignored, 1 abort
     985 packets output, 50325 bytes, 0 underruns
     0 output errors, 0 collisions, 16 interface resets
     0 output buffer failures, 0 output buffers swapped out
     0 carrier transitions
```

Da die PPP-Pakete von dem LNS verarbeitet werden, muss der LAC keine IP-Verbindung zum Client aufbauen.

- Informationen des LNS

LNS-c2503# show vpdn
```
L2TP Tunnel and Session Information Total tunnels 1 sessions 1

LocID RemID Remote Name   State  Remote Address   Port  Sessions
14928 37377 LAC-c2504     est    172.168.1.2      1701  1

LocID RemID TunID Intf    Username              State Last Chg Fastswitch
11    8     14928 Vi1     AAURAND@frs-lab.de    est   00:02:50 enabled

% No active L2F tunnels
```

LNS-c2503# show vpdn tunnel all
```
L2TP Tunnel Information Total tunnels 1 sessions 1

Tunnel id 14928 is up, remote id is 37377, 1 active sessions
  Tunnel state is established, time since change 00:02:56
  Remote tunnel name is LAC-c2504
    Internet Address 172.168.1.2, port 1701
  Local tunnel name is LNS-c2503
    Internet Address 172.168.1.1, port 1701
  51 packets sent, 68 received
  2698 bytes sent, 6340 received
  Control Ns 2, Nr 4
  Local RWS 300 (default), Remote RWS 300 (max)
  Retransmission time 1, max 1 seconds
  Unsent queuesize 0, max 0
  Resend queuesize 0, max 1
  Total resends 0, ZLB ACKs sent 2
  Current nosession queue check 0 of 5
  Retransmit time distribution: 0 0 0 0 0 0 0 0 0
  Sessions disconnected due to lack of resources 0

% No active L2F tunnels
```

LNS-c2503# show vpdn session all
```
L2TP Session Information Total tunnels 1 sessions 1

Call id 11 is up on tunnel id 14928
Remote tunnel name is LAC-c2504
  Internet Address is 172.168.1.2
  Session username is AAURAND@frs-lab.de, state is established
    Time since change 00:03:03, interface Vi1
    Remote call id is 8
    Fastswitching is enabled
    52 packets sent, 69 received
    2722 bytes sent, 6364 received
      Sequencing is off

% No active L2F tunnels
```

LNS-c2503# show interfaces virtual-access 1
```
Virtual-Access1 is up, line protocol is up
  Hardware is Virtual Access interface
  Description: --- Template fuer L2TP Verbindungen ---
  Internet address is 192.168.52.1/24
  MTU 1500 bytes, BW 19 Kbit, DLY 100000 usec,
     reliability 255/255, txload 1/255, rxload 1/255
  Encapsulation PPP, loopback not set
  Keepalive set (10 sec)
  DTR is pulsed for 5 seconds on reset
  LCP Open
  Open: IPCP
  Last input 00:00:08, output never, output hang never
  Last clearing of "show interface" counters 00:04:47
  Input queue: 0/75/0/0 (size/max/drops/flushes); Total output drops: 0
  Queueing strategy: fifo
  Output queue :0/40 (size/max)
  5 minute input rate 0 bits/sec, 0 packets/sec
```

Der LNS erzeugt ein Virtual-Access Interface für die PPP-Verbindung zum Client.

```
5 minute output rate 0 bits/sec, 0 packets/sec
71 packets input, 5909 bytes, 0 no buffer
Received 0 broadcasts, 0 runts, 0 giants, 0 throttles
0 input errors, 0 CRC, 0 frame, 0 overrun, 0 ignored, 0 abort
55 packets output, 2357 bytes, 0 underruns
0 output errors, 0 collisions, 0 interface resets
0 output buffer failures, 0 output buffers swapped out
0 carrier transitions
```

LNS-c2503# show ip interface brief

```
Interface          IP-Address      OK? Method Status   Protocol
Ethernet0          10.104.7.67     YES NVRAM  up       up
Serial0            172.168.1.1     YES NVRAM  up       up
Virtual-Access1    192.168.52.1    YES TFTP   up       up
Virtual-Template1  192.168.52.1    YES NVRAM  down     down
```

LNS-c2503# show ip route connected

```
     10.0.0.0/22 is subnetted, 1 subnets
C       10.104.4.0 is directly connected, Ethernet0
     172.168.0.0/16 is variably subnetted, 2 subnets, 2 masks
C       172.168.1.0/30 is directly connected, Serial0
C       172.168.1.2/32 is directly connected, Serial0
     192.168.52.0/24 is variably subnetted, 2 subnets, 2 masks
C       192.168.52.0/24 is directly connected, Virtual-Access1
C       192.168.52.101/32 is directly connected, Virtual-Access1
```

Router legt eine Host Route für den Client an.

15.2 Windows 2000 und L2TP

IPSec-Filter für L2TP-Verbindungen

Standardmäßig verwendet Windows 2000 zum Schutz der L2TP-Verbindungen das IPSec-Protokoll und erzeugt automatisch einen IPSec-Filter mit den folgenden Charakteristika:

Authentifizierung	Art der Security Association
RSA-Signaturen	Transport

- IPSec-Identität auf einem Windows 2000 LNS

	Local Client Identity	Remote Client Identity
IP-Adresse	lokale Server-Adresse	any
UDP-Portnummer	any	1701

- IPSec-Identität auf einem Windows 2000 LAC Client

	Local Client Identity	Remote Client Identity
IP-Adresse	lokale Client-Adresse	Adresse des LNS-Server
UDP-Portnummer	1701	any

L2TP versus Cisco »Mode Config« und »Extended Authentication«

Die gleiche Funktionalität, die von den Cisco-Erweiterungen *Mode Config* und *Extended Authentication* angeboten wird, steht auch zur Verfügung, wenn man von einem Windows-2000-Client eine L2TP-Verbindung zu einem Router aufbaut und die L2TP-Pakete über IPSec schützt. Der Aufbau und die Authentifizierung eines geschützten L2TP-Tunnels über das Internet geschieht dabei folgendermaßen:

1. Der Client wählt den *Network Access Server* (NAS) des *Internet Service Provider* (ISP) an und baut zu ihm eine PPP-Verbindung auf. Der NAS weist dem neuen Client eine offizielle IP-Adresse zu, die für die weitere Kommunikation über das Internet benötigt wird.

2. Anschließend legt der Client die IPSec Security Associations an. Als Ziel- und Quelladressen werden jeweils die offiziellen IP-Adressen verwendet. Die Authentifizierung des Routers erfolgt standardmäßig über RSA-Signaturen.

3. Zum Schluss baut der Client den L2TP-Tunnel zum lokalen Router auf. Er bekommt vom LNS eine weitere IP-Adresse zugewiesen, die für die interne Kommunikation benötigt wird (gleiche Funktionalität wie *Mode Config*), und es erfolgt eine zusätzliche PPP-Authentifizierung des Benutzers (entspricht der *Extended Authentication*).

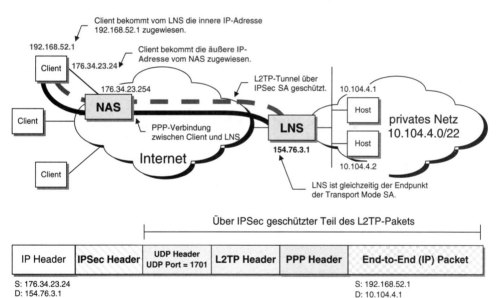

15.2.1 Konfiguration des L2TP-Tunnels auf dem Client

Konfiguration der Dialup-Verbindung zum Network Access Server

In diesem Beispiel wird als Dialup-Verbindung eine Nullmodemstrecke zwischen dem PC und dem AUX-Port des Routers verwendet. (Anlegen über *DFÜ-Verbindungen/Neue Verbindung erstellen* und Auswahl von *Direkt mit einem anderen Computer verbinden*.)

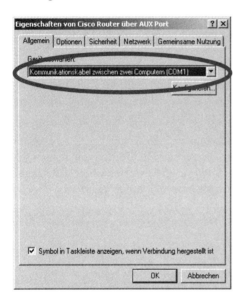

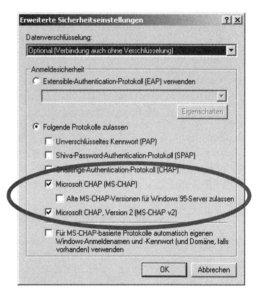

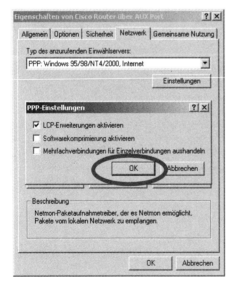

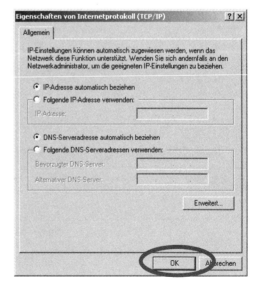

Konfiguration der L2TP-Verbindung

Bei der Konfiguration des L2TP-Tunnels ist anschließend nur noch die IP-Adresse des *L2TP Tunnel Server* (LNS) und die benötigte Dialup-Verbindung anzugeben. (Anlegen über *DFÜ-Verbindungen/Neue Verbindung erstellen* und Auswahl von *Verbindung mit einem privaten Netzwerk über das Internet herstellen*.)

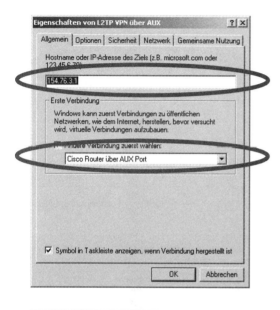

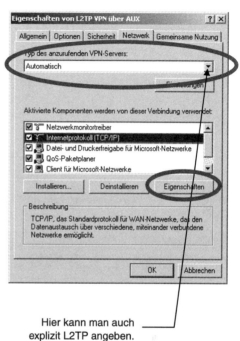

Hier kann man auch explizit L2TP angeben.

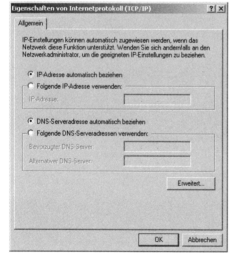

Informationen über die aufgebauten PPP-, IPSec- und L2TP-Verbindungen

- Aktive PPP- und L2TP-Verbindungen

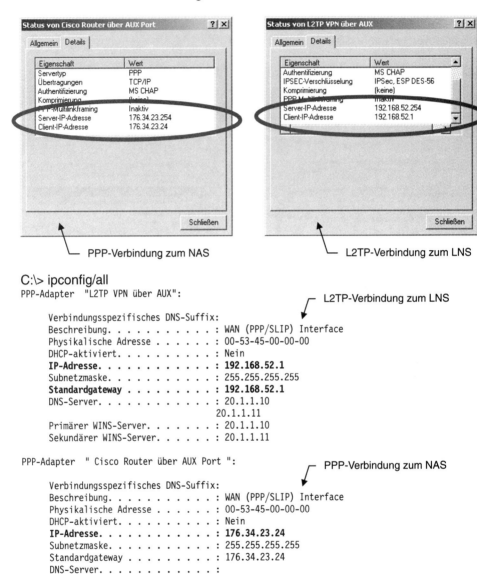

```
C:\> ipconfig/all
PPP-Adapter "L2TP VPN über AUX":                           L2TP-Verbindung zum LNS

        Verbindungsspezifisches DNS-Suffix:
        Beschreibung. . . . . . . . . . . : WAN (PPP/SLIP) Interface
        Physikalische Adresse . . . . . . : 00-53-45-00-00-00
        DHCP-aktiviert. . . . . . . . . . : Nein
        IP-Adresse. . . . . . . . . . . . : 192.168.52.1
        Subnetzmaske. . . . . . . . . . . : 255.255.255.255
        Standardgateway . . . . . . . . . : 192.168.52.1
        DNS-Server. . . . . . . . . . . . : 20.1.1.10
                                            20.1.1.11
        Primärer WINS-Server. . . . . . . : 20.1.1.10
        Sekundärer WINS-Server. . . . . . : 20.1.1.11

PPP-Adapter " Cisco Router über AUX Port ":                PPP-Verbindung zum NAS

        Verbindungsspezifisches DNS-Suffix:
        Beschreibung. . . . . . . . . . . : WAN (PPP/SLIP) Interface
        Physikalische Adresse . . . . . . : 00-53-45-00-00-00
        DHCP-aktiviert. . . . . . . . . . : Nein
        IP-Adresse. . . . . . . . . . . . : 176.34.23.24
        Subnetzmaske. . . . . . . . . . . : 255.255.255.255
        Standardgateway . . . . . . . . . : 176.34.23.24
        DNS-Server. . . . . . . . . . . . :
```

- Informationen über die lokale Routing-Tabelle

```
C:\> netstat -nr
===========================================================================
Schnittstellenliste
0x1 ........................ MS TCP Loopback interface
0x1000003 ...00 d0 59 05 95 09 ...... Intel(R) PRO PCI Adapter (Microsoft's Packet Scheduler)
0x2000004 ...00 53 45 00 00 00 ...... WAN (PPP/SLIP) Interface
0x5000005 ...00 53 45 00 00 00 ...... WAN (PPP/SLIP) Interface
===========================================================================
===========================================================================
Aktive Routen:
     Netzwerkziel       Netzwerkmaske          Gateway     Schnittstelle Anzahl
          0.0.0.0             0.0.0.0     176.34.23.24      176.34.23.24      2
          0.0.0.0             0.0.0.0     192.168.52.1      192.168.52.1      1
        127.0.0.0           255.0.0.0        127.0.0.1         127.0.0.1      1
        154.76.3.1   255.255.255.255     176.34.23.24      176.34.23.24      1
     176.34.23.24   255.255.255.255        127.0.0.1         127.0.0.1      1
    176.34.23.254   255.255.255.255     176.34.23.24      176.34.23.24      1
    176.34.255.255  255.255.255.255     176.34.23.24      176.34.23.24      1
     192.168.52.1   255.255.255.255        127.0.0.1         127.0.0.1      1
   192.168.52.254   255.255.255.255     192.168.52.1      192.168.52.1      1
   192.168.52.255   255.255.255.255     192.168.52.1      192.168.52.1      1
        224.0.0.0           224.0.0.0    176.34.23.24      176.34.23.24      1
        224.0.0.0           224.0.0.0    192.168.52.1      192.168.52.1      1
  255.255.255.255   255.255.255.255     176.34.23.24           1000003      1
Standardgateway:       192.168.52.1
===========================================================================
```

- Aktive IP-Sicherheitsrichtlinien

```
C:\Programme\Support Tools\> netdiag /test:ipsec /debug
IP Security test . . . . . . . . . . : Passed
    IP Security Policy Path: SOFTWARE\Policies\Microsoft\Windows\IPSec\Policy\Local\
                             ipsecPolicy{0F1E4FBC-1955-49F4-9A99-60403C1F1E1F}
    There are 2 filters
    Kein Name - Spiegel
     Filter Id: {C27155AE-BAA8-4611-990A-63A02B6B12FC}
     Policy Id: {48E49AC1-D67B-4664-AA18-754F6EC8C045}
     IPSEC_POLICY PolicyId = {48E49AC1-D67B-4664-AA18-754F6EC8C045}
               Flags: 0x0
               Tunnel Addr: 0.0.0.0
        PHASE 2 OFFERS Count = 12           ← Anzahl der IPSec Protection Suites, die
               Offer #0:                       von diesem Filter angeboten werden
        ESP[ DES MD5 HMAC]
         Rekey: 3600 seconds / 250000 bytes.
               Offer #1:
        ESP[ DES SHA1 HMAC]
         Rekey: 3600 seconds / 250000 bytes.
               Offer #2:                      ← Liste der angebotenen
        AH[ SHA1 HMAC] AND ESP[ DES NO HMAC]    IPSec Protection Suites
         Rekey: 3600 seconds / 250000 bytes.
               Offer #3:
        AH[ MD5 HMAC] AND ESP[ DES NO HMAC]
         Rekey: 3600 seconds / 250000 bytes.
               Offer #4:
```

```
              AH[ SHA1 HMAC] AND ESP[ DES SHA1 HMAC]
              Rekey: 3600 seconds / 250000 bytes.
                      Offer #5:
              AH[ MD5 HMAC] AND ESP[ DES MD5 HMAC]
              Rekey: 3600 seconds / 250000 bytes.
                      Offer #6:
              ESP[ DES MD5 HMAC]
              Rekey: 3600 seconds / 250000 bytes.
                      Offer #7:
              ESP[ DES SHA1 HMAC]
              Rekey: 3600 seconds / 250000 bytes.
                      Offer #8:
              AH[ SHA1 HMAC] AND ESP[ DES NO HMAC]
              Rekey: 3600 seconds / 250000 bytes.
                      Offer #9:
              AH[ MD5 HMAC] AND ESP[ DES NO HMAC]
              Rekey: 3600 seconds / 250000 bytes.
                      Offer #10:
              AH[ SHA1 HMAC] AND ESP[ DES SHA1 HMAC]
              Rekey: 3600 seconds / 250000 bytes.
                      Offer #11:
              AH[ MD5 HMAC] AND ESP[ DES MD5 HMAC]
              Rekey: 3600 seconds / 250000 bytes.                    ISAKMP-Authentifizierung
              AUTHENTICATION INFO Count = 1                           über RSA-Signaturen
                      Method = Cert: C=DE, OU=Andreas Aurand, CN=CA FRS-LAB
              Src Addr  : 154.76.3.1       Src Mask  : 255.255.255.255
              Dest Addr : 176.34.23.24     Dest Mask : 255.255.255.255    IPSec Client Identities
              Tunnel Addr : 0.0.0.0        Src Port : 0      Dest Port : 1701
              Protocol : 17        TunnelFilter: No
              Flags : Inbound
           Kein Name
              Filter Id: {C27155AE-BAA8-4611-990A-63A02B6B12FC}
              Policy Id: {48E49AC1-D67B-4664-AA18-754F6EC8C045}
               IPSEC_POLICY PolicyId = {48E49AC1-D67B-4664-AA18-754F6EC8C045}
                      Flags: 0x0
                      Tunnel Addr: 0.0.0.0
              PHASE 2 OFFERS Count = 12
                      Offer #0:
              ESP[ DES MD5 HMAC]
              ...   ...
                      Offer #11:
              AH[ MD5 HMAC] AND ESP[ DES MD5 HMAC]
              Rekey: 3600 seconds / 250000 bytes.
              AUTHENTICATION INFO Count = 1
                      Method = Cert: C=DE, OU=Andreas Aurand, CN=CA FRS-LAB
              Src Addr  : 176.34.23.24     Src Mask  : 255.255.255.255
              Dest Addr : 154.76.3.1       Dest Mask : 255.255.255.255
              Tunnel Addr : 0.0.0.0        Src Port : 1701   Dest Port : 0
              Protocol : 17        TunnelFilter: No
              Flags : Outbound
```

- Aktive IPSec-Verbindungen

    C:\WINNT\System32> IPsecmon

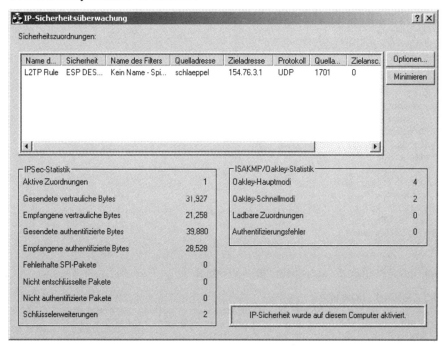

15.2.2 Cisco Router als Network Access Server (NAS)

Die Verbindung zwischen dem Windows 2000 LAC Client und dem NAS erfolgt in diesem Beispiel über eine Nullmodem-Verbindung zum AUX-Port des Routers.

- Konfiguration des Routers

    ```
    version 12.1(7)
    !
    hostname NAS-c2504
    !
    username AAURAND password FRS-LAB
    !
    chat-script DDC "CLIENT" "CLIENTSERVER"
    !
    ip domain-name pop.de
    !
    interface Serial0
      ip address 172.168.1.2 255.255.255.252
      encapsulation ppp
    !
    ```

```
interface Async1
 ip address 176.34.23.254 255.255.255.0
 encapsulation ppp
 async mode interactive
 peer default ip address pool PCclients
 no cdp enable
 ppp authentication ms-chap callin
 ppp timeout retry 10
!
ip local pool PCclients 176.34.23.1 176.34.23.253
!
line aux 0
 exec-timeout 0 0
 no activation-character
 script activation DDC
 login local
 modem InOut
 transport input all
 autoselect during-login
 autoselect ppp
 stopbits 1
 speed 19200
 flowcontrol hardware
!
end
```

- Informationen über die aufgebaute PPP-Verbindung

```
NAS-c2504# show line 1
    Tty Typ     Tx/Rx    A Modem  Roty AccO AccI   Uses   Noise  Overruns   Int
A    1 AUX   19200/19200 - inout    -    -    -     10     35     2/0        -

Line 1, Location: "PPP: 176.34.23.24", Type: ""
Length: 24 lines, Width: 80 columns
Baud rate (TX/RX) is 19200/19200, no parity, 1 stopbits, 8 databits
Status: Ready, Active, No Exit Banner, Async Interface Active
  CTS Raised, Modem Signals Polled
Capabilities: Hardware Flowcontrol In, Hardware Flowcontrol Out
  Modem Callout, Modem RI is CD, Line usable as async interface
Modem state: Ready
Group codes:    0
Line is running PPP for address 176.34.23.24.
0 output packets queued, 1 input packets.
 Async Escape map is 0000000000000000000000000000000
Modem hardware state: CTS* DSR*  DTR RTS
Special Chars: Escape  Hold  Stop  Start  Disconnect  Activation
                ^^x    none   -     -       none         any
Timeouts:      Idle EXEC    Idle Session   Modem Answer  Session   Dispatch
                never         never                        none    not set
                             Idle Session Disconnect Warning
                              never
                             Login-sequence User Response
                              00:00:30
                             Autoselect Initial Wait
                              not set
```

```
Modem type is unknown.
Session limit is not set.
Time since activation: 00:06:42
Editing is enabled.
History is enabled, history size is 10.
DNS resolution in show commands is enabled
Full user help is disabled
Allowed input transports are lat pad v120 mop telnet rlogin udptn nasi.
Allowed output transports are lat pad v120 mop telnet rlogin nasi.
Preferred transport is lat.
No output characters are padded
No special data dispatching characters
```

NAS-c2504# show interfaces async 1

```
Async1 is up, line protocol is up
  Hardware is Async Serial
  Internet address is 176.34.23.254/24
  MTU 1500 bytes, BW 19 Kbit, DLY 100000 usec,
     reliability 255/255, txload 1/255, rxload 1/255
  Encapsulation PPP, loopback not set
  Keepalive not set
  DTR is pulsed for 5 seconds on reset
  LCP Open
  Open: IPCP
  Last input 00:03:49, output 00:03:49, output hang never
  Last clearing of "show interface" counters 2d01h
  Input queue: 1/75/0/0 (size/max/drops/flushes); Total output drops: 0
  Queueing strategy: weighted fair
  Output queue: 0/1000/64/0 (size/max total/threshold/drops)
     Conversations  0/2/16 (active/max active/max total)
     Reserved Conversations 0/0 (allocated/max allocated)
  5 minute input rate 0 bits/sec, 0 packets/sec
  5 minute output rate 0 bits/sec, 0 packets/sec
     2719 packets input, 552955 bytes, 0 no buffer
     Received 0 broadcasts, 0 runts, 0 giants, 0 throttles
     95 input errors, 94 CRC, 0 frame, 0 overrun, 0 ignored, 1 abort
     1736 packets output, 203792 bytes, 0 underruns
     0 output errors, 0 collisions, 27 interface resets
     0 output buffer failures, 0 output buffers swapped out
     0 carrier transitions
```

Agiert der PC als LAC Client, baut er zuerst eine PPP-Verbindung zum NAS auf und bekommt von diesem auch eine IP-Adresse zugewiesen.

NAS-c2504# show ip interface brief

```
Interface            IP-Address       OK? Method Status                Protocol
Async1               176.34.23.254    YES manual up                    up
Serial0              172.168.1.2      YES NVRAM  up                    up
```

15.2.3 Cisco Router als L2TP Tunnel Server (LNS)

- Konfiguration des Routers

```
version 12.1(7)
!
hostname LNS-c2503
!
username Andreas password 0 c
!
ip host mpdepp.frs-lab.de 20.1.1.254
ip domain-name frs-lab.de
!
vpdn enable
!
vpdn-group 2
 ! Default L2TP VPDN group
 accept-dialin
  protocol l2tp
  virtual-template 2
 no l2tp tunnel authentication
 source-ip 154.76.3.1
!
crypto ca identity frs-lab.de
 enrollment mode ra
 enrollment url http://mpdepp.frs-lab.de:80/certsrv/mscep/mscep.dll
 crl optional
crypto ca certificate chain frs-lab.de
 certificate ca 2AF5E3AC371EE9AB4F44F9722EB4F87B
  308202E8 30820292 A0030201 0202102A F5E3AC37 1EE9AB4F 44F9722E B4F87B30
  0D06092A 864886F7 0D010105 0500303B 310B3009 06035504 06130244 45311730
  ... ...
  B355DE6C CA562A07 EB426EA0 7B8F9EFE 06CA6FCD DF443943 E698233C B695818A
  C6CDAE96 CDE2CC89 7C767BD4
  quit
 certificate ra-encrypt 6106873B000000000005
  3082031F 308202C9 A0030201 02020A61 06873B00 00000000 05300D06 092A8648
  86F70D01 01050500 303B310B 30090603 55040613 02444531 17301506 0355040B
  ... ...
  03410006 D80BA932 C69DC4AC BE11664F B15AC864 7153BEF9 799EE9A0 17D6AD21
  4BEC5DFB 211A683D 5B733065 C22217E5 2DB8F417 01970E73 AD3FD603 28DE3816 3394B8
  quit
 certificate ra-sign 6106826B000000000004
  3082031F 308202C9 A0030201 02020A61 06826B00 00000000 04300D06 092A8648
  86F70D01 01050500 303B310B 30090603 55040613 02444531 17301506 0355040B
  ... ...
  03410066 76A9D30F F613643C 65E58F21 DF328DF9 43046099 828780A0 B25F45F6
  DF094771 D5A86050 3811C320 D2967FB9 8BC8B3CC 7FBD2C4C 6335C4B4 A3896B8F AF87A9
  quit
 certificate 612F0115000000000018
  308202E1 3082028B A0030201 02020A61 2F011500 00000000 18300D06 092A8648
  86F70D01 01050500 303B310B 30090603 55040613 02444531 17301506 0355040B
  ... ...
  05000341 002CB704 814EF77B 6417FCE0 4533F1CB 077338AB 871CC026 D4E25093
  0E66BDE7 984CAB23 F5EE6CEF 91031998 A3E990F0 EBFD1B04 EE048B7A 12256988
  21FDCBC7 CA
  quit
 certificate 612F0DF4000000000019
  308202E1 3082028B A0030201 02020A61 2F0DF400 00000000 19300D06 092A8648
  86F70D01 01050500 303B310B 30090603 55040613 02444531 17301506 0355040B
  ... ...
  42EB7654 79408443 7B530CD1 566478DC 1D2BF92F 5439C96A B58130C6 879EA33C
  5953DB7A FE
  quit
!
```

Um überhaupt einen L2TP-Tunnel über das Internet aufbauen zu können, muss es sich um eine offizielle Internet-Adresse handeln.

```
crypto isakmp policy 1
  hash md5
!
crypto ipsec transform-set ESP-Transport esp-des esp-md5-hmac
  mode transport
crypto dynamic-map L2TP 10
  set transform-set ESP-Transport
  match address 150
!
crypto map SERIAL local-address Loopback0
crypto map SERIAL 20 ipsec-isakmp dynamic L2TP
!
interface Loopback0
  ip address 154.76.3.1 255.255.255.255
!
interface Ethernet0
  ip address 10.104.7.67 255.255.252.0
!
interface Virtual-Template2
  description --- Template fuer L2TP Verbindungen ---
  ip address 192.168.52.254 255.255.255.0
  ip mroute-cache
  peer default ip address pool L2TP
  ppp authentication ms-chap
  ppp ipcp dns 20.1.1.10 20.1.1.11
  ppp ipcp wins 20.1.1.10 20.1.1.11
!
interface Serial0
  ip address 172.168.1.1 255.255.255.252
  encapsulation ppp
  crypto map SERIAL
!
router rip
  redistribute static
  network 192.168.52.0
!
ip local pool L2TP 192.168.52.1 192.168.52.253
!
access-list 150 permit udp host 154.76.3.1 any eq 1701
!
end
```

Damit die ISAKMP- und L2TP-Pakete die gleiche IP-Adresse benutzen, muss der »local-address«-Parameter entsprechend definiert werden.

Zusätzlich zur Authentifizierung des Rechners über IPSec muss sich der Benutzer noch über CHAP auf dem LNS authentifizieren.

- Debug-Ausgabe beim Aufbau der L2TP- und PPP-Verbindung

```
LNS-c2503# debug vpdn l2x-events
LNS-c2503# debug ppp negotiation
L2TP: I SCCRQ from schlaeppel tnl 2
Tnl 7038 L2TP: New tunnel created for remote schlaeppel, address 176.34.23.24
Tnl 7038 L2TP: O SCCRP  to schlaeppel tnlid 2
Tnl 7038 L2TP: Tunnel state change from idle to wait-ctl-reply
Tnl 7038 L2TP: I SCCCN from schlaeppel tnl 2
Tnl 7038 L2TP: Tunnel state change from wait-ctl-reply to established
Tnl 7038 L2TP: SM State established
Tnl 7038 L2TP: I ICRQ from schlaeppel tnl 2
Tnl/Cl 7038/20 L2TP: Session FS enabled
Tnl/Cl 7038/20 L2TP: Session state change from idle to wait-connect
Tnl/Cl 7038/20 L2TP: New session created
Tnl/Cl 7038/20 L2TP: O ICRP to schlaeppel 2/1
Tnl/Cl 7038/20 L2TP: I ICCN from schlaeppel tnl 2, cl 1
Tnl/Cl 7038/20 L2TP: Session state change from wait-connect to established
Vi1 PPP: Phase is DOWN, Setup
```

%LINK-3-UPDOWN: Interface Virtual-Access1, changed state to up
Vi1 PPP: Using set call direction
Vi1 PPP: Treating connection as a callin
Vi1 PPP: Phase is ESTABLISHING, Passive Open
Vi1 LCP: State is Listen
Vi1 LCP: I CONFREQ [Listen] id 2 len 44
Vi1 LCP: MagicNumber 0x500817E8 (0x0506500817E8)
Vi1 LCP: PFC (0x0702)
Vi1 LCP: ACFC (0x0802)
Vi1 LCP: O CONFREQ [Listen] id 1 len 15
Vi1 LCP: AuthProto MS-CHAP (0x0305C22380)
Vi1 LCP: MagicNumber 0x6B903EE2 (0x05066B903EE2)
Vi1 LCP: O CONFREJ [Listen] id 2 len 11
Vi1 LCP: Callback 6 (0x0D0306)
Vi1 LCP: MRRU 1614 (0x1104064E)
Vi1 LCP: I CONFACK [REQsent] id 1 len 15
Vi1 LCP: AuthProto MS-CHAP (0x0305C22380)
Vi1 LCP: MagicNumber 0x6B903EE2 (0x05066B903EE2)
Vi1 LCP: I CONFREQ [ACKrcvd] id 3 len 37
Vi1 LCP: MagicNumber 0x500817E8 (0x0506500817E8)
Vi1 LCP: PFC (0x0702)
Vi1 LCP: ACFC (0x0802)
Vi1 LCP: EndpointDisc 1 Local
Vi1 LCP: (0x1317017D140E4FFBEA4B6388FF565C62)
Vi1 LCP: (0xA67F0300000002)
Vi1 LCP: O CONFACK [ACKrcvd] id 3 len 37
Vi1 LCP: MagicNumber 0x500817E8 (0x0506500817E8)
Vi1 LCP: PFC (0x0702)
Vi1 LCP: ACFC (0x0802)
Vi1 LCP: EndpointDisc 1 Local
Vi1 LCP: (0x1317017D140E4FFBEA4B6388FF565C62)
Vi1 LCP: (0xA67F0300000002)
Vi1 LCP: State is Open
Vi1 PPP: **Phase is AUTHENTICATING,** by this end   ← Überprüfung des Benutzers über die PPP-Authentifizierung
Vi1 MS-CHAP: O **CHALLENGE** id 26 len 22 from "LNS-c2503"
Vi1 LCP: I IDENTIFY [Open] id 4 len 18 magic 0x500817E8 MSRASV5.00
Vi1 LCP: I IDENTIFY [Open] id 5 len 26 magic 0x500817E8 MSRAS-1-SCHLAEPPEL
Vi1 MS-CHAP: I **RESPONSE** id 26 len 61 from **"Andreas"**
Vi1 MS-CHAP: O **SUCCESS** id 26 len 4
Vi1 PPP: Phase is UP
Vi1 IPCP: O CONFREQ [Closed] id 1 len 10
Vi1 IPCP: Address 192.168.52.254 (0x0306C0A834FE)
Vi1 CCP: I CONFREQ [Not negotiated] id 6 len 10
Vi1 CCP: MS-PPC supported bits 0x01000001 (0x120601000001)
Vi1 CCP: O PROTREJ [Open] id 2 len 16 protocol CCP (0x80FD0106000A120601000001)
Vi1 IPCP: I CONFREQ [REQsent] id 7 len 34
Vi1 IPCP: Address 0.0.0.0 (0x030600000000)
Vi1 IPCP: PrimaryDNS 0.0.0.0 (0x810600000000)
Vi1 IPCP: PrimaryWINS 0.0.0.0 (0x820600000000)
Vi1 IPCP: SecondaryDNS 0.0.0.0 (0x830600000000)
Vi1 IPCP: SecondaryWINS 0.0.0.0 (0x840600000000)
Vi1 IPCP: **Pool returned 192.168.52.1**
Vi1 IPCP: O CONFNAK [REQsent] id 7 len 34
Vi1 IPCP: Address 192.168.52.1 (0x0306C0A83401)
Vi1 IPCP: PrimaryDNS 20.1.1.10 (0x81061401010A)
Vi1 IPCP: PrimaryWINS 20.1.1.10 (0x82061401010A)
Vi1 IPCP: SecondaryDNS 20.1.1.11 (0x83061401010B)
Vi1 IPCP: SecondaryWINS 20.1.1.11 (0x84061401010B)
Vi1 IPCP: I CONFACK [REQsent] id 1 len 10

```
Vi1 IPCP:     Address 192.168.52.254 (0x0306C0A834FE)
Vi1 IPCP: I CONFREQ [ACKrcvd] id 8 len 34
Vi1 IPCP:     Address 192.168.52.1 (0x0306C0A83401)
Vi1 IPCP:     PrimaryDNS 20.1.1.10 (0x81061401010A)
Vi1 IPCP:     PrimaryWINS 20.1.1.10 (0x82061401010A)
Vi1 IPCP:     SecondaryDNS 20.1.1.11 (0x83061401010B)
Vi1 IPCP:     SecondaryWINS 20.1.1.11 (0x84061401010B)
Vi1 IPCP: O CONFACK [ACKrcvd] id 8 len 34
Vi1 IPCP:     Address 192.168.52.1 (0x0306C0A83401)
Vi1 IPCP:     PrimaryDNS 20.1.1.10 (0x81061401010A)
Vi1 IPCP:     PrimaryWINS 20.1.1.10 (0x82061401010A)
Vi1 IPCP:     SecondaryDNS 20.1.1.11 (0x83061401010B)
Vi1 IPCP:     SecondaryWINS 20.1.1.11 (0x84061401010B)
Vi1 IPCP: State is Open
Vi1 IPCP: Install route to 192.168.52.1
%LINEPROTO-5-UPDOWN: Line protocol on Interface Virtual-Access1, changed state to up
```

- Informationen über die aufgebauten IPSec SAs

LNS-c2503# show crypto engine connections active

```
  ID Interface      IP-Address      State  Algorithm            Encrypt  Decrypt
   1 <none>         <none>          set    HMAC_MD5+DES_56_CB         0        0
2000 Serial0        172.168.1.1     set    HMAC_MD5+DES_56_CB         0      109
2001 Serial0        172.168.1.1     set    HMAC_MD5+DES_56_CB        77        0
```

LNS-c2503# show crypto isakmp sa

```
    dst            src            state          conn-id   slot
154.76.3.1     176.34.23.24     QM_IDLE              1       0
```

LNS-c2503# show crypto ipsec sa

```
interface: Serial0
    Crypto map tag: SERIAL, local addr. 154.76.3.1

    local  ident (addr/mask/prot/port): (154.76.3.1/255.255.255.255/17/0)
    remote ident (addr/mask/prot/port): (176.34.23.24/255.255.255.255/17/1701)
    current_peer: 176.34.23.24
      PERMIT, flags={reassembly_needed,transport_parent,}
     #pkts encaps: 80, #pkts encrypt: 80, #pkts digest 80
     #pkts decaps: 112, #pkts decrypt: 112, #pkts verify 112
     #pkts compressed: 0, #pkts decompressed: 0
     #pkts not compressed: 0, #pkts compr. failed: 0, #pkts decompress failed: 0
     #send errors 0, #recv errors 0

      local crypto endpt.: 154.76.3.1, remote crypto endpt.: 176.34.23.24
      path mtu 1500, media mtu 1500
      current outbound spi: 7D9E1D44

      inbound esp sas:
       spi: 0x1CE8033B(484967227)
         transform: esp-des esp-md5-hmac ,
         in use settings ={Transport, }
         slot: 0, conn id: 2000, flow_id: 1, crypto map: SERIAL
         sa timing: remaining key lifetime (k/sec): (249972/3379)
         IV size: 8 bytes
         replay detection support: Y

      inbound ah sas:

      inbound pcp sas:

      outbound esp sas:
```

```
       spi: 0x7D9E1D44(2107514180)
         transform: esp-des esp-md5-hmac ,
         in use settings ={Transport, }
         slot: 0, conn id: 2001, flow_id: 2, crypto map: SERIAL
         sa timing: remaining key lifetime (k/sec): (249989/3377)
         IV size: 8 bytes
         replay detection support: Y

      outbound ah sas:

      outbound pcp sas:
```

- Informationen über den aufgebauten L2TP-Tunnel

LNS-c2503# show vpdn
```
L2TP Tunnel and Session Information Total tunnels 1 sessions 1

LocID RemID Remote Name   State  Remote Address   Port  Sessions
30152 4     schlaeppel    est    176.34.23.24     1701  1

LocID RemID TunID Intf         Username              State  Last Chg  Fastswitch
22    1     30152 Vi1          Andreas               est    00:51:50  enabled

% No active L2F tunnels
```

LNS-c2503# show vpdn session all
```
L2TP Session Information Total tunnels 1 sessions 1

Call id 22 is up on tunnel id 30152
Remote tunnel name is schlaeppel
  Internet Address is 176.34.23.24
  Session username is Andreas, state is established
    Time since change 00:51:55, interface Vi1
    Remote call id is 1
    Fastswitching is enabled
    667 packets sent, 731 received
    31395 bytes sent, 52959 received
      Sequencing is off

% No active L2F tunnels
```

LNS-c2503# show vpdn tunnel all
```
L2TP Tunnel Information Total tunnels 1 sessions 1

Tunnel id 30152 is up, remote id is 4, 1 active sessions
  Tunnel state is established, time since change 00:52:01
  Remote tunnel name is schlaeppel
    Internet Address 176.34.23.24, port 1701
  Local tunnel name is LNS-c2503
    Internet Address 154.76.3.1, port 1701
  668 packets sent, 732 received
  31419 bytes sent, 52983 received
  Control Ns 2, Nr 4
  Local RWS 300 (default), Remote RWS 8
  Retransmission time 1, max 1 seconds
  Unsent queuesize 0, max 0
  Resend queuesize 0, max 1
  Total resends 0, ZLB ACKs sent 2
  Current nosession queue check 0 of 5
  Retransmit time distribution: 0 0 0 0 0 0 0 0
  Sessions disconnected due to lack of resources 0

% No active L2F tunnels
```

- Informationen über die virtuellen Schnittstellen

LNS-c2503# show interfaces Virtual-Access1
```
Virtual-Access1 is up, line protocol is up
  Hardware is Virtual Access interface
  Description: --- Template fuer L2TP Verbindungen ---
  Internet address is 192.168.52.254/24
  MTU 1500 bytes, BW 10000 Kbit, DLY 100000 usec,
     reliability 255/255, txload 1/255, rxload 1/255
  Encapsulation PPP, loopback not set
  Keepalive set (10 sec)
  DTR is pulsed for 5 seconds on reset
  LCP Open
  Open: IPCP
  Last input 00:00:01, output never, output hang never
  Last clearing of "show interface" counters 00:05:35
  Input queue: 0/75/0/0 (size/max/drops/flushes); Total output drops: 0
  Queueing strategy: fifo
  Output queue :0/40 (size/max)
  5 minute input rate 0 bits/sec, 0 packets/sec
  5 minute output rate 0 bits/sec, 0 packets/sec
     86 packets input, 6972 bytes, 0 no buffer
     Received 0 broadcasts, 0 runts, 0 giants, 0 throttles
     0 input errors, 0 CRC, 0 frame, 0 overrun, 0 ignored, 0 abort
     72 packets output, 3343 bytes, 0 underruns
     0 output errors, 0 collisions, 0 interface resets
     0 output buffer failures, 0 output buffers swapped out
     0 carrier transitions
```

LNS-c2503# show ip interface brief
```
Interface           IP-Address       OK? Method Status    Protocol
Ethernet0           10.104.7.67      YES manual up        up
Loopback0           154.76.3.1       YES manual up        up
Serial0             172.168.1.1      YES NVRAM  up        up
Virtual-Access1     192.168.52.254   YES TFTP   up        up
Virtual-Template2   192.168.52.254   YES manual down      down
```

LNS-c2503# show ip route connected
```
     154.76.0.0/32 is subnetted, 1 subnets
C       154.76.3.1 is directly connected, Loopback0
     172.168.0.0/16 is variably subnetted, 2 subnets, 2 masks
C       172.168.1.0/30 is directly connected, Serial0
C       172.168.1.2/32 is directly connected, Serial0
     10.0.0.0/22 is subnetted, 1 subnets
C       10.104.4.0 is directly connected, Ethernet0
     192.168.52.0/24 is variably subnetted, 2 subnets, 2 masks
C       192.168.52.0/24 is directly connected, Virtual-Access1
C       192.168.52.1/32 is directly connected, Virtual-Access1
```

Router legt für den LAC Client eine Host-Route an.

15.3 Manuelle Konfiguration der IPSec-Filter für L2TP

In diesem Beispiel sollen alle Datenpakete, die über das Ethernet zum Router gesendet werden, über ESP geschützt werden. Da die Windows-2000-IPSec-Implementation keine Tunnel Mode Security Association zulässt, wird zuerst eine L2TP-Verbindung über das Ethernet zum Router aufgebaut und der komplette Datentransfer dann anschließend über

422 Kapitel 15 • L2TP – Layer Two Tunneling Protocol

diesen geschützten L2TP-Tunnel übertragen. Die IPSec-Authentifizierung der L2TP-Verbindung soll dabei über Pre-shared Keys erfolgen.

1. Die PCs sind über das lokale Netzwerk 50.104.4.0/22 mit dem Router verbunden. Für die Kommunikation in andere Netze müssen sie einen L2TP-Tunnel zum Router aufbauen.
2. Dabei bekommen die PCs über das IPCP-Protokoll eine lokale IP-Adresse aus dem Netzwerk 192.168.52.0/24 zugewiesen sowie die Adressen der DNS- bzw. WINS-Server.
3. Über den L2TP-Tunnel werden alle Daten (inkl. die RIP-Routing-Informationen des Routers) verschlüsselt übertragen. Außerdem ist auf einem PC noch eine zweite IPSec SA für die Telnet-Verbindungen zum Router definiert.
4. Aus Sicherheitsgründen ist auf dem Virtual-Template Interface eine normale IP-Access-Liste definiert, die nur Pakete aus dem Netzwerk 20.1.1.0/24 zulässt und auf der Ethernet-Schnittstelle eine zweite Access-Liste, die nur IPSec-Pakete vom Ethernet annimmt.

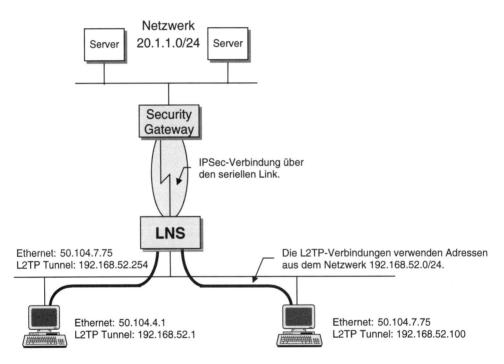

15.3.1 Konfiguration des Windows 2000 Clients

Konfiguration des L2TP-Tunnels

Da Windows 2000 in der Regel keine »Tunnel Mode«-Verbindungen zulässt, wird in diesem Beispiel ein L2TP-Tunnel über das Ethernet zum Router aufgebaut. Die gesamte

Kommunikation (inklusive *RIP Routing Updates*) läuft über diesen L2TP-Tunnel und wird daher über IPSec geschützt.

- Anlegen des L2TP-Tunnels über *Start/Einstellungen/Netzwerk- und DFÜ-Verbindungen/Neue Verbindung erstellen*

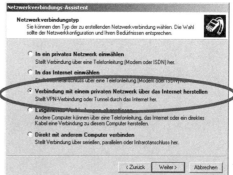
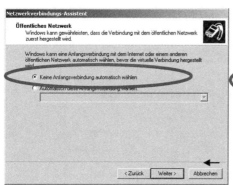
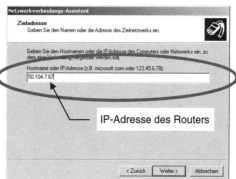
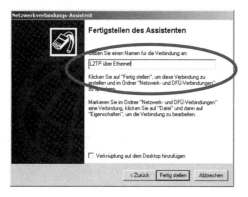

- Konfiguration des L2TP-Tunnels über *Start/Einstellungen/Netzwerk- und DFÜ-Verbindungen/ L2TP über Ethernet*

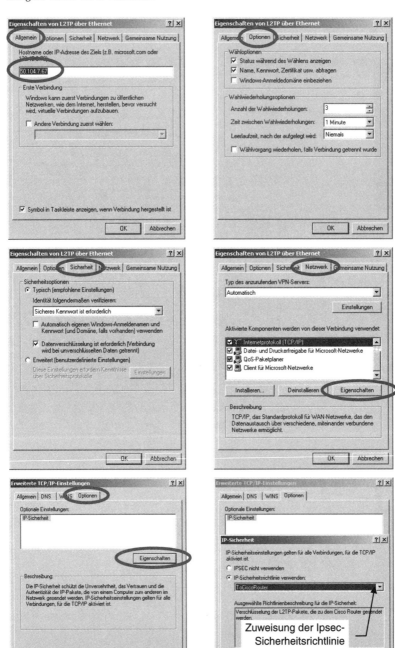

Manuelle IPSec-Konfiguration

1. Die IPSec-Sicherheitsrichtlinie über *Start/Programme/Verwaltung/Lokale Sicherheitsrichtlinie aufrufen*

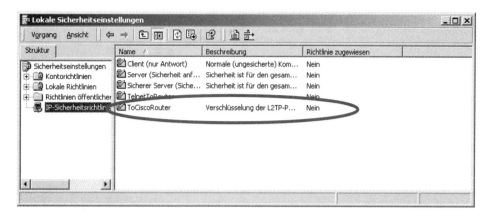

2. Definition der **ISAKMP Protection Suite**

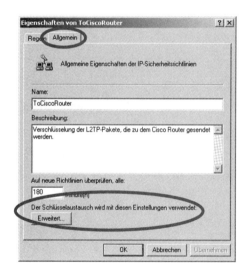
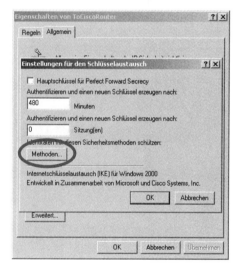

3. Sicherheitsmechanismen für die ISAKMP SA festlegen (Verschlüsselungs- und Hashalgorithmus, Diffie-Hellman-Gruppe)

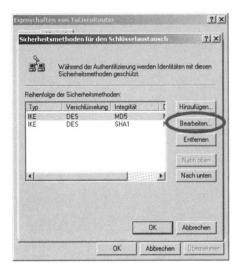
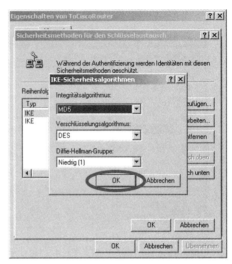

4. Definition der **IPSec Protection Suite**

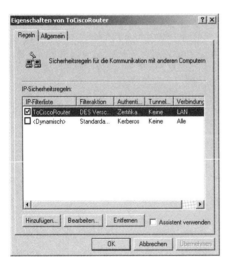

Manuelle Konfiguration der IPSec-Filter für L2TP 427

5. Filterliste konfigurieren

In diesem Beispiel wird ein Filter für die L2TP-Verbindung zwischen dem PC und dem Router definiert und ein zweiter Filter für die Telnet-Verbindung zum Router.

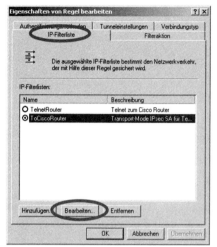

6. Filter für die L2TP-Verbindung

Transport Mode SA zwischen 50.104.4.1 und 50.104.7.67 mit UDP Source und Destination Port 1701 (L2TP)

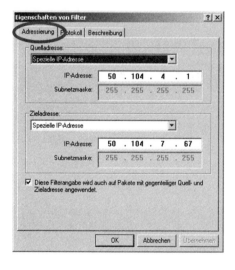
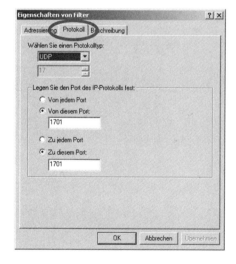

7. Filter für die Telnet-Verbindung

Transport Mode SA zwischen 50.104.4.1 und 50.104.7.67 mit TCP Destination Port 23 (Telnet)

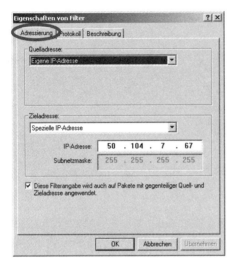
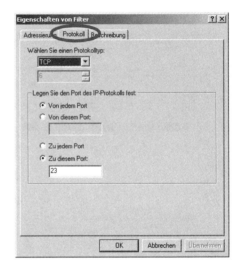

Manuelle Konfiguration der IPSec-Filter für L2TP 429

8. Sicherheitsprotokolle und -mechanismen für IPSec Security Associations festlegen (ESP mit DES und HMAC-SHA1)

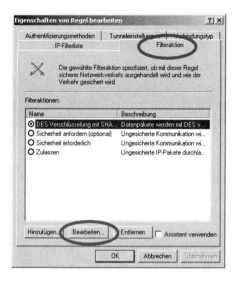
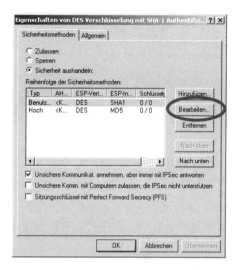
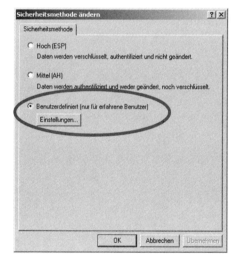
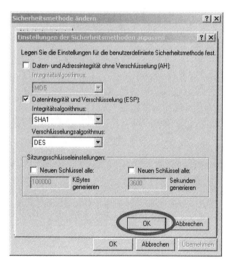

430 Kapitel 15 • L2TP – Layer Two Tunneling Protocol

9. Authentifizierungsmethode für die ISAKMP SA festlegen

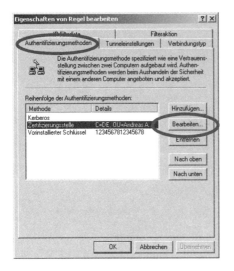
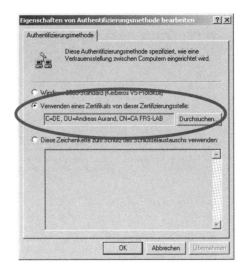

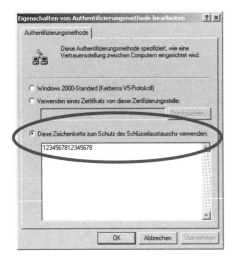

Manuelle Konfiguration der IPSec-Filter für L2TP

10. Tunneleinstellungen und Verbindungstyp definieren

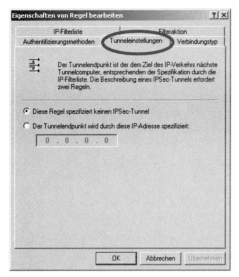
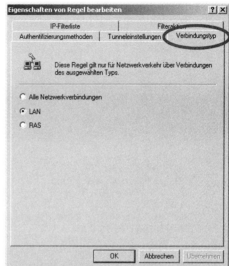

Informationen über die aufgebauten L2TP-, PPP- und IPSec-Verbindungen

- Aktive IPSec-Sicherheitsrichtlinien

```
C:\> netdiag /test:IPSec /debug
IP Security test . . . . . . . . . : Passed
   Local IPSec Policy Active: 'ToCiscoRouter'
   IP Security Policy Path: SOFTWARE\Policies\Microsoft\Windows\IPSec\Policy\Local\
                            ipsecPolicy{5E8731C2-4A11-45BF-B77B-184D127FFD2A}

   There are 4 filters
   L2TP Pakete zwischen dem lokalen PC und dem Router 50.104.7.67
     Filter Id: {1F6FC379-0720-4A3A-B38F-AF69CB617E26}
     Policy Id: {25C58C0C-B1C0-4A3C-9B07-34BB06F24517}
     IPSEC_POLICY PolicyId = {25C58C0C-B1C0-4A3C-9B07-34BB06F24517}
            Flags: 0x0
            Tunnel Addr: 0.0.0.0
     PHASE 2 OFFERS Count = 2
            Offer #0:
     ESP[ DES SHA1 HMAC]
     Rekey: 0 seconds / 0 bytes.
            Offer #1:
     ESP[ DES MD5 HMAC]
     Rekey: 0 seconds / 0 bytes.
     AUTHENTICATION INFO Count = 3
            Method = Kerberos
            Method = Cert: C=DE, OU=Andreas Aurand, CN=CA FRS-LAB
            Method = Preshared key: 1234567812345678
     Src Addr  : 50.104.4.1      Src Mask  : 255.255.255.255
     Dest Addr : 50.104.7.67     Dest Mask : 255.255.255.255
     Tunnel Addr : 0.0.0.0       Src Port  : 1701    Dest Port : 1701
     Protocol : 17       TunnelFilter: No
     Flags : Outbound
```

↙ PC bietet drei verschiedene Arten der Authentifizierung an.

L2TP Pakete zwischen dem lokalen PC und dem Router 50.104.7.67 - Spiegel
```
Filter Id: {1F6FC379-0720-4A3A-B38F-AF69CB617E26}
Policy Id: {25C58C0C-B1C0-4A3C-9B07-34BB06F24517}
Src Addr  : 50.104.7.67      Src Mask  : 255.255.255.255
Dest Addr : 50.104.4.1       Dest Mask : 255.255.255.255
Tunnel Addr : 0.0.0.0        Src Port : 1701    Dest Port : 1701
Protocol : 17        TunnelFilter: No
Flags : Inbound
```
Telnet Verbindungen zu dem Router 50.104.7.67
```
Filter Id: {7B73EEB2-F9DF-4215-A446-72E423C77385}
Policy Id: {25C58C0C-B1C0-4A3C-9B07-34BB06F24517}
  IPSEC_POLICY PolicyId = {25C58C0C-B1C0-4A3C-9B07-34BB06F24517}
        Flags: 0x0
        Tunnel Addr: 0.0.0.0
  PHASE 2 OFFERS Count = 2
        Offer #0:
ESP[ DES SHA1 HMAC]
Rekey: 0 seconds / 0 bytes.
        Offer #1:
ESP[ DES MD5 HMAC]
Rekey: 0 seconds / 0 bytes.
  AUTHENTICATION INFO Count = 3
        Method = Kerberos
        Method = Cert: C=DE, OU=Andreas Aurand, CN=CA FRS-LAB
        Method = Preshared key: 1234567812345678
Src Addr  : 50.104.4.1       Src Mask  : 255.255.255.255
Dest Addr : 50.104.7.67      Dest Mask : 255.255.255.255
Tunnel Addr : 0.0.0.0        Src Port : 0       Dest Port : 23
Protocol : 6         TunnelFilter: No
Flags : Outbound
```
Telnet Verbindungen zu dem Router 50.104.7.67 - Spiegel
```
Filter Id: {7B73EEB2-F9DF-4215-A446-72E423C77385}
Policy Id: {25C58C0C-B1C0-4A3C-9B07-34BB06F24517}
Src Addr  : 50.104.7.67      Src Mask  : 255.255.255.255
Dest Addr : 50.104.4.1       Dest Mask : 255.255.255.255
Tunnel Addr : 0.0.0.0        Src Port : 23      Dest Port : 0
Protocol : 6         TunnelFilter: No
Flags : Inbound
```

Manuelle Konfiguration der IPSec-Filter für L2TP 433

- Aktive IPSec Security Associations

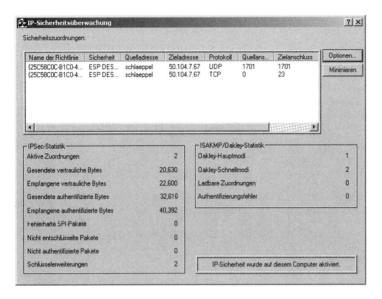

- Aktive L2TP-Verbindung

 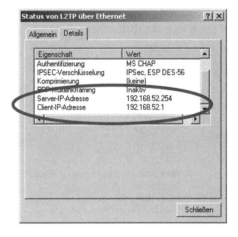

- Anzeige der Routing-Tabelle

```
C:\> netstat -rn
===========================================================================
Schnittstellenliste
0x1 ........................ MS TCP Loopback interface
0x1000003 ...00 d0 59 05 95 09 ...... Intel(R) PRO PCI Adapter (Microsoft's Packet Scheduler)
0x2000004 ...00 53 45 00 00 00 ...... WAN (PPP/SLIP) Interface
===========================================================================
Aktive Routen:
     Netzwerkziel        Netzwerkmaske          Gateway      Schnittstelle  Anzahl
          0.0.0.0              0.0.0.0     192.168.52.1       192.168.52.1       1
         20.0.0.0              255.0.0.0   192.168.52.254     192.168.52.1       6
        50.104.4.0        255.255.252.0        50.104.4.1        50.104.4.1      1
        50.104.4.1      255.255.255.255         127.0.0.1         127.0.0.1      1
       50.104.7.67      255.255.255.255        50.104.4.1        50.104.4.1      1
    50.255.255.255      255.255.255.255        50.104.4.1        50.104.4.1      1
         127.0.0.0              255.0.0.0        127.0.0.1         127.0.0.1      1
        154.76.0.0              255.255.0.0  192.168.52.254     192.168.52.1       6
        172.168.0.0             255.255.0.0  192.168.52.254     192.168.52.1       6
      192.168.52.1      255.255.255.255         127.0.0.1         127.0.0.1      1
    192.168.52.254      255.255.255.255      192.168.52.1      192.168.52.1      1
    192.168.52.255      255.255.255.255      192.168.52.1      192.168.52.1      1
         224.0.0.0              224.0.0.0        50.104.4.1        50.104.4.1      1
         224.0.0.0              224.0.0.0     192.168.52.1      192.168.52.1      1
   255.255.255.255      255.255.255.255        50.104.4.1        50.104.4.1      1
Standardgateway:        192.168.52.1
===========================================================================
```

Diese Routen wurden über RIP gelernt.

Standardgateway wurde beim Aufbau der PPP-Verbindung durch den Router vorgegeben.

- Anzeige der IP-Konfiguration

```
C:\> ipconfig
Ethernetadapter "LAN-Verbindung":

        Verbindungsspezifisches DNS-Suffix:
        IP-Adresse. . . . . . . . . . . . : 50.104.4.1
        Subnetzmaske. . . . . . . . . . . : 255.255.252.0
        Standardgateway . . . . . . . . . :

PPP-Adapter    "L2TP über Ethernet":

        Verbindungsspezifisches DNS-Suffix:
        IP-Adresse. . . . . . . . . . . . : 192.168.52.1
        Subnetzmaske. . . . . . . . . . . : 255.255.255.255
        Standardgateway . . . . . . . . . : 192.168.52.1
```

C:\> ipconfig/all
Windows 2000-IP-Konfiguration

```
     Hostname. . . . . . . . . . . . . : schlaeppel
     Primäres DNS-Suffix . . . . . . . :
     Knotentyp . . . . . . . . . . . . : Hybridadapter
     IP-Routing aktiviert. . . . . . . : Ja
     WINS-Proxy aktiviert. . . . . . . : Nein

Ethernetadapter "LAN-Verbindung":

     Verbindungsspezifisches DNS-Suffix:
     Beschreibung. . . . . . . . . . . : Intel(R) PRO/100+ MiniPCI
     Physikalische Adresse . . . . . . : 00-D0-59-05-95-09
     DHCP-aktiviert. . . . . . . . . . : Nein
     IP-Adresse. . . . . . . . . . . . : 50.104.4.1
     Subnetzmaske. . . . . . . . . . . : 255.255.252.0
     Standardgateway . . . . . . . . . :
     DNS-Server. . . . . . . . . . . . :

PPP-Adapter  "L2TP über Ethernet":

     Verbindungsspezifisches DNS-Suffix:
     Beschreibung. . . . . . . . . . . : WAN (PPP/SLIP) Interface
     Physikalische Adresse . . . . . . : 00-53-45-00-00-00
     DHCP-aktiviert. . . . . . . . . . : Nein
     IP-Adresse. . . . . . . . . . . . : 192.168.52.1
     Subnetzmaske. . . . . . . . . . . : 255.255.255.255
     Standardgateway . . . . . . . . . : 192.168.52.1
     DNS-Server. . . . . . . . . . . . : 20.1.1.10
                                          20.1.1.11
     Primärer WINS-Server. . . . . . . : 20.1.1.10
     Sekundärer WINS-Server. . . . . . : 20.1.1.11
```

DNS- und WINS-Konfiguration werden vom Router beim Aufbau der PPP-Verbindung vorgegeben.

15.3.2 Konfiguration des Cisco Routers

Konfiguration des Cisco Router als LNS

```
version 12.1(7)
!
hostname LNS-c2503
!
username Andreas password c
!
ip domain-name frs-lab.de
!
vpdn enable
!
vpdn-group 2
  accept-dialin
    protocol l2tp                    ⎯ Windows 2000 als LAC Client unterstützt
    virtual-template 2 ⎯⎯⎯⎯⎯⎯⎯⎯⎯ keine Authentifizierung des L2TP-Tunnels.
  no l2tp tunnel authentication
  source-ip 50.104.7.67
!
async-bootp gateway 192.168.52.254
!
crypto isakmp policy 10
  authentication pre-share
crypto isakmp key 1234567812345678 address 50.104.7.75
crypto isakmp key 1234567812345678 address 50.104.4.1
crypto isakmp key 1234567812345678 address 172.168.1.2
!
crypto ipsec transform-set ESP-Transport esp-des esp-md5-hmac
  mode transport                    ⎯ Verschlüsselung der Telnet-Verbindung
!                                     zwischen PC und Router.
crypto map Ethernet 20 ipsec-isakmp ⎯⎯⎯
  set peer 50.104.4.1
  set transform-set ESP-Transport
  match address TelnetToRouter
crypto map Ethernet 30 ipsec-isakmp ⎯ Verschlüsselung der L2TP-Verbindung
  set peer 50.104.4.1                 zwischen PC und Router.
  set peer 50.104.7.75
  set transform-set ESP-Transport
  match address L2TP
!
crypto map SERIAL local-address Loopback0
crypto map SERIAL 10 ipsec-isakmp
  set peer 172.168.1.2
  set transform-set ESP
  match address 199
!
interface Loopback0
  ip address 154.76.3.1 255.255.255.255
!
interface Ethernet0
  ip address 50.104.7.67 255.255.252.0 ⎯ Normale IP-Access-Liste: Router empfängt nur IPSec-
  ip access-group AllowOnlyIPsec in      Pakete über die Ethernet-Schnittstelle.
  crypto map Ethernet
!
interface Serial0
  ip address 172.168.1.1 255.255.255.252
!
```

Manuelle Konfiguration der IPSec-Filter für L2TP

```
interface Virtual-Template2
  description --- L2TP Verbindungen ---
  ip address 192.168.52.254 255.255.255.0
  ip access-group FromNet20_1_1 out       ← Normale IP-Access-Liste: Router leitet nur Pakete aus
  peer default ip address pool L2TP          dem Netzwerk 20.1.1.0/24 über L2TP weiter.
  ppp authentication ms-chap
  ppp ipcp dns 20.1.1.10 20.1.1.11
  ppp ipcp wins 20.1.1.10 20.1.1.11
!
router ospf 1
  passive-interface Virtual-Template2
  network 154.76.3.1 0.0.0.0 area 0
  network 172.168.1.1 0.0.0.0 area 0
  network 192.168.52.254 0.0.0.0 area 0
!
router rip                              ← Über den L2TP-Tunnel werden Routing-Informationen
  redistribute ospf 1 metric 5            über das RIP-Protokoll ausgetauscht.
  network 192.168.52.0
!
ip local pool L2TP 192.168.52.100 192.168.52.254
!
ip access-list extended AllowOnlyIPsec
  permit udp 50.104.4.0 0.0.3.255 eq isakmp host 50.104.7.67 eq isakmp
  permit esp 50.104.4.0 0.0.3.255 host 50.104.7.67
  deny   ip any any
!
ip access-list extended FromNet20_1_1
  permit ip 20.1.1.0 0.0.0.255 192.168.52.0 0.0.0.255
  deny   ip any any
!
ip access-list extended L2TP
  permit udp host 50.104.7.67 eq 1701 host 50.104.4.1 eq 1701
  permit udp host 50.104.7.67 eq 1701 host 50.104.7.75 eq 1701
!
ip access-list extended TelnetToRouter
  permit tcp host 50.104.7.67 eq telnet host 50.104.4.1
!
access-list 199 deny    ip 224.0.0.0 15.255.255.255 any
access-list 199 deny    ip any 224.0.0.0 15.255.255.255
access-list 199 deny    ip host 255.255.255.255 any
access-list 199 deny    ip any host 255.255.255.255
access-list 199 permit ip 50.104.4.0 0.0.3.255 20.1.1.0 0.0.0.255
!
end
```

Informationen über die aktiven IPSec- und L2TP-Verbindungen

- IPSec-Informationen

```
LNS-c2503# show crypto engine connections active
 ID Interface   IP-Address     State  Algorithm              Encrypt  Decrypt
  1 <none>      <none>         set    HMAC_SHA+DES_56_CB           0        0
  2 <none>      <none>         set    HMAC_SHA+DES_56_CB           0        0
  3 <none>      <none>         set    HMAC_SHA+DES_56_CB           0        0
2000 Ethernet0  50.104.7.67    set    HMAC_MD5+DES_56_CB           0      179 ⎤
2001 Ethernet0  50.104.7.67    set    HMAC_MD5+DES_56_CB         128        0 ⎦ L2TP von 50.104.4.1
2002 Ethernet0  50.104.7.67    set    HMAC_MD5+DES_56_CB           0     5159 ⎤
2003 Ethernet0  50.104.7.67    set    HMAC_MD5+DES_56_CB       10206        0 ⎦ Telnet von 50.104.4.1
2004 Ethernet0  50.104.7.67    set    HMAC_MD5                     0      426 ⎤
2005 Ethernet0  50.104.7.67    set    HMAC_MD5                   321        0 ⎦ L2TP von 50.104.7.75
2006 Serial0    172.168.1.1    set    HMAC_MD5+DES_56_CB           0      171 ⎤
2007 Serial0    172.168.1.1    set    HMAC_MD5+DES_56_CB         293        0 ⎦ IPsec SA über Serial0
```

LNS-c2503# show crypto map tag Ethernet
```
Crypto Map "Ethernet" 20 ipsec-isakmp
        Peer = 50.104.4.1
        Extended IP access list TelnetToRouter
            access-list TelnetToRouter permit tcp host 50.104.7.67 port = 23 host 50.104.4.1
        Current peer: 50.104.4.1
        Security association lifetime: 4608000 kilobytes/3600 seconds
        PFS (Y/N): N
        Transform sets={ ESP-Transport, }

Crypto Map "Ethernet" 31 ipsec-isakmp
        Peer = 50.104.4.1
        Peer = 50.104.7.75
        Extended IP access list L2TP
            access-list L2TP permit udp host 50.104.7.67 port = 1701 host 50.104.4.1 port = 1701
            access-list L2TP permit udp host 50.104.7.67 port = 1701 host 50.104.7.75 port = 1701
        Current peer: 50.104.7.75
        Security association lifetime: 4608000 kilobytes/3600 seconds
        PFS (Y/N): N
        Transform sets={ ESP-Transport, AH-Transport, }
        Interfaces using crypto map Ethernet:
                Ethernet0
```

LNS-c2503# show ip access-lists
```
Extended IP access list 199
    deny ip 224.0.0.0 15.255.255.255 any (7484 matches)
    deny ip any 224.0.0.0 15.255.255.255
    deny ip host 255.255.255.255 any
    deny ip any host 255.255.255.255
    permit ip 192.168.52.0 0.0.0.255 20.1.1.0 0.0.0.255 (758 matches)
Extended IP access list AllowOnlyIPsec
    permit udp 50.104.4.0 0.0.3.255 eq isakmp host 50.104.7.67 eq isakmp (24 matches)
    permit esp 50.104.4.0 0.0.3.255 host 50.104.7.67 (986 matches)
    deny ip any any (636 matches)
Extended IP access list FromNet20_1_1
    permit ip 20.1.1.0 0.0.0.255 192.168.52.0 0.0.0.255 (197 matches)
    deny ip any any (20 matches)
Extended IP access list L2TP
    permit udp host 50.104.7.67 eq 1701 host 50.104.4.1 eq 1701 (309 matches)
    permit udp host 50.104.7.67 eq 1701 host 50.104.7.75 eq 1701 (4191 matches)
Extended IP access list TelnetToRouter
    permit tcp host 50.104.7.67 eq telnet host 50.104.4.1 (95889 matches)
```

LNS-c2503# show crypto isakmp sa
```
   dst              src              state         conn-id    slot
50.104.7.67      50.104.4.1        QM_IDLE           1          0
50.104.7.67      50.104.7.75       QM_IDLE           2          0
172.168.1.2      154.76.3.1        QM_IDLE           3          0
```

Manuelle Konfiguration der IPSec-Filter für L2TP

```
LNS-c2503# show crypto ipsec sa map Ethernet
interface: Ethernet0
   Crypto map tag: Ethernet, local addr. 50.104.7.67
```
            ⌐ IPSec SA der Telnet-
            ⌐ Verbindung

```
   local  ident (addr/mask/prot/port): (50.104.7.67/255.255.255.255/6/23)
   remote ident (addr/mask/prot/port): (50.104.4.1/255.255.255.255/6/0)
   current_peer: 50.104.4.1
     PERMIT, flags={origin_is_acl,reassembly_needed,transport_parent,ident_port_range,}
    #pkts encaps: 10206, #pkts encrypt: 10206, #pkts digest 10206
    #pkts decaps: 5159, #pkts decrypt: 5159, #pkts verify 5159
    #pkts compressed: 0, #pkts decompressed: 0
    #pkts not compressed: 0, #pkts compr. failed: 0, #pkts decompress failed: 0
    #send errors 0, #recv errors 0

     local crypto endpt.: 50.104.7.67, remote crypto endpt.: 50.104.4.1
     path mtu 1500, media mtu 1500
     current outbound spi: C234C8D1

     inbound esp sas:
      spi: 0xE8E1B3A(244194106)
        transform: esp-des esp-md5-hmac ,
        in use settings ={Transport, }
        slot: 0, conn id: 2002, flow_id: 3, crypto map: Ethernet
        sa timing: remaining key lifetime (k/sec): (4607516/3237)
        IV size: 8 bytes
        replay detection support: Y

     outbound esp sas:
      spi: 0xC234C8D1(3258239185)
        transform: esp-des esp-md5-hmac ,
        in use settings ={Transport, }
        slot: 0, conn id: 2003, flow_id: 4, crypto map: Ethernet
        sa timing: remaining key lifetime (k/sec): (4607052/3237)
        IV size: 8 bytes
        replay detection support: Y
```
                                                         IPSec SA des
                                                     ⌐ L2TP-Tunnels
```
   local  ident (addr/mask/prot/port): (50.104.7.67/255.255.255.255/17/1701)
   remote ident (addr/mask/prot/port): (50.104.7.75/255.255.255.255/17/1701)
   current_peer: 50.104.7.75
     PERMIT, flags={origin_is_acl,reassembly_needed,transport_parent,}
    #pkts encaps: 325, #pkts encrypt: 0, #pkts digest 325
    #pkts decaps: 427, #pkts decrypt: 0, #pkts verify 427
    #pkts compressed: 0, #pkts decompressed: 0
    #pkts not compressed: 0, #pkts compr. failed: 0, #pkts decompress failed: 0
    #send errors 0, #recv errors 0

     local crypto endpt.: 50.104.7.67, remote crypto endpt.: 50.104.7.75
     path mtu 1500, media mtu 1500
     current outbound spi: D031C16D

     inbound esp sas:
      spi: 0x25E31280(635638400)
        transform: esp-null esp-md5-hmac ,
        in use settings ={Transport, }
        slot: 0, conn id: 2004, flow_id: 1, crypto map: Ethernet
        sa timing: remaining key lifetime (k/sec): (4607645/757)
        IV size: 0 bytes
        replay detection support: Y
```

```
  outbound esp sas:
   spi: 0xD031C16D(3492921709)
     transform: esp-null esp-md5-hmac ,
     in use settings ={Transport, }
     slot: 0, conn id: 2005, flow_id: 2, crypto map: Ethernet
     sa timing: remaining key lifetime (k/sec): (4607962/757)
     IV size: 0 bytes
     replay detection support: Y

  local  ident (addr/mask/prot/port): (50.104.7.67/255.255.255.255/17/1701)
  remote ident (addr/mask/prot/port): (50.104.4.1/255.255.255.255/17/1701)
  current_peer: 50.104.4.1
   PERMIT, flags={origin_is_acl,reassembly_needed,transport_parent,parent_is_transport,}
   #pkts encaps: 129, #pkts encrypt: 129, #pkts digest 129
   #pkts decaps: 179, #pkts decrypt: 179, #pkts verify 179
   #pkts compressed: 0, #pkts decompressed: 0
   #pkts not compressed: 0, #pkts compr. failed: 0, #pkts decompress failed: 0
   #send errors 0, #recv errors 0

   local crypto endpt.: 50.104.7.67, remote crypto endpt.: 50.104.4.1
   path mtu 1500, media mtu 1500
   current outbound spi: C940C6EE

   inbound esp sas:
    spi: 0x1B8C1380(462164864)
      transform: esp-des esp-md5-hmac ,
      in use settings ={Transport, }
      slot: 0, conn id: 2000, flow_id: 1, crypto map: Ethernet
      sa timing: remaining key lifetime (k/sec): (4607958/3260)
      IV size: 8 bytes
      replay detection support: Y

   outbound esp sas:
    spi: 0xC940C6EE(3376465646)
      transform: esp-des esp-md5-hmac ,
      in use settings ={Transport, }
      slot: 0, conn id: 2001, flow_id: 2, crypto map: Ethernet
      sa timing: remaining key lifetime (k/sec): (4607982/3258)
      IV size: 8 bytes
      replay detection support: Y
```

⎫ IPSec SA des
⎭ L2TP-Tunnels

LNS-c2503# show crypto ipsec sa map SERIAL
```
interface: Serial0
   Crypto map tag: SERIAL, local addr. 154.76.3.1

  local  ident (addr/mask/prot/port): (192.168.52.0/255.255.255.0/0/0)
  remote ident (addr/mask/prot/port): (20.1.1.0/255.255.255.0/0/0)
  current_peer: 172.168.1.2
   PERMIT, flags={origin_is_acl,}
   #pkts encaps: 294, #pkts encrypt: 294, #pkts digest 294
   #pkts decaps: 173, #pkts decrypt: 173, #pkts verify 173
   #pkts compressed: 0, #pkts decompressed: 0
   #pkts not compressed: 0, #pkts compr. failed: 0, #pkts decompress failed: 0
   #send errors 1, #recv errors 0

   local crypto endpt.: 154.76.3.1, remote crypto endpt.: 172.168.1.2
   path mtu 1500, media mtu 1500
   current outbound spi: A24BD4CB
```

```
        inbound esp sas:
         spi: 0x14520CD(21307597)
           transform: esp-des esp-md5-hmac ,
           in use settings ={Tunnel, }
           slot: 0, conn id: 2002, flow_id: 3, crypto map: SERIAL
           sa timing: remaining key lifetime (k/sec): (4607974/463)
           IV size: 8 bytes
           replay detection support: Y

        outbound esp sas:
         spi: 0xA24BD4CB(2722878667)
           transform: esp-des esp-md5-hmac ,
           in use settings ={Tunnel, }
           slot: 0, conn id: 2003, flow_id: 4, crypto map: SERIAL
           sa timing: remaining key lifetime (k/sec): (4607838/463)
           IV size: 8 bytes
           replay detection support: Y
```

● L2TP-Informationen

```
LNS-c2503# show vpdn
L2TP Tunnel and Session Information Total tunnels 1 sessions 1

LocID RemID Remote Name    State  Remote Address  Port  Sessions
2648  1     schlaeppel     est    50.104.4.1      1701  1
48475 22    mpdepp.frs-la  est    50.104.7.75     1701  1

LocID RemID TunID  Intf  Username              State  Last Chg  Fastswitch
4     1     2648   Vi1   Andreas               est    00:05:06  enabled
34    1     48475  Vi1   Andreas               est    00:24:09  enabled

% No active L2F tunnels
```

LNS-c2503# show vpdn tunnel all

```
L2TP Tunnel Information Total tunnels 2 sessions 2

Tunnel id 2648 is up, remote id is 1, 1 active sessions
  Tunnel state is established, time since change 00:05:06
```
  Remote tunnel name is schlaeppel
  Internet Address 50.104.4.1, port 1701
```
  Local tunnel name is LNS-c2503
    Internet Address 50.104.7.67, port 1701
  123 packets sent, 172 received
  6971 bytes sent, 14429 received
  Control Ns 2, Nr 4
  Local RWS 300 (default), Remote RWS 8
  Retransmission time 1, max 1 seconds
  Unsent queuesize 0, max 0
  Resend queuesize 0, max 1
  Total resends 0, ZLB ACKs sent 2
  Current nosession queue check 0 of 5
  Retransmit time distribution: 0 0 0 0 0 0 0 0
  Sessions disconnected due to lack of resources 0
```

```
Tunnel id 48475 is up, remote id is 22, 1 active sessions
  Tunnel state is established, time since change 00:25:06
  Remote tunnel name is mpdepp.frs-lab.de
    Internet Address 50.104.7.75, port 1701
  Local tunnel name is LNS-c2503
    Internet Address 50.104.7.67, port 1701
  222 packets sent, 321 received
  12344 bytes sent, 155846 received
  Control Ns 21, Nr 4
  Local RWS 300 (default), Remote RWS 8
  Retransmission time 1, max 1 seconds
  Unsent queuesize 0, max 0
  Resend queuesize 0, max 1
  Total resends 0, ZLB ACKs sent 2
  Current nosession queue check 0 of 5
  Retransmit time distribution: 0 0 0 0 0 0 0 0 0
  Sessions disconnected due to lack of resources 0

% No active L2F tunnels
```

LNS-c2503# show vpdn session all

```
L2TP Session Information Total tunnels 2 sessions 2

Call id 4 is up on tunnel id 2648
Remote tunnel name is schlaeppel
  Internet Address is 50.104.4.1
  Session username is Andreas, state is established
    Time since change 00:05:06, interface Vi1
    Remote call id is 1
    Fastswitching is enabled
    123 packets sent, 172 received
    6971 bytes sent, 14429 received
      Sequencing is off

Call id 34 is up on tunnel id 48475
Remote tunnel name is mpdepp.frs-lab.de
  Internet Address is 50.104.7.75
  Session username is Andreas, state is established
    Time since change 00:25:37, interface Vi1
    Remote call id is 1
    Fastswitching is enabled
    223 packets sent, 321 received
    12408 bytes sent, 155846 received
      Sequencing is off

% No active L2F tunnels
```

- Interface-Informationen

  ### LNS-c2503# show ip interface Virtual-Access1
  ```
  Virtual-Access1 is up, line protocol is up
    Internet address is 192.168.52.254/24
    Broadcast address is 255.255.255.255
    Address determined by configuration file
    Peer address is 192.168.52.1
    MTU is 1500 bytes
    Helper address is not set
    Directed broadcast forwarding is disabled
    Multicast reserved groups joined: 224.0.0.5 224.0.0.6
    Outgoing access list is FromNet20_1_1
    Inbound  access list is not set
    ...    ...
  ```

  ### LNS-c2503# show ip interface virtual-access 2
  ```
  Virtual-Access2 is up, line protocol is up
    Internet address is 192.168.52.254/24
    Broadcast address is 255.255.255.255
    Address determined by configuration file
    Peer address is 192.168.52.100
    MTU is 1500 bytes
    Helper address is not set
    Directed broadcast forwarding is disabled
    Multicast reserved groups joined: 224.0.0.9 224.0.0.5 224.0.0.6
    Outgoing access list is FromNet20_1_1
    Inbound  access list is not set
    ...    ...
  ```

  ### LNS-c2503# show ip interface brief
  ```
  Interface          IP-Address       OK? Method Status                Protocol
  Ethernet0          50.104.7.67      YES manual up                    up
  Loopback0          154.76.3.1       YES NVRAM  up                    up
  Serial0            172.168.1.1      YES NVRAM  up                    up
  Virtual-Access1    192.168.52.254   YES TFTP   up                    up
  Virtual-Access2    192.168.52.254   YES TFTP   up                    up
  Virtual-Template2  192.168.52.254   YES NVRAM  down                  down
  ```

- Routing-Informationen

LNS-c2503# show ip route
```
50.0.0.0/22 is subnetted, 1 subnets
C      50.104.4.0 is directly connected, Ethernet0
20.0.0.0/8 is variably subnetted, 2 subnets, 2 masks
O      20.1.1.0/24 [110/70] via 172.168.1.2, 00:55:15, Serial0
154.76.0.0/32 is subnetted, 1 subnets
C      154.76.3.1 is directly connected, Loopback0
172.168.0.0/16 is variably subnetted, 2 subnets, 2 masks
C      172.168.1.0/30 is directly connected, Serial0
C      172.168.1.2/32 is directly connected, Serial0
192.168.52.0/24 is variably subnetted, 3 subnets, 2 masks
C      192.168.52.0/24 is directly connected, Virtual-Access1
                       is directly connected, Virtual-Access2
C      192.168.52.100/32 is directly connected, Virtual-Access2
C      192.168.52.1/32 is directly connected, Virtual-Access1
```
Host Routes für die LAC Clients

LNS-c2503# show ip protocols
```
Routing Protocol is "ospf 1"
  Invalid after 0 seconds, hold down 0, flushed after 0
  Outgoing update filter list for all interfaces is
  Incoming update filter list for all interfaces is
  Routing for Networks:
    154.76.3.1/32
    172.168.1.1/32
    192.168.52.254/32
  Passive Interface(s):
    Virtual-Access1
    Virtual-Access2
    Virtual-Template2
  Routing Information Sources:
    Gateway         Distance      Last Update
    176.34.23.254       110       00:00:08
  Distance: (default is 110)

Routing Protocol is "rip"
  Sending updates every 30 seconds, next due in 23 seconds
  Invalid after 180 seconds, hold down 180, flushed after 240
  Outgoing update filter list for all interfaces is
  Incoming update filter list for all interfaces is
  Redistributing: ospf 1 (internal, external 1 & 2, nssa-external 1 & 2)

  Redistributing: rip
  Default version control: send version 1, receive any version
    Interface         Send  Recv   Triggered RIP  Key-chain
    Virtual-Access1    1     1 2
    Virtual-Template2  1     1 2
  Automatic network summarization is in effect
  Routing for Networks:
    192.168.52.0
  Routing Information Sources:
    Gateway         Distance      Last Update
  Distance: (default is 120)
```

Debug-Informationen

- Aufbau der IPSec SA für den L2TP-Tunnel

```
LNS-c2503# debug isakmp
LNS-c2503# debug ipsec
ISAKMP (0): received packet from 50.104.4.1 (N) NEW SA
ISAKMP: local port 500, remote port 500
ISAKMP (0:1): processing SA payload. message ID = 0
ISAKMP (0:1): Checking ISAKMP transform 1 against priority 10 policy
ISAKMP:     encryption DES-CBC
ISAKMP:     hash MD5
ISAKMP:     default group 1          Windows-2000-proprietärer Mechanismus
ISAKMP:     auth... What? 65001?     für die Authentifizierung über Kerberos
ISAKMP:     life type in seconds
ISAKMP:     life duration (VPI) of   0x0 0x0 0x70 0x80
ISAKMP (0:1): atts are not acceptable. Next payload is 3
... ...
ISAKMP (0:1): Checking ISAKMP transform 5 against priority 10 policy
ISAKMP:     encryption DES-CBC
ISAKMP:     hash MD5
ISAKMP:     default group 1
ISAKMP:     auth RSA sig
ISAKMP:     life type in seconds
ISAKMP:     life duration (VPI) of   0x0 0x0 0x70 0x80
ISAKMP (0:1): atts are not acceptable. Next payload is 3
... ...
ISAKMP (0:1): Checking ISAKMP transform 8 against priority 10 policy
ISAKMP:     encryption DES-CBC
ISAKMP:     hash SHA
ISAKMP:     default group 1
ISAKMP:     auth pre-share
ISAKMP:     life type in seconds
ISAKMP:     life duration (VPI) of   0x0 0x0 0x70 0x80
ISAKMP (0:1): atts are acceptable. Next payload is 0
ISAKMP (0:1): processing vendor id payload
ISAKMP (0:1): SA is doing pre-shared key authentication
ISAKMP (1): SA is doing pre-shared key authentication using id type ID_IPV4_ADDR
ISAKMP (1): sending packet to 50.104.4.1 (R) MM_SA_SETUP
ISAKMP (1): received packet from 50.104.4.1 (R) MM_SA_SETUP
ISAKMP (0:1): processing KE payload. message ID = 0
ISAKMP (0:1): processing NONCE payload. message ID = 0
ISAKMP (0:1): SKEYID state generated
ISAKMP (1): sending packet to 50.104.4.1 (R) MM_KEY_EXCH
ISAKMP (1): received packet from 50.104.4.1 (R) MM_KEY_EXCH
ISAKMP (0:1): processing ID payload. message ID = 0
ISAKMP (0:1): processing HASH payload. message ID = 0
ISAKMP (0:1): SA has been authenticated with 50.104.4.1
ISAKMP (1): ID payload
    next-payload : 8
    type         : 1
    protocol     : 17
    port         : 500
    length       : 8
ISAKMP (1): Total payload length: 12
ISAKMP (1): sending packet to 50.104.4.1 (R) QM_IDLE

ISAKMP (1): received packet from 50.104.4.1 (R) QM_IDLE
ISAKMP (0:1): processing SA payload. message ID = -1018996453
ISAKMP (0:1): Checking IPSec proposal 1
ISAKMP: transform 1, ESP_DES
ISAKMP:    attributes in transform:
```

```
ISAKMP:    encaps is 2
ISAKMP:    authenticator is HMAC-SHA
IPSEC(validate_proposal): transform proposal (prot 3, trans 2, hmac_alg 2) not supported
ISAKMP (0:1): atts not acceptable. Next payload is 3
ISAKMP: transform 2, ESP_DES
ISAKMP:    attributes in transform:
ISAKMP:    encaps is 2
ISAKMP:    authenticator is HMAC-MD5
ISAKMP (0:1): atts are acceptable.
IPSEC(validate_proposal_request): proposal part #1,
  (key eng. msg.) dest= 50.104.7.67, src= 50.104.4.1,
    dest_proxy= 50.104.7.67/255.255.255.255/17/1701 (type=1),
    src_proxy= 50.104.4.1/255.255.255.255/17/1701 (type=1),
    protocol= ESP, transform= esp-des esp-md5-hmac ,
    lifedur= 0s and 0kb,
    spi= 0x0(0), conn_id= 0, keysize= 0, flags= 0x0
ISAKMP (0:1): processing NONCE payload. message ID = -1018996453
ISAKMP (0:1): processing ID payload. message ID = -1018996453
ISAKMP (1): ID_IPV4_ADDR src 50.104.4.1 prot 17 port 1701
ISAKMP (0:1): processing ID payload. message ID = -1018996453
ISAKMP (1): ID_IPV4_ADDR dst 50.104.7.67 prot 17 port 1701
ISAKMP (0:1): asking for 1 spis from ipsec
IPSEC(key_engine): got a queue event...
IPSEC(spi_response): getting spi 462164864 for SA
       from 50.104.4.1      to 50.104.7.67      for prot 3
ISAKMP: received ke message (2/1)
ISAKMP (1): sending packet to 50.104.4.1 (R) QM_IDLE
ISAKMP (1): received packet from 50.104.4.1 (R) QM_IDLE
ISAKMP (0:1): Creating IPSec SAs
        inbound SA from 50.104.4.1 to 50.104.7.67
                (proxy 50.104.4.1 to 50.104.7.67)
        has spi 462164864 and conn_id 2000 and flags 0
        outbound SA from 50.104.7.67 to 50.104.4.1
                (proxy 50.104.7.67 to 50.104.4.1)
        has spi -918501650 and conn_id 2001 and flags 0
ISAKMP (0:1): deleting node -1018996453 error FALSE reason "quick mode done (await()"
IPSEC(key_engine): got a queue event...
IPSEC(initialize_sas): ,
  (key eng. msg.) dest= 50.104.7.67, src= 50.104.4.1,
    dest_proxy= 50.104.7.67/0.0.0.0/17/1701 (type=1),
    src_proxy= 50.104.4.1/0.0.0.0/17/1701 (type=1),
    protocol= ESP, transform= esp-des esp-md5-hmac ,
    lifedur= 0s and 0kb,
    spi= 0x1B8C1380(462164864), conn_id= 2000, keysize= 0, flags= 0x0
IPSEC(initialize_sas): ,
  (key eng. msg.) src= 50.104.7.67, dest= 50.104.4.1,
    src_proxy= 50.104.7.67/0.0.0.0/17/1701 (type=1),
    dest_proxy= 50.104.4.1/0.0.0.0/17/1701 (type=1),
    protocol= ESP, transform= esp-des esp-md5-hmac ,
    lifedur= 0s and 0kb,
    spi= 0xC940C6EE(3376465646), conn_id= 2001, keysize= 0, flags= 0x0
IPSEC(create_sa): sa created,
  (sa) sa_dest= 50.104.7.67, sa_prot= 50,
    sa_spi= 0x1B8C1380(462164864),
    sa_trans= esp-des esp-md5-hmac , sa_conn_id= 2000
IPSEC(create_sa): sa created,
  (sa) sa_dest= 50.104.4.1, sa_prot= 50,
    sa_spi= 0xC940C6EE(3376465646),
    sa_trans= esp-des esp-md5-hmac , sa_conn_id= 2001
%LINK-3-UPDOWN: Interface Virtual-Access1, changed state to up
%LINEPROTO-5-UPDOWN: Line protocol on Interface Virtual-Access1, changed state to up
```

Manuelle Konfiguration der IPSec-Filter für L2TP

- Aufbau der IPSec SA für die Telnet-Verbindung

  Da die ISAKMP SA schon besteht, ist lediglich ein weiterer Quick Mode Exchange notwendig, um die IPSec SA für die Telnet-Verbindung aufzubauen.

```
ISAKMP (1): received packet from 50.104.4.1 (R) QM_IDLE
ISAKMP (0:1): processing SA payload. message ID = 926611489
ISAKMP (0:1): Checking IPSec proposal 1
ISAKMP: transform 1, ESP_DES
ISAKMP:    attributes in transform:
ISAKMP:       encaps is 2
ISAKMP:       authenticator is HMAC-SHA
IPSEC(validate_proposal): transform proposal (prot 3, trans 2, hmac_alg 2) not supported
ISAKMP (0:1): atts not acceptable. Next payload is 3
ISAKMP: transform 2, ESP_DES
ISAKMP:    attributes in transform:
ISAKMP:       encaps is 2
ISAKMP:       authenticator is HMAC-MD5
ISAKMP (0:1): atts are acceptable.
IPSEC(validate_proposal_request): proposal part #1,
  (key eng. msg.) dest= 50.104.7.67, src= 50.104.4.1,
    dest_proxy= 50.104.7.67/255.255.255.255/6/23 (type=1),
    src_proxy= 50.104.4.1/255.255.255.255/6/0 (type=1),
    protocol= ESP, transform= esp-des esp-md5-hmac ,
    lifedur= 0s and 0kb,
    spi= 0x0(0), conn_id= 0, keysize= 0, flags= 0x0
ISAKMP (0:1): processing NONCE payload. message ID = 926611489
ISAKMP (0:1): processing ID payload. message ID = 926611489
ISAKMP (1): ID_IPV4_ADDR src 50.104.4.1 prot 6 port 0
ISAKMP (0:1): processing ID payload. message ID = 926611489
ISAKMP (1): ID_IPV4_ADDR dst 50.104.7.67 prot 6 port 23
ISAKMP (0:1): asking for 1 spis from ipsec
IPSEC(key_engine): got a queue event...
IPSEC(spi_response): getting spi 244194106 for SA
       from 50.104.4.1        to 50.104.7.67      for prot 3
ISAKMP: received ke message (2/1)
ISAKMP (1): sending packet to 50.104.4.1 (R) QM_IDLE
ISAKMP (1): received packet from 50.104.4.1 (R) QM_IDLE
ISAKMP (0:1): Creating IPSec SAs
       inbound SA from 50.104.4.1 to 50.104.7.67
              (proxy 50.104.4.1 to 50.104.7.67)
       has spi 244194106 and conn_id 2002 and flags 0
       outbound SA from 50.104.7.67 to 50.104.4.1
              (proxy 50.104.7.67 to 50.104.4.1)
       has spi -1036728111 and conn_id 2003 and flags 0
ISAKMP (0:1): deleting node 926611489 error FALSE reason "quick mode done (await()"
IPSEC(key_engine): got a queue event...
IPSEC(initialize_sas): ,
  (key eng. msg.) dest= 50.104.7.67, src= 50.104.4.1,
    dest_proxy= 50.104.7.67/0.0.0.0/6/23 (type=1),
    src_proxy= 50.104.4.1/0.0.0.0/6/0 (type=1),
    protocol= ESP, transform= esp-des esp-md5-hmac ,
    lifedur= 0s and 0kb,
    spi= 0xE8E1B3A(244194106), conn_id= 2002, keysize= 0, flags= 0x0
```

448 Kapitel 15 • L2TP – Layer Two Tunneling Protocol

```
IPSEC(initialize_sas): ,
  (key eng. msg.) src= 50.104.7.67, dest= 50.104.4.1,
   src_proxy= 50.104.7.67/0.0.0.0/6/23 (type=1),
   dest_proxy= 50.104.4.1/0.0.0.0/6/0 (type=1),
   protocol= ESP, transform= esp-des esp-md5-hmac ,
   lifedur= 0s and 0kb,
   spi= 0xC234C8D1(3258239185), conn_id= 2003, keysize= 0, flags= 0x0
IPSEC(create_sa): sa created,
  (sa) sa_dest= 50.104.7.67, sa_prot= 50,
   sa_spi= 0xE8E1B3A(244194106),
   sa_trans= esp-des esp-md5-hmac , sa_conn_id= 2002
IPSEC(create_sa): sa created,
  (sa) sa_dest= 50.104.4.1, sa_prot= 50,
   sa_spi= 0xC234C8D1(3258239185),
   sa_trans= esp-des esp-md5-hmac , sa_conn_id= 2003
```

15.4 L2TP-Verbindung zwischen einem Windows-2000-Client und einem Server

In diesem Beispiel baut der Client direkt eine L2TP-Verbindung zu einem Windows 2000 Server auf. Das heißt, auf den Routern des Netzwerks ist keine L2TP- oder IPSec-Konfiguration notwendig.

Konfiguration des Windows-2000-Client

Auf dem Client muss man lediglich eine neue Netzwerkverbindung anlegen und die IP-Adresse des Servers angeben (über *DFÜ-Verbindungen/Neue Verbindung erstellen* und Auswahl von *Verbindung mit einem privaten Netzwerk über das Internet herstellen*).

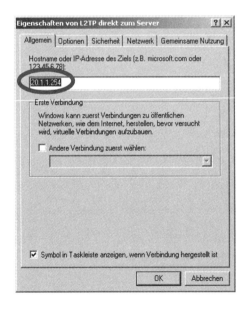
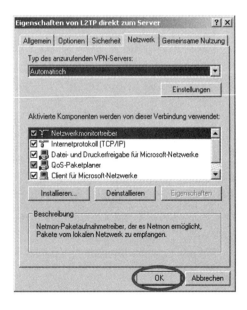

L2TP-Verbindung zwischen einem Windows-2000-Client und einem Server 449

Konfiguration des Windows-2000-Server

Auf dem Server ist zuerst der »Routing und Remote Access (RRAS)«-Dienst über *Start/Programs/Administrative Tools/Routing and Remote Access* zu konfigurieren.

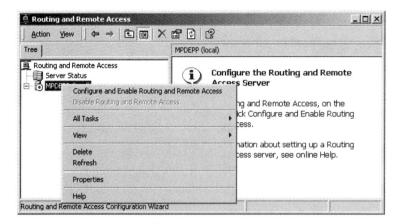

1. »LAN and demand-dial routing« einschalten.

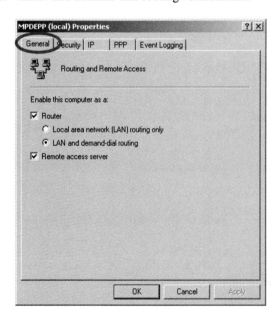

2. Die Art und Weise definieren, wie sich der Client auf dem Server authentifizieren soll.

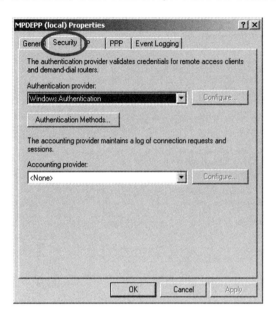

3. IP-Parameter für die Dialup-Verbindungen festlegen.

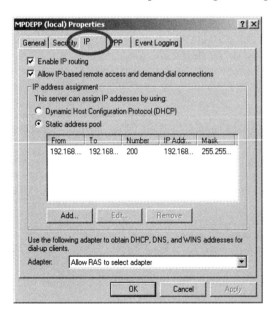

4. PPP-Parameter für die Dialup-Verbindungen festlegen.

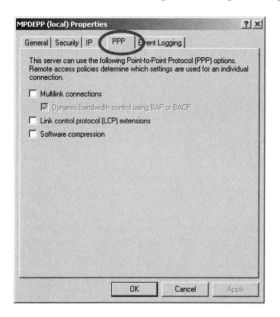

5. Falls Event-Logging für PPP eingeschaltet ist, legt der Server unter »\WINNT\tracing\PPP.log« eine Log-Datei an.

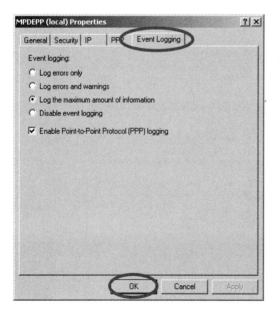

Informationen über die aktiven Dialup-Verbindungen

- Client

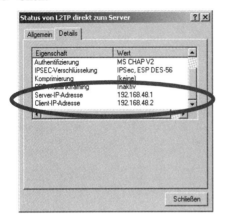

```
C:\ ipconfig
Windows 2000-IP-Konfiguration

Ethernetadapter "LAN-Verbindung":

        Verbindungsspezifisches DNS-Suffix:
        IP-Adresse. . . . . . . . . . . . : 50.104.4.1
        Subnetzmaske. . . . . . . . . . . : 255.255.252.0
        Standardgateway . . . . . . . . . :

PPP-Adapter "L2TP direkt zum Server":

        Verbindungsspezifisches DNS-Suffix:
        IP-Adresse. . . . . . . . . . . . : 192.168.48.2
        Subnetzmaske. . . . . . . . . . . : 255.255.255.255
        Standardgateway . . . . . . . . . : 192.168.48.2
```

```
C:\ netstat -nr
===========================================================================
Schnittstellenliste
0x1 ........................ MS TCP Loopback interface
0x1000003 ...00 d0 59 05 95 09 ...... Intel(R) PRO PCI Adapter (Microsoft's Packet Scheduler)
0x8000004 ...00 53 45 00 00 00 ...... WAN (PPP/SLIP) Interface
===========================================================================
Aktive Routen:
     Netzwerkziel    Netzwerkmaske         Gateway     Schnittstelle  Anzahl
          0.0.0.0          0.0.0.0    192.168.48.2     192.168.48.2       1
         20.0.0.0          255.0.0.0    50.104.7.67       50.104.4.1       1
        20.1.1.10  255.255.255.255     50.104.7.67       50.104.4.1       1
       20.1.1.254  255.255.255.255     50.104.7.67       50.104.4.1       1
        50.104.4.0    255.255.252.0      50.104.4.1       50.104.4.1       1
        50.104.4.1  255.255.255.255       127.0.0.1        127.0.0.1       1
    50.255.255.255  255.255.255.255      50.104.4.1       50.104.4.1       1
         127.0.0.0        255.0.0.0       127.0.0.1        127.0.0.1       1
     192.168.48.1  255.255.255.255    192.168.48.2     192.168.48.2       1
     192.168.48.2  255.255.255.255       127.0.0.1        127.0.0.1       1
   192.168.48.255  255.255.255.255    192.168.48.2     192.168.48.2       1
        224.0.0.0        224.0.0.0      50.104.4.1       50.104.4.1       1
        224.0.0.0        224.0.0.0    192.168.48.2     192.168.48.2       1
  255.255.255.255  255.255.255.255      50.104.4.1       50.104.4.1       1
Standardgateway:     192.168.48.2
===========================================================================
```

L2TP-Verbindung zwischen einem Windows-2000-Client und einem Server 453

- Server

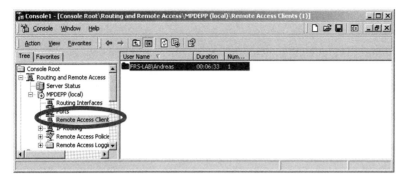

C:\ ipconfig
```
Windows 2000 IP Configuration

Token Ring adapter Local Area Connection 2:

        Connection-specific DNS Suffix  . : frs-lab.de
        IP Address. . . . . . . . . . . . : 20.1.1.254
        Subnet Mask . . . . . . . . . . . : 255.255.255.0
        Default Gateway . . . . . . . . . : 20.1.1.1

PPP adapter RAS Server (Dial In) Interface:

        Connection-specific DNS Suffix  . :
        IP Address. . . . . . . . . . . . : 192.168.48.1
        Subnet Mask . . . . . . . . . . . : 255.255.255.255
        Default Gateway . . . . . . . . . :
```

C:\ netstat -nr
```
===========================================================================
Interface List
0x1 ......................... MS TCP Loopback interface
0x2 ...00 01 c8 14 44 28 ...... COMPAQ_TR_MINIPORT_DRIVER: CPQTRND4 5.83
0x1000003 ...00 53 45 00 00 00 ...... WAN (PPP/SLIP) Interface
===========================================================================
Active Routes:
Network Destination        Netmask          Gateway       Interface  Metric
          0.0.0.0          0.0.0.0         20.1.1.1     20.1.1.254       1
         20.1.1.0    255.255.255.0       20.1.1.254     20.1.1.254       1
       20.1.1.254  255.255.255.255        127.0.0.1      127.0.0.1       1
   20.255.255.255  255.255.255.255       20.1.1.254     20.1.1.254       1
        127.0.0.0        255.0.0.0        127.0.0.1      127.0.0.1       1
     192.168.48.1  255.255.255.255        127.0.0.1      127.0.0.1       1
        224.0.0.0        224.0.0.0       20.1.1.254     20.1.1.254       1
  255.255.255.255  255.255.255.255       20.1.1.254     20.1.1.254       1
Default Gateway:          20.1.1.1
===========================================================================
Persistent Routes:
  None
```

Informationen über die aktiven IPSec-Verbindungen

- Client

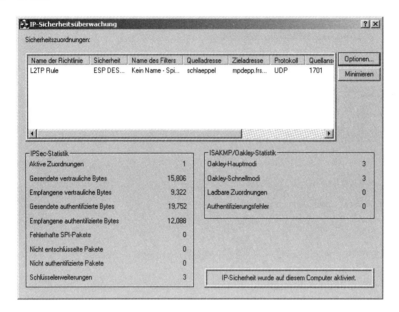

- Server

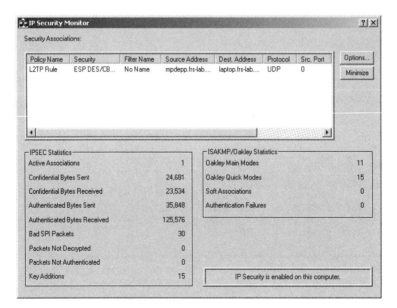

Teil 5

Beispielkonfigurationen

In älteren Windows-Versionen (95/98/NT 4.0) ist standardmäßig kein IPSec implementiert. Aus diesem Grund wurde in den folgenden Beispielen bei Client-Konfigurationen die Cisco Secure VPN Client Software V1.1a eingesetzt (im weiteren Verlauf als VPN Client bezeichnet).

Kapitel 16

Beispielkonfigurationen

16.1 Aushandeln der ISAKMP Protection Suite

16.1.1 IOS: Mehrere »crypto isakmp policy«-Einträge

Falls mehrere »ISAKMP Policy«-Einträge definiert sind, sendet der Router als Initiator die einzelnen Einträge als separate *Transform Payloads* innerhalb eines *Proposals*. Der *Transform Identifier* für alle *Transforms* ist KEY_IKE und die *Protocol ID* des *Proposal* ISAKMP.

Der Responder vergleicht die empfangenen *Transform Payloads* mit den eigenen Definitionen und wählt den ersten passenden Eintrag aus. Das heißt, die Nummer des Eintrags beschreibt die Präferenz. Falls keine Übereinstimmung zwischen den Einträgen existiert, bricht der Responder die Verbindung ab und sendet eine *Notification* mit *No-Proposal-Chosen* an den Initiator.

```
hostname c2504
!
crypto isakmp policy 20
  encryption des
  hash md5
  authentication pre-share
  group 1
  lifetime 3600
crypto isakmp key 1234567812345678
address 192.168.2.1
!
crypto ipsec transform-set AH ah-md5-hmac
!
crypto map SERIAL local-address Serial0
crypto map SERIAL 10 ipsec-isakmp
  set peer 192.168.2.1
  set transform-set AH
  match address FromNetwork_10
!
interface Serial0
  ip address 192.168.2.2 255.255.255.0
  crypto map SERIAL
!
ip access-list extended FromNetwork_10
  permit ip 10.0.0.0 0.255.255.255 any
  deny   ip any any
```

```
hostname c2503
!
crypto isakmp policy 10
  encryption des
  hash sha
  authentication pre-share
  group 1
!
crypto isakmp policy 15
  encryption des
  hash sha
  authentication pre-share
  group 2
!
crypto isakmp policy 20
  encryption des
  hash md5
  authentication pre-share
  group 1
  lifetime 3600
crypto isakmp key 1234567812345678 address 192.168.2.2
!
crypto ipsec transform-set AH ah-md5-hmac
!
crypto map SERIAL local-address Serial0
crypto map SERIAL 10 ipsec-isakmp
  set peer 192.168.2.2
  set transform-set AH
  match address ToNetwork_10
!
interface Ethernet0
  ip address 172.16.1.254 255.255.255.0
!
interface Serial0
  ip address 192.168.2.1 255.255.255.0
  crypto map SERIAL
!
ip access-list extended ToNetwork_10
  permit ip any 10.0.0.0 0.255.255.255
  deny   ip any any
```

- SA-Attribute für den ersten *Transform*
- SA-Attribute für den zweiten *Transform*
- SA-Attribute für den dritten *Transform*

Kapitel 16 • Beispielkonfigurationen

- Debug-Ausgabe auf dem Router C2504

Der Router C2503 sendet als Initiator die definierten »crypto isakmp policy«-Einträge jeweils in einem separaten *Transform*. C2504 als Responder überprüft diese *Transforms* dann gegen seine Konfiguration und wählt den ersten passenden Eintrag aus.

```
# debug crypto isakmp
# debug crypto isakmp packet
ISAKMP (0): received packet from 192.168.2.1 (N) NEW SA
ISAKMP: Main Mode packet contents (flags 0, len 128):
        SA payload
        PROPOSAL           ┌─ Die drei Transforms werden in
        TRANSFORM         ✓   eine Proposal eingetragen.
        TRANSFORM
        TRANSFORM
ISAKMP: local port 500, remote port 500
ISAKMP (0:6): processing SA payload. message ID = 0
ISAKMP (0:6): Checking ISAKMP transform 1 against priority 20 policy
ISAKMP:      encryption DES-CBC
ISAKMP:      hash SHA
ISAKMP:      default group 1
ISAKMP:      auth pre-share
ISAKMP (0:6): atts are not acceptable. Next payload is 3
ISAKMP (0:6): Checking ISAKMP transform 2 against priority 20 policy
ISAKMP:      encryption DES-CBC
ISAKMP:      hash SHA
ISAKMP:      default group 2
ISAKMP:      auth pre-share
ISAKMP (0:6): atts are not acceptable. Next payload is 3
ISAKMP (0:6): Checking ISAKMP transform 3 against priority 20 policy
ISAKMP:      encryption DES-CBC
ISAKMP:      hash MD5
ISAKMP:      default group 1
ISAKMP:      auth pre-share
ISAKMP:      life type in seconds
ISAKMP:      life duration (basic) of 3600
ISAKMP (0:6): atts are acceptable. Next payload is 0
ISAKMP (0:6): SA is doing pre-shared key authentication
ISAKMP (6): SA is doing pre-shared key authentication using id type ID_IPV4_ADDR

ISAKMP: Main Mode packet contents (flags 0, len 80):
        SA payload
        PROPOSAL
        TRANSFORM
ISAKMP (6): sending packet to 192.168.2.1 (R) MM_SA_SETUP
```

Aushandeln der ISAKMP Protection Suite

- Debug-Ausgabe auf dem Router C2503

Die von C2504 zurückgesandte *SA Payload* enthält jetzt nur noch den ausgewählten *Transform*. Der Router C2503 vergleicht diese Informationen nochmals mit seinen eigenen »crypto isakmp policy«-Einträgen.

```
ISAKMP (0:5): beginning Main Mode exchange
ISAKMP: Main Mode packet contents (flags 0, len 128):
        SA payload
         PROPOSAL
          TRANSFORM
          TRANSFORM
          TRANSFORM
ISAKMP (5): sending packet to 192.168.2.2 (I) MM_NO_STATE

ISAKMP (5): received packet from 192.168.2.2 (I) MM_NO_STATE
ISAKMP: Main Mode packet contents (flags 0, len 80):
        SA payload
         PROPOSAL
          TRANSFORM
ISAKMP (0:5): processing SA payload. message ID = 0
ISAKMP (0:5): Checking ISAKMP transform 1 against priority 10 policy
ISAKMP:         encryption DES-CBC
ISAKMP:         hash MD5
ISAKMP:         default group 1
ISAKMP:         auth pre-share
ISAKMP:         life type in seconds
ISAKMP:         life duration (basic) of 3600
ISAKMP (0:5): atts are not acceptable. Next payload is 0
ISAKMP (0:5): Checking ISAKMP transform 1 against priority 15 policy
ISAKMP:         encryption DES-CBC
ISAKMP:         hash MD5
ISAKMP:         default group 1
ISAKMP:         auth pre-share
ISAKMP:         life type in seconds
ISAKMP:         life duration (basic) of 3600
ISAKMP (0:5): atts are not acceptable. Next payload is 0
ISAKMP (0:5): Checking ISAKMP transform 1 against priority 20 policy
ISAKMP:         encryption DES-CBC
ISAKMP:         hash MD5
ISAKMP:         default group 1
ISAKMP:         auth pre-share
ISAKMP:         life type in seconds
ISAKMP:         life duration (basic) of 3600
ISAKMP (0:5): atts are acceptable. Next payload is 0
ISAKMP (0:5): SA is doing pre-shared key authentication
```

16.1.2 VPN Client: Mehrere Proposal-Einträge für die ISAKMP SA

Bei der Definition von mehreren *Proposals* für die *Authentication (Phase 1)* auf dem VPN Client handelt es sich eigentlich um unterschiedliche *Transforms*, die in ein einzelnes *Proposal* eingetragen werden.

- Konfiguration auf dem Cisco VPN Client

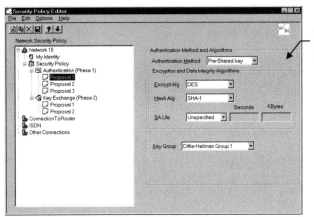

Obwohl als *Proposal* bezeichnet, handelt es sich um einen *Transform*.

- Konfiguration auf dem Cisco Router

```
hostname c2503
!
crypto isakmp policy 20
   hash md5
   authentication pre-share
   lifetime 3600
!
crypto isakmp key 1234567812345678 address 172.16.1.1
!
crypto ipsec transform-set ESP-DES esp-des esp-md5-hmac
!
crypto map ToNetwork_10 10 ipsec-isakmp
   set peer 172.16.1.1
   set security-association lifetime kilobytes 10000
   set transform-set ESP-DSP
   set pfs group1
   match address ToNetwork_10
!
interface Ethernet0
   ip address 172.16.1.254 255.255.255.0
   crypto map ToNetwork_10
!
ip access-list extended ToNetwork_10
   permit ip 10.0.0.0 0.255.255.255 any
   deny   ip any any
```

Aushandeln der ISAKMP Protection Suite

- Debug-Ausgabe auf dem Router

```
# debug crypto isakmp
ISAKMP (0:0): received packet from 172.16.1.1 (N) NEW SA
ISAKMP: local port 500, remote port 500
ISAKMP (0:1): processing SA payload. message ID = 0
ISAKMP (0:1): found peer Pre-shared Key matching 172.16.1.1
ISAKMP (0:1): Checking ISAKMP transform 1 against priority 20 policy
ISAKMP:        encryption DES-CBC
ISAKMP:        hash SHA
ISAKMP:        default group 1
ISAKMP:        auth pre-share
ISAKMP (0:1): atts are not acceptable. Next payload is 3
ISAKMP (0:1): Checking ISAKMP transform 2 against priority 20 policy
ISAKMP:        encryption DES-CBC
ISAKMP:        hash SHA
ISAKMP:        default group 2
ISAKMP:        auth pre-share
ISAKMP (0:1): atts are not acceptable. Next payload is 3
ISAKMP (0:1): Checking ISAKMP transform 3 against priority 20 policy
ISAKMP:        encryption DES-CBC
ISAKMP:        hash MD5
ISAKMP:        default group 1
ISAKMP:        auth pre-share
ISAKMP (0:1): atts are acceptable. Next payload is 0
```

- Sniffer Trace

```
- - - - - - - - - - - - - - - - - - - Frame 3 - - - - - - - - - - - -
Source Address    Dest. Address      Size Rel. Time      Summary
[172.16.1.1]      [172.16.1.254]     162  0:00:00.739    PM ISAKMP: Header

IKE: ----- Internet Key Exchange Header -----
     IKE:
     IKE: Initiator Cookie       = 0xBD937CD980ACE343
     IKE: Responder Cookie       = 0x0000000000000000
     IKE: Next Payload           = 1 (Security Association (SA))
     IKE: Major Version          = 1
     IKE: Minor Version          = 0
     IKE: Exchange Type          = 2 (Identity Protection)
     IKE: Flags                  = 00
     IKE: Message ID             = 0
     IKE: Length                 = 120 (bytes)
     IKE: ----- SECURITY ASSOCIATION Payload -----
     IKE:
     IKE: Next Payload           = 0 (None)
     IKE: Reserved               = 0
     IKE: Payload Length         = 92
     IKE: DOI                    = 0x1(IPSEC DOI)
     IKE: Situation              = 0x1 (SIT_IDENTITY_ONLY)
     IKE: ----- PROPOSAL Payload -----
     IKE:
     IKE: Next Payload           = 0 (This is the last Proposal Payload)
     IKE: Reserved               = 0
     IKE: Payload Length         = 80
     IKE: Proposal #             = 1
     IKE: Protocol ID            = 1 (PROTO_ISAKMP)
     IKE: SPI Size               = 0
     IKE: # of Transforms        = 3
     IKE: SPI Not Present
```

```
IKE: ----- TRANSFORM Payload -----
IKE:
IKE: Next Payload            = 3 (More Transform Payloads following)
IKE: Reserved                = 0
IKE: Payload Length          = 24
IKE: Transform #             = 1
IKE: Transform ID            = 1 (KEY_IKE)
IKE: Reserved 2              = 0
IKE: ***SA Attributes***
IKE: Flags                   = 80
IKE:                  1... ....  = Data Attribute following TV format
IKE: Attribute Class/Type    = 1 (Encryption Algorithm)
IKE: Attribute Value         = 1 (DES-CBC)
IKE: Flags                   = 80
IKE:                  1... ....  = Data Attribute following TV format
IKE: Attribute Class/Type    = 2 (Hash Algorithm)
IKE: Attribute Value         = 0x0002 (SHA)
IKE: Flags                   = 80
IKE:                  1... ....  = Data Attribute following TV format
IKE: Attribute Class/Type    = 4 (Group Description)
IKE: Attribute Value         = 1 (Group 1, 768-bit MODP Group )
IKE: Flags                   = 80
IKE:                  1... ....  = Data Attribute following TV format
IKE: Attribute Class/Type    = 3 (Authentication Algorithm)
IKE: Attribute Value         = 1 (Pre Shared Keys)
IKE: ----- TRANSFORM Payload -----
IKE:
IKE: Next Payload            = 3 (More Transform Payloads following)
IKE: Reserved                = 0
IKE: Payload Length          = 24
IKE: Transform #             = 2
IKE: Transform ID            = 1 (KEY_IKE)
IKE: Reserved 2              = 0
IKE: ***SA Attributes***
IKE: Flags                   = 80
IKE:                  1... ....  = Data Attribute following TV format
IKE: Attribute Class/Type    = 1 (Encryption Algorithm)
IKE: Attribute Value         = 1 (DES-CBC)
IKE: Flags                   = 80
IKE:                  1... ....  = Data Attribute following TV format
IKE: Attribute Class/Type    = 2 (Hash Algorithm)
IKE: Attribute Value         = 0x0002 (SHA)
IKE: Flags                   = 80
IKE:                  1... ....  = Data Attribute following TV format
IKE: Attribute Class/Type    = 4 (Group Description)
IKE: Attribute Value         = 2 (Group 2, 1024-bit MODP Group )
IKE: Flags                   = 80
IKE:                  1... ....  = Data Attribute following TV format
IKE: Attribute Class/Type    = 3 (Authentication Algorithm)
IKE: Attribute Value         = 1 (Pre Shared Keys)
IKE: ----- TRANSFORM Payload -----
IKE:
IKE: Next Payload            = 0 (This is the last Transform Payload)
IKE: Reserved                = 0
IKE: Payload Length          = 24
IKE: Transform #             = 3
IKE: Transform ID            = 1 (KEY_IKE)
IKE: Reserved 2              = 0
IKE: ***SA Attributes***
IKE: Flags                   = 80
```

```
IKE:                    1... .... = Data Attribute following TV format
IKE: Attribute Class/Type = 1 (Encryption Algorithm)
IKE: Attribute Value      = 1 (DES-CBC)
IKE: Flags                = 80
IKE:                    1... .... = Data Attribute following TV format
IKE: Attribute Class/Type = 2 (Hash Algorithm)
IKE: Attribute Value      = 0x0001 (MD5)
IKE: Flags                = 80
IKE:                    1... .... = Data Attribute following TV format
IKE: Attribute Class/Type = 4 (Group Description)
IKE: Attribute Value      = 1 (Group 1, 768-bit MODP Group )
IKE: Flags                = 80
IKE:                    1... .... = Data Attribute following TV format
IKE: Attribute Class/Type = 3 (Authentication Algorithm)
IKE: Attribute Value      = 1 (Pre Shared Keys)
```

16.2 Aushandeln der IPSec Protection Suite

16.2.1 IOS: Mehrere Sicherheitsprotokolle über eine IPSec-Verbindung

In diesem Beispiel sollen zwischen den Partnern die Sicherheitsprotokolle AH und ESP gleichzeitig eingesetzt werden. Aus diesem Grund müssen die einzelnen *Proposals* innerhalb der *SA Payload* die gleiche Nummer aufweisen.

```
hostname C2504
!
crypto isakmp policy 20
  hash md5
  authentication pre-share
crypto isakmp key 1234567812345678 address
192.168.2.1
!
crypto ipsec transform AandE ah-md5-hmac esp-des
esp-sha-hmac
!
crypto map SERIAL local-address Serial0
crypto map SERIAL 10 ipsec-isakmp
  set peer 192.168.2.1
  set transform-set AandE
  match address ToNetwork_10
!
interface Serial0
  ip address 192.168.2.2 255.255.255.0
  crypto map SERIAL

ip access-list extended ToNetwork_10
  permit ip 10.0.0.0 0.255.255.255 any
  deny   ip any any
```

```
hostname C2503
!
crypto isakmp policy 20
  hash md5
  authentication pre-share
crypto isakmp key 1234567812345678 address
192.168.2.2
!
crypto ipsec transform AandE ah-md5-hmac esp-des esp-
sha-hmac
!
crypto map SERIAL local-address Serial0
crypto map SERIAL 10 ipsec-isakmp
  set peer 192.168.2.2
  set transform-set AandE
  match address ToNetwork_10
!
interface Serial0
  ip address 192.168.2.1 255.255.255.0
  crypto map SERIAL

ip access-list extended ToNetwork_10
  permit ip any 10.0.0.0 0.255.255.255
  deny   ip any any
```

Debug-Informationen

- Debug-Ausgabe auf dem Router C2504

```
# debug crypto isakmp
# debug crypto isakmp packet
ISAKMP (6): received packet from 192.168.2.1 (R) QM_IDLE
ISAKMP: Quick Mode packet contents (flags 1, len 220):
          HASH payload
          SA payload
              PROPOSAL
                  TRANSFORM
              PROPOSAL
                  TRANSFORM
          NONCE payload
          ID payload
          ID payload
ISAKMP (0:6): processing SA payload. message ID = 2132695980
ISAKMP (0:6): Checking IPSec proposal 1
ISAKMP:   transform 1, AH_MD5
ISAKMP:      attributes in transform:
ISAKMP:         encaps is 1
ISAKMP:         SA life type in seconds
ISAKMP:         SA life duration (basic) of 3600
ISAKMP:         SA life type in kilobytes
ISAKMP:         SA life duration (VPI) of  0x0 0x46 0x50 0x0
ISAKMP:         authenticator is HMAC-MD5
ISAKMP (0:6): atts are acceptable.
ISAKMP (0:6): Checking IPSec proposal 1
ISAKMP:   transform 1, ESP_DES
ISAKMP:      attributes in transform:
ISAKMP:         encaps is 1
ISAKMP:         SA life type in seconds
ISAKMP:         SA life duration (basic) of 3600
ISAKMP:         SA life type in kilobytes
ISAKMP:         SA life duration (VPI) of  0x0 0x46 0x50 0x0
ISAKMP:         authenticator is HMAC-SHA
ISAKMP (0:6): atts are acceptable.
...   ...
ISAKMP: Quick Mode packet contents (flags 1, len 212):
          HASH payload
          SA payload
              PROPOSAL
                  TRANSFORM
              PROPOSAL
                  TRANSFORM
          NONCE payload
          ID payload
          ID payload
ISAKMP (6): sending packet to 192.168.2.1 (R) QM_IDLE
```

Gleiche Nummer für alle *Proposals*. Das heißt, der Partner muss alle angegebenen Sicherheitsprotokolle unterstützen.

- Debug-Ausgabe auf dem Router C2503

debug crypto isakmp
debug crypto isakmp packet
```
ISAKMP (0:5): beginning Quick Mode exchange, M-ID of 2132695980
ISAKMP: Quick Mode packet contents (flags 1, len 212):
        HASH payload
        SA payload
          PROPOSAL
            TRANSFORM
          PROPOSAL
            TRANSFORM
        NONCE payload
        ID payload
        ID payload
ISAKMP (5): sending packet to 172.168.100.2 (I) QM_IDLE

ISAKMP (5): received packet from 172.168.100.2 (I) QM_IDLE
ISAKMP: Quick Mode packet contents (flags 1, len 220):
        HASH payload
        SA payload
          PROPOSAL
            TRANSFORM
          PROPOSAL
            TRANSFORM
        NONCE payload
        ID payload
        ID payload
ISAKMP (0:5): processing SA payload. message ID = 2132695980
ISAKMP (0:5): Checking IPSec proposal 1
ISAKMP: transform 1, AH_MD5
ISAKMP:   attributes in transform:
ISAKMP:      encaps is 1
ISAKMP:      SA life type in seconds
ISAKMP:      SA life duration (basic) of 3600
ISAKMP:      SA life type in kilobytes
ISAKMP:      SA life duration (VPI) of  0x0 0x46 0x50 0x0
ISAKMP:      authenticator is HMAC-MD5
ISAKMP (0:5): atts are acceptable.
ISAKMP (0:5): Checking IPSec proposal 1
ISAKMP: transform 1, ESP_DES
ISAKMP:   attributes in transform:
ISAKMP:      encaps is 1
ISAKMP:      SA life type in seconds
ISAKMP:      SA life duration (basic) of 3600
ISAKMP:      SA life type in kilobytes
ISAKMP:      SA life duration (VPI) of  0x0 0x46 0x50 0x0
ISAKMP:      authenticator is HMAC-SHA
ISAKMP (0:5): atts are acceptable.
```

Informationen über die Security Association

- Übersicht über die erzeugten IPSec SAs auf dem Router C2504

```
c2504# show crypto ipsec sa
interface: Serial0
    Crypto map tag: SERIAL, local addr. 192.168.2.2

    local  ident (addr/mask/prot/port): (10.0.0.0/255.0.0.0/0/0)
    remote ident (addr/mask/prot/port): (0.0.0.0/0.0.0.0/0/0)
    current_peer: 192.168.2.1
      PERMIT, flags={origin_is_acl,}
     #pkts encaps: 134, #pkts encrypt: 134, #pkts digest 134
     #pkts decaps: 134, #pkts decrypt: 134, #pkts verify 134
     #pkts compressed: 0, #pkts decompressed: 0
     #pkts not compressed: 0, #pkts compr. failed: 0, #pkts decompress failed: 0
     #send errors 0, #recv errors 0

     local crypto endpt.: 192.168.2.2, remote crypto endpt.: 192.168.2.1
     path mtu 256, media mtu 256
     current outbound spi: 5EF7AB06

     inbound esp sas:
      spi: 0x4D5500F9(1297416441)
        transform: esp-des esp-sha-hmac ,
        in use settings ={Tunnel, }
        slot: 0, conn id: 2002, flow_id: 1, crypto map: SERIAL
        sa timing: remaining key lifetime (k/sec): (4607963/3316)
        IV size: 8 bytes
        replay detection support: Y

     inbound ah sas:
      spi: 0x9B7B8C65(2608565349)
        transform: ah-md5-hmac ,
        in use settings ={Tunnel, }
        slot: 0, conn id: 2000, flow_id: 1, crypto map: SERIAL
        sa timing: remaining key lifetime (k/sec): (4607963/3316)
        replay detection support: Y

     inbound pcp sas:

     outbound esp sas:
      spi: 0x5EF7AB06(1593289478)
        transform: esp-des esp-sha-hmac ,
        in use settings ={Tunnel, }
        slot: 0, conn id: 2003, flow_id: 2, crypto map: SERIAL
        sa timing: remaining key lifetime (k/sec): (4607981/3316)
        IV size: 8 bytes
        replay detection support: Y

     outbound ah sas:
      spi: 0x62578FD4(1649905620)
        transform: ah-md5-hmac ,
        in use settings ={Tunnel, }
        slot: 0, conn id: 2001, flow_id: 2, crypto map: SERIAL
        sa timing: remaining key lifetime (k/sec): (4607981/3316)
        replay detection support: Y

     outbound pcp sas:
```

- Übersicht über die erzeugten IPSec SAs auf dem Router C2503

```
c2503# show crypto ipsec sa
interface: Serial0
    Crypto map tag: SERIAL, local addr. 192.168.2.1

   local  ident (addr/mask/prot/port): (0.0.0.0/0.0.0.0/0/0)
   remote ident (addr/mask/prot/port): (10.0.0.0/255.0.0.0/0/0)
   current_peer: 192.168.2.2
     PERMIT, flags={origin_is_acl,}
    #pkts encaps: 437, #pkts encrypt: 437, #pkts digest 437
    #pkts decaps: 437, #pkts decrypt: 437, #pkts verify 437
    #pkts compressed: 0, #pkts decompressed: 0
    #pkts not compressed: 0, #pkts compr. failed: 0, #pkts decompress failed: 0
    #send errors 2, #recv errors 0

     local crypto endpt.: 192.168.2.1, remote crypto endpt.: 192.168.2.2
     path mtu 1500, media mtu 1500
     current outbound spi: 4D5500F9

     inbound esp sas:
     spi: 0x5EF7AB06(1593289478)
        transform: esp-des esp-sha-hmac ,
        in use settings ={Tunnel, }
        slot: 0, conn id: 2002, flow_id: 1, crypto map: SERIAL
        sa timing: remaining key lifetime (k/sec): (4607971/3365)
        IV size: 8 bytes
        replay detection support: Y

     inbound ah sas:
     spi: 0x62578FD4(1649905620)
        transform: ah-md5-hmac ,
        in use settings ={Tunnel, }
        slot: 0, conn id: 2000, flow_id: 1, crypto map: SERIAL
        sa timing: remaining key lifetime (k/sec): (4607971/3365)
        replay detection support: Y

     inbound pcp sas:

     outbound esp sas:
     spi: 0x4D5500F9(1297416441)
        transform: esp-des esp-sha-hmac ,
        in use settings ={Tunnel, }
        slot: 0, conn id: 2003, flow_id: 2, crypto map: SERIAL
        sa timing: remaining key lifetime (k/sec): (4607983/3364)
        IV size: 8 bytes
        replay detection support: Y

     outbound ah sas:
     spi: 0x9B7B8C65(2608565349)
        transform: ah-md5-hmac ,
        in use settings ={Tunnel, }
        slot: 0, conn id: 2001, flow_id: 2, crypto map: SERIAL
        sa timing: remaining key lifetime (k/sec): (4607983/3364)
        replay detection support: Y

     outbound pcp sas:
```

16.2.2 IOS: Auswahl zwischen mehreren Sicherheitsprotokollen

In diesem Beispiel bietet der Router C2503 mehrere Sicherheitsprotokolle (AH und ESP) zur Auswahl an. Das heißt, die einzelnen *Proposals* innerhalb der *SA Payload* besitzen unterschiedliche Nummern.

Da die *Proposals* vom Initiator in der Reihenfolge ihrer Präferenz eingetragen werden, wählt der Responder immer den ersten passenden Eintrag aus. Auch wenn der Responder mehrere Sicherheitsprotokolle gleichzeitig unterstützen könnte, wird in dieser Konfiguration immer nur ein Proposal ausgewählt.

hostname C2504
!
crypto isakmp policy 20
  hash md5
  authentication pre-share
crypto isakmp key 1234567812345678 address 192.168.2.1
!
crypto ipsec transform-set **ESP** esp-des esp-md5-hmac
crypto ipsec transform-set **AH** ah-md5-hmac
!
crypto map SERIAL 10 ipsec-isakmp
  set peer 192.168.2.1
  set transform-set **ESP AH**
  match address ToNetwork_10
!
interface Serial0
  ip address 192.168.2.2 255.255.255.0
  crypto map SERIAL
!
ip access-list extended ToNetwork_10
  permit ip 10.0.0.0 0.255.255.255 any
  deny   ip any any

hostname C2503
!
crypto isakmp policy 20
  hash md5
  authentication pre-share
crypto isakmp key 1234567812345678 address 192.168.2.2
!
crypto ipsec transform-set **ESP** esp-des esp-md5-hmac
crypto ipsec transform-set **AH** ah-md5-hmac
!
crypto map SERIAL 10 ipsec-isakmp
  set peer 192.168.2.2
  set transform-set **ESP AH**
  match address ToNetwork_10
!
interface Serial0
  ip address 192.168.2.1 255.255.255.0
  crypto map SERIAL
!
ip access-list extended ToNetwork_10
  permit ip any 10.0.0.0 0.255.255.255
  deny   ip any any

Obwohl C2504 beide angebotenen Sicherheitsprotokolle unterstützt, wählt er bei dieser Konfiguration immer das erste passende *Proposal* (in diesem Fall ESP) aus.

- Debug-Ausgabe auf dem Router C2504

debug crypto ipsec
debug crypto isakmp
debug crypto isakmp packet
```
ISAKMP (6): received packet from 192.168.2.1 (R) QM_IDLE
ISAKMP: Quick Mode packet contents (flags 1, len 220):
        HASH payload
        SA payload
        PROPOSAL
           TRANSFORM
        PROPOSAL
           TRANSFORM
        NONCE payload
        ID payload
        ID payload
ISAKMP (0:6): processing SA payload. message ID = -1051481764
ISAKMP (0:6): Checking IPSec proposal 1
ISAKMP:   transform 1, ESP_DES
ISAKMP:   attributes in transform:
ISAKMP:      encaps is 1
ISAKMP:      SA life type in seconds
ISAKMP:      SA life duration (basic) of 3600
ISAKMP:      SA life type in kilobytes
ISAKMP:      SA life duration (VPI) of  0x0 0x46 0x50 0x0
ISAKMP:      authenticator is HMAC-MD5
ISAKMP (0:6): atts are acceptable.
...   ...
ISAKMP: Quick Mode packet contents (flags 1, len 164):
        HASH payload
        SA payload
        PROPOSAL
           TRANSFORM
        NONCE payload
        ID payload
        ID payload
ISAKMP (6): sending packet to 192.168.2.1 (R) QM_IDLE
...   ...
ISAKMP (0:6): Creating IPSec SAs
        inbound SA from  192.168.2.1 to 192.168.2.2
             (proxy 0.0.0.0 to 10.0.0.0)
        has spi 0xF4D8DE60 and conn_id 2000 and flags 4
        lifetime of 3600 seconds
        lifetime of 4608000 kilobytes
        outbound SA from 192.168.2.2 to 192.168.2.1
             (proxy 10.0.0.0 to 0.0.0.0)
        has spi 0x2DDAC013 and conn_id 2001 and flags 4
        lifetime of 3600 seconds
        lifetime of 4608000 kilobytes
```

Die beiden Transforms werden in unterschiedliche Proposals eingetragen.

470 Kapitel 16 • Beispielkonfigurationen

- Debug-Ausgabe auf dem Router C2503

```
# debug crypto ipsec
# debug crypto isakmp
# debug crypto isakmp packet
ISAKMP (0:5): beginning Quick Mode exchange, M-ID of -1051481764
ISAKMP: Quick Mode packet contents (flags 1, len 212):
          HASH payload
          SA payload
            PROPOSAL
              TRANSFORM
            PROPOSAL
              TRANSFORM
          NONCE payload
          ID payload
          ID payload
ISAKMP (5): sending packet to 192.168.2.2 (R) QM_IDLE

ISAKMP (5): received packet from 192.168.2.2 (R) QM_IDLE
ISAKMP: Quick Mode packet contents (flags 1, len 172):
          HASH payload
          SA payload
            PROPOSAL
              TRANSFORM
          NONCE payload
          ID payload
          ID payload
ISAKMP (0:5): processing SA payload. message ID = -1051481764
ISAKMP (0:5): Checking IPSec proposal 1
ISAKMP:   transform 1, ESP_DES
ISAKMP:    attributes in transform:
ISAKMP:       encaps is 1
ISAKMP:       SA life type in seconds
ISAKMP:       SA life duration (basic) of 3600
ISAKMP:       SA life type in kilobytes
ISAKMP:       SA life duration (VPI) of  0x0 0x46 0x50 0x0
ISAKMP:       authenticator is HMAC-MD5
ISAKMP (0:5): atts are acceptable.
... ...
ISAKMP (0:5): Creating IPSec SAs
          inbound SA from  192.168.2.2 to 192.168.2.1
                (proxy 10.0.0.0 to 0.0.0.0)
          has spi 0x2DDAC013 and conn_id 2000 and flags 4
          lifetime of 3600 seconds
          lifetime of 4608000 kilobytes
          outbound SA from 192.168.2.1 to 192.168.2.2
                (proxy 0.0.0.0 to 10.0.0.0)
          has spi 0xF4D8DE60 and conn_id 2001 and flags 4
          lifetime of 3600 seconds
          lifetime of 4608000 kilobytes
```

Ist auf C2504 nur *set transform-set AH* eingetragen, lehnt der Router das erste Proposal ab und wählt das zweite aus.

Aushandeln der IPSec Protection Suite

- Debug-Ausgabe auf dem Router C2504

```
# debug crypto ipsec
# debug crypto isakmp
# debug crypto isakmp packet
ISAKMP (6): received packet from 192.168.2.1 (R) QM_IDLE
ISAKMP: Quick Mode packet contents (flags 1, len 220):
         HASH payload
         SA payload
           PROPOSAL
             TRANSFORM
           PROPOSAL
             TRANSFORM
         NONCE payload
         ID payload
         ID payload
ISAKMP (0:6): processing SA payload. message ID = -958136831
ISAKMP (0:6): Checking IPSec proposal 1
ISAKMP: transform 1, ESP_DES
ISAKMP:   attributes in transform:
ISAKMP:      encaps is 1
ISAKMP:      SA life type in seconds
ISAKMP:      SA life duration (basic) of 3600
ISAKMP:      SA life type in kilobytes
ISAKMP:      SA life duration (VPI) of  0x0 0x46 0x50 0x0
ISAKMP:      authenticator is HMAC-MD5
IPSEC(validate_proposal): transform proposal (prot 3, trans 2, hmac_alg 1) not supported
ISAKMP (0:6): atts not acceptable. Next payload is 0
ISAKMP (0:6): Checking IPSec proposal 2
ISAKMP: transform 1, AH_MD5
ISAKMP:   attributes in transform:
ISAKMP:      encaps is 1
ISAKMP:      SA life type in seconds
ISAKMP:      SA life duration (basic) of 3600
ISAKMP:      SA life type in kilobytes
ISAKMP:      SA life duration (VPI) of  0x0 0x46 0x50 0x0
ISAKMP:      authenticator is HMAC-MD5
ISAKMP (0:6): atts are acceptable.
... ...
ISAKMP: Quick Mode packet contents (flags 1, len 164):
         HASH payload
         SA payload
           PROPOSAL
             TRANSFORM
         NONCE payload
         ID payload
         ID payload
ISAKMP (6): sending packet to 192.168.2.1 (R) QM_IDLE
... ...
ISAKMP (0:6): Creating IPSec SAs
         inbound SA from  192.168.2.1 to 192.168.2.2 (proxy 0.0.0.0 to 10.0.0.0)
         has spi 0xFF7A79E3 and conn_id 2000 and flags 4
         lifetime of 3600 seconds
         lifetime of 4608000 kilobytes
         outbound SA from 192.168.2.2 to 192.168.2.1 (proxy 10.0.0.0 to 0.0.0.0)
         has spi 0x38E0588C and conn_id 2001 and flags 4
         lifetime of 3600 seconds
         lifetime of 4608000 kilobytes
```

Die *Proposals* besitzen unterschiedliche Nummern, d.h., der Responder wählt den ersten passenden Eintrag aus.

- Debug-Ausgabe auf dem Router C2503

debug crypto ipsec
debug crypto isakmp
debug crypto isakmp packet
```
ISAKMP (0:5): beginning Quick Mode exchange, M-ID of -958136831
ISAKMP: Quick Mode packet contents (flags 1, len 212):
        HASH payload
        SA payload
          PROPOSAL
            TRANSFORM
          PROPOSAL
            TRANSFORM
        NONCE payload
        ID payload
        ID payload
ISAKMP (5): sending packet to 192.168.2.2 (I) QM_IDLE

ISAKMP (5): received packet from 192.168.2.2 (I) QM_IDLE
ISAKMP: Quick Mode packet contents (flags 1, len 172):
        HASH payload
        SA payload
          PROPOSAL
            TRANSFORM
        NONCE payload
        ID payload
        ID payload
ISAKMP (0:5): processing SA payload. message ID = -958136831
ISAKMP (0:5): Checking IPSec proposal 1
ISAKMP: transform 1, AH_MD5
ISAKMP:    attributes in transform:
ISAKMP:        encaps is 1
ISAKMP:        SA life type in seconds
ISAKMP:        SA life duration (basic) of 3600
ISAKMP:        SA life type in kilobytes
ISAKMP:        SA life duration (VPI) of  0x0 0x46 0x50 0x0
ISAKMP:        authenticator is HMAC-MD5
ISAKMP (0:5): atts are acceptable.
... ...
ISAKMP (0:5): Creating IPSec SAs
        inbound SA from  192.168.2.2 to 192.168.2.1  (proxy 10.0.0.0 to 0.0.0.0)
        has spi 0x38E0588C and conn_id 2000 and flags 4
        lifetime of 3600 seconds
        lifetime of 4608000 kilobytes
        outbound SA from 192.168.2.1 to 192.168.2.2  (proxy 0.0.0.0 to 10.0.0.0)
        has spi 0xFF7A79E3 and conn_id 2001 and flags 4
        lifetime of 3600 seconds
        lifetime of 4608000 kilobytes
```

16.2.3 VPN Client: Auswahl zwischen mehreren Sicherheitsprotokollen

Im Gegensatz zu den Routern unterstützt der VPN Client nur ein Sicherheitsprotokoll pro IPSec-Verbindung. Es ist also nicht möglich, ESP und AH parallel zu fahren. Aus diesem Grund haben die einzelnen Proposals innerhalb der SA Payload immer unterschiedliche Nummern.

- Konfiguration auf dem Cisco VPN Client

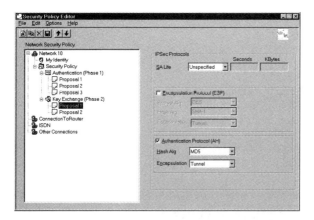

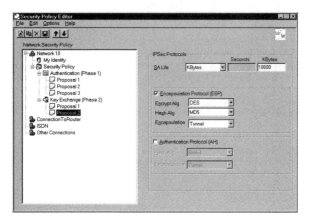

- Konfiguration auf dem Cisco Router

```
hostname c2503
!
crypto isakmp policy 20
  hash md5
  authentication pre-share
  lifetime 3600
!
crypto isakmp key 1234567812345678 address 172.16.1.1
!
crypto ipsec transform-set ESP-DES esp-des esp-md5-hmac
!
crypto map ToNetwork_10 10 ipsec-isakmp
  set peer 172.16.1.1
  set security-association lifetime kilobytes 10000
  set transform-set ESP-DES
  set pfs group1
  match address ToNetwork_10
!
interface Ethernet0
  ip address 172.16.1.254 255.255.255.0 secondary
  ip address 10.104.7.67 255.255.252.0
  crypto map ToNetwork_10
!
ip access-list extended ToNetwork_10
 permit ip any 10.0.0.0 0.255.255.255
 permit ip 10.0.0.0 0.255.255.255 any
 deny  ip any any
```

- Debug-Ausgabe auf dem Router

```
ISAKMP (0:2): received packet from 172.16.1.1 (R) QM_IDLE
ISAKMP (0:2): processing HASH payload. message ID = -1116460682
ISAKMP (0:2): processing SA payload. message ID = -1116460682
ISAKMP (0:2): Checking IPSec proposal 1
ISAKMP: transform 1, AH_MD5
ISAKMP:   attributes in transform:
ISAKMP:      authenticator is HMAC-MD5
ISAKMP:      encaps is 1
ISAKMP:      group is 1
ISAKMP (0:2): atts not acceptable. Next payload is 0
ISAKMP (0:2): Checking IPSec proposal 2
ISAKMP: transform 1, ESP_DES
ISAKMP:   attributes in transform:
ISAKMP:      authenticator is HMAC-MD5
ISAKMP:      encaps is 1
ISAKMP:      group is 1
ISAKMP:      SA life type in kilobytes
ISAKMP:      SA life duration (basic) of 10000
ISAKMP (0:2): atts are acceptable.
... ...
ISAKMP (0:2): Creating IPSec SAs
        inbound SA from  172.16.1.1 to 172.16.254.254  (proxy 172.16.1.1 to 10.0.0.0)
        has spi 0x7D630278 and conn_id 2000 and flags 15
        lifetime of 10000 kilobytes
        outbound SA from 172.16.254.254  to 172.16.1.1 (proxy 10.0.0.0 to 172.16.1.1)
        has spi -1395622861 and conn_id 2001 and flags 15
        lifetime of 10000 kilobytes
```

16.3 Manuelle Definition einer ESP Security Association

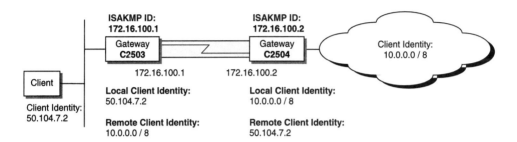

Konfiguration der Cisco Router

- Router C2503

  Bei der manuellen Konfiguration bildet der »Inbound Session Key« immer das Gegenstück zum »Outbound Session Key« des Partners.

```
hostname c2503
!
crypto ipsec transform-set ESP esp-des esp-md5-hmac
!
crypto map SERIAL 20 ipsec-manual
  set peer 172.16.100.2
  set session-key inbound esp 1000 cipher 11223344556677881122334455667788
     authenticator 88776655443322118877665544332211
  set session-key outbound esp 1001 cipher aabbccddee11223344aabbccddee11223344
     authenticator 44332211ddccbbaa44332211ddccbbaa
  set transform-set ESP
  match address FromUNIXtoNetwork_10
!
interface Ethernet0
  ip address 50.104.7.67 255.255.252.0
  crypto map FromNetwork_10
!
interface Serial0
  ip address 172.16.100.1 255.255.255.252
  crypto map SERIAL
!
router ospf 1
  network 0.0.0.0 255.255.255.255 area 0
!
ip access-list extended FromUNIXtoNetwork_10
  permit ip host 50.104.7.2 10.0.0.0 0.255.255.255
  deny   ip any any
!
end
```

Die Länge des Schlüssels muss 8 (nur DES), 16 (MD5) oder 20 Bytes (SHA) betragen.

cipher: Chiffrierschlüssel
authenticator: Authentifizierschlüssel

- Router C2504

  ```
  hostname c2504
  !
  crypto ipsec transform-set ESP esp-des esp-md5-hmac
  !
  crypto map SERIAL 20 ipsec-manual
    set peer 172.16.100.1
    set session-key inbound esp 1001 cipher aabbccddee11223344aabbccddee11223344
       authenticator 44332211ddccbbaa44332211ddccbbaa
    set session-key outbound esp 1000 cipher 11223344556677881122334455667788
       authenticator 8877665544332211887766554433221 1
    set transform-set ESP
    match address FromNetwork10toUnix
  !
  interface Loopback3
    ip address 10.1.1.1 255.255.255.255
  !
  interface Serial0
    ip address 172.16.100.2 255.255.255.252
    clockrate 2000000
    crypto map SERIAL
  !
  router ospf 1
    network 0.0.0.0 255.255.255.255 area 0
  !
  ip access-list extended FromNetwork10toUnix
    permit ip 10.0.0.0 0.255.255.255 host 50.104.7.2
    deny   ip any any
  !
  end
  ```

Debug-Ausgabe auf den Routern

Nachdem der entsprechende »crypto map«-Eintrag definiert ist, legen die Router sofort die benötigten IPSec Security Associations an.

- Router C2503

  ```
  c2503# debug crypto ipsec
  IPSEC(sa_request): ,
    (key eng. msg.) src= 172.16.100.1, dest= 172.16.100.2,
     src_proxy= 50.104.7.2/255.255.255.255/0/0 (type=1),
     dest_proxy= 10.0.0.0/255.0.0.0/0/0 (type=4),
     protocol= ESP, transform= esp-des esp-md5-hmac ,
     lifedur= 3600s and 4608000kb,
     spi= 0x1FE12324(534848292), conn_id= 0, keysize= 0, flags= 0x4004
  IPSEC(key_engine): got a queue event...
  IPSEC(initialize_sas): ,
    (key eng. msg.) src= 172.16.100.1, dest= 172.16.100.2,
     src_proxy= 50.104.7.2/255.255.255.255/0/0 (type=1),
     dest_proxy= 10.0.0.0/255.0.0.0/0/0 (type=4),
     protocol= ESP, transform= esp-des esp-md5-hmac ,
     lifedur= 3600s and 4608000kb,
     spi= 0x3E9(1001), conn_id= 2004, keysize= 0, flags= 0x4
  ```

```
IPSEC(initialize_sas): ,
  (key eng. msg.) dest= 172.16.100.1, src= 172.16.100.2,
    dest_proxy= 50.104.7.2/255.255.255.255/0/0 (type=1),
    src_proxy= 10.0.0.0/255.0.0.0/0/0 (type=4),
    protocol= ESP, transform= esp-des esp-md5-hmac ,
    lifedur= 3600s and 4608000kb,
    spi= 0x3E8(1000), conn_id= 2005, keysize= 0, flags= 0x4
IPSEC(create_sa): sa created,
  (sa) sa_dest= 172.16.100.2, sa_prot= 50,
    sa_spi= 0x3E9(1001),
    sa_trans= esp-des esp-md5-hmac , sa_conn_id= 2004
IPSEC(create_sa): sa created,
  (sa) sa_dest= 172.16.100.1, sa_prot= 50,
    sa_spi= 0x3E8(1000),
    sa_trans= esp-des esp-md5-hmac , sa_conn_id= 2005
```

- Router C2504

c2504# debug crypto ipsec
```
IPSEC(sa_request): ,
  (key eng. msg.) src= 172.16.100.2, dest= 172.16.100.1,
    src_proxy= 10.0.0.0/255.0.0.0/0/0 (type=4),
    dest_proxy= 50.104.7.2/255.255.255.255/0/0 (type=1),
    protocol= ESP, transform= esp-des esp-md5-hmac ,
    lifedur= 3600s and 4608000kb,
    spi= 0xE811AC4(243342020), conn_id= 0, keysize= 0, flags= 0x4004
IPSEC(key_engine): got a queue event...
IPSEC(initialize_sas): ,
  (key eng. msg.) src= 172.16.100.2, dest= 172.16.100.1,
    src_proxy= 10.0.0.0/255.0.0.0/0/0 (type=4),
    dest_proxy= 50.104.7.2/255.255.255.255/0/0 (type=1),
    protocol= ESP, transform= esp-des esp-md5-hmac ,
    lifedur= 3600s and 4608000kb,
    spi= 0x3E8(1000), conn_id= 2004, keysize= 0, flags= 0x4
IPSEC(initialize_sas): ,
  (key eng. msg.) dest= 172.16.100.2, src= 172.16.100.1,
    dest_proxy= 10.0.0.0/255.0.0.0/0/0 (type=4),
    src_proxy= 50.104.7.2/255.255.255.255/0/0 (type=1),
    protocol= ESP, transform= esp-des esp-md5-hmac ,
    lifedur= 36end00s and 4608000kb,
    spi= 0x3E9(1001), conn_id= 2005, keysize= 0, flags= 0x4
IPSEC(create_sa): sa created,
  (sa) sa_dest= 172.16.100.1, sa_prot= 50,
    sa_spi= 0x3E8(1000),
    sa_trans= esp-des esp-md5-hmac , sa_conn_id= 2004
IPSEC(create_sa): sa created,
  (sa) sa_dest= 172.16.100.2, sa_prot= 50,
    sa_spi= 0x3E9(1001),
    sa_trans= esp-des esp-md5-hmac , sa_conn_id= 2005
```

Informationen über die manuelle IPSec Security Association

- Router C2503

    ### c2503# show crypto map tag SERIAL
    ```
    Crypto Map "SERIAL" 20 ipsec-manual
        Peer = 172.16.100.2
        Extended IP access list FromUNIXtoNetwork_10
            access-list FromUNIXtoNetwork_10 permit ip host 50.104.7.2 10.0.0.0 0.255.255.255
            access-list FromUNIXtoNetwork_10 deny ip any any
        Current peer: 172.16.100.2
        Transform sets={ ESP, }
        Inbound esp spi: 1000,
         cipher key: 11223344556677881122334455667788,
         auth_key: 88776655443322118877665544332211,
         Inbound ah spi: 0,
            key: ,
        Outbound esp spi: 1001
         cipher key: aabbccddee11223344aabbccddee11223344,
         auth key: 44332211ddccbbaa44332211ddccbbaa,
         Outbound ah spi: 0,
            key: ,
        Interfaces using crypto map SERIAL:
            Serial0
    ```

    ### c2503# show crypto ipsec sa map SERIAL
    ```
    interface: Serial0
        Crypto map tag: SERIAL, local addr. 172.16.100.1

      local  ident (addr/mask/prot/port): (50.104.7.2/255.255.255.255/0/0)
      remote ident (addr/mask/prot/port): (10.0.0.0/255.0.0.0/0/0)
      current_peer: 172.16.100.2
        PERMIT, flags={origin_is_acl,}
       #pkts encaps: 1, #pkts encrypt: 1, #pkts digest 1
       #pkts decaps: 1, #pkts decrypt: 1, #pkts verify 1
       #pkts compressed: 0, #pkts decompressed: 0
       #pkts not compressed: 0, #pkts compr. failed: 0, #pkts decompress failed: 0
       #send errors 17, #recv errors 0

        local crypto endpt.: 172.16.100.1, remote crypto endpt.: 172.16.100.2
        path mtu 1500, media mtu 1500
        current outbound spi: 3E9

        inbound esp sas:
         spi: 0x3E8(1000)
           transform: esp-des esp-md5-hmac ,
           in use settings ={Tunnel, }
           slot: 0, conn id: 2005, flow_id: 47, crypto map: SERIAL
           no sa timing
           IV size: 8 bytes
           replay detection support: Y

        inbound ah sas:

        inbound pcp sas:
    ```

```
    outbound esp sas:
    spi: 0x3E9(1001)
       transform: esp-des esp-md5-hmac ,
       in use settings ={Tunnel, }
       slot: 0, conn id: 2004, flow_id: 48, crypto map: SERIAL
       no sa timing
       IV size: 8 bytes
       replay detection support: Y

    outbound ah sas:

    outbound pcp sas:
```

- Router C2504

c2504# show crypto map tag SERIAL

```
Crypto Map "SERIAL" 20 ipsec-manual
       Peer = 172.16.100.1
       Extended IP access list FromNetwork10toUnix
           access-list FromNetwork10toUnix permit ip 10.0.0.0 0.255.255.255 host 50.104.7.2
           access-list FromNetwork10toUnix deny ip any any
       Current peer: 172.16.100.1
       Transform sets={ ESP, }
       Inbound esp spi: 1001,
         cipher key: aabbccddee11223344aabbccddee11223344,
         auth_key: 44332211ddccbbaa44332211ddccbbaa,
       Inbound ah spi: 0,
           key: ,
       Outbound esp spi: 1000
         cipher key: 1122334455667788112233445566778,
         auth key: 8877665544332211887766554433211,
       Outbound ah spi: 0,
           key: ,
       Interfaces using crypto map SERIAL:
           Serial0
```

c2503# show crypto ipsec sa map SERIAL

```
interface: Serial0
    Crypto map tag: SERIAL, local addr. 172.16.100.1

   local  ident (addr/mask/prot/port): (50.104.7.2/255.255.255.255/0/0)
   remote ident (addr/mask/prot/port): (10.0.0.0/255.0.0.0/0/0)
   current_peer: 172.16.100.2
     PERMIT, flags={origin_is_acl,}
    #pkts encaps: 1, #pkts encrypt: 1, #pkts digest 1
    #pkts decaps: 1, #pkts decrypt: 1, #pkts verify 1
    #pkts compressed: 0, #pkts decompressed: 0
    #pkts not compressed: 0, #pkts compr. failed: 0, #pkts decompress failed: 0
    #send errors 17, #recv errors 0

     local crypto endpt.: 172.16.100.1, remote crypto endpt.: 172.16.100.2
     path mtu 1500, media mtu 1500
     current outbound spi: 3E9

     inbound esp sas:
     spi: 0x3E8(1000)
        transform: esp-des esp-md5-hmac ,
        in use settings ={Tunnel, }
        slot: 0, conn id: 2005, flow_id: 47, crypto map: SERIAL
```

```
                no sa timing
                IV size: 8 bytes
                replay detection support: Y

         inbound ah sas:

         inbound pcp sas:

         outbound esp sas:
          spi: 0x3E9(1001)
                transform: esp-des esp-md5-hmac ,
                in use settings ={Tunnel, }
                slot: 0, conn id: 2004, flow_id: 48, crypto map: SERIAL
                no sa timing
                IV size: 8 bytes
                replay detection support: Y

         outbound ah sas:

         outbound pcp sas:
```

16.4 Authentifizierung der ISAKMP-Partner

16.4.1 Authentifizierung über Pre-shared Keys mit IP-Adresse als ISAKMP-Identität

16.4.1.1 Transport-Mode SA: Telnet vom VPN Client zum Router

In diesem Beispiel sollen die Telnet-Verbindung zwischen dem PC (50.104.7.68) und dem Router (50.104.7.67) verschlüsselt und die Datenpakete zwischen den Netzen 10.0.0.0/8 und 50.104.0.0/16 authentifiziert werden.

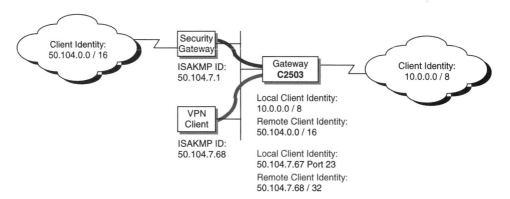

Konfiguration des VPN Clients

- Festlegung der ISAKMP-Identität des Partners und der *Remote Client Identity*

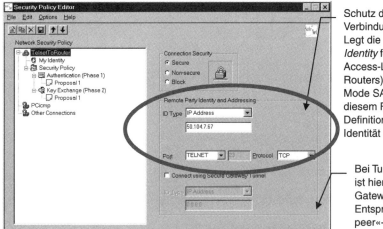

Schutz der Telnet-Verbindung zum Router. Legt die *Remote Client Identity* fest (analog der Access-Liste des Routers). Bei Transport Mode SAs erfolgt in diesem Feld auch die Definition der ISAKMP-Identität des Partners.

Bei Tunnel Mode SAs ist hier das Security Gateway anzugeben. Entspricht dem »set peer«-Kommando.

- Festlegung der lokalen ISAKMP-Identität des PC und der *Local Client Identity*

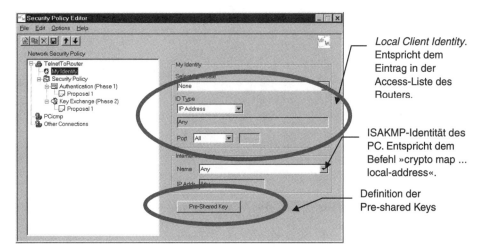

Local Client Identity. Entspricht dem Eintrag in der Access-Liste des Routers.

ISAKMP-Identität des PC. Entspricht dem Befehl »crypto map ... local-address«.

Definition der Pre-shared Keys

482 Kapitel 16 • Beispielkonfigurationen

- Security Policies (hier Aggressive Mode)

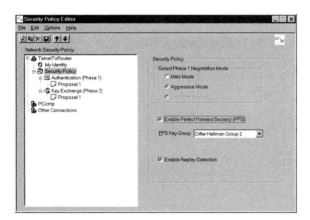

- ISAKMP Protection Suite definieren (Authentifizierung über Pre-shared Keys)

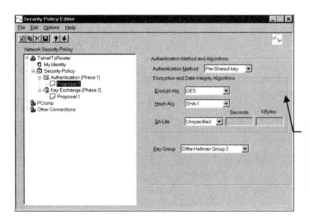

SA Attribut	Wert
Authentication	RSA Signature
Encryption Algorithm	DES
Hash Algorithm	SHA-1
Group Description	Group 2

- IPSec Protection Suite

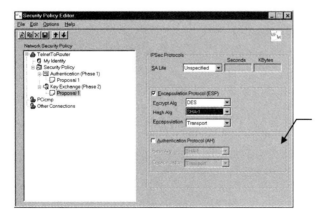

SA Attribut	Wert
Encryption Algorithm	DES
Hash Algorithm	SHA1
Encapsulation Mode	Transport

Konfiguration des Cisco Routers

```
hostname c2503
!
ip domain-name frs-lab.de
!
crypto isakmp policy 10
  authentication pre-share
  group 2
!
crypto isakmp policy 20
  hash md5
  authentication pre-share
crypto isakmp key 1234567812345678 address 50.104.7.68
crypto isakmp key 1234567812345678 address 50.104.7.1
crypto isakmp identity address
!
crypto ipsec transform-set ESP-DES-Transport esp-des esp-sha-hmac
  mode transport
crypto ipsec transform-set AH ah-md5-hmac
!
crypto map ETHERNET 10 ipsec-isakmp         Schutz aller Pakete zwischen den Netzwerken
  set peer 50.104.7.1                        10.0.0.0/8 und 50.104.0.0/16 (AH, Tunnel Mode).
  set transform-set AH
  match address FromNetwork_10
crypto map ETHERNET 20 ipsec-isakmp         Schutz einer Telnet Session zwischen
  set peer 50.104.7.68                       dem Host 50.104.7.68 und dem Router
  set transform-set ESP-DES-Transport        50.104.7.67 (ESP, Transport Mode).
  set pfs group2
  match address TelnetTFromPC
!
interface Ethernet0
  ip address 50.104.7.67 255.255.252.0
  crypto map ETHERNET
!
interface Serial0
  ip address 172.16.100.1 255.255.255.252
!
ip access-list extended FromNetwork_10
  permit ip 10.0.0.0 0.255.255.255 50.104.0.0 0.0.255.255
ip access-list extended TelnetFromPC
  permit tcp host 50.104.7.67 eq telnet host 50.104.7.68
end
```

Source (*Local Client Identity*) entspricht den »Remote Party Identity and Addressing«-Definitionen.

Informationen über die aufgebauten ISAKMP und IPSec SAs

- Verwendete »crypto map«

    ### c2503# show crypto map tag ETHERNET
    ```
    Crypto Map "ETHERNET" 10 ipsec-isakmp
        Peer = 50.104.7.1
        Extended IP access list FromNetwork_10
            access-list FromNetwork_10 permit ip 10.0.0.0 0.255.255.255 50.104.0.0 0.0.255.255
        Current peer: 50.104.7.1
        Security association lifetime: 4608000 kilobytes/3600 seconds
        PFS (Y/N): N
        Transform sets={ AH, }

    Crypto Map "ETHERNET" 20 ipsec-isakmp
        Peer = 50.104.7.68
        Extended IP access list TelnetFromPC
            access-list TelnetFromPC permit tcp host 50.104.7.67 port = 23 host 50.104.7.68
        Current peer: 50.104.7.68
        Security association lifetime: 4608000 kilobytes/3600 seconds
        PFS (Y/N): Y
        DH group: group2
        Transform sets={ ESP-DES-Transport, }
        Interfaces using crypto map ETHERNET:
          Ethernet0
    ```

- Verwendeter »transform-set«

    ### c2503# show crypto ipsec transform-set
    ```
    Transform set ESP-DES-Transport: { esp-des esp-sha-hmac }
       will negotiate = { Transport, },

    Transform set AH: { ah-md5-hmac }
       will negotiate = { Tunnel, },
    ```

- Aufgebaute ISAKMP Security Association

    ### c2503# crypto ipsec sa address
    ```
    dst           src            state          conn-id   slot
    50.104.7.67   50.104.7.68    QM_IDLE           2       0
    ```

- Aufgebaute IPSec Security Association

  ### c2503# show crypto ipsec sa address
  ```
  dest address: 50.104.7.1
  dest address: 50.104.7.68
     protocol: ESP
        spi: 0x803CA251(2151457361)
           transform: esp-des esp-sha-hmac ,
           in use settings ={Transport, }
           slot: 0, conn id: 2001, flow_id: 2, crypto map: ETHERNET
           sa timing: remaining key lifetime (k/sec): (4607998/3367)
           IV size: 8 bytes
           replay detection support: Y

  dest address: 50.104.7.67
     protocol: ESP
        spi: 0x92E49FB(154028539)
           transform: esp-des esp-sha-hmac ,
           in use settings ={Transport, }
           slot: 0, conn id: 2000, flow_id: 1, crypto map: ETHERNET
           sa timing: remaining key lifetime (k/sec): (4607999/3367)
           IV size: 8 bytes
           replay detection support: Y
  ```

  ### c2503# show crypto ipsec sa
  ```
  interface: Ethernet0
     Crypto map tag: ETHERNET, local addr. 50.104.7.67

     local  ident (addr/mask/prot/port): (50.104.7.67/255.255.255.255/0/0)
     remote ident (addr/mask/prot/port): (50.104.7.68/255.255.255.255/0/0)
     current_peer: 50.104.7.68
       PERMIT, flags={transport_parent,}
      #pkts encaps: 0, #pkts encrypt: 0, #pkts digest 0
      #pkts decaps: 0, #pkts decrypt: 0, #pkts verify 0
      #pkts compressed: 0, #pkts decompressed: 0
      #pkts not compressed: 0, #pkts compr. failed: 0, #pkts decompress failed: 0
      #send errors 0, #recv errors 0

       local crypto endpt.: 50.104.7.67, remote crypto endpt.: 50.104.7.68
       path mtu 1500, media mtu 1500
       current outbound spi: 0

       inbound esp sas:

       inbound ah sas:

       inbound pcp sas:

       outbound esp sas:

       outbound ah sas:

       outbound pcp sas:
  ```

```
local  ident (addr/mask/prot/port): (50.104.7.67/255.255.255.255/6/23)
remote ident (addr/mask/prot/port): (50.104.7.68/255.255.255.255/6/0)
current_peer: 50.104.7.68
  PERMIT, flags={origin_is_acl,reassembly_needed,transport_parent,ident_port_range,}
#pkts encaps: 19, #pkts encrypt: 19, #pkts digest 19
#pkts decaps: 19, #pkts decrypt: 19, #pkts verify 19
#pkts compressed: 0, #pkts decompressed: 0
#pkts not compressed: 0, #pkts compr. failed: 0, #pkts decompress failed: 0
#send errors 0, #recv errors 0

  local crypto endpt.: 50.104.7.67, remote crypto endpt.: 50.104.7.68
  path mtu 1500, media mtu 1500
  current outbound spi: 803CA251

  inbound esp sas:
   spi: 0x92E49FB(154028539)
     transform: esp-des esp-sha-hmac ,
     in use settings ={Transport, }
     slot: 0, conn id: 2000, flow_id: 1, crypto map: ETHERNET
     sa timing: remaining key lifetime (k/sec): (4607999/3304)
     IV size: 8 bytes
     replay detection support: Y

  inbound ah sas:

  inbound pcp sas:

  outbound esp sas:
   spi: 0x803CA251(2151457361)
     transform: esp-des esp-sha-hmac ,
     in use settings ={Transport, }
     slot: 0, conn id: 2001, flow_id: 2, crypto map: ETHERNET
     sa timing: remaining key lifetime (k/sec): (4607998/3304)
     IV size: 8 bytes
     replay detection support: Y

  outbound ah sas:

  outbound pcp sas:


local  ident (addr/mask/prot/port): (10.0.0.0/255.0.0.0/0/0)
remote ident (addr/mask/prot/port): (50.104.0.0/255.255.0.0/0/0)
current_peer: 50.104.7.1
  ...  ...
```

Debug-Ausgabe

- Cisco Router

```
# debug crypto isakmp
# debug crypto ipsec
ISAKMP (0:0): received packet from 50.104.7.68 (N) NEW SA
ISAKMP: local port 500, remote port 500
ISAKMP (0:2): processing SA payload. message ID = 0
ISAKMP (0:2): processing ID payload. message ID = 0
ISAKMP (0:2): Checking ISAKMP transform 1 against priority 10 policy
ISAKMP:      encryption DES-CBC
ISAKMP:      hash SHA
ISAKMP:      default group 2
ISAKMP:      auth pre-share
ISAKMP (0:2): atts are acceptable. Next payload is 0
ISAKMP (0:2): processing KE payload. message ID = 0
ISAKMP (0:2): processing NONCE payload. message ID = 0
ISAKMP (0:2): SKEYID state generated
ISAKMP (0:2): processing vendor id payload
ISAKMP (2): ID payload
        next-payload : 10
        type         : 1
        protocol     : 17
        port         : 500
        length       : 8
ISAKMP (2): Total payload length: 12
ISAKMP (0:2): sending packet to 50.104.7.68 (R) AG_INIT_EXCH
ISAKMP (0:2): received packet from 50.104.7.68 (R) AG_INIT_EXCH
ISAKMP (0:2): processing HASH payload. message ID = 0
ISAKMP (0:2): SA has been authenticated with 50.104.7.68
ISAKMP (0:2): received packet from 50.104.7.68 (R) QM_IDLE
ISAKMP (0:2): processing HASH payload. message ID = -790881103
ISAKMP (0:2): processing SA payload. message ID = -790881103
ISAKMP (0:2): Checking IPSec proposal 1
ISAKMP: transform 1, ESP_DES
ISAKMP:    attributes in transform:
ISAKMP:       authenticator is HMAC-SHA
ISAKMP:       encaps is 2
ISAKMP:       group is 2
ISAKMP (0:2): atts are acceptable.
IPSEC(validate_proposal_request): proposal part #1,
  (key eng. msg.) dest= 50.104.7.67, src= 50.104.7.68,
    dest_proxy= 50.104.7.67/255.255.255.255/6/23 (type=1),
    src_proxy= 50.104.7.68/255.255.255.255/6/0 (type=1),
    protocol= ESP, transform= esp-des esp-sha-hmac ,
    lifedur= 0s and 0kb,
    spi= 0x0(0), conn_id= 0, keysize= 0, flags= 0x20
ISAKMP (0:2): processing NONCE payload. message ID = -790881103
ISAKMP (0:2): processing KE payload. message ID = -790881103
ISAKMP (0:2): processing ID payload. message ID = -790881103
ISAKMP (2): ID_IPV4_ADDR src 50.104.7.68 prot 6 port 0
ISAKMP (0:2): processing ID payload. message ID = -790881103
ISAKMP (2): ID_IPV4_ADDR dst 50.104.7.67 prot 6 port 23
ISAKMP (0:2): asking for 1 spis from ipsec
IPSEC(key_engine): got a queue event...
IPSEC(spi_response): getting spi 154028539 for SA
        from 50.104.7.68     to 50.104.7.67      for prot 3
```

```
ISAKMP: received ke message (2/1)
ISAKMP (0:2): sending packet to 50.104.7.68 (R) QM_IDLE
ISAKMP (0:2): received packet from 50.104.7.68 (R) QM_IDLE
ISAKMP (0:2): Creating IPSec SAs
        inbound SA from 50.104.7.68 to 50.104.7.67
                      (proxy 50.104.7.68 to 50.104.7.67)
        has spi 0x92E49FB and conn_id 2000 and flags 21
        outbound SA from 50.104.7.67 to 50.104.7.68
                      (proxy 50.104.7.67    to 50.104.7.68    )
        has spi -2143509935 and conn_id 2001 and flags 21
ISAKMP (0:2): deleting node -790881103 error FALSE reason "quick mode done (await()"
IPSEC(key_engine): got a queue event...
IPSEC(initialize_sas): ,
  (key eng. msg.) dest= 50.104.7.67, src= 50.104.7.68,
    dest_proxy= 50.104.7.67/0.0.0.0/6/23 (type=1),
    src_proxy= 50.104.7.68/0.0.0.0/6/0 (type=1),
    protocol= ESP, transform= esp-des esp-sha-hmac ,
    lifedur= 0s and 0kb,
    spi= 0x92E49FB(154028539), conn_id= 2000, keysize= 0, flags= 0x21
IPSEC(initialize_sas): ,
  (key eng. msg.) src= 50.104.7.67, dest= 50.104.7.68,
    src_proxy= 50.104.7.67/0.0.0.0/6/23 (type=1),
    dest_proxy= 50.104.7.68/0.0.0.0/6/0 (type=1),
    protocol= ESP, transform= esp-des esp-sha-hmac ,
    lifedur= 0s and 0kb,
    spi= 0x803CA251(2151457361), conn_id= 2001, keysize= 0, flags= 0x21
IPSEC(create_sa): sa created,
  (sa) sa_dest= 50.104.7.67, sa_prot= 50,
    sa_spi= 0x92E49FB(154028539),
    sa_trans= esp-des esp-sha-hmac , sa_conn_id= 2000
IPSEC(create_sa): sa created,
  (sa) sa_dest= 50.104.7.68, sa_prot= 50,
    sa_spi= 0x803CA251(2151457361),
    sa_trans= esp-des esp-sha-hmac , sa_conn_id= 2001
```

- **VPN Client**

```
11:30:38 TelnetToRouter - Initiating IKE Phase 1 (IP ADDR=50.104.7.67)
11:30:39 TelnetToRouter - SENDING>>>> ISAKMP OAK AG (SA, KE, NON, ID, VID)
11:30:45 TelnetToRouter - RECEIVED<<< ISAKMP OAK AG (SA, VID, KE, ID, NON, HASH)
11:30:45 TelnetToRouter - SENDING>>>> ISAKMP OAK AG *(HASH)
11:30:45 TelnetToRouter - Established IKE SA
11:30:45 TelnetToRouter - Initiating IKE Phase 2 with Client IDs (message id: D0DC1CB1)
11:30:45    Initiator = IP ADDR=50.104.7.68, prot = 6 port = 0
11:30:45    Responder = IP ADDR=50.104.7.67, prot = 6 port = 23
11:30:46 TelnetToRouter - SENDING>>>> ISAKMP OAK QM *(HASH, SA, NON, KE, ID, ID)
11:30:52 TelnetToRouter - RECEIVED<<< ISAKMP OAK QM *(HASH, SA, NON, KE, ID, ID,
NOTIFY:STATUS_RESP_LIF)
11:30:52 TelnetToRouter - SENDING>>>> ISAKMP OAK QM *(HASH)
11:30:53 TelnetToRouter - Loading IPSec SA (M-ID = D0DC1CB1 OUTBOUND SPI = 92E49FB INBOUND
SPI = 803CA251)
```

16.4.2 Authentifizierung über Pre-shared Key mit Domainnamen als ISAKMP-Identität

16.4.2.1 Transport-Mode SA: Telnet vom VPN Client zum Router

Konfiguration des VPN Clients

- Festlegung der ISAKMP-Identität des Partners und der *Remote Client Identity*

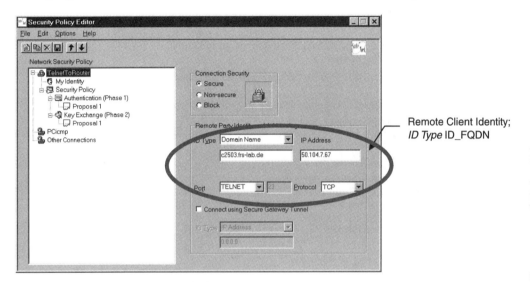

Remote Client Identity; *ID Type* ID_FQDN

- Festlegung der lokalen ISAKMP-Identität des PC und der *Local Client Identity*

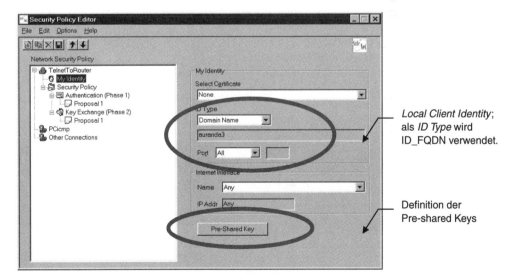

Local Client Identity; als *ID Type* wird ID_FQDN verwendet.

Definition der Pre-shared Keys

Konfiguration des Cisco Router

```
hostname c2503
!
ip domain-name frs-lab.de
ip host auranda3 50.104.7.68
ip host gateway 50.104.7.1
!
crypto isakmp policy 10
  authentication pre-share
  group 2
!
crypto isakmp policy 20
  hash md5
  authentication pre-share
crypto isakmp key 1234567812345678 hostname gateway
crypto isakmp key 1234567812345678 hostname auranda3
crypto isakmp identity hostname
!
crypto ipsec transform-set ESP-DES-Transport esp-des esp-sha-hmac
  mode transport
crypto ipsec transform-set AH ah-md5-hmac
!
crypto map ETHERNET 10 ipsec-isakmp
  set peer 50.104.7.1
  set transform-set AH
  match address FromNetwork_10
crypto map ETHERNET 20 ipsec-isakmp
  set peer 50.104.7.68
  set transform-set ESP-DES-Transport
  set pfs group2
  match address TelnetTFromPC
!
interface Ethernet0
  ip address 50.104.7.67 255.255.252.0
  crypto map ETHERNET
!
interface Serial0
  ip address 172.16.100.1 255.255.255.252
!
ip access-list extended FromNetwork_10
  permit ip 10.0.0.0 0.255.255.255 50.104.0.0 0.0.255.255
ip access-list extended TelnetFromPC
  permit tcp host 50.104.7.67 eq telnet host 50.104.7.68
!
end
```

16.4.3 Authentifizierung über RSA-Signaturen (VPN Client – Cisco Router)

In diesem Beispiel sollen die IP-Pakete zwischen dem PC (IP-Adresse 50.104.7.1) und Rechnern im Netzwerk 10.0.0.0/8 über das AH-Protokoll authentifiziert werden. Anstatt direkt zwischen dem PC und dem Router C2504 eine Security Association aufzubauen, wird jeweils eine SA zwischen dem PC und dem Gateway C2503 sowie zwischen den Routern C2503 und C2504 angelegt (so genannte *Multihop*-Konfiguration).

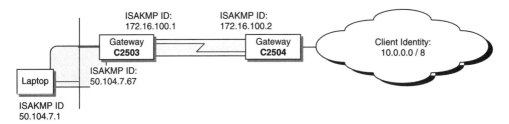

16.4.3.1 Konfiguration auf dem VPN Client

Konfiguration der Zertifikate über den Certificate Manager

- Zertifikat der Zertifizierungsstelle anfordern (erfolgt über das SCEP-Protokoll)

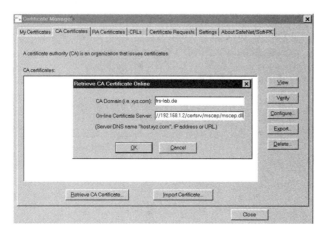

- Zertifikat des lokalen PC auf der CA registrieren (erfolgt ebenfalls über das SCEP-Protokoll)

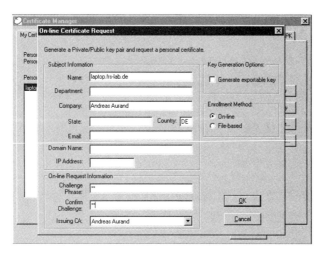

Konfiguration der IPSec Security Associations

- Festlegung der ISAKMP-Identität des Partners und der *Remote Client Identity*

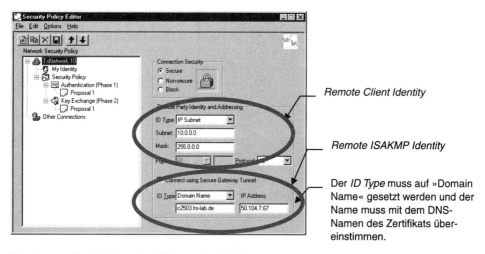

Der *ID Type* muss auf »Domain Name« gesetzt werden und der Name muss mit dem DNS-Namen des Zertifikats übereinstimmen.

- Festlegung des lokalen Zertifikats, der lokalen ISAKMP-Identität und der *Local Client Identity*

Da bei der Registrierung des lokalen Zertifikats weder IP Domain-Name noch E-Mail- oder IP-Adresse angegeben wurde, kann für die Festlegung der lokalen Identität nur der *X.500 Distinguished Name* benutzt werden.

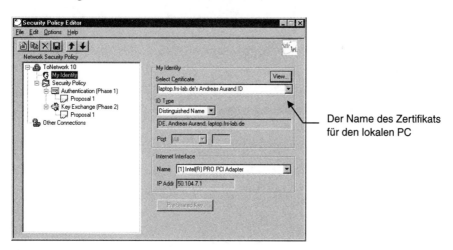

Der Name des Zertifikats für den lokalen PC

494 Kapitel 16 • Beispielkonfigurationen

- Security Policies (hier Aggressive Mode)

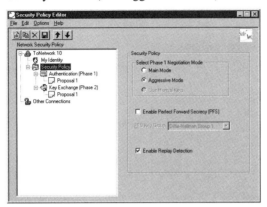

- ISAKMP Protection Suite (Authentifizierung über RSA-Signaturen)

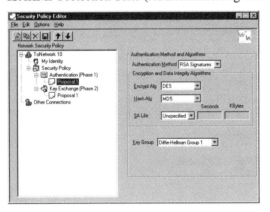

- IPSec Protection Suite

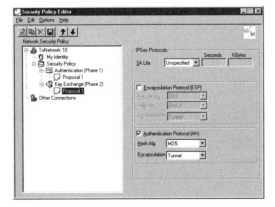

16.4.3.2 Konfiguration auf den Cisco Routern

Konfiguration des Routers C2503

hostname c2503
!
ip host mpdepp.frs-lab.de 192.168.1.2
ip host laptop.frs-lab.de 50.104.7.1
ip domain-name frs-lab.de
!
crypto ca identity frs-lab.de
 enrollment mode ra
 enrollment url http://mpdepp.frs-lab.de/certsrv/mscep/mscep.dll
!
crypto ca certificate chain frs-lab.de
 certificate ra-encrypt 6106873B000000000005
3082031F 308202C9 A0030201 02020A61 06873B00 00000000 05300D06 092A8648
86F70D01 01050500 3038310B 30090603 55040613 02444531 17301506 0355040B
130E416E 64726561 73204175 72616E64 31133011 06035504 03130A43 41204652
532D4C41 42301E17 0D303130 32313231 34333033 335A170D 30323032 31323134
34303333 5A303B31 0B300906 03550406 13024445 31173015 06035504 0A130E41
66647265 61732041 75726E64 64311330 11060355 0403130A 52412046 52532D4C
41423081 9F300D06 092A8648 86F70D01 01010500 03818D00 30818902 81810005
362C57AB 4E4C4D77 689A5F53 1DF8165F 9103D3C4 C9734F4F 188CD255 893836AF
E583EC5E 478A57C9 7FAD07CA 3E82314B 98883CDF 9AE49E25 28865002 8A59E320
2EBB706C 329H9b19 5C5F1BLE E6888AA9 40B00B09 600DAF15 C0B99CZ4 86EBB6ZJ
F13DE1A6 AABEFAB3 196F8CD1 D9DFC5DC A120493A 1D13780A 6ED1F7E2 CD207502
03010001 A3820169 30820165 300E0603 551D0F01 01FF0404 03020430 30150603
551D2504 0E300C06 0A2B0601 04018237 14020130 1D060355 1D0E0416 04140910
54BF021F A63B55A9 E2B8B22B 77BD7B8D B6563072 06030551D 23046B30 6980141F
EAA51131 52B8FA28 6CFF7B15 76BD9E93 1DA2CFA1 3FA43D30 3C303AA0 3BA303A
04061302 44453117 30150603 55040813 0E416E64 72656173 20417572 616E6431
13301106 03550403 130A4341 20465253 2D4C4142 82102AF5 E3AC371E E9AB4F44
F9722EB4 F87B3045 0603551D 1F043E30 3C303AA0 38A03686 34687474 703A2F2F
6D706465 70702E66 72732D6C 61622E64 652F4365 7274456E 726F6C6C 2F434125
32304652 532D4C41 422E6372 6C306206 082B0601 05050701 01045630 54305206
082B0601 05050730 02864668 7474703A 2F2F6D70 64657070 2E667273 2D6C6162
2E64652F 43657274 456E726F 6C6C2F6D 70646570 702E6672 732D6C61 622E6672
5F434125 32304652 532D4C41 5F434341 73657274 74300006 092A8648 86F70D01 01050500
03410006 D80BA932 C69DC4AC BE11664F B15AC864 7153BEF9 799EE9AO 17D6AD21
4BEC5DFB 211A683D 5B733065 C22217E5 2DB8F417 01970E73 AD3FD603 28DE3816 339488
 quit
 certificate ca 2AF5E3AC371EE9AB4F44F9722EB4F87B
308202E8 30820292 A0030201 0202102A F5E3AC37 1EE9AB4F 44F9722E B4F87B30
0D06092A 864886F7 0D010105 0500303B 310B3009 06035504 06130244 45311730
15060355 040B130E 416E6472 65617320 41757261 6E643113 30110603 55040313
0A434120 4652532D 4C414230 1E170D30 31303231 32313431 34343835 A170D303
30323132 31343235 31365A30 3B310B30 09060355 04061302 44453117 30150603
55040B13 0E416E64 72656173 20417572 616E6431 13301106 03550403 130A4341
20465253 2D4C4142 30820122 300D0609 2A864886 F70D0101 01050003 82010F00
3082010A 02820101 009AD2C1 74BF7B43 DB1500D0 E33DF99C F37ZD3B1 B5IZB8A2
28198585 55EE3C27 6800A35A F5F66900 5CADA371 7698D6DC 171D35E5 466CA3E9
93020301 0001A382 01703082 016C3013 06092B06 0104010 21741020 061E0400
43004130 0B060355 1D0F0404 030200146 300F0603 551D1301 01FF0405 30030101
FF301D06 03551D0E 04160414 1FEAA511 3152B8FA 286CFF7B 1576BD9E 931DA2CF
30820104 06035501 1F0481F C B81F930 81BAA0B1 B7A0B184 8681B816C 6A61703A
2F2F2F43 4E34341 23326426 52532D4C 41422C4 3 4E3D6D70 64657070 2C434E3D
4344502C 434E3D50 75626C69 63253230 4B65792S 20536572 76696963 65652C43
6F6E4669 67754672 61746960 6E2C4453 74615463 6D613475 697479E2 D44653
69627274 496E7465 72666963 65730344 41474E33 D416341 0433F2F 70646570
702E6672 732D6C61 622E6472 2F436572 74456E72 6F6C6C2F 4341456E 726F6C60
2D4C4142 2E6372 63E3067C4 EBA26EAO 7888F9EF E 06CA6FCD DF443943 E698233C B695818A
C6DAE96 CDE2CC89 7C767BD4
 quit
 certificate 611EBD0C00000000000B
30820209 30820283 A0030201 02020A61 1EBD0C00 00000000 0B300D06 092A8648
86F70D01 01050500 3038310B 30090603 55040613 02444531 17301506 0355040B
130E416E 64726561 73204175 72616E64 31133011 06035504 03130A43 41204652
532D4C41 42301E17 0D303130 32313531 35323332 315A170D 30323032 31323135
33333231 5A303331 10300E06 03550405 13073437 38333333 37311F30 1D06092A
864886F7 0D010902 13106332 3530332E 66727232 6C61622E 6465305C 300D0609
2A864886 F70D0101 01050003 4B003048 024100A4 6BD52C7B A4C52957 EFCB6290 446C0C24 36425A9F C1A76853 89760515
CE2C0A9A 525C4AA4 7601E7BD 52661EOC 82177F98 B759F7C2 CA564E42 BDFD7AED
59095A60 17D62492 6C4C873A 1BF149E5 3F77B002 03010001 A382016F 82016B0
300B0603 551D0F04 04030205 20301D06 03551D0E 04160414 16846C32 86EB4B50
82CDB062 D79E360B 67A37BA16 30720603 551D2304 6B306980 141FEAA5 11315288
FA286CFF 7B1576BD 9E931DA2 CFA13FA4 3D303B31 0B300906 03550406 13024445
31173015 06035504 0B130E41 6E647265 61732041 75726E64 64311330 11060355
0403130A 43412046 52532D4C 41428210 2AF5E3AC 371EE9AB 4F44F972 2EB4F87B
301E0603 551D1101 01FF0414 30128210 76332D6C 61622E64 6530 30532F F43617074 6F702E66 72732D6C
30450603 551D1F04 3E303C30 3AA038A0 36863468 7474703A 2F2F6D70 64657070
2E667273 2D6C6162 2E64652F 43657274 456E726F 6C6C2F43 41254952 532D4C41
4C41423265 3726C30 6206082B 06010505 07010104 56305230 5006082B 06010505
07300286 46687474 703A2F2F 6D706465 70702E66 72732D6C 61622E64 652F4365
7274456E 726F6C6C 2F6D7064 6570702E 6672732D 6C61622E 66727372 5F434125
32304652 532D4C41 5F434341 2E637274 300D0609 2A864886 F70D0101 05050003
4100A430 A3D5CD9 FF89A13C 5F8ECC4F 8DF76BA DA629A64 47051015 61A603A0
66DC61B5 091E58FE 8CFC8B7E 3A1C0A2B 353EEE64 D6046987 5940B2OE 67
 quit

 certificate ra-sign 6106826B000000000004
3082031F 308202C9 A0030201 02020A61 06826B00 00000000 04300D06 092A8648
86F70D01 01050500 3038310B 30090603 55040613 02444531 17301506 0355040B
130E416E 64726561 73204175 72616E64 31133011 06035504 03130A43 41204652
532D4C41 42301E17 0D303130 32313231 34333333 325A170D 30323032 31323134
34303333 5A303B31 0B300906 03550406 13024445 31173015 06035504 0A130E41
66647265 61732041 75726E64 64311330 11060355 0403130A 52412046 52532D4C
41423081 9F300D06 092A8648 86F70D01 01010500 03818D00 30818902 8181OOC5
EC94FBE5 DD6EB99C 8B0B3E6B 15B9644B 9A360F00 13BD3979 0435A705 56EDFC39
6BFBC412 143A2C7B 0DB5B1F2 146ACFB4 92A5EF10 A6891ED5 FD4EE4F1 49CFA6F9
0B9DC59A 299AB8AA CE30030E AA68F4CC 909069F1 D20BCBD4 D72EC3AE 4DB5CEB7
074331D6 64A4CF06 745EBA6F 62AB7AAC 6564C0A9 334C2904 FD90CA8F ACB73902
03010001 A3820169 30820165 300E0603 551D0F01 01FF0404 03020600 30150603
551D2504 0E300C06 0A2B0601 04018237 14020130 1D060355 1D0E0416 0414BFC1
16397778 61EF00DB C2CF93A1 D4552044 80723072 0603551D 23046B30 6980141F
EAA51131 52B8FA28 6CFF7B15 76BD9E93 1DA2CFA1 3FA43D30 3B310B30 09060355
04061302 44453117 30150603 55040813 0130A4341 20465253 2D4C4142 82102AF5 E3AC371E E9AB4F44
13301106 03550403 130A4341 20465253 2D4C4142 82102AF5 E3AC371E E9AB4F44
F9722EB4 F87B3045 0603551D 1F043E30 3C303AA0 38A03686 34687474 703A2F2F
6D706465 70702E66 72732D6C 61622E64 652F4365 7274456E 726F6C6C 2F434125
32304652 532D4C41 422E6372 6C306206 082B0601 05050701 01045630 54305206
082B0601 05050730 02864668 7474703A 2F2F6D70 64657070 2E667273 2D6C6162
2E64652F 43657274 456E726F 6C6C2F6D 70646570 702E6672 732D6C61 622E6672
5F434125 32304652 532D4C41 5F434341 2E637274 300D0609 2A864886 F70D0101
03410006 D80BA932 C69DC4AC BE11664F B15AC864 7153BEF9 799EE9AO 17D6AD21
617F0E1E AEC4CAF9 A652E5A8 30720062 E6A25E5AB 141FEAA5 11315288
FA286CFF 7B1576BD 9E931DA2 CFA13FA4 3D303B31 0B300906 03550406 13024445
31173015 06035504 0B130E41 6E647265 61732041 75726E64 64311330 11060355
0403130A 43412046 52532D4C 41428210 2AF5E3AC 371EE9AB 4F44F972 2EB4F87B
301E0603 551D1101 01FF0414 30128210 76332D6C 61622E64 6530 30532F F43617074 6F702E66 72732D6C
30450603 551D1F04 3E303C30 3AA038A0 36863468 7474703A 2F2F6D70 64657070
2E667273 2D6C6162 2E64652F 43657274 456E726F 6C6C2F43 41254952 532D4C41
2E667273 2D6C6162 2E64652F 43657274 456E726F 6C6C2F43 41254652 532D4C41
4C41423265 3726C30 6206082B 06010505 07010104 56305230 5006082B 06010505
07300286 46687474 703A2F2F 6D706465 70702E66 72732D6C 61622E64 652F4365
7274456E 726F6C6C 2F6D7064 6570702E 6672732D 6C61622E 66727372 5F434125
32304652 532D4C41 5F434341 2E637274 300D0609 2A864886 F70D0101 05050003
4652532D 4C414125 2E637274 300D0609 2A864886 F70D0101 05050003 41253
CEBOCDF4 200BA6C4 DAC5297F EFCB6290 446C0C24 36425A9F C1A76853 89760515
96EE28FC B3623794 89222183 E2FB7EE6 C26317C5 8512A9E7 4C1FF65D 7D
 quit
!
crypto isakmp policy 20
 hash md5
crypto isakmp identity hostname
!
crypto ipsec transform-set AH ah-md5-hmac
!
crypto map SERIAL 10 ipsec-isakmp
 set peer 172.16.100.2
 set transform-set AH
 match address 100
!
crypto map FromNetwork_10 10 ipsec-isakmp
 set peer 50.104.7.1
 set transform-set AH
 match address FromNetwork_10
!
interface Ethernet0
 ip address 50.104.7.67 255.255.252.0
 crypto map FromNetwork_10
!
interface Serial0
 ip address 172.16.100.1 255.255.255.252
 crypto map SERIAL
!
ip access-list extended FromNetwork_10
 permit ip 10.0.0.0 0.255.255.255 host 50.104.7.1
!
access-list 100 permit ip host 50.104.7.1 10.0.0.0 0.255.255.255
!
end

Konfiguration des Routers C2504

hostname c2504
!
ip host mpdepp.frs-lab.de 192.168.1.2
ip domain-name frs-lab.de
!
crypto ca identity frs-lab.de
 enrollment mode ra
 enrollment url http://mpdepp.frs-lab.de/certsrv/mscep/mscep.dll
!
crypto ca certificate chain frs-lab.de
 certificate 0426FBF3000000000010
308202D9 30820283 A0030201 02020A04 26FBF300 00000000 10300D06 092A8648
86F70D01 01050500 303B310B 30090603 55040613 02444531 17301506 0355040B
130E416E 64726561 73204175 72616E64 31133011 06035504 03130A43 41204652
532D4C41 42301E17 0D303130 32313331 30313035 305A170D 30323032 31333130
32303530 5A303331 10300E06 03550405 13073736 38313034 35311F30 1D06092A
864886F7 00010902 13106332 3530342E 6672732D 6C61622E 6465305C 300D0609
2A864886 F70D0101 01050003 4B003048 024100CC BCF500BB 3B3AD52F 9D3BCE09
82157EAE 5A021900 124C6ACF C7C3E265 CC1202EE F25DDF31 FC4F7038 77965437
A23BDC4E DF7CEAFF 750C9343 7C29248D E79A4B02 03010001 A382016F 3082016B
300B0603 551D0F04 04030205 20301006 03551D0E 04160414 199A9A32 1444DB3A
A0684596 BD2B0B2F 588D8A43 30720603 551D2304 6B306980 141FEAA5 113152B8
FA286CFF 7B15768D 9E931DA2 CFA13FA4 3D303831 0B300906 03550406 13024445
31173015 06035504 0B130E41 6E647265 61732041 7572616E 64411330 11060355
0403130A A3412046 52532D4C 41428210 2AF5E3AC 371E9AB 4F44F972 2EB4F87B
301E0603 551D0101 01FF0414 30128210 63323530 342E6672 732D6C61 622E6465
30450603 551D1F04 3E303C30 3AA038A0 36863468 7474703A 2F2F6D70 64657070
2E667273 2D6C6162 2E646652 F4365274 456E726F 6C6C6D65 6E742F43 652F4365
7274456E 726F6C6C 2F6D7064 6570702E 6672732D 6C61622E 64655F43 41253230
4652532D 4C41422E 63727430 0D06092A 864886F7 0D010105 05000341 003923 9D
215F5E90 23E4726F A80CAFB2 561CBCB6 2BAAD4A9 573A5286 3B9F7A3F C1DEDACO
24453B73 6988383F 9D058E37 67A050A7 3344A9A9 3B817B4F 490E7B3D 49
 quit
 certificate ra-sign 6106826B000000000004
3082031F 30820 2C9 A0030201 02020A61 06826B00 00000000 04300D06 092A8648
86F70D01 01050500 303B310B 30090603 55040613 02444531 17301506 0355040B
130E416E 64726561 73204175 72616E64 31133011 06035504 03130A43 41204652
532D4C41 42301E17 0D303130 32313331 34333033 325A170D 30323032 31323134
34303332 5A303831 0B300906 03550406 13024445 31173015 06035504 0A130E41
6E647265 61732041 7572616E 64411330 11060355 0403130A 52412046 52532D4C
41423081 9F300D06 092A8648 86F70D01 01010500 03818D00 30818902 818100C5
EC94FBE5 DD6E899C 8B0B3E6B 15B9644B 9A360F00 13B03979 0435A705 56EDFC39
6BFBC412 143A2C7B 0DB5B1F2 146ACF84 92A5EF10 A6891ED5 FD4EE4F1 49CFA6F9
0B9DC59A 299A8BAA CE30030E AA6BF4CC 909069F1 D20BCBD4 D72EC3AE 4DB5CEB7
074331D6 64A4CF06 745EBA6F 642B7AAC 6564C0A9 334C2904 FD9OCA8F ACB73902
03010001 A382016B 30820165 300E0603 551D0F01 01FF0404 03020430 30150603
551D2504 0E300C06 0A2B0601 04018237 14020130 1D060355 1D0E0416 0414BFC1
16397778 61FE0DDB C2CF93A1 D4550244 8D723072 0603551D 23046830 69801414F
EAA51131 52B8FA2B 6CFF7B15 76BD9E93 1DA2CFA1 3FA43D30 3B310B30 09060355
04061302 44453117 30150603 55040B13 0E416E64 72656173 20417572 616E6431
13301106 03550403 130A4341 20465253 2D4C4142 82102AF5 E3AC371E E9AB4F44
F9722EB4 FB7B3045 06035510 1F043E30 3C303AA0 38A03686 34687474 703A2F2F
6D706465 70702E66 72732D6C 61622E64 652F4365 7274456E 726F6C6C 2F4D7064
6570702E 6672732D 6C61622E 64655F43 4125304A E3AC371E E9AB4F44 F9722EB4
F87B3045 06035510 1F043E30 3C303AA0 38A03686 34687474 703A2F2F 6D706465
70702E66 72732D6C 61622E64 652F4365 7274456E 726F6C6C 2F4D7064 6570702E
6672732D 6C61622E 64655F43 41253230 52535F4C 41422E63 72743006 092A8648
86F70D01 01040500 03818100 B89DE3A4 FA3A2076 04361532 74A46572 6FC6C62F
4341252F 4E47B6A5 4C5A86F7 F6134364 C6 5E58F21 DF328DF9 43046099 8287B0A0 B25F45F6
DF094771 D5AB6050 3811C320 D2967F89 8BC8B3CC 7FBD2C4C 6335C4B4 A3896B8F AF87A9
 quit
 certificate 0426EBE9000000000000F
308202D9 30820283 A0030201 02020A04 26EBE900 00000000 0F300D06 092A8648
86F70D01 01050500 303B310B 30090603 55040613 02444531 17301506 0355040B
130E416E 64726561 73204175 72616E64 31133011 06035504 03130A43 41204652
532D4C41 42301E17 0D303130 32313331 30313036 365A170D 30323032 31333130
32303436 5A303331 10300E06 03550405 13073736 38313034 35311F30 1D06092A
864886F7 00010902 13106332 3530342E 6672732D 6C61622E 6465305C 300D0609
2A864886 F70D0101 01050003 4B003048 024100AD 588C3B6F 4595F795 5F102AF2
E7DDD22A 9A893419 FD3EB98D 2077834A 31D6331B 6E862CB8 A312FD57 BC51223C
2DF05273 F1FED9FE D842F1BD 8C150N3B 36BA1D02 03010001 A382016F 3082016B
300B0603 551D0F04 04030205 20301006 03551D0E 04160414 3469BA74 7681AD13
8FB251A9 7D095E24 69FF2384 30720603 551D2304 6B306980 141FEAA5 113152B8
FA286CFF 7B15768D 9E931DA2 CFA13FA4 3D303831 0B300906 03550406 13024445
31173015 06035504 0B130E41 6E647265 61732041 7572616E 64411330 11060355
0403130A A3412046 52532D4C 41428210 2AF5E3AC 371E9AB 4F44F972 2EB4F87B
301E0603 551D0101 01FF0414 30128210 63323530 342E6672 732D6C61 622E6465
30450603 551D1F04 3E303C30 3AA038A0 36863468 7474703A 2F2F6D70 64657070
2E667273 2D6C6162 2E646652 F4365274 456E726F 6C6C6D65 6E742F43 652F4365
7274456E 726F6C6C 2F6D7064 6570702E 6672732D 6C61622E 64655F43 41253230
4652532D 4C41422E 63727430 0D06092A 864886F7 0D010105 05000C472B1
17B3D2AC 59FE76F3 105C10EB 4316DB0E C0375423 D51EC889 12BFE474 A7E19836
2F07EAB9 D5355CB6 733E1208 6DCCEDFB 9917E31D 2AD1454D A062BDEB 0E
 quit

certificate ra-encrypt 6106873B000000000005
3082031F 308202C9 A0030201 02020A61 06873B00 00000000 05300D06 092A8648
86F70D01 01050500 303B310B 30090603 55040613 02444531 17301506 0355040B
130E416E 64726561 73204175 72616E64 31133011 06035504 03130A43 41204652
532D4C41 42301E17 0D303130 32313231 34333033 335A170D 30323032 31323134
34303333 5A303B31 0B300906 03550406 13024445 31173015 06035504 0A130E41
6E647265 61732041 7572616E 64411330 11060355 0403130A 52412046 52532D4C
41423081 9F300D06 092A8648 86F70D01 01010500 03818D00 30818902 81810098
362C57AB 4E4C4D77 689A5F53 1DF8165F 9103D3C4 C9734F4F 18BCD255 893836AF
E583EC5E 47BA57C9 7FA0D7CA 3E82314B 9B883CDF 9AE49E25 28B650D2 8A59E320
2EBB706C 329F9619 5C5F1BCE E6B68EA9 4DB008D9 600DAE15 COB99C24 86E8B623
F13DE1A6 AA8EFAB3 196F8CD1 D9DFC5DC A120493A 1D13780A 6ED1F7E2 CD207502
03010001 A3820169 30820165 300E0603 551D0F01 01FF0404 03020430 30150603
551D2504 0E300C06 0A2B0601 04018237 14020130 1D060355 1D0E0416 0414A7010
54BF021F A63B55A9 E2B8B22B F7BD7BBD B6563072 06035510 23046830 6980141F
EAA51131 52B8FA2B 6CFF7B15 76BD9E93 1DA2CFA1 3FA43D30 3B310B30 09060355
04061302 44453117 30150603 55040B13 0E416E64 72656173 20417572 616E6431
13301106 03550403 130A4341 20465253 2D4C4142 82102AF5 E3AC371E E9AB4F44
F9722EB4 FB7B3045 06035510 1F043E30 3C303AA0 38A03686 34687474 703A2F2F
6D706465 70702E66 72732D6C 61622E64 652F4365 7274456E 726F6C6C 2F4D7064
6570702E 6672732D 6C61622E 64655F43 4125304A E3AC371E E9AB4F44 F9722EB4
32304652 532D4C41 422E6372 6C306206 082B0601 05050701 01045630 54305206
082B0601 05050730 02864668 7474703A 2F2F6D70 64657070 2E667273 2D6C6162
2E64652F 43657274 456E726F 6C6C2F6D 706465707 2E667273 2D6C6162 2E64655F
43415F46 52532D4C 41422E63 7274300D 06092A86 4886F70D 01010505 00038181
005A3EE2 7253110E FE0AA511 3152B8FA 2B6CFF7B 15768D9E 931DA2CF A13FA43D
303B310B 30090603 55040613 02444531 17301506 0355040B 130E416E 64726561
73204175 72616E64 31133011 06035504 03130A43 41204652 532D4C41 42821010
2AF5E3AC 371EE9AB 4F44F972 2EB4F87B 3045 06035510 1F043E30 3C303AA0 38
A036 8634 687474 703A2F2F 6D706 4657070 2E66 7273 2D6C6162 2E64652F
4365 7274456 E726F6C6C 2F4D7064 6570702E 6672732D 6C61622E 64655F43 41253230
4BEC5DFB 211A683D 5B733065 C22217E5 2DB8F417 01970E73 AD3FD603 28DE3816 339488
 quit
 certificate ca 2AF5E3AC371EE9AB4F44F9722EB4F87B
308202E8 30820292 A0030201 02020A 2A F5E3AC37 1EE9AB4F 44F9722E B4FB7B30
0D06092A 864886F7 0D010105 0500303B 310B3009 06035504 06130244 45311730
15060355 040B130E 416E6472 65617320 41757261 6E643113 30110603 55040303
0A434120 4652532D 4C414230 1E170D30 31303231 32313431 36343835 17003036
30323132 31343235 31363A5A 30303381 0B300906 03550406 13024445 31173015
06035504 0A130E41 6E647265 61732041 7572616E 64411330 11060355 0403130A
43412046 52532D4C 41423081 9F300D06 092A8648 86F70D01 01010500 03818D00
30818902 818100AB AF8B2E68 4C2E3F65 110D0105 00034800 30460241 00490241
00EF27E8 37A88444 3FOCBFCC F2D93106 96397ECB 3B0AE324 FCC63E11 C2958DE7
2B19B5B5 55EE3C27 680DA35A F5F6690D 5CADA371 7690B60C 171D35E5 466CA3E9
93020301 0001A382 017030B2 016C3013 06092B06 010402 01823 71404 061E0400
43004130 0B060355 1D0F0404 03020146 300F0603 551D1301 01FF0405 30300101
FF301D06 03551D0E 04160414 1FEA A511 3152B8FA 286CFF7B 15768D9E 931DA2CF
30820104 06035511 1F0481FC 3081F930 81BAA081 B7A0B1B4 86B1B16C 64617 03A
F2F2F43 4E3A4341 25323046 52532D4C 4142 2C43 4E3D6D70 64657070 2C4341 42
4344502C 434E3D50 75626C69 63323230 4B657925 32305365 72766963 6 53 72 C43
4E3D5365 72766963 6573 2C43 4E3D436F 6E666967 75726174 696F6E2C 4443 3D66
72732D6C 61622 C44 43 3D 6465 73 F6365 72 74696 96 6174 6 5526576 6FCE7472
6F6E6C69 73743E62 6173653F 6365 7274 69666963 61746552 65766 9633 47474
69627573 696F6E6C 6973743E 303AA038 A0368634 68747470 3A2F2F6D 70646570
702E6672 732D6C61 622E6465 2F436572 7444656E 726F6C6C 2F465253 2D4C4142
2D4C4142 2E6326C 30100609 2B060104 01823715 01040302 01003000 00092A86
4886F70D 01010505 0003818 100902D 7844 3FD09B7A 8FAC7BD9 BC8E4EA 6C5673 12
B3550E6C CA562A07 EB4B26EA 0 78BF9EFE 0CA6FCD DF443943 E698233C B695818A
C6CDAE96 CDE2CC89 7C767BD4
 quit
!
crypto isakmp policy 20
 hash md5
crypto ipsec transform-set AH ah-md5-hmac
crypto map SERIAL 10 ipsec-isakmp
 set peer 172.16.100.1
 set transform-set AH
 match address FromNetwork_10
!
interface Serial0
 ip address 172.16.100.2 255.255.255.252
 crypto map SERIAL
!
interface TokenRing0
 ip address 192.168.1.254 255.255.255.0
 ring-speed 16
!
ip access-list extended FromNetwork_10
 permit ip 10.0.0.0 0.255.255.255 host 50.104.7.1
!
end

Informationen über die RSA-Schlüssel

- Router C2503

c2503# show crypto key mypubkey rsa
```
% Key pair was generated at: 16:28:35 MET Feb 12 2001
Key name: c2503.frs-lab.de
 Usage: Signature Key
 Key Data:
  305C300D 06092A86 4886F70D 01010105 00034B00 30480241 00A46BD5 C7067565
  9C143655 B088CE2C 0A9A525C 4A847601 E7BD5266 1E0C8217 7F98B759 F7C2CA56
  4E428DFD 7AED5909 5A6017D6 24926C4C 873A1BF1 49E53F77 8D020301 0001
% Key pair was generated at: 16:28:51 MET Feb 12 2001
Key name: c2503.frs-lab.de
 Usage: Encryption Key
 Key Data:
  305C300D 06092A86 4886F70D 01010105 00034B00 30480241 00CCEC30 74896C12
  37BBE08E B6C8E42B 3B5EC226 10D4BF3E AAFDD5E5 078E5F36 B6ED4277 D8DD55B4
  84999DF6 E68B8409 381691DD A51A2185 0F1159E5 48C80615 87020301 0001
```

c2503# show crypto key pubkey-chain rsa
```
Codes: M - Manually configured, C - Extracted from certificate

Code Usage     IP-Address        Name
C    Signing                     X.500 DN name:

C    Signing                     X.500 DN name:
     CN = CA FRS-LAB
     OU = Andreas Aurand
     C = DE

C    Encrypt                     X.500 DN name:

C    Signing                     c2504.frs-lab.de
C    General
```

c2503# show crypto key pubkey-chain rsa name c2504.frs-lab.de
```
Key name: c2504.frs-lab.de
 Serial number: 07681045
 Usage: Signature Key
 Source: Certificate
 Data:
  305C300D 06092A86 4886F70D 01010105 00034B00 30480241 00AD588C 3B6F4591
  59F55F10 2AF2E7DD D22A9A89 3419FD3E B98D2077 B34A31D6 331B6E86 2CB8A312
  FD57BC51 223C2DF0 5273F1FE D9FED842 F1BD8C15 9DDB36BA 1D020301 0001
```

- Router C2504

    ### c2504# show crypto key mypubkey rsa
    ```
    % Key pair was generated at: 10:22:29 MET Feb 13 2001
    Key name: c2504.frs-lab.de
     Usage: Signature Key
     Key Data:
      305C300D 06092A86 4886F70D 01010105 00034B00 30480241 00AD588C 3B6F4591
      59F55F10 2AF2E7DD D22A9A89 3419FD3E B98D2077 B34A31D6 331B6E86 2CB8A312
      FD57BC51 223C2DF0 5273F1FE D9FED842 F1BD8C15 9DDB36BA 1D020301 0001
    % Key pair was generated at: 10:22:56 MET Feb 13 2001
    Key name: c2504.frs-lab.de
     Usage: Encryption Key
     Key Data:
      305C300D 06092A86 4886F70D 01010105 00034B00 30480241 00CCBCF5 0DBB3B3A
      D52F9D3B CE098215 7EAE5AD2 19D0124C 6ACFC7C3 E265CC12 D2EEF25D DF31FC4F
      70387796 5437A23B DC4EDF7C EAFF750C 93437C29 248DE79A 4B020301 0001
    ```

    ### c2504# show crypto key pubkey-chain rsa
    ```
    Codes: M - Manually configured, C - Extracted from certificate

    Code Usage    IP-Address       Name
    C    Signing                   X.500 DN name:

    C    Signing                   X.500 DN name:
         CN = CA FRS-LAB
         OU = Andreas Aurand
         C = DE

    C    Encrypt                   X.500 DN name:

    C    Signing                   c2503.frs-lab.de
    ```

    ### c2504# show crypto key pubkey-chain rsa name c2503.frs-lab.de
    ```
    Key name: c2503.frs-lab.de
     Serial number: 04783337
     Usage: Signature Key
     Source: Certificate
     Data:
      305C300D 06092A86 4886F70D 01010105 00034B00 30480241 00A46BD5 C7067565
      9C143655 B088CE2C 0A9A525C 4A847601 E7BD5266 1E0C8217 7F98B759 F7C2CA56
      4E428DFD 7AED5909 5A6017D6 24926C4C 873A1BF1 49E53F77 8D020301 0001
    ```

Informationen über die lokal gespeicherten Zertifikate

- Router C2503

c2503# show crypto ca certificates

```
RA KeyEncipher Certificate
  Status: Available
  Certificate Serial Number: 6106873B000000000005
  Key Usage: Encryption
  Issuer:
    CN = CA FRS-LAB
    OU = Andreas Aurand
    C = DE
  Subject Name:
    CN = RA FRS-LAB
    O = Andreas Aurand
    C = DE
  CRL Distribution Point:
    http://mpdepp.frs-lab.de/CertEnroll/CA%20FRS-LAB.crl
  Validity Date:
    start date: 15:30:33 MET Feb 12 2001
    end   date: 15:40:33 MET Feb 12 2002

CA Certificate
  Status: Available
  Certificate Serial Number: 2AF5E3AC371EE9AB4F44F9722EB4F87B
  Key Usage: General Purpose
  Issuer:
    CN = CA FRS-LAB
    OU = Andreas Aurand
    C = DE
  Subject Name:
    CN = CA FRS-LAB
    OU = Andreas Aurand
    C = DE
  CRL Distribution Point:
    ldap:///CN=CA%20FRS-LAB,...
  Validity Date:
    start date: 15:16:48 MET Feb 12 2001
    end   date: 15:25:16 MET Feb 12 2006

Certificate
  Status: Available
  Certificate Serial Number: 611EBD0C00000000000B
  Key Usage: Signature
  Issuer:
    CN = CA FRS-LAB
    OU = Andreas Aurand
    C = DE
  Subject Name Contains:
    Name: c2503.frs-lab.de
    Serial Number: 04783337
  CRL Distribution Point:
    http://mpdepp.frs-lab.de/CertEnroll/CA%20FRS-LAB.crl
  Validity Date:
    start date: 16:23:21 MET Feb 12 2001
    end   date: 16:33:21 MET Feb 12 2002
```

```
RA Signature Certificate
  Status: Available
  Certificate Serial Number: 6106826B000000000004
  Key Usage: Signature
  Issuer:
    CN = CA FRS-LAB
     OU = Andreas Aurand
     C = DE
  Subject Name:
    CN = RA FRS-LAB
     O = Andreas Aurand
     C = DE
  CRL Distribution Point:
    http://mpdepp.frs-lab.de/CertEnroll/CA%20FRS-LAB.crl
  Validity Date:
    start date: 15:30:32 MET Feb 12 2001
    end   date: 15:40:32 MET Feb 12 2002

Certificate
  Status: Available
  Certificate Serial Number: 611ED2B80000000000C
  Key Usage: Encryption
  Issuer:
    CN = CA FRS-LAB
     OU = Andreas Aurand
     C = DE
  Subject Name Contains:
    Name: c2503.frs-lab.de
    Serial Number: 04783337
  CRL Distribution Point:
    http://mpdepp.frs-lab.de/CertEnroll/CA%20FRS-LAB.crl
  Validity Date:
    start date: 16:23:26 MET Feb 12 2001
    end   date: 16:33:26 MET Feb 12 2002
```

- Router C2504

c2504# show crypto ca certificates
```
Certificate
  Status: Available
  Certificate Serial Number: 0426FBF3000000000010
  Key Usage: Encryption
  Issuer:
    CN = CA FRS-LAB
     OU = Andreas Aurand
     C = DE
  Subject Name Contains:
    Name: c2504.frs-lab.de
    Serial Number: 07681045
  CRL Distribution Point:
    http://mpdepp.frs-lab.de/CertEnroll/CA%20FRS-LAB.crl
  Validity Date:
    start date: 09:10:50 MET Feb 13 2001
    end   date: 09:20:50 MET Feb 13 2002
```

```
RA Signature Certificate
  Status: Available
  Certificate Serial Number: 6106826B000000000004
  Key Usage: Signature
  Issuer:
    CN = CA FRS-LAB
    OU = Andreas Aurand
    C = DE
  Subject Name:
    CN = RA FRS-LAB
    O = Andreas Aurand
    C = DE
  CRL Distribution Point:
    http://mpdepp.frs-lab.de/CertEnroll/CA%20FRS-LAB.crl
  Validity Date:
    start date: 13:30:32 MET Feb 12 2001
    end   date: 13:40:32 MET Feb 12 2002

Certificate
  Status: Available
  Certificate Serial Number: 0426EBE90000000000F
  Key Usage: Signature
  Issuer:
    CN = CA FRS-LAB
    OU = Andreas Aurand
    C = DE
  Subject Name Contains:
    Name: c2504.frs-lab.de
    Serial Number: 07681045
  CRL Distribution Point:
    http://mpdepp.frs-lab.de/CertEnroll/CA%20FRS-LAB.crl
  Validity Date:
    start date: 09:10:46 MET Feb 13 2001
    end   date: 09:20:46 MET Feb 13 2002

RA KeyEncipher Certificate
  Status: Available
  Certificate Serial Number: 6106873B000000000005
  Key Usage: Encryption
  Issuer:
    CN = CA FRS-LAB
    OU = Andreas Aurand
    C = DE
  Subject Name:
    CN = RA FRS-LAB
    O = Andreas Aurand
    C = DE
  CRL Distribution Point:
    http://mpdepp.frs-lab.de/CertEnroll/CA%20FRS-LAB.crl
  Validity Date:
    start date: 13:30:33 MET Feb 12 2001
    end   date: 13:40:33 MET Feb 12 2002
```

502   Kapitel 16 • Beispielkonfigurationen

```
CA Certificate
  Status: Available
  Certificate Serial Number: 2AF5E3AC371EE9AB4F44F9722EB4F87B
  Key Usage: General Purpose
  Issuer:
    CN = CA FRS-LAB
    OU = Andreas Aurand
    C = DE
  Subject Name:
    CN = CA FRS-LAB
    OU = Andreas Aurand
    C = DE
  CRL Distribution Point:
    ldap:///CN=CA%20FRS-LAB,...
  Validity Date:
    start date: 13:16:48 MET Feb 12 2001
    end   date: 13:25:16 MET Feb 12 2006
```

Informationen über die aufgebauten Security Associations

- Router C2503

c2503# show crypto isakmp sa

```
   dst           src           state      conn-id   slot
50.104.7.67    50.104.7.1     QM_IDLE       1        0
172.16.100.2   172.16.100.1   QM_IDLE       2        0
```

c2503# show crypto ipsec sa
interface: Ethernet0
```
  Crypto map tag: FromNetwork_10, local addr. 50.104.7.67

  local  ident (addr/mask/prot/port): (10.0.0.0/255.0.0.0/0/0)            ◄── IPSec SA zum PC
  remote ident (addr/mask/prot/port): (50.104.7.1/255.255.255.255/0/0)
  current_peer: 50.104.7.1
    PERMIT, flags={origin_is_acl,}
   #pkts encaps: 6, #pkts encrypt: 0, #pkts digest 6
   #pkts decaps: 26, #pkts decrypt: 0, #pkts verify 26
   #pkts compressed: 0, #pkts decompressed: 0
   #pkts not compressed: 0, #pkts compr. failed: 0, #pkts decompress failed: 0
   #send errors 0, #recv errors 0

    local crypto endpt.: 50.104.7.67, remote crypto endpt.: 50.104.7.1
    path mtu 1500, media mtu 1500
    current outbound spi: DC7361FD

    inbound esp sas:

    inbound ah sas:
     spi: 0x9DA1E0F(165289487)
       transform: ah-md5-hmac ,
       in use settings ={Tunnel, }
       slot: 0, conn id: 2000, flow_id: 1, crypto map: FromNetwork_10
       sa timing: remaining key lifetime (k/sec): (29998/406)
       replay detection support: Y

    inbound pcp sas:

    outbound esp sas:
```

```
    outbound ah sas:
     spi: 0xDC7361FD(3698549245)
       transform: ah-md5-hmac ,
       in use settings ={Tunnel, }
       slot: 0, conn id: 2001, flow_id: 2, crypto map: FromNetwork_10
       sa timing: remaining key lifetime (k/sec): (29999/406)
       replay detection support: Y

    outbound pcp sas:

interface: Serial0
    Crypto map tag: SERIAL, local addr. 172.16.100.1
    ... ...
```
                    ⎯ IPSec SA zum Router

```
    local  ident (addr/mask/prot/port): (50.104.7.1/255.255.255.255/0/0)
    remote ident (addr/mask/prot/port): (10.0.0.0/255.0.0.0/0/0)
    current_peer: 172.16.100.2
      PERMIT, flags={origin_is_acl,}
     #pkts encaps: 6, #pkts encrypt: 0, #pkts digest 6
     #pkts decaps: 6, #pkts decrypt: 0, #pkts verify 6
     #pkts compressed: 0, #pkts decompressed: 0
     #pkts not compressed: 0, #pkts compr. failed: 0, #pkts decompress failed: 0
     #send errors 20, #recv errors 0

     local crypto endpt.: 172.16.100.1, remote crypto endpt.: 172.16.100.2
     path mtu 1500, media mtu 1500
     current outbound spi: B4019FD

     inbound esp sas:

     inbound ah sas:
      spi: 0x12EA0784(317327236)
        transform: ah-md5-hmac ,
        in use settings ={Tunnel, }
        slot: 0, conn id: 2002, flow_id: 3, crypto map: SERIAL
        sa timing: remaining key lifetime (k/sec): (4607999/3410)
        replay detection support: Y

     inbound pcp sas:

     outbound esp sas:

     outbound ah sas:
      spi: 0xB4019FD(188750333)
        transform: ah-md5-hmac ,
        in use settings ={Tunnel, }
        slot: 0, conn id: 2003, flow_id: 4, crypto map: SERIAL
        sa timing: remaining key lifetime (k/sec): (4607999/3410)
        replay detection support: Y

     outbound pcp sas:
```

- Router C2504

    ### c2504# show crypto isakmp sa
    ```
         dst             src         state        conn-id   slot
    172.16.100.2    172.16.100.1    QM_IDLE          1       0
    ```

    ### c2504#show crypto ipsec sa
    ```
    interface: Serial0
       Crypto map tag: SERIAL, local addr. 172.16.100.2
    ```

    local ident (addr/mask/prot/port): (10.0.0.0/255.0.0.0/0/0)
    remote ident (addr/mask/prot/port): (50.104.7.1/255.255.255.255/0/0)
    ```
       current_peer: 172.16.100.1
         PERMIT, flags={origin_is_acl,}
        #pkts encaps: 12, #pkts encrypt: 0, #pkts digest 12
        #pkts decaps: 12, #pkts decrypt: 0, #pkts verify 12
        #pkts compressed: 0, #pkts decompressed: 0
        #pkts not compressed: 0, #pkts compr. failed: 0, #pkts decompress failed: 0
        #send errors 0, #recv errors 0
    ```

    ```
         local crypto endpt.: 172.16.100.2, remote crypto endpt.: 172.16.100.1
         path mtu 1500, media mtu 1500
         current outbound spi: 12EA0784

         inbound esp sas:

         inbound ah sas:
          spi: 0xB4019FD(188750333)
            transform: ah-md5-hmac ,
            in use settings ={Tunnel, }
            slot: 0, conn id: 2000, flow_id: 1, crypto map: SERIAL
            sa timing: remaining key lifetime (k/sec): (4607999/3325)
            replay detection support: Y

         inbound pcp sas:

         outbound esp sas:

         outbound ah sas:
          spi: 0x12EA0784(317327236)
            transform: ah-md5-hmac ,
            in use settings ={Tunnel, }
            slot: 0, conn id: 2001, flow_id: 2, crypto map: SERIAL
            sa timing: remaining key lifetime (k/sec): (4607999/3325)
            replay detection support: Y

         outbound pcp sas:
    ```

16.4.3.3 Trace des Aggressive Mode Exchange

- Ausgabe des VPN Client Log Viewer

```
13:41:42 ToNetwork 10 - Initiating IKE Phase 1 (IP ADDR=50.104.7.67)
13:41:42 ToNetwork 10 - SENDING>>>> ISAKMP OAK AG (SA, KE, NON, ID, CERT_REQ, VID)
13:41:49 ToNetwork 10 - RECEIVED<<< ISAKMP OAK AG (SA, VID, KE, ID, CERT_REQ, NON, CERT, SIG)
13:41:49 ToNetwork 10 - SENDING>>>> ISAKMP OAK AG *(CERT, SIG)
13:41:49 ToNetwork 10 - Established IKE SA

13:41:49 ToNetwork 10 - Initiating IKE Phase 2 with Client IDs (message id: C003027C)
13:41:50    Initiator = IP ADDR=50.104.7.1, prot = 0 port = 0
13:41:50    Responder = IP SUBNET/MASK=10.0.0.0/255.0.0.0, prot = 0 port = 0
13:41:50 ToNetwork 10 - SENDING>>>> ISAKMP OAK QM *(HASH, SA, NON, ID, ID)
13:41:51 ToNetwork 10 - RECEIVED<<< ISAKMP OAK QM *(HASH, SA, NON, ID, ID,
NOTIFY:STATUS_RESP_LIFETIME)
13:41:51 ToNetwork 10 - SENDING>>>> ISAKMP OAK QM *(HASH)
13:41:51 ToNetwork 10 - Loading IPSec SA (M-ID = C003027C OUTBOUND SPI = 9DA1E0F INBOUND SPI
= DC7361FD)
```

- Erste ISAKMP-Nachricht des Aggressive Mode Exchange (VPN Client)

```
- - - - - - - - - - - - - - - - - - - Frame 1 - - - - - - - - - - -
Source Address   Dest. Address    Size Rel. Time    Summary
[50.104.7.1]     [50.104.7.67]     331 0:00:00.000  ISAKMP: Header

UDP: ----- UDP Header -----
    UDP:
    UDP: Source port        = 500 (IKE)
    UDP: Destination port   = 500 (IKE)
    UDP: Length             = 297
    UDP: Checksum           = F731 (correct)
    UDP: [289 byte(s) of data]
    UDP:
IKE: ----- Internet Key Exchange Header -----
    IKE:
    IKE: Initiator Cookie   = 0xB45A82373DB74CC5
    IKE: Responder Cookie   = 0x0000000000000000
    IKE: Next Payload       = 1 (Security Association (SA))
    IKE: Major Version      = 1
    IKE: Minor Version      = 0
    IKE: Exchange Type      = 4 (Aggressive)
    IKE: Flags              = 00
    IKE:         .... ...0 = Payloads not encrypted
    IKE:         .... ..0. = Do not wait for NOTIFY Payload
    IKE:         .... .0.. = Authentication Bit
    IKE:         .... 0... = Not Used
    IKE:         ...0 .... = Not Used
    IKE:         ..0. .... = Not Used
    IKE:         .0.. .... = Not Used
    IKE:         0... .... = Not Used
    IKE: Message ID         = 0
    IKE: Length             = 289 (bytes)
    IKE: ----- SECURITY ASSOCIATION Payload -----
    IKE:
    IKE: Next Payload       = 4 (Key Exchange (KE))
    IKE: Reserved           = 0
    IKE: Payload Length     = 44
    IKE: DOI                = 0x1(IPSEC DOI)
    IKE: Situation          = 0x1 (SIT_IDENTITY_ONLY)
```

```
IKE: ----- PROPOSAL Payload -----
IKE:
IKE: Next Payload         = 0 (This is the last Proposal Payload)
IKE: Reserved             = 0
IKE: Payload Length       = 32
IKE: Proposal #           = 1
IKE: Protocol ID          = 1 (PROTO_ISAKMP)
IKE: SPI Size             = 0
IKE: # of Transforms      = 1
IKE: SPI Not Present
IKE: ----- TRANSFORM Payload -----
IKE:
IKE: Next Payload         = 0 (This is the last Transform Payload)
IKE: Reserved             = 0
IKE: Payload Length       = 24
IKE: Transform #          = 1
IKE: Transform ID         = 1 (KEY_IKE)
IKE: Reserved 2           = 0
IKE: ***SA Attributes***
IKE: Flags                = 80
IKE:               1... ....  = Data Attribute following TV format
IKE: Attribute Class/Type = 1 (Encryption Algorithm)
IKE: Attribute Value      = 1 (DES-CBC)
IKE: Flags                = 80
IKE:               1... ....  = Data Attribute following TV format
IKE: Attribute Class/Type = 2 (Hash Algorithm)
IKE: Attribute Value      = 0x0001 (MD5)
IKE: Flags                = 80
IKE:               1... ....  = Data Attribute following TV format
IKE: Attribute Class/Type = 4 (Group Description)
IKE: Attribute Value      = 1 (Group 1, 768-bit MODP Group )
IKE: Flags                = 80
IKE:               1... ....  = Data Attribute following TV format
IKE: Attribute Class/Type = 3 (Authentication Algorithm)
IKE: Attribute Value      = 3 (RSA Signature)
IKE: ----- KEY EXCHANGE Payload -----
IKE:
IKE: Next Payload         = 10 (Nonce (NONCE))
IKE: Reserved             = 0
IKE: Payload Length       = 100
IKE: [96 byte(s) of Key Exchange Data]
IKE: ----- NONCE Payload -----
IKE:
IKE: Next Payload         = 5 (Identification (ID))
IKE: Reserved             = 0
IKE: Payload Length       = 24
IKE: [20 byte(s) of Nonce Data]
IKE: ----- IDENTIFICATION Payload -----
IKE:
IKE: Next Payload         = 7 (Certificate Request (CR))
IKE: Reserved             = 0
IKE: Payload Length       = 76
IKE: ID Type (DOI Specific) = 9 (ID_DER_ASN1_DN)    ← Enthält den *X.500 Distinguished*
IKE: Protocol ID          = 17                        *Name* des lokalen Systems
IKE: Port                 = 500
IKE: [Binary DER encoding of an ASN.1 X.500 Distinguished Name[X.501]]
```

```
IKE: ----- CERTIFICATE REQUEST Payload -----
IKE:
IKE: Next Payload        = 13 (Vendor ID (VID))
IKE: Reserved            = 0
IKE: Payload Length      = 5
IKE: Certificate Type    = 4 (X.509v3 Signature)
IKE: ----- VID Payload -----
IKE:
IKE: Next Payload        = 0 (This is the last payload))
IKE: Reserved            = 0
IKE: Payload Length      = 12
IKE: [8 byte(s) of Vendor ID Data] =
     09 00 26 89 df d6 b7 12
```

- Antwort des Responders (Router C2503)

```
- - - - - - - - - - - - - - - - - - - Frame 2 - - - - - - - - - - -
Source Address    Dest. Address    Size Rel. Time     Summary
[50.104.7.67]     [50.104.7.1]     1154 0:00:06.735   ISAKMP: Header

UDP: ----- UDP Header -----
     UDP:
     UDP: Source port       = 500 (IKE)
     UDP: Destination port  = 500 (IKE)
     UDP: Length            = 1120
     UDP: Checksum          = 8115 (correct)
     UDP: [1112 byte(s) of data]
     UDP:
IKE: ----- Internet Key Exchange Header -----
     IKE:
     IKE: Initiator Cookie   = 0xB45A82373DB74CC5
     IKE: Responder Cookie   = 0x7718352034C8AFF7
     IKE: Next Payload       = 1 (Security Association (SA))
     IKE: Major Version      = 1
     IKE: Minor Version      = 0
     IKE: Exchange Type      = 4 (Aggressive)
     IKE: Flags              = 00
     IKE:                    .... ...0 = Payloads not encrypted
     IKE:                    .... ..0. = Do not wait for NOTIFY Payload
     IKE:                    .... .0.. = Authentication Bit
     IKE:                    .... 0... = Not Used
     IKE:                    ...0 .... = Not Used
     IKE:                    ..0. .... = Not Used
     IKE:                    .0.. .... = Not Used
     IKE:                    0... .... = Not Used
     IKE: Message ID         = 0
     IKE: Length             = 1112 (bytes)
     IKE: ----- SECURITY ASSOCIATION Payload -----
     IKE:
     IKE: Next Payload       = 13 (Vendor ID (VID))
     IKE: Reserved           = 0
     IKE: Payload Length     = 44
     IKE: DOI                = 0x1(IPSEC DOI)
     IKE: Situation          = 0x1 (SIT_IDENTITY_ONLY)
```

```
IKE: ----- PROPOSAL Payload -----
IKE:
IKE: Next Payload          = 0 (This is the last Proposal Payload)
IKE: Reserved              = 0
IKE: Payload Length        = 32
IKE: Proposal #            = 1
IKE: Protocol ID           = 1 (PROTO_ISAKMP)
IKE: SPI Size              = 0
IKE: # of Transforms       = 1
IKE: SPI Not Present
IKE: ----- TRANSFORM Payload -----
IKE:
IKE: Next Payload          = 0 (This is the last Transform Payload)
IKE: Reserved              = 0
IKE: Payload Length        = 24
IKE: Transform #           = 1
IKE: Transform ID          = 1 (KEY_IKE)
IKE: Reserved 2            = 0
IKE: ***SA Attributes***
IKE: Flags                 = 80
IKE:               1... .... = Data Attribute following TV format
IKE: Attribute Class/Type  = 1 (Encryption Algorithm)
IKE: Attribute Value       = 1 (DES-CBC)
IKE: Flags                 = 80
IKE:               1... .... = Data Attribute following TV format
IKE: Attribute Class/Type  = 2 (Hash Algorithm)
IKE: Attribute Value       = 0x0001 (MD5)
IKE: Flags                 = 80
IKE:               1... .... = Data Attribute following TV format
IKE: Attribute Class/Type  = 4 (Group Description)
IKE: Attribute Value       = 1 (Group 1, 768-bit MODP Group )
IKE: Flags                 = 80
IKE:               1... .... = Data Attribute following TV format
IKE: Attribute Class/Type  = 3 (Authentication Algorithm)
IKE: Attribute Value       = 3 (RSA Signature)
IKE: ----- VID Payload -----
IKE:
IKE: Next Payload          = 4 (Key Exchange (KE))
IKE: Reserved              = 0
IKE: Payload Length        = 20
IKE: [16 byte(s) of Vendor ID Data] =
     82 df 92 3d 34 c9 af f7 1c 7c 26 3b ae b2 d9 c4
IKE: ----- KEY EXCHANGE Payload -----
IKE:
IKE: Next Payload          = 5 (Identification (ID))
IKE: Reserved              = 0
IKE: Payload Length        = 100
IKE: [96 byte(s) of Key Exchange Data]
IKE:
IKE: ----- IDENTIFICATION Payload -----
IKE:
IKE: Next Payload          = 7 (Certificate Request (CR))
IKE: Reserved              = 0
IKE: Payload Length        = 24
IKE: ID Type (DOI Specific) = 2 (ID_FQDN)
IKE: Protocol ID           = 17
IKE: Port                  = 500
IKE: IKE: Domain Name      = c2503.frs-lab.de
```

```
IKE: ----- CERTIFICATE REQUEST Payload -----
IKE:
IKE: Next Payload         = 10 (Nonce (NONCE))
IKE: Reserved             = 0
IKE: Payload Length       = 66                          Enthält den X.500
IKE: Certificate Type     = 4 (X.509v3 Signature)       Distinguished Name der CA
IKE: Certificate Authority =
IKE: [Binary DER encoding of an ASN.1 X.500 Distinguished Name[X.501]]
IKE: ----- NONCE Payload -----
IKE:
IKE: Next Payload         = 6 (Certificate (CERT))
IKE: Reserved             = 0
IKE: Payload Length       = 24
IKE: [20 byte(s) of Nonce Data]
IKE: ----- CERT Payload -----
IKE:
IKE: Next Payload         = 9 (Signature (SIG))         Enthält das X.509v3-Zertifikat
IKE: Reserved             = 0                           des lokalen Systems
IKE: Payload Length       = 738
IKE: Certificate Type     = 4 (X.509v3 Signature)
IKE: [733 byte(s) of Certificate Data]
IKE: ----- SIG Payload -----
IKE:
IKE: Next Payload         = 0 (This is the last payload))
IKE: Reserved             = 0
IKE: Payload Length       = 68
IKE: [64 byte(s) of Signature Data]
```

- Dritte ISAKMP-Nachricht des Aggressive Mode Exchange (VPN Client)

```
- - - - - - - - - - - - - - - - - - - Frame 3 - - - - - - - - - - -
Source Address    Dest. Address    Size Rel. Time    Summary
[50.104.7.1]      [50.104.7.67]     982 0:00:07.010   ISAKMP: Header

UDP: ----- UDP Header -----
UDP:
UDP: Source port         = 500 (IKE)
UDP: Destination port    = 500 (IKE)
UDP: Length              = 948
UDP: Checksum            = E592 (correct)
UDP: [940 byte(s) of data]
UDP:
IKE: ----- Internet Key Exchange Header -----
IKE:
IKE: Initiator Cookie    = 0xB45A82373DB74CC5
IKE: Responder Cookie    = 0x7718352034C8AFF7
IKE: Next Payload        = 6 (Certificate (CERT))
IKE: Major Version       = 1
IKE: Minor Version       = 0
IKE: Exchange Type       = 4 (Aggressive)
IKE: Flags               = 01
IKE:             .... ...1 = Payloads encrypted
IKE:             .... ..0. = Do not wait for NOTIFY Payload
IKE:             .... .0.. = Authentication Bit
IKE: Message ID          = 0
IKE: Length              = 940 (bytes)
IKE: [912 byte(s) of Encrypted data]
```

16.5 IPSec in großen Netzwerken

16.5.1 »Hub and Spoke«-Topologie

16.5.1.1 Dynamische Crypto Map

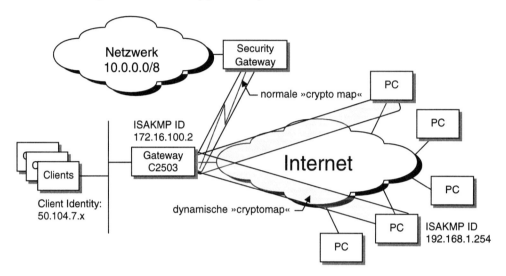

Falls in der »crypto map« noch normale Einträge enthalten sind, sollten deren Sequenznummern niedriger sein als die Nummer des dynamischen »crypto map«-Eintrags. Sofern in einer dynamischen »crypto map« keine Peer-Adressen und Access-Listen definiert sind, passt der Eintrag auf alle eingehenden IPSec-Verbindungen und der normale Eintrag würde bei einer höheren Nummer nie ausgewählt.

```
hostname c2503
!
crypto isakmp policy 20
  hash md5
  authentication pre-share
crypto isakmp key $secret/$"1 address 0.0.0.0
crypto isakmp key 1234567812345678 address 172.16.100.2
!
crypto ipsec transform-set ESP esp-des esp-md5-hmac
crypto ipsec transform-set AH ah-md5-hmac
!
crypto dynamic-map PCclients 10
  set transform-set ESP
!
crypto map SERIAL 10 ipsec-isakmp
  set peer 172.16.100.2
  set transform-set AH
  match address 100
crypto map SERIAL 20 ipsec-isakmp dynamic PCclients
!
interface Ethernet0
  ip address 50.104.7.67 255.255.252.0
!
interface Serial0
  ip address 172.16.100.1 255.255.255.252
  crypto map SERIAL
!
router ospf 1
  network 0.0.0.0 255.255.255.255 area 0
!
access-list 100 permit ip host 50.104.7.28 10.0.0.0 0.255.255.255
access-list 100 permit ip host 50.104.7.68 10.0.0.0 0.255.255.255
!
end
```

Da die IP-Adressen der PC Clients nicht bekannt sind, werden in diesem Beispiel zur Authentifizierung Wildcard Pre-shared Keys eingesetzt.

Neben dem dynamischen Eintrag können in einer Sequenz auch noch normale Einträge enthalten sein.

»crypto map« vor dem Aufbau eines dynamischen IPSec-Tunnels

- Informationen über die »crypto map«

c2503# show crypto dynamic-map

```
Crypto Map Template"PCclients" 10
        No matching address list set.
        Current peer: 0.0.0.0
        Security association lifetime: 4608000 kilobytes/3600 seconds
        PFS (Y/N): N
        Transform sets={ ESP, }
```

c2503# show crypto map tag SERIAL

```
Crypto Map "SERIAL" 10 ipsec-isakmp
        Peer = 172.16.100.2
        Extended IP access list 100
            access-list 100 permit ip host 50.104.7.28 10.0.0.0 0.255.255.255
            access-list 100 permit ip host 50.104.7.68 10.0.0.0 0.255.255.255
        Current peer: 172.16.100.2
        Security association lifetime: 4608000 kilobytes/3600 seconds
        PFS (Y/N): N
        Transform sets={ AH, }

Crypto Map "SERIAL" 20 ipsec-isakmp
        Dynamic map template tag: PCclients
        Interfaces using crypto map SERIAL:
         Serial0
```

- Informationen über die IPSec Security Associations

Falls noch keine dynamische Verbindung aufgebaut wurde, werden nur die Security Associations der normalen »crypto map«-Einträge angezeigt.

```
c2503# show crypto ipsec sa
interface: Serial0
   Crypto map tag: SERIAL, local addr. 172.16.100.1

   local  ident (addr/mask/prot/port): (50.104.7.28/255.255.255.255/0/0)
   remote ident (addr/mask/prot/port): (10.0.0.0/255.0.0.0/0/0)
   current_peer: 172.16.100.2
     PERMIT, flags={origin_is_acl,}
    #pkts encaps: 57538, #pkts encrypt: 0, #pkts digest 57538
    #pkts decaps: 57538, #pkts decrypt: 0, #pkts verify 57538
    #pkts compressed: 0, #pkts decompressed: 0
    #pkts not compressed: 0, #pkts compr. failed: 0, #pkts decompress failed: 0
    #send errors 8, #recv errors 0

     local crypto endpt.: 172.16.100.1, remote crypto endpt.: 172.16.100.2
     path mtu 1500, media mtu 1500
     current outbound spi: 0
     ...  ...


   local  ident (addr/mask/prot/port): (50.104.7.68/255.255.255.255/0/0)
   remote ident (addr/mask/prot/port): (10.0.0.0/255.0.0.0/0/0)
   current_peer: 172.16.100.2
     PERMIT, flags={origin_is_acl,}
    #pkts encaps: 0, #pkts encrypt: 0, #pkts digest 0
    #pkts decaps: 0, #pkts decrypt: 0, #pkts verify 0
    #pkts compressed: 0, #pkts decompressed: 0
    #pkts not compressed: 0, #pkts compr. failed: 0, #pkts decompress failed: 0
    #send errors 0, #recv errors 0

     local crypto endpt.: 172.16.100.1, remote crypto endpt.: 172.16.100.2
     path mtu 1500, media mtu 1500
     current outbound spi: 0
     ...  ...
```

»crypto map« nach dem Aufbau eines dynamischen IP-Tunnels

- Debug-Ausgabe

```
c2503# debug crypto ipsec
IPSEC(validate_proposal_request): proposal part #1,
   (key eng. msg.) dest= 172.16.100.1, src= 192.168.1.254,
   dest_proxy= 50.104.7.0/255.255.255.0/0/0 (type=4),
   src_proxy= 192.168.1.254/255.255.255.255/0/0 (type=1),
   protocol= ESP, transform= esp-des esp-md5-hmac ,
   lifedur= 0s and 0kb,
   spi= 0x0(0), conn_id= 0, keysize= 0, flags= 0x4
IPSEC(key_engine): got a queue event...
IPSEC(spi_response): getting spi 246486746 for SA
        from 192.168.1.254    to 172.16.100.1     for prot 3
IPSEC(key_engine): got a queue event...
IPSEC(initialize_sas): ,
   (key eng. msg.) dest= 172.16.100.1, src= 192.168.1.254,
   dest_proxy= 50.104.7.0/255.255.255.0/0/0 (type=4),
   src_proxy= 192.168.1.254/0.0.0.0/0/0 (type=1),
   protocol= ESP, transform= esp-des esp-md5-hmac ,
   lifedur= 3600s and 4608000kb,
   spi= 0xEB116DA(246486746), conn_id= 2000, keysize= 0, flags= 0x4
IPSEC(initialize_sas): ,
   (key eng. msg.) src= 172.16.100.1, dest= 192.168.1.254,
   src_proxy= 50.104.7.0/255.255.255.0/0/0 (type=4),
   dest_proxy= 192.168.1.254/0.0.0.0/0/0 (type=1),
   protocol= ESP, transform= esp-des esp-md5-hmac ,
   lifedur= 3600s and 4608000kb,
   spi= 0x2323043A(589497402), conn_id= 2001, keysize= 0, flags= 0x4
IPSEC(create_sa): sa created,
   (sa) sa_dest= 172.16.100.1, sa_prot= 50,
   sa_spi= 0xEB116DA(246486746),
   sa_trans= esp-des esp-md5-hmac , sa_conn_id= 2000
IPSEC(create_sa): sa created,
   (sa) sa_dest= 192.168.1.254, sa_prot= 50,
   sa_spi= 0x2323043A(589497402),
   sa_trans= esp-des esp-md5-hmac , sa_conn_id= 2001
```

Ausgehend von diesen *Client-Identities* erzeugt der Router automatisch den dynamischen »crypto map«-Eintrag.

Basierend auf den *Client Identities* (*dest_proxy* und *src_proxy*) legt der Router automatisch einen »crypto map«-Eintrag mit entsprechender Access-Liste an.

Kapitel 16 • Beispielkonfigurationen

- Informationen über die »crypto map«

    ### c2503# show crypto map tag SERIAL
    ```
    Crypto Map "SERIAL" 10 ipsec-isakmp
            Peer = 172.16.100.2
            Extended IP access list 100
                access-list 100 permit ip host 50.104.7.28 10.0.0.0 0.255.255.255
                access-list 100 permit ip host 50.104.7.68 10.0.0.0 0.255.255.255
            Current peer: 172.16.100.2
            Security association lifetime: 4608000 kilobytes/3600 seconds
            PFS (Y/N): N
            Transform sets={ AH, }

    Crypto Map "SERIAL" 20 ipsec-isakmp
            Dynamic map template tag: PCclients
    Crypto Map "SERIAL" 30 ipsec-isakmp
            Peer = 192.168.1.254
            Extended IP access list
                access-list  permit ip 50.104.7.0 0.0.0.255 host 192.168.1.254
                dynamic (created from dynamic map PCclients/10)
            Current peer: 192.168.1.254
            Security association lifetime: 4608000 kilobytes/3600 seconds
            PFS (Y/N): N
            Transform sets={ ESP, }
            Interfaces using crypto map SERIAL:
            Serial0
    ```

- Informationen über die IPSec Security Associations

    ### c2503# show crypto ipsec sa
    ```
    interface: Serial0
        Crypto map tag: SERIAL, local addr. 172.16.100.1

        local  ident (addr/mask/prot/port): (50.104.7.28/255.255.255.255/0/0)
        remote ident (addr/mask/prot/port): (10.0.0.0/255.0.0.0/0/0)
        current_peer: 172.16.100.2
          PERMIT, flags={origin_is_acl,}
         #pkts encaps: 0, #pkts encrypt: 0, #pkts digest 0
         #pkts decaps: 0, #pkts decrypt: 0, #pkts verify 0
         #pkts compressed: 0, #pkts decompressed: 0
         #pkts not compressed: 0, #pkts compr. failed: 0, #pkts decompress failed: 0
         #send errors 0, #recv errors 0

          local crypto endpt.: 172.16.100.1, remote crypto endpt.: 172.16.100.2
          path mtu 1500, media mtu 1500
          current outbound spi: 0
          ...  ...

        local  ident (addr/mask/prot/port): (50.104.7.68/255.255.255.255/0/0)
        remote ident (addr/mask/prot/port): (10.0.0.0/255.0.0.0/0/0)
        current_peer: 172.16.100.2
          PERMIT, flags={origin_is_acl,}
         #pkts encaps: 0, #pkts encrypt: 0, #pkts digest 0
         #pkts decaps: 0, #pkts decrypt: 0, #pkts verify 0
         #pkts compressed: 0, #pkts decompressed: 0
         #pkts not compressed: 0, #pkts compr. failed: 0, #pkts decompress failed: 0
         #send errors 0, #recv errors 0
    ```

```
     local crypto endpt.: 172.16.100.1, remote crypto endpt.: 172.16.100.2
     path mtu 1500, media mtu 1500
     current outbound spi: 0
     ...   ...


local  ident (addr/mask/prot/port): (50.104.7.0/255.255.255.0/0/0)
remote ident (addr/mask/prot/port): (192.168.1.254/255.255.255.255/0/0)
current_peer: 192.168.1.254
  PERMIT, flags={}
 #pkts encaps: 0, #pkts encrypt: 0, #pkts digest 0
 #pkts decaps: 4, #pkts decrypt: 4, #pkts verify 4
 #pkts compressed: 0, #pkts decompressed: 0
 #pkts not compressed: 0, #pkts compr. failed: 0, #pkts decompress failed: 0
 #send errors 0, #recv errors 0

     local crypto endpt.: 172.16.100.1, remote crypto endpt.: 192.168.1.254
     path mtu 1500, media mtu 1500
     current outbound spi: 2323043A

     inbound esp sas:
      spi: 0xEB116DA(246486746)
         transform: esp-des esp-md5-hmac ,
         in use settings ={Tunnel, }
         slot: 0, conn id: 2000, flow_id: 1, crypto map: SERIAL
         sa timing: remaining key lifetime (k/sec): (4607999/3416)
         IV size: 8 bytes
         replay detection support: Y

     inbound ah sas:

     inbound pcp sas:

     outbound esp sas:
      spi: 0x2323043A(589497402)
         transform: esp-des esp-md5-hmac ,
         in use settings ={Tunnel, }
         slot: 0, conn id: 2001, flow_id: 2, crypto map: SERIAL
         sa timing: remaining key lifetime (k/sec): (4608000/3416)
         IV size: 8 bytes
         replay detection support: Y

     outbound ah sas:

     outbound pcp sas:
```

16.5.1.2 Cisco Mode Config

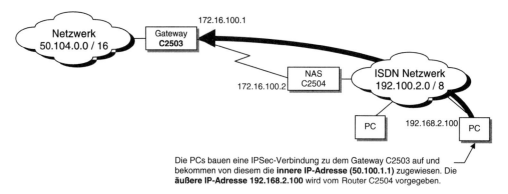

Die PCs bauen eine IPSec-Verbindung zu dem Gateway C2503 auf und bekommen von diesem die **innere IP-Adresse (50.100.1.1)** zugewiesen. Die **äußere IP-Adresse 192.168.2.100** wird vom Router C2504 vorgegeben.

Konfiguration des VPN Clients

- Festlegung der ISAKMP-Identität des Partners und der *Remote Client Identity*

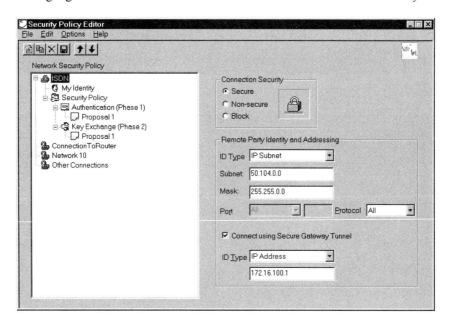

IPSec in großen Netzwerken 517

- Festlegung des lokalen Zertifikats, der lokalen ISAKMP-Identität und der *Local Client Identity*

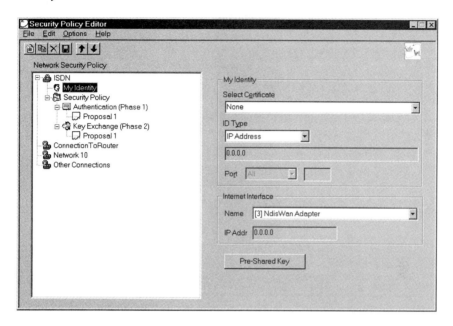

- Security Policies (hier Aggressive Mode)

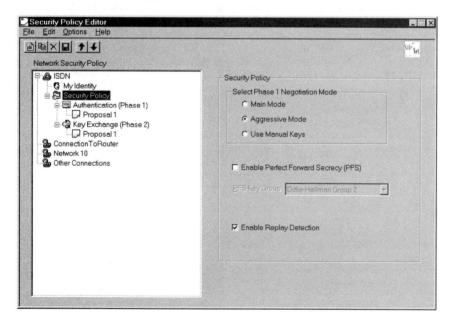

518 Kapitel 16 • Beispielkonfigurationen

- ISAKMP Protection Suite (Authentifizierung über Pre-shared Keys)

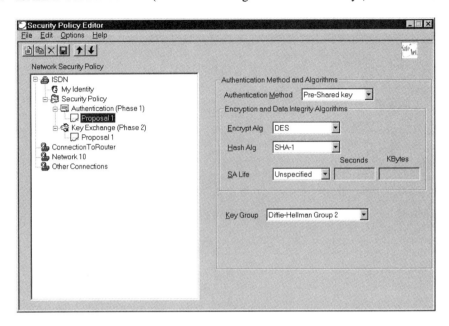

- IPSec Protection Suite

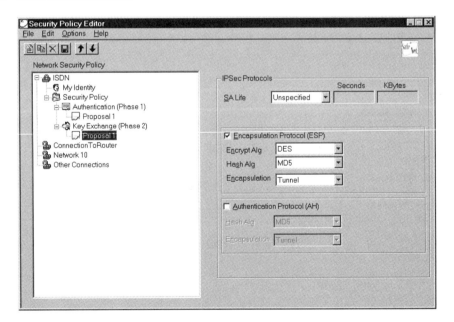

Konfiguration der Router

- Network Access Server C2504

    hostname c2504
    !
    username PC password 0 c
    !
    async-bootp gateway 192.168.2.1
    isdn switch-type basic-net3
    !
    interface Serial0
      bandwidth 2000
      ip address 172.16.100.2 255.255.255.252
      clockrate 2000000
    !
    interface BRI0
      ip address 192.168.2.1 255.255.255.0
      encapsulation ppp
      dialer idle-timeout 0
      dialer-group 1
      isdn switch-type basic-net3
      peer default ip address pool PCs   ⟵ Der Router weist den PCs beim
      ppp authentication chap callin   Aufbau der PPP-Verbindung eine
    ip local pool PCs 192.168.2.100 192.168.2.200   Adresse aus diesem Bereich zu.
    ip route 50.0.0.0 255.0.0.0 Serial0
    !
    dialer-list 1 protocol ip permit
    end

- Security Gateway C2503

    hostname c2503   Da die IP-Adresse des Clients nicht
    !   bekannt ist, kann die Authentifizierung
    crypto isakmp policy 10   nur über Wildcard Pre-shared Keys oder
      authentication pre-share   über RSA-Signaturen erfolgen.
      group 2
    !
    crypto isakmp key *12345678123456 78* **address 0.0.0.0**
    crypto isakmp client configuration address-pool local *PCclients*
    crypto ipsec transform-set ESP esp-des esp-md5-hmac   ⟵ Pool, aus dem der Client seine
    crypto ipsec transform-set AH ah-md5-hmac   innere IP-Adresse zugewiesen
                                                           bekommt
    crypto dynamic-map *PCclients* **1000**
      set transform-set ESP
    crypto map SERIAL 1000 ipsec-isakmp dynamic *PCclients*
    crypto map SERIAL client configuration address initiate
    !
    interface Ethernet0   ⟵ *respond:* Der Client darf eine
      ip address 50.104.7.67 255.255.252.0   bestimmte Adresse aus dem
                                               Pool auswählen, der Router
    interface Serial0   muss lediglich zustimmen.
      ip address 172.16.100.1 255.255.255.252
      crypto map SERIAL   *Initiate:* Der Router weist dem
    ip local pool *PCclients* **50.100.1.1 50.100.1.254** ⟵ Client immer eine Adresse aus
    ip route 10.0.0.0 255.0.0.0 172.16.100.3   dem Pool zu.
    ip route 192.168.2.0 255.255.255.0 172.16.100.2
    end

Informationen von C2504 (Network Access Server)

c2504# show ip route
```
Codes: C - connected, S - static, I - IGRP, R - RIP, M - mobile, B - BGP
       D - EIGRP, EX - EIGRP external, O - OSPF, IA - OSPF inter area
       N1 - OSPF NSSA external type 1, N2 - OSPF NSSA external type 2
       E1 - OSPF external type 1, E2 - OSPF external type 2, E - EGP
       i - IS-IS, L1 - IS-IS level-1, L2 - IS-IS level-2, ia - IS-IS inter area
       * - candidate default, U - per-user static route, o - ODR
       P - periodic downloaded static route

Gateway of last resort is not set

S    50.0.0.0/8 is directly connected, Serial0
     172.16.0.0/30 is subnetted, 1 subnets
C       172.16.100.0 is directly connected, Serial0
     10.0.0.0/32 is subnetted, 1 subnets
C       10.1.1.1 is directly connected, Loopback3
C    192.168.1.0/24 is directly connected, TokenRing0
     192.168.2.0/24 is variably subnetted, 2 subnets, 2 masks
C       192.168.2.100/32 is directly connected, BRI0
C       192.168.2.0/24 is directly connected, BRI0
```

c2504# show dialer map
```
Dynamic dialer map ip 192.168.2.100 name PC () on BR0
```

c2504# show dialer interface bri0
```
BRI0 - dialer type = ISDN

Dial String      Successes     Failures     Last DNIS     Last status
0 incoming call(s) have been screened.
0 incoming call(s) rejected for callback.

BRI0:1 - dialer type = ISDN
Idle timer (never), Fast idle timer (20 secs)
Wait for carrier (30 secs), Re-enable (15 secs)
Dialer state is idle

BRI0:2 - dialer type = ISDN
Idle timer (never), Fast idle timer (20 secs)
Wait for carrier (30 secs), Re-enable (15 secs)
Dialer state is data link layer up
Time until disconnect never
```
Connected to 123422541 (PC)

Informationen von C2503 (Security Gateway)

- Vor dem Aufbau der IPSec-Verbindung

    ### c2503# show ip route
    ```
         50.0.0.0/22 is subnetted, 1 subnets
    C       50.104.4.0 is directly connected, Ethernet0
         172.16.0.0/30 is subnetted, 1 subnets
    C       172.16.100.0 is directly connected, Serial0
    S    10.0.0.0/8 [1/0] via 172.16.100.2
    S    192.168.2.0/24 [1/0] via 172.16.100.2
    ```

    ### c2503# show crypto map tag SERIAL
    ```
    Crypto Map "SERIAL" 1000 ipsec-isakmp
            Dynamic map template tag: PCclients
            Interfaces using crypto map SERIAL:
            Serial0
    ```

- Nach dem Aufbau der IPSec-Verbindung

    Router legt für den Client automatisch eine Host Route an.

    ### c2503# show ip route
    ```
         50.0.0.0/8 is variably subnetted, 2 subnets, 2 masks
    S       50.100.1.1/32 [1/0] via 192.168.2.100
    C       50.104.4.0/22 is directly connected, Ethernet0
         172.16.0.0/30 is subnetted, 1 subnets
    C       172.16.100.0 is directly connected, Serial0
    S    10.0.0.0/8 [1/0] via 172.16.100.2
    S    192.168.2.0/24 [1/0] via 172.16.100.2
    ```

    ### c2503# show crypto map tag SERIAL
    ```
    Crypto Map "SERIAL" 1000 ipsec-isakmp
            Dynamic map template tag: PCclients
    ```

    Router legt für den Client automatisch eine Access-Liste an.

    ```
    Crypto Map "SERIAL" 1010 ipsec-isakmp
            Peer = 192.168.2.100
            Extended IP access list
                access-list  permit ip 50.104.0.0 0.0.255.255 host 50.100.1.1
                dynamic (created from dynamic map PCclients/1000)
            Current peer: 192.168.2.100
            Security association lifetime: 4608000 kilobytes/3600 seconds
            PFS (Y/N): N
            Transform sets={ ESP, }
            Interfaces using crypto map SERIAL:
    ```
    Serial0

    ### c2503# show crypto dynamic-map tag PCclients
    ```
    Crypto Map Template"PCclients" 1000
            No matching address list set.
            Current peer: 0.0.0.0
            Security association lifetime: 4608000 kilobytes/3600 seconds
            PFS (Y/N): N
            Transform sets={ ESP, }
    ```

c2503# show crypto isakmp sa

```
      dst            src         state         conn-id   slot
172.16.100.1    192.168.2.100    QM_IDLE          1       0
```

c2503# show crypto ipsec sa

```
interface: Serial0
    Crypto map tag: SERIAL, local addr. 172.16.100.1
```

Als *Remote Client Identity* wird die zugewiesene innere IP-Adresse benutzt.

```
   local  ident (addr/mask/prot/port): (50.104.0.0/255.255.0.0/0/0)
   remote ident (addr/mask/prot/port): (50.100.1.1/255.255.255.255/0/0)
   current_peer: 192.168.2.100
     PERMIT, flags={}
    #pkts encaps: 4, #pkts encrypt: 4, #pkts digest 4
    #pkts decaps: 16, #pkts decrypt: 16, #pkts verify 16
    #pkts compressed: 0, #pkts decompressed: 0
    #pkts not compressed: 0, #pkts compr. failed: 0, #pkts decompress failed: 0
    #send errors 0, #recv errors 0

     local crypto endpt.: 172.16.100.1, remote crypto endpt.: 192.168.2.100
     path mtu 1500, media mtu 1500
     current outbound spi: 3152676
```

Als ISAKMP-Identität des Partners wird die äußere IP-Adresse des Clients verwendet.

```
     inbound esp sas:
      spi: 0xA1615F1(169219569)
        transform: esp-des esp-md5-hmac ,
        in use settings ={Tunnel, }
        slot: 0, conn id: 2000, flow_id: 1, crypto map: SERIAL
        sa timing: remaining key lifetime (k/sec): (4607998/3395)
        IV size: 8 bytes
        replay detection support: Y

     inbound ah sas:

     inbound pcp sas:

     outbound esp sas:
      spi: 0x3152676(51717750)
        transform: esp-des esp-md5-hmac ,
        in use settings ={Tunnel, }
        slot: 0, conn id: 2001, flow_id: 2, crypto map: SERIAL
        sa timing: remaining key lifetime (k/sec): (4607999/3395)
        IV size: 8 bytes
        replay detection support: Y

     outbound ah sas:

     outbound pcp sas:
```

Debug-Informationen

c2503# debug crypto isakmp
c2503# debug crypto isakmp packet

- Aufbau der ISAKMP SA (Aggressive Mode Exchange)

```
ISAKMP (0): received packet from 192.168.2.100 (N) NEW SA
ISAKMP: Aggressive Mode packet contents (flags 0, len 252):
        SA payload
          PROPOSAL
            TRANSFORM
        KE payload
        NONCE payload
        ID payload
        VENDOR payload
ISAKMP: local port 500, remote port 500
ISAKMP (0:1): processing SA payload. message ID = 0
ISAKMP (0:1): Checking ISAKMP transform 1 against priority 10 policy
ISAKMP:     encryption DES-CBC
ISAKMP:     hash SHA
ISAKMP:     default group 2
ISAKMP:     auth pre-share
ISAKMP (0:1): atts are acceptable. Next payload is 0
ISAKMP (0:1): processing KE payload. message ID = 0
ISAKMP (0:1): processing NONCE payload. message ID = 0
ISAKMP (0:1): processing ID payload. message ID = 0
ISAKMP (0:1): SKEYID state generated
ISAKMP (0:1): processing vendor id payload

ISAKMP (1): ID payload
        next-payload : 10
        type         : 1
        protocol     : 17
        port         : 500
        length       : 8
ISAKMP (1): Total payload length: 12
ISAKMP: Aggressive Mode packet contents (flags 0, len 284):
        SA payload
          PROPOSAL
            TRANSFORM
        VENDOR payload
        KE payload
        ID payload
        NONCE payload
        HASH payload
ISAKMP (1): sending packet to 192.168.2.100 (R) AG_INIT_EXCH

ISAKMP (1): received packet from 192.168.2.100 (R) AG_INIT_EXCH
ISAKMP: Aggressive Mode packet contents (flags 1, len 52):
        HASH payload
ISAKMP (0:1): processing HASH payload. message ID = 0
ISAKMP (0:1): SA has been authenticated with 192.168.2.100
```

524 Kapitel 16 • Beispielkonfigurationen

- Zuweisung der inneren IP-Adresse (über einen Transaction Exchange)

```
ISAKMP (1): received packet from 192.168.2.100 (R) QM_IDLE
ISAKMP: Created a peer node for 192.168.2.100
ISAKMP (0:1): Locking struct 5812C8 on allocation
ISAKMP: Quick Mode packet contents (flags 1, len 148):
        HASH payload
        SA payload
          PROPOSAL
            TRANSFORM
        NONCE payload
        ID payload
        ID payload
ISAKMP (0:1): allocating address 50.100.1.1
ISAKMP (0:1): initiating peer config to 192.168.2.100. message ID = 423351016

ISAKMP: Transaction packet contents (flags 1, len 68):
        HASH payload
        CONFIG payload
ISAKMP (1): sending packet to 192.168.2.100 (R) CONF_ADDR

ISAKMP (1): received packet from 192.168.2.100 (R) CONF_ADDR
ISAKMP: Transaction packet contents (flags 1, len 68):
        HASH payload
        CONFIG payload
ISAKMP (0:1): processing transaction payload from 192.168.2.100. message ID = 423351016
ISAKMP:    Config payload type: 4
ISAKMP (0:1): peer accepted the address!
ISAKMP (0:1): adding static route for 50.100.1.1
ISAKMP (0:1): installing route 50.100.1.1 255.255.255.255 192.168.2.100
ISAKMP (0:1): deleting node 423351016 error FALSE reason "done with transaction"
ISAKMP (0:1): Delaying response to QM request.
```

- Aufbau der IPSec SA (Quick Mode Exchange)

```
ISAKMP (1): received packet from 192.168.2.100 (R) QM_IDLE
ISAKMP: Quick Mode packet contents (flags 1, len 148):
        HASH payload
        SA payload
          PROPOSAL
            TRANSFORM
        NONCE payload
        ID payload
        ID payload
ISAKMP (0:1): processing SA payload. message ID = -780762135
ISAKMP (0:1): Checking IPSec proposal 1
ISAKMP: transform 1, ESP_DES
ISAKMP:    attributes in transform:
ISAKMP:        authenticator is HMAC-MD5
ISAKMP:        encaps is 1
ISAKMP (0:1): atts are acceptable.
ISAKMP (0:1): processing NONCE payload. message ID = -780762135
ISAKMP (0:1): processing ID payload. message ID = -780762135
ISAKMP (1): ID_IPV4_ADDR src 50.100.1.1 prot 0 port 0
ISAKMP (0:1): processing ID payload. message ID = -780762135
ISAKMP (1): ID_IPV4_ADDR_SUBNET dst 50.104.0.0/255.255.0.0 prot 0 port 0
ISAKMP (0:1): asking for 1 spis from ipsec
ISAKMP: received ke message (2/1)
```

```
ISAKMP: Quick Mode packet contents (flags 1, len 184):
        HASH payload
        SA payload
          PROPOSAL
            TRANSFORM
        NONCE payload
        ID payload
        ID payload
        NOTIFY payload
ISAKMP (1): sending packet to 192.168.2.100 (R) QM_IDLE

ISAKMP (1): received packet from 192.168.2.100 (R) QM_IDLE
ISAKMP: Quick Mode packet contents (flags 1, len 52):
        HASH payload
ISAKMP (0:1): Creating IPSec SAs
        inbound SA from 192.168.2.100      to 172.16.100.1
            (proxy 50.100.1.1       to 50.104.0.0      )
        has spi 169219569 and conn_id 2000 and flags 4
        outbound SA from 172.16.100.1 to 192.168.2.100
            (proxy 50.104.0.0        to 50.100.1.1     )
        has spi 51717750 and conn_id 2001 and flags 4
```

- »Log Viewer«-Einträge des VPN Clients

```
13:23:39 ISDN - Initiating IKE Phase 1 (IP ADDR=172.16.100.1)
13:23:39 ISDN - SENDING>>>> ISAKMP OAK AG (SA, KE, NON, ID, VID)
13:23:46 ISDN - RECEIVED<<< ISAKMP OAK AG (SA, VID, KE, ID, NON, HASH)
13:23:46 ISDN - SENDING>>>> ISAKMP OAK AG *(HASH)
13:23:46 ISDN - Established IKE SA
13:23:46 ISDN - Initiating IKE Phase 2 with Client IDs (message id: 15C4992)
13:23:46   Initiator = IP ADDR=192.168.2.100, prot = 0 port = 0
13:23:46   Responder = IP SUBNET/MASK=50.104.0.0/255.255.0.0, prot = 0 port = 0
13:23:46 ISDN - SENDING>>>> ISAKMP OAK QM *(HASH, SA, NON, ID, ID)
13:23:47 ISDN - RECEIVED<<< ISAKMP OAK TRANS *(HASH, ATTR)
13:23:47 ISDN - Received Private IP Address = IP ADDR=50.100.1.1
13:23:47 ISDN - Discarding IPSec SA negotiation (message id: 15C4992)
13:23:47 ISDN - SENDING>>>> ISAKMP OAK TRANS *(HASH, ATTR)
13:23:47 ISDN - Initiating IKE Phase 2 with Client IDs (message id: D17683E9)
13:23:48   Initiator = IP ADDR=50.100.1.1, prot = 0 port = 0
13:23:48   Responder = IP SUBNET/MASK=50.104.0.0/255.255.0.0, prot = 0 port = 0
13:23:48 ISDN - SENDING>>>> ISAKMP OAK QM *(HASH, SA, NON, ID, ID)
13:23:48 ISDN - RECEIVED<<< ISAKMP OAK QM *(HASH, SA, NON, ID, ID, NOTIFY:STATUS_RESP_LIFETIME)
13:23:48 ISDN - SENDING>>>> ISAKMP OAK QM *(HASH)
13:23:49 ISDN - Loading IPSec SA (M-ID = D17683E9 OUTBOUND SPI = A1615F1 INBOUND SPI = 3152676)
```

16.5.1.3 XAuth Extended Authentication

Bei der *Extended Authentication* erfolgt nach der Authentifizierung des Client-Systems zusätzlich noch eine Authentifizierung des Benutzers.

Konfiguration des IPSec Security Gateways (Router C2503)

Die Konfiguration des Security Gateway aus dem vorhergehenden Beispiel wurde um den XAuth-Teil erweitert.

```
hostname c2503
!
aaa new-model                                     ← Die Authentifizierung des Benutzers erfolgt
aaa authentication login ISDN-Clients local          über einen lokalen »username«-Eintrag.
!
username andreas password c
!
crypto isakmp policy 10
  authentication pre-share
  group 2
!
crypto isakmp key 1234567812345678 address 0.0.0.0
crypto isakmp client configuration address-pool local PCclients
!
crypto ipsec transform-set ESP esp-des esp-md5-hmac
crypto ipsec transform-set AH ah-md5-hmac
!
crypto dynamic-map PCclients 1000
  set transform-set ESP
!
crypto map SERIAL client authentication list ISDN-Clients
crypto map SERIAL client configuration address initiate
crypto map SERIAL 1000 ipsec-isakmp dynamic PCclients
!
interface Ethernet0
  ip address 50.104.7.67 255.255.252.0
!
interface Serial0
  ip address 172.16.100.1 255.255.255.252
  crypto map SERIAL
!
ip local pool PCclients 50.100.1.1 50.100.1.254
ip route 10.0.0.0 255.0.0.0 172.16.100.3
ip route 192.168.2.0 255.255.255.0 172.16.100.2
!
end
```

- Authentifizierungsfenster auf dem VPN Client

  Der Benutzer bekommt beim Aufbau der IPSec SA ein Fenster angezeigt, in das er seinen Benutzernamen und sein Passwort eintragen muss. Mit diesen Werten erfolgt dann auf dem Router die Authentifizierung über den AAA-Mechanismus.

- »crypto map«-Eintrag nach dem Aufbau der IPSec-Verbindung

```
c2503# show crypto map tag SERIAL
Crypto Map "SERIAL" 1000 ipsec-isakmp
        Dynamic map template tag: PCclients

Crypto Map "SERIAL" 1010 ipsec-isakmp
        Peer = 192.168.2.100
        Extended IP access list
            access-list  permit ip 50.104.0.0 0.0.255.255 host 50.100.1.1
            dynamic (created from dynamic map PCclients/1000)
        Current peer: 192.168.2.100
        Security association lifetime: 4608000 kilobytes/3600 seconds
        PFS (Y/N): N
        Transform sets={ ESP, }
        Interfaces using crypto map SERIAL:
            Serial0
```

- Informationen über die aufgebaute IPSec Security Association

```
c2503# show crypto ipsec sa
interface: Serial0
    Crypto map tag: SERIAL, local addr. 172.16.100.1

   local  ident (addr/mask/prot/port): (50.104.0.0/255.255.0.0/0/0)
   remote ident (addr/mask/prot/port): (50.100.1.1/255.255.255.255/0/0)
   current_peer: 192.168.2.100
     PERMIT, flags={}
    #pkts encaps: 3, #pkts encrypt: 3, #pkts digest 3
    #pkts decaps: 4, #pkts decrypt: 4, #pkts verify 4
    #pkts compressed: 0, #pkts decompressed: 0
    #pkts not compressed: 0, #pkts compr. failed: 0, #pkts decompress failed: 0
    #send errors 0, #recv errors 0

     local crypto endpt.: 172.16.100.1, remote crypto endpt.: 192.168.2.100
     path mtu 1500, media mtu 1500
     current outbound spi: 3DD8F5D
     inbound esp sas:
      spi: 0xAA422F36(2856464182)
        transform: esp-des esp-md5-hmac ,
        in use settings ={Tunnel, }
        slot: 0, conn id: 2000, flow_id: 1, crypto map: SERIAL
        sa timing: remaining key lifetime (k/sec): (4607999/3155)
        IV size: 8 bytes
        replay detection support: Y

     outbound esp sas:
      spi: 0x3DD8F5D(64851805)
        transform: esp-des esp-md5-hmac ,
        in use settings ={Tunnel, }
        slot: 0, conn id: 2001, flow_id: 2, crypto map: SERIAL
        sa timing: remaining key lifetime (k/sec): (4607999/3155)
        IV size: 8 bytes
        replay detection support: Y
```

Debug-Informationen

```
c2503# debug aaa authentication
c2503# debug crypto isakmp
c2503# debug crypto isakmp packet
```

- Aufbau der ISAKMP SA (Aggressive Mode Exchange)

```
ISAKMP (0:0): received packet from 192.168.2.100 (N) NEW SA
ISAKMP: Aggressive Mode packet contents (flags 0, len 252):
        SA payload
          PROPOSAL
            TRANSFORM
        KE payload
        NONCE payload
        ID payload
        VENDOR payload
ISAKMP: local port 500, remote port 500
ISAKMP (0:1): Setting client config settings 5FE5E4
ISAKMP (0:1): (Re)Setting client xauth list ISDN-Clients and state
ISAKMP: Created a peer node for 192.168.2.100
ISAKMP: Locking struct 5FE5E4 from crypto_ikmp_config_initialize_sa
ISAKMP (0:1): processing SA payload. message ID = 0
ISAKMP (0:1): processing ID payload. message ID = 0
ISAKMP (0:1): Checking ISAKMP transform 1 against priority 10 policy
ISAKMP:     encryption DES-CBC
ISAKMP:     hash SHA
ISAKMP:     default group 2
ISAKMP:     auth pre-share
ISAKMP (0:1): atts are acceptable. Next payload is 0
ISAKMP (0:1): processing KE payload. message ID = 0
ISAKMP (0:1): processing NONCE payload. message ID = 0
ISAKMP (0:1): SKEYID state generated
ISAKMP (0:1): processing vendor id payload

ISAKMP (1): ID payload
        next-payload : 10
        type         : 1
        protocol     : 17
        port         : 500
        length       : 8
ISAKMP (1): Total payload length: 12
ISAKMP: Aggressive Mode packet contents (flags 0, len 284):
        SA payload
          PROPOSAL
            TRANSFORM
        VENDOR payload
        KE payload
        ID payload
        NONCE payload
        HASH payload
ISAKMP (0:1): sending packet to 192.168.2.100 (R) AG_INIT_EXCH

ISAKMP (0:1): received packet from 192.168.2.100 (R) AG_INIT_EXCH
ISAKMP: Aggressive Mode packet contents (flags 1, len 52):
        HASH payload
ISAKMP (0:1): processing HASH payload. message ID = 0
ISAKMP (0:1): SA has been authenticated with 192.168.2.100
```

- Authentifizierung des Benutzers (über einen Transaction Exchange)

```
ISAKMP (0:1): received packet from 192.168.2.100 (R) QM_IDLE
ISAKMP (0:1): (Re)Setting client xauth list ISDN-Clients and state
ISAKMP: Quick Mode packet contents (flags 1, len 148):
        HASH payload
        SA payload
          PROPOSAL
            TRANSFORM
        NONCE payload
        ID payload
        ID payload
ISAKMP (0:1): Need XAUTH
AAA: parse name=ISAKMP idb type=-1 tty=-1
AAA/MEMORY: create_user (0x5FFBD0) user='' ruser='' port='ISAKMP'
            rem_addr='192.168.2.100' authen_type=ASCII service=LOGIN priv=0
AAA/AUTHEN/START (1699911523): port='ISAKMP' list='ISDN-Clients' action=LOGIN service=LOGIN
AAA/AUTHEN/START (1699911523): non console login - defaults to local database
AAA/AUTHEN/START (1699911523): Method=LOCAL
AAA/AUTHEN (1699911523): status = GETUSER
ISAKMP: got callback 1
ISAKMP/xauth: request attribute XAUTH_TYPE
ISAKMP/xauth: request attribute XAUTH_MESSAGE
ISAKMP/xauth: request attribute XAUTH_USER_NAME
ISAKMP/xauth: request attribute XAUTH_USER_PASSWORD
ISAKMP (0:1): initiating peer config to 192.168.2.100. ID = -1889938763
ISAKMP: Transaction packet contents (flags 1, len 86):
        HASH payload
        CONFIG payload
ISAKMP (0:1): sending packet to 192.168.2.100 (R) CONF_XAUTH

ISAKMP (0:1): received packet from 192.168.2.100 (R) CONF_XAUTH
ISAKMP: Transaction packet contents (flags 1, len 84):
        HASH payload
        CONFIG payload
ISAKMP (0:1): processing transaction payload from 192.168.2.100. message ID = -1889938763
ISAKMP: Config payload REPLY
ISAKMP/xauth: reply attribute XAUTH_TYPE
ISAKMP/xauth: reply attribute XAUTH_USER_NAME
ISAKMP/xauth: reply attribute XAUTH_USER_PASSWORD
AAA/AUTHEN/CONT (1699911523): continue_login (user='(undef)')
AAA/AUTHEN (1699911523): status = GETUSER
AAA/AUTHEN/CONT (1699911523): Method=LOCAL
AAA/AUTHEN (1699911523): status = GETPASS
AAA/AUTHEN/CONT (1699911523): continue_login (user='andreas')
AAA/AUTHEN (1699911523): status = GETPASS
AAA/AUTHEN/CONT (1699911523): Method=LOCAL
AAA/AUTHEN (1699911523): status = PASS
ISAKMP: got callback 1
ISAKMP (0:1): initiating peer config to 192.168.2.100. ID = -1889938763

ISAKMP: Transaction packet contents (flags 1, len 64):
        HASH payload
        CONFIG payload
ISAKMP (0:1): sending packet to 192.168.2.100 (R) CONF_XAUTH
```

530 Kapitel 16 • Beispielkonfigurationen

- Zuweisung der inneren IP-Adresse (über einen Transaction Exchange)

```
ISAKMP (0:1): received packet from 192.168.2.100 (R) CONF_XAUTH
ISAKMP: Transaction packet contents (flags 1, len 68):
        HASH payload
        CONFIG payload
ISAKMP (0:1): processing transaction payload from 192.168.2.100. message ID = -1889938763
ISAKMP: Config payload ACK
ISAKMP (0:1): deleting node -1889938763 error FALSE reason "done with transaction"
ISAKMP (0:1): allocating address 50.100.1.1
ISAKMP (0:1): initiating peer config to 192.168.2.100. ID = -260448922

ISAKMP: Transaction packet contents (flags 1, len 68):
        HASH payload
        CONFIG payload
ISAKMP (0:1): sending packet to 192.168.2.100 (R) CONF_ADDR

ISAKMP (0:1): received packet from 192.168.2.100 (R) CONF_ADDR
ISAKMP: Transaction packet contents (flags 1, len 68):
        HASH payload
        CONFIG payload
ISAKMP (0:1): processing transaction payload from 192.168.2.100. message ID = -260448922
ISAKMP: Config payload ACK
ISAKMP (0:1): peer accepted the address!
ISAKMP (0:1): adding static route for 50.100.1.1
ISAKMP (0:1): installing route 50.100.1.1 255.255.255.255 192.168.2.100
ISAKMP (0:1): deleting node -260448922 error FALSE reason "done with transaction"
ISAKMP (0:1): Delaying response to QM request.
```

- Aufbau der IPSec SA (Quick Mode Exchange)

```
ISAKMP (0:1): received packet from 192.168.2.100 (R) QM_IDLE
ISAKMP (0:1): (Re)Setting client xauth list ISDN-Clients and state
ISAKMP: Quick Mode packet contents (flags 1, len 148):
        HASH payload
        SA payload
          PROPOSAL
            TRANSFORM
        NONCE payload
        ID payload
        ID payload
ISAKMP (0:1): processing HASH payload. message ID = -1632417260
ISAKMP (0:1): processing SA payload. message ID = -1632417260
ISAKMP (0:1): Checking IPSec proposal 1
ISAKMP: transform 1, ESP_DES
ISAKMP:   attributes in transform:
ISAKMP:      authenticator is HMAC-MD5
ISAKMP:      encaps is 1
ISAKMP (0:1): atts are acceptable.
ISAKMP (0:1): processing NONCE payload. message ID = -1632417260
ISAKMP (0:1): processing ID payload. message ID = -1632417260
ISAKMP (1): ID_IPV4_ADDR src 50.100.1.1 prot 0 port 0
ISAKMP (0:1): processing ID payload. message ID = -1632417260
ISAKMP (1): ID_IPV4_ADDR_SUBNET dst 50.104.0.0/255.255.0.0 prot 0 port 0
ISAKMP (0:1): asking for 1 spis from ipsec
ISAKMP: received ke message (2/1)
```

```
ISAKMP: Quick Mode packet contents (flags 1, len 184):
        HASH payload
        SA payload
          PROPOSAL
            TRANSFORM
        NONCE payload
        ID payload
        ID payload
        NOTIFY payload
ISAKMP (0:1): sending packet to 192.168.2.100 (R) QM_IDLE

ISAKMP (0:1): received packet from 192.168.2.100 (R) QM_IDLE
ISAKMP: Quick Mode packet contents (flags 1, len 52):
        HASH payload
ISAKMP (0:1): Creating IPSec SAs
        inbound SA from 192.168.2.100 to 172.16.100.1
        (proxy 50.100.1.1 to 50.104.0.0)
        has spi 0xAA422F36 and conn_id 2000 and flags 4
        outbound SA from 172.16.100.1     to 192.168.2.100
        (proxy 50.104.0.0 to 50.100.1.1        )
        has spi 64851805 and conn_id 2001 and flags 4
ISAKMP (0:1): deleting node 1196145875 error FALSE reason "saved qm no longer needed"
ISAKMP (0:1): deleting node -1632417260 error FALSE reason "quick mode done (await()"
ISAKMP: received ke message (4/1)
ISAKMP: Locking struct 5FE5E4 for IPSEC
ISAKMP (0:1): purging node -1889938763
ISAKMP (0:1): purging node -260448922
ISAKMP (0:1): purging node 1196145875
ISAKMP (0:1): purging node -1632417260
```

- »Log Viewer«-Einträge des VPN Clients

```
16:01:46 ISDN - Initiating IKE Phase 1 (IP ADDR=172.16.100.1)
16:01:47 ISDN - SENDING>>>> ISAKMP OAK AG (SA, KE, NON, ID, VID)
16:01:53 ISDN - RECEIVED<<< ISAKMP OAK AG (SA, VID, KE, ID, NON, HASH)
16:01:53 ISDN - SENDING>>>> ISAKMP OAK AG *(HASH)
16:01:53 ISDN - Established IKE SA
16:01:54 ISDN - Initiating IKE Phase 2 with Client IDs (message id: 474BBCD3)
16:01:54    Initiator = IP ADDR=192.168.2.100, prot = 0 port = 0
16:01:54    Responder = IP SUBNET/MASK=50.104.0.0/255.255.0.0, prot = 0 port = 0
16:01:54 ISDN - SENDING>>>> ISAKMP OAK QM *(HASH, SA, NON, ID, ID)
16:01:54 ISDN - RECEIVED<<< ISAKMP OAK TRANS *(HASH, ATTR)
16:01:59 ISDN - RECEIVED<<< ISAKMP OAK TRANS *(Retransmission)
16:02:00 ISDN - SENDING>>>> ISAKMP OAK TRANS *(HASH, ATTR)
16:02:00 ISDN - RECEIVED<<< ISAKMP OAK TRANS *(HASH, ATTR)
16:02:01 ISDN - SENDING>>>> ISAKMP OAK TRANS *(HASH, ATTR)
16:02:01 ISDN - RECEIVED<<< ISAKMP OAK TRANS *(HASH, ATTR)
16:02:01 ISDN - Received Private IP Address = IP ADDR=50.100.1.1
16:02:01 ISDN - Discarding IPSec SA negotiation (message id: 474BBCD3)
16:02:01 ISDN - SENDING>>>> ISAKMP OAK TRANS *(HASH, ATTR)
16:02:02 ISDN - Initiating IKE Phase 2 with Client IDs (message id: 9EB34A14)
16:02:02    Initiator = IP ADDR=50.100.1.1, prot = 0 port = 0
16:02:02    Responder = IP SUBNET/MASK=50.104.0.0/255.255.0.0, prot = 0 port = 0
16:02:02 ISDN - SENDING>>>> ISAKMP OAK QM *(HASH, SA, NON, ID, ID)
16:02:03 ISDN - RECEIVED<<< ISAKMP OAK QM *(HASH, SA, NON, ID, ID, NOTIFY:STATUS_RESP_LIFETIME)
16:02:03 ISDN - SENDING>>>> ISAKMP OAK QM *(HASH)
16:02:03 ISDN - Loading IPSec SA (M-ID = 9EB34A14 OUTBOUND SPI = AA422F36 INBOUND SPI = 3DD8F5D)
```

16.5.1.4 IPSec und Dialup-Verbindungen

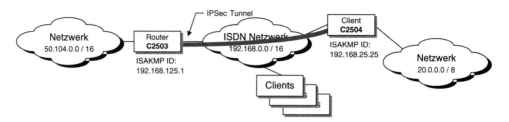

Im folgenden Beispiel bauen verschiedene Clients einen IPSec-Tunnel über ISDN zum Router C2503 auf. Das Problem liegt darin, dass die Clients ihre IP-Adressen von C2503 über das IPCP-Protokoll erhalten sollen.

- Als Routing-Protokoll wird OSPF benutzt und die ISDN-Interfaces werden auf *ip ospf demand-circuit* gesetzt. Das heißt, nur bei Änderungen in der Routing-Tabelle erfolgen OSPF Updates.

- Durch die »dialer-list«-Access-Liste mit dem Eintrag *access-list 150 permit esp host 192.168.125.1 any* wird die ISDN-Verbindung nur oben gehalten (d.h. der Idle Timer zurückgesetzt), wenn verschlüsselte Benutzerdaten zu übertragen sind.

- Da der Client C2504 zu Beginn einer Verbindung noch keine IP-Adresse besitzt, verwendet er als Source-Adresse für das erste ISAKMP-Paket 0.0.0.0. Um überhaupt eine ISDN-Verbindung aufbauen zu können, ist auf C2503 der zweite Eintrag (*access-list 150 permit udp host 0.0.0.0 eq isakmp host 192.168.125.1 eq isakmp*) notwendig.

Konfiguration des Servers C2503

version 12.0(15)
!
hostname c2503
!
ip host mpdepp.frs-lab.de 192.168.1.2
ip domain-name frs-lab.de
isdn switch-type basic-net3
!
crypto isakmp policy 20
 hash md5
!
crypto ipsec transform-set ESP esp-des esp-md5-hmac
!
crypto ca identity frs-lab.de
 enrollment mode ra
 enrollment url http://mpdepp.frs-lab.de:80/certsrv/mscep/mscep.dll
 crl optional
crypto ca certificate chain frs-lab.de
 certificate 611ED2B800000000000C
  308202D9 30820283 A0030201 02020A61 1ED28B00 00000000 0C300D06 092A8648
  86F70D01 01050500 303B310B 30090603 55040613 02444531 17301506 0355040B
  ... ...
  CEB0CDF4 200BA6C4 DAC6297F EFCB6290 446C0C24 36425A9F C1A76B53 89760515
  96EE28FC B3623794 89222183 E2F87EE6 C26317C5 8512A9E7 4C1FF65D 7D
 quit
 certificate ra-sign 6106826B000000000004
  3082031F 308202C9 A0030201 02020A61 06826B00 00000000 04300D06 092A8648
  86F70D01 01050500 303B310B 30090603 55040613 02444531 17301506 0355040B
  ... ...
  03410066 76A9D30F F613643C 65E58F21 DF328DF9 43046099 82B780A0 B25F45F6
  DF094771 D5A86050 3811C320 D2967FB9 8BC8B3CC 7FBD2C4C 6335C4B4 A3896B8F
  AF87A9
 quit
 certificate 611EBD0C00000000000B
  308202D9 30820283 A0030201 02020A61 1EBD0C00 00000000 0B300D06 092A8648
  86F70D01 01050500 303B310B 30090603 55040613 02444531 17301506 0355040B
  ... ...
  67F1C763 48AD5CD9 FF89A13C 5FBECC4F 80DF76BA DA629A64 47051D15 61A6D3A0
  66DC61B5 091E58FE 8CFC8B7E 3A1C0A2B 353EEE64 D6046987 5940B20E 67
 quit
 certificate ca 2AF5E3AC371EE9AB4F44F9722EB4F87B
  308202EB 30820292 A0030201 0202102A F5E3AC37 1EE9AB4F 44F9722E B4FB7B30
  0D06092A 864886F7 0D010105 0500303B 31083009 06035504 06130244 45311730
  ... ...
  B355DE6C CA562A07 EB426EA0 7B8F9EFE O6CA6FCD DF443943 E698233C B695818A
  C6CDAE96 CDE2CC89 7C767BD4
 quit
 certificate ra-encrypt 6106873B000000000005
  3082031F 308202C9 A0030201 02020A61 06873B00 00000000 05300D06 092A8648
  86F70D01 01050500 303B310B 30090603 55040613 02444531 17301506 0355040B
  ... ...
  03410006 D80BA932 C69DC4AC BE11664F B15AC864 7153BEF9 799EE9A0 17D6AD21
  4BEC5DFB 211A683D 5B733065 C22217E5 2DB8F417 01970E73 AD3FD603 28DE3816
  3394B8
 quit
!

crypto dynamic-map BRI 10
 set transform-set ESP
 match address 100
crypto map BRI 10 ipsec-isakmp dynamic BRI
interface Ethernet0
 ip address 50.104.7.67 255.255.252.0
interface BRI0
 ip address 192.168.125.1 255.255.255.0
 encapsulation ppp
 ip ospf network point-to-multipoint
 ip ospf cost 4000
 ip ospf demand-circuit
 dialer idle-timeout 3600
 dialer enable-timeout 2
 dialer-group 1
 isdn switch-type basic-net3
 peer default ip address pool *ISDNclients*
 crypto map *BRI*
!
router ospf 1
 network 0.0.0.0 255.255.255.255 area 0
!
ip local pool *ISDNclients* **192.168.125.100 192.168.125.254**

access-list 100 deny   ip 224.0.0.0 15.255.255.255 any
access-list 100 deny   ip any 224.0.0.0 15.255.255.255
access-list 100 deny   icmp any any
access-list 100 permit ip any any
!
access-list 150 permit esp host 192.168.125.1 any
access-list 150 deny   ip any any
!
dialer-list 1 protocol ip list 150
end

Lediglich verschlüsselte Benutzerdaten halten die ISDN-Verbindung oben.

Konfiguration des Clients C2504

version 12.0(15)
!
hostname c2504
!
ip host mpdepp.frs-lab.de 192.168.1.2
ip domain-name frs-lab.de
isdn switch-type basic-net3
!
crypto isakmp policy 10
 hash md5
!
crypto ipsec transform-set ESP esp-des esp-md5-hmac
!
crypto ca identity frs-lab.de
 enrollment mode ra
 enrollment url http://mpdepp.frs-lab.de:80/certsrv/mscep/mscep.dll
 crl optional
crypto ca certificate chain frs-lab.de
 certificate ca
 2AF5E3AC371EE9AB4F44F9722EB4F87B
  308202E8 30820292 A0030201 0202102A F5E3AC37 1EE9AB4F 44F9722E B4F87B30
  0D06092A 864886F7 0D010105 0500303B 310B3009 06035504 06130244 45311730
  ... ...
  B355DE6C CA562A07 EB426EA0 7B8F9EFE 06CA6FCD DF443943 E698233C B695818A
  C6CDAE96 CDE2CC89 7C767BD4
 quit
 certificate ra-encrypt 6106873B000000000005
  3082031F 308202C9 A0030201 02020A61 06873B00 00000000 05300006 092A8648
  86F70D01 01050500 303B310B 30090603 55040613 02444531 17301506 0355040B
  ... ...
  03410006 D80BA932 C69DC4AC BE11664F B15AC864 7153BEF9 799EE9A0 17D6AD21
  4BEC5DFB 211A683D 5B733065 C22217E5 2DB8F417 01970E73 AD3FD603 28DE3816
  339488
 quit
 certificate 0426EBE900000000000F
  308202D9 30820283 A0030201 02020A04 26EBE900 00000000 0F300006 092A8648
  86F70D01 01050500 303B310B 30090603 55040613 02444531 17301506 0355040B
  ... ...
  17B3D2AC 59FE76F3 105C10EB 4316DB0E C0375423 D51EC889 12BFE474 A7E19836
  2F07EAB9 D5355CB6 733E1208 6DCCEDFB 9917E31D 2AD1454D A062BDE8 0E
 quit
 certificate ra-sign 6106826B000000000004
  3082031F 308202C9 A0030201 02020A61 06826B00 00000000 04300006 092A8648
  86F70D01 01050500 303B310B 30090603 55040613 02444531 17301506 0355040B
  ... ...
  03410066 76A9030F F613643C 65E58F21 DF328DF9 43046099 828780A0 B25F45F6
  DF094771 D5A86050 3811C320 D2967FB9 BBC8B3CC 7FBD2C4C 6335C4B4 A3896B8F
  AF87A9
 quit
 certificate 0426FBF3000000000010
  308202D9 30820283 A0030201 02020A04 26FBF300 00000000 10300006 092A8648
  86F70D01 01050500 303B310B 30090603 55040613 02444531 17301506 0355040B
  ... ...
  215F5E90 23E4726F A80CAFB2 561CBCB6 28AAD4A9 573A5286 3B9F7A3F C1DEDAC0
  24453873 6988383F 9D058E37 67A050A7 3344A9A9 3BB17B4F 490E7B3D 49
 quit
crypto map *BRI* 10 ipsec-isakmp
 set peer 192.168.125.1
 set transform-set ESP
 match address 100
!
interface TokenRing0
 ip address 20.1.1.1 255.255.255.0
 ring-speed 16
!
interface BRI0
 ip address negotiated
 encapsulation ppp
 ip ospf network point-to-multipoint
 ip ospf cost 4000
 ip ospf demand-circuit
 dialer idle-timeout 3600
 dialer enable-timeout 2
 dialer string 0100133571
 dialer-group 1
 isdn switch-type basic-net3
 no cdp enable
 ppp ipcp accept-address
 crypto map *BRI*
!
router ospf 1
 network 0.0.0.0 255.255.255.255 area 0
!
ip route 0.0.0.0 0.0.0.0 BRI0 200
!
access-list 100 deny   ip 224.0.0.0 15.255.255.255 any
access-list 100 deny   ip any 224.0.0.0 15.255.255.255
access-list 100 deny   icmp any any
access-list 100 permit ip 20.0.0.0 0.255.255.255 any
access-list 100 deny   ip any any

access-list 150 permit esp any host 192.168.125.1
access-list 150 permit udp host 0.0.0.0 eq isakmp host 192.168.125.1 eq isakmp
access-list 150 deny   ip any any
dialer-list 1 protocol ip list 150
!
end

Alle Unicast-Pakete aus 20.0.0.0/8 (außer ICMP) werden verschlüsselt.

Informationen vor dem Aufbau der Dialer-Verbindung

Die »dialer-list«-Access-Liste lässt einen Verbindungsaufbau nur für Pakete zu, die verschlüsselt werden müssen. Dies gilt in diesem Beispiel nicht für ICMP-Pakete.

c2504# ping 50.104.7.10
c2504# debug dialer packet
```
BRO DDR: ip (s=20.1.1.2, d=50.104.7.10), 84 bytes, outgoing uninteresting (list 150)
BRO DDR: ip (s=20.1.1.2, d=50.104.7.10), 84 bytes, outgoing uninteresting (list 150)
BRO DDR: ip (s=20.1.1.2, d=50.104.7.10), 84 bytes, outgoing uninteresting (list 150)
BRO DDR: ip (s=20.1.1.2, d=50.104.7.10), 84 bytes, outgoing uninteresting (list 150)
BRO DDR: ip (s=20.1.1.2, d=50.104.7.10), 84 bytes, outgoing uninteresting (list 150)
```

- »dialer-list«-Access-Liste auf dem Client

    c2504# show ip access-lists 150
    ```
    Extended IP access list 150
        permit esp any host 192.168.125.1
        permit udp host 0.0.0.0 eq isakmp host 192.168.125.1 eq isakmp
        deny ip any any (35 matches)
    ```

- »crypto map«-Access-Liste auf dem Client

    c2504# show ip access-lists 100
    ```
    Extended IP access list 100
        deny ip 224.0.0.0 15.255.255.255 any (29 matches)
        deny ip any 224.0.0.0 15.255.255.255
        deny icmp any any (15 matches)
        permit ip 20.0.0.0 0.255.255.255 any
        deny ip any any (15 matches)
    ```

- »crypto map« auf dem Client

    c2504# show crypto map tag BRI
    ```
    Crypto Map "BRI" 10 ipsec-isakmp
          Peer = 192.168.125.1
          Extended IP access list 100
               access-list 100 deny ip 224.0.0.0 15.255.255.255 any
               access-list 100 deny ip any 224.0.0.0 15.255.255.255
               access-list 100 deny icmp any any
               access-list 100 permit ip 20.0.0.0 0.255.255.255 any
               access-list 100 deny ip any any
          Current peer: 192.168.125.1
          Security association lifetime: 4608000 kilobytes/3600 seconds
          PFS (Y/N): N
          Transform sets={ ESP, }
    ```

- »crypto map« auf dem Server

```
c2503# show crypto dynamic-map tag BRI
Crypto Map Template"BRI" 10
    Extended IP access list 100
        access-list 100 deny ip 224.0.0.0 15.255.255.255 any
        access-list 100 deny ip any 224.0.0.0 15.255.255.255
        access-list 100 deny icmp any any
        access-list 100 permit ip any any
    Current peer: 0.0.0.0
    Security association lifetime: 4608000 kilobytes/3600 seconds
    PFS (Y/N): N
    Transform sets={ ESP, }

c2503# show crypto map tag BRI
Crypto Map "BRI" 10 ipsec-isakmp
    Dynamic map template tag: BRI
```

Aufbau der Dialer-Verbindung

Von einem Host mit der Adresse 20.1.1.2 wird eine Telnet-Verbindung zu dem System 50.104.7.10 initiiert. Dies führt dazu, dass der Client-Router C2504 eine Dialer-Verbindung und einen IPSec-Tunnel zu dem Server C2503 aufbaut.

- Debug-Informationen auf dem Client (C2504)

Da der Client noch keine IP-Adresse für das BRI-Interface besitzt, verwendet er 0.0.0.0 als Quelladresse.

```
c2504# debug dialer
c2504# debug crypto isakmp
BR0 DDR: Dialing cause ip (s=0.0.0.0, d=192.168.125.1)
BR0 DDR: Attempting to dial 0100133571
2d20h: %LINK-3-UPDOWN: Interface BRI0:1, changed state to up
2d20h: %ISDN-6-CONNECT: Interface BRI0:1 is now connected to 0100133571
BR0:1 DDR: dialer protocol up
2d20h: %LINEPROTO-5-UPDOWN: Line protocol on Interface BRI0:1, changed state to up
2d20h: %ISDN-6-CONNECT: Interface BRI0:1 is now connected to 0100133571

ISAKMP (22): beginning Main Mode exchange
ISAKMP (22): sending packet to 192.168.125.1 (I) MM_NO_STATE
ISAKMP (22): received packet from 192.168.125.1 (I) MM_NO_STATE
ISAKMP (22): processing SA payload. message ID = 0
ISAKMP (22): No Pre-shared Key for 192.168.125.1 . Checking 192.168.125.1.
ISAKMP (22): Checking ISAKMP transform 1 against priority 10 policy
ISAKMP:     encryption DES-CBC
ISAKMP:     hash MD5
ISAKMP:     default group 1
ISAKMP:     auth RSA sig
ISAKMP (22): atts are acceptable. Next payload is 0
ISAKMP (22): SA is doing RSA signature authentication using id type ID_FQDN
ISAKMP (22): sending packet to 192.168.125.1 (I) MM_SA_SETUP
ISAKMP (22): received packet from 192.168.125.1 (I) MM_SA_SETUP
ISAKMP (22): processing KE payload. message ID = 0
ISAKMP (22): processing NONCE payload. message ID = 0
ISAKMP (22): SKEYID state generated
ISAKMP (22): processing CERT_REQ payload. message ID = 0
ISAKMP (22): peer wants a CT_X509_SIGNATURE cert
ISAKMP (22): peer want cert issued by CN = CA FRS-LAB, OU = Andreas Aurand, C = DE
ISAKMP (22): processing vendor id payload
ISAKMP (22): speaking to another IOS box!
```

IPSec in großen Netzwerken

```
ISAKMP (22): ID payload
        next-payload : 6
        type         : 2
        protocol     : 17
        port         : 500
        length       : 20
ISAKMP (22): Total payload length: 24
ISAKMP (22): sending packet to 192.168.125.1 (I) MM_KEY_EXCHTranslating "c2503.frs-lab.de"
ISAKMP (22): received packet from 192.168.125.1 (I) MM_KEY_EXCH
ISAKMP (22): processing ID payload. message ID = 0
ISAKMP (22): processing CERT payload. message ID = 0
ISAKMP (22): processing a CT_X509_SIGNATURE cert
ISAKMP (22): cert approved with warning
ISAKMP (22): processing SIG payload. message ID = 0
ISAKMP (22): sa->peer.name = 192.168.125.1, sa->peer_id.id.id_fqdn.fqdn = c2503.frs-lab.de
ISAKMP (22): SA has been authenticated with 192.168.125.1
ISAKMP (22): beginning Quick Mode exchange, M-ID of 1098659471
ISAKMP (22): sending packet to 192.168.125.1 (I) QM_IDLE
ISAKMP (22): received packet from 192.168.125.1 (I) QM_IDLE
ISAKMP (22): processing SA payload. message ID = 1098659471
ISAKMP (22): Checking IPSec proposal 1
ISAKMP: transform 1, ESP_DES
ISAKMP:    attributes in transform:
ISAKMP:        encaps is 1
ISAKMP:        SA life type in seconds
ISAKMP:        SA life duration (basic) of 3600
ISAKMP:        SA life type in kilobytes
ISAKMP:        SA life duration (VPI) of  0x0 0x46 0x50 0x0
ISAKMP:        authenticator is HMAC-MD5
ISAKMP (22): atts are acceptable.
ISAKMP (22): processing NONCE payload. message ID = 1098659471
ISAKMP (22): processing ID payload. message ID = 1098659471
ISAKMP (22): unknown error extracting ID
ISAKMP (22): processing ID payload. message ID = 1098659471
ISAKMP (22): unknown error extracting ID
ISAKMP (22): Creating IPSec SAs
        inbound SA from 192.168.125.1 to 192.168.125.115
                (proxy 0.0.0.0 to 20.0.0.0)
        has spi 205129371 and conn_id 23 and flags 4
        lifetime of 3600 seconds
        lifetime of 4608000 kilobytes
        outbound SA from 192.168.125.115 to 192.168.125.1
                (proxy 20.0.0.0 to 0.0.0.0)
        has spi 111353205 and conn_id 24 and flags 4
        lifetime of 3600 seconds
        lifetime of 4608000 kilobytes
ISAKMP (22): sending packet to 192.168.125.1 (I) QM_IDLE
```

Nachdem die IPSec SAs generiert sind, bauen die Router ihre »OSPF Neighbor«-Verbindung auf.

```
2d20h: %OSPF-5-ADJCHG: Process 1, Nbr 192.168.25.1 on BRI0 from DOWN to INIT, Received Hello
2d20h: %OSPF-5-ADJCHG: Process 1, Nbr 192.168.25.1 on BRI0 from INIT to 2WAY, 2-Way Received
2d20h: %OSPF-5-ADJCHG: Process 1, Nbr 192.168.25.1 on BRI0 from 2WAY to EXSTART, AdjOK?
2d20h: %OSPF-5-ADJCHG: Process 1, Nbr 192.168.25.1 on BRI0 from EXSTART to EXCHANGE, Negotiation Done
2d20h: %OSPF-5-ADJCHG: Process 1, Nbr 192.168.25.1 on BRI0 from EXCHANGE to LOADING, Exchange Done
2d20h: %OSPF-5-ADJCHG: Process 1, Nbr 192.168.25.1 on BRI0 from LOADING to FULL, Loading Done
```

- **Debug-Informationen auf dem Server (C2503)**

```
2d20h: %LINK-3-UPDOWN: Interface BRI0:1, changed state to up
2d20h: %ISDN-6-CONNECT: Interface BRI0:1 is now connected to 100133541
2d20h: %LINEPROTO-5-UPDOWN: Line protocol on Interface BRI0:1, changed state to up
2d20h: %ISDN-6-CONNECT: Interface BRI0:1 is now connected to 100133541 100133541

ISAKMP (0): received packet from 192.168.125.115 (N) NEW SA
ISAKMP (22): processing SA payload. message ID = 0
ISAKMP (22): No Pre-shared Key for 192.168.125.115. Checking 192.168.125.115.
ISAKMP (22): Checking ISAKMP transform 1 against priority 20 policy
ISAKMP:      encryption DES-CBC
ISAKMP:      hash MD5
ISAKMP:      default group 1
ISAKMP:      auth RSA sig
ISAKMP (22): atts are acceptable. Next payload is 0
ISAKMP (22): SA is doing RSA signature authentication using id type ID_FQDN
ISAKMP (22): sending packet to 192.168.125.115 (R) MM_SA_SETUP
ISAKMP (22): received packet from 192.168.125.115 (R) MM_SA_SETUP
ISAKMP (22): processing KE payload. message ID = 0
ISAKMP (22): processing NONCE payload. message ID = 0
ISAKMP (22): SKEYID state generated
ISAKMP (22): processing CERT_REQ payload. message ID = 0
ISAKMP (22): peer wants a CT_X509_SIGNATURE cert
ISAKMP (22): peer want cert issued by CN = CA FRS-LAB, OU = Andreas Aurand, C = DE
ISAKMP (22): processing vendor id payload
ISAKMP (22): speaking to another IOS box!
ISAKMP (22): sending packet to 192.168.125.115 (R) MM_KEY_EXCH
ISAKMP (22): received packet from 192.168.125.115 (R) MM_KEY_EXCH
ISAKMP (22): processing ID payload. message ID = 0
ISAKMP (22): processing CERT payload. message ID = 0
ISAKMP (22): processing a CT_X509_SIGNATURE cert
ISAKMP (22): cert approved with warning
ISAKMP (22): processing SIG payload. message ID = 0
ISAKMP (22): sa->peer.name = 192.168.125.115, sa->peer_id.id.id_fqdn.fqdn = c2504.frs-lab.de
ISAKMP (22): SA has been authenticated with 192.168.125.115
ISAKMP (22): ID payload
        next-payload : 6
        type         : 2
        protocol     : 17
        port         : 500
        length       : 20
ISAKMP (22): Total payload length: 24
ISAKMP (22): sending packet to 192.168.125.115 (R) QM_IDLE
ISAKMP (22): received packet from 192.168.125.115 (R) QM_IDLE
ISAKMP (22): processing SA payload. message ID = 1098659471
ISAKMP (22): Checking IPSec proposal 1
ISAKMP: transform 1, ESP_DES
ISAKMP:   attributes in transform:
ISAKMP:      encaps is 1
ISAKMP:      SA life type in seconds
ISAKMP:      SA life duration (basic) of 3600
ISAKMP:      SA life type in kilobytes
ISAKMP:      SA life duration (VPI) of  0x0 0x46 0x50 0x0
ISAKMP:      authenticator is HMAC-MD5
ISAKMP (22): atts are acceptable.
```

IPSec in großen Netzwerken 539

```
ISAKMP (22): processing NONCE payload. message ID = 1098659471
ISAKMP (22): processing ID payload. message ID = 1098659471
ISAKMP (22): ID_IPV4_ADDR_SUBNET src 20.0.0.0/255.0.0.0 prot 0 port 0
ISAKMP (22): processing ID payload. message ID = 1098659471
ISAKMP (22): ID_IPV4_ADDR_SUBNET dst 0.0.0.0/0.0.0.0 prot 0 port 0
ISAKMP (22): sending packet to 192.168.125.115 (R) QM_IDLE
ISAKMP (22): received packet from 192.168.125.115 (R) QM_IDLE
ISAKMP (22): Creating IPSec SAs
        inbound SA from 192.168.125.115 to 192.168.125.1
                (proxy 20.0.0.0 to 0.0.0.0)
        has spi 111353205 and conn_id 23 and flags 4
        lifetime of 3600 seconds
        lifetime of 4608000 kilobytes
        outbound SA from 192.168.125.1 to 192.168.125.115
                (proxy 0.0.0.0 to 20.0.0.0)
        has spi 205129371 and conn_id 24 and flags 4
        lifetime of 3600 seconds
        lifetime of 4608000 kilobytes

2d20h: %OSPF-5-ADJCHG: Process 1, Nbr 192.168.25.25 on BRI0 from DOWN to INIT, Received Hello
2d20h: %OSPF-5-ADJCHG: Process 1, Nbr 192.168.25.25 on BRI0 from INIT to 2WAY, 2-Way Received
2d20h: %OSPF-5-ADJCHG: Process 1, Nbr 192.168.25.25 on BRI0 from 2WAY to EXSTART, AdjOK?
2d20h: %OSPF-5-ADJCHG: Process 1, Nbr 192.168.25.25 on BRI0 from EXSTART to EXCHANGE, Negotiation Done
2d20h: %OSPF-5-ADJCHG: Process 1, Nbr 192.168.25.25 on BRI0 from EXCHANGE to LOADING, Exchange Done
2d20h: %OSPF-5-ADJCHG: Process 1, Nbr 192.168.25.25 on BRI0 from LOADING to FULL, Loading Done
```

Informationen auf dem Client nach Aufbau der Dialer-Verbindung und des IPSec-Tunnels

- Übersicht über die aktiven Dialer-Verbindungen

c2504# show dialer

```
BRI0 - dialer type = ISDN

Dial String      Successes    Failures    Last called    Last status
0100133571            17          10       00:03:41       successful    Default
0 incoming call(s) have been screened.
0 incoming call(s) rejected for callback.

BRI0:1 - dialer type = ISDN
Idle timer (3600 secs), Fast idle timer (20 secs)
Wait for carrier (30 secs), Re-enable (2 secs)
Dialer state is data link layer up
Dial reason: ip (s=0.0.0.0, d=192.168.125.1)
Time until disconnect 3477 secs
Current call connected 00:03:41
Connected to 0100133571

BRI0:2 - dialer type = ISDN
Idle timer (3600 secs), Fast idle timer (20 secs)
Wait for carrier (30 secs), Re-enable (2 secs)
Dialer state is idle
```

- Übersicht über die aktiven IPSec Security Associations

    ### c2504# show crypto engine connections active
    ```
    ID Interface      IP-Address        State Algorithm              Encrypt  Decrypt
    22 <none>         <none>            set   DES_56_CBC                   0        0
    23 BRI0           192.168.125.115   set   HMAC_MD5+DES_56_CB           0       59
    24 BRI0           192.168.125.115   set   HMAC_MD5+DES_56_CB          74        0
    ```

- »dialer-list«-Access-Liste

    ### c2504# show ip access-lists 150
    ```
    Extended IP access list 150
        permit esp any host 192.168.125.1 (74 matches)
        permit udp host 0.0.0.0 eq isakmp host 192.168.125.1 eq isakmp (1 match)
        deny ip any any (61 matches)
    ```

- »crypto map«-Access-Liste

    ### c2504# show ip access-lists 100   ← OSPF-Multicasts werden nicht verschlüsselt.
    ```
    Extended IP access list 100
        deny ip 224.0.0.0 15.255.255.255 any (41 matches)
        deny ip any 224.0.0.0 15.255.255.255
        deny icmp any any (45 matches)
        permit ip 20.0.0.0 0.255.255.255 any (137 matches)
        deny ip any any (88 matches)
    ```

- OSPF-Informationen

    ### c2504# show ip ospf neighbor detail
    ```
    Neighbor 192.168.25.1, interface address 192.168.125.1
        In the area 0 via interface BRI0
        Neighbor priority is 1, State is FULL, 6 state changes
        DR is 0.0.0.0 BDR is 0.0.0.0
        Options 34
    ```

    ### c2504# show ip ospf interface bri0
    ```
    BRI0 is up, line protocol is up (spoofing)
      Internet Address 192.168.125.115/32, Area 0
      Process ID 1, Router ID 192.168.25.25, Network Type POINT_TO_MULTIPOINT, Cost: 4000
      Configured as demand circuit.
      Run as demand circuit.
      DoNotAge LSA allowed.
      Transmit Delay is 1 sec, State POINT_TO_MULTIPOINT,
      Timer intervals configured, Hello 30, Dead 120, Wait 120, Retransmit 5
        Hello due in 00:00:00
      Neighbor Count is 1, Adjacent neighbor count is 1
        Adjacent with neighbor 192.168.25.1 (Hello suppressed)
      Suppress hello for 1 neighbor(s)
    ```

Informationen auf dem Server nach dem Aufbau der Dialer-Verbindung und des IPSec-Tunnels

- Übersicht über die aktiven Dialer-Verbindungen

    c2503# show dialer
    ```
    BRI0 - dialer type = ISDN

    Dial String      Successes   Failures    Last called   Last status
    0 incoming call(s) have been screened.
    0 incoming call(s) rejected for callback.

    BRI0:1 - dialer type = ISDN
    Idle timer (3600 secs), Fast idle timer (20 secs)
    Wait for carrier (30 secs), Re-enable (2 secs)
    Dialer state is data link layer up
    Time until disconnect 3312 secs
    ```
    Connected to 100133541 (100133541)
    ```
    BRI0:2 - dialer type = ISDN
    Idle timer (3600 secs), Fast idle timer (20 secs)
    Wait for carrier (30 secs), Re-enable (2 secs)
    Dialer state is idle
    ```

- Übersicht über die aktiven IPSec Security Associations

    c2503# show crypto engine connections active
    ```
    ID  Interface  IP-Address     State  Algorithm            Encrypt  Decrypt
    22  <none>     <none>         set    DES_56_CBC                 0        0
    23  BRI0       192.168.125.1  set    HMAC_MD5+DES_56_CB         0       74
    24  BRI0       192.168.125.1  set    HMAC_MD5+DES_56_CB        59        0
    ```

- »dialer-list«-Access-Liste

    c2503# show ip access-lists 150
    ```
    Extended IP access list 150
        permit esp host 192.168.125.1 any
    ```
    (59 matches)
    ```
        deny ip any any (23 matches)
    ```

- »crypto map«-Access-Liste

    c2503# show ip access-lists 100   ← OSPF-Multicasts werden nicht verschlüsselt.
    ```
    Extended IP access list 100
        deny ip 224.0.0.0 15.255.255.255 any (237 matches)
        deny ip any 224.0.0.0 15.255.255.255
        deny icmp any any
        permit ip any any
    ```
    (120 matches)

- dynamischer »crypto map«-Eintrag

    c2503# show crypto dynamic-map tag BRI
    ```
    Crypto Map Template"BRI" 10
            Extended IP access list 100
                access-list 100 deny ip 224.0.0.0 15.255.255.255 any
                access-list 100 deny ip any 224.0.0.0 15.255.255.255
                access-list 100 deny icmp any any
                access-list 100 permit ip any any
            Current peer: 0.0.0.0
            Security association lifetime: 4608000 kilobytes/3600 seconds
            PFS (Y/N): N
            Transform sets={ ESP, }
    ```

c2503# show crypto map tag BRI

```
Crypto Map "BRI" 10 ipsec-isakmp
        Dynamic map template tag: BRI

Crypto Map "BRI" 20 ipsec-isakmp              »crypto map«-Eintrag wurde
    Peer = 192.168.125.115                    dynamisch angelegt.
    Extended IP access list
        access-list  permit ip any 20.0.0.0 0.255.255.255
        dynamic (created from dynamic map BRI/10)
    Current peer: 192.168.125.115
    Security association lifetime: 4608000 kilobytes/3600 seconds
    PFS (Y/N): N
    Transform sets={ ESP, }
```

- OSPF-Informationen

c2503# show ip ospf neighbor detail

```
Neighbor 192.168.25.25, interface address 192.168.125.115
    In the area 0 via interface BRI0
    Neighbor priority is 1, State is FULL, 6 state changes
    DR is 0.0.0.0 BDR is 0.0.0.0
    Options 34
```

c2503# show ip ospf interface BRI0

```
BRI0 is up, line protocol is up (spoofing)
    Internet Address 192.168.125.1/24, Area 0
    Process ID 1, Router ID 192.168.25.1, Network Type POINT_TO_MULTIPOINT, Cost: 4000
    Configured as demand circuit.
    Run as demand circuit.
    DoNotAge LSA allowed.
    Transmit Delay is 1 sec, State POINT_TO_MULTIPOINT,
    Timer intervals configured, Hello 30, Dead 120, Wait 120, Retransmit 5
        Hello due in 00:00:15
    Neighbor Count is 1, Adjacent neighbor count is 1
        Adjacent with neighbor 192.168.25.25   (Hello suppressed)
    Suppress hello for 1 neighbor(s)
```

16.5.2 »Fully-meshed«-Topologie

16.5.2.1 Tunnel Endpoint Discovery mit Load Balancing

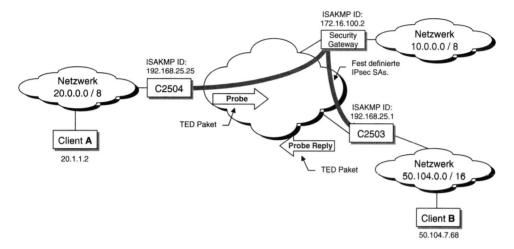

Konfiguration des Routers C2504

```
version 12.1(7)
!
hostname c2504
ip domain-name frs-lab.de
!
crypto ca identity frs-lab.de
  enrollment mode ra
  enrollment url http://mpdepp.frs-
lab.de:80/certsrv/mscep/mscep.dll
  crl optional
crypto ca certificate chain frs-lab.de
  certificate 0426FBF3000000000010
    308202D9 30820283 A0030201 02020A04 26FBF300 00000000 10300D06 092A8648
    86F70D01 01050500 303B310B 30090603 55040613 02444531 17301506 0355040B
    ... ...
    03410066 76A9030F F613643C 65E58F21 DF328DF9 43046099 828780A0 B25F45F6
    DF094771 D5A86050 3811C320 D2967FB9 8BC8B3CC 7FB02C4C 6335C4B4 A3896B8F AF87A9
  quit
  certificate 0426EBE900000000000F
    308202D9 30820283 A0030201 02020A04 26EBE900 00000000 0F300D06 092A8648
    86F70D01 01050500 303B310B 30090603 55040613 02444531 17301506 0355040B
    ... ...
    17B3D2AC 59FE76F3 105C10EB 4316DB0E C0375423 D51EC889 12BFE474 A7E19836
    2F07EAB9 D5355CB6 733E120B 6DCCEDFB 9917E31D 2AD1454D A062BDEB 0E
  quit
  certificate ra-encrypt 6106873B000000000005
    3082031F 308202C9 A0030201 02020A61 06873B00 00000000 05300D06 092A8648
    86F70D01 01050500 303B310B 30090603 55040613 02444531 17301506 0355040B
    ... ...
    03410006 D80BA932 C69DC4AC BE11664F B15AC864 7153BEF9 799EE9A0 17D6AD21
    4BEC5DFB 211A6830 5B733065 C22217E5 2DB8F417 01970E73 AD3FD603 28DE3816 339488
  quit
  certificate ca
  2AF5E3AC371EE9AB4F44F9722EB4F87B
    308202E8 30820292 A0030201 0202102A F5E3AC37 1EE9AB4F 44F9722E B4F87B30
    0D06092A 864886F7 0D010105 0500303B 310B3009 06035504 06130244 45311730
    ... ...
    B355DE6C CA562A07 EB426EA0 7B8F9EFE 06CA6FCD DF443943 E698233C B695818A
    C6CDAE96 CDE2CC89 7C767BD4
  quit
crypto isakmp policy 10
  hash md5
!
crypto isakmp policy 20
  hash md5
  authentication pre-share
!
crypto ipsec transform-set ESP esp-des esp-md5-hmac
crypto ipsec transform-set AH ah-md5-hmac
!
crypto dynamic-map Network20 100
  set transform-set ESP
  match address Network20
!
crypto map SERIAL local-address Loopback1
crypto map SERIAL 10 ipsec-isakmp
  set peer 172.16.100.2
  set transform-set AH
  match address FromNetwork_10
crypto map SERIAL 15 ipsec-isakmp dynamic Network20 discover
!
interface Loopback1
  ip address 192.168.25.25 255.255.255.255
!
interface Serial0
  bandwidth 2000
  no ip address
  encapsulation frame-relay
  clockrate 2000000
!
interface Serial0.1 point-to-point
  ip address 172.168.1.2 255.255.255.252
  frame-relay interface-dlci 100
  crypto map SERIAL
!
interface Serial0.2 point-to-point
  ip address 172.168.1.6 255.255.255.252
  frame-relay interface-dlci 300
  crypto map SERIAL
!
interface Serial0.2 point-to-point
  ip address 172.168.2.2 255.255.255.0
  frame-relay interface-dlci 600
  crypto map SERIAL
!
interface TokenRing0
  ip address 20.1.1.1 255.255.255.0
  early-token-release
  ring-speed 16
!
router ospf 1
  passive-interface TokenRing0
  network 0.0.0.0 255.255.255.255 area 0
!
ip access-list extended FromNetwork_10
  permit ip 20.0.0.0 0.255.255.255 10.0.0.0 0.255.255.255
ip access-list extended Network20
  deny   ip 224.0.0.0 15.255.255.255 any
  deny   ip any 224.0.0.0 15.255.255.255
  deny   ip host 255.255.255.255  any
  deny   ip any host 255.255.255.255
  deny   icmp 20.0.0.0 0.255.255.255 any
  deny   udp 20.0.0.0 0.255.255.255 any eq ntp
  permit ip 20.0.0.0 0.255.255.255 any
  deny   ip any any
!
end
```

S0.1 und S0.2 sind Frame-Relay-Verbindungen zum Router C2503.

Konfiguration des Routers C2503

```
version 12.1(7)
!
hostname c2503
ip domain-name frs-lab.de
!
crypto ca identity frs-lab.de
 enrollment mode ra
 enrollment url http://mpdepp.frs-lab.de:80/certsrv/mscep/mscep.dll
 crl optional
crypto ca certificate chain frs-lab.de
 certificate 611ED2B800000000000C
  30820209 30820283 A0030201 02020A61 1ED2B800 00000000 0C300006 092A8648
  86F70D01 01050500 303B310B 30090603 55040613 02444531 17301506 0355040B
  .... ....
  CEB0CDF4 200BA6C4 DAC5297F EFCB629D 446C0C24 36425A9F C1A76853 89760515
  96EE28FC B3623794 89222183 E2F87EE6 C26317C5 8512A9E7 4C1FF65D 7D
  quit
 certificate ra-sign 6106826B000000000004
  3082031F 308202C9 A0030201 02020A61 06826B00 00000000 04300006 092A8648
  86F70D01 01050500 303B310B 30090603 55040613 02444531 17301506 0355040B
  .... ....
  03410066 76A9D30F F613643C 65E58F21 DF328DF9 43046099 828780A0 B25F45F6
  DF094771 D5A86050 3811C320 D2967FB9 8BC8B3CC 7FBD2C4C 6335C4B4 A3896B8F AF87A9
  quit
 certificate 611EBD0C00000000000B
  30820209 30820283 A0030201 02020A61 1EBD0C00 00000000 0B300006 092A8648
  86F70D01 01050500 303B310B 30090603 55040613 02444531 17301506 0355040B
  .. ....
  67F1C763 48AD5CD9 FF89A13C 5FBECC4F 80DF76BA DA629A64 47051D15 61A6D3A0
  66DC61B5 091E58FE 8CFC8B7E 3A1C0A2B 353EEE64 D6046987 5940820E 67
  quit
 certificate ca
2AF5E3AC371EE9AB4F44F9722EB4F87B
  308202E8 30820292 A0030201 0202102A F5E3AC37 1EE9AB4F 44F9722E B4F87B30
  0D06092A 864886F7 0D010105 0500303B 310B3009 06035504 06130244 45311730
  .... ....
  B355DE6C CA562A07 EB426EA0 7B8F9EFE 06CA6FCD DF443943 E698233C B695818A
  C6CDAE96 CDE2CC89 7C767BD4
  quit
 certificate ra-encrypt 6106873B000000000005
  3082031F 308202C9 A0030201 02020A61 06873B00 00000000 05300006 092A8648
  86F70D01 01050500 303B310B 30090603 55040613 02444531 17301506 0355040B
  .... ....
  03410006 D80BA932 C69DC4AC BE11664F B15AC864 7153BEF9 799EE9A0 17D6AD21
  4BEC5DFB 211A683D 5B733065 C22217E5 2DB8F417 01970E73 AD3FD603 28DE3816 339488
  quit
!
crypto isakmp policy 10
 authentication pre-share
 group 2
!
crypto isakmp policy 20
 hash md5
!
crypto ipsec transform-set ESP esp-des esp-md5-hmac
crypto ipsec transform-set AH ah-md5-hmac
!
crypto dynamic-map Network50_104 10
 set transform-set ESP
 match address Network50_104
!
crypto map SERIAL local-address Loopback1
crypto map SERIAL 10 ipsec-isakmp
 set peer 172.16.100.2
 set transform-set AH
 match address FromNetwork_10
crypto map SERIAL 20 ipsec-isakmp dynamic
Network50_104 discover
!
interface Loopback1
 ip address 192.168.25.1 255.255.255.255
!
interface Ethernet0
 ip address 50.104.7.67 255.255.252.0
!
interface Serial0                    S0.1 und S0.2 sind Frame-
 no ip address                       Relay-Verbindungen zum
 encapsulation frame-relay           Router C2504.
 frame-relay lmi-type cisco
!
interface Serial0.1 point-to-point
 ip address 172.168.1.1 255.255.255.252
 frame-relay interface-dlci 100
 crypto map SERIAL
!
interface Serial0.2 point-to-point
 ip address 172.168.1.5 255.255.255.0
 frame-relay interface-dlci 200
 crypto map SERIAL
!
interface Serial0.3 point-to-point
 ip address 172.168.2.1 255.255.255.0
 frame-relay interface-dlci 300
 crypto map SERIAL
!
router ospf 1
 passive-interface Ethernet0
 network 0.0.0.0 255.255.255.255 area 0
!
ip access-list extended FromNetwork_10
 permit ip 50.104.0.0 0.0.255.255 10.0.0.0 0.255.255.255
ip access-list extended Network50_104
 deny   ip 224.0.0.0 15.255.255.255 any
 deny   ip any 224.0.0.0 15.255.255.255
 deny   ip host 255.255.255.255 any
 deny   ip any host 255.255.255.255
 deny   icmp 50.104.0.0 0.0.255.255 any
 deny   udp 50.104.0.0 0.0.255.255 any eq ntp
 permit ip 50.104.0.0 0.0.255.255 any
 deny   ip any any
!
end
```

Informationen über die »crypto map«

- Router C2503

    ### c2503# show crypto dynamic-map
    ```
    Crypto Map Template"Network50_104" 10
            Extended IP access list Network50_104
                    access-list Network50_104 deny ip 224.0.0.0 15.255.255.255 any
                    access-list Network50_104 deny ip any 224.0.0.0 15.255.255.255
                    access-list Network50_104 deny ip host 255.255.255.255 any
                    access-list Network50_104 deny ip any host 255.255.255.255
                    access-list Network50_104 deny icmp 50.104.0.0 0.0.255.255 any
                    access-list Network50_104 deny udp 50.104.0.0 0.0.255.255 any port = 123
                    access-list Network50_104 permit ip 50.104.0.0 0.0.255.255 any
                    access-list Network50_104 deny ip any any
            Current peer: 0.0.0.0
            Security association lifetime: 4608000 kilobytes/3600 seconds
            PFS (Y/N): N
            Transform sets={ ESP, }
    ```

    ### c2503# show crypto map tag SERIAL
    ```
    Crypto Map: "SERIAL" idb: Loopback1 local address: 192.168.25.1

    Crypto Map "SERIAL" 10 ipsec-isakmp
            Peer = 172.16.100.2
            Extended IP access list FromNetwork_10
                    access-list FromNetwork_10 permit ip 10.0.0.0 0.255.255.255 50.104.0.0 0.0.255.255
            Current peer: 172.16.100.2
            Security association lifetime: 4608000 kilobytes/3600 seconds
            PFS (Y/N): N
            Transform sets={ AH, }

    Crypto Map "SERIAL" 20 ipsec-isakmp
            Dynamic map template tag: Network50_104
            Interfaces using crypto map SERIAL:
              Serial0.1
              Serial0.2
    ```

- Router C2504

    ### c2504# show crypto dynamic-map
    ```
    Crypto Map Template"Network20" 100
          Extended IP access list Network20
              access-list Network20 deny ip 224.0.0.0 15.255.255.255 any
              access-list Network20 deny ip any 224.0.0.0 15.255.255.255
              access-list Network20 deny ip host 255.255.255.255 any
              access-list Network20 deny ip any host 255.255.255.255
              access-list Network20 deny icmp 20.0.0.0 0.255.255.255 any
              access-list Network20 deny udp 20.0.0.0 0.255.255.255 any port = 123
              access-list Network20 permit ip 20.0.0.0 0.255.255.255 any
              access-list Network20 deny ip any any
          Current peer: 0.0.0.0
          Security association lifetime: 4608000 kilobytes/3600 seconds
          PFS (Y/N): N
          Transform sets={ ESP, }
    ```

    ### c2504# show crypto map tag SERIAL
    ```
    Crypto Map: "SERIAL" idb: Loopback1 local address: 192.168.25.25

    Crypto Map "SERIAL" 10 ipsec-isakmp
          Peer = 172.16.100.1
          Extended IP access list FromNetwork_10
              access-list FromNetwork_10 permit ip 10.0.0.0 0.255.255.255 50.104.4.0 0.0.3.255
          Current peer: 172.16.100.1
          Security association lifetime: 4608000 kilobytes/3600 seconds
          PFS (Y/N): N
          Transform sets={ AH, }

    Crypto Map "SERIAL" 15 ipsec-isakmp
          Dynamic map template tag: Network20
          Interfaces using crypto map SERIAL:
          Serial0.1
          Serial0.2
    ```

Debug-Ausgabe auf dem Router C2504

c2504# debug crypto isakmp
c2504# debug crypto isakmp packet

- Tunnel Endpoint Discovery

```
ISAKMP: received ke message (1/1)
ISAKMP: GOT A PEER DISCOVERY MESSAGE FROM THE SA MANAGER!!!
src = 20.1.1.2 to 50.104.7.10, protocol 3, transform 2, hmac 1
proxy source is 20.0.0.0/255.0.0.0 and my address (not used now) is 192.168.25.25
ISAKMP: local port 500, remote port 500
ISAKMP (1): ID payload
        next-payload : 5
        type         : 1
        protocol     : 17
        port         : 500
        length       : 8
ISAKMP (1): Total payload length: 12
1st ID is 192.168.25.25
2nd ID is 20.0.0.0        /255.0.0.0
ISAKMP (0:1): beginning peer discovery exchange
ISAKMP: Probe packet contents (flags 0, len 76):
        VENDOR payload
        ID payload
        ID payload
ISAKMP (1): sending packet to 50.104.7.10 (I) PEER_DISCOVERY via Serial0.1:172.168.1.1

ISAKMP (1): received packet from 192.168.25.1 (I) PEER_DISCOVERY
ISAKMP: Probe Reply v2 packet contents (flags 0, len 80):
        VENDOR payload
        ID payload
        ID payload
ISAKMP (0:1): processing vendor id payload
ISAKMP (0:1): speaking to another IOS box!
ISAKMP (0:1): processing ID payload. message ID = 0
ISAKMP (0:1): processing ID payload. message ID = -1015196698
ISAKMP (1): ID_IPV4_ADDR_SUBNET dst 50.104.0.0/255.255.0.0 prot 0 port 0
ISAKMP (1): received response to my peer discovery probe!
ISAKMP: initiating IKE to 192.168.25.1 in response to probe.
ISAKMP: local port 500, remote port 500
ISAKMP (0:1): created new SA after peer-discovery with 192.168.25.1
ISAKMP (0:1): deleting SA reason "delete_me flag/throw" state (I)
              PEER_DISCOVERY (peer 50.104.7.10) input queue 0
ISAKMP (0:1): purging SA.
```

- **Main Mode Exchange mit Authentifizierung über RSA-Signaturen**
```
ISAKMP: Main Mode packet contents (flags 0, len 96):
        SA payload
          PROPOSAL
            TRANSFORM
            TRANSFORM
ISAKMP (2): sending packet to 192.168.25.1 (I) MM_NO_STATE

ISAKMP (2): received packet from 192.168.25.1 (I) MM_NO_STATE
ISAKMP: Main Mode packet contents (flags 0, len 72):
        SA payload
          PROPOSAL
            TRANSFORM
ISAKMP (0:2): processing SA payload. message ID = 0
ISAKMP (0:2): Checking ISAKMP transform 1 against prature authentication using id type
ID_FQDN

ISAKMP: Main Mode packet contents (flags 0, len 238):
        KE payload
        NONCE payload
        CERT-REQ payload
        VENDOR payload
ISAKMP (2): sending packet to 192.168.25.1 (I) MM_SA_SETUP

ISAKMP (2): received packet from 192.168.25.1 (I) MM_SA_SETUP
ISAKMP: Main Mode packet contents (flags 0, len 238):
        KE payload
        NONCE payload
        CERT-REQ payload
        VENDOR payload
ISAKMP (0:2): processing KE payload. message ID = 0
ISAKMP (0:2): processing NONCE payload. message ID = 0
ISAKMP (0:2): SKEYID state generated
ISAKMP (2): processing CERT_REQ payload. message ID = 0
ISAKMP (2): peer wants a CT_X509_SIGNATURE cert
ISAKMP (2): peer want cert issued by CN = CA FRS-LAB, OU = Andreas Aurand, C = DE
ISAKMP (0:2): processing vendor id payload
ISAKMP (0:2): speaking to another IOS box!
ISAKMP (2): ID payload
       next-payload : 6
       type         : 2
       protocol     : 17
       port         : 500
       length       : 20
ISAKMP (2): Total payload length: 24
ISAKMP: Main Mode packet contents (flags 1, len 858):
        ID payload
        CERT payload
        SIG payload
ISAKMP (2): sending packet to 192.168.25.1 (I) MM_KEY_EXCH

ISAKMP (2): received packet from 192.168.25.1 (I) MM_KEY_EXCH
ISAKMP: Main Mode packet contents (flags 1, len 860):
        ID payload
        CERT payload
        SIG payload
ISAKMP (0:2): processing ID payload. message ID = 0
ISAKMP (0:2): processing CERT payload. message ID = 0
ISAKMP (0:2): processing a CT_X509_SIGNATURE cert
ISAKMP (0:2): cert approved with warning
```

```
ISAKMP (0:2): processing SIG payload. message ID = 0
ISAKMP (2): sa->peer.name = , sa->peer_id.id.id_fqdn.fqdn = c2503.frs-lab.de
ISAKMP (0:2): SA has been authenticated with 192.168.25.1
ISAKMP (0:2): beginning Quick Mode exchange, M-ID of 1470582499
ISAKMP (0:2): asking for 1 spis from ipsec
ISAKMP (0:2): had to get SPI's from ipsec.
ISAKMP: received ke message (2/1)
```

- Quick Mode Exchange

```
ISAKMP: Quick Mode packet contents (flags 1, len 164):
        HASH payload
        SA payload
          PROPOSAL
            TRANSFORM
        NONCE payload
        ID payload
        ID payload
ISAKMP (2): sending packet to 192.168.25.1 (I) QM_IDLE

ISAKMP (2): received packet from 192.168.25.1 (I) QM_IDLE
ISAKMP: Quick Mode packet contents (flags 1, len 172):
        HASH payload
        SA payload
          PROPOSAL
            TRANSFORM
        NONCE payload
        ID payload
        ID payload
ISAKMP (0:2): processing SA payload. message ID = 1470582499
ISAKMP (0:2): Checking IPSec proposal 1
ISAKMP: transform 1, ESP_DES
ISAKMP:   attributes in transform:
ISAKMP:     encaps is 1
ISAKMP:     SA life type in seconds
ISAKMP:     SA life duration (basic) of 3600
ISAKMP:     SA life type in kilobytes
ISAKMP:     SA life duration (VPI) of  0x0 0x46 0x50 0x0
ISAKMP:     authenticator is HMAC-MD5
ISAKMP (0:2): atts are acceptable.
ISAKMP (0:2): processing NONCE payload. message ID = 1470582499
ISAKMP (0:2): processing ID payload. message ID = 1470582499
ISAKMP (0:2): processing ID payload. message ID = 1470582499
ISAKMP (0:2): Creating IPSec SAs
        inbound SA from 192.168.25.1    to 192.168.25.25
                (proxy 50.104.0.0 to 20.0.0.0)
        has spi 210772785 and conn_id 2000 and flags 4
        lifetime of 3600 seconds
        lifetime of 4608000 kilobytes
        outbound SA from 192.168.25.25    to 192.168.25.1
                (proxy 20.0.0.0 to 50.104.0.0)
        has spi 23200931 and conn_id 2001 and flags 4
        lifetime of 3600 seconds
        lifetime of 4608000 kilobytes

ISAKMP: Quick Mode packet contents (flags 1, len 48):
        HASH payload
ISAKMP (2): sending packet to 192.168.25.1 (I) QM_IDLE
ISAKMP (0:2): deleting node 1470582499 error FALSE reason ""
```

Debug-Ausgabe auf dem Router C2503

c2503# debug crypto isakmp
c2503# debug crypto isakmp packet

- Tunnel Endpoint Discovery

  ```
  ISAKMP (0): received packet from 20.1.1.2 (N) NEW SA
  ISAKMP: Probe packet contents (flags 0, len 76):
          VENDOR payload
          ID payload
          ID payload
  ISAKMP: local port 500, remote port 500
  ISAKMP (0:1): processing vendor id payload
  ISAKMP (0:1): speaking to another IOS box!
  ISAKMP (0:1): processing ID payload. message ID = 0
  ISAKMP (0:1): processing ID payload. message ID = -992713137
  ISAKMP (1): ID_IPV4_ADDR_SUBNET src 20.0.0.0/255.0.0.0 prot 0 port 0
  ISAKMP (1): responding to peer discovery probe!
  peer's address is 192.168.25.25
  src (him) 4, 20.0.0.0/255.0.0.0 to dst (me) 4, 50.104.0.0/255.255.0.0
  ISAKMP (0:1): peer can handle TED V2: changing source to 192.168.25.25
                                           and dest to 192.168.25.1

  ISAKMP (1): ID payload
          next-payload : 5
          type         : 4
          protocol     : 17
          port         : 500
          length       : 12
  ISAKMP (1): Total payload length: 16
  ISAKMP: Probe Reply v2 packet contents (flags 0, len 80):
          VENDOR payload
          ID payload
          ID payload
  ISAKMP (1): sending packet to 192.168.25.25 (R) PEER_DISCOVERY
  ISAKMP (0:1): deleting SA reason "delete_me flag/throw" state (R)
                PEER_DISCOVERY (peer 192.168.25.25) input queue 0
  ISAKMP (0:1): deleting node 0 error TRUE reason "delete_me flag/throw"
  ```

- Main Mode Exchange mit Authentifizierung über RSA-Signaturen

  ```
  ISAKMP (0): received packet from 192.168.25.25 (N) NEW SA
  ISAKMP: Main Mode packet contents (flags 0, len 96):
          SA payload
            PROPOSAL
              TRANSFORM
              TRANSFORM
  ISAKMP: local port 500, remote port 500
  ISAKMP (0:2): processing SA payload. message ID = 0
  ISAKMP (0:2): Checking ISAKMP transform 1 against priority 10 policy
  ISAKMP:      encryption DES-CBC
  ISAKMP:      hash MD5
  ISAKMP:      default group 1
  ISAKMP:      auth RSA sig
  ISAKMP (0:2): atts are not acceptable. Next payload is 3
  ISAKMP (0:2): Checking ISAKMP transform 2 against priority 10 policy
  ISAKMP:      encryption DES-CBC
  ISAKMP:      hash SHA
  ISAKMP:      default group 1
  ISAKMP:      auth RSA sig
  ```

```
ISAKMP (0:2): atts are not acceptable. Next payload is 0
ISAKMP (0:2): Checking ISAKMP transform 1 against priority 20 policy
ISAKMP:      encryption DES-CBC
ISAKMP:      hash MD5
ISAKMP:      default group 1
ISAKMP:      auth RSA sig
ISAKMP (0:2): atts are acceptable. Next payload is 3
ISAKMP (2): My ID configured as IPv4 Addr,but Addr not in Cert!
ISAKMP (2): Using FQDN as My ID
ISAKMP (0:2): SA is doing RSA signature authentication
ISAKMP (2): SA is doing RSA signature authentication using id type ID_FQDN

ISAKMP: Main Mode packet contents (flags 0, len 72):
        SA payload
          PROPOSAL
            TRANSFORM
ISAKMP (2): sending packet to 192.168.25.25 (R) MM_SA_SETUP
ISAKMP (0:1): purging SA.
ISAKMP (0:1): purging node 0

ISAKMP (2): received packet from 192.168.25.25 (R) MM_SA_SETUP
ISAKMP: Main Mode packet contents (flags 0, len 238):
        KE payload
        NONCE payload
        CERT-REQ payload
        VENDOR payload
ISAKMP (0:2): processing KE payload. message ID = 0
ISAKMP (0:2): processing NONCE payload. message ID = 0
ISAKMP (0:2): SKEYID state generated
ISAKMP (2): processing CERT_REQ payload. message ID = 0
ISAKMP (2): peer wants a CT_X509_SIGNATURE cert
ISAKMP (2): peer want cert issued by CN = CA FRS-LAB, OU = Andreas Aurand, C = DE
ISAKMP (0:2): processing vendor id payload
ISAKMP (0:2): speaking to another IOS box!

ISAKMP: Main Mode packet contents (flags 0, len 238):
        KE payload
        NONCE payload
        CERT-REQ payload
        VENDOR payload
ISAKMP (2): sending packet to 192.168.25.25 (R) MM_KEY_EXCH

ISAKMP (2): received packet from 192.168.25.25 (R) MM_KEY_EXCH
ISAKMP: Main Mode packet contents (flags 1, len 860):
        ID payload
        CERT payload
        SIG payload
ISAKMP (0:2): processing ID payload. message ID = 0
ISAKMP (0:2): processing CERT payload. message ID = 0
ISAKMP (0:2): processing a CT_X509_SIGNATURE cert
ISAKMP (0:2): cert approved with warning
ISAKMP (0:2): processing SIG payload. message ID = 0
ISAKMP (2): sa->peer.name = , sa->peer_id.id.id_fqdn.fqdn = c2504.frs-lab.de
ISAKMP (0:2): SA has been authenticated with 192.168.25.25

ISAKMP (2): ID payload
        next-payload : 6
        type         : 2
        protocol     : 17
        port         : 500
        length       : 20
```

```
ISAKMP (2): Total payload length: 24
ISAKMP: Main Mode packet contents (flags 1, len 858):
        ID payload
        CERT payload
        SIG payload
ISAKMP (2): sending packet to 192.168.25.25 (R) QM_IDLE
```

- Quick Mode Exchange

```
ISAKMP (2): received packet from 192.168.25.25 (R) QM_IDLE
ISAKMP: Quick Mode packet contents (flags 1, len 172):
        HASH payload
        SA payload
          PROPOSAL
            TRANSFORM
        NONCE payload
        ID payload
        ID payload
ISAKMP (0:2): processing SA payload. message ID = 1470582499
ISAKMP (0:2): Checking IPSec proposal 1
ISAKMP: transform 1, ESP_DES
ISAKMP:   attributes in transform:
ISAKMP:       encaps is 1
ISAKMP:       SA life type in seconds
ISAKMP:       SA life duration (basic) of 3600
ISAKMP:       SA life type in kilobytes
ISAKMP:       SA life duration (VPI) of  0x0 0x46 0x50 0x0
ISAKMP:       authenticator is HMAC-MD5
ISAKMP (0:2): atts are acceptable.
ISAKMP (0:2): processing NONCE payload. message ID = 1470582499
ISAKMP (0:2): processing ID payload. message ID = 1470582499
ISAKMP (2): ID_IPV4_ADDR_SUBNET src 20.0.0.0/255.0.0.0 prot 0 port 0
ISAKMP (0:2): processing ID payload. message ID = 1470582499
ISAKMP (2): ID_IPV4_ADDR_SUBNET dst 50.104.0.0/255.255.0.0 prot 0 port 0
ISAKMP (0:2): asking for 1 spis from ipsec
ISAKMP: received ke message (2/1)

ISAKMP: Quick Mode packet contents (flags 1, len 164):
        HASH payload
        SA payload
          PROPOSAL
            TRANSFORM
        NONCE payload
        ID payload
        ID payload
ISAKMP (2): sending packet to 192.168.25.25 (R) QM_IDLE

ISAKMP (2): received packet from 192.168.25.25 (R) QM_IDLE
ISAKMP: Quick Mode packet contents (flags 1, len 52):
        HASH payload
ISAKMP (0:2): Creating IPSec SAs
        inbound SA from 192.168.25.25    to 192.168.25.1
                   (proxy 20.0.0.0 to 50.104.0.0)
        has spi 23200931 and conn_id 2000 and flags 4
        lifetime of 3600 seconds
        lifetime of 4608000 kilobytes
        outbound SA from 192.168.25.1    to 192.168.25.25
                   (proxy 50.104.0.0 to 20.0.0.0)
        has spi 210772785 and conn_id 2001 and flags 4
        lifetime of 3600 seconds
        lifetime of 4608000 kilobytes
ISAKMP (0:2): deleting node 1470582499 error FALSE reason "quick mode done (await()"
```

IPSec-Informationen vom Router C2504

- Routing-Tabelle

    c2504# show ip route 50.0.0.0
    Routing entry for 50.0.0.0/22, 1 known subnets

    O   50.104.4.0 [110/60] via 172.168.1.1, 00:11:53, Serial0.1
                    [110/60] via 172.168.1.5, 00:11:53, Serial0.2

    Loadbalancing zwischen C2503 und C2504 über die beiden Frame-Relay-Verbindungen.

- Informationen über die verwendete »crypto map«

    c2504# show crypto map tag SERIAL
    Crypto Map: "SERIAL" idb: Loopback1 local address: 192.168.25.25

    Crypto Map "SERIAL" 10 ipsec-isakmp
            Peer = 172.16.100.1
            Extended IP access list FromNetwork_10
                access-list FromNetwork_10 permit ip 10.0.0.0 0.255.255.255 50.104.4.0 0.0.3.255
            Current peer: 172.16.100.1
            Security association lifetime: 4608000 kilobytes/3600 seconds
            PFS (Y/N): N
            Transform sets={ AH, }

    Crypto Map "SERIAL" 15 ipsec-isakmp
            Dynamic map template tag: Network20

    Crypto Map "SERIAL" 25 ipsec-isakmp
            Peer = 192.168.25.1
            Extended IP access list
                access-list permit ip 20.0.0.0 0.255.255.255 50.104.0.0 0.0.255.255
            dynamic (created from dynamic map Network20/100)
            Current peer: 192.168.25.1
            Security association lifetime: 4608000 kilobytes/3600 seconds
            PFS (Y/N): N
            Transform sets={ ESP, }
    Interfaces using crypto map SERIAL:
            Serial0.1
            Serial0.2

    Der dynamische »crypto map«-Eintrag wurde von dem Router automatisch angelegt.

- Übersicht über die aktiven Security Associations

    c2504# show crypto engine connections active

ID	Interface	IP-Address	State	Algorithm	Encrypt	Decrypt
2	\<none\>	\<none\>	set	HMAC_MD5+DES_56_CB	0	0
2000	Se0.1	172.168.1.2	set	HMAC_MD5+DES_56_CB	0	34
2001	Se0.1	172.168.1.2	set	HMAC_MD5+DES_56_CB	45	0

IPSec in großen Netzwerken

- **IPSec Security Association**

    Die *Inbound* bzw. *Outbound IPsec SA* verwendet beide Schnittstellen S0.1 und S0.2 zur Übertragung der verschlüsselten Daten.

```
c2504# show crypto ipsec sa
interface: Serial0.1
    Crypto map tag: SERIAL, local addr. 192.168.25.25

    local  ident (addr/mask/prot/port): (10.0.0.0/255.0.0.0/0/0)
    remote ident (addr/mask/prot/port): (50.104.4.0/255.255.252.0/0/0)
    current_peer: 172.16.100.1
      ...  ...

    local  ident (addr/mask/prot/port): (20.0.0.0/255.0.0.0/0/0)
    remote ident (addr/mask/prot/port): (50.104.0.0/255.255.0.0/0/0)
    current_peer: 192.168.25.1
      PERMIT, flags={}
    #pkts encaps: 45, #pkts encrypt: 45, #pkts digest 45
    #pkts decaps: 34, #pkts decrypt: 34, #pkts verify 34
    #pkts compressed: 0, #pkts decompressed: 0
    #pkts not compressed: 0, #pkts compr. failed: 0, #pkts decompress failed: 0
    #send errors 0, #recv errors 0

     local crypto endpt.: 192.168.25.25, remote crypto endpt.: 192.168.25.1
     path mtu 1500, media mtu 1500
     current outbound spi: 16204A3

     inbound esp sas:
      spi: 0xC902331(210772785)
        transform: esp-des esp-md5-hmac ,
        in use settings ={Tunnel, }
        slot: 0, conn id: 2000, flow_id: 1, crypto map: SERIAL
        sa timing: remaining key lifetime (k/sec): (4607993/3243)
        IV size: 8 bytes
        replay detection support: Y

     outbound esp sas:
      spi: 0x16204A3(23200931)
        transform: esp-des esp-md5-hmac ,
        in use settings ={Tunnel, }
        slot: 0, conn id: 2001, flow_id: 2, crypto map: SERIAL
        sa timing: remaining key lifetime (k/sec): (4607995/3234)
        IV size: 8 bytes
        replay detection support: Y

interface: Serial0.2
    Crypto map tag: SERIAL, local addr. 192.168.25.25

    local  ident (addr/mask/prot/port): (10.0.0.0/255.0.0.0/0/0)
    remote ident (addr/mask/prot/port): (50.104.4.0/255.255.252.0/0/0)
    current_peer: 172.16.100.1
      ...  ...

    local  ident (addr/mask/prot/port): (20.0.0.0/255.0.0.0/0/0)
    remote ident (addr/mask/prot/port): (50.104.0.0/255.255.0.0/0/0)
    current_peer: 192.168.25.1
      PERMIT, flags={}
    #pkts encaps: 45, #pkts encrypt: 45, #pkts digest 45
    #pkts decaps: 34, #pkts decrypt: 34, #pkts verify 34
    #pkts compressed: 0, #pkts decompressed: 0
    #pkts not compressed: 0, #pkts compr. failed: 0, #pkts decompress failed: 0
    #send errors 0, #recv errors 0
```

```
local crypto endpt.: 192.168.25.25, remote crypto endpt.: 192.168.25.1
path mtu 1500, media mtu 1500
current outbound spi: 16204A3

inbound esp sas:
 spi: 0xC902331(210772785)
   transform: esp-des esp-md5-hmac ,
   in use settings ={Tunnel, }
   slot: 0, conn id: 2000, flow_id: 1, crypto map: SERIAL
   sa timing: remaining key lifetime (k/sec): (4607993/3234)
   IV size: 8 bytes
   replay detection support: Y

outbound esp sas:
 spi: 0x16204A3(23200931)
   transform: esp-des esp-md5-hmac ,
   in use settings ={Tunnel, }
   slot: 0, conn id: 2001, flow_id: 2, crypto map: SERIAL
   sa timing: remaining key lifetime (k/sec): (4607995/3234)
   IV size: 8 bytes
   replay detection support: Y
```

IPSec-Informationen vom Router C2503

- Routing-Tabelle

```
c2503# show ip route 20.0.0.0
Routing entry for 20.0.0.0/24, 1 known subnets

O     20.1.1.0 [110/70] via 172.168.1.2, 00:10:29, Serial0.1
               [110/70] via 172.168.1.6, 00:10:29, Serial0.2
```

Loadbalancing zwischen C2503 und C2504 über die beiden Frame-Relay-Verbindungen.

- Informationen über die verwendete »crypto map«

```
c2503# show crypto map tag SERIAL
Crypto Map: "SERIAL" idb: Loopback1 local address: 192.168.25.1

Crypto Map "SERIAL" 10 ipsec-isakmp
        Peer = 172.16.100.2
        Extended IP access list FromNetwork_10
           access-list FromNetwork_10 permit ip 10.0.0.0 0.255.255.255 50.104.0.0 0.0.255.255
        Current peer: 172.16.100.2
        Security association lifetime: 4608000 kilobytes/3600 seconds
        PFS (Y/N): N
        Transform sets={ AH, }

Crypto Map "SERIAL" 20 ipsec-isakmp
        Dynamic map template tag: Network50_104

Crypto Map "SERIAL" 30 ipsec-isakmp
        Peer = 192.168.25.25
        Extended IP access list
           access-list  permit ip 50.104.0.0 0.0.255.255 20.0.0.0 0.255.255.255
        dynamic (created from dynamic map Network50_104/10)
        Current peer: 192.168.25.25
        Security association lifetime: 4608000 kilobytes/3600 seconds
        PFS (Y/N): N
        Transform sets={ ESP, }
        Interfaces using crypto map SERIAL:
         Serial0.1
         Serial0.2
```

Der dynamische »crypto map«-Eintrag wurde von dem Router automatisch angelegt.

- Übersicht über die aktiven Security Associations

  ### c2503# show crypto engine connections active
  ```
  ID    Interface   IP-Address    State   Algorithm         Encrypt   Decrypt
  2     <none>      <none>        set     HMAC_MD5+DES_56_CB      0         0
  2000  Se0.1       172.168.1.1   set     HMAC_MD5+DES_56_CB      0        47
  2001  Se0.1       172.168.1.1   set     HMAC_MD5+DES_56_CB     36         0
  ```

- IPSec Security Association

  ### c2503# show crypto ipsec sa
  interface: Serial0.1
      Crypto map tag: SERIAL, local addr. 192.168.25.1

      local ident (addr/mask/prot/port): (10.0.0.0/255.0.0.0/0/0)
      remote ident (addr/mask/prot/port): (50.104.0.0/255.255.0.0/0/0)
      current_peer: 172.16.100.2
        ... ...

      local ident (addr/mask/prot/port): (50.104.0.0/255.255.0.0/0/0)
      remote ident (addr/mask/prot/port): (20.0.0.0/255.0.0.0/0/0)
      current_peer: 192.168.25.25
        PERMIT, flags={}
      #pkts encaps: 35, #pkts encrypt: 35, #pkts digest 35
      #pkts decaps: 47, #pkts decrypt: 47, #pkts verify 47
      #pkts compressed: 0, #pkts decompressed: 0
      #pkts not compressed: 0, #pkts compr. failed: 0, #pkts decompress failed: 0
      #send errors 0, #recv errors 0

      local crypto endpt.: 192.168.25.1, remote crypto endpt.: 192.168.25.25
      path mtu 1500, media mtu 1500
      current outbound spi: C902331

      inbound esp sas:
      spi: 0x16204A3(23200931)
        transform: esp-des esp-md5-hmac ,
        in use settings ={Tunnel, }
        slot: 0, conn id: 2000, flow_id: 1, crypto map: SERIAL
        sa timing: remaining key lifetime (k/sec): (4607993/2738)
        IV size: 8 bytes
        replay detection support: Y

      outbound esp sas:
      spi: 0xC902331(210772785)
        transform: esp-des esp-md5-hmac ,
        in use settings ={Tunnel, }
        slot: 0, conn id: 2001, flow_id: 2, crypto map: SERIAL
        sa timing: remaining key lifetime (k/sec): (4607995/2738)
        IV size: 8 bytes
        replay detection support: Y

  interface: Serial0.2
      Crypto map tag: SERIAL, local addr. 192.168.25.1

      local ident (addr/mask/prot/port): (10.0.0.0/255.0.0.0/0/0)
      remote ident (addr/mask/prot/port): (50.104.0.0/255.255.0.0/0/0)
      current_peer: 172.16.100.2
        ... ...

```
    local  ident (addr/mask/prot/port): (50.104.0.0/255.255.0.0/0/0)
    remote ident (addr/mask/prot/port): (20.0.0.0/255.0.0.0/0/0)
   current_peer: 192.168.25.25
     PERMIT, flags={}
    #pkts encaps: 35, #pkts encrypt: 35, #pkts digest 35
    #pkts decaps: 47, #pkts decrypt: 47, #pkts verify 47
    #pkts compressed: 0, #pkts decompressed: 0
    #pkts not compressed: 0, #pkts compr. failed: 0, #pkts decompress failed: 0
    #send errors 0, #recv errors 0

    local crypto endpt.: 192.168.25.1, remote crypto endpt.: 192.168.25.25
    path mtu 1500, media mtu 1500
    current outbound spi: C902331

    inbound esp sas:
     spi: 0x16204A3(23200931)
       transform: esp-des esp-md5-hmac ,
       in use settings ={Tunnel, }
       slot: 0, conn id: 2000, flow_id: 1, crypto map: SERIAL
       sa timing: remaining key lifetime (k/sec): (4607993/2729)
       IV size: 8 bytes
       replay detection support: Y

    outbound esp sas:
     spi: 0xC902331(210772785)
       transform: esp-des esp-md5-hmac ,
       in use settings ={Tunnel, }
       slot: 0, conn id: 2001, flow_id: 2, crypto map: SERIAL
       sa timing: remaining key lifetime (k/sec): (4607995/2728)
       IV size: 8 bytes
       replay detection support: Y
```

16.5.3 Schutz anderer Protokolldaten mit Hilfe eines GRE-Tunnels

In dem Beispiel sollen DECnet und Multicast-Pakete (z.B. OSPF), die über das Frame-Relay-Netzwerk gehen, verschlüsselt werden. Um eine Lastverteilung und eine automatische Konvergenz bei Ausfall eines PVC zu erreichen, werden zwei OSPF-Prozesse eingesetzt und als Quell- bzw. Zieladresse des Tunnels wird eine Loopback-Adresse verwendet.

Um Multicast- und andere Protokolldaten verschlüsseln zu können, wird zwischen den beiden Routern ein GRE-Tunnel aufgebaut (RFC 1701 – *Generic Routing Encapsulation*). Die Router packen alle Daten, die sie zwischen den beiden Intranets austauschen, in *GRE Unicast*-Pakete ein. Diese GRE-Datenpakete können anschließend mit Hilfe der IPSec Security Association verschlüsselt werden.

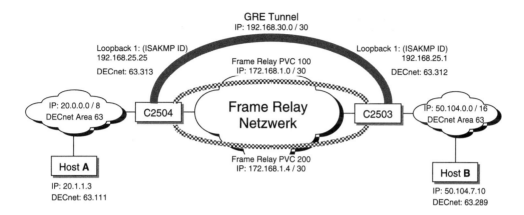

IP-Paketformat der Tunnelverbindung

Da in dieser Konfiguration lediglich die GRE-Pakete zu verschlüsseln sind, die direkt zwischen den beiden Routern übertragen werden, kann man für die Transport Mode SAs einsetzen. Dadurch entfällt der zusätzliche IP Header.

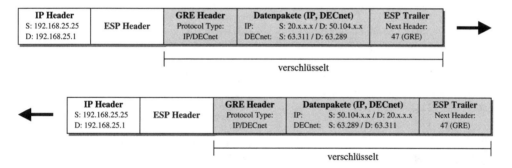

IP-Adressen in den GRE-Nutzdaten

Die in den GRE-Nutzdaten enthaltenen IP-Datenpakete verwenden folgende Quell- und Zieladressen:

Von C2504 nach C2503		
OSPF-Prozess #2	Source: 192.168.30.2	Destination: 224.0.0.5
IP-Unicast-Pakete zwischen den beiden Intranets	Source: 20.x.x.x	Destination: 50.104.x.x
Von C2503 nach C2504		
OSPF-Prozess #2	Source: 192.168.30.1	Destination: 224.0.0.5
IP-Unicast-Pakete zwischen den beiden Intranets	Source: 50.104.x.x	Destination: 20.x.x.x

Konfiguration Router C2504

```
hostname c2504
!
ip host mpdepp.frs-lab.de 192.168.1.2
ip domain-name frs-lab.de
!
frame-relay switching
!
decnet routing 63.313
decnet node-type routing-iv
!
crypto ca identity frs-lab.de
 enrollment mode ra
 enrollment url http://mpdepp.frs-lab.de:80/certsrv/mscep/mscep.dll
 crl optional
crypto ca certificate chain frs-lab.de
 certificate 0426FBF3000000000010
  308202D9 30820283 A0030201 02020A04 26FBF300 00000000 10300D06 092A8648
  86F70D01 01050500 303B310B 30090603 55040613 02444531 17301506 0355040B
  ...  ...
  215F5E90 23E4726F A80CAFB2 561CBCB6 28AAD4A9 573A5286 3B9F7A3F C1DEDAC0
  24453B73 6988383F 9D058E37 67A050A7 3344A9A9 3B817B4F 490E7B3D 49
   quit
 certificate ra-sign 6106826B000000000004
  3082031F 30820C29 A0030201 02020A61 06826B00 00000000 04300D06 092A8648
  86F70D01 01050500 303B310B 30090603 55040613 02444531 17301506 0355040B
  ...  ...
  03410066 76A9D30F F613643C 65E58F21 DF328DF9 43046099 828780A0 B25F45F6
  DF094771 D5A86050 3811C320 02967FB9 8BC8B3CC 7FBD2C4C 6335C4B4 A3896B8F AF87A9
   quit
 certificate 0426EBE900000000000F
  308202D9 30820283 A0030201 02020A04 26EBE900 00000000 0F300D06 092A8648
  86F70D01 01050500 303B310B 30090603 55040613 02444531 17301506 0355040B
  ...  ...
  17B3D2AC 59FE76F3 105C10EB 4316D80E C0375423 D51EC889 12BFE474 A7E19B36
  2F07EAB9 D5355CB6 733E1208 6DCCEDFB 9917E31D 2AD1454D A062BDE8 OE
   quit
 certificate ra-encrypt 6106873B000000000005
  3082031F 30820C29 A0030201 02020A61 06873B00 00000000 05300D06 092A8648
  86F70D01 01050500 303B310B 30090603 55040613 02444531 17301506 0355040B
  ...  ...
  03410006 D80BA932 C69DC4AC BE11664F B15AC864 7153BEF9 799EE9A0 17D6AD21
  4BEC5DFB 211A683D 5B733065 C22217E5 2DB8F417 01970E73 AD3FD603 28DE3816 339488
   quit
 certificate ca
  2AF5E3AC371EE9AB4F44F9722EB4F87B
  308202E8 30820292 A0030201 0202102A F5E3AC37 1EE9AB4F 44F9722E B4F87B30
  0D06092A 864886F7 0D010105 0500303B 310B3009 06035504 06130244 45311730
  ...  ...
  B355DE6C CA562A07 EB426EA0 7B8F9EFE 06CA6FCD DF443943 E698233C B695818A
  C6CDAE96 CDE2CC89 7C767BD4
   quit
!
crypto isakmp policy 10
 hash md5
crypto isakmp keepalive 30
!
crypto ipsec transform-set GRE-Tunnel esp-des esp-sha-hmac
 mode transport
!
crypto map GRE-Tunnel local-address Loopback1
crypto map GRE-Tunnel 10 ipsec-isakmp
 set peer 192.168.25.1
 set transform-set GRE-Tunnel
 match address GRE-Tunnel
!
interface Loopback1
 ip address 192.168.25.25 255.255.255.255
interface Tunnel0
 ip address 192.168.30.2 255.255.255.252
 decnet cost 20
 tunnel source Loopback1
 tunnel destination 192.168.25.1
 crypto map GRE-Tunnel          ← »crypto map« auf
                                   dem Tunnel Interface.
!
interface Serial0
 bandwidth 2000
 encapsulation frame-relay
 clockrate 2000000
 frame-relay intf-type dce
!
interface Serial0.1 point-to-point
 ip address 172.168.1.2 255.255.255.252
 ip ospf cost 10
 frame-relay interface-dlci 100   ← »crypto map« auf
 crypto map GRE-Tunnel              dem physikali-
                                    schen Interface.
!
interface Serial0.2 point-to-point
 ip address 172.168.1.6 255.255.255.252
 ip ospf cost 10
 frame-relay interface-dlci 200   ← »crypto map« auf
 crypto map GRE-Tunnel              dem physikalischen
                                    Interface.
!
interface TokenRing0
 ip address 20.1.1.1 255.255.255.0
 decnet cost 10
 ring-speed 16
!
router ospf 1
 router-id 192.168.25.25
 passive-interface Loopback1
 network 172.168.1.2 0.0.0.0 area 0
 network 172.168.1.6 0.0.0.0 area 0
 network 192.168.25.25 0.0.0.0 area 0
!
router ospf 2
 router-id 192.168.30.2
 network 20.1.1.1 0.0.0.0 area 0
 network 192.168.30.2 0.0.0.0 area 0
!
ip access-list extended GRE-Tunnel
 permit gre host 192.168.25.25 host 192.168.25.1
 deny   ip any any log-input
```

Beim Einsatz von Tunnel-Schnittstellen muss im Gegensatz zu anderen Software Interfaces (wie Dialer oder Sub-Interface) die »crypto map« auf der physikalischen und auf der Tunnel-Schnittstelle gesetzt sein.

Konfiguration Router C2504

```
hostname c2503
!
ip host mpdepp.frs-lab.de 192.168.1.2
ip domain-name frs-lab.de
!
decnet routing 63.312
decnet node-type routing-iv
!
crypto ca identity frs-lab.de
  enrollment mode ra
  enrollment url http://mpdepp.frs-
lab.de:80/certsrv/mscep/mscep.dll
  crl optional
crypto ca certificate chain frs-lab.de
  certificate 611ED2B800000000000C
   308202D9 30820283 A0030201 02020A61 1ED2B800 00000000 0C300D06 092A8648
   86F70001 01050500 3038310B 30090603 55040613 02444531 17301506 0355040B
   ... ...
   CEB0CDF4 200BA6C4 DAC5297F EFCB6290 446C0C24 36425A9F C1A76853 89760515
   96EE28FC B3623794 89222183 E2F87EE6 C26317C5 8512A9E7 4C1FF65D 7D
  quit
  certificate ra-sign 6106826B000000000004
   3082031F 308202C9 A0030201 02020A61 06826B00 00000000 04300D06 092A8648
   86F70001 01050500 3038310B 30090603 55040613 02444531 17301506 0355040B
   ... ...
   03410066 76A9D30F F613643C 65E58F21 DF328DF9 43046099 828780A0 B25F45F6
   DF094771 D5A86050 3811C320 D2967FB9 8BC8B3CC 7FBD2C4C 6335C4B4 A3896B8F AFB7A9
  quit
  certificate 611EBD0C00000000000B
   308202D9 30820283 A0030201 02020A61 1EBD0C00 00000000 0B300D06 092A8648
   86F70001 01050500 3038310B 30090603 55040613 02444531 17301506 0355040B
   ... ...
   67F1C763 48AD5CD9 FF89A13C 5FBECC4F 80DF76BA DA629A64 47051D15 61A6D3A0
   66DC61B5 091E58FE 8CFC8B7E 3A1C0A2B 353EEE64 D6046987 5940B20E 67
  quit
  certificate ca 2AF5E3AC371EE9AB4F44F9722EB4F87B
   308202E8 30820292 A0030201 0202102A F5E3AC37 1EE9AB4F 44F9722E B4F87B30
   0D06092A 864886F7 0D010105 0500303B 310B3009 06035504 06130244 45311730
   ... ...
   B355DE6C CA562A07 EB426EA0 7B8F9EFE O6CA6FCD DF443943 E698233C B695818A
   C6CDAE96 CDE2CC89 7C767BD4
  quit
  certificate ra-encrypt 6106873B000000000005
   3082031F 308202C9 A0030201 02020A61 06873B00 00000000 05300D06 092A8648
   86F70001 01050500 3038310B 30090603 55040613 02444531 17301506 0355040B
   ... ...
   03410006 D80BA932 C69DC4AC BE11664F B15AC864 7153BEF9 799EE9A0 17D6AD21
   4BEC5DFB 211A683D 5B733065 C22217E5 2DB8F417 01970E73 AD3FD603 28DE3816 339488
  quit
crypto isakmp policy 20
  hash md5
crypto isakmp keepalive 30
!
crypto ipsec transform-set GRE-Tunnel esp-des esp-sha-
hmac
  mode transport
!
crypto map GRE-Tunnel local-address Loopback1
crypto map GRE-Tunnel 10 ipsec-isakmp
  set peer 192.168.25.25
  set transform-set GRE-Tunnel
  match address GRE-Tunnel

interface Loopback1
  ip address 192.168.25.1 255.255.255.255
!
interface Tunnel0
  ip address 192.168.30.1 255.255.255.252
  decnet cost 20
  tunnel source Loopback1
  tunnel destination 192.168.25.25
  crypto map GRE-Tunnel
!
interface Ethernet0
  ip address 50.104.7.67 255.255.252.0
  decnet cost 10
!
interface Serial0
  encapsulation frame-relay
  frame-relay lmi-type cisco
!
interface Serial0.1 point-to-point
  ip address 172.168.1.1 255.255.255.252
  ip access-group 101 in
  ip ospf cost 10
  frame-relay interface-dlci 100
  crypto map GRE-Tunnel
!
interface Serial0.2 point-to-point
  ip address 172.168.1.5 255.255.255.252
  ip ospf cost 10
  frame-relay interface-dlci 200
  crypto map GRE-Tunnel
!
router ospf 1
  router-id 192.168.25.1
  passive-interface Loopback1
  network 172.168.1.1 0.0.0.0 area 0
  network 172.168.1.5 0.0.0.0 area 0
  network 192.168.25.1 0.0.0.0 area 0
!
router ospf 2
  router-id 192.168.30.1
  network 50.104.7.67 0.0.0.0 area 0
  network 192.168.30.1 0.0.0.0 area 0
!
ip access-list extended GRE-Tunnel
  permit gre host 192.168.25.1 host 192.168.25.25
```

OSPF Process 1

Dieser Prozess läuft nur über die Frame-Relay-Verbindung und soll sicherstellen, dass die als Quell- bzw. Zieladresse des Tunnels benutzte Loopback-Adresse auf beiden Routern immer bekannt ist. Falls beide PVCs aktiv sind, wird von den Routern für die Tunnel-Verbindung *IP Pathsplitting* durchgeführt.

- C2503

```
c2503# show ip protocols
Routing Protocol is "ospf 1"
  Invalid after 0 seconds, hold down 0, flushed after 0
  Outgoing update filter list for all interfaces is
  Incoming update filter list for all interfaces is
  Routing for Networks:
    172.168.1.1/32
    172.168.1.5/32
    192.168.25.1/32
  Passive Interface(s):
    Loopback1
  Routing Information Sources:
    Gateway         Distance      Last Update
    192.168.25.25      110        00:01:01
  Distance: (default is 110)

c2503# show ip route ospf 1
     192.168.25.0/32 is subnetted, 2 subnets
O       192.168.25.25 [110/11] via 172.168.1.2, 00:00:17, Serial0.1
                     [110/11] via 172.168.1.6, 00:00:17, Serial0.2
```

Die Loopback-Adresse des Partners ist über beide PVCs zu erreichen.

- C2504

```
c2504# show ip protocols
Routing Protocol is "ospf 1"
  Invalid after 0 seconds, hold down 0, flushed after 0
  Outgoing update filter list for all interfaces is
  Incoming update filter list for all interfaces is
  Routing for Networks:
    172.168.1.2/32
    172.168.1.6/32
    192.168.25.25/32
  Passive Interface(s):
    Loopback1
  Routing Information Sources:
    Gateway         Distance      Last Update
    192.168.25.1       110        00:01:34
  Distance: (default is 110)

c2504# show ip route ospf 1
     192.168.25.0/32 is subnetted, 2 subnets
O       192.168.25.1 [110/11] via 172.168.1.1, 00:00:36, Serial0.1
                    [110/11] via 172.168.1.5, 00:00:36, Serial0.2
```

Die Loopback-Adresse des Partners ist über beide PVCs zu erreichen.

OSPF Process 2

Dieser Prozess ist für das Routing zwischen den beiden Intranets zuständig. Die über den Tunnel versendeten OSPF-Pakete werden in GRE-Pakete verpackt und durch die »crypto map« verschlüsselt. Über dieses Verfahren können auch alle anderen Netzwerk-Protokolle (wie z.B. DECnet, AppleTalk oder IPX) sowie Multicast-Daten über die ausgehandelten Sicherheitsmechanismen geschützt werden.

- C2503

    c2503# show ip protocols
    ```
    Routing Protocol is "ospf 2"
      Invalid after 0 seconds, hold down 0, flushed after 0
      Outgoing update filter list for all interfaces is
      Incoming update filter list for all interfaces is
      Routing for Networks:
        50.104.7.67/32
        192.168.30.1/32
      Passive Interface(s):
        Ethernet0
      Routing Information Sources:
        Gateway         Distance        Last Update
        192.168.30.2    110             00:21:39
      Distance: (default is 110)
    ```

    c2503# show ip route ospf 2
    ```
         20.0.0.0/24 is subnetted, 1 subnets
    O       20.1.1.0 [110/11117] via 192.168.30.2, 00:39:29, Tunnel0
    ```
    Das Intranet des Partners ist über das Tunnel Interface zu erreichen.

- C2504

    c2504# show ip protocols
    ```
    Routing Protocol is "ospf 2"
      Invalid after 0 seconds, hold down 0, flushed after 0
      Outgoing update filter list for all interfaces is
      Incoming update filter list for all interfaces is
      Routing for Networks:
        20.1.1.1/32
        192.168.30.2/32
      Passive Interface(s):
      Passive Interface(s):
        TokenRing0
      Routing Information Sources:
        Gateway         Distance        Last Update
        192.168.30.1    110             00:22:14
      Distance: (default is 110)
    ```

    c2504# show ip route ospf 2
    ```
         50.0.0.0/22 is subnetted, 1 subnets
    O       50.104.4.0 [110/11121] via 192.168.30.1, 00:39:22, Tunnel0
    ```
    Das Intranet des Partners ist über das Tunnel Interface zu erreichen.

DECnet-Informationen

```
c2504# show decnet route
Node      Cost  Hops    Next Hop to Node      Expires  Prio
*63.232    30    2      Tunnel0  -> 63.312
*63.236    30    2      Tunnel0  -> 63.312
*63.241    30    2      Tunnel0  -> 63.312
*63.255    30    2      Tunnel0  -> 63.312
*63.289    30    2      Tunnel0  -> 63.312
*63.311    10    1      TokenRing0 -> 63.311   1546
*63.312    20    1      Tunnel0  -> 63.312      42      64  V
*63.313     0    0      (Local)  -> 63.313
*63.576    30    2      Tunnel0  -> 63.312

c2503# show decnet route
Node      Cost  Hops    Next Hop to Node      Expires  Prio
*63.232    10    1      Ethernet0 -> 63.232    1713
*63.236    10    1      Ethernet0 -> 63.236    1619
*63.241    10    1      Ethernet0 -> 63.241      67
*63.255    10    1      Ethernet0 -> 63.289     297
*63.289    10    1      Ethernet0 -> 63.289      26      1  V
*63.311    30    2      Tunnel0   -> 63.313
*63.312     0    0      (Local)   -> 63.312
*63.313    20    1      Tunnel0   -> 63.313      39     64  V
*63.576    10    1      Ethernet0 -> 63.576      36
```

Debugging-Informationen

- »log-input«-Parameter der Access-Liste

```
c2504# show ip access-lists GRE-Tunnel
Extended IP access list GRE-Tunnel
    permit gre host 192.168.25.25 host 192.168.25.1 log-input (3203 matches)
    deny ip any any log-input (3365 matches)
```

Durch den »log-input«-Parameter des »deny ip any any«-Parameters sieht man, welche Pakete der Router nicht über den ausgewählten Sicherheitsmechanismus schützt. In diesem Fall sind es die OSPF-Pakete des OSPF-Prozesses #1 (über S0.1 und S0.2), ISAKMP-Keepalive-Nachrichten sowie die ESP-Pakete, die auf den physikalischen Schnittstellen S0.1 und S0.2 nicht verschlüsselt werden.

```
%SEC-6-IPACCESSLOGP: list GRE-Tunnel denied udp 192.168.25.25(500) -> 192.168.25.1(500), 22 packets
%SEC-6-IPACCESSLOGRP: list GRE-Tunnel denied ospf 224.0.0.5 -> 172.168.1.1, 30 packets
%SEC-6-IPACCESSLOGNP: list GRE-Tunnel denied 50 192.168.25.25 -> 192.168.25.1, 80 packets
%SEC-6-IPACCESSLOGRP: list GRE-Tunnel permitted gre 192.168.25.25 -> 192.168.25.1, 82 packets

%SEC-6-IPACCESSLOGP: list GRE-Tunnel denied udp 192.168.25.25(500) -> 192.168.25.1(500), 20 packets
%SEC-6-IPACCESSLOGRP: list GRE-Tunnel denied ospf 224.0.0.5 -> 172.168.1.1, 30 packets
%SEC-6-IPACCESSLOGNP: list GRE-Tunnel denied 50 192.168.25.25 -> 192.168.25.1, 79 packets
%SEC-6-IPACCESSLOGRP: list GRE-Tunnel permitted gre 192.168.25.25 -> 192.168.25.1, 77 packets
```

⌐ ISAKMP Keepalive

```
%SEC-6-IPACCESSLOGP: list GRE-Tunnel denied udp 192.168.25.25(500) -> 192.168.25.1(500), 20 packets
%SEC-6-IPACCESSLOGRP: list GRE-Tunnel denied ospf 224.0.0.5 -> 172.168.1.1, 30 packets
```

⌐ OSPF-Pakete des Prozesses 1

⌐ ESP-Pakete über S0.1 und S0.2

```
%SEC-6-IPACCESSLOGNP: list GRE-Tunnel denied 50 192.168.25.25 -> 192.168.25.1, 80 packets
%SEC-6-IPACCESSLOGRP: list GRE-Tunnel permitted gre 192.168.25.25 -> 192.168.25.1, 80 packets
```

⌐ GRE-Pakete über den Tunnel werden verschlüsselt

Bei der Ausgabe kann man erkennen, dass die GRE-Pakete durch den »crypto map«-Eintrag auf »interface tunnel0« verschlüsselt werden.

»ip packet«-Debugging

```
c2504# debug interface s0.1
c2504# debug interface s0.1
c2504# debug interface tu0
c2504# show debugging condition
Condition 1: interface Tu0 (1 flags triggered)
        Flags: Tu0
Condition 3: interface Se0.1 (1 flags triggered)
        Flags: Se0.1
Condition 4: interface Se0.2 (1 flags triggered)
        Flags: Se0.2
```

Über das »debug interface«-Kommando kann man festlegen, für welche Schnittstellen der »ip packet«-Debugging eingeschaltet werden soll.

```
c2504# debug ip packet detail
```
Die OSPF-Pakete des Prozesses 1 werden ganz normal über die PVCs gesendet.

```
IP: s=172.168.1.1 (Serial0.1), d=224.0.0.5, len 68, rcvd 0, proto=89
IP: s=172.168.1.5 (Serial0.2), d=224.0.0.5, len 68, rcvd 0, proto=89

IP: s=172.168.1.2 (local), d=224.0.0.5 (Serial0.1), len 68, sending broad/multicast, proto=89
IP: s=172.168.1.6 (local), d=224.0.0.5 (Serial0.2), len 68, sending broad/multicast, proto=89
```

Die ISAKMP Keepalives werden unverschlüsselt über die physikalische Verbindung übertragen.

```
IP: s=192.168.25.1 (Serial0.2), d=192.168.25.25, len 96, rcvd 4
    UDP src=500, dst=500

IP: s=192.168.25.25 (local), d=192.168.25.1 (Serial0.1), len 96, sending
    UDP src=500, dst=500
```

Die OSPF-Pakete des Prozesses 2 werden in GRE-Unicast-Pakete eingepackt und anschließend verschlüsselt übertragen.

```
IP: s=192.168.30.2 (local), d=224.0.0.5 (Tunnel0), len 68, sending broad/multicast, proto=89
IP: s=192.168.25.25 (Tunnel0), d=192.168.25.1 (Serial0.2), len 92, sending, proto=47

IP: s=192.168.25.1 (Serial0.1), d=192.168.25.25, len 128, rcvd 4, proto=50
IP: s=192.168.30.1 (Tunnel0), d=224.0.0.5, len 68, rcvd 0, proto=89
```

IPSec-Informationen vom Router C2503

- Informationen über die verwendete »crypto map«

c2503# show crypto map tag GRE-Tunnel
```
Crypto Map: "GRE-Tunnel" idb: Loopback1 local address: 192.168.25.1

Crypto Map "GRE-Tunnel" 10 ipsec-isakmp
        Peer = 192.168.25.25
        Extended IP access list GRE-Tunnel
            access-list GRE-Tunnel permit gre host 192.168.25.1 host 192.168.25.25
            access-list GRE-Tunnel deny ip any any
        Current peer: 192.168.25.25
        Security association lifetime: 4608000 kilobytes/3600 seconds
        PFS (Y/N): N
        Transform sets={ GRE-Tunnel, }
        Interfaces using crypto map GRE-Tunnel:
          Serial0.1
          Serial0.2
          Tunnel0
```

- Übersicht über die aktiven Security Associations

c2503# show crypto engine connections active
```
  ID  Interface    IP-Address     State  Algorithm            Encrypt  Decrypt
  26  <none>       <none>         set    HMAC_MD5+DES_56_CB         0        0
2002  Se0.2        172.168.1.5    set    HMAC_SHA+DES_56_CB         0      466
2003  Se0.2        172.168.1.5    set    HMAC_SHA+DES_56_CB       450        0
```

c2503# show crypto isakmp sa
```
      dst            src           state      conn-id   slot
192.168.25.1   192.168.25.25    QM_IDLE         26       0
```

- IPSec Security Associations

c2503# show crypto ipsec sa address
```
dest address: 192.168.25.25
   protocol: ESP
     spi: 0xF8E0BB2(260967346)
       transform: esp-des esp-sha-hmac ,
       in use settings ={Transport, }
       slot: 0, conn id: 2003, flow_id: 4, crypto map: GRE-Tunnel
       sa timing: remaining key lifetime (k/sec): (4607810/1581)
       IV size: 8 bytes
       replay detection support: Y

dest address: 192.168.25.1
   protocol: ESP
     spi: 0xFB133B(16454459)
       transform: esp-des esp-sha-hmac ,
       in use settings ={Transport, }
       slot: 0, conn id: 2002, flow_id: 3, crypto map: GRE-Tunnel
       sa timing: remaining key lifetime (k/sec): (4607650/1581)
       IV size: 8 bytes
       replay detection support: Y
```

c2503# show crypto ipsec sa
interface: Tunnel0
    Crypto map tag: GRE-Tunnel, local addr. 192.168.25.1

    local ident (addr/mask/prot/port): (192.168.25.1/255.255.255.255/47/0)
    remote ident (addr/mask/prot/port): (192.168.25.25/255.255.255.255/47/0)
    current_peer: 192.168.25.25
      PERMIT, flags={origin_is_acl,transport_parent,}
    #pkts encaps: 1561, #pkts encrypt: 1561, #pkts digest 1561
    #pkts decaps: 1575, #pkts decrypt: 1575, #pkts verify 1575
    #pkts compressed: 0, #pkts decompressed: 0
    #pkts not compressed: 0, #pkts compr. failed: 0, #pkts decompress failed: 0
    #send errors 1, #recv errors 0

    local crypto endpt.: 192.168.25.1, remote crypto endpt.: 192.168.25.25
    path mtu 1514, media mtu 1514
    current outbound spi: F8E0BB2

    inbound esp sas:
    spi: 0xFB133B(16454459)
        transform: esp-des esp-sha-hmac ,
        in use settings ={Transport, }
        slot: 0, conn id: 2002, flow_id: 3, crypto map: GRE-Tunnel
        sa timing: remaining key lifetime (k/sec): (4607650/1574)
        IV size: 8 bytes
        replay detection support: Y

    outbound esp sas:
    spi: 0xF8E0BB2(260967346)
        transform: esp-des esp-sha-hmac ,
        in use settings ={Transport, }
        slot: 0, conn id: 2003, flow_id: 4, crypto map: GRE-Tunnel
        sa timing: remaining key lifetime (k/sec): (4607810/1573)
        IV size: 8 bytes
        replay detection support: Y

interface: Serial0.1
    Crypto map tag: GRE-Tunnel, local addr. 192.168.25.1

    local ident (addr/mask/prot/port): (192.168.25.1/255.255.255.255/47/0)
    remote ident (addr/mask/prot/port): (192.168.25.25/255.255.255.255/47/0)
    current_peer: 192.168.25.25
      PERMIT, flags={origin_is_acl,transport_parent,}
    #pkts encaps: 1563, #pkts encrypt: 1563, #pkts digest 1563
    #pkts decaps: 1576, #pkts decrypt: 1576, #pkts verify 1576
    #pkts compressed: 0, #pkts decompressed: 0
    #pkts not compressed: 0, #pkts compr. failed: 0, #pkts decompress failed: 0
    #send errors 1, #recv errors 0

    local crypto endpt.: 192.168.25.1, remote crypto endpt.: 192.168.25.25
    path mtu 1514, media mtu 1514
    current outbound spi: F8E0BB2

```
      inbound esp sas:
       spi: 0xFB133B(16454459)
         transform: esp-des esp-sha-hmac ,
         in use settings ={Transport, }
         slot: 0, conn id: 2002, flow_id: 3, crypto map: GRE-Tunnel
         sa timing: remaining key lifetime (k/sec): (4607649/1571)
         IV size: 8 bytes
         replay detection support: Y

      outbound esp sas:
       spi: 0xF8E0BB2(260967346)
         transform: esp-des esp-sha-hmac ,
         in use settings ={Transport, }
         slot: 0, conn id: 2003, flow_id: 4, crypto map: GRE-Tunnel
         sa timing: remaining key lifetime (k/sec): (4607810/1571)
         IV size: 8 bytes
         replay detection support: Y

interface: Serial0.2
   Crypto map tag: GRE-Tunnel, local addr. 192.168.25.1

   local  ident (addr/mask/prot/port): (192.168.25.1/255.255.255.255/47/0)
   remote ident (addr/mask/prot/port): (192.168.25.25/255.255.255.255/47/0)
   current_peer: 192.168.25.25
     PERMIT, flags={origin_is_acl,transport_parent,}
    #pkts encaps: 1563, #pkts encrypt: 1563, #pkts digest 1563
    #pkts decaps: 1576, #pkts decrypt: 1576, #pkts verify 1576
    #pkts compressed: 0, #pkts decompressed: 0
    #pkts not compressed: 0, #pkts compr. failed: 0, #pkts decompress failed: 0
    #send errors 1, #recv errors 0

    local crypto endpt.: 192.168.25.1, remote crypto endpt.: 192.168.25.25
    path mtu 1514, media mtu 1514
    current outbound spi: F8E0BB2

      inbound esp sas:
       spi: 0xFB133B(16454459)
         transform: esp-des esp-sha-hmac ,
         in use settings ={Transport, }
         slot: 0, conn id: 2002, flow_id: 3, crypto map: GRE-Tunnel
         sa timing: remaining key lifetime (k/sec): (4607649/1571)
         IV size: 8 bytes
         replay detection support: Y

      outbound esp sas:
       spi: 0xF8E0BB2(260967346)
         transform: esp-des esp-sha-hmac ,
         in use settings ={Transport, }
         slot: 0, conn id: 2003, flow_id: 4, crypto map: GRE-Tunnel
         sa timing: remaining key lifetime (k/sec): (4607810/1571)
         IV size: 8 bytes
         replay detection support: Y
```

IPSec-Informationen vom Router C2504

- Informationen über die verwendete »crypto map«

c2504# show crypto map tag GRE-Tunnel
```
Crypto Map: "GRE-Tunnel" idb: Loopback1 local address: 192.168.25.25

Crypto Map "GRE-Tunnel" 10 ipsec-isakmp
        Peer = 192.168.25.1
        Extended IP access list GRE-Tunnel
            access-list GRE-Tunnel permit gre host 192.168.25.25 host 192.168.25.1
            access-list GRE-Tunnel deny ip any any
        Current peer: 192.168.25.1
        Security association lifetime: 4608000 kilobytes/3600 seconds
        PFS (Y/N): N
        Transform sets={ GRE-Tunnel, }
        Interfaces using crypto map GRE-Tunnel:
          Serial0.1
          Serial0.2
          Tunnel0
```

- Übersicht über die aktiven Security Associations

c2504# show crypto engine connections active
```
   ID Interface        IP-Address      State Algorithm            Encrypt  Decrypt
   35 <none>           <none>          set   HMAC_MD5+DES_56_CB         0        0
 2002 Se0.1            172.168.1.2     set   HMAC_SHA+DES_56_CB         0      416
 2003 Se0.1            172.168.1.2     set   HMAC_SHA+DES_56_CB       433        0
```

c2504# show crypto isakmp sa
```
      dst           src            state       conn-id   slot
 192.168.25.1   192.168.25.25   QM_IDLE          35       0
```

- IPSec Security Associations

c2504# show crypto ipsec sa address
```
dest address: 192.168.25.25
   protocol: ESP
     spi: 0xF8E0BB2(260967346)
       transform: esp-des esp-sha-hmac ,
       in use settings ={Transport, }
       slot: 0, conn id: 2002, flow_id: 3, crypto map: GRE-Tunnel
       sa timing: remaining key lifetime (k/sec): (4607839/1682)
       IV size: 8 bytes
       replay detection support: Y

dest address: 192.168.25.1
   protocol: ESP
     spi: 0xFB133B(16454459)
       transform: esp-des esp-sha-hmac ,
       in use settings ={Transport, }
       slot: 0, conn id: 2003, flow_id: 4, crypto map: GRE-Tunnel
       sa timing: remaining key lifetime (k/sec): (4607821/1682)
       IV size: 8 bytes
       replay detection support: Y
```

```
c2504# show crypto ipsec sa
interface: Tunnel0
    Crypto map tag: GRE-Tunnel, local addr. 192.168.25.25

   local  ident (addr/mask/prot/port): (192.168.25.25/255.255.255.255/47/0)
   remote ident (addr/mask/prot/port): (192.168.25.1/255.255.255.255/47/0)
   current_peer: 192.168.25.1
     PERMIT, flags={origin_is_acl,transport_parent,}
    #pkts encaps: 3448, #pkts encrypt: 3448, #pkts digest 3448
    #pkts decaps: 3624, #pkts decrypt: 3624, #pkts verify 3624
    #pkts compressed: 0, #pkts decompressed: 0
    #pkts not compressed: 0, #pkts compr. failed: 0, #pkts decompress failed: 0
    #send errors 14, #recv errors 0

    local crypto endpt.: 192.168.25.25, remote crypto endpt.: 192.168.25.1
    path mtu 1514, media mtu 1514
    current outbound spi: FB133B

    inbound esp sas:
     spi: 0xF8E0BB2(260967346)
       transform: esp-des esp-sha-hmac ,
       in use settings ={Transport, }
       slot: 0, conn id: 2002, flow_id: 3, crypto map: GRE-Tunnel
       sa timing: remaining key lifetime (k/sec): (4607839/1676)
       IV size: 8 bytes
       replay detection support: Y

    outbound esp sas:
     spi: 0xFB133B(16454459)
       transform: esp-des esp-sha-hmac ,
       in use settings ={Transport, }
       slot: 0, conn id: 2003, flow_id: 4, crypto map: GRE-Tunnel
       sa timing: remaining key lifetime (k/sec): (4607818/1676)
       IV size: 8 bytes
       replay detection support: Y

interface: Serial0.1
    Crypto map tag: GRE-Tunnel, local addr. 192.168.25.25

   local  ident (addr/mask/prot/port): (192.168.25.25/255.255.255.255/47/0)
   remote ident (addr/mask/prot/port): (192.168.25.1/255.255.255.255/47/0)
   current_peer: 192.168.25.1
     PERMIT, flags={origin_is_acl,transport_parent,}
    #pkts encaps: 3448, #pkts encrypt: 3448, #pkts digest 3448
    #pkts decaps: 3624, #pkts decrypt: 3624, #pkts verify 3624
    #pkts compressed: 0, #pkts decompressed: 0
    #pkts not compressed: 0, #pkts compr. failed: 0, #pkts decompress failed: 0
    #send errors 14, #recv errors 0

    local crypto endpt.: 192.168.25.25, remote crypto endpt.: 192.168.25.1
    path mtu 1514, media mtu 1514
    current outbound spi: FB133B

    inbound esp sas:
     spi: 0xF8E0BB2(260967346)
       transform: esp-des esp-sha-hmac ,
       in use settings ={Transport, }
       slot: 0, conn id: 2002, flow_id: 3, crypto map: GRE-Tunnel
       sa timing: remaining key lifetime (k/sec): (4607839/1676)
       IV size: 8 bytes
       replay detection support: Y
```

```
   outbound esp sas:
     spi: 0xFB133B(16454459)
        transform: esp-des esp-sha-hmac ,
        in use settings ={Transport, }
        slot: 0, conn id: 2003, flow_id: 4, crypto map: GRE-Tunnel
        sa timing: remaining key lifetime (k/sec): (4607818/1676)
        IV size: 8 bytes
        replay detection support: Y

   interface: Serial0.2
      Crypto map tag: GRE-Tunnel, local addr. 192.168.25.25

     local  ident (addr/mask/prot/port): (192.168.25.25/255.255.255.255/47/0)
     remote ident (addr/mask/prot/port): (192.168.25.1/255.255.255.255/47/0)
     current_peer: 192.168.25.1
       PERMIT, flags={origin_is_acl,transport_parent,}
      #pkts encaps: 3448, #pkts encrypt: 3448, #pkts digest 3448
      #pkts decaps: 3625, #pkts decrypt: 3625, #pkts verify 3625
      #pkts compressed: 0, #pkts decompressed: 0
      #pkts not compressed: 0, #pkts compr. failed: 0, #pkts decompress failed: 0
      #send errors 14, #recv errors 0

     local crypto endpt.: 192.168.25.25, remote crypto endpt.: 192.168.25.1
     path mtu 1514, media mtu 1514
     current outbound spi: FB133B

     inbound esp sas:
      spi: 0xF8E0BB2(260967346)
         transform: esp-des esp-sha-hmac ,
         in use settings ={Transport, }
         slot: 0, conn id: 2002, flow_id: 3, crypto map: GRE-Tunnel
         sa timing: remaining key lifetime (k/sec): (4607839/1671)
         IV size: 8 bytes
         replay detection support: Y

     outbound esp sas:
      spi: 0xFB133B(16454459)
         transform: esp-des esp-sha-hmac ,
         in use settings ={Transport, }
         slot: 0, conn id: 2003, flow_id: 4, crypto map: GRE-Tunnel
         sa timing: remaining key lifetime (k/sec): (4607818/1671)
         IV size: 8 bytes
         replay detection support: Y
```

16.5.4 IPSec und HSRP

Sollen über ein Interface mehrere IPSec-Verbindungen zu Routern aufgebaut werden, die auf der LAN-Seite aus Gründen der Ausfallsicherheit HSRP (*Hot Standby Routing Protocol*) verwenden, sind einige Besonderheiten bei der Konfiguration zu beachten.

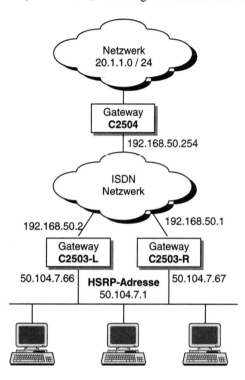

Kapitel 16 • Beispielkonfigurationen

```
version 12.1(7)
!
hostname C2503-L
!
isdn switch-type basic-net3
!
crypto isakmp policy 10
  authentication pre-share
crypto isakmp key 12345678 address 192.168.50.254
!
crypto ipsec transform-set ESP esp-des esp-sha-hmac
!
crypto map BRI 10 ipsec-isakmp
  set peer 192.168.50.254
  set transform-set ESP
  match address 100
!
interface Loopback0
  ip address 192.168.1.2 255.255.255.255
!
interface Ethernet0
  ip address 50.104.7.66 255.255.252.0
  no ip redirects
  standby priority 100
  standby ip 50.104.7.1
  standby track BR0:1 25
  standby track BR0:2 25
!
interface BRI0
  ip address 192.168.50.2 255.255.255.0
  no ip route-cache
  dialer map ip 192.168.50.254 name 111177571 broadcast 77571
  dialer-group 1
  isdn caller 111177571
  isdn answer1 77590
  isdn calling-number 77590
  crypto map BRI
!
router ospf 1
  network 50.104.0.0 0.0.7.255 area 0
!
ip route 20.1.1.0 255.255.255.0 BRI0
!
access-list 100 deny   ip 224.0.0.0 15.255.255.255 any
access-list 100 deny   ip any 224.0.0.0 15.255.255.255
access-list 100 deny   ip host 255.255.255.255 any
access-list 100 deny   ip any host 255.255.255.255
access-list 100 permit ip 50.104.4.0 0.0.3.255 20.1.1.0 0.0.0.255
!
dialer-list 1 protocol ip permit
!
end
```

```
version 12.1(7)
!
hostname C2503-R
!
isdn switch-type basic-net3
!
crypto isakmp policy 10
  authentication pre-share
crypto isakmp key 12345678 address 192.168.50.254
!
crypto ipsec transform-set ESP esp-des esp-sha-hmac
!
crypto map BRI 10 ipsec-isakmp
  set peer 192.168.50.254
  set transform-set ESP
  match address 100
!
interface Loopback0
  ip address 192.168.1.1 255.255.255.255
!
interface Ethernet0
  ip address 50.104.7.67 255.255.252.0
  no ip redirects
  standby priority 101
  standby ip 50.104.7.1        ← Router mit bestehen-
  standby track BR0:1 25         der ISDN-Verbindung
  standby track BR0:2 25         wird aktiver HSRP-
                                 Router.
!
interface BRI0
  ip address 192.168.50.1 255.255.255.0
  no ip route-cache
  dialer map ip 192.168.50.254 name 111177571 broadcast 77571
  dialer-group 1
  isdn caller 111177571
  isdn answer1 77591
  isdn calling-number 77591
  crypto map BRI
!
router ospf 1
  network 50.104.0.0 0.0.7.255 area 0    ← Statisches Routing
!                                          auf der ISDN-Seite.
ip route 20.1.1.0 255.255.255.0 BRI0
!
access-list 100 deny   ip 224.0.0.0 15.255.255.255 any
access-list 100 deny   ip any 224.0.0.0 15.255.255.255
access-list 100 deny   ip host 255.255.255.255 any
access-list 100 deny   ip any host 255.255.255.255
access-list 100 permit ip 50.104.4.0 0.0.3.255 20.1.1.0 0.0.0.255
!
dialer-list 1 protocol ip permit        ← Kein IPSec für
!                                         Multicast-Pakete
end
```

Problem bei zwei unterschiedlichen »crypto map«-Einträgen für die HSRP-Router

```
version 12.1(7)
!
hostname c2504
!
isdn switch-type basic-net3
!
crypto isakmp policy 10
   authentication pre-share
crypto isakmp key 12345678 address 192.168.50.1
crypto isakmp key 12345678 address 192.168.50.2
!
crypto ipsec transform-set ESP esp-des esp-sha-hmac
!
crypto map BRI 10 ipsec-isakmp
   set peer 192.168.50.1
   set transform-set ESP
   match address 100
crypto map BRI 20 ipsec-isakmp
   set peer 192.168.50.2
   set transform-set ESP
   match address 100
!
interface Loopback0
   ip address 192.168.1.3 255.255.255.255
!
interface TokenRing0
   ip address 20.1.1.1 255.255.255.0
   early-token-release
   ring-speed 16
```

```
interface BRI0
   ip address 192.168.50.254 255.255.255.0
   no ip route-cache
   dialer map ip 192.168.50.1 name 111177591 broadcast 77591
   dialer map ip 192.168.50.2 name 111177590 broadcast 77590
   dialer-group 1
   isdn caller 111177590
   isdn caller 111177591
   isdn answer1 77571
   crypto map BRI
!
router ospf 1        ⟵ Statisches Routing
   network 20.1.1.0 0.0.0.255 area 0    auf der ISDN-Seite
!
ip route 50.104.4.0 255.255.252.0 BRI0
!
access-list 100 deny   ip 224.0.0.0 15.255.255.255 any
access-list 100 deny   ip any 224.0.0.0 15.255.255.255
access-list 100 deny   ip host 255.255.255.255 any
access-list 100 deny   ip any host 255.255.255.255
access-list 100 permit ip 20.1.1.0 0.0.0.255 50.104.4.0 0.0.3.255
!
dialer-list 1 protoool ip permit      ⟵ Kein IPSec für
!                                        Multicast-Pakete
end
```

Da die *match address*-Befehle in beiden »crypto map«-Einträgen gleich sind, wird immer der erste Eintrag verwendet. Dadurch ist C2504 nur in der Lage, eine IPSec-Verbindung zum Router C2503-R aufzubauen, nicht jedoch zu C2503-L.

```
c2504# show crypto map
Crypto Map "BRI" 10 ipsec-isakmp
        Peer = 192.168.50.1                       ⟵ »crypto map« für C2503-R
        Extended IP access list 100
            access-list 100 deny ip 224.0.0.0 15.255.255.255 any
            access-list 100 deny ip any 224.0.0.0 15.255.255.255
            access-list 100 deny ip host 255.255.255.255 any
            access-list 100 deny ip any host 255.255.255.255
            access-list 100 permit ip 20.1.1.0 0.0.0.255 50.104.4.0 0.0.3.255
        Current peer: 192.168.50.1
        Security association lifetime: 4608000 kilobytes/3600 seconds
        PFS (Y/N): N
        Transform sets={ ESP, }

Crypto Map "BRI" 20 ipsec-isakmp
        Peer = 192.168.50.2                       ⟵ »crypto map« für C2503-L
        Extended IP access list 100
            access-list 100 deny ip 224.0.0.0 15.255.255.255 any
            access-list 100 deny ip any 224.0.0.0 15.255.255.255
            access-list 100 deny ip host 255.255.255.255 any
            access-list 100 deny ip any host 255.255.255.255
            access-list 100 permit ip 20.1.1.0 0.0.0.255 50.104.4.0 0.0.3.255
        Current peer: 192.168.50.2
        Security association lifetime: 4608000 kilobytes/3600 seconds
        PFS (Y/N): N
        Transform sets={ ESP, }
        Interfaces using crypto map BRI:
                BRI0
                BRI0:1
                BRI0:2
```

576 Kapitel 16 • Beispielkonfigurationen

c2504# show crypto engine connections active

ID	Interface	IP-Address	State	Algorithm	Encrypt	Decrypt	
1	<none>	<none>	set	HMAC_SHA+DES_56_CB	0	0	⎫ Aktive SAs zum
2002	BRI0	192.168.50.1	set	HMAC_SHA+DES_56_CB	0	14	⎬ Router C2503-R
2003	BRI0	192.168.50.1	set	HMAC_SHA+DES_56_CB	14	0	⎭

Wird C2503-L zum aktiven HSRP-Router und versucht daraufhin, eine Security Association aufzubauen, lehnt C2504 die IPSec-Verbindung ab, da der Peer nicht im ersten »crypto map«-Eintrag enthalten ist.

```
c2504# debug crypto isakmp
c2504# debug crypto ipsec
03:14:58.339: %LINK-3-UPDOWN: Interface BRI0:2, changed state to up
03:14:59.371: %LINEPROTO-5-UPDOWN: Line protocol on Interface BRI0:2, changed state to up
03:15:07.919: ISAKMP (0): received packet from 192.168.50.2 (N) NEW SA
03:15:07.923: ISAKMP: local port 500, remote port 500
03:15:07.931: ISAKMP (0:2): processing SA payload. message ID = 0
03:15:07.931: ISAKMP (0:2): Checking ISAKMP transform 1 against priority 10 policy
03:15:07.775: ISAKMP:      encryption DES-CBC
03:15:07.939: ISAKMP:      hash SHA
03:15:07.939: ISAKMP:      default group 1
03:15:07.939: ISAKMP:      auth pre-share
03:15:07.943: ISAKMP (0:2): atts are acceptable. Next payload is 0
03:15:09.539: ISAKMP (0:2): SA is doing pre-shared key authentication
03:15:09.539: ISAKMP (2): SA is doing pre-shared key authentication using id type ID_IPV4_ADDR
03:15:09.547: ISAKMP (2): sending packet to 192.168.50.2 (R) MM_SA_SETUP
03:15:11.223: ISAKMP (2): received packet from 192.168.50.2 (R) MM_SA_SETUP
03:15:11.231: ISAKMP (0:2): processing KE payload. message ID = 0
03:15:13.239: ISAKMP (0:2): processing NONCE payload. message ID = 0
03:15:13.267: ISAKMP (0:2): SKEYID state generated
03:15:13.271: ISAKMP (0:2): processing vendor id payload
03:15:13.275: ISAKMP (0:2): speaking to another IOS box!
03:15:13.283: ISAKMP (2): sending packet to 192.168.50.2 (R) MM_KEY_EXCH
03:15:15.411: ISAKMP (2): received packet from 192.168.50.2 (R) MM_KEY_EXCH
03:15:15.423: ISAKMP (0:2): processing ID payload. message ID = 0
03:15:15.423: ISAKMP (0:2): processing HASH payload. message ID = 0
03:15:15.435: ISAKMP (0:2): SA has been authenticated with 192.168.50.2
03:15:15.439: ISAKMP (2): ID payload
        next-payload : 8
        type         : 1
        protocol     : 17
        port         : 500
        length       : 8
03:15:15.439: ISAKMP (2): Total payload length: 12
03:15:15.455: ISAKMP (2): sending packet to 192.168.50.2 (R) QM_IDLE
03:15:15.551: ISAKMP (2): received packet from 192.168.50.2 (R) QM_IDLE
03:15:15.575: ISAKMP (0:2): processing SA payload. message ID = 1052729100
03:15:15.579: ISAKMP (0:2): Checking IPSec proposal 1
03:15:15.579: ISAKMP: transform 1, ESP_DES
03:15:15.579: ISAKMP:    attributes in transform:
03:15:15.583: ISAKMP:       encaps is 1
03:15:15.583: ISAKMP:       SA life type in seconds
03:15:15.587: ISAKMP:       SA life duration (basic) of 3600
03:15:15.587: ISAKMP:       SA life type in kilobytes
03:15:15.591: ISAKMP:       SA life duration (VPI) of  0x0 0x46 0x50 0x0
03:15:15.595: ISAKMP:       authenticator is HMAC-SHA
03:15:15.599: ISAKMP (0:2): atts are acceptable.
```

IPSec in großen Netzwerken **577**

```
03:15:15.603: IPSEC(validate_proposal_request): proposal part #1,
    (key eng. msg.) dest= 192.168.50.254, src= 192.168.50.2,
    dest_proxy= 20.1.1.0/255.255.255.0/0/0 (type=4),
    src_proxy= 50.104.4.0/255.255.252.0/0/0 (type=4),
    protocol= ESP, transform= esp-des esp-sha-hmac ,
    lifedur= 0s and 0kb,
    spi= 0x0(0), conn_id= 0, keysize= 0, flags= 0x4
03:15:15.619: IPSEC(validate_transform_proposal): peer address 192.168.50.2 not found
03:15:15.619: ISAKMP: IPSec policy invalidated proposal
03:15:15.623: ISAKMP (0:2): SA not acceptable!
03:15:15.643: ISAKMP (2): sending packet to 192.168.50.2 (R) QM_IDLE
03:15:15.647: ISAKMP (0:2): purging node -766962264
03:15:15.647: %CRYPTO-6-IKMP_MODE_FAILURE: Processing of Quick mode failed with peer at
192.168.50.2
03:15:15.651: ISAKMP (0:2): deleting node 1052729100 error FALSE reason "IKMP_NO_ERR_NO_TRANS"
```

Problem bei zwei unterschiedlichen »set peer«-Einträgen in der »crypto map«

Falls man zwei »set peer«-Befehle in einem »crypto map«-Eintrag definiert hat, wird zwar das vorher beschriebene Verhalten vermieden, in bestimmten Konstellationen können aber andere Probleme auftreten.

```
version 12.1(7)
!
hostname c2504
!
isdn switch-type basic-net3
!
crypto isakmp policy 10
  authentication pre-share
crypto isakmp key 12345678 address 192.168.50.1
crypto isakmp key 12345678 address 192.168.50.2
!
crypto ipsec transform-set ESP esp-des esp-sha-hmac
!
crypto map BRI 10 ipsec-isakmp
  set peer 192.168.50.1
  set peer 192.168.50.2     ← Ein »set peer«-
  set transform-set ESP        Eintrag für jeden
  match address 100            HSRP-Router.
!
interface Loopback0
  ip address 192.168.1.3 255.255.255.255
!
interface TokenRing0
  ip address 20.1.1.1 255.255.255.0
  early-token-release
  ring-speed 16
```

```
interface BRI0
  ip address 192.168.50.254 255.255.255.0
  no ip route-cache
  dialer map ip 192.168.50.1 name 111177591 broadcast 77591
  dialer map ip 192.168.50.2 name 111177590 broadcast 77590
  dialer-group 1
  isdn caller 111177590
  isdn caller 111177591
  isdn answer1 77571
!
router ospf 1
  network 20.1.1.0 0.0.0.255 area 0
!
ip route 50.104.4.0 255.255.252.0 BRI0
!
access-list 100 deny   ip 224.0.0.0 15.255.255.255 any
access-list 100 deny   ip any 224.0.0.0 15.255.255.255
access-list 100 deny   ip host 255.255.255.255 any
access-list 100 deny   ip any host 255.255.255.255
access-list 100 permit ip 20.1.1.0 0.0.0.255 50.104.4.0 0.0.3.255
!
dialer-list 1 protocol ip permit
!
end
```

1. C2503-R ist der aktive HSRP-Router und in der »crypto map« als *current peer* eingetragen.

   ```
   c2504# show crypto map tag SERIAL
   Crypto Map "BRI" 10 ipsec-isakmp
           Peer = 192.168.50.1
           Peer = 192.168.50.2
           Extended IP access list 100
               access-list 100 deny   ip 224.0.0.0 15.255.255.255 any
               access-list 100 deny   ip any 224.0.0.0 15.255.255.255
               access-list 100 deny   ip host 255.255.255.255 any
               access-list 100 deny   ip any host 255.255.255.255
               access-list 100 permit ip 20.1.1.0 0.0.0.255 50.104.4.0 0.0.3.255
   ```

Current peer: 192.168.50.1
Security association lifetime: 4608000 kilobytes/3600 seconds
PFS (Y/N): N
Transform sets={ ESP, }
Interfaces using crypto map BRI:
    BRI0
    BRI0:1
    BRI0:2

c2504# show crypto engine connections active

ID	Interface	IP-Address	State	Algorithm	Encrypt	Decrypt	
1	<none>	<none>	set	HMAC_SHA+DES_56_CB	0	0	⎤ Aktive SAs zum
2002	BRI0	192.168.50.254	set	HMAC_SHA+DES_56_CB	0	113	⎬ Router C2503-R
2003	BRI0	192.168.50.254	set	HMAC_SHA+DES_56_CB	113	0	⎦

2. Das Ethernet-Interface auf C2503-R fällt aus und C2503-L wird zum aktiven HSRP-Router.

   IOS ändert den *current peer*-Eintrag nur dann, wenn es ein Paket von einem anderen Partner empfängt. Aus diesem Grund sendet C2504 seine IPSec-Pakete so lange zum Router C2503-R, bis C2503-L eine IPSec-Verbindung aufgebaut und Daten gesendet hat. Das heißt, eine Kommunikation ist erst dann wieder möglich, wenn C2504 ein Paket von C2503-L empfangen hat und sich dadurch der *current peer* ändert.

c2504# show crypto map
Crypto Map "BRI" 10 ipsec-isakmp
    Peer = 192.168.50.1
    Peer = 192.168.50.2
    Extended IP access list 100
        access-list 100 deny ip 224.0.0.0 15.255.255.255 any
        access-list 100 deny ip any 224.0.0.0 15.255.255.255
        access-list 100 deny ip host 255.255.255.255 any
        access-list 100 deny ip any host 255.255.255.255
        access-list 100 permit ip 20.1.1.0 0.0.0.255 50.104.4.0 0.0.3.255
    Current peer: 192.168.50.2
    Security association lifetime: 4608000 kilobytes/3600 seconds
    PFS (Y/N): N
    Transform sets={ ESP, }   ← Der *current peer* ändert sich erst
    Interfaces using crypto map BRI: dann, wenn von diesem Partner
        BRI0   IPSec-Pakete empfangen wurden.
        BRI0:1
        BRI0:2

c2504# show crypto engine connections active

ID	Interface	IP-Address	State	Algorithm	Encrypt	Decrypt	
1	<none>	<none>	set	HMAC_SHA+DES_56_CB	0	0	⎫ C2504 hat
2	<none>	<none>	set	HMAC_SHA+DES_56_CB	0	0	⎬ noch IPSec-Pakete zu
2002	BRI0	192.168.50.254	set	HMAC_SHA+DES_56_CB	0	113	⎬ C2503-R
2003	BRI0	192.168.50.254	set	HMAC_SHA+DES_56_CB	138	0	⎭ gesendet.
2004	BRI0	192.168.50.254	set	HMAC_SHA+DES_56_CB	0	49	⎤ Neue SAs zum
2005	BRI0	192.168.50.254	set	HMAC_SHA+DES_56_CB	49	0	⎦ Router C2503-L

16.5.4.1 IPSec-Verbindung über GRE-Tunnel zu HSRP-Routern

Eine Möglichkeit, die im vorhergehenden Kapitel beschriebenen Probleme zu umgehen, ist die Verwendung von GRE-Tunneln zwischen den Routern.

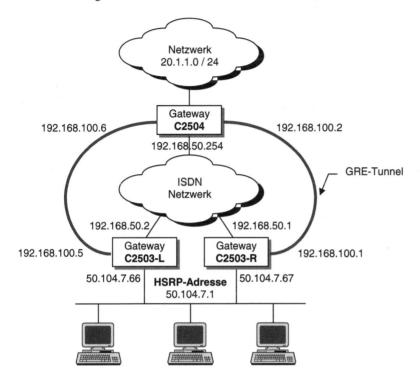

Über die Tunnel-Verbindung wird in diesem Beispiel OSPF als Routing-Protokoll gefahren. Dadurch ist sichergestellt, dass bei Ausfall eines Ethernet Interface der Router C2504 seine Routing-Tabelle entsprechend anpasst und die Daten über die richtige Tunnel-Verbindung sendet. Um die ISDN-Verbindung nicht permanent oben zu halten, sind die Tunnel-Schnittstellen auf *OSPF on Demand* gesetzt. Das heißt, es werden keine periodischen *OSPF Hellos* und *LSA Updates* über diese Schnittstellen gesendet.

Da ISDN Interfaces in der Regel immer auf *BRI0 is up, line protocol is up (spoofing)* stehen, kann es jedoch passieren, dass OSPF keine Routing Updates sendet, obwohl die ISDN-Verbindung ausgefallen ist und es erfolgt keine Anpassung der Routing-Tabelle. Dadurch kann es zu Problemen mit der Kommunikation zwischen den Routern kommen. Soll auch dieser Fehlerfall ausgeschlossen werden, darf der Befehl *ip ospf demand-circuit* nicht verwendet werden.

```
c2503-r# show interface BRI0
BRI0 is up, line protocol is up (spoofing)
  Hardware is BRI
  Internet address is 192.168.100.1/30

c2503-r# show isdn status
Global ISDN Switchtype = basic-net3
ISDN BRI0 interface
       dsl 0, interface ISDN Switchtype = basic-net3
    Layer 1 Status:
       DEACTIVATED
    Layer 2 Status:
       TEI = 99, Ces = 1, SAPI = 0, State = TEI_ASSIGNED
    Layer 3 Status:
       0 Active Layer 3 Call(s)
    Active dsl 0 CCBs = 0
    The Free Channel Mask:  0x80000003
    Total Allocated ISDN CCBs = 0
```

In diesem Fall wurde einfach das ISDN-Kabel gezogen. Da sich der Status der ISDN-Schnittstelle nicht geändert hat, führt OSPF keine Anpassung der Routing-Tabelle durch.

```
version 12.1(7)
!
hostname C2503-L
!
isdn switch-type basic-net3
!
crypto isakmp policy 10
 authentication pre-share
crypto isakmp key 12345678 address 192.168.50.254
!
crypto ipsec transform-set ESP esp-des esp-sha-hmac
 mode transport
!
crypto map BRI 10 ipsec-isakmp
 set peer 192.168.50.254
 set transform-set ESP
 match address 101
!
interface Loopback0
 ip address 192.168.1.2 255.255.255.255
!
interface Ethernet0
 ip address 50.104.7.66 255.255.252.0
 no ip redirects
 standby priority 100
 standby ip 50.104.7.1
 standby track BR0:1 25
 standby track BR0:2 25
!
interface Tunnel0
 ip address 192.168.100.1 255.255.255.252
 ip ospf cost 101
 ip ospf demand-circuit
 tunnel source BRI0
 tunnel destination 192.168.50.254
 crypto map BRI
!
interface BRI0
 ip address 192.168.50.2 255.255.255.0
 no ip route-cache
 dialer idle-timeout 600
 dialer map ip 192.168.50.254 name 111177571 broadcast 77571
 dialer-group 1
 isdn caller 111177571
 isdn answer1 77590
 isdn calling-number 77590
 crypto map BRI
!
router ospf 1
 network 50.104.0.0 0.0.7.255 area 0
 network 192.168.1.2 0.0.0.0 area 0
 network 192.168.100.1 0.0.0.0 area 0
!
access-list 101 permit gre host 192.168.50.1 host 192.168.50.254
access-list 199 permit ip host 192.168.50.1 host 192.168.50.254
access-list 199 permit ip host 192.168.50.254 host 192.168.50.1
!
dialer-list 1 protocol ip list 199
!
end
```

⬅ Für IPSec über GRE-Tunnel werden Transport Mode SAs benötigt.

⬇ GRE-Pakete werden über IPSec geschützt.

```
version 12.1(7)
!
hostname C2503-R
!
isdn switch-type basic-net3
!
crypto isakmp policy 10
 authentication pre-share
crypto isakmp key 12345678 address 192.168.50.254
!
crypto ipsec transform-set ESP esp-des esp-sha-hmac
 mode transport
!
crypto map BRI 10 ipsec-isakmp
 set peer 192.168.50.254
 set transform-set ESP
 match address 101
!
interface Loopback0
 ip address 192.168.1.1 255.255.255.255
!
interface Ethernet0
 ip address 50.104.7.67 255.255.252.0
 no ip redirects
 standby priority 101
 standby ip 50.104.7.1
 standby track BR0:1 25
 standby track BR0:2 25
!
interface Tunnel0
 ip address 192.168.100.5 255.255.255.252
 ip ospf cost 100
 ip ospf demand-circuit
 tunnel source BRI0
 tunnel destination 192.168.50.254
 crypto map BRI
!
interface BRI0
 ip address 192.168.50.1 255.255.255.0
 no ip route-cache
 dialer idle-timeout 600
 dialer map ip 192.168.50.254 name 111177571 broadcast 77571
 dialer-group 1
 isdn caller 111177571
 isdn answer1 77591
 isdn calling-number 77591
 crypto map BRI
!
router ospf 1
 network 50.104.0.0 0.0.7.255 area 0
 network 192.168.1.1 0.0.0.0 area 0
 network 192.168.100.5 0.0.0.0 area 0
!
access-list 101 permit gre host 192.168.50.2 host 192.168.50.254
access-list 199 permit ip host 192.168.50.2 host 192.168.50.254
access-list 199 permit ip host 192.168.50.254 host 192.168.50.2
!
dialer-list 1 protocol ip list 199
!
end
```

➡ Router mit bestehender ISDN-Verbindung wird aktiver HSRP-Router.

```
version 12.1(7)
!
hostname c2504
!
isdn switch-type basic-net3
!
crypto isakmp policy 10
 authentication pre-share
crypto isakmp key 12345678 address 192.168.50.1
crypto isakmp key 12345678 address 192.168.50.2
!
crypto ipsec transform-set ESP esp-des esp-sha-hmac
 mode transport
!
crypto map BRI 10 ipsec-isakmp
 set peer 192.168.50.1
 set transform-set ESP
 match address 101
crypto map BRI 20 ipsec-isakmp
 set peer 192.168.50.2
 set transform-set ESP
 match address 102
!
interface Tunnel0
 description --- Tunnel zum Router C2503-R ---
 ip address 192.168.100.2 255.255.255.252
 ip ospf cost 100
 ip ospf demand-circuit
 tunnel source BRI0
 tunnel destination 192.168.50.1
 crypto map BRI
!
interface Tunnel1
 description --- Tunnel zum Router C2503-L ---
 ip address 192.168.100.6 255.255.255.252
 ip ospf cost 101
 ip ospf demand-circuit
 tunnel source BRI0
 tunnel destination 192.168.50.2
 crypto map BRI
interface Loopback0
 ip address 192.168.1.3 255.255.255.255
!
interface TokenRing0
 ip address 20.1.1.1 255.255.255.0
 early-token-release
 ring-speed 16
!
interface BRI0
 ip address 192.168.50.254 255.255.255.0
 no ip route-cache
 dialer idle-timeout 600
 dialer map ip 192.168.50.1 name 111177591 broadcast 77591
 dialer map ip 192.168.50.2 name 111177590 broadcast 77590
 dialer-group 1
 isdn caller 111177590
 isdn caller 111177591
 isdn answer1 77571
 crypto map BRI
router ospf 1
 network 20.1.1.0 0.0.0.255 area 0
 network 192.168.1.3 0.0.0.0 area 0
 network 192.168.100.2 0.0.0.0 area 0
 network 192.168.100.6 0.0.0.0 area 0
!
access-list 101 permit gre host 192.168.50.254 host 192.168.50.1
access-list 102 permit gre host 192.168.50.254 host 192.168.50.2
access-list 199 permit ip host 192.168.50.254 host 192.168.50.1
access-list 199 permit ip host 192.168.50.254 host 192.168.50.2
access-list 199 permit ip host 192.168.50.1 host 192.168.50.254
access-list 199 permit ip host 192.168.50.2 host 192.168.50.254
!
dialer-list 1 protocol ip list 199
!
end
```

GRE-Pakete werden über IPSec geschützt.

Normalzustand

- Aufbau der Security Associations

Da die Router beim Starten ihre OSPF-Neighbor-Verbindung über die Tunnel-Schnittstellen aufbauen müssen und diese Daten als GRE-Pakete übertragen werden, erzeugen die Router direkt nach dem Booten die benötigten IPSec Security Associations.

```
c2504# show crypto engine connections active
   ID Interface      IP-Address      State  Algorithm            Encrypt  Decrypt
  259 <none>         <none>          set    HMAC_SHA+DES_56_CB         0        0
  260 <none>         <none>          set    HMAC_SHA+DES_56_CB         0        0
 2000 BRI0           192.168.50.254  set    HMAC_SHA+DES_56_CB         0       14 ⎤ IPSec SAs zu
 2001 BRI0           192.168.50.254  set    HMAC_SHA+DES_56_CB        13        0 ⎦ C2503-R.
 2002 BRI0           192.168.50.254  set    HMAC_SHA+DES_56_CB         0        7 ⎤ IPsec SAs zu
 2003 BRI0           192.168.50.254  set    HMAC_SHA+DES_56_CB        18        0 ⎦ C2503-L.
```

```
c2504# show crypto map
Crypto Map "BRI" 10 ipsec-isakmp
        Peer = 192.168.50.1
        Extended IP access list 101
            access-list 101 permit gre host 192.168.50.254 host 192.168.50.1
        Current peer: 192.168.50.1
        Security association lifetime: 4608000 kilobytes/3600 seconds
        PFS (Y/N): N
        Transform sets={ ESP, }

Crypto Map "BRI" 20 ipsec-isakmp
        Peer = 192.168.50.2
        Extended IP access list 102
            access-list 102 permit gre host 192.168.50.254 host 192.168.50.2
        Current peer: 192.168.50.2
        Security association lifetime: 4608000 kilobytes/3600 seconds
        PFS (Y/N): N
        Transform sets={ ESP, }
        Interfaces using crypto map BRI:
                BRI0
                BRI0:1
                BRI0:2
                Tunnel0
                Tunnel1
```

584 Kapitel 16 • Beispielkonfigurationen

● Datentransfer

Falls Daten zu übertragen sind, muss der Router lediglich die ISDN-Verbindung aufbauen. Da die Security Associations schon bestehen, werden die Daten verschlüsselt über die Tunnel-Verbindung zum Partner gesendet.

c2504# debug dialer packet
```
BR0 DDR: ip (s=192.168.50.254, d=192.168.50.1), 160 bytes, outgoing interesting (list 199)
%LINK-3-UPDOWN: Interface BRI0:1, changed state to up
%LINEPROTO-5-UPDOWN: Line protocol on Interface BRI0:1, changed state to up
BR0 DDR: cdp, 289 bytes, outgoing uninteresting (no list matched)
BR0 DDR: sending broadcast to ip 192.168.50.1
BR0 DDR: sending broadcast to ip 192.168.50.2 -- failed, not connected
BR0 DDR: cdp, 289 bytes, outgoing uninteresting (no list matched)
BR0 DDR: sending broadcast to ip 192.168.50.1
BR0 DDR: sending broadcast to ip 192.168.50.2 -- failed, not connected
BR0 DDR: ip (s=192.168.50.254, d=192.168.50.1), 160 bytes, outgoing interesting (list 199)
BR0 DDR: ip (s=192.168.50.254, d=192.168.50.1), 160 bytes, outgoing interesting (list 199)
BR0 DDR: ip (s=192.168.50.254, d=192.168.50.1), 160 bytes, outgoing interesting (list 199)
BR0 DDR: ip (s=192.168.50.254, d=192.168.50.1), 160 bytes, outgoing interesting (list 199)
```

c2504# show dialer
```
BRI0 - dialer type = ISDN

Dial String      Successes    Failures    Last DNIS    Last status
77390                10          26        00:25:35    successful
77391                16          20        00:00:19    successful
0 incoming call(s) have been screened.
0 incoming call(s) rejected for callback.

BRI0:1 - dialer type = ISDN
Idle timer (600 secs), Fast idle timer (20 secs)
Wait for carrier (30 secs), Re-enable (15 secs)
Dialer state is data link layer up
Dial reason: ip (s=192.168.50.254, d=192.168.50.1)
Time until disconnect 582 secs
Connected to 77391 (111177391)

BRI0:2 - dialer type = ISDN
Idle timer (600 secs), Fast idle timer (20 secs)
Wait for carrier (30 secs), Re-enable (15 secs)
Dialer state is idle
```

- OSPF-Informationen

    ### c2504# show ip protocols
    ```
    Routing Protocol is "ospf 1"
      Invalid after 0 seconds, hold down 0, flushed after 0
      Outgoing update filter list for all interfaces is
      Incoming update filter list for all interfaces is
      Routing for Networks:
        20.1.1.0/24
        192.168.1.3/32
        192.168.100.2/32
        192.168.100.6/32
      Routing Information Sources:
        Gateway         Distance      Last Update
        192.168.1.1         110       00:32:47
        192.168.1.3         110       00:32:47
        192.168.1.2         110       00:32:47
      Distance: (default is 110)
    ```

    ### c2504# show ip ospf neighbor
    ```
    Neighbor ID     Pri   State         Dead Time   Address         Interface
    192.168.1.2       1   FULL/  -          -       192.168.100.1   Tunnel0
    192.168.1.1       1   FULL/  -          -       192.168.100.5   Tunnel1
    ```

    ### c2504# show ip route ospf
    ```
         50.0.0.0/22 is subnetted, 1 subnets
    O       50.104.4.0 [110/110] via 192.168.100.1, 00:33:02, Tunnel0
         192.168.1.0/32 is subnetted, 3 subnets
    O       192.168.1.1 [110/102] via 192.168.100.5, 00:33:02, Tunnel1
    O       192.168.1.2 [110/101] via 192.168.100.1, 00:33:02, Tunnel0
    ```

    ### c2504# show ip ospf interface tunnel 0
    ```
    Tunnel0 is up, line protocol is up
      Internet Address 192.168.100.2/30, Area 0
    ```
    Process ID 1, Router ID 192.168.1.3, Network Type POINT_TO_POINT, Cost: 100
    Configured as demand circuit.
    ```
      Run as demand circuit.
      DoNotAge LSA allowed.
      Transmit Delay is 1 sec, State POINT_TO_POINT,
      Timer intervals configured, Hello 10, Dead 40, Wait 40, Retransmit 5
        Hello due in 00:00:02
      Index 2/2, flood queue length 0
      Next 0x0(0)/0x0(0)
      Last flood scan length is 1, maximum is 1
      Last flood scan time is 0 msec, maximum is 4 msec
      Neighbor Count is 1, Adjacent neighbor count is 1
    ```
    Adjacent with neighbor 192.168.1.2 (Hello suppressed)
    ```
      Suppress hello for 1 neighbor(s)
    ```

```
c2504# show ip ospf interface tunnel 1
Tunnel1 is up, line protocol is up
  Internet Address 192.168.100.6/30, Area 0
  Process ID 1, Router ID 192.168.1.3, Network Type POINT_TO_POINT, Cost: 101
  Configured as demand circuit.
  Run as demand circuit.
  DoNotAge LSA allowed.
  Transmit Delay is 1 sec, State POINT_TO_POINT,
  Timer intervals configured, Hello 10, Dead 40, Wait 40, Retransmit 5
    Hello due in 00:00:03
  Index 3/3, flood queue length 0
  Next 0x0(0)/0x0(0)
  Last flood scan length is 1, maximum is 1
  Last flood scan time is 4 msec, maximum is 4 msec
  Neighbor Count is 1, Adjacent neighbor count is 1
    Adjacent with neighbor 192.168.1.1  (Hello suppressed)
  Suppress hello for 1 neighbor(s)
```

Ausfall der Ethernet-Schnittstelle

Falls das Ethernet-Interface auf einem HSRP-Router ausfällt, baut der eine ISDN-Verbindung zu C2504 auf (sofern nicht schon vorhanden) und sendet entsprechende OSPF Routing Updates. Dadurch ist gewährleistet, dass C2504 immer eine gültige Route in das Netzwerk 50.104.4.0/22 besitzt.

```
c2504# show ip route ospf
     50.0.0.0/22 is subnetted, 1 subnets
O       50.104.4.0 [110/110] via 192.168.100.1, 00:40:52, Tunnel0
     192.168.1.0/32 is subnetted, 3 subnets
O       192.168.1.1 [110/102] via 192.168.100.5, 00:40:52, Tunnel1
O       192.168.1.2 [110/101] via 192.168.100.1, 00:40:52, Tunnel0
```

Route zu 50.104.4.0/22 geht wegen der niedrigen OSPF Cost standardmäßig über Tunnel0 (C2503-R).

```
c2504# show logging
%LINK-3-UPDOWN: Interface BRI0:1, changed state to up
%LINEPROTO-5-UPDOWN: Line protocol on Interface BRI0:1, changed state to up
%LINK-3-UPDOWN: Interface BRI0:2, changed state to up
%LINEPROTO-5-UPDOWN: Line protocol on Interface BRI0:2, changed state to up
```

Auf C2503-R ist das Ethernet Interface ausgefallen. Da sich dadurch die Routing-Topologie ändert, werden die ISDN-Verbindungen hochgefahren und OSPF Routing Updates zwischen den Routern ausgetauscht.

```
c2504# show ip ip route ospf
     50.0.0.0/22 is subnetted, 1 subnets
O       50.104.4.0 [110/111] via 192.168.100.5, 00:00:02, Tunnel1
     192.168.1.0/32 is subnetted, 3 subnets
O       192.168.1.1 [110/102] via 192.168.100.5, 00:00:02, Tunnel1
O       192.168.1.2 [110/101] via 192.168.100.1, 00:00:02, Tunnel0
```

Durch die Änderung in der Topologie geht die Route zum Netzwerk 50.104.4.0/22 jetzt über Tunnel1 (C2503-L).

Da die ISDN-Verbindung noch funktioniert, besteht weiterhin eine Neighbor-Verbindung zu C2503-R.

```
c2504# show ip ospf neighbor
Neighbor ID     Pri   State        Dead Time   Address         Interface
192.168.1.2       1   FULL/  -         -       192.168.100.1   Tunnel0
192.168.1.1       1   FULL/  -         -       192.168.100.5   Tunnel1
```

16.5.4.2 IPSec-Verbindung über Dialer-Schnittstellen zu HSRP-Routern

Eine andere Möglichkeit, die im Kapitel 16.5.4 beschriebenen Probleme zu umgehen, ist die Verwendung von Dialer-Schnittstellen auf dem Router C2504. Dadurch stehen zwei logische Schnittstellen zur Verfügung, die entsprechend konfiguriert werden können.

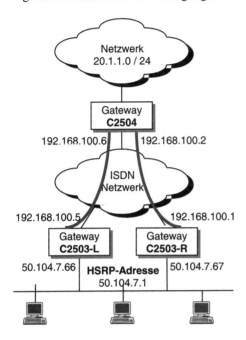

Kapitel 16 • Beispielkonfigurationen

```
hostname C2503-L
!
isdn switch-type basic-net3
!
crypto isakmp policy 10
  authentication pre-share
crypto isakmp key 12345678 address 192.168.100.6
!
crypto ipsec transform-set ESP esp-des esp-sha-hmac
!
crypto map BRI 10 ipsec-isakmp
  set peer 192.168.100.6
  set transform-set ESP
  match address 100
!
interface Loopback0
  ip address 192.168.1.2 255.255.255.255
!
interface Ethernet0
  ip address 50.104.7.66 255.255.252.0
  no ip redirects
  standby priority 100
  standby ip 50.104.7.1
  standby track BR0:1 25
  standby track BR0:2 25
!
interface BRI0
  ip address 192.168.100.5 255.255.255.252
  no ip route-cache
  no keepalive
  ip ospf cost 101
  ip ospf demand-circuit
  dialer idle-timeout 600
  dialer map ip 192.168.100.6 name 111177371
broadcast 77371
  dialer-group 1
  isdn caller 111177371
  isdn answer1 77390
  isdn calling-number 77390
  no cdp enable
  crypto map BRI
!
router ospf 1
  network 50.104.0.0 0.0.7.255 area 0
  network 192.168.1.1 0.0.0.0 area 0
  network 192.168.100.5 0.0.0.0 area 0
access-list 100 deny   ip 224.0.0.0 15.255.255.255 any
access-list 100 deny   ip any 224.0.0.0 15.255.255.255
access-list 100 deny   ip host 255.255.255.255 any
access-list 100 deny   ip any host 255.255.255.255
access-list 100 permit ip 50.104.4.0 0.0.3.255 20.1.1.0 0.0.0.255
dialer-list 1 protocol ip permit
!
end
```

```
hostname C2503-R
!
isdn switch-type basic-net3
!
crypto isakmp policy 10
  authentication pre-share
crypto isakmp key 12345678 address 192.168.100.2
!
crypto ipsec transform-set ESP esp-des esp-sha-hmac
!
crypto map BRI 10 ipsec-isakmp
  set peer 192.168.100.2
  set transform-set ESP
  match address 100
!
interface Loopback0
  ip address 192.168.1.1 255.255.255.255
!
interface Ethernet0
  ip address 50.104.7.67 255.255.252.0
  no ip redirects
  standby priority 101
  standby ip 50.104.7.1
  standby track BR0:1 25
  standby track BR0:2 25
!
interface BRI0
  ip address 192.168.100.1 255.255.255.252
  no ip route-cache
  no keepalive
  ip ospf cost 100
  ip ospf demand-circuit
  dialer idle-timeout 600
  dialer map ip 192.168.100.2 name 111177371
broadcast 77371
  dialer-group 1
  isdn caller 111177371
  isdn answer1 77391
  isdn calling-number 77391
  crypto map BRI
!
router ospf 1
  network 50.104.0.0 0.0.7.255 area 0
  network 192.168.1.2 0.0.0.0 area 0
  network 192.168.100.1 0.0.0.0 area 0
access-list 100 deny   ip 224.0.0.0 15.255.255.255 any
access-list 100 deny   ip any 224.0.0.0 15.255.255.255
access-list 100 deny   ip host 255.255.255.255 any
access-list 100 deny   ip any host 255.255.255.255
access-list 100 permit ip 50.104.4.0 0.0.3.255 20.1.1.0 0.0.0.255
dialer-list 1 protocol ip permit
end
```

Router mit bestehender ISDN-Verbindung wird aktiver HSRP-Router.

Kein IPSec Multicast-P

```
hostname c2504
!
isdn switch-type basic-net3
!
crypto isakmp policy 10
  authentication pre-share
crypto isakmp key 12345678 address 192.168.100.1
crypto isakmp key 12345678 address 192.168.100.5
!
crypto ipsec transform-set ESP esp-des esp-sha-hmac
!
crypto map DIALER0 10 ipsec-isakmp
  set peer 192.168.100.1
  set transform-set ESP
  match address 100
!
crypto map DIALER1 10 ipsec-isakmp
  set peer 192.168.100.5
  set transform-set ESP
  match address 100
!
interface Loopback0
  ip address 192.168.1.3 255.255.255.255
!
interface TokenRing0
  ip address 20.1.1.1 255.255.255.0
  early-token-release
  ring-speed 16
!
interface BRI0
  no ip address
  no ip route-cache
  no keepalive
  dialer pool-member 1 max-link 1
  dialer pool-member 2 max-link 1
!
interface Dialer0
  ip address 192.168.100.2 255.255.255.252
  no keepalive
  ip ospf cost 100
  ip ospf demand-circuit
  dialer pool 1
  dialer idle-timeout 600
  dialer string 77391
  dialer caller 111177391
  dialer-group 1
  no cdp enable
  crypto map DIALER0
!
interface Dialer1
  ip address 192.168.100.6 255.255.255.252
  no keepalive
  ip ospf cost 101
  ip ospf demand-circuit
  dialer pool 2
  dialer idle-timeout 600
  dialer string 77390
  dialer caller 111177390
  dialer-group 1
  no cdp enable
  crypto map DIALER1
!
router ospf 1
  network 20.1.1.0 0.0.0.255 area 0
  network 192.168.1.3 0.0.0.0 area 0
  network 192.168.100.2 0.0.0.0 area 0
  network 192.168.100.6 0.0.0.0 area 0
!
access-list 100 deny   ip 224.0.0.0 15.255.255.255 any
access-list 100 deny   ip any 224.0.0.0 15.255.255.255
access-list 100 deny   ip host 255.255.255.255 any
access-list 100 deny   ip any host 255.255.255.255
access-list 100 permit ip 20.1.1.0 0.0.0.255 50.104.4.0 0.0.3.255

dialer-list 1 protocol ip permit
!
end
```

Jede Dialer-Schnittstelle bekommt eine eigene »crypto map« zugewiesen.

Multicast-Daten dürfen nicht verschlüsselt werden.

Normalzustand

● Datentransfer

Die Security Associations werden nur aufgebaut, wenn Daten zwischen den Netzwerken 20.1.1.0/24 und 50.104.4.0/22 zu übertragen sind. Da es sich bei den OSPF-Paketen um Multicast-Daten handelt, werden diese nicht verschlüsselt (die Daten werden nicht als GRE-Pakete übertragen).

c2504# show crypto map ← Für jeden HSRP-Router existiert eine eigene »crypto map«.

```
Crypto Map "DIALER0" 10 ipsec-isakmp
        Peer = 192.168.100.1
        Extended IP access list 100
            access-list 100 deny ip 224.0.0.0 15.255.255.255 any
            access-list 100 deny ip any 224.0.0.0 15.255.255.255
            access-list 100 deny ip host 255.255.255.255 any
            access-list 100 deny ip any host 255.255.255.255
            access-list 100 permit ip 20.1.1.0 0.0.0.255 50.104.4.0 0.0.3.255
        Current peer: 192.168.100.1
        Security association lifetime: 4608000 kilobytes/3600 seconds
        PFS (Y/N): N
        Transform sets={ ESP, }
        Interfaces using crypto map DIALER0:
         Dialer0
         BRI0:1
```
← Falls eine aktive ISDN-Verbindung existiert, wird hier auch der verwendete B-Kanal angezeigt.

```
Crypto Map "DIALER1" 10 ipsec-isakmp
        Peer = 192.168.100.5
        Extended IP access list 100
            access-list 100 deny ip 224.0.0.0 15.255.255.255 any
            access-list 100 deny ip any 224.0.0.0 15.255.255.255
            access-list 100 deny ip host 255.255.255.255 any
            access-list 100 deny ip any host 255.255.255.255
            access-list 100 permit ip 20.1.1.0 0.0.0.255 50.104.4.0 0.0.3.255
        Current peer: 192.168.100.5
        Security association lifetime: 4608000 kilobytes/3600 seconds
        PFS (Y/N): N
        Transform sets={ ESP, }
        Interfaces using crypto map DIALER1:
         Dialer1
```

```
c2504# show crypto ipsec sa
interface: Dialer0
    Crypto map tag: DIALER0, local addr. 192.168.100.2

   local  ident (addr/mask/prot/port): (20.1.1.0/255.255.255.0/0/0)
   remote ident (addr/mask/prot/port): (50.104.4.0/255.255.252.0/0/0)
   current_peer: 192.168.50.2
     PERMIT, flags={origin_is_acl,}
    #pkts encaps: 154, #pkts encrypt: 154, #pkts digest 154
    #pkts decaps: 168, #pkts decrypt: 168, #pkts verify 168
    #pkts compressed: 0, #pkts decompressed: 0
    #pkts not compressed: 0, #pkts compr. failed: 0, #pkts decompress failed: 0
    #send errors 0, #recv errors 0

     local crypto endpt.: 192.168.100.2, remote crypto endpt.: 192.168.100.1
     path mtu 1500, media mtu 1500
     current outbound spi: 34E1170

     inbound esp sas:
      spi: 0x23951E25(596975141)
        transform: esp-des esp-sha-hmac ,
        in use settings ={Tunnel, }
        slot: 0, conn id: 2000, flow_id: 1, crypto map: DIALER0
        sa timing: remaining key lifetime (k/sec): (4607851/1442)
        IV size: 8 bytes
        replay detection support: Y

     outbound esp sas:
      spi: 0x34E1170(55447920)
        transform: esp-des esp-sha-hmac ,
        in use settings ={Tunnel, }
        slot: 0, conn id: 2001, flow_id: 2, crypto map: DIALER0
        sa timing: remaining key lifetime (k/sec): (4607984/1441)
        IV size: 8 bytes
        replay detection support: Y

interface: BRI0:1
    Crypto map tag: DIALER0, local addr. 192.168.100.2

   local  ident (addr/mask/prot/port): (20.1.1.0/255.255.255.0/0/0)
   remote ident (addr/mask/prot/port): (50.104.4.0/255.255.252.0/0/0)
   current_peer: 192.168.50.2
     PERMIT, flags={origin_is_acl,}
    #pkts encaps: 157, #pkts encrypt: 157, #pkts digest 157
    #pkts decaps: 171, #pkts decrypt: 171, #pkts verify 171
    #pkts compressed: 0, #pkts decompressed: 0
    #pkts not compressed: 0, #pkts compr. failed: 0, #pkts decompress failed: 0
    #send errors 0, #recv errors 0

     local crypto endpt.: 192.168.100.2, remote crypto endpt.: 192.168.100.1
     path mtu 1500, media mtu 1500
     current outbound spi: 34E1170

     inbound esp sas:
      spi: 0x23951E25(596975141)
        transform: esp-des esp-sha-hmac ,
        in use settings ={Tunnel, }
        slot: 0, conn id: 2000, flow_id: 1, crypto map: DIALER0
        sa timing: remaining key lifetime (k/sec): (4607850/1439)
        IV size: 8 bytes
        replay detection support: Y
```

Das Interface BRI0:1 (bzw. BRI0:2) ist nur zu sehen, wenn eine aktive ISDN-Verbindung existiert.

```
    outbound esp sas:
     spi: 0x34E1170(55447920)
       transform: esp-des esp-sha-hmac ,
       in use settings ={Tunnel, }
       slot: 0, conn id: 2001, flow_id: 2, crypto map: DIALER0
       sa timing: remaining key lifetime (k/sec): (4607984/1438)
       IV size: 8 bytes
       replay detection support: Y
```

c2504# show dialer
```
BRI0 - dialer type = ISDN

Dial String      Successes     Failures     Last DNIS    Last status
0 incoming call(s) have been screened.
0 incoming call(s) rejected for callback.

BRI0:1 - dialer type = ISDN
Idle timer (600 secs), Fast idle timer (20 secs)
Wait for carrier (30 secs), Re-enable (15 secs)
Dialer state is data link layer up
Dial reason: ip (s=20.1.1.2, d=50.104.7.75)
Interface bound to profile Di0
Time until disconnect 593 secs
Current call connected 00:00:26
Connected to 77391
```
← Aktive ISDN-Verbindung zum Router C2503-R

```
BRI0:2 - dialer type = ISDN
Idle timer (120 secs), Fast idle timer (20 secs)
Wait for carrier (30 secs), Re-enable (15 secs)
Dialer state is idle

Di0 - dialer type = DIALER PROFILE
Idle timer (600 secs), Fast idle timer (20 secs)
Wait for carrier (30 secs), Re-enable (15 secs)
Dialer state is data link layer up
Number of active calls = 1

Dial String      Successes     Failures     Last DNIS    Last status
77391                  12           0       00:00:26     successful   Default

Di1 - dialer type = DIALER PROFILE
Idle timer (600 secs), Fast idle timer (20 secs)
Wait for carrier (30 secs), Re-enable (15 secs)
Dialer state is idle
Number of active calls = 0

Dial String      Successes     Failures     Last DNIS    Last status
77390                   3           0       02:43:33     successful   Default
```

- OSPF-Informationen

c2504# show ip protocols
```
Routing Protocol is "ospf 1"
  Invalid after 0 seconds, hold down 0, flushed after 0
  Outgoing update filter list for all interfaces is
  Incoming update filter list for all interfaces is
  Routing for Networks:
    20.1.1.0/24
    192.168.1.3/32
    192.168.100.2/32
    192.168.100.6/32
```

```
        Routing Information Sources:
           Gateway         Distance        Last Update
           192.168.1.1     110             02:35:34
           192.168.1.3     110             02:35:34
           192.168.1.2     110             02:35:34
        Distance: (default is 110)
```

c2504# show ip ospf neighbor
```
Neighbor ID     Pri   State        Dead Time   Address         Interface
192.168.1.2      1    FULL/ -         -        192.168.100.1   Dialer0
192.168.1.1      1    FULL/ -         -        192.168.100.5   Dialer1
```

Ausfall der Ethernet-Schnittstelle

Falls das Ethernet-Interface auf einem HSRP-Router ausfällt, baut dieser eine ISDN-Verbindung zu C2504 auf (sofern nicht schon vorhanden) und sendet entsprechende OSPF Routing Updates. Dadurch ist gewährleistet, dass C2504 immer eine gültige Route in das Netzwerk 50.104.4.0/22 besitzt.

- Routing-Tabelle und Security Associations vor Ausfall des Ethernet Interface auf C2503-R

Route zu 50.104.4.0/22 geht wegen der niedrigen OSPF Cost standardmäßig über Dialer0 (C2503-R).

c2504# show ip route ospf
```
     50.0.0.0/22 is subnetted, 1 subnets
O       50.104.4.0 [110/110] via 192.168.100.1, 02:45:33, Dialer0
     192.168.1.0/32 is subnetted, 3 subnets
O       192.168.1.1 [110/102] via 192.168.100.5, 02:45:33, Dialer1
O       192.168.1.2 [110/101] via 192.168.100.1, 02:45:33, Dialer0
```

c2504# show crypto engine connections active
```
ID    Interface   IP-Address       State   Algorithm            Encrypt   Decrypt
   2  <none>      <none>            set    HMAC_SHA+DES_56_CB      0         0
2000  Dialer0     192.168.100.2     set    HMAC_SHA+DES_56_CB      0       168    IPsec SAs zu
2001  Dialer0     192.168.100.2     set    HMAC_SHA+DES_56_CB    154         0    C2503-R
```

- Routing-Tabelle und Security Associations nach Ausfall der Ethernet-Schnittstelle auf C2503-R

Durch die Änderung in der Topologie geht die Route zum Netzwerk 50.104.4.0/22 jetzt über Dialer1 (C2503-L).

c2504# show ip ip route ospf
```
     50.0.0.0/22 is subnetted, 1 subnets
O       50.104.4.0 [110/111] via 192.168.100.5, 00:12:04, Dialer1
     192.168.1.0/32 is subnetted, 3 subnets
O       192.168.1.1 [110/102] via 192.168.100.5, 00:12:04, Dialer1
O       192.168.1.2 [110/101] via 192.168.100.1, 00:12:04, Dialer0
```

c2504# show crypto engine connections active
```
ID    Interface   IP-Address       State   Algorithm            Encrypt   Decrypt
   2  <none>      <none>            set    HMAC_SHA+DES_56_CB      0         0
   3  <none>      <none>            set    HMAC_SHA+DES_56_CB      0         0
2000  Dialer0     192.168.100.2     set    HMAC_SHA+DES_56_CB      0       168    IPSec SAs
2001  Dialer0     192.168.100.2     set    HMAC_SHA+DES_56_CB    154         0    zu C2503-R
2002  Dialer1     192.168.100.6     set    HMAC_SHA+DES_56_CB      0        12    IPSec SAs
2003  Dialer1     192.168.100.6     set    HMAC_SHA+DES_56_CB     15         0    zu C2503-L
```

Nachdem C2504 die Route zum Netzwerk 50.104.4.0/22 geändert hat, muss er noch die SAs zum Router C2503-L aufbauen.

16.5.5 IPSec und NAT

16.5.5.1 Intranet-Verbindung über einen IPSec-Tunnel ohne NAT

Sollen zwei interne Netzwerke über das Internet miteinander verbunden werden, benötigt man in der Regel keine *Network Address Translation* (NAT). Als Quell- bzw. Zieladresse für die IPSec-Pakete werden die IP-Adressen der Schnittstellen benutzt, über die auch die Anbindung an das Internet erfolgt. Dadurch sind keine privaten Adressen im Internet sichtbar.

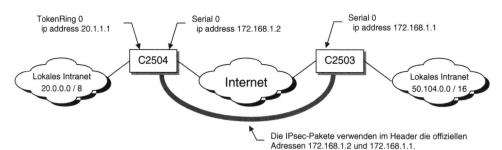

Die IPsec-Pakete verwenden im Header die offiziellen Adressen 172.168.1.2 und 172.168.1.1.

hostname c2504	**hostname c2503**
ip domain-name frs-lab.de	ip domain-name frs-lab.de

crypto isakmp policy 10
  hash md5
  authentication pre-share
  group 5
crypto isakmp key 1234567812345678 address 172.168.1.1
	crypto isakmp policy 10
	  hash md5
	  authentication pre-share
	  group 5
	crypto isakmp key 1234567812345678 address 172.168.1.2

crypto ipsec transform-set ESP esp-des esp-md5-hmac	crypto ipsec transform-set ESP esp-des esp-md5-hmac

crypto map Intranet 10 ipsec-isakmp
  set peer 172.168.1.1
  set transform-set ESP
  match address Intranet_50_104
	crypto map Intranet 10 ipsec-isakmp
	  set peer 172.168.1.2
	  set transform-set ESP
	  match address Intranet_20

interface Serial0
  ip address 172.168.1.2 255.255.255.252
  clockrate 2000000
  crypto map Intranet
	interface Ethernet0
	  ip address 50.104.7.67 255.255.252.0

interface TokenRing0
  ip address 20.1.1.1 255.255.255.0
  ring-speed 16
	interface Serial0
	  ip address 172.168.1.1 255.255.255.252
	  crypto map Intranet

ip route 0.0.0.0 0.0.0.0 Serial0	ip route 20.0.0.0 255.0.0.0 Serial0

ip access-list extended Intranet_50_104
  permit ip 20.0.0.0 0.255.255.255 50.104.0.0 0.0.255.255
  deny   ip any any
end
	ip access-list extended Intranet_20
	  permit ip 50.104.0.0 0.0.255.255 20.0.0.0 0.255.255.255
	  deny ip any any
	end

Informationen vom Router C2504 nach Aufbau des IPSec-Tunnels

c2504# show crypto map
```
Crypto Map "Intranet" 10 ipsec-isakmp
        Peer = 172.168.1.1
        Extended IP access list Intranet_50_104
            access-list Intranet_50_104 permit ip 20.0.0.0 0.255.255.255 50.104.0.0 0.0.255.255
            access-list Intranet_50_104 deny ip any any
        Current peer: 172.168.1.1
        Security association lifetime: 4608000 kilobytes/3600 seconds
        PFS (Y/N): N
        Transform sets={ ESP, }
        Interfaces using crypto map Intranet:
            Serial0
```

c2504# show crypto engine connections active
```
  ID Interface      IP-Address       State Algorithm            Encrypt Decrypt
   1 <none>         <none>           set   HMAC_MD5+DES_56_CB         0       0
2000 Serial0        172.168.1.2      set   HMAC_MD5+DES_56_CB         0       8
2001 Serial0        172.168.1.2      set   HMAC_MD5+DES_56_CB         7       0
```

c2504# show crypto ipsec sa
```
interface: Serial0
    Crypto map tag: Intranet, local addr. 172.168.1.2

   local  ident (addr/mask/prot/port): (20.0.0.0/255.0.0.0/0/0)
   remote ident (addr/mask/prot/port): (50.104.0.0/255.255.0.0/0/0)
   current_peer: 172.168.1.1
     PERMIT, flags={origin_is_acl,}
    #pkts encaps: 7, #pkts encrypt: 7, #pkts digest 7
    #pkts decaps: 8, #pkts decrypt: 8, #pkts verify 8
    #pkts compressed: 0, #pkts decompressed: 0
    #pkts not compressed: 0, #pkts compr. failed: 0, #pkts decompress failed: 0
    #send errors 0, #recv errors 0

    local crypto endpt.: 172.168.1.2, remote crypto endpt.: 172.168.1.1
    path mtu 1500, media mtu 1500
    current outbound spi: 178C11BB

    inbound esp sas:
     spi: 0x1CC30A77(482544247)
        transform: esp-des esp-md5-hmac ,
        in use settings ={Tunnel, }
        slot: 0, conn id: 2000, flow_id: 1, crypto map: Intranet
        sa timing: remaining key lifetime (k/sec): (4607999/3186)
        IV size: 8 bytes
        replay detection support: Y

    inbound ah sas:

    inbound pcp sas:

    outbound esp sas:
     spi: 0x178C11BB(395055547)
        transform: esp-des esp-md5-hmac ,
        in use settings ={Tunnel, }
        slot: 0, conn id: 2001, flow_id: 2, crypto map: Intranet
        sa timing: remaining key lifetime (k/sec): (4607999/3186)
        IV size: 8 bytes
        replay detection support: Y

    outbound ah sas:

    outbound pcp sas:
```

Informationen vom Router C2503 nach Aufbau des IPSec-Tunnels

c2503# show crypto map
```
Crypto Map "Intranet" 10 ipsec-isakmp
        Peer = 172.168.1.2
        Extended IP access list Intranet_20
            access-list Intranet_20 permit ip 50.104.0.0 0.0.255.255 20.0.0.0 0.255.255.255
            access-list Intranet_20 deny ip any any
        Current peer: 172.168.1.2
        Security association lifetime: 4608000 kilobytes/3600 seconds
        PFS (Y/N): N
        Transform sets={ ESP, }
        Interfaces using crypto map Intranet:
         Serial0
```

c2503# show crypto engine connections active
```
  ID Interface      IP-Address      State  Algorithm            Encrypt  Decrypt
   1 <none>         <none>          set    HMAC_MD5+DES_56_CB         0        0
2000 Serial0        172.168.1.1     set    HMAC_MD5+DES_56_CB         0        7
2001 Serial0        172.168.1.1     set    HMAC_MD5+DES_56_CB         8        0
```

c2503# show crypto ipsec sa
```
interface: Serial0
    Crypto map tag: Intranet, local addr. 172.168.1.1

   local  ident (addr/mask/prot/port): (50.104.0.0/255.255.0.0/0/0)
   remote ident (addr/mask/prot/port): (20.0.0.0/255.0.0.0/0/0)
   current_peer: 172.168.1.2
     PERMIT, flags={origin_is_acl,}
    #pkts encaps: 8, #pkts encrypt: 8, #pkts digest 8
    #pkts decaps: 7, #pkts decrypt: 7, #pkts verify 7
    #pkts compressed: 0, #pkts decompressed: 0
    #pkts not compressed: 0, #pkts compr. failed: 0, #pkts decompress failed: 0
    #send errors 4, #recv errors 0

     local crypto endpt.: 172.168.1.1, remote crypto endpt.: 172.168.1.2
     path mtu 1500, media mtu 1500
     current outbound spi: 1CC30A77

     inbound esp sas:
      spi: 0x178C11BB(395055547)
        transform: esp-des esp-md5-hmac ,
        in use settings ={Tunnel, }
        slot: 0, conn id: 2000, flow_id: 1, crypto map: Intranet
        sa timing: remaining key lifetime (k/sec): (4607999/3214)
        IV size: 8 bytes
        replay detection support: Y

     inbound ah sas:

     inbound pcp sas:

     outbound esp sas:
      spi: 0x1CC30A77(482544247)
        transform: esp-des esp-md5-hmac ,
        in use settings ={Tunnel, }
        slot: 0, conn id: 2001, flow_id: 2, crypto map: Intranet
        sa timing: remaining key lifetime (k/sec): (4607999/3214)
        IV size: 8 bytes
        replay detection support: Y

     outbound ah sas:

     outbound pcp sas:
```

16.5.5.2 NAT-Verbindung zu Internet-Systemen und IPSec-Tunnel zu Hosts im Intranet

Falls die Hosts des Intranets jedoch zusätzlich noch mit Rechnern im Internet kommunizieren wollen und dazu NAT notwendig ist (weil z.B. das Netzwerk 20.0.0.0/8 schon anderweitig vergeben wurde), kommt es zu Problemen. Beim Versenden der Pakete führt IOS immer zuerst die *Network Address Translation* durch und erst dann IPSec. Dies hat zur Folge, dass die Access-Liste der »crypto map« nicht passt und der Router diese Pakete nicht mehr über IPSec schützen kann.

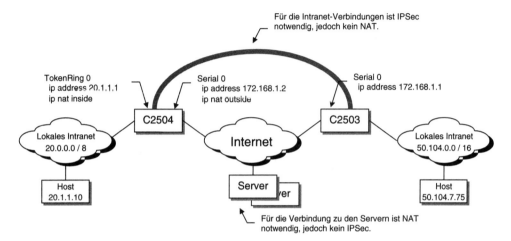

Verarbeitung von ausgehenden Paketen auf dem Router C2504

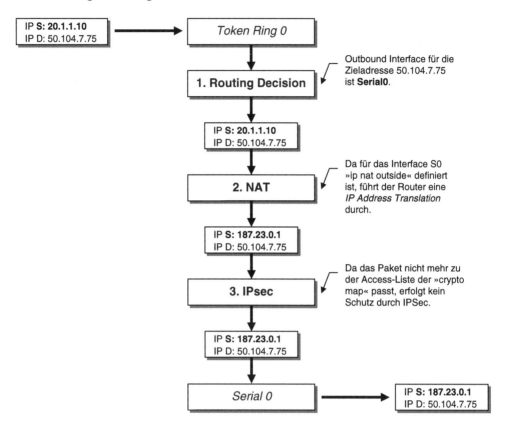

Verarbeitung von ankommenden Paketen auf dem Router C2504

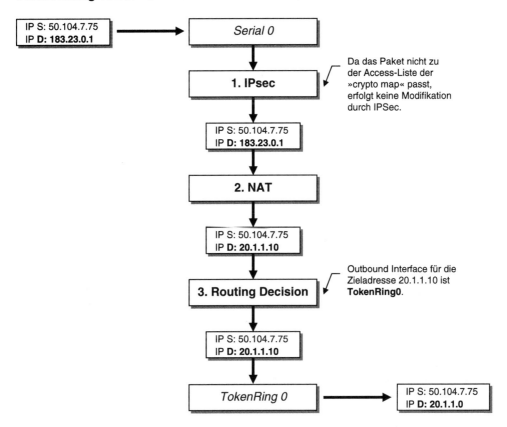

16.5.5.3 Inside NAT mit dynamischer Umwandlung über eine »route map«

Die einfachste Möglichkeit, dieses Problem zu umgehen, ist der NAT-Ausschluss von Paketen, die zwischen den beiden Intranets übertragen werden sollen. Dazu ist beim »ip nat inside«-Befehl anstatt der Access-Liste eine »route map« zu verwenden.

```
hostname c2504
!
ip domain-name frs-lab.de
!
crypto isakmp policy 10
  hash md5
  authentication pre-share
  group 5
crypto isakmp key 1234567812345678 address 172.168.1.1
!
crypto ipsec transform-set ESP esp-des esp-md5-hmac
!
crypto map Intranet 10 ipsec-isakmp
  set peer 172.168.1.1
  set transform-set ESP
  match address Intranet_50_104
!
interface Serial0
  ip address 172.168.1.2 255.255.255.252
  ip nat outside
  crypto map Intranet
!
interface TokenRing0
  ip address 20.1.1.1 255.255.255.0
  ip nat inside
  ring-speed 16
!
ip nat pool InsideGlobal 187.23.0.0 187.23.255.255 prefix-length 16
ip nat inside source route-map InternetAccess pool InsideGlobal
!
ip route 0.0.0.0 0.0.0.0 Serial0
!
route-map InternetAccess permit 10
  match ip address InternetAccess
!
ip access-list extended InternetAccess
  deny   ip 20.0.0.0 0.255.255.255 50.104.0.0 0.0.255.255
  permit ip 20.0.0.0 0.255.255.255 any
!
ip access-list extended Intranet_50_104
  permit ip 20.0.0.0 0.255.255.255 50.104.0.0 0.0.255.255
  deny   ip any any
!
end
```

Für alle Pakete außer zum Intranet 50.104.0.0/16 wird NAT durchgeführt.

Alle Pakete zum Intranet 50.104.0.0/16 werden verschlüsselt.

Informationen über die Network Address Translation

Im folgenden Beispiel wurde vom Host 20.1.1.10 ein PING auf den Rechner 40.20.123.4 durchgeführt. Da sich der Zielrechner nicht im Intranet 50.104.0.0/16 befindet, führt der Router eine *Network Address Translation* durch, er schützt die Pakete aber nicht über IPSec.

- Debug-Informationen

c2504# debug ip nat detail
c2504# debug ip packet detail

Der Router legt einen neuen »NAT Translation«-Eintrag an und zählt den Counter der Access-Liste InternetAccess um eins hoch.

```
04:12:35: NAT: map match InternetAccess

04:20:26: NAT: i: icmp (20.1.1.10, 64269) -> (40.30.123.4, 64269) [38189]
04:20:26: IP: s=187.23.0.1 (TokenRing0), d=40.30.123.4 (Serial0), g=40.30.123.4, len 84, forward
04:20:26:     ICMP type=8, code=0

04:20:26: NAT: o: icmp (40.30.123.4, 64269) -> (187.23.0.1, 64269) [38189]
04:20:26: IP: s=40.30.123.4 (Serial0), d=20.1.1.10 (TokenRing0), g=20.1.1.10, len 84, forward
04:20:26:     ICMP type=0, code=0

04:20:27: NAT: i: icmp (20.1.1.10, 64269) -> (40.30.123.4, 64269) [38191]
04:20:27: IP: s=187.23.0.1 (TokenRing0), d=40.30.123.4 (Serial0), g=40.30.123.4, len 84, forward
04:20:27:     ICMP type=8, code=0

04:20:27: NAT: o: icmp (40.30.123.4, 64269) -> (187.23.0.1, 64269) [38191]
04:20:27: IP: s=40.30.123.4 (Serial0), d=20.1.1.10 (TokenRing0), g=20.1.1.10, len 84, forward
04:20:27:     ICMP type=0, code=0
```

- Informationen über durchgeführte NAT-Operationen

```
c2504# show ip nat translations
Pro   Inside global       Inside local       Outside local        Outside global
icmp  187.23.0.1:64269    20.1.1.10:64269    40.30.123.4:64269    40.30.123.4:64269

c2504# show ip nat statistics
Total active translations: 0 (0 static, 0 dynamic; 0 extended)
Outside interfaces:
  Serial0
Inside interfaces:
  TokenRing0
Hits: 59  Misses: 1
Expired translations: 1
Dynamic mappings:
-- Inside Source
route-map InternetAccess pool InsideGlobal refcount 0
 pool InsideGlobal: netmask 255.255.0.0
        start 187.23.0.0 end 187.23.255.255
        type generic, total addresses 65536, allocated 0 (0%), misses 0
```

Über die Access-Liste werden nur ausgehende Pakete geblockt. Daher ist der Counter immer halb so groß wie für die »crypto map«-Access-Liste.

```
c2504# show ip access-lists InternetAccess
Extended IP access list InternetAccess
    deny ip 20.0.0.0 0.255.255.255 50.104.0.0 0.0.255.255 (24 matches)
    permit ip 20.0.0.0 0.255.255.255 any (2 matches)
```

Wird nur hochgezählt, wenn der Router einen neuen »NAT Translation«-Eintrag anlegt.

- Informationen über durchgeführte IPSec-Operationen

c2504# show crypto map
```
Crypto Map "Intranet" 10 ipsec-isakmp
      Peer = 172.168.1.1
      Extended IP access list Intranet_50_104
           access-list Intranet_50_104 permit ip 20.0.0.0 0.255.255.255 50.104.0.0 0.0.255.255
           access-list Intranet_50_104 deny ip any any
      Current peer: 172.168.1.1
      Security association lifetime: 4608000 kilobytes/3600 seconds
      PFS (Y/N): N
      Transform sets={ ESP, }
      Interfaces using crypto map Intranet:
      Serial0
```

c2504# show crypto engine connections active
```
ID    Interface    IP-Address      State   Algorithm            Encrypt   Decrypt
 1    <none>       <none>          set     HMAC_MD5+DES_56_CB         0         0
2000  Serial0      172.168.1.2     set     HMAC_MD5+DES_56_CB         0        24
2001  Serial0      172.168.1.2     set     HMAC_MD5+DES_56_CB        24         0
```

c2504# show ip access-lists Intranet_50_104
```
Extended IP access list Intranet_50_104
   permit ip 20.0.0.0 0.255.255.255 50.104.0.0 0.0.255.255 (48 matches)
   deny ip any any (119 matches)
```

↳ Der Router schützt ein- und ausgehende Pakete über IPSec.

Kapitel 17

Ausführlicher Trace einer IPSec-Verbindung

17.1 Konfiguration des Cisco Secure VPN Client

- Festlegung der ISAKMP-Identität des Partners und der *Remote Client Identity*.

  In diesem Beispiel werden alle Pakete mit einer Zieladresse innerhalb des Subnetzes 10.0.0.0/8 über ein IPSec VPN zum Security Gateway 172.16.1.254 übertragen.

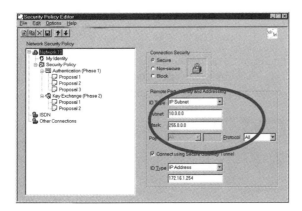

- Festlegung der lokalen ISAKMP-Identität des PC und der *Local Client Identity*

  Der PC identifiziert sich auf dem Security Gateway über seine IP-Adresse 172.16.1.1. Zur Authentifizierung wird ein Pre-shared Key verwendet (der VPN Client unterstützt nur Authentifizierung über Pre-shared Keys oder über RSA-Signaturen).

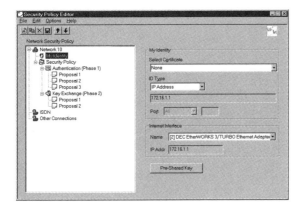

- Definition des Pre-shared Key für die Authentifizierung des Partners

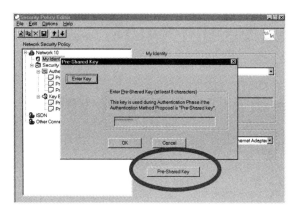

- Definition des *IKE Exchange Type*

  Das erste Beispiel verwendet einen Aggressive Mode und das zweite einen Main Mode Exchange. Ansonsten gibt es keine Unterschiede bei der Konfiguration. In beiden Beispielen wird außerdem *Perfect Forward Secrecy* eingesetzt (mit der DH-Gruppe 1).

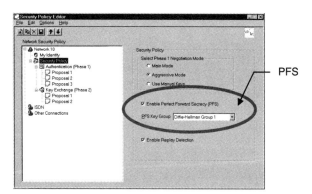

Konfiguration des Cisco Secure VPN Client 605

- ISAKMP Protection Suite

  In diesem Beispiel stehen drei verschiedene Sicherheitsmechanismen zur Auswahl. Das heißt, die *SA Payload* enthält ein *Proposal* mit drei verschiedenen *Transforms*. (Trotz der »Proposal«-Bezeichnung handelt es sich eigentlich um verschiedene *Transforms* eines einzelnen *Proposal*.)

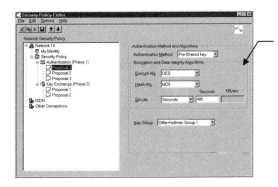

SA Attribut	Wert
Encryption Algorithm	DES
Hash Algorithm	MD5
Group Description	Group 1, 768 Bit MODP Group
Life Duration	400 Sekunden

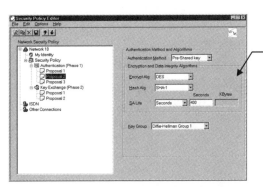

SA Attribut	Wert
Encryption Algorithm	DES
Hash Algorithm	SHA-1
Group Description	Group 1, 768 Bit MODP Group
Life Duration	400 Sekunden

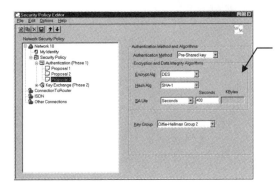

SA Attribut	Wert
Encryption Algorithm	DES
Hash Algorithm	SHA-1
Group Description	Group 2, 1024 Bit MODP Group
Life Duration	400 Sekunden

- IPSec Protection Suite

  Als Sicherheitsprotokoll wird ESP eingesetzt. Auf dem VPN Client stehen zwei verschiedene *Proposals* mit unterschiedlichen Hash-Algorithmen zur Auswahl. Im Gegensatz zu der ISAKMP SA werden hier zwei *Proposals* mit unterschiedlichen Nummern verwendet, die beide jeweils eine *Transform Payload* beinhalten.

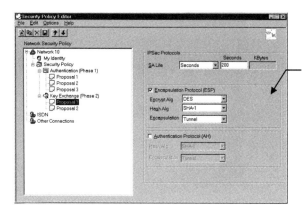

SA Attribut	Wert
SA Life Duration	200 Sekunden
Encryption Algorithm	DES
Hash Algorithm	SHA-1
Encapsulation Mode	Tunnel

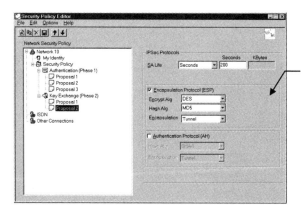

SA Attribut	Wert
SA Life Duration	200 Sekunden
Encryption Algorithm	DES
Hash Algorithm	MD5
Encapsulation Mode	Tunnel

17.2 Konfiguration des Cisco Router

Auf den Cisco Routern gibt es keine Möglichkeit festzulegen, ob zum Aufbau der ISAKMP SA ein Aggressive oder ein Main Mode Exchange verwendet wird. Bei eingehenden IPSec-Verbindungen antwortet der Router immer in dem vom Partner vorgegebenen Modus. Bei ausgehender Kommunikation wird in der Regel der Main Mode Exchange benutzt.

Konfiguration

```
version 12.1(3)T
hostname c2503                    ─ ISAKMP Protection Suite
!
crypto isakmp policy 20
   hash md5
   group 1                        ─ Pre-shared Key
   authentication pre-share
crypto isakmp key 1234567812345678 address 172.16.1.1
!
crypto ipsec transform-set des-sha1 esp-des esp-sha-hmac
crypto map ToNetwork_10 10 ipsec-isakmp
   set peer 172.16.1.1
   set transform-set des-sha1     ─ IPSec Protection Suite
   set pfs group1
   match address ToNetwork_10
!
interface Ethernet0
   ip address 172.16.1.254 255.255.255.0
   crypto map ToNetwork_10
!
interface Serial0
   ip address 192.168.2.1 255.255.255.0
!
ip route 10.0.0.0 255.0.0.0 Serial0
!
ip access-list extended ToNetwork_10
   permit ip 10.0.0.0 0.255.255.255 any
   deny   ip any any
!
end
```

17.3 Aggressive Mode Exchange mit Authentifizierung über Pre-shared Keys

17.3.1 Informationen vom VPN Client und vom Cisco Router

»Log Viewer«-Einträge auf dem VPN Client

- Aggressive Mode Exchange

    ```
    09:45:34 Network 10 - Initiating IKE Phase 1 (IP ADDR=172.16.1.254)
    09:45:35 Network 10 - SENDING>>>> ISAKMP OAK AG (SA, KE, NON, ID, VID)
    09:45:38 Network 10 - RECEIVED<<< ISAKMP OAK AG (SA, VID, KE, ID, NON, HASH)
    09:45:39 Network 10 - SENDING>>>> ISAKMP OAK AG *(HASH)
    09:45:39 Network 10 - Established IKE SA
    ```

- Quick Mode Exchange

    ```
    09:45:39 Network 10 - Initiating IKE Phase 2 with Client IDs (message id: AD877523)
    09:45:39    Initiator = IP ADDR=172.16.1.1, prot = 0 port = 0
    09:45:39    Responder = IP SUBNET/MASK=10.0.0.0/255.0.0.0, prot = 0 port = 0
    09:45:39 Network 10 - SENDING>>>> ISAKMP OAK QM *(HASH, SA, NON, KE, ID, ID)
    09:45:43 Network 10 - RECEIVED<<< ISAKMP OAK QM *(HASH, SA, NON, KE, ID, ID, NOTIFY:STATUS_RESP_LIFETIME)
    09:45:43 Network 10 - SENDING>>>> ISAKMP OAK QM *(HASH)
    09:45:44 Network 10 - Loading IPSec SA (M-ID = AD877523 OUTBOUND SPI = B48335A5 INBOUND SPI = EC092272)
    ```

Die KE Payload weist auf eingeschaltete PFS hin.

Inbound SPI auf dem Router

Outbound SPI auf dem Router

Debug-Informationen auf dem Cisco Router

c2503# debug crypto isakmp
c2503# debug crypto ipsec

- Aggressive Mode Exchange

    ```
    00:12:29: ISAKMP (0:0): received packet from 172.16.1.1 (N) NEW SA
    00:12:29: ISAKMP: local port 500, remote port 500
    00:12:29: ISAKMP (0:1): processing SA payload. message ID = 0
    00:12:29: ISAKMP (0:1): processing ID payload. message ID = 0
    00:12:29: ISAKMP (0:1): Checking ISAKMP transform 1 against priority 20 policy
    00:12:29: ISAKMP:     encryption DES-CBC
    00:12:29: ISAKMP:     hash MD5
    00:12:29: ISAKMP:     default group 1
    00:12:29: ISAKMP:     auth pre-share
    00:12:29: ISAKMP:     life type in seconds
    00:12:29: ISAKMP:     life duration (basic) of 400
    00:12:29: ISAKMP (0:1): atts are acceptable. Next payload is 3
    00:12:30: ISAKMP (0:1): processing KE payload. message ID = 0
    00:12:32: ISAKMP (0:1): processing NONCE payload. message ID = 0
    00:12:32: ISAKMP (0:1): SKEYID state generated
    00:12:32: ISAKMP (0:1): processing vendor id payload
    ```

```
00:12:32: ISAKMP (1): ID payload
          next-payload : 10
          type         : 1
          protocol     : 17
          port         : 500
          length       : 8
00:12:32: ISAKMP (1): Total payload length: 12
00:12:32: ISAKMP (0:1): sending packet to 172.16.1.1 (R) AG_INIT_EXCH
00:12:33: ISAKMP (0:1): received packet from 172.16.1.1 (R) AG_INIT_EXCH
00:12:33: ISAKMP (0:1): processing HASH payload. message ID = 0
00:12:33: ISAKMP (0:1): SA has been authenticated with 172.16.1.1
```

- Quick Mode Exchange   ⟵ entspricht 0xAD877523

```
00:12:33: ISAKMP (0:1): received packet from 172.16.1.1 (R) QM_IDLE
00:12:33: ISAKMP (0:1): processing HASH payload. message ID = -1383631581
00:12:33: ISAKMP (0:1): processing SA payload. message ID =
00:12:33: ISAKMP (0:1): Checking IPSec proposal 1
00:12:33: ISAKMP: transform 1, ESP_DES
00:12:33: ISAKMP:   attributes in transform:
00:12:33: ISAKMP:      authenticator is HMAC-SHA
00:12:33: ISAKMP:      encaps is 1
00:12:33: ISAKMP:      group is 1
00:12:33: ISAKMP:      SA life type in seconds
00:12:33: ISAKMP:      SA life duration (basic) of 200
00:12:33: ISAKMP (0:1): atts are acceptable.
00:12:33: IPSEC(validate_proposal_request): proposal part #1,
  (key eng. msg.) dest= 172.16.1.254, src= 172.16.1.1,
    dest_proxy= 10.0.0.0/255.0.0.0/0/0 (type=4),
    src_proxy= 172.16.1.1/255.255.255.255/0/0 (type=1),
    protocol= ESP, transform= esp-des esp-sha-hmac ,
    lifedur= 0s and 0kb,
    spi= 0x0(0), conn_id= 0, keysize= 0, flags= 0x14
00:12:35: ISAKMP (0:1): processing NONCE payload. message ID = -1383631581
00:12:35: ISAKMP (0:1): processing KE payload. message ID = -1383631581
00:12:37: ISAKMP (0:1): processing ID payload. message ID = -1383631581
00:12:37: ISAKMP (1): ID_IPV4_ADDR src 172.16.1.1 prot 0 port 0
00:12:37: ISAKMP (0:1): processing ID payload. message ID = -1383631581
00:12:37: ISAKMP (1): ID_IPV4_ADDR_SUBNET dst 10.0.0.0/255.0.0.0 prot 0 port 0
00:12:37: ISAKMP (0:1): asking for 1 spis from ipsec
00:12:37: IPSEC(key_engine): got a queue event...
00:12:37: IPSEC(spi_response): getting spi 3028497829 for SA
     from 172.16.1.1     to 172.16.1.254     for prot 3
00:12:37: ISAKMP: received ke message (2/1)
00:12:37: ISAKMP (0:1): sending packet to 172.16.1.1 (R) QM_IDLE
00:12:37: ISAKMP (0:1): received packet from 172.16.1.1 (R) QM_IDLE
00:12:37: ISAKMP (0:1): Creating IPSec SAs
00:12:37:         inbound SA from 172.16.1.1 to 172.16.1.254  (proxy 172.16.1.1 to 10.0.0.0)
00:12:37:         has spi 0xB48335A5 and conn_id 2000 and flags 15
00:12:37:         lifetime of 200 seconds
00:12:37:         outbound SA from 172.16.1.254 to 172.16.1.1 (proxy 10.0.0.0 to 172.16.1.1)
00:12:37:         has spi 0xEC092272 and conn_id 2001 and flags 15
00:12:37:         lifetime of 200 seconds
00:12:37: ISAKMP (0:1): deleting node -1383631581 error FALSE reason "quick mode done
(await()"
00:12:37: IPSEC(key_engine): got a queue event...
```

```
00:12:37: IPSEC(initialize_sas): ,
  (key eng. msg.) dest= 172.16.1.254, src= 172.16.1.1,
    dest_proxy= 10.0.0.0/255.0.0.0/0/0 (type=4),
    src_proxy= 172.16.1.1/0.0.0.0/0/0 (type=1),
    protocol= ESP, transform= esp-des esp-sha-hmac ,
    lifedur= 200s and 0kb,
    spi= 0xB48335A5(3028497829), conn_id= 2000, keysize= 0, flags= 0x15
00:12:37: IPSEC(initialize_sas): ,
  (key eng. msg.) src= 172.16.1.254, dest= 172.16.1.1,
    src_proxy= 10.0.0.0/255.0.0.0/0/0 (type=4),
    dest_proxy= 172.16.1.1/0.0.0.0/0/0 (type=1),
    protocol= ESP, transform= esp-des esp-sha-hmac ,
    lifedur= 200s and 0kb,
    spi= 0xEC092272(3960021618), conn_id= 2001, keysize= 0, flags= 0x15
00:12:37: IPSEC(create_sa): sa created,
  (sa) sa_dest= 172.16.1.254, sa_prot= 50,
    sa_spi= 0xB48335A5(3028497829),
    sa_trans= esp-des esp-sha-hmac , sa_conn_id= 2000
00:12:37: IPSEC(create_sa): sa created,
  (sa) sa_dest= 172.16.1.1, sa_prot= 50,
    sa_spi= 0xEC092272(3960021618),
    sa_trans= esp-des esp-sha-hmac , sa_conn_id= 2001
```

Informationen über die Security Associations

- Übersicht über alle aktiven Security Associations

   ### c2503# show crypto engine connections active

ID	Interface	IP-Address	State	Algorithm	Encrypt	Decrypt
1	Ethernet0	172.16.1.254	set	HMAC_MD5+DES_56_CB	0	0
2000	Ethernet0	172.16.1.254	set	HMAC_SHA+DES_56_CB	0	4
2001	Ethernet0	172.16.1.254	set	HMAC_SHA+DES_56_CB	4	0

- Übersicht über alle ISAKMP SAs

   ### c2503# show crypto isakmp sa

dst	src	state	conn-id	slot
172.16.1.254	172.16.1.1	QM_IDLE	1	0

- Übersicht über alle IPSec SAs

   ### c2503# show crypto ipsec sa
   ```
   interface: Ethernet0
       Crypto map tag: ToNetwork_10, local addr. 172.16.1.254

       local  ident (addr/mask/prot/port): (10.0.0.0/255.0.0.0/0/0)
       remote ident (addr/mask/prot/port): (0.0.0.0/0.0.0.0/0/0)
         ...
   ```

```
local  ident (addr/mask/prot/port): (10.0.0.0/255.0.0.0/0/0)
remote ident (addr/mask/prot/port): (172.16.1.1/255.255.255.255/0/0)
current_peer: 172.16.1.1
  PERMIT, flags={}
#pkts encaps: 4, #pkts encrypt: 4, #pkts digest 4
#pkts decaps: 4, #pkts decrypt: 4, #pkts verify 4
#pkts compressed: 0, #pkts decompressed: 0
#pkts not compressed: 0, #pkts compr. failed: 0, #pkts decompress failed: 0
#send errors 0, #recv errors 0

  local crypto endpt.: 172.16.1.254, remote crypto endpt.: 172.16.1.1
  path mtu 1500, media mtu 1500
  current outbound spi: EC092272

  inbound esp sas:
   spi: 0xB48335A5(3028497829)
     transform: esp-des esp-sha-hmac ,
     in use settings ={Tunnel, }
     slot: 0, conn id: 2000, flow_id: 1, crypto map: ToNetwork_10
     sa timing: remaining key lifetime (k/sec): (4607999/154)
     IV size: 8 bytes
     replay detection support: Y

  inbound ah sas:

  inbound pcp sas:

  outbound esp sas:
   spi: 0xEC092272(3960021618)
     transform: esp-des esp-sha-hmac ,
     in use settings ={Tunnel, }
     slot: 0, conn id: 2001, flow_id: 2, crypto map: ToNetwork_10
     sa timing: remaining key lifetime (k/sec): (4607999/154)
     IV size: 8 bytes
     replay detection support: Y

  outbound ah sas:

  outbound pcp sas:
```

17.3.2 Trace des Aggressive Mode Exchange

Erste ISAKMP-Nachricht des Aggressive Mode Exchange

Bevor der Initiator die erste Nachricht versendet, berechnet er seine für das Diffie-Hellman-Verfahren benötigten privaten und öffentlichen Schlüssel und trägt den öffentlichen Schlüssel (g^{x_i}) in die *Key Exchange Payload* ein.

Die Werte des Generators g und der Primzahl p sind durch die ausgewählte Diffie-Hellman-Gruppe festgelegt. Falls mehrere *Transform Payloads* mit unterschiedlichen DH-Gruppen zur Auswahl stehen, nimmt der Initiator die Gruppe des ersten *Transforms* zur Berechnung des DH-Schlüsselpaars.

Die Länge des öffentlichen DH-Schlüssels innerhalb der *Key Exchange Payload* muss mit der ausgewählten DH-Gruppe übereinstimmen (in diesem Beispiel »768 Bit MODP«-Gruppe, entspricht 96 Octets).

Da die erste Nachricht bereits alle benötigten Informationen enthält, kann der Responder direkt das gemeinsame Geheimwort (*Diffie-Hellman Shared Secret* g^{x_y}) erzeugen. Vorher muss er lediglich seinen öffentlichen (g^{x_r}) und privaten Diffie-Hellman-Schlüssel generieren.

Da der Initiator zu Beginn des Aggressive Mode Exchange noch nicht im Besitz von allen Informationen ist, um eine *HASH Payload* zu erzeugen, kann der Responder zu diesem Zeitpunkt jedoch noch keine Authentifizierung des Partners durchführen.

- Ausgabe des Sniffer Trace (Initiator (PC) $\Rightarrow$ Responder (Router))

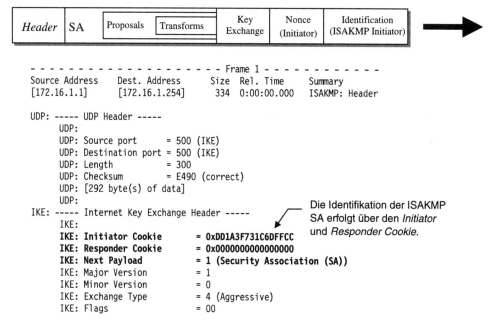

```
                    - - - - - - - - - - - - - - - Frame 1 - - - - - - - - - - - -
     Source Address    Dest. Address     Size  Rel. Time     Summary
     [172.16.1.1]      [172.16.1.254]    334   0:00:00.000   ISAKMP: Header

     UDP: ----- UDP Header -----
          UDP:
          UDP: Source port         = 500 (IKE)
          UDP: Destination port    = 500 (IKE)
          UDP: Length              = 300
          UDP: Checksum            = E490 (correct)
          UDP: [292 byte(s) of data]
          UDP:
     IKE: ----- Internet Key Exchange Header -----
          IKE:
          IKE: Initiator Cookie    = 0xDD1A3F731C6DFFCC
          IKE: Responder Cookie    = 0x0000000000000000
          IKE: Next Payload        = 1 (Security Association (SA))
          IKE: Major Version       = 1
          IKE: Minor Version       = 0
          IKE: Exchange Type       = 4 (Aggressive)
          IKE: Flags               = 00
```

Die Identifikation der ISAKMP SA erfolgt über den *Initiator* und *Responder Cookie*.

```
IKE:                    .... ...0 = Payloads not encrypted
IKE:                    .... ..0. = Do not wait for NOTIFY Payload
IKE:                    .... .0.. = Authentication Bit
IKE:                    .... 0... = Not Used
IKE:                    ...0 .... = Not Used
IKE:                    ..0. .... = Not Used
IKE:                    .0.. .... = Not Used
IKE:                    0... .... = Not Used
IKE: Message ID         = 0
IKE: Length             = 292 (bytes)
IKE: ----- SECURITY ASSOCIATION Payload -----
IKE:
IKE: Next Payload       = 4 (Key Exchange (KE))
IKE: Reserved           = 0
IKE: Payload Length     = 116
IKE: DOI                = 0x1(IPSEC DOI)
IKE: Situation          = 0x1 (SIT_IDENTITY_ONLY)
IKE: ----- PROPOSAL Payload -----
IKE:
IKE: Next Payload       = 0 (This is the last Proposal Payload)
IKE: Reserved           = 0
IKE: Payload Length     = 104
IKE: Proposal #         = 1
IKE: Protocol ID        = 1 (PROTO_ISAKMP)
IKE: SPI Size           = 0
IKE: # of Transforms    = 3
IKE: SPI Not Present
IKE: ----- TRANSFORM Payload -----
IKE:
IKE: Next Payload       = 3 (More Transform Payloads following)
IKE: Reserved           = 0
IKE: Payload Length     = 32
IKE: Transform #        = 1
IKE: Transform ID       = 1 (KEY_IKE)
IKE: Reserved 2         = 0
IKE: ***SA Attributes***
IKE: Flags              = 80
IKE:                 1... .... = Data Attribute following TV format
IKE: Attribute Class/Type = 1 (Encryption Algorithm)
IKE: Attribute Value    = 1 (DES-CBC)
IKE: Flags              = 80
IKE:                 1... .... = Data Attribute following TV format
IKE: Attribute Class/Type = 2 (Hash Algorithm)
IKE: Attribute Value    = 0x0001 (MD5)
IKE: Flags              = 80
IKE:                 1... .... = Data Attribute following TV format
IKE: Attribute Class/Type = 4 (Group Description)
IKE: Attribute Value    = 1 (Group 1, 768-bit MODP Group )
IKE: Flags              = 80
IKE:                 1... .... = Data Attribute following TV format
IKE: Attribute Class/Type = 3 (Authentication Algorithm)
IKE: Attribute Value    = 1 (Pre Shared Keys)
IKE: Flags              = 80
IKE:                 1... .... = Data Attribute following TV format
IKE: Attribute Class/Type = 11 (Life Type)
IKE: Attribute Value    = 1 (Lifetime in Seconds)
IKE: Flags              = 80
IKE:                 1... .... = Data Attribute following TV format
IKE: Attribute Class/Type = 12 (Life Duration)
IKE: Attribute Value    = 0x0190 (400 seconds)
```

Da kein PRF-Attribut enthalten ist, benutzen beide Partner HMAC-MD5

Diffie-Hellman-Gruppe

```
IKE: ----- TRANSFORM Payload -----
IKE:
IKE: Next Payload        = 3 (More Transform Payloads following)
IKE: Reserved            = 0
IKE: Payload Length      = 32
IKE: Transform #         = 2
IKE: Transform ID        = 1 (KEY_IKE)
IKE: Reserved 2          = 0
IKE: ***SA Attributes***
IKE: Flags               = 80
IKE:                1... .... = Data Attribute following TV format
IKE: Attribute Class/Type = 1 (Encryption Algorithm)
IKE: Attribute Value     = 1 (DES-CBC)
IKE: Flags               = 80
IKE:                1... .... = Data Attribute following TV format
IKE: Attribute Class/Type = 2 (Hash Algorithm)
IKE: Attribute Value     = 0x0002 (SHA)
IKE: Flags               = 80
IKE:                1... .... = Data Attribute following TV format
IKE: Attribute Class/Type = 4 (Group Description)
IKE: Attribute Value     = 1 (Group 1, 768-bit MODP Group )
IKE: Flags               = 80
IKE:                1... .... = Data Attribute following TV format
IKE: Attribute Class/Type = 3 (Authentication Algorithm)
IKE: Attribute Value     = 1 (Pre Shared Keys)
IKE: Flags               = 80
IKE:                1... .... = Data Attribute following TV format
IKE: Attribute Class/Type = 11 (Life Type)
IKE: Attribute Value     = 1 (Lifetime in Seconds)
IKE: Flags               = 80
IKE:                1... .... = Data Attribute following TV format
IKE: Attribute Class/Type = 12 (Life Duration)
IKE: Attribute Value     = 0x0190 (400 seconds)
IKE: ----- TRANSFORM Payload -----
IKE:
IKE: Next Payload        = 0 ((This is the last Transform Payload)
IKE: Reserved            = 0
IKE: Payload Length      = 32
IKE: Transform #         = 3
IKE: Transform ID        = 1 (KEY_IKE)
IKE: Reserved 2          = 0
IKE: ***SA Attributes***
IKE: Flags               = 80
IKE:                1... .... = Data Attribute following TV format
IKE: Attribute Class/Type = 1 (Encryption Algorithm)
IKE: Attribute Value     = 1 (DES-CBC)
IKE: Flags               = 80
IKE:                1... .... = Data Attribute following TV format
IKE: Attribute Class/Type = 2 (Hash Algorithm)
IKE: Attribute Value     = 0x0002 (SHA)
IKE: Flags               = 80
IKE:                1... .... = Data Attribute following TV format
IKE: Attribute Class/Type = 4 (Group Description)
IKE: Attribute Value     = 2 (Group 2, 1024-bit MODP Group )
IKE: Flags               = 80
IKE:                1... .... = Data Attribute following TV format
IKE: Attribute Class/Type = 3 (Authentication Algorithm)
IKE: Attribute Value     = 1 (Pre Shared Keys)
```

```
IKE: Flags                    = 80
IKE:                   1... ....= Data Attribute following TV format
IKE: Attribute Class/Type     = 11 (Life Type)
IKE: Attribute Value          = 1 (Lifetime in Seconds)
IKE: Flags                    = 80
IKE:                   1... ....= Data Attribute following TV format
IKE: Attribute Class/Type     = 12 (Life Duration)
IKE: Attribute Value          = 0x0190 (400 seconds)
IKE: ----- KEY EXCHANGE Payload -----
IKE:
IKE: Next Payload             = 10 (Nonce (NONCE))
IKE: Reserved                 = 0
IKE: Payload Length           = 100
IKE: [96 byte(s) of Key Exchange Data] =
     c9 2f 25 0b c1 7a 2b 30 a9 d3 58 c9 a5 6f 76 bb 6f fe bb ae 2c b3
     ee 93 ec 43 43 64 af da cf d7 8c ba 2f ff 04 4f d9 27 01 86 ca 75
     c6 09 55 45 de ee 63 26 c7 ef 84 05 18 ec fb dc cb 75 ad c5 3c da
     ae 07 3d f2 f7 f3 c9 8e ff 12 d1 b5 97 a4 c3 8a ba 76 82 fe 7f 14
     24 bb be 82 e5 d3 96 46
IKE: ----- NONCE Payload -----
IKE:
IKE: Next Payload             = 5 (Identification (ID))
IKE: Reserved                 = 0
IKE: Payload Length           = 24
IKE: [20 byte(s) of Nonce Data] =
     1c ec fc 4c d1 b2 7c 08 4b ff 77 b8 05 dc 68 0a 8c 69 ab b0
IKE: ----- IDENTIFICATION Payload -----
IKE:
IKE: Next Payload             = 13 (Vendor ID (VID))
IKE: Reserved                 = 0
IKE: Payload Length           = 12
IKE: ID Type (DOI Specific)   = 1 (ID_IPV4_ADDR)
IKE: Protocol ID              = 17
IKE: Port                     = 500
IKE: IPV4 Address             = [172.16.1.1]
IKE: ----- VID Payload -----
IKE:
IKE: Next Payload             = 0 (This is the last payload)
IKE: Reserved                 = 0
IKE: Payload Length           = 12
IKE: [8 byte(s) of Vendor ID Data] =
     09 00 26 89 df d6 b7 12
```

Enthält den öffentlichen DH-Schlüssel ($g^{\wedge}x_i$) des Initiator (gilt für die DH-Gruppe des ersten *Transform*).

SKEYID = prf(*pre-shared-key*, $N_{i\_}B \mid N_{r\_}b$)

- Zugehöriger Teil der Debug-Ausgabe

```
00:12:29: ISAKMP (0:0): received packet from 172.16.1.1 (N) NEW SA
00:12:29: ISAKMP: local port 500, remote port 500
00:12:29: ISAKMP (0:1): processing SA payload. message ID = 0
00:12:29: ISAKMP (0:1): processing ID payload. message ID = 0
00:12:29: ISAKMP (0:1): Checking ISAKMP transform 1 against priority 20 policy
00:12:29: ISAKMP:       encryption DES-CBC
00:12:29: ISAKMP:       hash MD5
00:12:29: ISAKMP:       default group 1
00:12:29: ISAKMP:       auth pre-share
00:12:29: ISAKMP:       life type in seconds
00:12:29: ISAKMP:       life duration (basic) of 400
00:12:29: ISAKMP (0:1): atts are acceptable. Next payload is 3
00:12:30: ISAKMP (0:1): processing KE payload. message ID = 0
00:12:32: ISAKMP (0:1): processing NONCE payload. message ID = 0
00:12:32: ISAKMP (0:1): SKEYID state generated
00:12:32: ISAKMP (0:1): processing vendor id payload
```

616 Kapitel 17 • Ausführlicher Trace einer IPSec-Verbindung

Zweite ISAKMP-Nachricht des Aggressive Mode Exchange

Da dem Initiator von der Responder-Seite noch der öffentliche DH-Schlüssel g^{x_r} (in der *Key Exchange Payload* enthalten), die *Nonce Payload* und der *Cookie* (CKY-R) fehlen, kann die zweite Nachricht nicht verschlüsselt übertragen werden. Mit Hilfe der enthaltenen *Hash Payload* ist der Initiator aber bereits in der Lage, eine Authentifizierung des Responder durchzuführen.

- Ausgabe des Sniffer Trace (Responder (Router) ⇒ Initiator (PC))

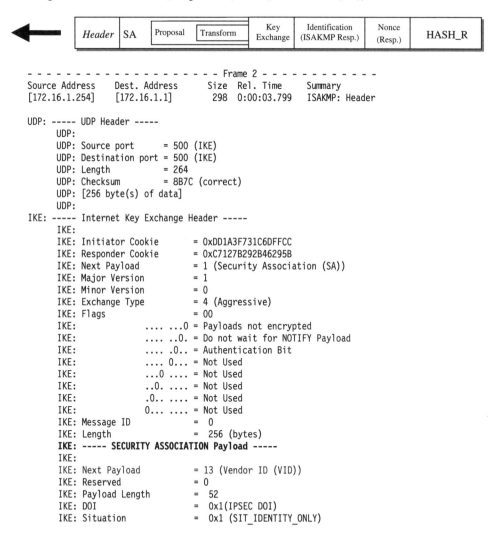

```
- - - - - - - - - - - - - - - - - - - Frame 2 - - - - - - - - - - - -
Source Address    Dest. Address     Size   Rel. Time    Summary
[172.16.1.254]    [172.16.1.1]      298    0:00:03.799  ISAKMP: Header

UDP: ----- UDP Header -----
     UDP:
     UDP: Source port       = 500 (IKE)
     UDP: Destination port  = 500 (IKE)
     UDP: Length            = 264
     UDP: Checksum          = 8B7C (correct)
     UDP: [256 byte(s) of data]
     UDP:
IKE: ----- Internet Key Exchange Header -----
     IKE:
     IKE: Initiator Cookie  = 0xDD1A3F731C6DFFCC
     IKE: Responder Cookie  = 0xC7127B292B46295B
     IKE: Next Payload      = 1 (Security Association (SA))
     IKE: Major Version     = 1
     IKE: Minor Version     = 0
     IKE: Exchange Type     = 4 (Aggressive)
     IKE: Flags             = 00
     IKE:          .... ...0 = Payloads not encrypted
     IKE:          .... ..0. = Do not wait for NOTIFY Payload
     IKE:          .... .0.. = Authentication Bit
     IKE:          .... 0... = Not Used
     IKE:          ...0 .... = Not Used
     IKE:          ..0. .... = Not Used
     IKE:          .0.. .... = Not Used
     IKE:          0... .... = Not Used
     IKE: Message ID        = 0
     IKE: Length            = 256 (bytes)
     IKE: ----- SECURITY ASSOCIATION Payload -----
     IKE:
     IKE: Next Payload      = 13 (Vendor ID (VID))
     IKE: Reserved          = 0
     IKE: Payload Length    = 52
     IKE: DOI               = 0x1(IPSEC DOI)
     IKE: Situation         = 0x1 (SIT_IDENTITY_ONLY)
```

Aggressive Mode Exchange mit Authentifizierung über Pre-shared Keys

```
IKE: ----- PROPOSAL Payload -----
IKE:
IKE: Next Payload        = 0 (This is the last Proposal Payload)
IKE: Reserved            = 0
IKE: Payload Length      = 40
IKE: Proposal #          = 1
IKE: Protocol ID         = 1 (PROTO_ISAKMP)
IKE: SPI Size            = 0
IKE: # of Transforms     = 1
IKE: SPI Not Present                         Enthält die vom Responder
IKE: ----- TRANSFORM Payload -----           ausgewählte Transform Payload
IKE:
IKE: Next Payload        = 0 (This is the last Transform Payload)
IKE: Reserved            = 0
IKE: Payload Length      = 32
IKE: Transform #         = 1
IKE: Transform ID        = 1 (KEY_IKE)
IKE: Flags               = 80
IKE:            1... .... = Data Attribute following TV format
IKE: Attribute Class/Type = 1 (Encryption Algorithm)
IKE: Attribute Value     = 1 (DES-CBC)
IKE: Flags               = 80
IKE:            1... .... = Data Attribute following TV format
IKE: Attribute Class/Type = 2 (Hash Algorithm)
IKE: Attribute Value     = 0x0001 (MD5)
IKE: Flags               = 80
IKE:            1... .... = Data Attribute following TV format
IKE: Attribute Class/Type = 4 (Group Description)
IKE: Attribute Value     = 1 (Group 1, 768-bit MODP Group )
IKE: Flags               = 80
IKE:            1... .... = Data Attribute following TV format
IKE: Attribute Class/Type = 3 (Authentication Algorithm)
IKE: Attribute Value     = 1 (Pre Shared Keys)
IKE: Flags               = 80
IKE:            1... .... = Data Attribute following TV format
IKE: Attribute Class/Type = 11 (Life Type)
IKE: Attribute Value     = 1 (Lifetime in Seconds)
IKE: Flags               = 80
IKE:            1... .... = Data Attribute following TV format
IKE: Attribute Class/Type = 12 (Life Duration)
IKE: Attribute Value     = 0x0190 (400 seconds)
     IKE: ----- VID Payload -----
IKE:
IKE: Next Payload        = 4 (Key Exchange (KE))
IKE: Reserved            = 0
IKE: Payload Length      = 20
IKE: [16 byte(s) of Vendor ID Data] =
    32 d5 dc 34 2b 47 29 5b 6e e0 6b f0 9d 30 29 ec
IKE: ----- KEY EXCHANGE Payload -----
IKE:
IKE: Next Payload        = 5 (Identification (ID))    Enthält den öffentlichen
IKE: Reserved            = 0                          DH-Schlüssel (g^x_r) des
IKE: Payload Length      = 100                        Responder
IKE: [96 byte(s) of Key Exchange Data] =
    3f 08 fa 6f 82 a2 86 e3 32 35 fb ab 3a 30 59 0e 05 e4
    33 8c 6e 2a 17 b6 f0 fc a8 1f 27 f0 a8 d6 36 0c d8 a3
    89 25 39 4a b0 ac 78 af 3b dd e8 87 d8 05 0a 6f c1 57
    f5 a4 78 cc d9 d4 37 ec e2 12 1f dd 7e b7 0f 53 94 eb
    93 64 ed 55 0d c4 5e 9b dd 2e 2d ac ae e6 fd d9 cd 69
    7f 2b 79 93 b8
```

```
IKE: ----- IDENTIFICATION Payload -----
IKE:
IKE: Next Payload         = 10 (Nonce (NONCE))
IKE: Reserved             = 0
IKE: Payload Length       = 12
IKE: ID Type (DOI Specific) = 1 (ID_IPV4_ADDR)
IKE: Protocol ID          = 17
IKE: Port                 = 500
IKE: IPV4 Address         = [172.16.1.254]
IKE: ----- NONCE Payload -----
IKE:
IKE: Next Payload         = 8 (Hash (HASH))
IKE: Reserved             = 0
IKE: Payload Length       = 24
IKE: [20 byte(s) of Nonce Data] =
     cd f7 80 9d 21 0e 58 5f 36 34 db 14 28 f4 67 d7 7e a0 cb 9a
IKE: ----- HASH Payload -----
IKE:
IKE: Next Payload         = 0 (This is the last payload)
IKE: Reserved             = 0
IKE: Payload Length       = 20
IKE: [16 byte(s) of Hash Data] =
     e5 7a 87 40 c2 3b fa 5c 0b 2f fd 4d b4 4c ed 5f
```

$SKEYID = prf(\textit{pre-shared-key}, N_r\_B | N_i\_b)$

$HASH\_R = \textbf{prf}(\ SKEYID, g^{x_r} | g^{x_i} | CKY\text{-}R | CKY\text{-}I | SA_i\_b | ID_{ir}\_b\ )$

- Zugehöriger Teil der Debug-Ausgabe

```
00:12:32: ISAKMP (1): ID payload
          next-payload : 10
          type         : 1
          protocol     : 17
          port         : 500
          length       : 8
00:12:32: ISAKMP (1): Total payload length: 12
00:12:32: ISAKMP (0:1): sending packet to 172.16.1.1 (R) AG_INIT_EXCH
```

Dritte ISAKMP-Nachricht des Aggressive Mode Exchange

Nachdem jetzt beide Seiten alle benötigten Werte für den Diffie-Hellman-Algorithmus ausgetauscht haben, kann auch der Initiator das gemeinsame Verschlüsselungsmaterial SKEYID_d, SKEYID_e und SKEYID_a generieren und die weiteren ISAKMP-Nachrichten verschlüsseln.

Zu diesem Zeitpunkt ist jedoch erst der Responder authentifiziert (durch die *HASH_R Payload*). Die Authentifizierung des Initiators auf der Responder-Seite geschieht durch die *HASH_I Payload* der letzten Nachricht des Aggressive Mode Exchange. Anschließend gelten SKEYID_d, SKEYID_e und SKEYID_a als authentifiziert.

Aggressive Mode Exchange mit Authentifizierung über Pre-shared Keys

- Ausgabe des Sniffer Trace (Initiator (PC) ⇒ Responder (Router))

```
┌─────────┬──────────┐
│ Header  │ HASH_I   │
│         ├──────────┤         →      HASH_I = prf( SKEYID, g^x_i | g^x_r | CKY-I | CKY-R | SA_b | ID_b )
│         │verschlüsselt│
└─────────┴──────────┘
```

```
- - - - - - - - - - - - - - - - - - Frame 3 - - - - - - - - - - - - -
Source Address   Dest. Address    Size  Rel. Time    Summary
[172.16.1.1]     [172.16.1.254]    94   0:00:04.012  ISAKMP: Header

UDP: ----- UDP Header -----
UDP:
UDP: Source port        = 500 (IKE)
UDP: Destination port   = 500 (IKE)
UDP: Length             = 60
UDP: Checksum           = 05C0 (correct)
UDP: [52 byte(s) of data]
UDP:
IKE: ----- Internet Key Exchange Header -----
     IKE:
     IKE: Initiator Cookie    = 0xDD1A3F731C6DFFCC
     IKE: Responder Cookie    = 0xC7127B292B46295B
     IKE: Next Payload        = 8 (Hash (HASH))
     IKE: Major Version       = 1
     IKE: Minor Version       = 0
     IKE: Exchange Type       = 4 (Aggressive)
     IKE: Flags               = 01
     IKE:             .... ...1 = Payloads encrypted
     IKE:             .... ..0. = Do not wait for NOTIFY Payload
     IKE:             .... .0.. = Authentication Bit
     IKE:             .... 0... = Not Used
     IKE:             ...0 .... = Not Used
     IKE:             ..0. .... = Not Used
     IKE:             .0.. .... = Not Used
     IKE:             0... .... = Not Used
     IKE: Message ID          = 0
     IKE: Length              = 52 (bytes)
     IKE: [24 byte(s) of Encrypted data] =
          cc 79 98 39 54 b2 f1 5d fd c5 7a 8c
          df de 34 7a 3d fa 41 29 66 f2 cc 38
```

- Zugehöriger Teil der Debug-Ausgabe

```
00:12:33: ISAKMP (0:1): received packet from 172.16.1.1 (R) AG_INIT_EXCH
00:12:33: ISAKMP (0:1): processing HASH payload. message ID = 0
00:12:33: ISAKMP (0:1): SA has been authenticated with 172.16.1.1
```

17.3.3 Trace des Quick Mode Exchange

Da die Pakete des Quick Mode Exchange mit dem vorher ausgehandelten Schlüssel chiffriert werden, besteht keine Möglichkeit mehr, mit Hilfe eines Sniffer auf den Inhalt der ISAKMP-Nachrichten zuzugreifen.

Die Identifikation des spezifischen Quick Mode Exchange erfolgt über das »Message ID«-Feld innerhalb des ISAKMP Header. Die Abstimmung der IPSec Protection Suite geschieht mit Hilfe der *Proposal* und *Transform Payload*.

Erste ISAKMP-Nachricht des Quick Mode Exchange

- Ausgabe des Sniffer Trace (Initiator (PC) ⇒ Responder (Router))

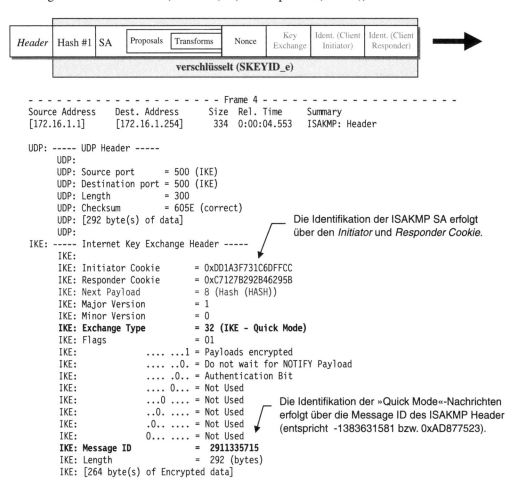

```
- - - - - - - - - - - - - - - - - - Frame 4 - - - - - - - - - - - - - - - - - -
Source Address   Dest. Address     Size  Rel. Time   Summary
[172.16.1.1]     [172.16.1.254]    334   0:00:04.553 ISAKMP: Header

UDP: ----- UDP Header -----
     UDP:
     UDP: Source port      = 500 (IKE)
     UDP: Destination port = 500 (IKE)
     UDP: Length           = 300
     UDP: Checksum         = 605E (correct)
     UDP: [292 byte(s) of data]
     UDP:
IKE: ----- Internet Key Exchange Header -----
     IKE:
     IKE: Initiator Cookie = 0xDD1A3F731C6DFFCC
     IKE: Responder Cookie = 0xC7127B292B46295B
     IKE: Next Payload     = 8 (Hash (HASH))
     IKE: Major Version    = 1
     IKE: Minor Version    = 0
     IKE: Exchange Type    = 32 (IKE - Quick Mode)
     IKE: Flags            = 01
     IKE:         .... ...1 = Payloads encrypted
     IKE:         .... ..0. = Do not wait for NOTIFY Payload
     IKE:         .... .0.. = Authentication Bit
     IKE:         .... 0... = Not Used
     IKE:         ...0 .... = Not Used
     IKE:         ..0. .... = Not Used
     IKE:         .0.. .... = Not Used
     IKE:         0... .... = Not Used
     IKE: Message ID       = 2911335715
     IKE: Length           = 292 (bytes)
     IKE: [264 byte(s) of Encrypted data]
```

Die Identifikation der ISAKMP SA erfolgt über den *Initiator* und *Responder Cookie*.

Die Identifikation der »Quick Mode«-Nachrichten erfolgt über die Message ID des ISAKMP Header (entspricht -1383631581 bzw. 0xAD877523).

- Zugehöriger Teil der Debug-Ausgabe

```
00:12:33: ISAKMP (0:1): received packet from 172.16.1.1 (R) QM_IDLE
00:12:33: ISAKMP (0:1): processing HASH payload. message ID = -1383631581
00:12:33: ISAKMP (0:1): processing SA payload. message ID =
00:12:33: ISAKMP (0:1): Checking IPSec proposal 1
00:12:33: ISAKMP: transform 1, ESP_DES
00:12:33: ISAKMP:    attributes in transform:
00:12:33: ISAKMP:       authenticator is HMAC-SHA
00:12:33: ISAKMP:       encaps is 1
00:12:33: ISAKMP:       group is 1
00:12:33: ISAKMP:       SA life type in seconds
00:12:33: ISAKMP:       SA life duration (basic) of 200
00:12:33: ISAKMP (0:1): atts are acceptable.

00:12:33: IPSEC(validate_proposal_request): proposal part #1,
  (key eng. msg.) dest= 172.16.1.254, src= 172.16.1.1,
    dest_proxy= 10.0.0.0/255.0.0.0/0/0 (type=4),
    src_proxy= 172.16.1.1/255.255.255.255/0/0 (type=1),
    protocol= ESP, transform= esp-des esp-sha-hmac ,
    lifedur= 0s and 0kb,
    spi= 0x0(0), conn_id= 0, keysize= 0, flags= 0x14
```

Die *Key Exchange Payload* ist ein Hinweis, dass für die IPSec-Verbindung PFS eingeschaltet ist.

```
00:12:35: ISAKMP (0:1): processing NONCE payload. message ID = -1383631581
00:12:35: ISAKMP (0:1): processing KE payload. message ID = -1383631581
00:12:37: ISAKMP (0:1): processing ID payload. message ID = -1383631581
00:12:37: ISAKMP (1): ID_IPV4_ADDR src 172.16.1.1 prot 0 port 0
00:12:37: ISAKMP (0:1): processing ID payload. message ID = -1383631581
00:12:37: ISAKMP (1): ID_IPV4_ADDR_SUBNET dst 10.0.0.0/255.0.0.0 prot 0 port 0
00:12:37: ISAKMP (0:1): asking for 1 spis from ipsec
00:12:37: IPSEC(key_engine): got a queue event...
00:12:37: IPSEC(spi_response): getting spi 3028497829 for SA
        from 172.16.1.1    to 172.16.1.254    for prot 3
  00:12:37: ISAKMP: received ke message (2/1)
```

entspricht 0xB48335A5

Zweite ISAKMP-Nachricht des Quick Mode Exchange

- Ausgabe des Sniffer Trace (Responder (Router) ⇒ Initiator (PC))

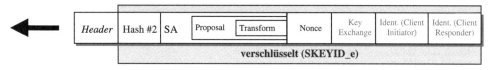

```
- - - - - - - - - - - - - - - - - - - Frame 6 - - - - - - - - - -
Source Address    Dest. Address      Size  Rel. Time    Summary
[172.16.1.254]    [172.16.1.1]       326   0:00:08.558  ISAKMP: Header

UDP: ----- UDP Header -----
UDP:
UDP: Source port      = 500 (IKE)
UDP: Destination port = 500 (IKE)
UDP: Length           = 292
UDP: Checksum         = A9DD (correct)
UDP: [284 byte(s) of data]
UDP:
IKE: ----- Internet Key Exchange Header -----
IKE:
IKE: Initiator Cookie   = 0xDD1A3F731C6DFFCC
IKE: Responder Cookie   = 0xC7127B292B46295B
IKE: Next Payload       = 8 (Hash (HASH))
IKE: Major Version      = 1
IKE: Minor Version      = 0
IKE: Exchange Type      = 32 (IKE - Quick Mode)
IKE: Flags              = 01
IKE:               .... ...1 = Payloads encrypted
IKE:               .... ..0. = Do not wait for NOTIFY Payload
IKE:               .... .0.. = Authentication Bit
IKE:               .... 0... = Not Used
IKE:               ...0 .... = Not Used
IKE:               ..0. .... = Not Used
IKE:               .0.. .... = Not Used
IKE:               0... .... = Not Used          entspricht -1383631581 bzw. 0xAD877523
IKE: Message ID         = 2911335715
IKE: Length             = 284 (bytes)
IKE: [256 byte(s) of Encrypted data]
```

- Zugehöriger Teil der Debug-Ausgabe

```
00:12:37: ISAKMP (0:1): sending packet to 172.16.1.1 (R) QM_IDLE
```

Dritte ISAKMP-Nachricht des Quick Mode Exchange

- Ausgabe des Sniffer Trace (Initiator (PC) ⇒ Responder (Router))

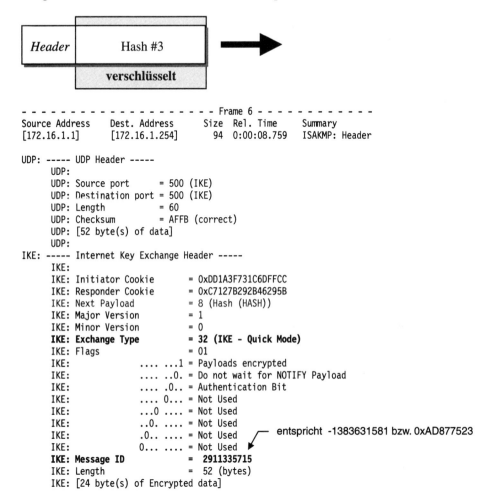

```
- - - - - - - - - - - - - - - - - - - - Frame 6 - - - - - - - - - - - -
Source Address   Dest. Address    Size  Rel. Time      Summary
[172.16.1.1]     [172.16.1.254]    94   0:00:08.759    ISAKMP: Header

UDP: ----- UDP Header -----
UDP:
UDP: Source port       = 500 (IKE)
UDP: Destination port  = 500 (IKE)
UDP: Length            = 60
UDP: Checksum          = AFFB (correct)
UDP: [52 byte(s) of data]
UDP:
IKE: ----- Internet Key Exchange Header -----
IKE:
IKE: Initiator Cookie  = 0xDD1A3F731C6DFFCC
IKE: Responder Cookie  = 0xC7127B292B46295B
IKE: Next Payload      = 8 (Hash (HASH))
IKE: Major Version     = 1
IKE: Minor Version     = 0
IKE: Exchange Type     = 32 (IKE - Quick Mode)
IKE: Flags             = 01
IKE:             .... ...1 = Payloads encrypted
IKE:             .... ..0. = Do not wait for NOTIFY Payload
IKE:             .... .0.. = Authentication Bit
IKE:             .... 0... = Not Used
IKE:             ...0 .... = Not Used
IKE:             ..0. .... = Not Used
IKE:             .0.. .... = Not Used      entspricht -1383631581 bzw. 0xAD877523
IKE:             0... .... = Not Used
IKE: Message ID        = 2911335715
IKE: Length            = 52 (bytes)
IKE: [24 byte(s) of Encrypted data]
```

- **Zugehöriger Teil der Debug-Ausgabe**

```
00:12:37: ISAKMP (0:1): received packet from 172.16.1.1 (R) QM_IDLE
00:12:37: ISAKMP (0:1): Creating IPSec SAs
00:12:37:         inbound SA from 172.16.1.1 to 172.16.1.254   (proxy 172.16.1.1 to 10.0.0.0)
00:12:37:         has spi 0xB48335A5 and conn_id 2000 and flags 15
00:12:37:         lifetime of 200 seconds
00:12:37:         outbound SA from 172.16.1.254 to 172.16.1.1  (proxy 10.0.0.0 to 172.16.1.1)
00:12:37:         has spi 0xEC092272 and conn_id 2001 and flags 15
00:12:37:         lifetime of 200 seconds
00:12:37: ISAKMP (0:1): deleting node -1383631581 error FALSE reason "quick mode done
(await()"
00:12:37: IPSEC(key_engine): got a queue event...

00:12:37: IPSEC(initialize_sas): ,
  (key eng. msg.) dest= 172.16.1.254, src= 172.16.1.1,
    dest_proxy= 10.0.0.0/255.0.0.0/0/0 (type=4),
    src_proxy= 172.16.1.1/0.0.0.0/0/0 (type=1),
    protocol= ESP, transform= esp-des esp-sha-hmac ,
    lifedur= 200s and 0kb,
    spi= 0xB48335A5(3028497829), conn_id= 2000, keysize= 0, flags= 0x15
```

Der Router baut die *Inbound Security Association* der ESP-Verbindung auf.

```
00:12:37: IPSEC(initialize_sas): ,
  (key eng. msg.) src= 172.16.1.254, dest= 172.16.1.1,
    src_proxy= 10.0.0.0/255.0.0.0/0/0 (type=4),
    dest_proxy= 172.16.1.1/0.0.0.0/0/0 (type=1),
    protocol= ESP, transform= esp-des esp-sha-hmac ,
    lifedur= 200s and 0kb,
    spi= 0xEC092272(3960021618), conn_id= 2001, keysize= 0, flags= 0x15
```

Der Router erzeugt die zugehörige *Outbound Security Association*.

```
00:12:37: IPSEC(create_sa): sa created,
  (sa) sa_dest= 172.16.1.254, sa_prot= 50,
    sa_spi= 0xB48335A5(3028497829),
    sa_trans= esp-des esp-sha-hmac , sa_conn_id= 2000

00:12:37: IPSEC(create_sa): sa created,
  (sa) sa_dest= 172.16.1.1, sa_prot= 50,
    sa_spi= 0xEC092272(3960021618),
    sa_trans= esp-des esp-sha-hmac , sa_conn_id= 2001
```

17.3.4 Verschlüsselung der Nutzdaten über die aufgebaute ESP SA

- Inbound Security Association (aus Sicht des Cisco Routers)

```
- - - - - - - - - - - - - - - - - - - Frame 7 - - - - - - - - - - - - - - - -
Source Address    Dest. Address       Size  Rel. Time       Summary
[172.16.1.1]      [172.16.1.254]      126   0:00:19.849     IP: ESP SPI=3028497829

IP: ----- IP Header -----
    IP:
    IP: Version = 4, header length = 20 bytes
    IP: Type of service = 00
    IP:     000. ....  = routine
    IP: Total length   = 112 bytes
    IP: Identification = 1
    IP: Flags          = 0X
    IP: Fragment offset = 0 bytes
    IP: Time to live   = 32 seconds/hops
    IP: Protocol       = 50 (SIPP-ESP)
    IP: Header checksum = 6A36 (correct)
    IP: Source address      = [172.16.1.1]
    IP: Destination address = [172.16.1.254]
    IP: No options
    IP:
ESP: ----- IP ESP -----
    ESP:
    ESP: Security Parameters Index = 3028497829
    ESP: Sequence Number    = 1
    ESP: Payload Data       =
         2278703747CB217C9CBF462998F805B6581728E3C32D2...
```

- Outbound Security Association (aus Sicht des Cisco Routers)

```
- - - - - - - - - - - - - - - - - - - Frame 8 - - - - - - - - - - - - - - - -
Source Address    Dest. Address       Size  Rel. Time       Summary
[172.16.1.254]    [172.16.1.1]        126   0:00:19.875     ESP SPI=3960021618

IP: ----- IP Header -----
    IP:
    IP: Version = 4, header length = 20 bytes
    IP: Type of service = 00
    IP: Total length   = 112 bytes
    IP: Identification = 195
    IP: Flags          = 0X
    IP: Fragment offset = 0 bytes
    IP: Time to live   = 255 seconds/hops
    IP: Protocol       = 50 (SIPP-ESP)
    IP: Header checksum = 8A73 (correct)
    IP: Source address      = [172.16.1.254]
    IP: Destination address = [172.16.1.1]
    IP: No options
    IP:
ESP: ----- IP ESP -----
    ESP:
    ESP: Security Parameters Index = 3960021618
    ESP: Sequence Number    = 1
    ESP: Payload Data       =
         AFA3C3716A37A47FA32B17892FE8BAFD1243F369C36...
```

- Informationen über die ESP Security Association auf dem Cisco Router

c2503# show crypto ipsec sa
```
interface: Ethernet0
   Crypto map tag: ToNetwork_10, local addr. 172.16.1.254
   ... ...
  local  ident (addr/mask/prot/port): (10.0.0.0/255.0.0.0/0/0)
  remote ident (addr/mask/prot/port): (172.16.1.1/255.255.255.255/0/0)
  current_peer: 172.16.1.1
    ... ...
    local crypto endpt.: 172.16.1.254, remote crypto endpt.: 172.16.1.1
    path mtu 1500, media mtu 1500
    current outbound spi: EC092272

    inbound esp sas:
     spi: 0xB48335A5(3028497829)
       transform: esp-des esp-sha-hmac ,
       in use settings ={Tunnel, }
       slot: 0, conn id: 2000, flow_id: 1, crypto map: ToNetwork_10
       sa timing: remaining key lifetime (k/sec): (4607999/154)
       IV size: 8 bytes
       replay detection support: Y

    outbound esp sas:
     spi: 0xEC092272(3960021618)
       transform: esp-des esp-sha-hmac ,
       in use settings ={Tunnel, }
       slot: 0, conn id: 2001, flow_id: 2, crypto map: ToNetwork_10
       sa timing: remaining key lifetime (k/sec): (4607999/154)
       IV size: 8 bytes
       replay detection support: Y
```

17.4 Main Mode Exchange mit Authentifizierung über Pre-shared Keys

17.4.1 Informationen vom VPN Client

Übersicht über die verschiedenen ESP Security Associations

Die Lifetime für die IPSec Security Association ist auf dem VPN Client auf 200 Sekunden gesetzt. Aus diesem Grund werden im Verlauf des Trace mehrere SAs für das ESP-Protokoll aufgebaut.

SPI der ESP Security Association	erzeugt	gelöscht	Differenz	Connection ID
0xAE7AE5AB (2927289771)	15:43:17	15:46:35	3:18	2000
0xAAD9DCC2 (2866396354)	15:43:17	15:46:35	3:18	2001
0xFACD2A98 (4207749784)	15:46:10	15:49:26	3:16	2002
0xDA31B549 (3660690761)	15:46:10	15:49:26	3:16	2003
0x2E3FEC3A (775941178)	15:49:00	15:52:17	3:17	2004
0x8F8CE5B7 (2408375735)	15:49:00	15:52:17	3:17	2005
0x69B08104 (1773175044)	15:51:56			2006
0xD58B5460 (3582678112)	15:51:56			2007

»Log Viewer«-Einträge auf dem VPN Client

- Aufbau der ISAKMP SA über einen Main Mode Exchange

```
15:43:12 Network 10 - Initiating IKE Phase 1 (IP ADDR=172.16.1.254)
15:43:12 Network 10 - SENDING>>>> ISAKMP OAK MM (SA)
15:43:14 Network 10 - RECEIVED<<< ISAKMP OAK MM (SA)
15:43:14 Network 10 - SENDING>>>> ISAKMP OAK MM (KE, NON, VID, VID)
15:43:16 Network 10 - RECEIVED<<< ISAKMP OAK MM (KE, NON, VID)
15:43:16 Network 10 - SENDING>>>> ISAKMP OAK MM *(ID, HASH, NOTIFY:STATUS_INITIAL_CONTACT)
15:43:16 Network 10 - RECEIVED<<< ISAKMP OAK MM *(ID, HASH)
15:43:17 Network 10 - Established IKE SA
```

- Aufbau der IPSec SAs über einen Quick Mode Exchange

```
15:43:17 Network 10 - Initiating IKE Phase 2 with Client IDs (message id: C5025DA5)
15:43:17     Initiator = IP ADDR=172.16.1.1, prot = 0 port = 0
15:43:17     Responder = IP SUBNET/MASK=10.0.0.0/255.0.0.0, prot = 0 port = 0
15:43:17 Network 10 - SENDING>>>> ISAKMP OAK QM *(HASH, SA, NON, KE, ID, ID)
15:43:21 Network 10 - RECEIVED<<< ISAKMP OAK QM *(HASH, SA, NON, KE, ID, ID, NOTIFY:STATUS_RESP_LIFETIME)
15:43:21 Network 10 - SENDING>>>> ISAKMP OAK QM *(HASH)
15:43:21 Network 10 - Loading IPSec SA (M-ID = C5025DA5 OUTBOUND SPI = AE7AE5AB INBOUND SPI = AAD9BCC2)
```

↳ Durch PFS dauert es länger, bis die IPSec SAs aufgebaut sind.

- **Ablauf der IPSec Lifetime nach 200 Sekunden** — Aufbau der neuen IPSec SAs

```
15:46:10 Network 10 - RECEIVED<<< ISAKMP OAK QM *(HASH, SA, NON, KE, ID, ID)
15:46:10 Network 10 - Received IKE Phase 2 Client IDs (message id: B58F9EC6)
15:46:10    Initiator = IP SUBNET/MASK=10.0.0.0/255.0.0.0, prot = 0 port = 0
15:46:10    Responder = IP ADDR=172.16.1.1, prot = 0 port = 0
15:46:10 Network 10 - SENDING>>>> ISAKMP OAK QM *(HASH, SA, NON, KE, ID, ID, NOTIFY:STATUS_RESP_LIFETIME)
15:46:12 Network 10 - RECEIVED<<< ISAKMP OAK QM *(HASH)
15:46:12 Network 10 - Loading IPSec SA (M-ID = B58F9EC6 OUTBOUND SPI = FACD2A98 INBOUND SPI = FACD2A98)

15:46:35 Network 10 - RECEIVED<<< ISAKMP OAK INFO *(HASH, DEL)
15:46:35 Network 10 - Deleting IPSec SA (OUTBOUND SPI = AE7AE5AB INBOUND SPI = AAD9BCC2)
```

- **Erneuter Ablauf des IPSec Lifetime nach weiteren 200 Sekunden** — Aufbau der neuen IPSec SAs

```
15:49:00 Network 10 - RECEIVED<<< ISAKMP OAK QM *(HASH, SA, NON, KE, ID, ID)
15:49:01 Network 10 - Received IKE Phase 2 Client IDs (message id: 91202527)
15:49:01    Initiator = IP SUBNET/MASK=10.0.0.0/255.0.0.0, prot = 0 port = 0
15:49:01    Responder = IP ADDR=172.16.1.1, prot = 0 port = 0
15:49:01 Network 10 - SENDING>>>> ISAKMP OAK QM *(HASH, SA, NON, KE, ID, ID, NOTIFY:STATUS_RESP_LIFETIME)
15:49:03 Network 10 - RECEIVED<<< ISAKMP OAK QM *(HASH)
15:49:03 Network 10 - Loading IPSec SA (M-ID = 91202527 OUTBOUND SPI = 2E3FEC3A INBOUND SPI = 8F8CE5B7)


15:49:26 Network 10 - RECEIVED<<< ISAKMP OAK INFO *(HASH, DEL)
15:49:26 Network 10 - Deleting IPSec SA (OUTBOUND SPI = FACD2A98 INBOUND SPI = FACD2A98)
```

- **Ablauf des ISAKMP Lifetime**

```
15:49:52 Network 10 - RECEIVED<<< ISAKMP OAK INFO *(HASH, DEL)
15:49:52 Network 10 - Deleting IKE SA (IP ADDR=172.16.1.254)

15:51:50 Network 10 - RECEIVED<<< ISAKMP OAK MM (SA)
15:51:50 Network 10 - SENDING>>>> ISAKMP OAK MM (SA)
15:51:52 Network 10 - RECEIVED<<< ISAKMP OAK MM (KE, NON, VID)
15:51:52 Network 10 - SENDING>>>> ISAKMP OAK MM (KE, NON, VID, VID)
15:51:54 Network 10 - RECEIVED<<< ISAKMP OAK MM *(ID, HASH)
15:51:54 Network 10 - SENDING>>>> ISAKMP OAK MM *(ID, HASH)
15:51:54 Network 10 - Established IKE SA
```

Der Aufbau der neuen ISAKMP SA erfolgt erst dann, wenn der Router eine neue IPSec SA erzeugen muss, weil die IPSec Lifetime erneut abgelaufen ist.

Aufbau der neuen IPSec SAs

```
15:51:56 Network 10 - RECEIVED<<< ISAKMP OAK QM *(HASH, SA, NON, KE, ID, ID)
15:51:56 Network 10 - Received IKE Phase 2 Client IDs (message id: C097C5F9)
15:51:56    Initiator = IP SUBNET/MASK=10.0.0.0/255.0.0.0, prot = 0 port = 0
15:51:56    Responder = IP ADDR=172.16.1.1, prot = 0 port = 0
15:51:57 Network 10 - SENDING>>>> ISAKMP OAK QM *(HASH, SA, NON, KE, ID, ID, NOTIFY:STATUS_RESP_LIFETIME)
15:51:59 Network 10 - RECEIVED<<< ISAKMP OAK QM *(HASH)
15:51:59 Network 10 - Loading IPSec SA (M-ID = C097C5F9 OUTBOUND SPI = 69B08104 INBOUND SPI = D58B5460)

15:52:17 Network 10 - RECEIVED<<< ISAKMP OAK INFO *(HASH, DEL)
15:52:17 Network 10 - Deleting IPSec SA (OUTBOUND SPI = 2E3FEC3A INBOUND SPI = 8F8CE5B7)
```

17.4.2 Informationen vom Cisco Router

17.4.2.1 Aufbau der ISAKMP und IPSec Security Associations

Debug-Informationen

c2503# debug crypto isakmp
c2503# debug crypto ipsec

- Main Mode Exchange

```
15:43:12: ISAKMP (0:0): received packet from 172.16.1.1 (N) NEW SA
15:43:12: ISAKMP: local port 500, remote port 500
15:43:12: ISAKMP (0:1): processing SA payload. message ID = 0
15:43:12: ISAKMP (0:1): found peer Pre-shared Key matching 172.16.1.1
15:43:12: ISAKMP (0:1): Checking ISAKMP transform 1 against priority 20 policy
15:43:12: ISAKMP:      encryption DES-CBC
15:43:12: ISAKMP:      hash MD5
15:43:12: ISAKMP:      default group 1
15:43:12: ISAKMP:      auth pre-share
15:43:12: ISAKMP:      life type in seconds
15:43:12: ISAKMP:      life duration (basic) of 400
15:43:12: ISAKMP (0:1): atts are acceptable. Next payload is 3
15:43:14: ISAKMP (0:1): SA is doing Pre-shared Key authentication using id type ID_IPV4_ADDR
15:43:14: ISAKMP (0:1): sending packet to 172.16.1.1 (R) MM_SA_SETUP
15:43:14: ISAKMP (0:1): received packet from 172.16.1.1 (R) MM_SA_SETUP
15:43:14: ISAKMP (0:1): processing KE payload. message ID = 0
15:43:16: ISAKMP (0:1): processing NONCE payload. message ID = 0
15:43:16: ISAKMP (0:1): found peer Pre-shared Key matching 172.16.1.1
15:43:16: ISAKMP (0:1): SKEYID state generated
15:43:16: ISAKMP (0:1): processing vendor id payload
15:43:16: ISAKMP (0:1): processing vendor id payload
15:43:16: ISAKMP (0:1): sending packet to 172.16.1.1 (R) MM_KEY_EXCH
15:43:16: ISAKMP (0:1): received packet from 172.16.1.1 (R) MM_KEY_EXCH
15:43:16: ISAKMP (0:1): processing ID payload. message ID = 0
15:43:16: ISAKMP (0:1): processing HASH payload. message ID = 0
15:43:16: ISAKMP (0:1): processing NOTIFY INITIAL_CONTACT protocol 1
        spi 0, message ID = 0
15:43:16: ISAKMP (0:1): SA has been authenticated with 172.16.1.1
15:43:16: ISAKMP (1): ID payload
        next-payload : 8
        type         : 1
        protocol     : 17
        port         : 500
        length       : 8
15:43:16: ISAKMP (1): Total payload length: 12
15:43:16: ISAKMP (0:1): sending packet to 172.16.1.1 (R) QM_IDLE
```

- Quick Mode Exchange

```
15:43:17: ISAKMP (0:1): received packet from 172.16.1.1 (R) QM_IDLE
15:43:17: ISAKMP (0:1): processing HASH payload. message ID = -989700699
15:43:17: ISAKMP (0:1): processing SA payload. message ID = -989700699
15:43:17: ISAKMP (0:1): Checking IPSec proposal 1
15:43:17: ISAKMP: transform 1, ESP_DES
15:43:17: ISAKMP:   attributes in transform:
15:43:17: ISAKMP:     authenticator is HMAC-SHA
15:43:17: ISAKMP:     encaps is 1
15:43:17: ISAKMP:     group is 1
15:43:17: ISAKMP:     SA life type in seconds
15:43:17: ISAKMP:     SA life duration (basic) of 200
15:43:17: ISAKMP (0:1): atts are acceptable.
15:43:17: IPSEC(validate_proposal_request): proposal part #1,
  (key eng. msg.) dest= 172.16.1.254, src= 172.16.1.1,
    dest_proxy= 10.0.0.0/255.0.0.0/0/0 (type=4),
    src_proxy= 172.16.1.1/255.255.255.255/0/0 (type=1),
    protocol= ESP, transform= esp-des esp-sha-hmac ,
    lifedur= 0s and 0kb,
    spi= 0x0(0), conn_id= 0, keysize= 0, flags= 0x14
15:43:19: ISAKMP (0:1): processing NONCE payload. message ID = -989700699
15:43:19: ISAKMP (0:1): processing KE payload. message ID = -989700699
15:43:21: ISAKMP (0:1): processing ID payload. message ID = -989700699
15:43:21: ISAKMP (1): ID_IPV4_ADDR src 172.16.1.1 prot 0 port 0
15:43:21: ISAKMP (0:1): processing ID payload. message ID = -989700699
15:43:21: ISAKMP (1): ID_IPV4_ADDR_SUBNET dst 10.0.0.0/255.0.0.0 prot 0 port 0
15:43:21: ISAKMP (0:1): asking for 1 spis from ipsec
15:43:21: IPSEC(key_engine): got a queue event...
15:43:21: IPSEC(spi_response): getting spi 2927289771 for SA
        from 172.16.1.1      to 172.16.1.254      for prot 3
15:43:21: ISAKMP: received ke message (2/1)
15:43:21: ISAKMP (0:1): sending packet to 172.16.1.1 (R) QM_IDLE
15:43:21: ISAKMP (0:1): received packet from 172.16.1.1 (R) QM_IDLE
15:43:21: ISAKMP (0:1): Creating IPSec SAs
15:43:21:         inbound SA from 172.16.1.1 to 172.16.1.254   (proxy 172.16.1.1 to 10.0.0.0)
15:43:21:         has spi 0xAE7AE5AB and conn_id 2000 and flags 15
15:43:21:         lifetime of 200 seconds
15:43:21:         outbound SA from 172.16.1.254 to 172.16.1.1 (proxy 10.0.0.0 to 172.16.1.1)
15:43:21:         has spi 0xAAD9BCC2 and conn_id 2001 and flags 15
15:43:21:         lifetime of 200 seconds
15:43:21: ISAKMP (0:1): deleting node -989700699 error FALSE reason "quick mode done
(await()"
15:43:21: IPSEC(key_engine): got a queue event...
15:43:21: IPSEC(initialize_sas): ,
  (key eng. msg.) dest= 172.16.1.254, src= 172.16.1.1,
    dest_proxy= 10.0.0.0/255.0.0.0/0/0 (type=4),
    src_proxy= 172.16.1.1/0.0.0.0/0/0 (type=1),
    protocol= ESP, transform= esp-des esp-sha-hmac ,
    lifedur= 200s and 0kb,
    spi= 0xAE7AE5AB(2927289771), conn_id= 2000, keysize= 0, flags= 0x15
15:43:22: IPSEC(initialize_sas): ,
  (key eng. msg.) src= 172.16.1.254, dest= 172.16.1.1,
    src_proxy= 10.0.0.0/255.0.0.0/0/0 (type=4),
    dest_proxy= 172.16.1.1/0.0.0.0/0/0 (type=1),
    protocol= ESP, transform= esp-des esp-sha-hmac ,
    lifedur= 200s and 0kb,
    spi= 0xAAD9BCC2(2866396354), conn_id= 2001, keysize= 0, flags= 0x15
```

```
15:43:22: IPSEC(create_sa): sa created,
  (sa) sa_dest= 172.16.1.254, sa_prot= 50,
    sa_spi= 0xAE7AE5AB(2927289771),
    sa_trans= esp-des esp-sha-hmac , sa_conn_id= 2000
15:43:22: IPSEC(create_sa): sa created,
  (sa) sa_dest= 172.16.1.1, sa_prot= 50,
    sa_spi= 0xAAD9BCC2(2866396354),
    sa_trans= esp-des esp-sha-hmac , sa_conn_id= 2001
```

Informationen über die Security Associations

- Übersicht über alle aktiven Security Associations

c2503# show crypto engine connections active

```
  ID Interface    IP-Address      State  Algorithm              Encrypt  Decrypt
   1 Ethernet0    172.16.1.254    set    HMAC_MD5+DES_56_CB           0        0
2000 Ethernet0    172.16.1.254    set    HMAC_SHA+DES_56_CB           0        4
2001 Ethernet0    172.16.1.254    set    HMAC_SHA+DES_56_CB           4        0
```

- Übersicht über alle ISAKMP SAs

c2503# show crypto isakmp sa

```
     dst              src            state        conn-id    slot
172.16.1.254     172.16.1.1        QM_IDLE           1         0
```

- Übersicht über alle IPSec SAs

c2503# show crypto ipsec sa

```
interface: Ethernet0
    Crypto map tag: ToNetwork_10, local addr. 172.16.1.254

   local  ident (addr/mask/prot/port): (10.0.0.0/255.0.0.0/0/0)
   remote ident (addr/mask/prot/port): (0.0.0.0/0.0.0.0/0/0)
   ...

   local  ident (addr/mask/prot/port): (10.0.0.0/255.0.0.0/0/0)
   remote ident (addr/mask/prot/port): (172.16.1.1/255.255.255.255/0/0)
   current_peer: 172.16.1.1
     PERMIT, flags={}
    #pkts encaps: 4, #pkts encrypt: 4, #pkts digest 4
    #pkts decaps: 4, #pkts decrypt: 4, #pkts verify 4
    #pkts compressed: 0, #pkts decompressed: 0
    #pkts not compressed: 0, #pkts compr. failed: 0, #pkts decompress failed: 0
    #send errors 0, #recv errors 0

     local crypto endpt.: 172.16.1.254, remote crypto endpt.: 172.16.1.1
     path mtu 1500, media mtu 1500
     current outbound spi: AAD9BCC2

       inbound esp sas:
        spi: 0xAE7AE5AB(2927289771)
          transform: esp-des esp-sha-hmac ,
          in use settings ={Tunnel, }
          slot: 0, conn id: 2000, flow_id: 1, crypto map: ToNetwork_10
          sa timing: remaining key lifetime (k/sec): (4607999/188)
          IV size: 8 bytes
          replay detection support: Y
```

```
inbound ah sas:

inbound pcp sas:

outbound esp sas:
 spi: 0xAAD9BCC2(2866396354)
    transform: esp-des esp-sha-hmac ,
    in use settings ={Tunnel, }
    slot: 0, conn id: 2001, flow_id: 2, crypto map: ToNetwork_10
    sa timing: remaining key lifetime (k/sec): (4607999/188)
    IV size: 8 bytes
    replay detection support: Y

outbound ah sas:

outbound pcp sas:
```

17.4.2.2 Ablauf der IPSec Lifetime

Debug-Informationen

- Quick Mode Exchange

Durch den Ablauf der IPSec Lifetime werden neue IPSec Security Associations benötigt.

Da die ISAKMP SA noch besteht, wird direkt mit dem Quick Mode begonnen.

```
15:46:08: IPSEC(sa_request): ,
  (key eng. msg.) src= 172.16.1.254, dest= 172.16.1.1,
    src_proxy= 10.0.0.0/255.0.0.0/0/0 (type=4),
    dest_proxy= 172.16.1.1/255.255.255.255/0/0 (type=1),
    protocol= ESP, transform= esp-des esp-sha-hmac ,
    lifedur= 3600s and 4608000kb,
    spi= 0xFACD2A98(4207749784), conn_id= 0, keysize= 0, flags= 0x4005
15:46:08: ISAKMP: received ke message (1/1)
15:46:08: ISAKMP (0:1): sitting IDLE. Starting QM immediately (QM_IDLE)
15:46:08: ISAKMP (0:1): beginning Quick Mode exchange, M-ID of -1248878906
15:46:10: ISAKMP (0:1): sending packet to 172.16.1.1 (R) QM_IDLE
15:46:10: ISAKMP (0:1): received packet from 172.16.1.1 (R) QM_IDLE
15:46:10: ISAKMP (0:1): processing HASH payload. message ID = -1248878906
15:46:10: ISAKMP (0:1): processing SA payload. message ID = -1248878906
15:46:10: ISAKMP (0:1): Checking IPSec proposal 1
15:46:10: ISAKMP: transform 1, ESP_DES
15:46:10: ISAKMP:    attributes in transform:
15:46:10: ISAKMP:       authenticator is HMAC-SHA
15:46:10: ISAKMP:       encaps is 1
15:46:10: ISAKMP:       group is 1
15:46:10: ISAKMP:       SA life type in seconds
15:46:10: ISAKMP:       SA life duration (basic) of 3600
15:46:10: ISAKMP:       SA life type in kilobytes
15:46:10: ISAKMP:       SA life duration (VPI) of  0x0 0x46 0x50 0x0
15:46:10: ISAKMP (0:1): atts are acceptable.
15:46:10: IPSEC(validate_proposal_request): proposal part #1,
  (key eng. msg.) dest= 172.16.1.254, src= 172.16.1.1,
    dest_proxy= 172.16.1.1/255.255.255.255/0/0 (type=1),
    src_proxy= 10.0.0.0/255.0.0.0/0/0 (type=4),
    protocol= ESP, transform= esp-des esp-sha-hmac ,
    lifedur= 0s and 0kb,
    spi= 0x0(0), conn_id= 0, keysize= 0, flags= 0x14
15:46:10: ISAKMP (0:1): processing NONCE payload. message ID = -1248878906
15:46:10: ISAKMP (0:1): processing KE payload. message ID = -1248878906
15:46:12: ISAKMP (0:1): processing ID payload. message ID = -1248878906
15:46:12: ISAKMP (0:1): processing ID payload. message ID = -1248878906
```

Main Mode Exchange mit Authentifizierung über Pre-shared Keys

```
15:46:12: ISAKMP (0:1): processing NOTIFY RESPONDER_LIFETIME protocol 3
          spi 3660690761, message ID = -1248878906
15:46:12: ISAKMP (0:1): processing responder lifetime
15:46:12: ISAKMP (1): responder lifetime of 200s
15:46:12: ISAKMP (0:1): Creating IPSec SAs
15:46:12:         inbound SA from 172.16.1.1 to 172.16.1.254  (proxy 172.16.1.1 to 10.0.0.0)
15:46:12:         has spi 0xFACD2A98 and conn_id 2002 and flags 15
15:46:12:         lifetime of 200 seconds
15:46:12:         lifetime of 4608000 kilobytes
15:46:12:         outbound SA from 172.16.1.254 to 172.16.1.1 (proxy 10.0.0.0 to 172.16.1.1)
15:46:12:         has spi -634276535 and conn_id 2003 and flags 15
15:46:12:         lifetime of 200 seconds
15:46:12:         lifetime of 4608000 kilobytes
15:46:12: ISAKMP (0:1): sending packet to 172.16.1.1 (R) QM_IDLE
15:46:12: ISAKMP (0:1): deleting node -1248878906 error FALSE reason ""
15:46:12: IPSEC(key_engine): got a queue event...
15:46:12: IPSEC(initialize_sas): ,
  (key eng. msg.) dest= 172.16.1.254, src= 172.16.1.1,
    dest_proxy= 10.0.0.0/255.0.0.0/0/0 (type=4),
    src_proxy= 172.16.1.1/255.255.255.255/0/0 (type=1),
    protocol= ESP, transform= esp-des esp-sha-hmac ,
    lifedur= 200s and 4608000kb,
    spi= 0xFACD2A98(4207749784), conn_id= 2002, keysize= 0, flags= 0x15
15:46:12: IPSEC(initialize_sas): ,
  (key eng. msg.) src= 172.16.1.254, dest= 172.16.1.1,
    src_proxy= 10.0.0.0/255.0.0.0/0/0 (type=4),
    dest_proxy= 172.16.1.1/255.255.255.255/0/0 (type=1),
    protocol= ESP, transform= esp-des esp-sha-hmac ,
    lifedur= 200s and 4608000kb,
    spi= 0xDA31B549(3660690761), conn_id= 2003, keysize= 0, flags= 0x15
15:46:12: IPSEC(create_sa): sa created,
  (sa) sa_dest= 172.16.1.254, sa_prot= 50,
    sa_spi= 0xFACD2A98(4207749784),
    sa_trans= esp-des esp-sha-hmac , sa_conn_id= 2002
15:46:12: IPSEC(create_sa): sa created,
  (sa) sa_dest= 172.16.1.1, sa_prot= 50,
    sa_spi= 0xDA31B549(3660690761),
    sa_trans= esp-des esp-sha-hmac , sa_conn_id= 2003
```

- Informational Mode Exchange zum Löschen der alten Security Associations

```
15:46:35: IPSEC(sa_aging): lifetime expiring,
  (sa) sa_dest= 172.16.1.1, sa_prot= 50,
    sa_spi= 0xAAD9BCC2(2866396354),
    sa_trans= esp-des esp-sha-hmac , sa_conn_id= 2001,
  (identity) local= 172.16.1.254, remote= 172.16.1.1,
    local_proxy= 10.0.0.0/255.0.0.0/0/0 (type=4),
    remote_proxy= 172.16.1.1/255.255.255.255/0/0 (type=1)
15:46:35: IPSEC(delete_sa): deleting SA,
  (sa) sa_dest= 172.16.1.254, sa_prot= 50,
    sa_spi= 0xAE7AE5AB(2927289771),
    sa_trans= esp-des esp-sha-hmac , sa_conn_id= 2000
15:46:35: IPSEC(delete_sa): deleting SA,
  (sa) sa_dest= 172.16.1.1, sa_prot= 50,
    sa_spi= 0xAAD9BCC2(2866396354),
    sa_trans= esp-des esp-sha-hmac , sa_conn_id= 2001
15:46:35: ISAKMP: received ke message (3/1)
15:46:35: ISAKMP (0:1): sending packet to 172.16.1.1 (R) QM_IDLE
15:46:35: ISAKMP (0:1): purging node -1801583162
```

634 Kapitel 17 • Ausführlicher Trace einer IPSec-Verbindung

Um einen möglichen Paketverlust zu vermeiden, wird die neue Security Association in der Regel einige Sekunden vor dem Ablauf der alten SA aufgebaut. Sobald die neue Security Association besteht, wird sie zur Übertragung der Daten benutzt und die alte SA kann gelöscht werden. Das heißt, während dieser Übergangszeit existieren vier Security Associations.

Informationen über die neuen IPSec Security Associations

c2503# show crypto ipsec sa

```
interface: Ethernet0
   Crypto map tag: ToNetwork_10, local addr. 172.16.1.254
   ...   ...

   local  ident (addr/mask/prot/port): (10.0.0.0/255.0.0.0/0/0)
   remote ident (addr/mask/prot/port): (172.16.1.1/255.255.255.255/0/0)
   current_peer: 172.16.1.1
     PERMIT, flags={}
    #pkts encaps: 8, #pkts encrypt: 8, #pkts digest 8
    #pkts decaps: 8, #pkts decrypt: 8, #pkts verify 8
    #pkts compressed: 0, #pkts decompressed: 0
    #pkts not compressed: 0, #pkts compr. failed: 0, #pkts decompress failed: 0
    #send errors 0, #recv errors 0

    local crypto endpt.: 172.16.1.254, remote crypto endpt.: 172.16.1.1
    path mtu 1500, media mtu 1500
    current outbound spi: DA31B549

    inbound esp sas:
     spi: 0xFACD2A98(4207749784)
       transform: esp-des esp-sha-hmac ,
       in use settings ={Tunnel, }
       slot: 0, conn id: 2002, flow_id: 3, crypto map: ToNetwork_10
       sa timing: remaining key lifetime (k/sec): (4608000/151)
       IV size: 8 bytes
       replay detection support: Y

    inbound ah sas:

    inbound pcp sas:

    outbound esp sas:
     spi: 0xDA31B549(3660690761)
       transform: esp-des esp-sha-hmac ,
       in use settings ={Tunnel, }
       slot: 0, conn id: 2003, flow_id: 4, crypto map: ToNetwork_10
       sa timing: remaining key lifetime (k/sec): (4608000/151)
       IV size: 8 bytes
       replay detection support: Y

    outbound ah sas:

    outbound pcp sas:
```

17.4.2.3 Erneuter Ablauf der IPSec Lifetime

Debug-Informationen

- Quick Mode Exchange   *Durch den Ablauf der IPSec Lifetime werden neue IPSec Security Associations benötigt.*

```
15:48:59: IPSEC(sa_request): ,
  (key eng. msg.) src= 172.16.1.254, dest= 172.16.1.1,
  src_proxy= 10.0.0.0/255.0.0.0/0/0 (type=4),
  dest_proxy= 172.16.1.1/255.255.255.255/0/0 (type=1),
  protocol= ESP, transform= esp-des esp-sha-hmac ,
  lifedur= 3600s and 4608000kb,
  spi= 0x2E3FEC3A(775941178), conn_id= 0, keysize= 0, flags= 0x4005
15:48:59: ISAKMP: received ke message (1/1)
15:48:59: ISAKMP (0:1): sitting IDLE. Starting QM immediately (QM_IDLE)
15:48:59: ISAKMP (0:1): beginning Quick Mode exchange, M-ID of -1860164313
15:49:00: ISAKMP (0:1): sending packet to 172.16.1.1 (R) QM_IDLE
15:49:01: ISAKMP (0:1): received packet from 172.16.1.1 (R) QM_IDLE
15:49:01: ISAKMP (0:1): processing HASH payload. message ID = -1860164313
15:49:01: ISAKMP (0:1): processing SA payload. message ID = -1860164313
15:49:01: ISAKMP (0:1): Checking IPSec proposal 1
15:49:01: ISAKMP: transform 1, ESP_DES
15:49:01: ISAKMP:   attributes in transform:
15:49:01: ISAKMP:     authenticator is HMAC-SHA
15:49:01: ISAKMP:     encaps is 1
15:49:01: ISAKMP:     group is 1
15:49:01: ISAKMP:     SA life type in seconds
15:49:01: ISAKMP:     SA life duration (basic) of 3600
15:49:01: ISAKMP:     SA life type in kilobytes
15:49:01: ISAKMP:     SA life duration (VPI) of  0x0 0x46 0x50 0x0
15:49:01: ISAKMP (0:1): atts are acceptable.
15:49:01: IPSEC(validate_proposal_request): proposal part #1,
  (key eng. msg.) dest= 172.16.1.254, src= 172.16.1.1,
  dest_proxy= 172.16.1.1/255.255.255.255/0/0 (type=1),
  src_proxy= 10.0.0.0/255.0.0.0/0/0 (type=4),
  protocol= ESP, transform= esp-des esp-sha-hmac ,
  lifedur= 0s and 0kb,
  spi= 0x0(0), conn_id= 0, keysize= 0, flags= 0x14
15:49:01: ISAKMP (0:1): processing NONCE payload. message ID = -1860164313
15:49:01: ISAKMP (0:1): processing KE payload. message ID = -1860164313
15:49:03: ISAKMP (0:1): processing ID payload. message ID = -1860164313
15:49:03: ISAKMP (0:1): processing ID payload. message ID = -1860164313
15:49:03: ISAKMP (0:1): processing NOTIFY RESPONDER_LIFETIME protocol 3
    spi 2408375735, message ID = -1860164313
15:49:03: ISAKMP (0:1): processing responder lifetime
15:49:03: ISAKMP (1): responder lifetime of 200s
15:49:03: ISAKMP (0:1): Creating IPSec SAs
15:49:03:         inbound SA from 172.16.1.1 to 172.16.1.254  (proxy 172.16.1.1 to 10.0.0.0)
15:49:03:         has spi 0x2E3FEC3A and conn_id 2004 and flags 15
15:49:03:         lifetime of 200 seconds
15:49:03:         lifetime of 4608000 kilobytes
15:49:03:         outbound SA from 172.16.1.254 to 172.16.1.1 (proxy 10.0.0.0 to 172.16.1.1)
15:49:03:         has spi -1886591561 and conn_id 2005 and flags 15
15:49:03:         lifetime of 200 seconds
15:49:03:         lifetime of 4608000 kilobytes
15:49:03: ISAKMP (0:1): sending packet to 172.16.1.1 (R) QM_IDLE
15:49:03: ISAKMP (0:1): deleting node -1860164313 error FALSE reason ""
15:49:03: IPSEC(key_engine): got a queue event...
```

Da die ISAKMP SA noch besteht, wird direkt mit dem Quick Mode begonnen.

```
15:49:03: IPSEC(initialize_sas): ,
   (key eng. msg.) dest= 172.16.1.254, src= 172.16.1.1,
   dest_proxy= 10.0.0.0/255.0.0.0/0/0 (type=4),
   src_proxy= 172.16.1.1/255.255.255.255/0/0 (type=1),
   protocol= ESP, transform= esp-des esp-sha-hmac ,
   lifedur= 200s and 4608000kb,
   spi= 0x2E3FEC3A(775941178), conn_id= 2004, keysize= 0, flags= 0x15
15:49:03: IPSEC(initialize_sas): ,
   (key eng. msg.) src= 172.16.1.254, dest= 172.16.1.1,
   src_proxy= 10.0.0.0/255.0.0.0/0/0 (type=4),
   dest_proxy= 172.16.1.1/255.255.255.255/0/0 (type=1),
   protocol= ESP, transform= esp-des esp-sha-hmac ,
   lifedur= 200s and 4608000kb,
   spi= 0x8F8CE5B7(2408375735), conn_id= 2005, keysize= 0, flags= 0x15
15:49:03: IPSEC(create_sa): sa created,
   (sa) sa_dest= 172.16.1.254, sa_prot= 50,
   sa_spi= 0x2E3FEC3A(775941178),
   sa_trans= esp-des esp-sha-hmac , sa_conn_id= 2004
15:49:03: IPSEC(create_sa): sa created,
   (sa) sa_dest= 172.16.1.1, sa_prot= 50,
   sa_spi= 0x8F8CE5B7(2408375735),
   sa_trans= esp-des esp-sha-hmac , sa_conn_id= 2005
```

- Informational Mode Exchange zum Löschen der alten Security Associations

```
15:49:26: IPSEC(sa_aging): lifetime expiring,
   (sa) sa_dest= 172.16.1.1, sa_prot= 50,
   sa_spi= 0xDA31B549(3660690761),
   sa_trans= esp-des esp-sha-hmac , sa_conn_id= 2003,
   (identity) local= 172.16.1.254, remote= 172.16.1.1,
   local_proxy= 10.0.0.0/255.0.0.0/0/0 (type=4),
   remote_proxy= 172.16.1.1/255.255.255.255/0/0 (type=1)
15:49:26: IPSEC(delete_sa): deleting SA,
   (sa) sa_dest= 172.16.1.254, sa_prot= 50,
   sa_spi= 0xFACD2A98(4207749784),
   sa_trans= esp-des esp-sha-hmac , sa_conn_id= 2002
15:49:26: IPSEC(delete_sa): deleting SA,
   (sa) sa_dest= 172.16.1.1, sa_prot= 50,
   sa_spi= 0xDA31B549(3660690761),
   sa_trans= esp-des esp-sha-hmac , sa_conn_id= 2003
15:49:26: ISAKMP: received ke message (3/1)
15:49:26: ISAKMP (0:1): sending packet to 172.16.1.1 (R) QM_IDLE
15:49:26: ISAKMP (0:1): purging node 101120016
```

Informationen über die neuen IPSec Security Associations

c2503# show crypto ipsec sa

```
interface: Ethernet0
   Crypto map tag: ToNetwork_10, local addr. 172.16.1.254
   ...   ...

   local  ident (addr/mask/prot/port): (10.0.0.0/255.0.0.0/0/0)
   remote ident (addr/mask/prot/port): (172.16.1.1/255.255.255.255/0/0)
   current_peer: 172.16.1.1
     PERMIT, flags={}
    #pkts encaps: 16, #pkts encrypt: 16, #pkts digest 16
    #pkts decaps: 16, #pkts decrypt: 16, #pkts verify 16
    #pkts compressed: 0, #pkts decompressed: 0
    #pkts not compressed: 0, #pkts compr. failed: 0, #pkts decompress failed: 0
    #send errors 0, #recv errors 0

     local crypto endpt.: 172.16.1.254, remote crypto endpt.: 172.16.1.1
     path mtu 1500, media mtu 1500
     current outbound spi: 8F8CE5B7

     inbound esp sas:
      spi: 0x2E3FEC3A(775941178)
        transform: esp-des esp-sha-hmac ,
        in use settings ={Tunnel, }
        slot: 0, conn id: 2004, flow_id: 5, crypto map: ToNetwork_10
        sa timing: remaining key lifetime (k/sec): (4607999/70)
        IV size: 8 bytes
        replay detection support: Y

     inbound ah sas:

     inbound pcp sas:

     outbound esp sas:
      spi: 0x8F8CE5B7(2408375735)
        transform: esp-des esp-sha-hmac ,
        in use settings ={Tunnel, }
        slot: 0, conn id: 2005, flow_id: 6, crypto map: ToNetwork_10
        sa timing: remaining key lifetime (k/sec): (4607999/70)
        IV size: 8 bytes
        replay detection support: Y

     outbound ah sas:

     outbound pcp sas:
```

17.4.2.4 Ablauf der ISAKMP Lifetime

Nach Ablauf der ISAKMP *Lifetime* wird lediglich die ISAKMP SA gelöscht, nicht jedoch die bestehenden IPSec Security Associations. Da die Partner die ISAKMP SA nur für den Aufbau von IPSec SAs benötigen, besteht keine Notwendigkeit, sofort eine neue ISAKMP SA aufzubauen. Aus diesem Grund wird erst dann eine ISAKMP SA erzeugt, wenn neue IPSec Security Associations angelegt werden müssen (z.B. durch den Ablauf der IPSec Lifetime).

Löschen der ISAKMP SA

- Informational Mode

Nach Ablauf der ISAKMP *Lifetime* von 400 Sekunden löscht der Router die zugehörige Security Association (wurde um 15:43:12 erzeugt).

```
15:49:52: ISAKMP (0:1): deleting SA reason "He's expired! " state (R) QM_IDLE
15:49:52: ISAKMP (0:1): sending packet to 172.16.1.1 (R) MM_NO_STATE
15:49:52: ISAKMP (0:1): purging node -1553862530
```

- Informationen vom Router

```
c2503# show crypto isakmp sa
    dst           src           state         conn-id   slot
    172.16.1.254  172.16.1.1    MM_NO_STATE   1         0     (deleted)
```

Anlegen einer neuen ISAKMP und von IPSec Security Associations

Bedingt durch den Ablauf der IPSec *Lifetime* müssen die Partner eine neue ISAKMP SA aufbauen, um die ISAKMP-Nachrichten des Quick Mode Exchange verschlüsseln und authentifizieren zu können.

- Main Mode Exchange

```
15:51:50: IPSEC(sa_request): ,
    (key eng. msg.) src= 172.16.1.254, dest= 172.16.1.1,
    src_proxy= 10.0.0.0/255.0.0.0/0/0 (type=4),
    dest_proxy= 172.16.1.1/255.255.255.255/0/0 (type=1),
    protocol= ESP, transform= esp-des esp-sha-hmac ,
    lifedur= 3600s and 4608000kb,
    spi= 0x69B08104(1773175044), conn_id= 0, keysize= 0, flags= 0x4005
15:51:50: ISAKMP: received ke message (1/1)
15:51:50: ISAKMP: local port 500, remote port 500
15:51:50: ISAKMP (0:1): beginning Main Mode exchange
15:51:50: ISAKMP (0:1): sending packet to 172.16.1.1 (I) MM_NO_STATE
15:51:50: ISAKMP (0:1): received packet from 172.16.1.1 (I) MM_NO_STATE
15:51:50: ISAKMP (0:1): processing SA payload. message ID = 0
15:51:50: ISAKMP (0:1): found peer Pre-shared Key matching 172.16.1.1
15:51:50: ISAKMP (0:1): Checking ISAKMP transform 1 against priority 20 policy
15:51:50: ISAKMP:      encryption DES-CBC
15:51:50: ISAKMP:      hash MD5
15:51:50: ISAKMP:      default group 1
15:51:50: ISAKMP:      auth pre-share
15:51:50: ISAKMP (0:1): atts are acceptable. Next payload is 0
15:51:52: ISAKMP (0:1): SA is doing Pre-shared Key authentication using id type ID_IPV4_ADDR
15:51:52: ISAKMP (0:1): sending packet to 172.16.1.1 (I) MM_SA_SETUP
15:51:52: ISAKMP (0:1): received packet from 172.16.1.1 (I) MM_SA_SETUP
15:51:52: ISAKMP (0:1): processing KE payload. message ID = 0
15:51:54: ISAKMP (0:1): processing NONCE payload. message ID = 0
15:51:54: ISAKMP (0:1): found peer Pre-shared Key matching 172.16.1.1
```

Da kein ISAKMP SA mehr besteht, muss zuerst eine neue Security Association aufgebaut werden.

```
15:51:54: ISAKMP (0:1): SKEYID state generated
15:51:54: ISAKMP (0:1): processing vendor id payload
15:51:54: ISAKMP (0:1): processing vendor id payload
15:51:54: ISAKMP (1): ID payload
          next-payload : 8
          type         : 1
          protocol     : 17
          port         : 500
          length       : 8
15:51:54: ISAKMP (1): Total payload length: 12
15:51:54: ISAKMP (0:1): sending packet to 172.16.1.1 (I) MM_KEY_EXCH
15:51:54: ISAKMP (0:1): received packet from 172.16.1.1 (I) MM_KEY_EXCH
15:51:54: ISAKMP (0:1): processing ID payload. message ID = 0
15:51:54: ISAKMP (0:1): processing HASH payload. message ID = 0
15:51:54: ISAKMP (0:1): SA has been authenticated with 172.16.1.1
15:51:54: ISAKMP (0:1): beginning Quick Mode exchange, M-ID of -1063795207
```

- Quick Mode Exchange

```
15:51:56: ISAKMP (0:1): sending packet to 172.16.1.1 (I) QM_IDLE
15:51:57: ISAKMP (0:1): received packet from 172.16.1.1 (I) QM_IDLE
15:51:57: ISAKMP (0:1): processing HASH payload. message ID = -1063795207
15:51:57: ISAKMP (0:1): processing SA payload. message ID = -1063795207
15:51:57: ISAKMP (0:1): Checking IPSec proposal 1
15:51:57: ISAKMP: transform 1, ESP_DES
15:51:57: ISAKMP:    attributes in transform:
15:51:57: ISAKMP:       authenticator is HMAC-SHA
15:51:57: ISAKMP:       encaps is 1
15:51:57: ISAKMP:       group is 1
15:51:57: ISAKMP:       SA life type in seconds
15:51:57: ISAKMP:       SA life duration (basic) of 3600
15:51:57: ISAKMP:       SA life type in kilobytes
15:51:57: ISAKMP:       SA life duration (VPI) of  0x0 0x46 0x50 0x0
15:51:57: ISAKMP (0:1): atts are acceptable.
15:51:57: IPSEC(validate_proposal_request): proposal part #1,
   (key eng. msg.) dest= 172.16.1.1, src= 172.16.1.254,
     dest_proxy= 172.16.1.1/255.255.255.255/0/0 (type=1),
     src_proxy= 10.0.0.0/255.0.0.0/0/0 (type=4),
     protocol= ESP, transform= esp-des esp-sha-hmac ,
     lifedur= 0s and 0kb,
     spi= 0x0(0), conn_id= 0, keysize= 0, flags= 0x14
15:51:57: ISAKMP (0:1): processing NONCE payload. message ID = -1063795207
15:51:57: ISAKMP (0:1): processing KE payload. message ID = -1063795207
15:51:59: ISAKMP (0:1): processing ID payload. message ID = -1063795207
15:51:59: ISAKMP (0:1): processing ID payload. message ID = -1063795207
15:51:59: ISAKMP (0:1): processing NOTIFY RESPONDER_LIFETIME protocol 3
          spi 3582678112, message ID = -1063795207
15:51:59: ISAKMP (0:1): processing responder lifetime
15:51:59: ISAKMP (1): responder lifetime of 200s
15:51:59: ISAKMP (0:1): Creating IPSec SAs
15:51:59:        inbound SA from 172.16.1.1 to 172.16.1.254  (proxy 172.16.1.1 to 10.0.0.0)
15:51:59:        has spi 0x69B08104 and conn_id 2006 and flags 15
15:51:59:        lifetime of 200 seconds
15:51:59:        lifetime of 4608000 kilobytes
15:51:59:        outbound SA from 172.16.1.254 to 172.16.1.1 (proxy 10.0.0.0 to 172.16.1.1)
15:51:59:        has spi -712289184 and conn_id 2007 and flags 15
15:51:59:        lifetime of 200 seconds
15:51:59:        lifetime of 4608000 kilobytes
15:51:59: ISAKMP (0:1): sending packet to 172.16.1.1 (I) QM_IDLE
15:51:59: ISAKMP (0:1): deleting node -1063795207 error FALSE reason ""
15:51:59: IPSEC(key_engine): got a queue event...
```

```
15:51:59: IPSEC(initialize_sas): ,
  (key eng. msg.) dest= 172.16.1.254, src= 172.16.1.1,
  dest_proxy= 10.0.0.0/255.0.0.0/0/0 (type=4),
  src_proxy= 172.16.1.1/255.255.255.255/0/0 (type=1),
  protocol= ESP, transform= esp-des esp-sha-hmac ,
  lifedur= 200s and 4608000kb,
  spi= 0x69B08104(1773175044), conn_id= 2006, keysize= 0, flags= 0x15
15:51:59: IPSEC(initialize_sas): ,
  (key eng. msg.) src= 172.16.1.254, dest= 172.16.1.1,
  src_proxy= 10.0.0.0/255.0.0.0/0/0 (type=4),
  dest_proxy= 172.16.1.1/255.255.255.255/0/0 (type=1),
  protocol= ESP, transform= esp-des esp-sha-hmac ,
  lifedur= 200s and 4608000kb,
  spi= 0xD58B5460(3582678112), conn_id= 2007, keysize= 0, flags= 0x15
15:51:59: IPSEC(create_sa): sa created,
  (sa) sa_dest= 172.16.1.254, sa_prot= 50,
  sa_spi= 0x69B08104(1773175044),
  sa_trans= esp-des esp-sha-hmac , sa_conn_id= 2006
15:51:59: IPSEC(create_sa): sa created,
  (sa) sa_dest= 172.16.1.1, sa_prot= 50,
  sa_spi= 0xD58B5460(3582678112),
  sa_trans= esp-des esp-sha-hmac , sa_conn_id= 2007
```

- Informational Mode Exchange zum Löschen der alten Security Associations

```
15:52:17: IPSEC(sa_aging): lifetime expiring,
  (sa) sa_dest= 172.16.1.1, sa_prot= 50,
  sa_spi= 0x8F8CE5B7(2408375735),
  sa_trans= esp-des esp-sha-hmac , sa_conn_id= 2005,
  (identity) local= 172.16.1.254, remote= 172.16.1.1,
  local_proxy= 10.0.0.0/255.0.0.0/0/0 (type=4),
  remote_proxy= 172.16.1.1/255.255.255.255/0/0 (type=1)
15:52:17: IPSEC(delete_sa): deleting SA,
  (sa) sa_dest= 172.16.1.254, sa_prot= 50,
  sa_spi= 0x2E3FEC3A(775941178),
  sa_trans= esp-des esp-sha-hmac , sa_conn_id= 2004
15:52:17: IPSEC(delete_sa): deleting SA,
  (sa) sa_dest= 172.16.1.1, sa_prot= 50,
  sa_spi= 0x8F8CE5B7(2408375735),
  sa_trans= esp-des esp-sha-hmac , sa_conn_id= 2005
15:52:17: ISAKMP: received ke message (3/1)
15:52:17: ISAKMP (0:1): sending packet to 172.16.1.1 (I) QM_IDLE
15:52:17: ISAKMP (0:1): purging node 657057322
```

Informationen über die neuen Security Associations

- Übersicht über alle ISAKMP SA

```
c2503# show crypto isakmp sa
    dst             src             state       conn-id   slot
    172.16.1.1      172.16.1.254    QM_IDLE       1        0
```

- Übersicht über alle IPSec SAs

```
c2503# show crypto ipsec sa
interface: Ethernet0
    Crypto map tag: ToNetwork_10, local addr. 172.16.1.254
    ...   ...

   local  ident (addr/mask/prot/port): (10.0.0.0/255.0.0.0/0/0)
   remote ident (addr/mask/prot/port): (172.16.1.1/255.255.255.255/0/0)
   current_peer: 172.16.1.1
     PERMIT, flags={}
    #pkts encaps: 20, #pkts encrypt: 20, #pkts digest 20
    #pkts decaps: 20, #pkts decrypt: 20, #pkts verify 20
    #pkts compressed: 0, #pkts decompressed: 0
    #pkts not compressed: 0, #pkts compr. failed: 0, #pkts decompress failed: 0
    #send errors 0, #recv errors 0

    local crypto endpt.: 172.16.1.254, remote crypto endpt.: 172.16.1.1
    path mtu 1500, media mtu 1500
    current outbound spi: D58B5460

    inbound esp sas:
     spi: 0x69B08104(1773175044)
        transform: esp-des esp-sha-hmac ,
        in use settings ={Tunnel, }
        slot: 0, conn id: 2006, flow_id: 7, crypto map: ToNetwork_10
        sa timing: remaining key lifetime (k/sec): (4607999/160)
        IV size: 8 bytes
        replay detection support: Y

    inbound ah sas:

    inbound pcp sas:

    outbound esp sas:
     spi: 0xD58B5460(3582678112)
        transform: esp-des esp-sha-hmac ,
        in use settings ={Tunnel, }
        slot: 0, conn id: 2007, flow_id: 8, crypto map: ToNetwork_10
        sa timing: remaining key lifetime (k/sec): (4607999/160)
        IV size: 8 bytes
        replay detection support: Y

    outbound ah sas:

    outbound pcp sas:
```

17.4.3 Trace des Main Mode Exchange

Erste ISAKMP-Nachricht des Main Mode Exchange

Die ersten beiden ISAKMP-Nachrichten eines Main Mode Exchange dienen zur Abstimmung der *ISAKMP Protection Suite*. Das heißt, es erfolgt ein Abgleich, welche Attribute beide Partner für die ISAKMP SA unterstützen.

- Ausgabe des Sniffer Trace (Initiator (PC) ⇒ Responder (Router))

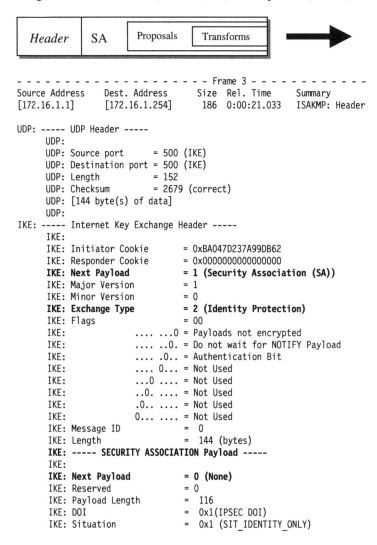

```
- - - - - - - - - - - - - - - - - - - - - Frame 3 - - - - - - - - - - - -
Source Address    Dest. Address     Size   Rel. Time     Summary
[172.16.1.1]      [172.16.1.254]    186    0:00:21.033   ISAKMP: Header

UDP: ----- UDP Header -----
     UDP:
     UDP: Source port       = 500 (IKE)
     UDP: Destination port  = 500 (IKE)
     UDP: Length            = 152
     UDP: Checksum          = 2679 (correct)
     UDP: [144 byte(s) of data]
     UDP:
IKE: ----- Internet Key Exchange Header -----
     IKE:
     IKE: Initiator Cookie  = 0xBA047D237A99DB62
     IKE: Responder Cookie  = 0x0000000000000000
     IKE: Next Payload      = 1 (Security Association (SA))
     IKE: Major Version     = 1
     IKE: Minor Version     = 0
     IKE: Exchange Type     = 2 (Identity Protection)
     IKE: Flags             = 00
     IKE:           .... ...0 = Payloads not encrypted
     IKE:           .... ..0. = Do not wait for NOTIFY Payload
     IKE:           .... .0.. = Authentication Bit
     IKE:           .... 0... = Not Used
     IKE:           ...0 .... = Not Used
     IKE:           ..0. .... = Not Used
     IKE:           .0.. .... = Not Used
     IKE:           0... .... = Not Used
     IKE: Message ID        = 0
     IKE: Length            = 144 (bytes)
     IKE: ----- SECURITY ASSOCIATION Payload -----
     IKE:
     IKE: Next Payload      = 0 (None)
     IKE: Reserved          = 0
     IKE: Payload Length    = 116
     IKE: DOI               = 0x1(IPSEC DOI)
     IKE: Situation         = 0x1 (SIT_IDENTITY_ONLY)
```

```
IKE: ----- PROPOSAL Payload -----
IKE:
IKE: Next Payload          = 0 (This is the last Proposal Payload)
IKE: Reserved              = 0
IKE: Payload Length        = 104
IKE: Proposal #            = 1
IKE: Protocol ID           = 1 (PROTO_ISAKMP)
IKE: SPI Size              = 0
IKE: # of Transforms       = 3
IKE: SPI Not Present
IKE: ----- TRANSFORM Payload -----
IKE:
IKE: Next Payload          = 3 (More Transform Payloads following)
IKE: Reserved              = 0
IKE: Payload Length        = 32
IKE: Transform #           = 1
IKE: Transform ID          = 1 (KEY_IKE)
IKE: Reserved 2            = 0
IKE: ***SA Attributes***
IKE: Flags                 = 80
IKE:             1... .... = Data Attribute following TV format
IKE: Attribute Class/Type  = 1 (Encryption Algorithm)
IKE: Attribute Value       = 1 (DES-CBC)
IKE: Flags                 = 80
IKE:             1... .... = Data Attribute following TV format
IKE: Attribute Class/Type  = 2 (Hash Algorithm)
IKE: Attribute Value       = 0x0001 (MD5)
IKE: Flags                 = 80
IKE:             1... .... = Data Attribute following TV format
IKE: Attribute Class/Type  = 4 (Group Description)
IKE: Attribute Value       = 1 (Group 1, 768-bit MODP Group )
IKE: Flags                 = 80
IKE:             1... .... = Data Attribute following TV format
IKE: Attribute Class/Type  = 3 (Authentication Algorithm)
IKE: Attribute Value       = 1 (Pre Shared Keys)
IKE: Flags                 = 80
IKE:             1... .... = Data Attribute following TV format
IKE: Attribute Class/Type  = 11 (Life Type)
IKE: Attribute Value       = 1 (Lifetime in Seconds)
IKE: Flags                 = 80
IKE:             1... .... = Data Attribute following TV format
IKE: Attribute Class/Type  = 12 (Life Duration)
IKE: Attribute Value       = 0x0190 (400 seconds)
```

```
IKE: ----- TRANSFORM Payload -----
IKE:
IKE: Next Payload          = 3 (More Transform Payloads following)
IKE: Reserved              = 0
IKE: Payload Length        =    32
IKE: Transform #           = 2
IKE: Transform ID          = 1 (KEY_IKE)
IKE: Reserved 2            = 0
IKE: ***SA Attributes***
IKE: Flags                 =    80
IKE:                    1... .... = Data Attribute following TV format
IKE: Attribute Class/Type  = 1 (Encryption Algorithm)
IKE: Attribute Value       = 1 (DES-CBC)
IKE: Flags                 =    80
IKE:                    1... .... = Data Attribute following TV format
IKE: Attribute Class/Type  = 2 (Hash Algorithm)
IKE: Attribute Value       = 0x0002 (SHA)
IKE: Flags                 =    80
IKE:                    1... .... = Data Attribute following TV format
IKE: Attribute Class/Type  = 4 (Group Description)
IKE: Attribute Value       = 1 (Group 1, 768-bit MODP Group )
IKE: Flags                 =    80
IKE:                    1... .... = Data Attribute following TV format
IKE: Attribute Class/Type  = 3 (Authentication Algorithm)
IKE: Attribute Value       = 1 (Pre Shared Keys)
IKE: Flags                 =    80
IKE:                    1... .... = Data Attribute following TV format
IKE: Attribute Class/Type  = 11 (Life Type)
IKE: Attribute Value       = 1 (Lifetime in Seconds)
IKE: Flags                 =    80
IKE:                    1... .... = Data Attribute following TV format
IKE: Attribute Class/Type  = 12 (Life Duration)
IKE: Attribute Value       = 0x0190 (400 seconds)
IKE: ----- TRANSFORM Payload -----
IKE:
IKE: Next Payload          = 0 ((This is the last Transform Payload)
IKE: Reserved              = 0
IKE: Payload Length        =    32
IKE: Transform #           = 3
IKE: Transform ID          = 1 (KEY_IKE)
IKE: Reserved 2            = 0
IKE: ***SA Attributes***
IKE: Flags                 =    80
IKE:                    1... .... = Data Attribute following TV format
IKE: Attribute Class/Type  = 1 (Encryption Algorithm)
IKE: Attribute Value       = 1 (DES-CBC)
IKE: Flags                 =    80
IKE:                    1... .... = Data Attribute following TV format
IKE: Attribute Class/Type  = 2 (Hash Algorithm)
IKE: Attribute Value       = 0x0002 (SHA)
IKE: Flags                 =    80
IKE:                    1... .... = Data Attribute following TV format
IKE: Attribute Class/Type  = 4 (Group Description)
IKE: Attribute Value       = 2 (Group 2, 1024-bit MODP Group )
IKE: Flags                 =    80
IKE:                    1... .... = Data Attribute following TV format
IKE: Attribute Class/Type  = 3 (Authentication Algorithm)
IKE: Attribute Value       = 1 (Pre Shared Keys)
```

```
IKE: Flags                     = 80
IKE:                  1... .... = Data Attribute following TV format
IKE: Attribute Class/Type      = 11 (Life Type)
IKE: Attribute Value           = 1 (Lifetime in Seconds)
IKE: Flags                     = 80
IKE:                  1... .... = Data Attribute following TV format
IKE: Attribute Class/Type      = 12 (Life Duration)
IKE: Attribute Value           = 0x0190 (400 seconds)
```

- Zugehöriger Teil der Debug-Ausgabe

```
15:43:12: ISAKMP (0:0): received packet from 172.16.1.1 (N) NEW SA
15:43:12: ISAKMP: local port 500, remote port 500
15:43:12: ISAKMP (0:1): processing SA payload. message ID = 0
15:43:12: ISAKMP (0:1): found peer Pre-shared Key matching 172.16.1.1
15:43:12: ISAKMP (0:1): Checking ISAKMP transform 1 against priority 20 policy
15:43:12: ISAKMP:      encryption DES-CBC
15:43:12: ISAKMP:      hash MD5
15:43:12: ISAKMP:      default group 1
15:43:12: ISAKMP:      auth pre-share
15:43:12: ISAKMP:      life type in seconds
15:43:12: ISAKMP:      life duration (basic) of 400
15:43:12: ISAKMP (0:1): atts are acceptable. Next payload is 3
15:43:14: ISAKMP (0:1): SA is doing Pre-shared Key authentication using id type ID_IPV4_ADDR
```

Zweite ISAKMP-Nachricht des Main Mode Exchange

- Ausgabe des Sniffer Trace (Responder (Router) ⇒ Initiator (PC))

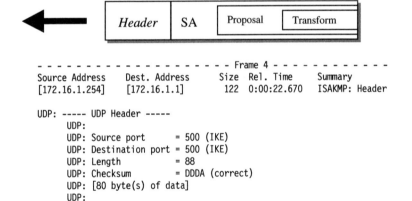

```
- - - - - - - - - - - - - - - - - - Frame 4 - - - - - - - - - - -
Source Address   Dest. Address    Size  Rel. Time    Summary
[172.16.1.254]   [172.16.1.1]     122   0:00:22.670  ISAKMP: Header

UDP: ----- UDP Header -----
     UDP:
     UDP: Source port       = 500 (IKE)
     UDP: Destination port  = 500 (IKE)
     UDP: Length            = 88
     UDP: Checksum          = DDDA (correct)
     UDP: [80 byte(s) of data]
     UDP:
IKE: ----- Internet Key Exchange Header -----
     IKE:
     IKE: Initiator Cookie  = 0xBA047D237A99DB62
     IKE: Responder Cookie  = 0x27F72804FA170E84
     IKE: Next Payload      = 1 (Security Association (SA))
     IKE: Major Version     = 1
     IKE: Minor Version     = 0
     IKE: Exchange Type     = 2 (Identity Protection)
     IKE: Flags             = 00
```

```
IKE:             .... ...0 = Payloads not encrypted
IKE:             .... ..0. = Do not wait for NOTIFY Payload
IKE:             .... .0.. = Authentication Bit
IKE:             .... 0... = Not Used
IKE:             ...0 .... = Not Used
IKE:             ..0. .... = Not Used
IKE:             .0.. .... = Not Used
IKE:             0... .... = Not Used
IKE: Message ID            = 0
IKE: Length                = 80 (bytes)
IKE: ----- SECURITY ASSOCIATION Payload -----
IKE:
IKE: Next Payload          = 0 (None)
IKE: Reserved              = 0
IKE: Payload Length        = 52
IKE: DOI                   = 0x1(IPSEC DOI)
IKE: Situation             = 0x1 (SIT_IDENTITY_ONLY)
IKE: ----- PROPOSAL Payload -----
IKE:
IKE: Next Payload          = 0 (This is the last Proposal Payload)
IKE: Reserved              = 0
IKE: Payload Length        = 40
IKE: Proposal #            = 1
IKE: Protocol ID           = 1 (PROTO_ISAKMP)
IKE: SPI Size              = 0
IKE: # of Transforms       = 1          Enthält die ausgewählte
IKE: SPI Not Present                    Transform Payload
IKE: ----- TRANSFORM Payload -----
IKE:
IKE: Next Payload          = 0 (This is the last Transform Payload)
IKE: Reserved              = 0
IKE: Payload Length        = 32
IKE: Transform #           = 1
IKE: Transform ID          = 1 (KEY_IKE)
IKE: Flags                 = 80
IKE:                  1... .... = Data Attribute following TV format
IKE: Attribute Class/Type  = 1 (Encryption Algorithm)
IKE: Attribute Value       = 1 (DES-CBC)
IKE: Flags                 = 80
IKE:                  1... .... = Data Attribute following TV format
IKE: Attribute Class/Type  = 2 (Hash Algorithm)
IKE: Attribute Value       = 0x0001 (MD5)
IKE: Flags                 = 80
IKE:                  1... .... = Data Attribute following TV format
IKE: Attribute Class/Type  = 4 (Group Description)
IKE: Attribute Value       = 1 (Group 1, 768-bit MODP Group )
IKE: Flags                 = 80
IKE:                  1... .... = Data Attribute following TV format
IKE: Attribute Class/Type  = 3 (Authentication Algorithm)
IKE: Attribute Value       = 1 (Pre Shared Keys)
IKE: Flags                 = 80
IKE:                  1... .... = Data Attribute following TV format
IKE: Attribute Class/Type  = 11 (Life Type)
IKE: Attribute Value       = 1 (Lifetime in Seconds)
IKE: Flags                 = 80
IKE:                  1... .... = Data Attribute following TV format
IKE: Attribute Class/Type  = 12 (Life Duration)
IKE: Attribute Value       = 0x0190 (400 seconds)
```

- Zugehöriger Teil der Debug-Ausgabe

   15:43:14: ISAKMP (0:1): sending packet to 172.16.1.1 (R) MM_SA_SETUP

Dritte ISAKMP-Nachricht des Main Mode Exchange

Die dritte und vierte ISAKMP-Nachricht dienen zum Austausch von Parametern, die für den Diffie-Hellman-Algorithmus benötigt werden. Die Werte des Generators *g* und der Primzahl *p* sind durch die vorher ausgehandelte Diffie-Hellman-Gruppe festgelegt.

Die Länge des öffentlichen DH-Schlüssels innerhalb der *Key Exchange Payload* muss mit der ausgewählten DH-Gruppe übereinstimmen (in diesem Beispiel »768 Bit MODP«-Gruppe, entspricht 96 Octets).

- Ausgabe des Sniffer Trace (Initiator (PC) ⇒ Responder (Router))

Header	Key Exchange	Nonce (Initiator)	→

```
- - - - - - - - - - - - - - - - - - - Frame 5 - - - - - - - - - - - -
Source Address    Dest. Address      Size  Rel. Time       Summary
[172.16.1.1]      [172.16.1.254]     218   0:00:22.902     ISAKMP: Header

UDP: ----- UDP Header -----
  UDP:
  UDP: Source port      = 500 (IKE)
  UDP: Destination port = 500 (IKE)
  UDP: Length           = 184
  UDP: Checksum         = 8DD9 (correct)
  UDP: [176 byte(s) of data]
  UDP:
IKE: ----- Internet Key Exchange Header -----
  IKE:
  IKE: Initiator Cookie  = 0xBA047D237A99DB62
  IKE: Responder Cookie  = 0x27F72804FA170E84
  IKE: Next Payload      = 4 (Key Exchange (KE))
  IKE: Major Version     = 1
  IKE: Minor Version     = 0
  IKE: Exchange Type     = 2 (Identity Protection)
  IKE: Flags             = 00
  IKE:         .... ...0 = Payloads not encrypted
  IKE:         .... ..0. = Do not wait for NOTIFY Payload
  IKE:         .... .0.. = Authentication Bit
  IKE:         .... 0... = Not Used
  IKE:         ...0 .... = Not Used
  IKE:         ..0. .... = Not Used
  IKE:         .0.. .... = Not Used
  IKE:         0... .... = Not Used
  IKE: Message ID        = 0
  IKE: Length            = 176 (bytes)
  IKE: ----- KEY EXCHANGE Payload -----
  IKE:
  IKE: Next Payload      = 10 (Nonce (NONCE))
  IKE: Reserved          = 0
  IKE: Payload Length    = 100
  IKE: [96 byte(s) of Key Exchange Data] =
       9f 8d ff 90 ac b1 a5 ac ec a7 20 24 31 1c 7e e3
       bb c9 df 2c f8 30 42 dc 86 ba 89 c4 42 d1 99 8d
       c9 ee 5c ac 70 3e 4d ce 25 3e e6 7d fc 28 c5 05
       6f 19 da 19 a3 73 64 26 19 46 cd ef eb 45 d5 48
       ec d0 0c ce 04 ab 09 d2 4a 05 2f aa dd c8 c3 59
       c4 68 e5 3d ec ab 5e f2 78 2d aa 72 ad 77 67 dc
```

Enthält den öffentlichen DH-Schlüssel (g^{x_i}) des Initiators

```
IKE: ----- NONCE Payload -----
IKE:
IKE: Next Payload          = 13 (Vendor ID (VID))
IKE: Reserved              = 0
IKE: Payload Length        = 24
IKE: [20 byte(s) of Nonce Data] =
     21 f4 8c 4a f5 f0 fc 7f d9 68 da e3 11 2e d9 7e
     31 f8 99 f3
IKE: ----- VID Payload -----
IKE:
IKE: Next Payload          = 13 (Vendor ID (VID))
IKE: Reserved              = 0
IKE: Payload Length        = 12
IKE: [8 byte(s) of Vendor ID Data] =
     da 8e 93 78 80 01 00 00
IKE: ----- VID Payload -----
IKE:
IKE: Next Payload          = 0 (This is the last payload)
IKE: Reserved              = 0
IKE: Payload Length        = 12
IKE: [8 byte(s) of Vendor ID Data] =
     09 00 26 89 df d6 b7 12
```

SKEYID = prf(*pre-shared-key*, $N_i\_B \mid N_r\_b$)

- Zugehöriger Teil der Debug-Ausgabe

```
15:43:14: ISAKMP (0:1): received packet from 172.16.1.1 (R) MM_SA_SETUP
15:43:14: ISAKMP (0:1): processing KE payload. message ID = 0
15:43:16: ISAKMP (0:1): processing NONCE payload. message ID = 0
15:43:16: ISAKMP (0:1): found peer Pre-shared Key matching 172.16.1.1
15:43:16: ISAKMP (0:1): SKEYID state generated
15:43:16: ISAKMP (0:1): processing vendor id payload
15:43:16: ISAKMP (0:1): processing vendor id payload
```

Vierte ISAKMP-Nachricht des Main Mode Exchange

- Ausgabe des Sniffer Trace (Responder (Router) ⇒ Initiator (PC))

⬅ | Header | Key Exchange | Nonce (Responder) |

```
- - - - - - - - - - - - - - - - - - Frame 6 - - - - - - - - - - - -
Source Address   Dest. Address    Size  Rel. Time    Summary
[172.16.1.254]   [172.16.1.1]     214   0:00:25.219  ISAKMP: Header

UDP: ----- UDP Header -----
UDP:
UDP: Source port       = 500 (IKE)
UDP: Destination port  = 500 (IKE)
UDP: Length            = 180
UDP: Checksum          = 4F8F (correct)
UDP: [172 byte(s) of data]
UDP:
```

```
IKE: ----- Internet Key Exchange Header -----
IKE:
IKE: Initiator Cookie       = 0xBA047D237A99DB62
IKE: Responder Cookie       = 0x27F72804FA170E84
IKE: Next Payload           = 4 (Key Exchange (KE))
IKE: Major Version          = 1
IKE: Minor Version          = 0
IKE: Exchange Type          = 2 (Identity Protection)
IKE: Flags                  = 00
IKE:            .... ...0 = Payloads not encrypted
IKE:            .... ..0. = Do not wait for NOTIFY Payload
IKE:            .... .0.. = Authentication Bit
IKE:            .... 0... = Not Used
IKE:            ...0 .... = Not Used
IKE:            ..0. .... = Not Used
IKE:            .0.. .... = Not Used
IKE:            0... .... = Not Used
IKE: Message ID             = 0
IKE: Length                 = 172 (bytes)
IKE: ----- KEY EXCHANGE Payload -----
IKE:
IKE: Next Payload           = 10 (Nonce (NONCE))
IKE: Reserved               = 0
IKE: Payload Length         = 100
IKE: [96 byte(s) of Key Exchange Data] =
     36 42 c2 90 57 86 d9 45 b6 6a 1d 8d 33 c6 ac 3c
     2b be cd 7a 70 85 6d 1c 77 f8 71 bd 27 c3 4f b6
     07 b7 d1 73 cf 98 56 4f d1 50 49 87 78 48 b6 e0
     54 66 2f 54 ca 88 5c e6 38 c1 48 c8 f4 a8 e4 98
     52 2b 02 24 9b ac 7d 30 92 92 a9 50 4b e6 d5 0d
     10 39 77 37 b1 62 df b6 f8 47 c2 98 07 6f 19 00
IKE: ----- NONCE Payload -----
IKE:
IKE: Next Payload           = 13 (Vendor ID (VID))
IKE: Reserved               = 0
IKE: Payload Length         = 24
IKE: [20 byte(s) of Nonce Data] =
     99 6e 83 54 35 4b 94 85 67 b1 65 e5 b7 92 e1 c4
     f6 01 79 c9
IKE: ----- VID Payload -----
IKE:
IKE: Next Payload           = 0 (This is the last payload)
IKE: Reserved               = 0
IKE: Payload Length         = 20
IKE: [16 byte(s) of Vendor ID Data] =
     d2 30 8f 19 fa 16 0e 84 8a 09 d3 56 a8 86 27 3c
```

Enthält den öffentlichen DH-Schlüssel ($g^{\wedge}x_r$) des Responder

SKEYID = prf(*pre-shared-key*, $N_i\_B \mid N_r\_b$)

- Zugehöriger Teil der Debug-Ausgabe

```
15:43:16: ISAKMP (0:1): sending packet to 172.16.1.1 (R) MM_KEY_EXCH
```

Fünfte ISAKMP-Nachricht des Main Mode Exchange

Die beiden letzten Nachrichten innerhalb eines Main Mode Exchange dienen zur gegenseitigen Authentifizierung des erzeugten Verschlüsselungsmaterials.

- Ausgabe des Sniffer Trace (Initiator (PC) ⇒ Responder (Router))

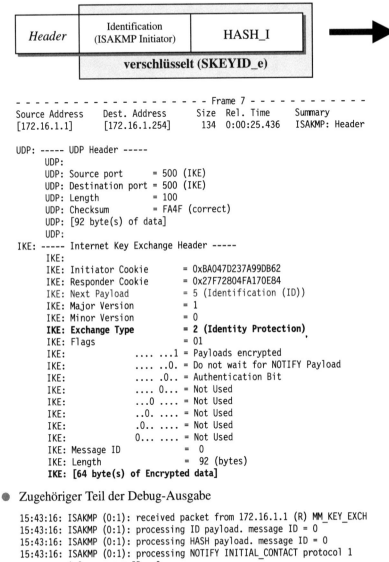

```
- - - - - - - - - - - - - - - - - - - Frame 7 - - - - - - - - - - - -
Source Address   Dest. Address      Size  Rel. Time     Summary
[172.16.1.1]     [172.16.1.254]     134   0:00:25.436   ISAKMP: Header

UDP: ----- UDP Header -----
     UDP:
     UDP: Source port       = 500 (IKE)
     UDP: Destination port  = 500 (IKE)
     UDP: Length            = 100
     UDP: Checksum          = FA4F (correct)
     UDP: [92 byte(s) of data]
     UDP:
IKE: ----- Internet Key Exchange Header -----
     IKE:
     IKE: Initiator Cookie  = 0xBA047D237A99DB62
     IKE: Responder Cookie  = 0x27F72804FA170E84
     IKE: Next Payload      = 5 (Identification (ID))
     IKE: Major Version     = 1
     IKE: Minor Version     = 0
     IKE: Exchange Type     = 2 (Identity Protection)
     IKE: Flags             = 01
     IKE:                   .... ...1 = Payloads encrypted
     IKE:                   .... ..0. = Do not wait for NOTIFY Payload
     IKE:                   .... .0.. = Authentication Bit
     IKE:                   .... 0... = Not Used
     IKE:                   ...0 .... = Not Used
     IKE:                   ..0. .... = Not Used
     IKE:                   .0.. .... = Not Used
     IKE:                   0... .... = Not Used
     IKE: Message ID        = 0
     IKE: Length            = 92 (bytes)
     IKE: [64 byte(s) of Encrypted data]
```

- Zugehöriger Teil der Debug-Ausgabe

```
15:43:16: ISAKMP (0:1): received packet from 172.16.1.1 (R) MM_KEY_EXCH
15:43:16: ISAKMP (0:1): processing ID payload. message ID = 0
15:43:16: ISAKMP (0:1): processing HASH payload. message ID = 0
15:43:16: ISAKMP (0:1): processing NOTIFY INITIAL_CONTACT protocol 1
          spi 0, message ID = 0
15:43:16: ISAKMP (0:1): SA has been authenticated with 172.16.1.1
```

Sechste ISAKMP-Nachricht des Main Mode Exchange

- Ausgabe des Sniffer Trace (Responder (Router) ⇒ Initiator (PC))

Header	Identification (ISAKMP Responder)	HASH_R
	verschlüsselt (SKEYID_e)	

```
- - - - - - - - - - - - - - - - - - - - - Frame 8 - - - - - - - - - - - -
Source Address   Dest. Address    Size  Rel. Time    Summary
[172.16.1.254]   [172.16.1.1]     110   0:00:25.493  ISAKMP: Header

UDP: ----- UDP Header -----
UDP:
UDP: Source port       = 500 (IKE)
UDP: Destination port  = 500 (IKE)
UDP: Length            = 76
UDP: Checksum          = C851 (correct)
UDP: [68 byte(s) of data]
UDP:
IKE: ----- Internet Key Exchange Header -----
IKE:
IKE: Initiator Cookie  = 0xBA047D237A99DB62
IKE: Responder Cookie  = 0x27F72804FA170E84
IKE: Next Payload      = 5 (Identification (ID))
IKE: Major Version     = 1
IKE: Minor Version     = 0
IKE: Exchange Type     = 2 (Identity Protection)
IKE: Flags             = 01
IKE:                   .... ...1 = Payloads encrypted
IKE:                   .... ..0. = Do not wait for NOTIFY Payload
IKE:                   .... .0.. = Authentication Bit
IKE:                   .... 0... = Not Used
IKE:                   ...0 .... = Not Used
IKE:                   ..0. .... = Not Used
IKE:                   .0.. .... = Not Used
IKE:                   0... .... = Not Used
IKE: Message ID        = 0
IKE: Length            = 68 (bytes)
IKE: [40 byte(s) of Encrypted data]
```

- Zugehöriger Teil der Debug-Ausgabe

```
15:43:16: ISAKMP (1): ID payload
       next-payload : 8
       type         : 1
       protocol     : 17
       port         : 500
       length       : 8
15:43:16: ISAKMP (1): Total payload length: 12
15:43:16: ISAKMP (0:1): sending packet to 172.16.1.1 (R) QM_IDLE
```

- Anzeige der ISAKMP SA

```
c2503# show crypto isakmp sa
     dst            src           state       conn-id   slot
  172.16.1.254   172.16.1.1     QM_IDLE          1        0
```

17.4.4 Quick Mode Exchange

Erste ISAKMP-Nachricht des Quick Mode Exchange

- Ausgabe des Sniffer Trace (Initiator (PC) ⇒ Responder (Router))

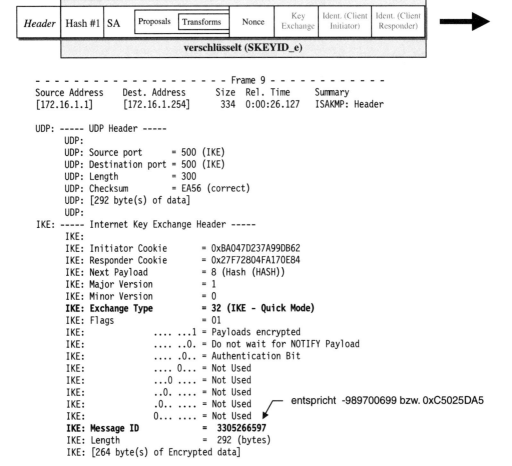

```
- - - - - - - - - - - - - - - - - - - - Frame 9 - - - - - - - - - - - -
Source Address   Dest. Address      Size  Rel. Time    Summary
[172.16.1.1]     [172.16.1.254]      334  0:00:26.127  ISAKMP: Header

UDP: ----- UDP Header -----
     UDP:
     UDP: Source port        = 500 (IKE)
     UDP: Destination port   = 500 (IKE)
     UDP: Length             = 300
     UDP: Checksum           = EA56 (correct)
     UDP: [292 byte(s) of data]
     UDP:
IKE: ----- Internet Key Exchange Header -----
     IKE:
     IKE: Initiator Cookie   = 0xBA047D237A99DB62
     IKE: Responder Cookie   = 0x27F72804FA170E84
     IKE: Next Payload       = 8 (Hash (HASH))
     IKE: Major Version      = 1
     IKE: Minor Version      = 0
     IKE: Exchange Type      = 32 (IKE - Quick Mode)
     IKE: Flags              = 01
     IKE:            .... ...1 = Payloads encrypted
     IKE:            .... ..0. = Do not wait for NOTIFY Payload
     IKE:            .... .0.. = Authentication Bit
     IKE:            .... 0... = Not Used
     IKE:            ...0 .... = Not Used
     IKE:            ..0. .... = Not Used
     IKE:            .0.. .... = Not Used        entspricht -989700699 bzw. 0xC5025DA5
     IKE:            0... .... = Not Used
     IKE: Message ID         = 3305266597
     IKE: Length             = 292 (bytes)
     IKE: [264 byte(s) of Encrypted data]
```

Main Mode Exchange mit Authentifizierung über Pre-shared Keys

- Zugehöriger Teil der Debug-Ausgabe

```
15:43:17: ISAKMP (0:1): received packet from 172.16.1.1 (R) QM_IDLE
15:43:17: ISAKMP (0:1): processing HASH payload. message ID = -989700699
15:43:17: ISAKMP (0:1): processing SA payload. message ID = -989700699
15:43:17: ISAKMP (0:1): Checking IPSec proposal 1
15:43:17: ISAKMP: transform 1, ESP_DES
15:43:17: ISAKMP:    attributes in transform:
15:43:17: ISAKMP:       authenticator is HMAC-SHA
15:43:17: ISAKMP:       encaps is 1
15:43:17: ISAKMP:       group is 1
15:43:17: ISAKMP:       SA life type in seconds
15:43:17: ISAKMP:       SA life duration (basic) of 200
15:43:17: ISAKMP (0:1): atts are acceptable.

15:43:17: IPSEC(validate_proposal_request): proposal part #1,
  (key eng. msg.) dest= 172.16.1.254, src= 172.16.1.1,
    dest_proxy= 10.0.0.0/255.0.0.0/0/0 (type=4),
    src_proxy= 172.16.1.1/255.255.255.255/0/0 (type=1),
    protocol= ESP, transform= esp-des esp-sha-hmac ,
    lifedur= 0s and 0kb,
    spi= 0x0(0), conn_id= 0, keysize= 0, flags= 0x14

15:43:19: ISAKMP (0:1): processing NONCE payload. message ID = -989700699
15:43:19: ISAKMP (0:1): processing KE payload. message ID = -989700699
15:43:21: ISAKMP (0:1): processing ID payload. message ID = -989700699
15:43:21: ISAKMP (1): ID_IPV4_ADDR src 172.16.1.1 prot 0 port 0
15:43:21: ISAKMP (0:1): processing ID payload. message ID = -989700699
15:43:21: ISAKMP (1): ID_IPV4_ADDR_SUBNET dst 10.0.0.0/255.0.0.0 prot 0 port 0
15:43:21: ISAKMP (0:1): asking for 1 spis from ipsec              ← entspricht 0xAE7AE5AB
15:43:21: IPSEC(key_engine): got a queue event...
15:43:21: IPSEC(spi_response): getting spi 2927289771 for SA
       from 172.16.1.1    to 172.16.1.254    for prot 3
15:43:21: ISAKMP: received ke message (2/1)
```

Zweite ISAKMP-Nachricht des Quick Mode Exchange

- Ausgabe des Sniffer Trace (Responder (Router) ⇒ Initiator (PC))

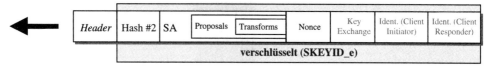

```
- - - - - - - - - - - - - - - - - - Frame 10 - - - - - - - - - - -
Source Address    Dest. Address      Size  Rel. Time       Summary
[172.16.1.254]    [172.16.1.1]       326   0:00:30.125     ISAKMP: Header

UDP: ----- UDP Header -----
UDP:
UDP: Source port        = 500 (IKE)
UDP: Destination port   = 500 (IKE)
UDP: Length             = 292
UDP: Checksum           = DE98 (correct)
UDP: [284 byte(s) of data]
UDP:
IKE: ----- Internet Key Exchange Header -----
IKE:
IKE: Initiator Cookie   = 0xBA047D237A99DB62
IKE: Responder Cookie   = 0x27F72804FA170E84
IKE: Next Payload       = 8 (Hash (HASH))
IKE: Major Version      = 1
IKE: Minor Version      = 0
IKE: Exchange Type      = 32 (IKE - Quick Mode)
IKE: Flags              = 01
IKE:              .... ...1 = Payloads encrypted
IKE:              .... ..0. = Do not wait for NOTIFY Payload
IKE:              .... .0.. = Authentication Bit
IKE:              .... 0... = Not Used
IKE:              ...0 .... = Not Used
IKE:              ..0. .... = Not Used
IKE:              .0.. .... = Not Used     entspricht -989700699 bzw. 0xC5025DA5
IKE:              0... .... = Not Used
IKE: Message ID         = 3305266597
IKE: Length             = 284 (bytes)
IKE: [256 byte(s) of Encrypted data]
```

- Zugehöriger Teil der Debug-Ausgabe

```
15:43:21: ISAKMP (0:1): sending packet to 172.16.1.1 (R) QM_IDLE
```

Dritte ISAKMP-Nachricht des Quick Mode Exchange

- Ausgabe des Sniffer Trace (Initiator (PC) ⇒ Responder (Router))

Header	Hash #3
	verschlüsselt

```
- - - - - - - - - - - - - - - - - - - Frame 11 - - - - - - - - - - -
Source Address   Dest. Address       Size  Rel. Time    Summary
[172.16.1.1]     [172.16.1.254]        94  0:00:30.323  ISAKMP: Header

UDP: ----- UDP Header -----
     UDP:
     UDP: Source port       = 500 (IKE)
     UDP: Destination port  = 500 (IKE)
     UDP: Length            = 60
     UDP: Checksum          = 956B (correct)
     UDP: [52 byte(s) of data]
     UDP:
IKE: ----- Internet Key Exchange Header -----
     IKE:
     IKE: Initiator Cookie  = 0xBA047D237A99DB62
     IKE: Responder Cookie  = 0x27F72804FA170E84
     IKE: Next Payload      = 8 (Hash (HASH))
     IKE: Major Version     = 1
     IKE: Minor Version     = 0
     IKE: Exchange Type     = 32 (IKE - Quick Mode)
     IKE: Flags             = 01
     IKE:            .... ...1 = Payloads encrypted
     IKE:            .... ..0. = Do not wait for NOTIFY Payload
     IKE:            .... .0.. = Authentication Bit
     IKE:            .... 0... = Not Used
     IKE:            ...0 .... = Not Used
     IKE:            ..0. .... = Not Used
     IKE:            .0.. .... = Not Used
     IKE:            0... .... = Not Used
     IKE: Message ID        = 3305266597
     IKE: Length            = 52 (bytes)
     IKE: [24 byte(s) of Encrypted data]
```

entspricht -989700699 bzw. 0xC5025DA5

- Zugehöriger Teil der Debug-Ausgabe

```
15:43:21: ISAKMP (0:1): received packet from 172.16.1.1 (R) QM_IDLE

15:43:21: ISAKMP (0:1): Creating IPSec SAs
15:43:21:       inbound SA from 172.16.1.1 to 172.16.1.254  (proxy 172.16.1.1 to 10.0.0.0)
15:43:21:       has spi 0xAE7AE5AB and conn_id 2000 and flags 15
15:43:21:       lifetime of 200 seconds
15:43:21:       outbound SA from 172.16.1.254 to 172.16.1.1 (proxy 10.0.0.0 to 172.16.1.1)
15:43:21:       has spi 0xAAD9BCC2 and conn_id 2001 and flags 15
15:43:21:       lifetime of 200 seconds
15:43:21: ISAKMP (0:1): deleting node -989700699 error FALSE reason "quick mode done
(await()"
15:43:21: IPSEC(key_engine): got a queue event...
```

```
15:43:21: IPSEC(initialize_sas): ,
  (key eng. msg.) dest= 172.16.1.254, src= 172.16.1.1,
    dest_proxy= 10.0.0.0/255.0.0.0/0/0 (type=4),
    src_proxy= 172.16.1.1/0.0.0.0/0/0 (type=1),
    protocol= ESP, transform= esp-des esp-sha-hmac ,
    lifedur= 200s and 0kb,
    spi= 0xAE7AE5AB(2927289771), conn_id= 2000, keysize= 0, flags= 0x15
```
Der Router baut die Inbound Security Association der ESP-Verbindung auf.

```
15:43:22: IPSEC(initialize_sas): ,
  (key eng. msg.) src= 172.16.1.254, dest= 172.16.1.1,
    src_proxy= 10.0.0.0/255.0.0.0/0/0 (type=4),
    dest_proxy= 172.16.1.1/0.0.0.0/0/0 (type=1),
    protocol= ESP, transform= esp-des esp-sha-hmac ,
    lifedur= 200s and 0kb,
    spi= 0xAAD9BCC2(2866396354), conn_id= 2001, keysize= 0, flags= 0x15
```
Der Router erzeugt die zugehörige Outbound Security Association.

```
15:43:22: IPSEC(create_sa): sa created,
  (sa) sa_dest= 172.16.1.254, sa_prot= 50,
    sa_spi= 0xAE7AE5AB(2927289771),
    sa_trans= esp-des esp-sha-hmac , sa_conn_id= 2000

15:43:22: IPSEC(create_sa): sa created,
  (sa) sa_dest= 172.16.1.1, sa_prot= 50,
    sa_spi= 0xAAD9BCC2(2866396354),
    sa_trans= esp-des esp-sha-hmac , sa_conn_id= 2001
```

Verschlüsselung der Nutzdaten über die aufgebaute ESP Security Association

- Inbound Security Association (aus Sicht des Cisco Routers)

```
- - - - - - - - - - - - - - - - - - - Frame 12 - - - - - - - - - - - - - - - - - - -
Source Address   Dest. Address     Size  Rel. Time   Summary
[172.16.1.1]     [172.16.1.254]    126   0:00:36.264 IP: ESP SPI=2927289771

IP: ----- IP Header -----
    IP:
    IP: Version = 4, header length = 20 bytes
    IP: Type of service = 00
    IP: Total length    = 112 bytes
    IP: Identification  = 1
    IP: Flags           = 0X
    IP: Fragment offset = 0 bytes
    IP: Time to live    = 32 seconds/hops
    IP: Protocol        = 50 (SIPP-ESP)
    IP: Header checksum = 6A36 (correct)
    IP: Source address     = [172.16.1.1]
    IP: Destination address = [172.16.1.254]
    IP: No options
    IP:
ESP: ----- IP ESP -----
    ESP:
    ESP: Security Parameters Index = 2927289771
    ESP: Sequence Number           = 1
    ESP: Payload Data              =
         1E62EB12DA44894559DBF5A0371A69631E7...
```

Main Mode Exchange mit Authentifizierung über Pre-shared Keys

- Outbound Security Association (aus Sicht des Cisco Routers)

```
- - - - - - - - - - - - - - - - - - - - Frame 12 - - - - - - - - - - - - - - -
Source Address    Dest. Address      Size  Rel. Time     Summary
[172.16.1.254]    [172.16.1.1]       126   0:00:36.292   IP: ESP SPI=2866396354

IP: ----- IP Header -----
    IP:
    IP: Version = 4, header length = 20 bytes
    IP: Type of service    = 00
    IP: Total length       = 112 bytes
    IP: Identification     = 263
    IP: Flags              = 0X
    IP: Fragment offset    = 0 bytes
    IP: Time to live       = 255 seconds/hops
    IP: Protocol           = 50 (SIPP-ESP)
    IP: Header checksum    = 8A2F (correct)
    IP: Source address        = [172.16.1.254]
    IP: Destination address   = [172.16.1.1]
    IP: No options
    IP:
ESP: ----- IP ESP -----
    ESP:
    ESP: Security Parameters Index = 2866396354
    ESP: Sequence Number           = 1
    ESP: Payload Data              =
         5C921DA221B8A8BF26B4B64C504AB44E9B9FEE7...
```

- Informationen über die ESP Security Associations auf dem Cisco Router

```
c2503# show crypto ipsec sa
interface: Ethernet0
    Crypto map tag: ToNetwork_10, local addr. 172.16.1.254
   ... ...
    local  ident (addr/mask/prot/port): (10.0.0.0/255.0.0.0/0/0)
    remote ident (addr/mask/prot/port): (172.16.1.1/255.255.255.255/0/0)
    current_peer: 172.16.1.1
   ... ...
     local crypto endpt.: 172.16.1.254, remote crypto endpt.: 172.16.1.1
     path mtu 1500, media mtu 1500
     current outbound spi: AAD9BCC2

     inbound esp sas:
      spi: 0xAE7AE5AB(2927289771)
        transform: esp-des esp-sha-hmac ,
        in use settings ={Tunnel, }
        slot: 0, conn id: 2000, flow_id: 1, crypto map: ToNetwork_10
        sa timing: remaining key lifetime (k/sec): (4607999/188)
        IV size: 8 bytes
        replay detection support: Y

     outbound esp sas:
      spi: 0xAAD9BCC2(2866396354)
        transform: esp-des esp-sha-hmac ,
        in use settings ={Tunnel, }
        slot: 0, conn id: 2001, flow_id: 2, crypto map: ToNetwork_10
        sa timing: remaining key lifetime (k/sec): (4607999/188)
        IV size: 8 bytes
        replay detection support: Y
```

17.4.5 Ablauf der IPSec Lifetime

Da die ISAKMP SA noch besteht und gültig ist, müssen die beiden Partner lediglich die IPSec Security Associations für das ESP-Sicherheitsprotokoll neu aufbauen.

Erste ISAKMP-Nachricht des Quick Mode Exchange

- Ausgabe des Sniffer Trace (Initiator (Router) $\Rightarrow$ Responder (PC))

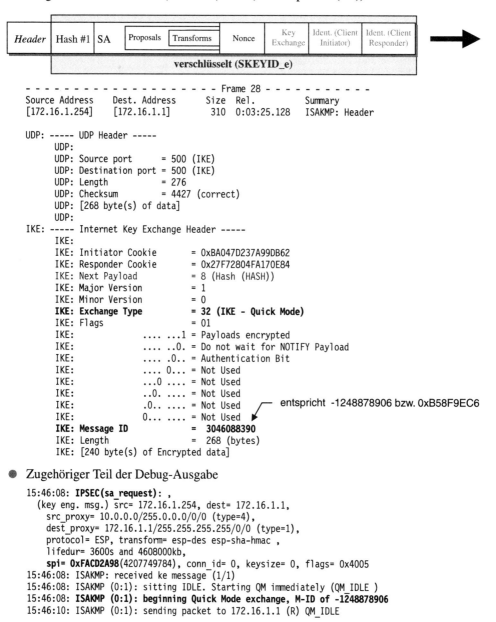

```
- - - - - - - - - - - - - - - - - - - Frame 28 - - - - - - - - - - -
Source Address   Dest. Address    Size  Rel.            Summary
[172.16.1.254]   [172.16.1.1]      310  0:03:25.128     ISAKMP: Header

UDP: ----- UDP Header -----
UDP:
UDP: Source port      = 500 (IKE)
UDP: Destination port = 500 (IKE)
UDP: Length           = 276
UDP: Checksum         = 4427 (correct)
UDP: [268 byte(s) of data]
UDP:
IKE: ----- Internet Key Exchange Header -----
IKE:
IKE: Initiator Cookie    = 0xBA047D237A99DB62
IKE: Responder Cookie    = 0x27F72804FA170E84
IKE: Next Payload        = 8 (Hash (HASH))
IKE: Major Version       = 1
IKE: Minor Version       = 0
IKE: Exchange Type       = 32 (IKE - Quick Mode)
IKE: Flags               = 01
IKE:           .... ...1 = Payloads encrypted
IKE:           .... ..0. = Do not wait for NOTIFY Payload
IKE:           .... .0.. = Authentication Bit
IKE:           .... 0... = Not Used
IKE:           ...0 .... = Not Used
IKE:           ..0. .... = Not Used
IKE:           .0.. .... = Not Used       entspricht -1248878906 bzw. 0xB58F9EC6
IKE:           0... .... = Not Used
IKE: Message ID          = 3046088390
IKE: Length              = 268 (bytes)
IKE: [240 byte(s) of Encrypted data]
```

- Zugehöriger Teil der Debug-Ausgabe

```
15:46:08: IPSEC(sa_request): ,
  (key eng. msg.) src= 172.16.1.254, dest= 172.16.1.1,
    src_proxy= 10.0.0.0/255.0.0.0/0/0 (type=4),
    dest_proxy= 172.16.1.1/255.255.255.255/0/0 (type=1),
    protocol= ESP, transform= esp-des esp-sha-hmac ,
    lifedur= 3600s and 4608000kb,
    spi= 0xFACD2A98(4207749784), conn_id= 0, keysize= 0, flags= 0x4005
15:46:08: ISAKMP: received ke message (1/1)
15:46:08: ISAKMP (0:1): sitting IDLE. Starting QM immediately (QM_IDLE )
15:46:08: ISAKMP (0:1): beginning Quick Mode exchange, M-ID of -1248878906
15:46:10: ISAKMP (0:1): sending packet to 172.16.1.1 (R) QM_IDLE
```

Zweite ISAKMP-Nachricht des Quick Mode Exchange

- Ausgabe des Sniffer Trace (Responder (PC) ⇒ Initiator (Router))

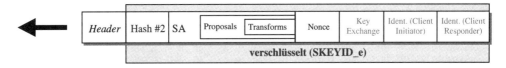

```
- - - - - - - - - - - - - - - - - - - - Frame 29 - - - - - - - - - - -
Source Address   Dest. Address      Size  Rel. Time    Summary
[172.16.1.1]     [172.16.1.254]     334   0:03:25.669  ISAKMP: Header

UDP: ----- UDP Header -----
     UDP:
     UDP: Source port       = 500 (IKE)
     UDP: Destination port  = 500 (IKE)
     UDP: Length            = 300
     UDP: Checksum          = 1AEE (correct)
     UDP: [292 byte(s) of data]
     UDP:
IKE: ----- Internet Key Exchange Header -----
     IKE:
     IKE: Initiator Cookie  = 0xBA047D237A99DB62
     IKE: Responder Cookie  = 0x27F72804FA170E84
     IKE: Next Payload      = 8 (Hash (HASH))
     IKE: Major Version     = 1
     IKE: Minor Version     = 0
     IKE: Exchange Type     = 32 (IKE - Quick Mode)
     IKE: Flags             = 01
     IKE:            .... ...1 = Payloads encrypted
     IKE:            .... ..0. = Do not wait for NOTIFY Payload
     IKE:            .... .0.. = Authentication Bit
     IKE:            .... 0... = Not Used
     IKE:            ...0 .... = Not Used
     IKE:            ..0. .... = Not Used
     IKE:            .0.. .... = Not Used
     IKE:            0... .... = Not Used
     IKE: Message ID        = 3046088390
     IKE: Length            = 292 (bytes)
     IKE: [264 byte(s) of Encrypted data]
```

entspricht -1248878906 bzw. 0xB58F9EC6

- Zugehöriger Teil der Debug-Ausgabe

```
15:46:10: ISAKMP (0:1): received packet from 172.16.1.1 (R) QM_IDLE
15:46:10: ISAKMP (0:1): processing HASH payload. message ID = -1248878906
15:46:10: ISAKMP (0:1): processing SA payload. message ID = -1248878906
15:46:10: ISAKMP (0:1): Checking IPSec proposal 1
15:46:10: ISAKMP: transform 1, ESP_DES
15:46:10: ISAKMP:   attributes in transform:
15:46:10: ISAKMP:      authenticator is HMAC-SHA
15:46:10: ISAKMP:      encaps is 1
15:46:10: ISAKMP:      group is 1
15:46:10: ISAKMP:      SA life type in seconds
15:46:10: ISAKMP:      SA life duration (basic) of 3600
15:46:10: ISAKMP:      SA life type in kilobytes
15:46:10: ISAKMP:      SA life duration (VPI) of  0x0 0x46 0x50 0x0
15:46:10: ISAKMP (0:1): atts are acceptable.
```

```
15:46:10: IPSEC(validate_proposal_request): proposal part #1,
   (key eng. msg.) dest= 172.16.1.254, src= 172.16.1.1,
      dest_proxy= 172.16.1.1/255.255.255.255/0/0 (type=1),
      src_proxy= 10.0.0.0/255.0.0.0/0/0 (type=4),
      protocol= ESP, transform= esp-des esp-sha-hmac ,
      lifedur= 0s and 0kb,
      spi= 0x0(0), conn_id= 0, keysize= 0, flags= 0x14

15:46:10: ISAKMP (0:1): processing NONCE payload. message ID = -1248878906
15:46:10: ISAKMP (0:1): processing KE payload. message ID = -1248878906
15:46:12: ISAKMP (0:1): processing ID payload. message ID = -1248878906
15:46:12: ISAKMP (0:1): processing ID payload. message ID = -1248878906
15:46:12: ISAKMP (0:1): processing NOTIFY RESPONDER_LIFETIME protocol 3
         spi 3660690761, message ID = -1248878906
15:46:12: ISAKMP (0:1): processing responder lifetime
15:46:12: ISAKMP (1): responder lifetime of 200s

15:46:12: ISAKMP (0:1): Creating IPSec SAs
15:46:12:          inbound SA from 172.16.1.1 to 172.16.1.254  (proxy 172.16.1.1 to 10.0.0.0)
15:46:12:          has spi 0xFACD2A98 and conn_id 2002 and flags 15
15:46:12:          lifetime of 200 seconds
15:46:12:          lifetime of 4608000 kilobytes
15:46:12:          outbound SA from 172.16.1.254 to 172.16.1.1 (proxy 10.0.0.0 to 172.16.1.1)
15:46:12:          has spi -634276535 and conn_id 2003 and flags 15
15:46:12:          lifetime of 200 seconds
15:46:12:          lifetime of 4608000 kilobytes      entspricht 0xDA31B549 bzw. 3660690761
```

Dritte ISAKMP-Nachricht des Quick Mode Exchange

- Ausgabe des Sniffer Trace (Initiator (Router) ⇒ Responder (PC))

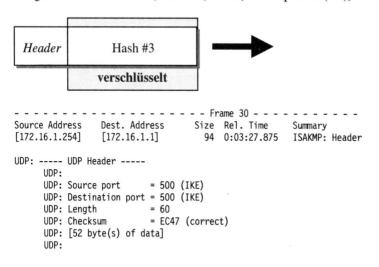

```
- - - - - - - - - - - - - - - - - - - Frame 30 - - - - - - - - - - -
Source Address   Dest. Address    Size   Rel. Time       Summary
[172.16.1.254]   [172.16.1.1]       94   0:03:27.875     ISAKMP: Header

UDP: ----- UDP Header -----
    UDP:
    UDP: Source port      = 500 (IKE)
    UDP: Destination port = 500 (IKE)
    UDP: Length           = 60
    UDP: Checksum         = EC47 (correct)
    UDP: [52 byte(s) of data]
    UDP:
```

```
IKE: ----- Internet Key Exchange Header -----
    IKE:
    IKE: Initiator Cookie        = 0xBA047D237A99DB62
    IKE: Responder Cookie        = 0x27F72804FA170E84
    IKE: Next Payload            = 8 (Hash (HASH))
    IKE: Major Version           = 1
    IKE: Minor Version           = 0
    IKE: Exchange Type           = 32 (IKE - Quick Mode)
    IKE: Flags                   = 01
    IKE:            .... ...1 = Payloads encrypted
    IKE:            .... ..0. = Do not wait for NOTIFY Payload
    IKE:            .... .0.. = Authentication Bit
    IKE:            .... 0... = Not Used
    IKE:            ...0 .... = Not Used
    IKE:            ..0. .... = Not Used
    IKE:            .0.. .... = Not Used       entspricht -1248878906 bzw. 0xB58F9EC6
    IKE:            0... .... = Not Used
    IKE: Message ID              = 3046088390
    IKE: Length                  = 52 (bytes)
    IKE: [24 byte(s) of Encrypted data]
```

- Zugehöriger Teil der Debug-Ausgabe

```
15:46:12: ISAKMP (0:1): sending packet to 172.16.1.1 (R) QM_IDLE
15:46:12: ISAKMP (0:1): deleting node -1248878906 error FALSE reason ""
15:46:12: IPSEC(key_engine): got a queue event...

15:46:12: IPSEC(initialize_sas): ,
  (key eng. msg.) dest= 172.16.1.254, src= 172.16.1.1,      Der Router baut die neue Inbound Security
    dest_proxy= 10.0.0.0/255.0.0.0/0/0 (type=4),            Association der ESP-Verbindung auf.
    src_proxy= 172.16.1.1/255.255.255.255/0/0 (type=1),
    protocol= ESP, transform= esp-des esp-sha-hmac ,
    lifedur= 200s and 4608000kb,
    spi= 0xFACD2A98(4207749784), conn_id= 2002, keysize= 0, flags= 0x15

15:46:12: IPSEC(initialize_sas): ,
  (key eng. msg.) src= 172.16.1.254, dest= 172.16.1.1,      Der Router erzeugt die zugehörige neue
    src_proxy= 10.0.0.0/255.0.0.0/0/0 (type=4),             Outbound Security Association.
    dest_proxy= 172.16.1.1/255.255.255.255/0/0 (type=1),
    protocol= ESP, transform= esp-des esp-sha-hmac ,
    lifedur= 200s and 4608000kb,
    spi= 0xDA31B549(3660690761), conn_id= 2003, keysize= 0, flags= 0x15

15:46:12: IPSEC(create_sa): sa created,
  (sa) sa_dest= 172.16.1.254, sa_prot= 50,
    sa_spi= 0xFACD2A98(4207749784),
    sa_trans= esp-des esp-sha-hmac , sa_conn_id= 2002

15:46:12: IPSEC(create_sa): sa created,
  (sa) sa_dest= 172.16.1.1, sa_prot= 50,
    sa_spi= 0xDA31B549(3660690761),
    sa_trans= esp-des esp-sha-hmac , sa_conn_id= 2003
```

Informational Mode Exchange mit Delete Payload

Um den Partner zu informieren, dass die IPSec SAs (in diesem Fall mit den SPIs 0xAE7AE5AB und 0xAAD9BCC2) gelöscht wurden, sendet der Router über einen Informational Mode Exchange eine Delete-Nachricht.

```
- - - - - - - - - - - - - - - - - - - - Frame 31 - - - - - - - - - - - - - - - - - - - -
Source Address    Dest. Address    Size  Rel. Time     Summary
[172.16.1.254]    [172.16.1.1]     110   0:03:50.520   ISAKMP: Header

UDP: ----- UDP Header -----
     UDP:
     UDP: Source port        = 500 (IKE)
     UDP: Destination port   = 500 (IKE)
     UDP: Length             = 76
     UDP: Checksum           = B15A (correct)
     UDP: [68 byte(s) of data]
     UDP:
IKE: ----- Internet Key Exchange Header -----
     IKE:
     IKE: Initiator Cookie   = 0xBA047D237A99DB62
     IKE: Responder Cookie   = 0x27F72804FA170E84
     IKE: Next Payload       = 8 (Hash (HASH))
     IKE: Major Version      = 1
     IKE: Minor Version      = 0
     IKE: Exchange Type      = 5 (Informational)
     IKE: Flags              = 01
     IKE:         .... ...1 = Payloads encrypted
     IKE:         .... ..0. = Do not wait for NOTIFY Payload
     IKE:         .... .0.. = Authentication Bit
     IKE:         .... 0... = Not Used
     IKE:         ...0 .... = Not Used
     IKE:         ..0. .... = Not Used
     IKE:         .0.. .... = Not Used     entspricht -1801583162 bzw. 0x949E05C6
     IKE:         0... .... = Not Used
     IKE: Message ID         = 2493384134
     IKE: Length             = 68 (bytes)
     IKE: [40 byte(s) of Encrypted data]
```

- Zugehöriger Teil der Debug-Ausgabe

```
15:46:35: IPSEC(sa_aging): lifetime expiring,
  (sa) sa_dest= 172.16.1.1, sa_prot= 50,
   sa_spi= 0xAAD9BCC2(2866396354),
   sa_trans= esp-des esp-sha-hmac , sa_conn_id= 2001,
  (identity) local= 172.16.1.254, remote= 172.16.1.1,
   local_proxy= 10.0.0.0/255.0.0.0/0/0 (type=4),
   remote_proxy= 172.16.1.1/255.255.255.255/0/0 (type=1)

15:46:35: IPSEC(delete_sa): deleting SA,
  (sa) sa_dest= 172.16.1.254, sa_prot= 50,
   sa_spi= 0xAE7AE5AB(2927289771),
   sa_trans= esp-des esp-sha-hmac , sa_conn_id= 2000

15:46:35: IPSEC(delete_sa): deleting SA,
  (sa) sa_dest= 172.16.1.1, sa_prot= 50,
   sa_spi= 0xAAD9BCC2(2866396354),
   sa_trans= esp-des esp-sha-hmac , sa_conn_id= 2001

15:46:35: ISAKMP: received ke message (3/1)
15:46:35: ISAKMP (0:1): sending packet to 172.16.1.1 (R) QM_IDLE
15:46:35: ISAKMP (0:1): purging node -1801583162
```

Verschlüsselung der Nutzdaten über die neue ESP Security Association

- Inbound Security Association (aus Sicht des Cisco Routers)

```
- - - - - - - - - - - - - - - - - - - Frame 32 - - - - - - - - - - - - - - -
Source Address    Dest. Address      Size  Rel. Time      Summary
[172.16.1.1]      [172.16.1.254]      126  0:04:56.087    IP: ESP SPI=4207749784

IP: ----- IP Header -----
    IP:
    IP: Version = 4, header length = 20 bytes
    IP: Type of service = 00
    IP: Total length      = 112 bytes
    IP: Identification    = 1
    IP: Flags             = 0X
    IP: Fragment offset   = 0 bytes
    IP: Time to live      = 32 seconds/hops
    IP: Protocol          = 50 (SIPP-ESP)
    IP: Header checksum = 6A36 (correct)
    IP: Source address       = [172.16.1.1]
    IP: Destination address = [172.16.1.254]
    IP: No options
    IP:
ESP: ----- IP ESP -----
    ESP:
    ESP: Security Parameters Index = 4207749784
    ESP: Sequence Number           = 1
    ESP: Payload Data              =
         9631B6AC8FE80384B0F7D549C912DAAC013...
```

- Outbound Security Association (aus Sicht des Cisco Routers)

```
- - - - - - - - - - - - - - - - - - - Frame 33 - - - - - - - - - - - - - - -
Source Address    Dest. Address      Size  Rel. Time      Summary
[172.16.1.254]    [172.16.1.1]        126  0:04:56.118    IP: ESP SPI=3660690761

IP: ----- IP Header -----
    IP:
    IP: Version = 4, header length = 20 bytes
    IP: Type of service = 00
    IP: Total length      = 112 bytes
    IP: Identification    = 523
    IP: Flags             = 0X
    IP: Fragment offset   = 0 bytes
    IP: Time to live      = 255 seconds/hops
    IP: Protocol          = 50 (SIPP-ESP)
    IP: Header checksum = 892B (correct)
    IP: Source address       = [172.16.1.254]
    IP: Destination address = [172.16.1.1]
    IP: No options
    IP:
ESP: ----- IP ESP -----
    ESP:
    ESP: Security Parameters Index = 3660690761
    ESP: Sequence Number           = 1
    ESP: Payload Data              =
         AEC28930E8955888E05AE06CD28025B9AF2...
```

- Informationen über die ESP Security Associations auf dem Cisco Router

c2503# show crypto ipsec sa
```
interface: Ethernet0
   Crypto map tag: ToNetwork_10, local addr. 172.16.1.254
   ...  ...
   local  ident (addr/mask/prot/port): (10.0.0.0/255.0.0.0/0/0)
   remote ident (addr/mask/prot/port): (172.16.1.1/255.255.255.255/0/0)
   current_peer: 172.16.1.1
     PERMIT, flags={}
   ...  ...
   local crypto endpt.: 172.16.1.254, remote crypto endpt.: 172.16.1.1
   path mtu 1500, media mtu 1500
   current outbound spi: DA31B549

   inbound esp sas:
    spi: 0xFACD2A98(4207749784)
       transform: esp-des esp-sha-hmac ,
       in use settings ={Tunnel, }
       slot: 0, conn id: 2002, flow_id: 3, crypto map: ToNetwork_10
       sa timing: remaining key lifetime (k/sec): (4608000/151)
       IV size: 8 bytes
       replay detection support: Y

   outbound esp sas:
    spi: 0xDA31B549(3660690761)
       transform: esp-des esp-sha-hmac ,
       in use settings ={Tunnel, }
       slot: 0, conn id: 2003, flow_id: 4, crypto map: ToNetwork_10
       sa timing: remaining key lifetime (k/sec): (4608000/151)
       IV size: 8 bytes
       replay detection support: Y
```

17.4.6 Erneuter Ablauf der IPSec Lifetime

Da weiterhin eine gültige ISAKMP SA existiert, werden auch in diesem Fall lediglich die IPSec Security Associations für das ESP-Sicherheitsprotokoll über einen Quick Mode Exchange neu erzeugt.

Erste ISAKMP-Nachricht des Quick Mode Exchange

- Ausgabe des Sniffer Trace (Initiator (Router) $\Rightarrow$ Responder (PC))

Header	Hash #1	SA	Proposals	Transforms	Nonce	Key Exchange	Ident. (Client Initiator)	Ident. (Client Responder)

verschlüsselt (SKEYID_e)

```
- - - - - - - - - - - - - - - - - - - - Frame 40 - - - - - - - - - - - - - - - - - - - -
Source Address   Dest. Address    Size  Rel. Time    Summary
[172.16.1.254]   [172.16.1.1]     310   0:06:16.125  ISAKMP: Header

UDP: ----- UDP Header -----
     UDP:
     UDP: Source port       = 500 (IKE)
     UDP: Destination port  = 500 (IKE)
     UDP: Length            = 276
     UDP: Checksum          = D26C (correct)
     UDP: [268 byte(s) of data]
     UDP:
IKE: ----- Internet Key Exchange Header -----
     IKE:
     IKE: Initiator Cookie  = 0xBA047D237A99DB62
     IKE: Responder Cookie  = 0x27F72804FA170E84
     IKE: Next Payload      = 8 (Hash (HASH))
     IKE: Major Version     = 1
     IKE: Minor Version     = 0
     IKE: Exchange Type     = 32 (IKE - Quick Mode)
     IKE: Flags             = 01
     IKE:                     .... ...1 = Payloads encrypted
     IKE:                     .... ..0. = Do not wait for NOTIFY Payload
     IKE:                     .... .0.. = Authentication Bit
     IKE:                     .... 0... = Not Used
     IKE:                     ...0 .... = Not Used
     IKE:                     ..0. .... = Not Used
     IKE:                     .0.. .... = Not Used
     IKE:                     0... .... = Not Used
     IKE: Message ID        = 2434802983
     IKE: Length            = 268 (bytes)
     IKE: [240 byte(s) of Encrypted data]
```

entspricht -1860164313 bzw. 0x91202527

666 Kapitel 17 • Ausführlicher Trace einer IPSec-Verbindung

- Zugehöriger Teil der Debug-Ausgabe

```
15:48:59: IPSEC(sa_request): ,
  (key eng. msg.) src= 172.16.1.254, dest= 172.16.1.1,
    src_proxy= 10.0.0.0/255.0.0.0/0/0 (type=4),
    dest_proxy= 172.16.1.1/255.255.255.255/0/0 (type=1),
    protocol= ESP, transform= esp-des esp-sha-hmac ,
    lifedur= 3600s and 4608000kb,
    spi= 0x2E3FEC3A(775941178), conn_id= 0, keysize= 0, flags= 0x4005
15:48:59: ISAKMP: received ke message (1/1)
15:48:59: ISAKMP (0:1): sitting IDLE. Starting QM immediately (QM_IDLE     )
15:48:59: ISAKMP (0:1): beginning Quick Mode exchange, M-ID of -1860164313
15:49:00: ISAKMP (0:1): sending packet to 172.16.1.1 (R) QM_IDLE
```

Zweite ISAKMP-Nachricht des Quick Mode Exchange

- Ausgabe des Sniffer Trace (Responder (PC) ⇒ Initiator (Router))

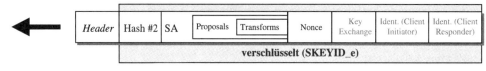

```
- - - - - - - - - - - - - - - - - - - Frame 41 - - - - - - - - - -
Source Address   Dest. Address    Size  Rel. Time    Summary
[172.16.1.1]     [172.16.1.254]    334  0:06:16.664  ISAKMP: Header

UDP: ----- UDP Header -----
    UDP:
    UDP: Source port        = 500 (IKE)
    UDP: Destination port   = 500 (IKE)
    UDP: Length             = 300
    UDP: Checksum           = A4FB (correct)
    UDP: [292 byte(s) of data]
    UDP:
IKE: ----- Internet Key Exchange Header -----
    IKE:
    IKE: Initiator Cookie   = 0xBA047D237A99DB62
    IKE: Responder Cookie   = 0x27F72804FA170E84
    IKE: Next Payload       = 8 (Hash (HASH))
    IKE: Major Version      = 1
    IKE: Minor Version      = 0
    IKE: Exchange Type      = 32 (IKE - Quick Mode)
    IKE: Flags              = 01
    IKE:                    .... ...1 = Payloads encrypted
    IKE:                    .... ..0. = Do not wait for NOTIFY Payload
    IKE:                    .... .0.. = Authentication Bit
    IKE:                    .... 0... = Not Used
    IKE:                    ...0 .... = Not Used
    IKE:                    ..0. .... = Not Used
    IKE:                    .0.. .... = Not Used      entspricht -1860164313 bzw. 0x91202527
    IKE:                    0... .... = Not Used
    IKE: Message ID         = 2434802983
    IKE: Length             = 292 (bytes)
    IKE: [264 byte(s) of Encrypted data]
```

Main Mode Exchange mit Authentifizierung über Pre-shared Keys

- Zugehöriger Teil der Debug-Ausgabe

```
15:49:01: ISAKMP (0:1): received packet from 172.16.1.1 (R) QM_IDLE
15:49:01: ISAKMP (0:1): processing HASH payload. message ID = -1860164313
15:49:01: ISAKMP (0:1): processing SA payload. message ID = -1860164313
15:49:01: ISAKMP (0:1): Checking IPSec proposal 1
15:49:01: ISAKMP: transform 1, ESP_DES
15:49:01: ISAKMP:   attributes in transform:
15:49:01: ISAKMP:     authenticator is HMAC-SHA
15:49:01: ISAKMP:     encaps is 1
15:49:01: ISAKMP:     group is 1
15:49:01: ISAKMP:     SA life type in seconds
15:49:01: ISAKMP:     SA life duration (basic) of 3600
15:49:01: ISAKMP:     SA life type in kilobytes
15:49:01: ISAKMP:     SA life duration (VPI) of  0x0 0x46 0x50 0x0
15:49:01: ISAKMP (0:1): atts are acceptable.

15:49:01: IPSEC(validate_proposal_request): proposal part #1,
  (key eng. msg.) dest= 172.16.1.254, src= 172.16.1.1,
    dest proxy= 172.16.1.1/255.255.255.255/0/0 (type=1),
    src_proxy= 10.0.0.0/255.0.0.0/0/0 (type=4),
    protocol= ESP, transform= esp-des esp-sha-hmac ,
    lifedur= 0s and 0kb,
    spi= 0x0(0), conn_id= 0, keysize= 0, flags= 0x14

15:49:01: ISAKMP (0:1): processing NONCE payload. message ID = -1860164313
15:49:01: ISAKMP (0:1): processing KE payload. message ID = -1860164313
15:49:03: ISAKMP (0:1): processing ID payload. message ID = -1860164313
15:49:03: ISAKMP (0:1): processing ID payload. message ID = -1860164313
15:49:03: ISAKMP (0:1): processing NOTIFY RESPONDER_LIFETIME protocol 3
          spi 2408375735, message ID = -1860164313
15:49:03: ISAKMP (0:1): processing responder lifetime
15:49:03: ISAKMP (1): responder lifetime of 200s

15:49:03: ISAKMP (0:1): Creating IPSec SAs
15:49:03:         inbound SA from 172.16.1.1 to 172.16.1.254  (proxy 172.16.1.1 to 10.0.0.0)
15:49:03:         has spi 0x2E3FEC3A and conn_id 2004 and flags 15
15:49:03:         lifetime of 200 seconds
15:49:03:         lifetime of 4608000 kilobytes
15:49:03:         outbound SA from 172.16.1.254 to 172.16.1.1 (proxy 10.0.0.0 to 172.16.1.1)
15:49:03:         has spi -1886591561 and conn_id 2005 and flags 15
15:49:03:         lifetime of 200 seconds
15:49:03:         lifetime of 4608000 kilobytes
```

entspricht 0x8F8CE5B7 bzw. 2408375735

Dritte ISAKMP-Nachricht des Quick Mode Exchange

- Ausgabe des Sniffer Trace (Initiator (Router) ⇒ Responder (PC))

Header	Hash #3
	verschlüsselt

```
- - - - - - - - - - - - - - - - - - - - Frame 42 - - - - - - - - - - -
Source Address   Dest. Address      Size  Rel. Time      Summary
[172.16.1.254]   [172.16.1.1]        94   0:06:19.025    ISAKMP: Header

UDP: ----- UDP Header -----
UDP:
UDP: Source port       = 500 (IKE)
UDP: Destination port  = 500 (IKE)
UDP: Length            = 60
UDP: Checksum          = 4CAA (correct)
UDP: [52 byte(s) of data]
UDP:
IKE: ----- Internet Key Exchange Header -----
IKE:
IKE: Initiator Cookie  = 0xBA047D237A99DB62
IKE: Responder Cookie  = 0x27F72804FA170E84
IKE: Next Payload      = 8 (Hash (HASH))
IKE: Major Version     = 1
IKE: Minor Version     = 0
IKE: Exchange Type     = 32 (IKE - Quick Mode)
IKE: Flags             = 01
IKE:           .... ...1 = Payloads encrypted
IKE:           .... ..0. = Do not wait for NOTIFY Payload
IKE:           .... .0.. = Authentication Bit
IKE:           .... 0... = Not Used
IKE:           ...0 .... = Not Used
IKE:           ..0. .... = Not Used
IKE:           .0.. .... = Not Used      entspricht -1860164313 bzw. 0x91202527
IKE:           0... .... = Not Used
IKE: Message ID        = 2434802983
IKE: Length            = 52 (bytes)
IKE: [24 byte(s) of Encrypted data]
```

- Zugehöriger Teil der Debug-Ausgabe

```
15:49:03: ISAKMP (0:1): sending packet to 172.16.1.1 (R) QM_IDLE
15:49:03: ISAKMP (0:1): deleting node -1860164313 error FALSE reason ""
15:49:03: IPSEC(key_engine): got a queue event...

15:49:03: IPSEC(initialize_sas): ,
  (key eng. msg.) dest= 172.16.1.254, src= 172.16.1.1,          Der Router baut die neue
   dest_proxy= 10.0.0.0/255.0.0.0/0/0 (type=4),                 Inbound Security Association
   src_proxy= 172.16.1.1/255.255.255.255/0/0 (type=1),          der ESP-Verbindung auf.
   protocol= ESP, transform= esp-des esp-sha-hmac ,
   lifedur= 200s and 4608000kb,
   spi= 0x2E3FEC3A(775941178), conn_id= 2004, keysize= 0, flags= 0x15
```

Main Mode Exchange mit Authentifizierung über Pre-shared Keys

```
15:49:03: IPSEC(initialize_sas): ,
  (key eng. msg.) src= 172.16.1.254, dest= 172.16.1.1,         Der Router erzeugt die
  src_proxy= 10.0.0.0/255.0.0.0/0/0 (type=4),                  zugehörige neue
  dest_proxy= 172.16.1.1/255.255.255.255/0/0 (type=1),         Outbound Security
  protocol= ESP, transform= esp-des esp-sha-hmac ,             Association.
  lifedur= 200s and 4608000kb,
  spi= 0x8F8CE5B7(2408375735), conn_id= 2005, keysize= 0, flags= 0x15

15:49:03: IPSEC(create_sa): sa created,
  (sa) sa_dest= 172.16.1.254, sa_prot= 50,
  sa_spi= 0x2E3FEC3A(775941178),
  sa_trans= esp-des esp-sha-hmac , sa_conn_id= 2004

15:49:03: IPSEC(create_sa): sa created,
  (sa) sa_dest= 172.16.1.1, sa_prot= 50,
  sa_spi= 0x8F8CE5B7(2408375735),
  sa_trans= esp-des esp-sha-hmac , sa_conn_id= 2005
```

Informational Mode Exchange mit Delete Payload

Um den Partner zu informieren, dass die ESP SAs (in diesem Fall mit den SPIs 0xFACD2A98 und 0xDA31B549) gelöscht wurden, sendet der Router über einen Informational Mode Exchange eine Delete-Nachricht.

- Ausgabe des Sniffer Trace

```
- - - - - - - - - - - - - - - - - - - Frame 43 - - - - - - - - - - -
Source Address   Dest. Address    Size  Rel. Time    Summary
[172.16.1.254]   [172.16.1.1]     110   0:06:41.512  ISAKMP: Header

UDP: ----- UDP Header -----
     UDP:
     UDP: Source port       = 500 (IKE)
     UDP: Destination port  = 500 (IKE)
     UDP: Length            = 76
     UDP: Checksum          = 12DB (correct)
     UDP: [68 byte(s) of data]
     UDP:
IKE: ----- Internet Key Exchange Header -----
     IKE:
     IKE: Initiator Cookie   = 0xBA047D237A99DB62
     IKE: Responder Cookie   = 0x27F72804FA170E84
     IKE: Next Payload       = 8 (Hash (HASH))
     IKE: Major Version      = 1
     IKE: Minor Version      = 0
     IKE: Exchange Type      = 5 (Informational)
     IKE: Flags              = 01
     IKE:               .... ...1 = Payloads encrypted
     IKE:               .... ..0. = Do not wait for NOTIFY Payload
     IKE:               .... .0.. = Authentication Bit
     IKE:               .... 0... = Not Used
     IKE:               ...0 .... = Not Used
     IKE:               ..0. .... = Not Used
     IKE:               .0.. .... = Not Used      entspricht 0x0606F810
     IKE:               0... .... = Not Used
     IKE: Message ID         = 101120016
     IKE: Length             = 68 (bytes)
     IKE: [40 byte(s) of Encrypted data]
```

670　Kapitel 17 • Ausführlicher Trace einer IPSec-Verbindung

- Zugehöriger Teil der Debug-Ausgabe

  ```
  15:49:26: IPSEC(sa_aging): lifetime expiring,
    (sa) sa_dest= 172.16.1.1, sa_prot= 50,
    sa_spi= 0xDA31B549(3660690761),
    sa_trans= esp-des esp-sha-hmac , sa_conn_id= 2003,
    (identity) local= 172.16.1.254, remote= 172.16.1.1,
    local_proxy= 10.0.0.0/255.0.0.0/0/0 (type=4),
    remote_proxy= 172.16.1.1/255.255.255.255/0/0 (type=1)

  15:49:26: IPSEC(delete_sa): deleting SA,
    (sa) sa_dest= 172.16.1.254, sa_prot= 50,
    sa_spi= 0xFACD2A98(4207749784),
    sa_trans= esp-des esp-sha-hmac , sa_conn_id= 2002

  15:49:26: IPSEC(delete_sa): deleting SA,
    (sa) sa_dest= 172.16.1.1, sa_prot= 50,
    sa_spi= 0xDA31B549(3660690761),
    sa_trans= esp-des esp-sha-hmac , sa_conn_id= 2003

  15:49:26: ISAKMP: received ke message (3/1)
  15:49:26: ISAKMP (0:1): sending packet to 172.16.1.1 (R) QM_IDLE
  15:49:26: ISAKMP (0:1): purging node 101120016
  15:49:54: ISAKMP (0:1): purging node -1860164313
  ```

  Kurze Zeit später werden die alten Inbound und Outbound SAs gelöscht.

Verschlüsselung der Nutzdaten über die neue ESP Security Association

- Inbound Security Association (aus Sicht des Cisco Routers)

  ```
  - - - - - - - - - - - - - - - - - - Frame 45 - - - - - - - - - - - - - - -
  Source Address    Dest. Address      Size  Rel. Time    Summary
  [172.16.1.1]      [172.16.1.254]     126   0:08:08.913  IP: ESP SPI=775941178

  IP: ----- IP Header -----
  IP:
  IP: Version = 4, header length = 20 bytes
  IP: Type of service = 00
  IP: Total length       = 112 bytes
  IP: Identification     = 1
  IP: Flags              = 0X
  IP: Fragment offset    = 0 bytes
  IP: Time to live       = 32 seconds/hops
  IP: Protocol           = 50 (SIPP-ESP)
  IP: Header checksum    = 6A36 (correct)
  IP: Source address     = [172.16.1.1]
  IP: Destination address = [172.16.1.254]
  IP: No options
  IP:
  ESP: ----- IP ESP -----
  ESP:
  ESP: Security Parameters Index = 775941178
  ESP: Sequence Number            = 1
  ESP: Payload Data               =
       530B13EDCCDEF6AED71EE89F012679C808082D0924C...
  ```

Main Mode Exchange mit Authentifizierung über Pre-shared Keys

- Outbound Security Association (aus Sicht des Cisco Routers)

```
- - - - - - - - - - - - - - - - - - - - Frame 46 - - - - - - - - - - - - - - -
Source Address   Dest. Address      Size  Rel. Time     Summary
[172.16.1.254]   [172.16.1.1]        126  0:08:08.938   IP: ESP SPI=2408375735

IP: ----- IP Header -----
  IP:
  IP: Version = 4, header length = 20 bytes
  IP: Type of service  = 00
  IP: Total length     = 112 bytes
  IP: Identification   = 669
  IP: Flags            = 0X
  IP: Fragment offset  = 0 bytes
  IP: Time to live     = 255 seconds/hops
  IP: Protocol         = 50 (SIPP-ESP)
  IP: Header checksum  = 8899 (correct)
  IP: Source address      = [172.16.1.254]
  IP: Destination address = [172.16.1.1]
  IP: No options
  IP:
ESP: ----- IP ESP -----
  ESP:
  ESP: Security Parameters Index = 2408375735
  ESP: Sequence Number           = 1
  ESP: Payload Data              =
       9FFCE986B2F3598B3DCD9DD7E7E4B0B8F9C...
```

- Informationen über die ESP Security Associations auf dem Cisco Router

```
c2503# show crypto ipsec sa
interface: Ethernet0
  Crypto map tag: ToNetwork_10, local addr. 172.16.1.254
  ...  ...
  local  ident (addr/mask/prot/port): (10.0.0.0/255.0.0.0/0/0)
  remote ident (addr/mask/prot/port): (172.16.1.1/255.255.255.255/0/0)
  current_peer: 172.16.1.1
    ...  ...

    local crypto endpt.: 172.16.1.254, remote crypto endpt.: 172.16.1.1
    path mtu 1500, media mtu 1500
    current outbound spi: 8F8CE5B7

    inbound esp sas:
     spi: 0x2E3FEC3A(775941178)
       transform: esp-des esp-sha-hmac ,
       in use settings ={Tunnel, }
       slot: 0, conn id: 2004, flow_id: 5, crypto map: ToNetwork_10
       sa timing: remaining key lifetime (k/sec): (4607999/70)
       IV size: 8 bytes
       replay detection support: Y

    outbound esp sas:
     spi: 0x8F8CE5B7(2408375735)
       transform: esp-des esp-sha-hmac ,
       in use settings ={Tunnel, }
       slot: 0, conn id: 2005, flow_id: 6, crypto map: ToNetwork_10
       sa timing: remaining key lifetime (k/sec): (4607999/70)
       IV size: 8 bytes
       replay detection support: Y
```

17.4.7 Ablauf der ISAKMP Lifetime

Informational Mode Exchange mit Delete Payload

Um den Partner zu informieren, dass nach Ablauf der ISAKMP *Lifetime* (hier 400 Sekunden) die zugehörige Security Association gelöscht wurde, sendet das lokale System über einen Informational Mode Exchange eine entsprechende Delete-Nachricht.

Nach Ablauf der *Lifetime* wird lediglich die ISAKMP SA gelöscht, nicht jedoch die bestehenden IPSec SAs. Eine neue ISAKMP Security Association wird erst dann erzeugt, wenn eine neue IPSec SA angelegt werden muss (z.B. wie in diesem Fall, weil die IPSec *Lifetime* erneut abgelaufen ist).

- Ausgabe des Sniffer Trace

```
- - - - - - - - - - - - - - - - - - Frame 44 - - - - - - - - - - -
Source Address    Dest. Address    Size  Rel. Time     Summary
[172.16.1.254]    [172.16.1.1]     126   0:07:01.082   ISAKMP: Header

UDP: ----- UDP Header -----
UDP:
UDP: Source port       = 500 (IKE)
UDP: Destination port  = 500 (IKE)
UDP: Length            = 92
UDP: Checksum          = 6925 (correct)
UDP: [84 byte(s) of data]
UDP:
IKE: ----- Internet Key Exchange Header -----
IKE:
IKE: Initiator Cookie    = 0xBA047D237A99DB62
IKE: Responder Cookie    = 0x27F72804FA170E84
IKE: Next Payload        = 8 (Hash (HASH))
IKE: Major Version       = 1
IKE: Minor Version       = 0
IKE: Exchange Type       = 5 (Informational)
IKE: Flags               = 01
IKE:             .... ...1 = Payloads encrypted
IKE:             .... ..0. = Do not wait for NOTIFY Payload
IKE:             .... .0.. = Authentication Bit
IKE:             .... 0... = Not Used
IKE:             ...0 .... = Not Used
IKE:             ..0. .... = Not Used
IKE:             .0.. .... = Not Used          entspricht -1553862530 bzw. 0xA361F07E
IKE:             0... .... = Not Used
IKE: Message ID          = 2741104766
IKE: Length              = 84 (bytes)
IKE: [56 byte(s) of Encrypted data]
```

- Zugehöriger Teil der Debug-Ausgabe

```
15:49:52: ISAKMP (0:1): deleting SA reason "He's expired! He's lost his perch!
                        He's an ex-parrot!" state (R) QM_IDLE
15:49:52: ISAKMP (0:1): sending packet to 172.16.1.1 (R) MM_NO_STATE
15:49:52: ISAKMP (0:1): purging node -1553862530
```

Erste ISAKMP-Nachricht des Main Mode Exchange

- Ausgabe des Sniffer Trace (Initiator (Router) ⇒ Responder (PC))

```
┌─────────┬────┬───────────┬────────────┐
│ Header  │ SA │ Proposals │ Transforms │  ──────▶
└─────────┴────┴───────────┴────────────┘
```

```
- - - - - - - - - - - - - - - - - - - Frame 53 - - - - - - - - - - -
Source Address    Dest. Address    Size Rel. Time      Summary
[172.16.1.254]    [172.16.1.1]     114  0:09:05.493    ISAKMP: Header

UDP: ----- UDP Header -----
     UDP:
     UDP: Source port       = 500 (IKE)
     UDP: Destination port  = 500 (IKE)
     UDP: Length            = 80
     UDP: Checksum          = A954 (correct)
     UDP: [72 byte(s) of data]
     UDP:
IKE: ----- Internet Key Exchange Header -----
     IKE:
     IKE: Initiator Cookie  = 0x595EC0532360DF08
     IKE: Responder Cookie  = 0x0000000000000000
     IKE: Next Payload      = 1 (Security Association (SA))
     IKE: Major Version     = 1
     IKE: Minor Version     = 0
     IKE: Exchange Type     = 2 (Identity Protection)
     IKE: Flags             = 00
     IKE:           .... ...0 = Payloads not encrypted
     IKE:           .... ..0. = Do not wait for NOTIFY Payload
     IKE:           .... .0.. = Authentication Bit
     IKE:           .... 0... = Not Used
     IKE:           ...0 .... = Not Used
     IKE:           ..0. .... = Not Used
     IKE:           .0.. .... = Not Used
     IKE:           0... .... = Not Used
     IKE: Message ID        = 0
     IKE: Length            = 72 (bytes)
     IKE: ----- SECURITY ASSOCIATION Payload -----
     IKE:
     IKE: Next Payload      = 0 (None)
     IKE: Reserved          = 0
     IKE: Payload Length    = 44
     IKE: DOI               = 0x1 (IPSEC DOI)
     IKE: Situation         = 0x1 (SIT_IDENTITY_ONLY)
     IKE: ----- PROPOSAL Payload -----
     IKE:
     IKE: Next Payload      = 0 (This is the last Proposal Payload)
     IKE: Reserved          = 0
     IKE: Payload Length    = 32
     IKE: Proposal #        = 1
     IKE: Protocol ID       = 1 (PROTO_ISAKMP)
     IKE: SPI Size          = 0
     IKE: # of Transforms   = 1
     IKE: SPI Not Present
```

```
IKE: ----- TRANSFORM Payload -----
IKE:
IKE: Next Payload          = 0 (This is the last Transform Payload)
IKE: Reserved              = 0
IKE: Payload Length        = 24
IKE: Transform #           = 1
IKE: Transform ID          = 1 (KEY_IKE)
IKE: Flags                 = 80
IKE:                1... ....  = Data Attribute following TV format
IKE: Attribute Class/Type  = 1 (Encryption Algorithm)
IKE: Attribute Value       = 1 (DES-CBC)
IKE: Flags                 = 80
IKE:                1... ....  = Data Attribute following TV format
IKE: Attribute Class/Type  = 2 (Hash Algorithm)
IKE: Attribute Value       = 0x0001 (MD5)
IKE: Flags                 = 80
IKE:                1... ....  = Data Attribute following TV format
IKE: Attribute Class/Type  = 4 (Group Description)
IKE: Attribute Value       = 1 (Group 1, 768-bit MODP Group )
IKE: Flags                 = 80
IKE:                1... ....  = Data Attribute following TV format
IKE: Attribute Class/Type  = 3 (Authentication Algorithm)
IKE: Attribute Value       = 1 (Pre Shared Keys)
```

- Zugehöriger Teil der Debug-Ausgabe

```
15:51:50: IPSEC(sa_request): ,
  (key eng. msg.) src= 172.16.1.254, dest= 172.16.1.1,
   src_proxy= 10.0.0.0/255.0.0.0/0/0 (type=4),
   dest_proxy= 172.16.1.1/255.255.255.255/0/0 (type=1),
   protocol= ESP, transform= esp-des esp-sha-hmac ,
   lifedur= 3600s and 4608000kb,
   spi= 0x69B08104(1773175044), conn_id= 0, keysize= 0, flags= 0x4005
15:51:50: ISAKMP: received ke message (1/1)
15:51:50: ISAKMP: local port 500, remote port 500
15:51:50: ISAKMP (0:1): beginning Main Mode exchange
15:51:50: ISAKMP (0:1): sending packet to 172.16.1.1 (I) MM_NO_STATE
```

Zweite ISAKMP-Nachricht des Main Mode Exchange

- Ausgabe des Sniffer Trace (Responder (PC) ⇒ Initiator (Router))

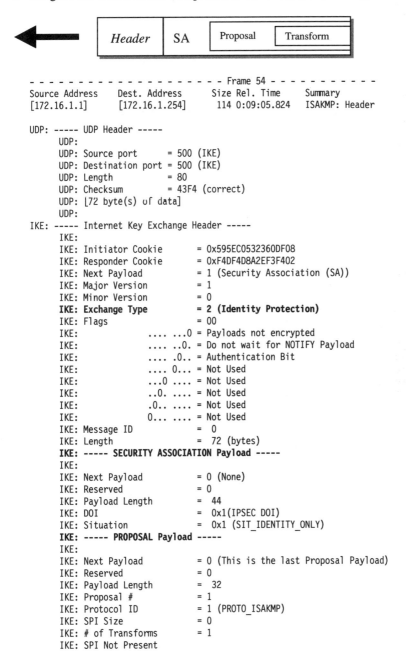

```
- - - - - - - - - - - - - - - - - - - - - Frame 54 - - - - - - - - - - -
Source Address    Dest. Address       Size Rel. Time        Summary
[172.16.1.1]      [172.16.1.254]      114  0:09:05.824      ISAKMP: Header

UDP: ----- UDP Header -----
     UDP:
     UDP: Source port       = 500 (IKE)
     UDP: Destination port  = 500 (IKE)
     UDP: Length            = 80
     UDP: Checksum          = 43F4 (correct)
     UDP: [72 byte(s) of data]
     UDP:
IKE: ----- Internet Key Exchange Header -----
     IKE:
     IKE: Initiator Cookie   = 0x595EC0532360DF08
     IKE: Responder Cookie   = 0xF4DF4D8A2EF3F402
     IKE: Next Payload       = 1 (Security Association (SA))
     IKE: Major Version      = 1
     IKE: Minor Version      = 0
     IKE: Exchange Type      = 2 (Identity Protection)
     IKE: Flags              = 00
     IKE:          .... ...0 = Payloads not encrypted
     IKE:          .... ..0. = Do not wait for NOTIFY Payload
     IKE:          .... .0.. = Authentication Bit
     IKE:          .... 0... = Not Used
     IKE:          ...0 .... = Not Used
     IKE:          ..0. .... = Not Used
     IKE:          .0.. .... = Not Used
     IKE:          0... .... = Not Used
     IKE: Message ID         = 0
     IKE: Length             = 72 (bytes)
     IKE: ----- SECURITY ASSOCIATION Payload -----
     IKE:
     IKE: Next Payload       = 0 (None)
     IKE: Reserved           = 0
     IKE: Payload Length     = 44
     IKE: DOI                = 0x1(IPSEC DOI)
     IKE: Situation          = 0x1 (SIT_IDENTITY_ONLY)
     IKE: ----- PROPOSAL Payload -----
     IKE:
     IKE: Next Payload       = 0 (This is the last Proposal Payload)
     IKE: Reserved           = 0
     IKE: Payload Length     = 32
     IKE: Proposal #         = 1
     IKE: Protocol ID        = 1 (PROTO_ISAKMP)
     IKE: SPI Size           = 0
     IKE: # of Transforms    = 1
     IKE: SPI Not Present
```

```
IKE: ----- TRANSFORM Payload -----
IKE:
IKE: Next Payload            = 0 (This is the last Transform Payload)
IKE: Reserved                = 0
IKE: Payload Length          = 24
IKE: Transform #             = 1
IKE: Transform ID            = 1 (KEY_IKE)
IKE: Reserved 2              = 0
IKE: ***SA Attributes***
IKE: Flags                   = 80
IKE:                   1... ....  = Data Attribute following TV format
IKE: Attribute Class/Type    = 1 (Encryption Algorithm)
IKE: Attribute Value         = 1 (DES-CBC)
IKE: Flags                   = 80
IKE:                   1... ....  = Data Attribute following TV format
IKE: Attribute Class/Type    = 2 (Hash Algorithm)
IKE: Attribute Value         = 0x0001 (MD5)
IKE: Flags                   = 80
IKE:                   1... ....  = Data Attribute following TV format
IKE: Attribute Class/Type    = 4 (Group Description)
IKE: Attribute Value         = 1 (Group 1, 768-bit MODP Group )
IKE: Flags                   = 80
IKE:                   1... ....  = Data Attribute following TV format
IKE: Attribute Class/Type    = 3 (Authentication Algorithm)
IKE: Attribute Value         = 1 (Pre Shared Keys)
```

- Zugehöriger Teil der Debug-Ausgabe

```
15:51:50: ISAKMP (0:1): received packet from 172.16.1.1 (I) MM_NO_STATE
15:51:50: ISAKMP (0:1): processing SA payload. message ID = 0
15:51:50: ISAKMP (0:1): found peer Pre-shared Key matching 172.16.1.1
15:51:50: ISAKMP (0:1): Checking ISAKMP transform 1 against priority 20 policy
15:51:50: ISAKMP:        encryption DES-CBC
15:51:50: ISAKMP:        hash MD5
15:51:50: ISAKMP:        default group 1
15:51:50: ISAKMP:        auth pre-share
15:51:50: ISAKMP (0:1): atts are acceptable. Next payload is 0
15:51:52: ISAKMP (0:1): SA is doing Pre-shared Key authentication using id type ID_IPV4_ADDR
```

Dritte ISAKMP-Nachricht des Main Mode Exchange

● Ausgabe des Sniffer Trace (Initiator (Router) ⇒ Responder (PC))

| Header | Key Exchange | Nonce (Initiator) |

```
- - - - - - - - - - - - - - - - - - - - Frame 55 - - - - - - - - - - -
Source Address    Dest. Address      Size  Rel. Time      Summary
[172.16.1.254]    [172.16.1.1]       214   0:09:07.483    ISAKMP: Header

UDP: ----- UDP Header -----
     UDP:
     UDP: Source port       = 500 (IKE)
     UDP: Destination port  = 500 (IKE)
     UDP: Length            = 180
     UDP: Checksum          = 201F (correct)
     UDP: [172 byte(s) of data]
     UDP:
IKE: ----- Internet Key Exchange Header -----
     IKE:
     IKE: Initiator Cookie  = 0x595EC0532360DF08
     IKE: Responder Cookie  = 0xF4DF4D8A2EF3F402
     IKE: Next Payload      = 4 (Key Exchange (KE))
     IKE: Major Version     = 1
     IKE: Minor Version     = 0
     IKE: Exchange Type     = 2 (Identity Protection)
     IKE: Flags             = 00
     IKE:          .... ...0 = Payloads not encrypted
     IKE:          .... ..0. = Do not wait for NOTIFY Payload
     IKE:          .... .0.. = Authentication Bit
     IKE:          .... 0... = Not Used
     IKE:          ...0 .... = Not Used
     IKE:          ..0. .... = Not Used
     IKE:          .0.. .... = Not Used
     IKE:          0... .... = Not Used
     IKE: Message ID        = 0
     IKE: Length            = 172 (bytes)
     IKE: ----- KEY EXCHANGE Payload -----
     IKE:
     IKE: Next Payload      = 10 (Nonce (NONCE))
     IKE: Reserved          = 0
     IKE: Payload Length    = 100
     IKE: [96 byte(s) of Key Exchange Data] =
          3f 59 82 f8 94 4b 0a 30 9a 2e a3 02 87 6e b3 39
          01 8e 4a d7 a1 f7 fd 96 7b 6c f5 84 7f 62 df 43
          63 94 ab 7b 34 ad db a4 96 5e 1d 88 31 0c 1e 60
          52 37 58 85 d4 38 14 e4 83 55 4b 69 0b 58 0e d1
          2b e8 ae 14 19 2d 24 59 68 e7 2a d7 41 27 1f b8
          73 80 ad c5 9e ea 04 58 65 37 9c 41 82 b5 bc 75
```

```
        IKE: ----- NONCE Payload -----
        IKE:
        IKE: Next Payload          = 13 (Vendor ID (VID))
        IKE: Reserved              = 0
        IKE: Payload Length        = 24
        IKE: [20 byte(s) of Nonce Data] =
             f1 d8 c6 0a 77 1b 7a 22 46 13 12 79 e0 e7 af b6
             60 52 da 97
        IKE: ----- VID Payload -----
        IKE:
        IKE: Next Payload          = 0 (This is the last payload)
        IKE: Reserved              = 0
        IKE: Payload Length        = 20
        IKE: [16 byte(s) of Vendor ID Data] =
             ac 99 67 4e 23 61 df 08 3b 4f 86 92 73 93 ac 9c
```

- Zugehöriger Teil der Debug-Ausgabe

```
15:51:52: ISAKMP (0:1): sending packet to 172.16.1.1 (I) MM_SA_SETUP
```

Vierte ISAKMP-Nachricht des Main Mode Exchange

- Ausgabe des Sniffer Trace (Responder (PC) ⇒ Initiator (Router))

| ← | Header | Key Exchange | Nonce (Responder) |

```
- - - - - - - - - - - - - - - - - - - Frame 56 - - - - - - - - - - -
Source Address   Dest. Address       Size   Rel. Time     Summary
[172.16.1.1]     [172.16.1.254]      218    0:09:07.697   ISAKMP: Header

UDP: ----- UDP Header -----
    UDP:
    UDP: Source port          = 500 (IKE)
    UDP: Destination port     = 500 (IKE)
    UDP: Length               = 184
    UDP: Checksum             = 8ED0 (correct)
    UDP: [176 byte(s) of data]
    UDP:
IKE: ----- Internet Key Exchange Header -----
    IKE:
    IKE: Initiator Cookie     = 0x595EC0532360DF08
    IKE: Responder Cookie     = 0xF4DF4D8A2EF3F402
    IKE: Next Payload         = 4 (Key Exchange (KE))
    IKE: Major Version        = 1
    IKE: Minor Version        = 0
    IKE: Exchange Type        = 2 (Identity Protection)
    IKE: Flags                = 00
    IKE:           .... ...0  = Payloads not encrypted
    IKE:           .... ..0.  = Do not wait for NOTIFY Payload
    IKE:           .... .0..  = Authentication Bit
    IKE:           .... 0...  = Not Used
    IKE:           ...0 ....  = Not Used
    IKE:           ..0. ....  = Not Used
    IKE:           .0.. ....  = Not Used
    IKE:           0... ....  = Not Used
    IKE: Message ID           = 0
```

Main Mode Exchange mit Authentifizierung über Pre-shared Keys

```
IKE: ----- KEY EXCHANGE Payload -----
IKE:
IKE: Next Payload           = 10 (Nonce (NONCE))
IKE: Reserved               = 0
IKE: Payload Length         = 100
IKE: [96 byte(s) of Key Exchange Data] =
     5d 95 a9 55 78 41 e6 38 30 42 46 df 6d 97 f0 cd
     b1 a8 f3 0f bc f3 4d d8 4a 20 00 da 4b 7f 0e 68
     7f fd 51 a0 89 04 51 7c 8a 0e 84 9c 9e 68 1a d7
     0a 67 21 4c 07 96 1a e9 bb 76 65 2c 54 be e8 07
     d4 a6 37 c9 c2 55 cd 37 ad 28 ae 3d 1f b6 f4 c9
     a1 83 6b 50 e5 f9 38 3c 42 d8 b7 1b a4 ea ca 84
IKE: ----- NONCE Payload -----
IKE:
IKE: Next Payload           = 13 (Vendor ID (VID))
IKE: Reserved               = 0
IKE: Payload Length         = 24
IKE: [20 byte(s) of Nonce Data] =
     52 28 8c 9b ba 4a 56 d9 db a0 8c 03 a1 ee 17 3e
     26 2e 54 24
IKE: ----- VID Payload -----
IKE:
IKE: Next Payload           = 13 (Vendor ID (VID))
IKE: Reserved               = 0
IKE: Payload Length         = 12
IKE: [8 byte(s) of Vendor ID Data] =
     da 8e 93 78 80 01 00 00
IKE: ----- VID Payload -----
IKE:
IKE: Next Payload           = 0 (This is the last payload)
IKE: Reserved               = 0
IKE: Payload Length         = 12
IKE: [8 byte(s) of Vendor ID Data] =
     09 00 26 89 df d6 b7 12
```

- Zugehöriger Teil der Debug-Ausgabe

```
15:51:52: ISAKMP (0:1): received packet from 172.16.1.1 (I) MM_SA_SETUP
15:51:52: ISAKMP (0:1): processing KE payload. message ID = 0
15:51:54: ISAKMP (0:1): processing NONCE payload. message ID = 0
15:51:54: ISAKMP (0:1): found peer Pre-shared Key matching 172.16.1.1
15:51:54: ISAKMP (0:1): SKEYID state generated
15:51:54: ISAKMP (0:1): processing vendor id payload
15:51:54: ISAKMP (0:1): processing vendor id payload
```

Fünfte ISAKMP-Nachricht des Main Mode Exchange

- Ausgabe des Sniffer Trace (Initiator (Router) ⇒ Responder (PC))

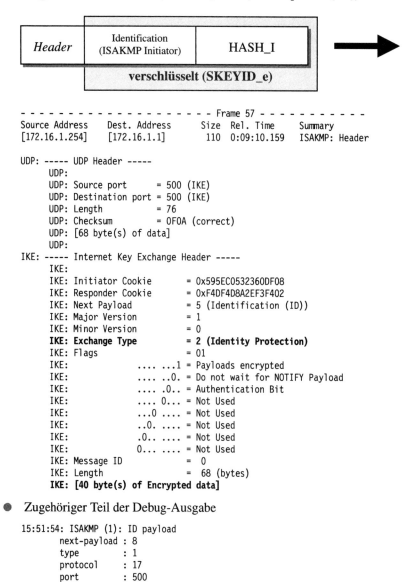

```
- - - - - - - - - - - - - - - - - - - - - Frame 57 - - - - - - - - - - -
Source Address   Dest. Address    Size  Rel. Time    Summary
[172.16.1.254]   [172.16.1.1]     110   0:09:10.159  ISAKMP: Header

UDP: ----- UDP Header -----
     UDP:
     UDP: Source port       = 500 (IKE)
     UDP: Destination port  = 500 (IKE)
     UDP: Length            = 76
     UDP: Checksum          = 0F0A (correct)
     UDP: [68 byte(s) of data]
     UDP:
IKE: ----- Internet Key Exchange Header -----
     IKE:
     IKE: Initiator Cookie    = 0x595EC0532360DF08
     IKE: Responder Cookie    = 0xF4DF4D8A2EF3F402
     IKE: Next Payload        = 5 (Identification (ID))
     IKE: Major Version       = 1
     IKE: Minor Version       = 0
     IKE: Exchange Type       = 2 (Identity Protection)
     IKE: Flags               = 01
     IKE:             .... ...1 = Payloads encrypted
     IKE:             .... ..0. = Do not wait for NOTIFY Payload
     IKE:             .... .0.. = Authentication Bit
     IKE:             .... 0... = Not Used
     IKE:             ...0 .... = Not Used
     IKE:             ..0. .... = Not Used
     IKE:             .0.. .... = Not Used
     IKE:             0... .... = Not Used
     IKE: Message ID          = 0
     IKE: Length              = 68 (bytes)
     IKE: [40 byte(s) of Encrypted data]
```

- Zugehöriger Teil der Debug-Ausgabe

```
15:51:54: ISAKMP (1): ID payload
          next-payload : 8
          type         : 1
          protocol     : 17
          port         : 500
          length       : 8
15:51:54: ISAKMP (1): Total payload length: 12
15:51:54: ISAKMP (0:1): sending packet to 172.16.1.1 (I) MM_KEY_EXCH
```

Sechste ISAKMP-Nachricht des Main Mode Exchange

- Ausgabe des Sniffer Trace (Responder (PC) ⇒ Initiator (Router))

Header	Identification (ISAKMP Responder)	HASH_R
	verschlüsselt (SKEYID_e)	

```
- - - - - - - - - - - - - - - - - - - - Frame 58 - - - - - - - - - - -
Source Address   Dest. Address    Size  Rel. Time    Summary
[172.16.1.1]     [172.16.1.254]   102   0:09:10.351  ISAKMP: Header

UDP: ----- UDP Header -----
     UDP:
     UDP: Source port       = 500 (IKE)
     UDP: Destination port  = 500 (IKE)
     UDP: Length            = 68
     UDP: Checksum          = 2773 (correct)
     UDP: [60 byte(s) of data]
     UDP:
IKE: ----- Internet Key Exchange Header -----
     IKE:
     IKE: Initiator Cookie     = 0x595EC0532360DF08
     IKE: Responder Cookie     = 0xF4DF4D8A2EF3F402
     IKE: Next Payload         = 5 (Identification (ID))
     IKE: Major Version        = 1
     IKE: Minor Version        = 0
     IKE: Exchange Type        = 2 (Identity Protection)
     IKE: Flags                = 01
     IKE:              .... ...1 = Payloads encrypted
     IKE:              .... ..0. = Do not wait for NOTIFY Payload
     IKE:              .... .0.. = Authentication Bit
     IKE:              .... 0... = Not Used
     IKE:              ...0 .... = Not Used
     IKE:              ..0. .... = Not Used
     IKE:              .0.. .... = Not Used
     IKE:              0... .... = Not Used
     IKE: Message ID           = 0
     IKE: Length               = 60 (bytes)
     IKE: [32 byte(s) of Encrypted data]
```

- Zugehöriger Teil der Debug-Ausgabe

```
15:51:54: ISAKMP (0:1): received packet from 172.16.1.1 (I) MM_KEY_EXCH
15:51:54: ISAKMP (0:1): processing ID payload. message ID = 0
15:51:54: ISAKMP (0:1): processing HASH payload. message ID = 0
15:51:54: ISAKMP (0:1): SA has been authenticated with 172.16.1.1
```

Erste ISAKMP-Nachricht des Quick Mode Exchange

- Ausgabe des Sniffer Trace (Initiator (Router) ⇒ Responder (PC))

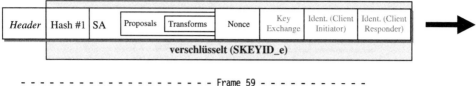

```
- - - - - - - - - - - - - - - - - - - Frame 59 - - - - - - - - - - -
Source Address   Dest. Address      Size  Rel.          Summary
[172.16.1.254]   [172.16.1.1]       310   0:09:12.204   ISAKMP: Header

UDP: ----- UDP Header -----
UDP:
UDP: Source port       = 500 (IKE)
UDP: Destination port  = 500 (IKE)
UDP: Length            = 276
UDP: Checksum          = A6C9 (correct)
UDP: [268 byte(s) of data]
UDP:
IKE: ----- Internet Key Exchange Header -----
IKE:
IKE: Initiator Cookie  = 0x595EC0532360DF08
IKE: Responder Cookie  = 0xF4DF4D8A2EF3F402
IKE: Next Payload      = 8 (Hash (HASH))
IKE: Major Version     = 1
IKE: Minor Version     = 0
IKE: Exchange Type     = 32 (IKE - Quick Mode)
IKE: Flags             = 01
IKE:            .... ...1 = Payloads encrypted
IKE:            .... ..0. = Do not wait for NOTIFY Payload
IKE:            .... .0.. = Authentication Bit
IKE:            .... 0... = Not Used
IKE:            ...0 .... = Not Used
IKE:            ..0. .... = Not Used
IKE:            .0.. .... = Not Used     entspricht -1063795207 bzw. 0xC097C5F9
IKE:            0... .... = Not Used
IKE: Message ID        = 3231172089
IKE: Length            = 268 (bytes)
IKE: [240 byte(s) of Encrypted data]
```

- Zugehöriger Teil der Debug-Ausgabe

```
15:51:54: ISAKMP (0:1): beginning Quick Mode exchange, M-ID of -1063795207
15:51:56: ISAKMP (0:1): sending packet to 172.16.1.1 (I) QM_IDLE
```

Zweite ISAKMP-Nachricht des Quick Mode Exchange

- Ausgabe des Sniffer Trace (Responder (PC) ⇒ Initiator (Router))

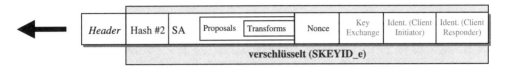

```
- - - - - - - - - - - - - - - - - - - - - Frame 60 - - - - - - - - - - - -
Source Address    Dest. Address      Size  Rel. Time     Summary
[172.16.1.1]      [172.16.1.254]      334  0:09:12.745   ISAKMP: Header

UDP: ----- UDP Header -----
     UDP:
     UDP: Source port       = 500 (IKE)
     UDP: Destination port  = 500 (IKE)
     UDP: Length            = 300
     UDP: Checksum          = 30C5 (correct)
     UDP: [292 byte(s) of data]
     UDP:
IKE: ----- Internet Key Exchange Header -----
     IKE:
     IKE: Initiator Cookie  = 0x595EC0532360DF08
     IKE: Responder Cookie  = 0xF4DF4D8A2EF3F402
     IKE: Next Payload      = 8 (Hash (HASH))
     IKE: Major Version     = 1
     IKE: Minor Version     = 0
     IKE: Exchange Type     = 32 (IKE - Quick Mode)
     IKE: Flags             = 01
     IKE:              .... ...1 = Payloads encrypted
     IKE:              .... ..0. = Do not wait for NOTIFY Payload
     IKE:              .... .0.. = Authentication Bit
     IKE:              .... 0... = Not Used
     IKE:              ...0 .... = Not Used
     IKE:              ..0. .... = Not Used
     IKE:              .0.. .... = Not Used       ⟵ entspricht -1063795207 bzw. 0xC097C5F9
     IKE:              0... .... = Not Used
     IKE: Message ID        = 3231172089
     IKE: Length            = 292 (bytes)
     IKE: [264 byte(s) of Encrypted data]
```

- Zugehöriger Teil der Debug-Ausgabe

```
15:51:57: ISAKMP (0:1): received packet from 172.16.1.1 (I) QM_IDLE
15:51:57: ISAKMP (0:1): processing HASH payload. message ID = -1063795207
15:51:57: ISAKMP (0:1): processing SA payload. message ID = -1063795207
15:51:57: ISAKMP (0:1): Checking IPSec proposal 1
15:51:57: ISAKMP: transform 1, ESP_DES
15:51:57: ISAKMP:   attributes in transform:
15:51:57: ISAKMP:      authenticator is HMAC-SHA
15:51:57: ISAKMP:      encaps is 1
15:51:57: ISAKMP:      group is 1
15:51:57: ISAKMP:      SA life type in seconds
15:51:57: ISAKMP:      SA life duration (basic) of 3600
15:51:57: ISAKMP:      SA life type in kilobytes
15:51:57: ISAKMP:      SA life duration (VPI) of  0x0 0x46 0x50 0x0
15:51:57: ISAKMP (0:1): atts are acceptable.
```

```
15:51:57: IPSEC(validate_proposal_request): proposal part #1,
  (key eng. msg.) dest= 172.16.1.1, src= 172.16.1.254,
    dest_proxy= 172.16.1.1/255.255.255.255/0/0 (type=1),
    src_proxy= 10.0.0.0/255.0.0.0/0/0 (type=4),
    protocol= ESP, transform= esp-des esp-sha-hmac ,
    lifedur= 0s and 0kb,
    spi= 0x0(0), conn_id= 0, keysize= 0, flags= 0x14

15:51:57: ISAKMP (0:1): processing NONCE payload. message ID = -1063795207
15:51:57: ISAKMP (0:1): processing KE payload. message ID = -1063795207
15:51:59: ISAKMP (0:1): processing ID payload. message ID = -1063795207
15:51:59: ISAKMP (0:1): processing ID payload. message ID = -1063795207
15:51:59: ISAKMP (0:1): processing NOTIFY RESPONDER_LIFETIME protocol 3
       spi 3582678112, message ID = -1063795207
15:51:59: ISAKMP (0:1): processing responder lifetime
15:51:59: ISAKMP (1): responder lifetime of 200s

15:51:59: ISAKMP (0:1): Creating IPSec SAs
15:51:59:       inbound SA from 172.16.1.1 to 172.16.1.254   (proxy 172.16.1.1 to 10.0.0.0)
15:51:59:       has spi 0x69B08104 and conn_id 2006 and flags 15
15:51:59:       lifetime of 200 seconds
15:51:59:       lifetime of 4608000 kilobytes
15:51:59:       outbound SA from 172.16.1.254 to 172.16.1.1 (proxy 10.0.0.0 to 172.16.1.1)
15:51:59:       has spi -712289184 and conn_id 2007 and flags 15
15:51:59:       lifetime of 200 seconds
15:51:59:       lifetime of 4608000 kilobytes     ⟵ entspricht 0xD58B5460 bzw. 3582678112
```

Dritte ISAKMP-Nachricht des Quick Mode Exchange

- Ausgabe des Sniffer Trace (Initiator (Router) ⇒ Responder (PC))

```
┌─────────┬──────────────────┐
│ Header  │     Hash #3      │────────▶
│         ├──────────────────┤
│         │   verschlüsselt  │
└─────────┴──────────────────┘
```

```
- - - - - - - - - - - - - - - - - - - - - Frame 61 - - - - - - - - - - -
Source Address   Dest. Address     Size  Rel. Time    Summary
[172.16.1.254]   [172.16.1.1]       94   0:09:15.075  ISAKMP: Header

UDP: ----- UDP Header -----
     UDP:
     UDP: Source port       = 500 (IKE)
     UDP: Destination port  = 500 (IKE)
     UDP: Length            = 60
     UDP: Checksum          = FC5A (correct)
     UDP: [52 byte(s) of data]
     UDP:
IKE: ----- Internet Key Exchange Header -----
     IKE:
     IKE: Initiator Cookie   = 0x595EC0532360DF08
     IKE: Responder Cookie   = 0xF4DF4D8A2EF3F402
     IKE: Next Payload       = 8 (Hash (HASH))
     IKE: Major Version      = 1
     IKE: Minor Version      = 0
     IKE: Exchange Type      = 32 (IKE - Quick Mode)
     IKE: Flags              = 01
     IKE:           .... ...1 = Payloads encrypted
     IKE:           .... ..0. = Do not wait for NOTIFY Payload
     IKE:           .... .0.. = Authentication Bit
     IKE:           .... 0... = Not Used
     IKE:           ...0 .... = Not Used
     IKE:           ..0. .... = Not Used      ─ entspricht -1063795207 bzw. 0xC097C5F9
     IKE:           .0.. .... = Not Used     ╱
     IKE:           0... .... = Not Used
     IKE: Message ID         = 3231172089
     IKE: Length             = 52 (bytes)
     IKE: [24 byte(s) of Encrypted data]
```

- Zugehöriger Teil der Debug-Ausgabe

```
15:51:59: ISAKMP (0:1): sending packet to 172.16.1.1 (I) QM_IDLE
15:51:59: ISAKMP (0:1): deleting node -1063795207 error FALSE reason ""
15:51:59: IPSEC(key_engine): got a queue event...

15:51:59: IPSEC(initialize_sas): ,
  (key eng. msg.) dest= 172.16.1.254, src= 172.16.1.1,            Der Router baut die neue
  dest_proxy= 10.0.0.0/255.0.0.0/0/0 (type=4),                    Inbound Security Association
  src_proxy= 172.16.1.1/255.255.255.255/0/0 (type=1),             der ESP-Verbindung auf.
  protocol= ESP, transform= esp-des esp-sha-hmac ,
  lifedur= 200s and 4608000kb,
  spi= 0x69B08104(1773175044), conn_id= 2006, keysize= 0, flags= 0x15
```

```
15:51:59: IPSEC(initialize_sas): ,
    (key eng. msg.) src= 172.16.1.254, dest= 172.16.1.1,          Der Router erzeugt die
    src_proxy= 10.0.0.0/255.0.0.0/0/0 (type=4),                   zugehörige neue Outbound
    dest_proxy= 172.16.1.1/255.255.255.255/0/0 (type=1),          Security Association.
    protocol= ESP, transform= esp-des esp-sha-hmac ,
    lifedur= 200s and 4608000kb,
    spi= 0xD58B5460(3582678112), conn_id= 2007, keysize= 0, flags= 0x15

15:51:59: IPSEC(create_sa): sa created,
    (sa) sa_dest= 172.16.1.254, sa_prot= 50,
    sa_spi= 0x69B08104(1773175044),
    sa_trans= esp-des esp-sha-hmac , sa_conn_id= 2006

15:51:59: IPSEC(create_sa): sa created,
    (sa) sa_dest= 172.16.1.1, sa_prot= 50,
    sa_spi= 0xD58B5460(3582678112),
    sa_trans= esp-des esp-sha-hmac , sa_conn_id= 2007
```

Informational Mode Exchange mit Delete Payload

Um den Partner zu informieren, dass die alten SAs (in diesem Fall mit den SPIs 0x2E3FEC3A und 0x8F8CE5B7) gelöscht wurden, sendet der Router über einen Informational Mode Exchange eine Delete-Nachricht.

```
- - - - - - - - - - - - - - - - - - - Frame 62 - - - - - - - - - - - - - - - - - - -
Source Address    Dest. Address    Size   Rel. Time      Summary
[172.16.1.254]    [172.16.1.1]     110    0:09:32.504    ISAKMP: Header

UDP: ----- UDP Header -----
UDP:
UDP: Source port        = 500 (IKE)
UDP: Destination port   = 500 (IKE)
UDP: Length             = 76
UDP: Checksum           = 87A8 (correct)
UDP: [68 byte(s) of data]
UDP:
IKE: ----- Internet Key Exchange Header -----
IKE:
IKE: Initiator Cookie   = 0x595EC0532360DF08
IKE: Responder Cookie   = 0xF4DF4D8A2EF3F402
IKE: Next Payload       = 8 (Hash (HASH))
IKE: Major Version      = 1
IKE: Minor Version      = 0
IKE: Exchange Type      = 5 (Informational)
IKE: Flags              = 01
IKE:            .... ...1 = Payloads encrypted
IKE:            .... ..0. = Do not wait for NOTIFY Payload
IKE:            .... .0.. = Authentication Bit
IKE:            .... 0... = Not Used
IKE:            ...0 .... = Not Used
IKE:            ..0. .... = Not Used
IKE:            .0.. .... = Not Used           entspricht 0x2729E62A
IKE:            0... .... = Not Used
IKE: Message ID         = 657057322
IKE: Length             = 68 (bytes)
IKE: [40 byte(s) of Encrypted data]
```

- Zugehöriger Teil der Debug-Ausgabe

```
15:52:17: IPSEC(sa_aging): lifetime expiring,
  (sa) sa_dest= 172.16.1.1, sa_prot= 50,
  sa_spi= 0x8F8CE5B7(2408375735),
  sa_trans= esp-des esp-sha-hmac , sa_conn_id= 2005,
  (identity) local= 172.16.1.254, remote= 172.16.1.1,
  local_proxy= 10.0.0.0/255.0.0.0/0/0 (type=4),
  remote_proxy= 172.16.1.1/255.255.255.255/0/0 (type=1)

15:52:17: IPSEC(delete_sa): deleting SA,
  (sa) sa_dest= 172.16.1.254, sa_prot= 50,
  sa_spi= 0x2E3FEC3A(775941178),
  sa_trans= esp-des esp-sha-hmac , sa_conn_id= 2004

15:52:17: IPSEC(delete_sa): deleting SA,
  (sa) sa_dest= 172.16.1.1, sa_prot= 50,
  sa_spi= 0x8F8CE5B7(2408375735),
  sa_trans= esp-des esp-sha-hmac , sa_conn_id= 2005

15:52:17: ISAKMP: received ke message (3/1)
15:52:17: ISAKMP (0:1): sending packet to 172.16.1.1 (I) QM_IDLE
15:52:17: ISAKMP (0:1): purging node 657057322
```

Verschlüsselung der Nutzdaten über die neue ESP Security Association

- Inbound Security Association (aus Sicht des Cisco Routers)

```
- - - - - - - - - - - - - - - - - - - Frame 63 - - - - - - - - - - - -
Source Address    Dest. Address      Size  Rel. Time      Summary
[172.16.1.1]      [172.16.1.254]     126   0:09:48.874    ESP SPI=1773175044

IP: ----- IP Header -----
    IP:
    IP: Version = 4, header length = 20 bytes
    IP: Type of service = 00
    IP: Total length     = 112 bytes
    IP: Identification   = 1
    IP: Flags            = 0X
    IP: Fragment offset  = 0 bytes
    IP: Time to live     = 32 seconds/hops
    IP: Protocol         = 50 (SIPP-ESP)
    IP: Header checksum  = 6A36 (correct)
    IP: Source address      = [172.16.1.1]
    IP: Destination address = [172.16.1.254]
    IP: No options
    IP:
ESP: ----- IP ESP -----
    ESP:
    ESP: Security Parameters Index = 1773175044
    ESP: Sequence Number         = 1
    ESP: Payload Data            =
         478CA3BC8421097724BC4A019572A8FAA1F3...
```

- Outbound Security Association (aus Sicht des Cisco Routers)

```
- - - - - - - - - - - - - - - - - - - Frame 64 - - - - - - - - - - - - - - -
Source Address    Dest. Address    Size   Rel. Time    Summary
[172.16.1.254]    [172.16.1.1]      126   0:09:48.903   IP: ESP SPI=3582678112

IP: ----- IP Header -----
    IP:
    IP: Version = 4, header length = 20 bytes
    IP: Type of service  = 00
    IP: Total length     = 112 bytes
    IP: Identification   = 756
    IP: Flags            = 0X
    IP: Fragment offset  = 0 bytes
    IP: Time to live     = 255 seconds/hops
    IP: Protocol         = 50 (SIPP-ESP)
    IP: Header checksum  = 8842 (correct)
    IP: Source address       = [172.16.1.254]
    IP: Destination address  = [172.16.1.1]
    IP: No options
    IP:
ESP: ----- IP ESP -----
    ESP:
    ESP: Security Parameters Index = 3582678112
    ESP: Sequence Number              = 1
    ESP: Payload Data                 =
         3C0F7C733F22CEAD7031CDB85F405E988CB2...
```

- Informationen über die ESP Security Associations auf dem Cisco Router

c2503# show crypto ipsec sa
interface: Ethernet0

```
    Crypto map tag: ToNetwork_10, local addr. 172.16.1.254
  ...   ...
  local  ident (addr/mask/prot/port): (10.0.0.0/255.0.0.0/0/0)
  remote ident (addr/mask/prot/port): (172.16.1.1/255.255.255.255/0/0)
  current_peer: 172.16.1.1
    ...   ...
    local crypto endpt.: 172.16.1.254, remote crypto endpt.: 172.16.1.1
    path mtu 1500, media mtu 1500
    current outbound spi: D58B5460

    inbound esp sas:
     spi: 0x69B08104(1773175044)
        transform: esp-des esp-sha-hmac ,
        in use settings ={Tunnel, }
        slot: 0, conn id: 2006, flow_id: 7, crypto map: ToNetwork_10
        sa timing: remaining key lifetime (k/sec): (4607999/160)
        IV size: 8 bytes
        replay detection support: Y

    outbound esp sas:
     spi: 0xD58B5460(3582678112)
        transform: esp-des esp-sha-hmac ,
        in use settings ={Tunnel, }
        slot: 0, conn id: 2007, flow_id: 8, crypto map: ToNetwork_10
        sa timing: remaining key lifetime (k/sec): (4607999/160)
        IV size: 8 bytes
        replay detection support: Y
```

Anhang A: Befehlsübersicht

IOS-Befehle auf EXEC-Ebene

# clear crypto isakmp	232
# clear crypto sa	279
# clock set	237
# debug aaa authentication	528
# debug crypto engine	252, 322
# debug crypto isakmp	235, 322
# debug crypto pki	239
# debug crypto pki messages	243, 338
# debug crypto pki transactions	243, 252, 338
# debug dialer packet	535, 584
# debug interface	332
# debug ip nat	601
# debug ip packet	332
# debug ip ssh	224, 226
# debug ip ssh client	228
# debug ppp negotiation	400
# debug vpdn l2x-events	400
# show crypto ca certificates	240, 242, 247, 499
# show crypto ca crls	243
# show crypto dynamic-map	311, 511, 521, 541, 546, 547
# show crypto engine connections active	232, 326
# show crypto ipsec sa	124, 282, 326, 359
# show crypto ipsec sa address	152, 289
# show crypto ipsec sa map	287, 297
# show crypto ipsec transform-set	325
# show crypto isakmp key	259, 323
# show crypto isakmp policy	151, 233, 323
# show crypto isakmp sa	152, 231, 324
# show crypto key mypubkey rsa	41, 50, 224, 238, 248, 263, 497
# show crypto key pubkey-chain rsa	51, 240, 249, 497
# show crypto key pubkey-chain rsa address	267
# show crypto key pubkey-chain rsa name	251, 272, 497
# show crypto map	123, 325, 355
# show debugging condition	332

# show dialer	289, 539, 584, 592
# show dialer interface	520
# show dialer map	520
# show interfaces async	415
# show interfaces virtual-access	405
# show ip access-lists	296, 317
# show ip interface virtual-access	443
# show ip nat translations	601
# show ip ospf neighbor	585
# show ip protocols	444, 562, 585
# show ip ssh	226
# show isdn status	580
# show line	414
# show vpdn	403, 420, 441
# show vpdn session	404, 420, 442
# show vpdn tunnel	403, 420, 441
# ssh	227, 228

IOS-Konfigurations-Befehle

aaa authentication login	277, 526
aaa new-model	277, 526
access-list	296, 299, 316
async-bootp gateway	436, 519
chat-script	399
crypto ca authenticate	239
crypto ca certificate chain	236, 243, 245, 378, 416, 495, 544
no certificate	243
crypto ca crl request	243
crypto ca enroll	241
crypto ca identity	239, 338, 378, 416, 495, 533, 544
crl optional	244, 338, 378, 416, 533, 544
enrollment mode ra	239, 338, 378, 416, 495, 533, 544
enrollment url	239, 338, 378, 416, 495, 533, 544
crypto dynamic-map	310, 312, 511, 519, 526, 533, 544
crypto ipsec security-association lifetime	306
crypto ipsec transform-set	304, 463
mode transport	304, 378, 417, 436, 483, 490, 560, 581
mode tunnel	304
crypto isakmp client configuration address-pool local	276, 519, 526
crypto isakmp identity address	236, 256, 265, 483
crypto isakmp identity hostname	236, 260, 270, 490
crypto isakmp keepalive	291

Anhang A • Befehlsübersicht

crypto isakmp key ... address	256, 483, 519
crypto isakmp key ... hostname	260, 490
crypto isakmp policy	233, 457
authentication	233
encryption	233
group	233
hash	233
lifetime	233
crypto key generate rsa	224
crypto key generate rsa usage-keys	40, 238, 263
crypto key pubkey-chain rsa	13, 50, 265, 337
named-key	13, 50, 270
no addresses-key	263
no named-key	337
crypto key zeroize rsa	238, 263
crypto map	
match address	295
set peer	283, 575, 577
set pfs	211, 280
set security-association lifetime	306
set session-key	475
set transform-set	304, 463
crypto map (Interface-Kommando)	280
crypto map ... client authentication list	277, 526
crypto map ... client configuration address	276
crypto map ... client configuration address initiate	519, 526
crypto map ... ipsec-isakmp	280
crypto map ... ipsec-isakmp dynamic	310, 511, 519, 526, 533
crypto map ... ipsec-isakmp dynamic ... discover	312, 544
crypto map ... ipsec-manual	280, 475
crypto map ... local-address	241, 270, 283, 417, 436, 560
dialer map	575
dialer pool	589
dialer string	589
hostname	236, 260
interface Dialer	589
interface Loopback	265, 270, 417, 436, 544
interface tunnel	560, 581
interface Virtual-Template	399, 417, 437
ip access-group	316
ip access-list	299, 316, 483
ip address negotiated	534

ip domain-name	236, 238, 260, 263
ip host	236, 260
ip local pool	399, 519, 526, 533
ip nat inside	600
ip nat inside source route-map	600
ip nat outside	600
ip nat pool	600
ip ssh	224, 225
isdn switch-type	519, 533
no ip route-cache	332
ntp server	245
peer default ip address pool	399, 414, 437, 519, 533
ppp ipcp	399, 417, 437
ppp ipcp accept-address	534
route-map	600
router ospf	246, 300, 437, 475, 511, 533, 560, 574
router rip	417, 437
service timestamps	260
standby ip	574
transport input ssh telnet	224, 225
tunnel destination	560
tunnel source	560
vpdn enable	399, 416, 436
vpdn-group	399, 416, 436
accept-dialin	399, 416, 436
virtual-template	399, 416, 436
initiate-to ip	399
request-dialin	399
source-ip	399, 416, 436
terminate-from hostname	399

OpenSSL-Befehle

asn1parse	52
crl	79
pkcs12	57
pkcs7	90, 92, 106, 114
pkcs8	55
req	54, 96, 98
rsa	53
rsa -pubin	41, 50, 54
x509	51, 54, 68
x509 -req	97

Anhang B: Beispielübersicht

»crypto map« - Aushandeln des Sicherheitsmechanismus (Transform)	468
»crypto map« - Dynamische »crypto map«	510
»crypto map« - Interface Access-Listen im Zusammenspiel mit IPSec	316
»crypto map« - ISAKMP Keepalive	291
»crypto map« - Manuelle Definition einer ESP Security Association	475
»crypto map« - Mehrere »set peer«-Einträge	284
»crypto map« - Mehrere Einträge und »deny ip any any«-Access-Liste	299
»crypto map« - Mehrere Sicherheitsmechanismen (Transforms) über eine IPSec-Verbindung	463
»crypto map« - Perfect Forward Secrecy (PFS) gefordert	211
»crypto map« - Perfect Forward Secrecy (PFS) nicht gefordert	213
»crypto map« - Probleme bei Access-Listen, die nicht gespiegelt sind	300
»crypto map« - Responder benutzt eine größere IPSec SA Lifetime als der Initiator	306
»crypto map« - Responder benutzt eine kleinere IPSec SA Lifetime als der Initiator	307
»crypto map« - Zuordnung zwischen Access-Liste und Client Identity	296
»isakmp policy« - Mehrere Einträge in der ISAKMP Protection Suite	457
»isakmp policy« - Responder besitzt eine größere ISAKMP Lifetime als der Initiator	234
»isakmp policy« - Responder besitzt eine niedrigere ISAKMP Lifetime als der Initiator	235
Authentifizierung - Generierung des RSA-Schlüsselpaares auf einem Router	40, 237, 263
Authentifizierung - Pre-shared Key (Identifikation über den Hostnamen)	489
Authentifizierung - Pre-shared Key (Identifikation über die IP-Adresse)	480
Authentifizierung - RSA-Signaturen	245, 378, 416, 491, 532, 558
Authentifizierung - RSA-Verschlüsselung (Identifikation über den Domain-Namen)	270
Authentifizierung - RSA-Verschlüsselung (Identifikation über die IP-Adresse)	265
Cisco - IPSec über Dialer-Schnittstellen	587
Cisco - IPSec über eine Dialup-Verbindung	532
Cisco - Mode Config	516
Cisco - Schutz anderer Protokolldaten über einen GRE-Tunnel	558
Cisco - Tunnel Endpoint Discovery	544
Cisco - XAuth Extended Authentication	526
HSRP - IPSec-Verbindung über Dialer-Schnittstellen zu HSRP-Router	587
HSRP - IPSec-Verbindung über GRE-Tunnel zu HSRP-Router	579
HSRP - Probleme bei zwei »crypto map«-Einträgen für jeden HSRP-Router	575
HSRP - Probleme bei zwei »set peer«-Einträgen für die HSRP-Router	577
L2TP - Cisco Router als L2TP Tunnel Server	416, 436
L2TP - Cisco Router als Network Access Server	413

L2TP - Konfiguration eines L2TP-Tunnels auf einem Windows 2000 Client	408, 422
L2TP - Layer Two Tunnel Protocol ohne IPSec	399
L2TP - Tunnel zwischen Windows 2000 Client und Server	448
NAT - Inside NAT mit dynamischer Umwandlung über eine »route-map«	600
NAT - Intranet-Verbindung über einen IPSec-Tunnel ohne NAT	594
SSH Client auf einem Cisco Router	228
SSH Server auf einem Cisco Router	225
VPN Client	
Cisco Mode Config	516
ISAKMP Protection Suite enthält mehrere Proposal-Einträge	460
Konfiguration des Cisco Secure VPN Client	603
Mehrere Sicherheitsmechanismen über eine IPSec-Verbindung	473
Telnet vom VPN Client zum Router über IPSec schützen	480
Verbindung zu einem Cisco Router mit Authentifizierung über RSA-Signaturen	491
Windows 2000	
Konfiguration eines L2TP-Tunnels auf einem Windows Client	408, 422
L2TP-Verbindung zwischen Windows Client und Server	448
Telnet zwischen einem Windows Client und einem Router über IPSec schützen	378
Zertifikate - PKCS #10 Certificate Request	96
Zertifikate - PKCS #7 Message	91
Zertifikate - X.509v2 Widerrufsliste	79
Zertifikate - X.509v3 Zertifikat	67, 84

Anhang C

Übersicht der Fehlermeldungen

%CRYPTO-4-IKMP_BAD_MESSAGE	344
%CRYPTO-4-RECVD_PKT_INV_IDENTITY_ACL	356
%CRYPTO-4-RECVD_PKT_INV_SPI	354
%CRYPTO-4-RECVD_PKT_NOT_IPSEC	356
%CRYPTO-5-IKMP_INVAL_CERT	338
%CRYPTO-6-IKMP_CRYPT_FAILURE	337
%CRYPTO-6-IKMP_MODE_FAILURE	334, 335, 337, 341, 342, 346
%private key not found for	340
CRYPTO_PKI: blocking callback received status	338
CRYPTO_PKI: cert revocation status unknown.	339
CRYPTO_PKI: Certificate validity start is later than the current time	237, 338
IPSEC(adjust_mtu): adjusting path mtu from ... to ...	358
IPSEC(validate_proposal): invalid local address	334, 347
IPSEC(validate_proposal): peer address ... not found	348, 577
IPSEC(validate_proposal): transform proposal (...) not supported	471
IPSEC(validate_transform_proposal): proxy identities not supported	296, 303, 350
IPSEC(validate_transform_proposal): transform proposal not supported for identity	346
ISAKMP: atts are not acceptable	342
ISAKMP: atts not acceptable	334, 336, 337, 347, 348
ISAKMP: deleting SA reason »P1 errcounter exceeded (PEERS_ALIVE_TIMER)«	293
ISAKMP: ignoring request to send delete notify (no ISAKMP sa)	353
ISAKMP: IPSec policy invalidated proposal	303, 346, 350, 577
ISAKMP: No cert, ... not in host cache	259
ISAKMP: No cert, and no keys (public or pre-shared) with remote peer	341
ISAKMP: peer not responding!	293
ISAKMP: SA not acceptable!	350
ISAKMP: Unable to sign hash (RSA)!	341

Anhang D
Übersicht über Traces

Authentifizierung - Pre-shared Keys	196, 612, 642
Authentifizierung - RSA-Signaturen	203, 252, 505
Authentifizierung - RSA-Verschlüsselung (Identifikation über den Domain-Namen)	273
Authentifizierung - RSA-Verschlüsselung (Identifikation über die IP-Adresse)	268
Cisco - Mode Config	523
Cisco - Tunnel Endpoint Discovery	312, 548
Cisco - XAuth Extended Authentification	528
Exchange - Aggressive Mode Exchange	505, 612
Exchange - Informational Mode Exchange zum Löschen von IPsec und ISAKMP SAs	189, 662, 672
Exchange - Main Mode Exchange	323, 629, 642, 673
Exchange - Quick Mode Exchange	325, 620, 630, 652, 682
ISAKMP SA - Aufbau der Security Association über eine Dialer-Verbindung	536
ISAKMP SA - Erfolgreiches Aushandeln einer Protection Suite	176
ISAKMP SA - Fehlgeschlagenes Aushandeln einer Protection Suite	179
ISAKMP SA - Identifikation über den Domainnamen	199
ISAKMP SA - Identifikation über die E-Mail-Adresse	198
ISAKMP SA - Identifikation über die IP-Adresse	196
ISAKMP SA - Keepalive Mechanismus	291
ISAKMP SA - Mehrere Transforms in einer Proposal Payload	461
L2TP - Aufbau einer L2TP-Verbindung	400
L2TP - Datenübertragung über einen L2TP-Tunnel	396
SCEP - Certificate Enrollment	109
SCEP - CRL Access	112
SCEP - Get CA Certificate	104
Sicherheitsprotokoll - AH im Transport Mode	129
Sicherheitsprotokoll - AH im Tunnel Mode	132
Sicherheitsprotokoll - ESP im Transport Mode mit DES-Verschlüsselung und MD5-Authentifizierung	138
Sicherheitsprotokoll - ESP im Transport Mode mit Null-Verschlüsselung und MD5-Authentifizierung	142
Sicherheitsprotokoll - ESP im Tunnel Mode mit DES-Verschlüsselung und MD5-Authentifizierung	140
Sicherheitsprotokoll - ESP im Tunnel Mode mit Null-Verschlüsselung und MD5-Authentifizierung	145

Anhang E

Übersicht über Request for Comment

Die Liste der in diesem Buch erwähnten RFCs der IETF (Internet Engineering Task Force).

RFC	Titel
RFC 1191	Path MTU Discovery
RFC 1320	MD4 (Message Digest Algorithm 4)
RFC 1321	MD5 (Message Digest Algorithm 5)
RFC 1421	PEM Part I: Message Encryption and Authentication Procedures
RFC 1422	PEM Part II: Certificate-Based Key Management
RFC 1423	PEM Part III: Algorithms, Modes, and Identifiers
RFC 1424	PEM Part IV: Key Certification and Related Services
RFC 1701	Generic Routing Encapsulation
RFC 1828	IP Authentication using Keyed MD5
RFC 1829	The ESP DES-CBC Transform
RFC 1852	IP Authentication using Keyed SHA
RFC 2085	HMAC-MD5 IP Authentication with Replay Prevention
RFC 2093	Group Key Management Protocol (GKMP) Specification
RFC 2094	Group Key Management Protocol (GKMP) Architecture
RFC 2104	HMAC (Keyed-Hashing for Message Authentication)
RFC 2202	Test Cases for HMAC-MD5 and HMAC-SHA-1
RFC 2246	The TLS Protocol Version 1.0
RFC 2268	A Description of the RC2(r) Encryption Algorithm
RFC 2286	Test Cases for HMAC-RIPEMD160 and HMAC-RIPEMD128
RFC 2311	S/MIME Version 2 Message Specification
RFC 2312	S/MIME Version 2 Certificate Handling
RFC 2315	PKCS #7: Cryptographic Message Syntax Version 1.5
RFC 2393	IP Payload Compression Protocol (IPComp)
RFC 2394	IP Payload Compression Using DEFLATE
RFC 2395	IP Payload Compression Using LZS
RFC 2401	Security Architecture for the Internet Protocol
RFC 2402	IP Authentication Header (AH)
RFC 2403	The Use of HMAC-MD5-96 within ESP and AH
RFC 2404	The Use of HMAC-SHA-1-96 within ESP and AH
RFC 2405	The ESP DES-CBC Cipher Algorithm With Explicit IV
RFC 2406	IP Encapsulating Security Payload (ESP)
RFC 2407	The Internet IP Security Domain of Interpretation for ISAKMP
RFC 2408	Internet Security Association and Key Management Protocol (ISAKMP)
RFC 2409	The Internet Key Exchange (IKE)

RFC 2410	The NULL Encryption Algorithm and Its Use With IPSec
RFC 2411	IP Security Document Roadmap
RFC 2412	The OAKLEY Key Determination Protocol
RFC 2437	PKCS #1: RSA Cryptography Specifications Version 2.0
RFC 2451	The ESP CBC-Mode Cipher Algorithms
RFC 2459	Internet X.509 PKI Certificate and CRL Profile
RFC 2487	SMTP Service Extension for Secure SMTP over TLS
RFC 2510	Internet X.509 Public Key Infrastructure Certificate Management Protocols (CMP)
RFC 2511	Internet X.509 Certificate Request Message Format (CRMF)
RFC 2522	Photuris: Session-Key Management Protocol
RFC 2523	Photuris: Extended Schemes and Attributes
RFC 2527	Internet X.509 Public Key Infrastructure Certificate Policy and Certification Practices Framework
RFC 2528	Internet X.509 PKI Representation of Key Exchange Algorithm (KEA) Keys in Internet X.509 Certificates
RFC 2549	Internet X.509 Public Key Infrastructure Certificate and CRL Profile
RFC 2559	Internet X.509 Public Key Infrastructure Operational Protocols: LDAPv2
RFC 2560	Internet X.509 Public Key Infrastructure Online Certificate Status Protocol (OCSP)
RFC 2585	Internet X.509 Public Key Infrastructure Operational Protocols: FTP and HTTP
RFC 2585	Internet X.509 Public Key Infrastructure Operational Protocols: FTP and HTTP
RFC 2587	Internet X.509 Public Key Infrastructure LDAPv2 Schema
RFC 2595	Using TLS with IMAP, POP3 and ACAP
RFC 2612	The CAST-256 Encryption Algorithm
RFC 2627	Key Management for Multicast: Issues and Architectures
RFC 2630	Cryptographic Message Syntax (CMS)
RFC 2630	Cryptographic Message Syntax
RFC 2631	Diffie-Hellman Key Agreement Method
RFC 2632	S/MIME Version 3 Certificate Handling
RFC 2633	S/MIME Version 3 Message Specification
RFC 2634	Enhanced Security Services for S/MIME
RFC 2660	Secure HTTP
RFC 2661	L2TP (Layer Two Tunneling Protocol)
RFC 2712	Addition of Kerberos Cipher Suites to Transport Layer Security (TLS)
RFC 2797	Certificate Management Messages over CMS (CMC)
RFC 2817	Upgrading to TLS Within HTTP/1.1
RFC 2818	HTTP Over TLS
RFC 2828	Internet Security Glossary
RFC 2857	The Use of HMAC-RIPEMD-160-96 within ESP and AH
RFC 2875	Diffie-Hellman Proof-of-Possession Algorithms
RFC 2888	Secure Remote Access with L2TP
RFC 2898	PKCS #5: Password-Based Cryptography Specification Version 2.0
RFC 2944	Telnet Authentication: Secure Remote Password

RFC 2945	The SRP Authentication and Key Exchange System
RFC 2985	PKCS #9: Selected Object Classes and Attribute Types Version 2.0
RFC 2986	PKCS #10: Certification Request Syntax Specification Version 1.7
RFC 2535	Domain Name System Security Extensions
RFC 2845	Secret Key Transaction Signatures for DNS (TSIG)
RFC 2931	DNS Request and Transaction Signatures (SIG(0)s)
RFC 3007	Secure Domain Name System (DNS) Dynamic Update (DNSSEC)
RFC 3008	Domain Name System Security (DNSSEC) Signing Authority
RFC 3029	Internet X.509 Public Key Infrastructure Qualified Certificates Profile
RFC 3039	Qualified Certificates Profile
RFC 3051	IP Payload Compression Using ITU-T V.44 Packet Method

Anhang F: Abkürzungsverzeichnis

ACT	Anti-Clogging Token
AES	Advanced Encryption Standard
AH	Authentication Header
ASN.1	Abstract Syntax Notation One
BER	Basic Encoding Rules
BITS	Bump-in-the-Stack
BITW	Bump-in-the-Wire
CA	Certification Authority
CBC	Cipher Block Chaining
CCITT	Comité Consultativ International de Tèlègraphique et Tèlèphonique
CFB	Cipher Feedback
CMC	Certificate Management Messages over CMS
CMP	Certificate Management Protocols
CP	Certificate Policies
CPS	Certificate Practice Statements
CPS	Certification Practice Statement
CRL	Certification Revocation List
CRMF	Certificate Request Message Format
DDoS	Distributed Denial-of-Service
DER	Distinguished Encoding Rules
DES	Data Encryption Standard
DN	X.500 Distinguished Name
DNSSEC	Domain Name System Security
DH	Diffie-Hellman
DOI	Domains of Interpretation
DoS	Denial-of-Service
DSA	Digital Signature Algorithm
DSS	Digital Signature Standard
DVCS	Data Validation and Certification
ECB	Electronic Code Book
ECC	Elliptic Curve Cryptography
ECDSA	Elliptic Curve Digital Signature Algorithm
ESP	Encapsulating Security Payload
FIPS	Federal Information Processing Standard
FQDN	Fully Qualified Domain Name

GF	Galois Feld
GKMP	Group Key Management Protocol
GRE	Generic Routing Encapsulation
HMAC	Hash-based Message Authentication Code
HSRP	Hot Standby Routing Protocol
ICV	Integrity Check Value
IDEA	International Data Encryption Standard
IETF	Internet Engineering Task Force
IKE	Internet Key Exchange
IPRA	Internet Policy Registration Authority
ISAKMP	Internet Security Association and Key Management Protocol
ISP	Internet Service Provider
ITU	International Telecommunication Union (Nachfolger der CCITT)
IV	Initialisierungsvektor
KEA	Key Exchange Algorithm
KPDK	Key/Pad/Data/Key
L2TP	Layer Two Tunneling Protocol
LAC	L2TP Access Concentrator
LDAP	Lightweight Directory Access Protocol
LNS	L2TP Network Server
MAC	Message Authentication Codes
MD	Message Digest Algorithm
NAS	Network Access Server
NAT	Network Address Translation
OCSP	Online Certificate Status Protocol
OFB	Output Feedback
OID	Object Identifier
PCA	Policy Certification Authorities
PEM	Privacy Enhanced Mail
PFS	Perfect Forward Secrecy
PGP	Pretty Good Privacy
PKCS	Public-Key Cryptography Standards
PKI	Public Key Infrastructure
PKIX	Internet X.509 Public Key Infrastructure
PMTU	Path MTU Discovery
PRF	Pseudo Random Function
RA	Registration Authority
RegTP	Regulierungsbehörde für Telekommunikation und Post
RRAS	Routing and Remote Access
RSA	Rivest-Shamir-Adleman
S/MIME	Secure Multipurpose Internet Mail Extension
SA	Security Association

SAD	Security Association Database
SAFER	Secure And Fast Encryption Routine
SCEP	Simple Certificate Enrollment Protocol
SCVP	Simple Certificate Validation Protocol
SDSI	Simple Distributed Security Infrastructure
SEAL	Software-optimized Encryption Algorithm
SET	Secure Encryption Transaction
SHA	Secure Hash Algorithm
S-HTTP	Secure HyperText Transfer Protocol
SKEME	Secure Key Exchange Mechanism for Internet
SPD	Security Policy Database
SPI	Security Parameter Index
SPKI	Simple Public Key Infrastructure
SRP	Secure Remote Password Protocol
SSH	Secure Shell
SSL	Secure Sockets Layer
TED	Tunnel Endpoint Discovery
TLS	Transport Layer Security
TSA	Time Stamp Authority
XAuth	Extended Authentication

Anhang G: Object Identifier

Object Identifiers (OID) sind Zahlenketten, die von verschiedenen Protokollen verwendet und in einer hierarchischen Struktur vergeben werden. Die formale Definition von OIDs ist in der ITU-T-Empfehlung X.208 (ASN.1) beschrieben. Die Hierarchie sieht folgendermaßen aus:

Top-level OIDs (ITU-T X.208)

0	ITU-T assigned
1	ISO assigned
2	Joint ISO/ITU-T assignment

ITU-T OIDs (X.680, ISO 8824-1)

0.0	ITU-T Recommendation
0.1	ITU-T Question
0.2	ITU-T Administration
0.3	ITU-T Network Operator
0.4	ITU-T Identified Organization

ISO OIDs (X.208)

1.0	ISO Standard
1.1	ISO Registration Authority (veraltet)
1.2	**ISO Member Body**
1.3	**ISO Identified Organization**
ISO Member Body (1.2)	
1.2.840.1	US Organizations
1.2.840.10003	ANSI Z39.50
1.2.840.10017	IEEE 1224
1.2.840.10022	IEEE 802.10
1.2.840.10036	IEEE 802.11
1.2.840.10040	**ANSI X9-57**
1.2.840.10045	**ANSI X9-62**
1.2.840.10046	ANSI X9-42
1.2.840.113549	**RSADSI**
1.2.840.113556	Microsoft

RSADSI (1.2.840.113549)	
1.2.840.113549.1	PKCS
1.2.840.113549.2	PKCS #2
1.2.840.113549.3	Encryption Algorithms
PKCS (1.2.840.113549.1)	
1.2.840.113549.1.1	PKCS #1
1.2.840.113549.1.5	PKCS #5
1.2.840.113549.1.7	PKCS #7
1.2.840.113549.1.9	PKCS #9
1.2.840.113549.1.12	PKCS #12
PKCS #1 (1.2.840.113549.1.1)	
1.2.840.113549.1.1.1	RSA encryption
1.2.840.113549.1.1.2	MD2 with RSA encryption
1.2.840.113549.1.1.3	MD4 with RSA encryption
1.2.840.113549.1.1.4	MD5 with RSA encryption
1.2.840.113549.1.1.5	SHA-1 with RSA Encryption
1.2.840.113549.1.1.6	rsaOAEPEncryptionSET
Encryption Algorithms (1.2.840.113549.3)	
1.2.840.113549.3.2	RC2-CBC
1.2.840.113549.3.4	RC4
1.2.840.113549.3.7	DES-EDE3-CBC
1.2.840.113549.3.9	RC5-CBC Pad
1.2.840.113549.3.10	id-desCDMF
ANSI X9-57 (1.2.840.10040)	
1.2.840.10040.4	x9algorithm
1.2.840.10040.4.1	id-dsa
1.2.840.10040.4.3	id-dsa-with-sha1
ANSI X9-62 (1.2.840.10045)	
1.2.840.10045.1	ecdsa-with-SHA1
1.2.840.10045.2	keyType
1.2.840.10045.4	signatures
ISO Identified Organization (1.3)	
1.3.6	US Department of Defense
1.3.12	ECMA European Computer Manufacturers Association
1.3.16	EWOS European Workshop on Open Systems
1.3.18	IBM
1.3.22	Open Software Foundation
1.3.24	Digital Equipment Corporation
1.3.26	Nato Identified Organisation
1.3.36	TeleTrust

Internet (1.3.6.1)	
1.3.6.1.1	Directory
1.3.6.1.2	Management
1.3.6.1.3	Experimental
1.3.6.1.4	Private
1.3.6.1.5	Security
1.3.6.1.6	SNMPv2
1.3.6.1.7	Mail
Internet Private (1.3.6.1.4)	
1.3.6.1.4.1.2	IBM
1.3.6.1.4.1.9	Cisco
1.3.6.1.4.1.232	Compaq
1.3.6.1.4.1.5255	EuroPKI
1.3.6.1.4.1.311	Microsoft
Internet Security (1.3.6.1.5)	
1.3.6.1.5.5	Mechanisms
1.3.6.1.5.5.1	Simple Public Key GSS-API Mechanism (SPKM)
1.3.6.1.5.5.2	SPNEGO pseudo-mechanism
1.3.6.1.5.5.7	PKIX
PKIX (1.3.6.1.5.5.7)	
1.3.6.1.5.5.7.1	private certificate extensions
1.3.6.1.5.5.7.2	policy qualifier types
1.3.6.1.5.5.7.2.1	CPS Qualifier
1.3.6.1.5.5.7.2.2	User Notice Qualifier
1.3.6.1.5.5.7.3	extended key purpose OIDS
1.3.6.1.5.5.7.10	X.509 attribute certificates
1.3.6.1.5.5.7.48	access descriptors

ISO/ITU-T OIDs (X.660, ISO 9834-3)

2.1	ASN.1
2.2	Association Control (ACSE)
2.5	**X.500 Directory Services**
2.6	X.400 Messaging services
2.9	OSI Management
2.16	Joint assignments by country
2.23	**International organizations**
X.500 Directory Services (2.5)	
2.5.1	X.500 modules
2.5.2	X.500 service environment
2.5.3	X.500 application context

2.5.4	X.500 attribute types
2.5.5	X.500 attribute syntaxes
2.5.6	X.500 standard object classes
2.5.7	X.500 attribute sets
2.5.8	X.500 defined algorithms
2.5.9	X.500 abstract syntaxes
2.5.12	DSA Operational Attributes
2.5.13	Matching Rule
2.5.14	X.500 knowledge Matching Rules
2.5.15	X.500 name forms
2.5.16	X.500 groups
2.5.17	X.500 subentry (3 more)
2.5.18	X.500 operational attribute type
2.5.19	X.500 operational binding
2.5.20	X.500 schema object class
2.5.21	X.500 schema operational attributes
2.5.23	X.500 administrative roles
2.5.24	X.500 access control attribute
2.5.25	X.500 ros object
2.5.26	X.500 contract
2.5.27	X.500 package
2.5.28	X.500 access control schema
2.5.29	**certificateExtension (id-ce)**
2.5.30	managementObject (id-mgt)
X.509v3-Erweiterungen (2.5.29)	
2.5.29.14	Subject Key Identifier
2.5.29.15	Key Usage
2.5.29.16	Private Key Usage Period
2.5.29.17	Subject Alternative Name
2.5.29.18	Issuer Alternative Name
2.5.29.19	Basic Constraints
2.5.29.20	CRL Number
2.5.29.21	Reason code
2.5.29.23	Hold Instruction Code
2.5.29.24	Invalidity Date
2.5.29.27	Delta CRL indicator
2.5.29.28	Issuing Distribution Point
2.5.29.29	Certificate Issuer
2.5.29.30	Name Constraints
2.5.29.31	CRL Distribution Points

2.5.29.32	Certificate Policies	
2.5.29.33	Policy Mappings	
2.5.29.35	Authority Key Identifier	
2.5.29.36	Policy Constraints	
2.5.29.37	Extended key usage	
International Organizations (2.23)		
2.23.42	SET (Secure Electronic Transactions)	
2.23.42.0	id-set-contentType	
2.23.42.1	id-set-msgExt	
2.23.42.2	id-set-field	
2.23.42.3	id-set-attribute	
2.23.42.4	id-set-algorithm	
2.23.42.5	id-set-policy	
2.23.42.6	id-set-module	
2.23.42.7	id-set-certExt	
2.23.42.8	id-set-brand	
2.23.42.9	SET Vendors	
2.23.42.10	id-set-national	
SET *id-set-certExt* (2.23.42.7)		
2.23.42.7.0	id-set-hashedRootKey	
2.23.42.7.1	id-set-certificateType	
2.23.42.7.2	id-set-merchantData	
2.23.42.7.3	id-set-cardCertRequired	
2.23.42.7.4	id-set-tunneling	
2.23.42.7.5	id-set-setExtensions	
2.23.42.7.6	id-set-setQualifier	

Stichwortverzeichnis

3DES 32, 151, 161

A
AAA 277, 526
Abstract Syntax Notation One Siehe ASN.1
Access-Liste 296, 300, 315, 349, 597
ACT 153
Active Wiretapping 21, 22
Advanced Encryption Standard Siehe AES
AES 32
AG_AUTH 231, 322
AG_INIT_EXCH 231, 261, 322
AG_NO_STATE 231, 322
Aggressive Exchange 185
Aggressive Mode Exchange 153, 190, 195, 202, 259, 608
AH 115, 119 f., 127, 151, 158, 210, 305
– Transform Identifier 161, 166
Angriffe 20
ANSI X9.55-1995 60
Anti-Clogging Token Siehe ACT
Anti-Replay Window 123, 125
AppleTalk 395, 563
ASN.1 49
asymmetrische Verschlüsselung 29, 34, 46
Authentication Header Siehe AH
Authentication Only Exchange 184
Authenticity Siehe Authentizität
Authentifizierungsmethoden 28, 163, 175, 190, 233
– öffentliche Verschlüsselung 204, 263
– öffentliche Verschlüsselung (revised Mode) 206
– Pre-shared Key 194, 255, 480, 489
– Signaturen 200, 491, 532
Authentizität 25, 42, 83, 115, 127, 135, 171, 187, 211
Authority Information Access 66
Authority Key Identifier 64, 76
Avalanche-Effekt 28

B
Base Exchange 182
Base64 53
Basic Constraints 66
Basic Encoding Rules Siehe BER
Bedrohung 20
BER 49
Betriebsmodi von Blockchiffren 32
Between-the-lines Attack 22
Biometric Information 66
BITS 115
BITW 115
Block Cipher 31
Blockchiffren 31
Blowfish 32
Break-ins 20
Brute-Force Attack 21, 30
Bump-in-the-Stack 115
Bump-in-the-Wire 115

C
CA 59, 61, 74, 82, 85, 201, 238
CAST 32
CBC 33
Certificate Siehe Zertifikat
Certificate Chain 82
Certificate Management Protocols Siehe CMP
Certificate Management Messages over CMS Siehe CMC
Certificate Policies Siehe CP
Certificate Practice Statements Siehe CPS
Certificate Request Message Format Siehe CRMF
Certification Authority Siehe CA
Certification Issuer 77
Certification Path 66, 82, 94
Certification Path Constraint Extensions 66
Certification Practice Statement Siehe CPS
Certification Request 94
Certification Revocation List Siehe CRL
CFB 33
Chaining 33
Challenge-Response-Verfahren 27
Chiffrat 28
Chosen-Ciphertext Attack 21
Chosen-Plaintext Attack 21, 31
Cipher Block Chaining Siehe CBC
Cipher Feedback Siehe CFB
Cipher Text 28
Ciphertext-only Attack 21

Cisco Secure VPN Client Software
  Siehe VPN Client
Client Identity 209, 295; 481, 603
Client LAC 395
Clogging 22
CMC 103
CMP 101, 103
CMS 19
Commitment Siehe Nichtabstreitbarkeit
Compaq Tru64 UNIX 49, 222, 225
Computer-Zertifikate 363
Confidentiality Siehe Vertraulichkeit
Cookie 153, 190, 192
CP 65, 72, 100
CPS 72, 82, 100
CRL 73, 102, 103, 243, 338
CRL Distribution Points 66
CRL Number 76
CRMF 101
Cut-and-Paste Attack 21

D
Data Encryption Standard Siehe DES
Data Validation and Certification
  Siehe DVCS
DDoS 22
DECnet 395, 558, 563
Delta CRL Indicator 76
Denial-of-Service Siehe DoS
DER 49, 60
DES 26, 31, 32, 42, 151
DES-MAC 42, 135
Dezentrale PKI 81
DF-Bit 356
DH-Group 38
Dialer Interface 281
Dictionary Attack 21
Diffie-Hellman 34, 36, 164, 170, 190, 221, 647
Diffie-Hellman Gruppe 38, 151, 164, 165, 187, 233, 280, 612
Digital Envelope 88
Digital Signatur Standard Siehe DSS
Digital Signature Algorithm Siehe DSA
digitale Signatur 25, 27, 31, 40, 42, 44, 56, 61, 88, 149, 171, 201
digitaler Umschlag 88
digitaler Zeitstempel 42
Directory Service 102
diskretes Logarithmusproblem 34, 36
Distinguished Encoding Rules Siehe DER
Distinguished Name Siehe DN
Distributed Denial-of-Service Siehe DDoS
DN 62, 65, 75, 94, 122

DNSSEC 20
DOI 149, 156
Domain Name System Security
  Siehe DNSSEC
Domains of Interpretation Siehe DOI
DoS 20, 22, 152
DSA 34, 46
DSS 34
DVCS 101
dynamische crypto map 309

E
ECB 32
ECC 34
ECDSA 163
Ein-Schlüssel-Verfahren 28
Electronic Code Book Siehe ECB
ElGamal 34
Elliptic Curve Cryptography Siehe ECC
Elliptic Curve Digital Signature Algorithm
  Siehe ECDSA
Elliptische Kurven 34
EnableLogging 370
Encapsulating Security Payload Siehe ESP
Encapsulation Mode 166
Encoding Rules 49
End-Entity Certificates 66
Enterprise CA 366
Ereignisanzeige 369
ESP 115, 119 f., 135, 151, 158, 210, 280, 305
– Transform Identifier 161
Exchange Type 154, 175
Extended Authentication Siehe XAuth

F
Faktorisierungsproblem 34
Fast Switching 332
Federal Information Processing Standard
  Siehe FIPS
Fehlersuche 321
– Debugging des Aufbaus von ISAKMP und IPSec SAs 328
– Debugging eines Main Mode Exchange 323
– Debugging eines Quick Mode Exchange 325
– IP Packet Debugging 332
– Probleme bei der Authentifizierung über Pre-shared Keys 342
– Probleme bei der Authentifizierung über RSA-Signaturen 337

- Probleme beim Aufbau der IPSec Security Association 345
- Probleme beim Aufbau der ISAKMP Security Association 333

Fingerabdruck 26, 41, 59, 239
Fingerprint 26, 41
FIPS 32
Flooding 22
FQDN Siehe Fully Qualified Domain Name
Frame-Relay 558
Fully Qualified Domain Name 122, 168, 236, 237
Fully Qualified Username 122, 168

G

Galois Feld Siehe GF
geheimer Schlüssel 27, 28
Geheimtext 28, 33
Geheimwort 35, 37
gemeinsamer Schlüssel 36, 190
General Purpose Keys 237
Generator 37
Generic Routing Encapsulation Siehe GRE
GF 34, 38
GKMP 36
GRE 304, 558, 579
Group Key Management Protocol Siehe GKMP
Gültigkeitsdauer
- von SAs 123, 163, 165, 233, 306
- von Zertifikaten 62, 73, 237

H

Hash Digest 41
Hash-based Message Authentication Codes Siehe HMAC
Hashextrakt 41
Hashfunktion 25, 41, 75, 87, 95, 163, 171, 233
hierarchische PKI 82
Hijack Attack 22
HMAC 43, 128, 135, 151, 166
Hold Instruction Code 77
Host Key 221, 224
Hot Standby Routing Protocol Siehe HSRP
HSRP 573
Hub and Spoke 309, 510
Hybride Verfahren 29

I

ICMP 356
ICMP Flood 23
ICV 42 f., 127 f., 135, 137
ID Type 168
IDEA 19, 32

Identity Protection 182, 185, 204
Identity Protection Exchange 183
Identity Spoofing 21
IKE 36, 115, 162, 187, 311
- Aggressive Mode Exchange 190, 195, 202, 259, 608
- Informational Mode Exchange 188, 279, 662, 669, 686
- Main Mode Exchange 190, 195, 201, 231, 627
- New Group Mode 187
- Quick Mode Exchange 208, 620
- Transaction Exchange 524, 529
IKE Probe 311
IKE SA 151
Informational Exchange 176, 182
Informational Mode Exchange 188, 279, 662, 669, 686
Initialisierungsvektor Siehe IV
Integrität 25, 41, 45, 115, 127, 135, 187
Integrity Siehe Integrität
Integrity Check Value Siehe ICV
Integrity Mode 56
International Data Encryption Standard Siehe IDEA
Internet Key Exchange Siehe IKE
Internet Policy Registration Authority Siehe IPRA
Internet Security Association and Key Management Protocol Siehe ISAKMP
Internet Service Provider Siehe ISP
Internet X.509 Public Key Infrastructure Siehe PKIX
Invalidity Date 77
inverse Beziehung 39
IP Packet Debugging 332
IP Security Policies 363
IPComp 115, 151, 305
- Transform Identifier 160
IPCP 532
IPRA 85
IPSec 115
IPSec DOI 157, 158, 167
IPSec Identity 122, 209
IPSec Policy Agent 369
IPSec RFCs 116
IPSec SA 151, 208, 279
IPSec SA - Transport Mode 480
IPSec -Protokoll 28, 115
IP-Sicherheitsrichtlinie 363, 384, 393
IPX 395, 563
ISAKMP 36, 115, 149
- Exchange Type 154, 175
-- Aggressive Exchange 185
-- Authentication Only Exchange 184

– – Base Exchange 182
– – Identity Protection Exchange 183
– – Informational Exchange 182
– – Transaction Exchange 215
– Payload
– – Certificate Payload 169
– – Certificate Request Payload 170
– – Data Attributes 155
– – Delete Payload 174
– – Generic Payload Header 155
– – Hash Payload 171
– – Identification Payload 167
– – Key Exchange Payload 170
– – Nonce Payload 171
– – Notification Payload 172
– – Proposal Payload 158
– – Security Association Payload 156
– – Signature Payload 171
– – Transform Payload 159
– – Vendor ID Payload 174
ISAKMP Authentifizierungsmethoden 163
ISAKMP ID Type 168
ISAKMP Identität 236, 283, 481, 603
ISAKMP Keepalive 174, 291
ISAKMP Nachrichtenformat 152
ISAKMP Phasen 150
ISAKMP Policy 151, 232
ISAKMP Protocol ID 158, 167, 173
ISAKMP SA 151, 231
ISP 407
Issuer 65
Issuer Alternative Name 65, 76
Issuer Name 75
Issuer Unique Identifier 62
Issuer X.500 Name 62
Issuing Distribution Point 76
Iterated Tunneling 121
IT-Grundschutzhandbuch 25, 28, 44
IV 33, 192

K
KEA 34
Keepalive 291
Kerberos 117, 149, 390, 445
Key 28
Key and Policy Information Extensions 64
Key Exchange Algorithm Siehe KEA
Key Generation 35
Key Group 38
Key Management 117
Key Transport 35
Key Usage 64
Key/Pad/Data/Key Siehe KPDK

KEYMAT 210
Klartext 28
Knapsack 35
Known-Plaintext Attack 21
Kollisionswiderstand 41
konventionelle Verschlüsselung 28
KPDK 166
Kryptoanalyse 20, 21
Kryptographie 15
kryptographische Hashfunktion 41
kryptographische Protokolle 25
kryptographische Prüfsumme 42, 166
kryptographische Verschlüsselung 28
kryptographischer Algorithmus 21

L
L2TP 275, 304, 363, 395
L2TP Access Concentrator Siehe LAC
L2TP Network Server Siehe LNS
LAC 395
Lastverteilung 558
Layer Two Tunneling Protocol Siehe L2TP
LDAP 17, 74
Lifetime 123, 163, 165, 233, 306, 336, 632, 638, 658
Lightweight Directory Access Protocol Siehe LDAP
LNS 395
Loadbalancing 544, 562
logische Schnittstelle 281
Loopback-Adresse 241

M
MAC 25, 42, 45, 166
Machine Certificate 363
Main Mode Exchange 153, 190, 195, 201, 231, 627
Man-in-the-Middle 22, 36, 149, 175
Masquerade Attack 21
MD4 42
MD5 42
Message Authentication Codes Siehe MAC
Message Digest Algorithm Siehe MD
Message ID 155, 182, 188, 620
Microsoft IIS Server 49
Microsoft PVK 49
MIME-Typen 95
MM_KEY_AUTH 231, 322
MM_KEY_EXCH 231, 322
MM_NO_STATE 231, 322
MM_SA_SETUP 231, 322
Mode Config 174, 215, 275, 407, 516
Modulus 37, 40
Multicast 296, 558, 563

Multihop 491
Mutable Fields 127

N
Name Constraints 66
NAS 395, 407
NAT 594, 597, 600
NET-Format 49
Netscape 17, 49, 60
Network Access Server Siehe NAS
Network Address Translation Siehe NAT
Network Time Protocol Siehe NTP
New Group Mode 187
Nichtabstreitbarkeit 25, 30, 45
Non-Repudiation Siehe Nichtabstreitbarkeit
Notify Message Type 172
NTP 237, 245
NVRAM 40, 237

O
Oakley 36, 149, 187
Oakley Group 38
Oakley-Gruppe 164
Object Identifier siehe OID
OCSP 100
OFB 33
Off-cycle CRLs 74
öffentliche Verschlüsselung 34, 35
öffentlicher Schlüssel 29, 62, 81, 94
OID 61, 72, 707
One-Time Pad 33, 34
Online Certificate Status Protocol Siehe OCSP
Online Status Checking 74
OpenSSH 222, 225
OpenSSL 41, 49
OpenVMS 49
OSPF 149, 158, 167, 532, 558
OSPF on Demand 580
Output Feedback Siehe OFB

P
Passive Wiretapping 21
Passphrase 53, 55
Path MTU Siehe PMTU
Path MTU Discovery 356
Pathsplitting 562
PCA 85
PEM 53, 59, 85
Perfect Forward Secrecy Siehe PFS
Periodic CRLs 74
PFS 35, 165, 210, 211, 279, 604
PGP 19, 59, 81, 149
Photuris 36
Piggyback Attack 22

PKCS 54, 86
- PKCS #10 Certificate Request Syntax 94
- PKCS #12 Personal Information Exchange Syntax 56
- PKCS #3 Diffie-Hellman Key Agreement Standard 37
- PKCS #6 Extended Certificate 86
- PKCS #7 Cryptographic Message Syntax 87
- PKCS #8 Private-Key Information Syntax 54
PKI 29, 46, 81, 238
PKIX 60, 66, 86, 99
Plain Text 28
PMTU 123, 356
Policy Certification Authorities Siehe PCA
Policy Constraints 66
Policy Mappings 65
PPP 395
Pre-shared Key 28, 175, 194, 342
Pretty Good Privacy Siehe PGP
PRF 164, 190, 192
Privacy Siehe Vertraulichkeit
Privacy Enhanced Mail Siehe PEM
Privacy Mode 56
Private Key 29
privater Schlüssel 29
ProhibitIPSec 368
Proposal 158, 233
Protection Suite 119, 151, 175, 232, 279, 642
Protocol ID 158, 167, 173, 174, 457
Proxy Identity 122, 151, 209, 295
Prüfsumme 41, 171
Pseudo Random Function Siehe PRF
Public Key 29
Public Key Encryption 29
Public Key Infrastructure Siehe PKI
Public-Key Cryptography Standards Siehe PKCS
Pull Distribution 74
Push Distribution 74

Q
QM_IDLE 231, 322
Qualified Certificate Statements 66
Quick Mode Exchange 208, 620

R
RA 69, 102, 105, 238
RC2 32
RC4 33
RC5 32
RC6 32
Real-Time Revokation 74
Reason Code 77

Reflection Attack 23
Registration Authority Siehe RA
Registrierungsstellen Siehe RA
RegTP 83
relatic prim 39
Replay Attack 20, 23, 125, 127, 135, 152, 171, 190
Replay Protection 125, 280
Repository 102
Resource Clogging 22, 153, 190
Responder-Lifetime Notification 307
Revocation Date 75
RFC 1191 356
RFC 1321 163
RFC 1421 85
RFC 1422 85
RFC 1423 85
RFC 1424 85
RFC 1701 558
RFC 1827 161
RFC 1828 166
RFC 2093 36
RFC 2094 36
RFC 2104 43
RFC 2246 18
RFC 2311 19, 95
RFC 2312 19
RFC 2315 86
RFC 2394 160
RFC 2395 160
RFC 2401 116, 210
RFC 2403 43, 128, 137, 166, 210
RFC 2404 43, 128, 137, 166
RFC 2405 136, 161, 162, 210
RFC 2408 149
RFC 2409 149, 162, 187
RFC 2410 136
RFC 2411 116
RFC 2412 149, 164, 187
RFC 2437 86
RFC 2451 161, 162, 210
RFC 2507 165
RFC 2510 101
RFC 2511 101
RFC 2522 36
RFC 2523 36
RFC 2535 20
RFC 2549 60
RFC 2559 100
RFC 2560 100
RFC 2585 101
RFC 2627 36
RFC 2631 37
RFC 2632 19

RFC 2633 19
RFC 2660 19
RFC 2661 395
RFC 2828 99
RFC 2845 20
RFC 2857 43, 166
RFC 2888 17
RFC 2898 86
RFC 2931 20
RFC 2944 20
RFC 2945 20
RFC 2985 86
RFC 2986 86
RFC 3007 20
RFC 3008 20
RFC 3039 66
RFC 3051 160
RFC-Übersicht 699
RIJNDAEL 32
RIPEMD-160 42
Rivest-Shamir-Adleman Siehe RSA
Root CA 67, 82
Routing und Remote Access Siehe RRAS
RRAS 449
RSA 34, 39
RSA-Schlüsselpaar 237, 337
RSA-Signaturen 28, 200, 203, 236, 237, 309, 311
RSA-Verschlüsselung 28, 175, 204, 206, 237, 263
Rucksackproblem 35

S

S/MIME 19, 59, 86, 95
SA Siehe Security Association
SA Bundle 120
SAD 123, 315
SAFER K-128 32
SAFER K-64 32
Satz von Euler 39
SCEP 95, 103, 241, 492
Schlüssel 28
Schlüsselaustauschverfahren 35, 170, 187
Schlüsselpaar 29
Schlüsselverwaltung 115, 117
SCVP 101
SDSI 82
SEAL 33
SECP 236
Secret Key Algorithm 28
Secret Key Encryption 28
Secure Encryption Transaction Siehe SET
Secure Hash Algorithm Siehe SHA1

Secure HyperText Transfer Protocol Siehe S-HTTP
Secure Key Exchange Mechanism for Internet Siehe SKEME
Secure Multipurpose Internet Mail Extension Siehe S/MIME
Secure Remote Access with L2TP 17
Secure Remote Password Protocol) Siehe SRP
Secure Shell Siehe SSH
Secure Sockets Layer Siehe SSL
Security Association 119
– Aufbau einer Security Association 175
Security Association Database Siehe SAD
Security Associations Bundle 120
Security Gateway 115
Security Parameter Index Siehe SPI
Security Policy Database Siehe SPD
selbstsignierte Zertifikate 67, 83
Selector 122, 151
self-signed Certificate 83
Seriennummer 62, 73
Serpent 32
Server Key 221, 224
Session Key 29, 170, 222
SET 20, 59
SHA1 42
Shared Key 28, 191
Shared Secret 28
S-HTTP 19, 59
Sicherheitsmechanismen 158, 159, 210, 232, 304
Sicherheitsprotokolle 115, 119, 122, 127, 151, 158, 210, 279, 304
Sicherheitssysteme 17
sign what we send 135
Signatur Siehe digitale Signatur
Signaturalgorithmus 62, 75, 87
Signature Algorithm Identifier 75
Simple Certificate Enrollment Protocol Siehe SCEP
Simple Certificate Validation Protocol Siehe SCVP
Simple Distributed Security Infrastructure Siehe SDSI
Simple Public Key Infrastructure Siehe SPKI
Sitzungsschlüssel 17, 18, 29, 127, 170, 190, 191, 208, 221
SKEME 187
SKEYID_a 191, 618
SKEYID_d 191, 210, 211, 618
SKEYID_e 191, 342, 618
Skipjack 32, 34
SPD 121
Special Usage Keys 237

SPI 119, 124, 128, 136, 159, 173, 174, 208, 210
SPKI 82
SRP 20
SSH 221
SSL 59, 86
Standalone CA 364
Stream Cipher 31
Stromchiffren 31, 33
Sub-Interface 281
Subject 65
Subject Alternative Name 65
Subject and Issuer Attribute Extensions 65
Subject Directory Attributes 65
Subject Key Identifier 64
Subject Name 96, 241
Subject Unique Identifier 62
Subject X.500 Name 62
Subsct-Sum-Problem 35
symmetrische Verschlüsselung 28, 31
SYN Flood 23

T
TCP SYN 23
TED 174, 311, 544
Thread 20
Time Stamp Authority Siehe TSA
TLS 18, 59, 149
Top-Level CA 82
Transaction Exchange 215
Transform 158, 159, 160, 304, 457
– AH Identifier 161
– ESP Identifier 161
– IPComp Identifier 160
Transport Adjacency 120
Transport Layer Security Siehe TLS
Transport Mode 119, 129, 137, 166, 304
Triple DES 26, 32
Trusted Key 47
TSA 101
Tunnel 395, 558, 563
Tunnel Endpoint Discovery Siehe TED
Tunnel Interface 281
Tunnel Mode 120, 129, 137, 166, 304, 369
Tunnel Server 395

U
Übersicht
– Angriffe auf die IT-Sicherheit 20
– Diffie-Hellman-Gruppen 38
– IPSec-Architektur 150
– IPSec RFCs 116
– Object Identifier 707
– PKIX RFCs 99
– RFCs 699

- Sicherheitsmechanismen der einzelnen Sicherheitsprotokolle 305
- Sicherheitssysteme 17

Unicast 296

V

Verbindlichkeit Siehe Nichtabstreitbarkeit
Vernam-Chiffre 33
Verschlüsselung 25, 26, 28, 31, 34, 35, 39, 42, 46
- asymmetrische Verschlüsselung 29, 34, 46
- öffentliche Verschlüsselung 34, 35
- symmetrische Verschlüsselung 28, 31

Verschlüsselungsalgorithmus 26, 31, 61, 62, 75, 90, 95, 162, 223, 233
Verschlüsselungsmaterial 175, 190, 210
Vertrauensnetz 81
Vertraulichkeit 25, 45, 115, 135
Virtual Private Network Siehe VPN
VPN 275
VPN Client 103, 212, 277, 455, 460, 473, 489, 603

W

Web of Trust 81
Widerrufsliste Siehe CRL
Wildcard Pre-shared Key 259, 309, 311
Windows 2000 67, 78, 117, 363
Windows 2000 Certificate Server 56, 238
Wiretapping 20
Wurzelzertifizierungsstelle Siehe Root CA

X

X.208 707
X.500 Distinguished Name Siehe DN
X.500 General Name 122
X.509 59, 149, 201, 238, 363
X.509v2 Widerrufsliste 75
- CRL Entry Extensions 77
- CRL Extensions 76

X.509v3 Erweiterungen 60, 63, 86
- Authority Key Identifier 64
- Certificate Policies 65, 72
- Issuer Alternative Name 65
- Key Usage 64
- Policy Mappings 65
- Subject Alternative Name 65
- Subject Directory Attributes 65
- Subject Key Identifier 64

X.680 49
X.690 49
XAuth 174, 215, 277, 407, 526

Z

zentralisierte PKI 82
Zertifikat 47, 59, 73, 82, 94, 102, 169, 201
Zertifikatskette 82
Zertifikatsklasse 65, 72
Zertifizierung eines öffentlichen Schlüssels 46
Zertifizierungpfad 66
Zertifizierungsstelle Siehe CA